# 有資源国の経済学

## アフリカのいま

NAKATOMI Hisashi

## 中臣 久

日本評論社

# はじめに

　1974 年のノーベル経済学賞の受賞者はスウェーデンのグンナー・ミュル
ダールとオーストリアのフリードリヒ・ハイエクの二人だった。今から 40
年以上前の出来事をなぜ私が覚えているのかというと、ちょうどその年に私
が大学に入って経済学を勉強し始めたからである。この二人の受賞に関して
言えば、当時は、ミュルダールの受賞については当然視する意見が多かった
が、ハイエクの受賞については意外視する意見が多かったと思う。というの
は、ハイエクは 1930 年代にケインズの主要なライバルとして活躍したが、
その後の経済学がケインジアン一色となる過程でハイエクの存在は徐々に忘
れ去られ、1970 年代にはほぼ完全に忘れられた存在と化していたのだ。と
ころが、ノーベル賞の受賞によってハイエクの存在が俄に脚光を浴びるよう
になる。そして、時代がハイエクにとって追い風となる。というのは、それ
まで多くの国で有効に機能していたケインジアンの経済政策が 1970 年代に
なると効果を発揮しなくなり、それに対するアンチテーゼとしてマネタリス
トが台頭するようになり、その理論的支柱である新自由主義の先駆者として
ハイエクの名声が急上昇を始めたからである。他方、ハイエクの急上昇と逆
にミュルダールはこの 40 年間ですっかり過去の人になってしまった。

　以上のように、この 40 年間でミュルダールとハイエクの世間的な名声は
すっかり逆転してしまったが、私自身の経済学への関心で言えば、この 40
年とは、脚光を浴びつつあるハイエクではなく、むしろ忘れ去られつつある
ミュルダールを思い続けてきた 40 年だったのである。きっかけとなったの
は大学 3 年生のときのゼミである。私は統計学を勉強するゼミに入ったので
あるが、そのゼミは学生に人気がなく、ゼミ生は私一人だった。こういう状
況に立たされた指導教官がとるべき選択肢は 2 つある。1 つはゼミ生を徹底
的に鍛え上げるという選択肢であり、もう 1 つは適当にお茶を濁すという選
択肢である。おそらく私の恩師も最初は前者を選択したかったと思われる。
しかし、統計学の基礎となる数学の素養を持ち合わせていない私を鍛え上げ
ることが数学者である恩師にとっても至難の業であったようだ。その結果と
して、恩師は私を鍛え上げることは早々に諦め、ゼミの時間のほとんどを教

i

室ではなく恩師の部屋での雑談に費やそうと決意されたのである。しかし、今から思うと、この雑談が私にとっては授業以上に貴重な時間だった。

ミュルダールとの出会いもそんな雑談の中から生まれた。ある日のこと、統計学の勉強を適当に切り上げた恩師と私はいつも通りゼミの時間の大半を雑談に費やしたのだが、その日私たちが熱中した話題は途上国の発展問題だった。議論の中で私は途上国が低迷から抜け出すためには社会主義的な方法を採用すべきだと主張した。これに対して、実際に東欧の社会主義国を訪れたことのある恩師は、内から見た社会主義国は外から見るのと大違いで、経済がうまく機能しているようには思えなかったから、社会主義的な方法には疑問があるとの反対意見を述べられた。しかし、恩師にもこれがよいという確固たる意見がなかったので、結局、私たちの議論は時間切れ引き分けに終わったのだが、本棚から1つの箱を取り出した恩師は帰り支度をしている私に「僕はもう読まないから君にこれをあげるよ」と言って、その箱を指し出した。その箱は3巻本のセットで、そこに入っていたのがミュルダールの『アジアのドラマ』だった。

『アジアのドラマ』は、1956年にスウェーデンの駐インド大使となった妻に同行してインドに赴いたミュルダールが彼の地で政治・経済・社会調査を行った結果をまとめたものであるが、この題名が示す通り、当時世界で最も低開発が問題視されていた地域はアフリカではなく、むしろアジアだった。そのことを示す一例が1960年の1人当たり名目GDPで、1957年にサブサハラ地域で最初に独立したガーナのそれは183ドルであったが、インドのそれは84ドルにすぎなかった。ちなみに、今や世界第2位の経済大国となった中国のそれは1962年に70ドルでインドより低い。他方、1996年にOECDに加盟し、先進国の仲間入りをした韓国のそれは1961年で91ドルであり、インドを若干上回るものの、それでも100ドル以下である。

アジアがアフリカよりも貧しいという状態は私が外交官生活を始めた1980年においても変わることはなく、その年に出た世界銀行の『世界開発報告』によると、1人当たり名目GDPが最低の国はカンボジアで、以下バングラデシュ、ラオス、ブータンとワースト4をアジアが独占していて、アフリカが登場するのはワースト5のエチオピアからである。ところが、その後立場は逆転し、2014年の1人当たり名目GDPを見ると、187カ国中ワースト1からワースト13までをアフリカが独占するようになる。ちなみに、

ワースト 20、30、40 に占めるそれぞれのアフリカの国の数は 18、25、31 であるから、全アフリカ 54 カ国の約 30% の国がワースト 20 に、約 50% がワースト 30 に、約 75% がワースト 40 に属することになる。要するに、『アジアのドラマ』という題名が象徴的に示していたアジア・イコール・貧困という構図はその後の 40 年間にすっかり変質し、今や貧困とはアフリカの代名詞として定着してしまったのである。

　考えてみれば、この 40 年間は私個人にとってもアジアとアフリカを考える時間であったと言っても過言ではない。というのは、私はこの 40 年のうちの 37 年間を外交官として生きてきたが、そのうち 25 年間は海外生活であり、その 25 年は先進国暮らしの 9 年と途上国暮らしの 16 年に分けられ、さらにその 16 年はアジアで暮らした 10 年とアフリカで暮らした 6 年に分けられるからだ。そして、この 16 年にわたるアジアとアフリカでの生活の中で、私は『アジアのドラマ』を思い返しては、途上国がどうしたら発展できるのか、その方途を私なりに模索し続けてきたのである。

　以上が本書の執筆に至る大雑把な動機であるが、アフリカ経済を考察する本書にあえて『有資源国の経済学』という題名をつけた背景にはボツワナとマラウイでの生活体験が横たわっている。すなわち、2011 年 7 月から 2014 年 6 月までボツワナに勤務した私は、引き続き 2017 年 3 月までマラウイで勤務したが、この 2 つの国を見比べると、1 つの興味ある事実に気づく。その事実とは過去 50 年間に生じた大きな所得格差のことである。というのは、両国がまだイギリスの植民地であった 1960 年当時、それぞれの 1 人当たり名目 GDP はボツワナ 58 ドル、マラウイ 46 ドルで大差はなかったが、2014 年のそれはボツワナ 7,548 ドル、マラウイ 344 ドルで 20 倍以上の差がついているからである。

　この差はどこから生まれたのだろうか。ボツワナもマラウイも赤道以南の内陸国であるが、面積はボツワナが 57 万 $km^2$、マラウイが 12 万 $km^2$ で、ボツワナの方が 5 倍弱広い。他方、人口は 1960 年時点でボツワナが 52 万人、マラウイが 353 万人で、マラウイの方が 7 倍弱多かった。なぜ面積が 5 倍も広いボツワナの人口がマラウイの 1/7 にすぎないかというと、ボツワナの国土の真ん中にはカラハリ砂漠が横たわり、不毛な土地が多いからである。加えて、1 年中を通して高気圧がカラハリ砂漠上空に居座っていることが多い

はじめに　　iii

ために、雨がほとんど降らない。そのため、国土は農業に不向きで、大人口を養うことができなかった。これに対して、アフリカで3番目、世界でも9番目に表面積の大きいマラウイ湖の西側斜面とマラウイ湖から唯一流れ出すシレ川の流域を国土とするマラウイでは雨期に大量の雨が降るから、その国土にはボツワナの7倍の人口を養うに足る農業生産力が備わっていたのである。そして、2014年の人口を見ると、ボツワナは204万人、マラウイは1,728万人であるから、1960年と比較すると、ボツワナは4倍弱、マラウイは5倍弱の増加を示している。この人口増だけに着目すれば、人口増を支えるだけの国力の増加があったという意味で過去50年間の発展の成果はマラウイがボツワナを上回ると言い得るかもしれない。しかし、1人当たり名目GDPに着目すると、1960年から2014年までの間にボツワナが130倍近く増えたのに対して、マラウイの伸びは7倍強にすぎず、大差がついている。

　この大差を生んだ最大の原因こそ、鉱物資源の有無なのである。ボツワナが英国から独立したのは1966年であるが、その独立を祝うかのように、翌67年に最初のダイヤモンド鉱床が発見された。そして、ボツワナは宝飾用ダイヤモンドの世界最大の生産国になったのである。GDPの1/3、国庫収入の1/2、輸出総額の3/4を稼ぐダイヤモンドの貢献は大きく、このダイヤモンドのおかげで、独立当時は世界最貧国の1つであったボツワナは上位中所得国になるまでその所得を引き上げることができた。ちなみに、2014年の1人当たりGDPは7,548ドルで、これは世界188カ国中では第82位、アフリカでは赤道ギニア、セーシェル、モーリシャス、ガボンに次ぐ第5位である。

　これに対して、1964年にイギリスから独立したマラウイにはボツワナのダイヤモンドに匹敵するような資源が存在しなかった。マラウイにも鉱物資源が存在しないわけではなく、ウランの開発が有望視された時期もある。しかし、福島第一原発の事故以来、世界中で原発見直しの機運が高まり、ウラン需要が低迷したこと、国土面積が狭い割に人口が多いマラウイでは農地の破壊につながりかねない鉱物資源開発は住民の反感を招きやすいこと等もあり、ウラン開発は頓挫してしまったので、マラウイの資源は農産物に限られている。ところが、農産物だけではマラウイのGDPを引き上げることができないのだ。というのは、マラウイでは人口の8割以上が農業に従事するが、農民たちが最も力を入れて生産するのが主食のトウモロコシ（メイズ）であ

る。ところが、生産されるトウモロコシの 1/4 は自給自足で消えてしまうし、残りの 3/4 も一応流通経路には乗るものの、零細農家にわずかな現金収入をもたらすのが精一杯で、GDP への貢献度は決して高くない。結局、マラウイで GDP に貢献するのは葉タバコ、茶、砂糖、ナッツ類といった輸出用商品作物であるが、それを中心とした 2012 年の輸出額は 12 億ドル強で、ダイヤモンド中心のボツワナの輸出額の 2 割にも満たないから、この程度ではとても GDP を飛躍的に高めることはできない。その結果、マラウイは独立以来一貫して低所得国の地位から脱却することができず、2014 年においても 1 人当たり名目 GDP は世界 188 カ国で下から 2 番目の第 187 位である。

　このように資源のある国の所得が高く、ない国の所得が低いという関係は単にボツワナとマラウイについてのみ成り立つだけではなく、アフリカ全般についても概ね成り立つ関係である。アフリカ諸国の統計を眺めながら、この関係に気づいたとき、正直目から鱗が落ちる心地がした。というのは、ある途上国を如何に発展させるかという方法論を論じるとき、どうしても正攻法的な考え方が議論の主流を形成するからである。正攻法的な考え方とは、一言で言えば、理想論の追求である。たとえば、アフリカについて言えば、しばしば指摘されるのが農業の脆弱性である。工業が未発展なアフリカでは本来基幹産業の役割を担うべき農業も構造的な欠陥を抱えている場合が多い。その欠陥をもたらした要因が植民地時代のモノカルチャー構造である。つまり、植民地時代において、宗主国は植民地に対して特定の商品作物栽培を強要したために、植民地では主食を自給自足できる体制が破壊されてしまった。このいびつな構造は独立後も残存し、アフリカの農業発展を阻害する要因になったというのである。私はこの事実を否定する気は毛頭ない。しかし、この事実に直面したとき、このいびつな構造は間違っているのだから、まずいびつな体制を改めて、自給自足ができるような健全な体制を構築することこそ、国家が最優先で取り組むべき課題であるという正攻法的な考え方には私は与することはできない。というのは、いびつではあっても、それは社会に根付いた安定的な体制であるから、その体制を解体するには莫大な費用がかかる。しかも、そのいびつな体制から利益を受けている人たちもいるから、彼らは体制の解体には当然抵抗すると思われる。また、体制転換に伴って発生するリスクが短期的には必ず存在し、それが多くの人たちに不利益をもたらすことを考慮すれば、多くの人たちが体制転換に消極的に対応するという

はじめに　　v

可能性は十分に考えられる。こうした積極的ないし消極的抵抗の中で改革を断行するためには相当なエネルギーが必要とされるだろうし、それだけのエネルギーを費やしても、望むべき体制が構築できるかというと、必ずしもそうとは限らない。であるならば、できる保証がない理想を目指して多大なエネルギーを費やすよりは、現状を肯定しつつ、できることから一歩一歩現状の改善に努めていく方がよりよいアプローチの仕方であるというのが私の考えなのである。

　私がこのように考えるようになった背景にはベトナムでの経験がある。1989 年、ベルリンの壁が崩壊して以降、東欧諸国において軒並み社会主義政権が存続の危機を迎え、1991 年末には社会主義の本家本元とも言えるソ連まで崩壊してしまい、最終的に世界で共産党が政権を担う社会主義国家はキューバの他には、中国とその周辺国家、つまり、北朝鮮、ラオス、ベトナムだけとなってしまった。当時私はベトナムにいたのだが、そのベトナムでは、中央集権的計画経済体制が機能不全に陥る中で、その体制に代わる新しい体制の構築を目指して、活発な議論が行われていたのである。そして、この議論の熱気に触れた私は、もしかしたら、ベトナムで今までとは全く別な新しい社会主義経済システムが生まれるのではないかと密かに期待した。しかし、結論から言えば、ベトナムから新しい社会主義経済モデルが新たに誕生することはなかったし、それは中国でもラオスでも北朝鮮でもキューバでも同じである。もちろん、それから 20 年以上が経過し、その間にベトナムが飛躍的な経済発展を遂げたことは事実である。だが、その発展をもたらしたものは、かつてベトナムが敵視した資本主義諸国から入ってきた大量の資本と新しい技術だったのである。それゆえ、政治体制的にはベトナムは依然として共産党が一党支配体制を敷く社会主義国であるが、実態的には資本主義国と何ら変わりはないのだ。

　このベトナムでの経験が私に何を教えたかというと、確かに理想をもつことは大切だが、理想だけでは現実を動かすことはできないということである。この経験があったからこそ、私はアフリカの現実を冷静に直視することができるし、その冷静な目でアフリカをよくするための処方箋も考えることができるのである。

　では、アフリカをよくするための処方箋とは何だろうか。私の考えでは、その処方箋は現実を見ることによってしか書くことはできない。では、アフ

リカの現実とは何だろうか。私の目に映るアフリカの現実とは、資源があれば豊かになり、資源がなければ豊かになれないという現実である。だから、私はこの現実から出発し、なぜ資源がなければアフリカは発展しないのかをまず考える。その上で、資源がある国については、どうしたら資源の罠に陥ることなく発展を遂げることができるのか、また、資源がない国については、どうしたら新しい資源を獲得し、その資源を活かして発展を遂げることができるのか、その方途を考えたいと思うのである。

本書において私は「資源」という言葉を基本的には「鉱物資源」の意味で使い、鉱物資源の有無がアフリカ諸国の GDP なり GNI の高低を左右する大きな要因であるとの議論を展開する。しかし、資源を鉱物資源だけに限定すると、鉱物資源をもたない国は発展しないという誤った結論を導く恐れが出てくる。そこで、その危険を回避し、現在および将来にわたって鉱物資源を有しない国を発展させる方途として農林水産物資源、さらには人的資源も鉱物資源に次ぐ第二第三の資源として考察の対象に加えることとした。

もちろん、資源は万能特効薬ではないから、資源の存在それ自体が途上国の先進工業国入りを保証するものではないし、むしろ資源の存在が発展の妨げとなる場合も決して少なくない。というのは、なまじ資源があることにより、汚職や腐敗が助長されたり、不平等が拡大したり、紛争が多発したりするからである。しかし、こうした弊害を割り引いても、やはり資源はないよりもある方がよい。そして、渡辺和子氏が「置かれた場所で咲きなさい」と言ったように、私は、アフリカ諸国に対して「今ある資源を活かして発展しなさい」と言いたいのである。

私はこれまでにベトナムについて 2 冊の本を書き、米国について 1 冊の本を書いてきたが、これらの 3 冊と本書では基本的な書き方が異なっている。というのは、ベトナムも米国も私が実際に足を踏み入れた場所であり、そこで得た印象なりインスピレーションが執筆の動機となった。もちろん、本を書く過程でそれなりの数の文献を読み込んだことは事実である。しかし、何のために文献を読み込んだかというと、その最終目的は私が感得した印象やインスピレーションの正しさを立証するためだった。

他方、本書の書き方について言えば、前述のボツワナとマラウイに関しては、ベトナムや米国の場合と同様に、現地に足を踏み入れて感得した印象な

りインスピレーションが執筆の動機となっている。しかし、ボツワナとマラウイの話だけでは一編の随筆にはなり得ても、一冊の本にはなり得ない。というのは、日本でボツワナやマラウイ、なかんずく、それらの国の経済に特化した本に関心を示してくれる読者など皆無に等しいからである。だが、私としてはボツワナとマラウイのことをどうしても本という形で紹介したかった。そうなると、私が取り得る選択肢は、少ないながらも一応需要のある「アフリカ」を前面に出し、その中でボツワナとマラウイを論じるという方法しか残らなくなる。しかし、私が直接訪れたことがある国はアフリカ54カ国中の1/4にも満たないのだ。これでは、アフリカについてのインスピレーションは湧かないし、そのインスピレーションに基づく仮説を立てることも、その仮説を立証することもできなくなってしまう。

　実際に54カ国に足を踏み入れてインスピレーションを感得するという手法を取り得ない以上、私に残された道は本を読むことだけだった。しかし、この道はかなり遠回りで、なかなか目的地に辿り着けなかった。というのは、実際にある国を訪れると、飛行機を降りたその瞬間からかなり鮮烈な第一印象というかインスピレーションが襲ってくる。善悪の判断はさておき、私に関して言えば、ある国である期間暮らした場合でも、このインスピレーションが大きく修正されることはないので、そのインスピレーションの正否を立証することはそれほど難しい作業ではない。ところが、本を読むだけではなかなかインスピレーションが得られない。私がアフリカについての本の執筆を思い立ってから実際に筆を起こすまでに相当の時間を要してしまったのはまさにこのためだった。つまり、インスピレーションが得られるまで、私はひたすら文献漁りに時間を費やしたのである。しかし、この勉強方法にはそれなりの効能もあった。その1つがアフリカについての土地勘が徐々に養われたことである。たとえば、物覚えの悪い私が今ではアフリカ54カ国の国名をすらすら暗唱することができるようになったのもその効能の1つである。以前の私にとって、土地勘とはその土地に実際に行くことで初めて得られるものであったが、新しい勉強方法を採用したことで、その土地に行くことなしに土地勘を得られる方法を体得したのである。もちろん、その土地勘は本の頁と同じく2次元の薄っぺらな土地勘だったかもしれないが、それが積み重なっていくと本来の土地勘同様3次元にも4次元にも拡張していったのである。こうして、「アフリカ」についての土地勘を感得した私はようやく執

筆の第一歩を踏み出すことができた。

　本書の主題を「アフリカ」とした以上、本書の執筆に当たって私が最も注意したことはアフリカという「森」から常に目を逸らさないということだった。というのは、たとえば、アフリカ経済の特徴を洗い出そうとしても、54カ国からなる広大なアフリカの経済を一言で言い表すことなど、最初から無理な相談である。そこで、どうしても54カ国という個々の「木」を見ていかざるを得ないのだが、この「木」をいくら真剣に見つめても、そこから「森」の全体像が浮かび上がってくることは決してないからである。換言すれば、地域研究にも経済学と同様にミクロ的な分析とマクロ的な分析とがあると思うが、本書の執筆において私が最も意識したことはマクロ的にアフリカを捉えるということであり、その方法を実践するために、利用可能なマクロ経済統計を駆使して行う各国比較を積極的に援用した。この各国比較を通じて、アフリカ経済の特徴を最大公約数的に捉えることができたと思うが、そこから得られる結論はあくまで統計上の結果にすぎないかもしれない。そこで、なぜそうした統計上の結果が出てくるのかを歴史を顧みて説明することによって明らかにするとともに、フィールド調査に基づくミクロ分析の成果を積極的に援用することで、統計上の結果の意味をより深く掘り下げることとした。

　本書の執筆に当たって多くの方々にお世話になったが、特に御礼を申し上げたいのがこの6年近くのアフリカ在勤生活の中でお世話になった職場の上司、同僚、そして知り合いとなった現地の人たちである。確かにアフリカの多くの地は自然環境も社会環境も厳しく、私の住んだボツワナもマラウイもその例外ではないが、これらの方々のおかげで、私は公私ともにストレスのかからない快適な生活をすごすことができたし、また、これらの方々との何気ない会話や付き合いを通じて、アフリカについて様々な知識を吸収することができたと思う。

　また、この機会に日本評論社の高橋耕、斎藤千佳、武藤誠の三氏にも御礼を申し上げたい。高橋氏と斎藤氏には本書の担当者として企画段階から出版に至るまでの全過程で大変お世話になった。本書を船に喩えれば、最初に遭遇した困難が渡航の最終目的地を容易に特定できなかったことである。このため、なかなか筆を下ろすことができなかった。そして、目的地をどうにか

はじめに　ix

特定し、出航はしたのであるが、航路上でも何度か暗礁に乗り上げたり、思わぬ方向に漂流しかけたりといった具合に困難が続いた。しかし、その都度軌道修正ができ、どうにか最終目的地まで辿り付くことができたのはひとえに高橋、斎藤両氏の適切な助言の賜である。他方、武藤氏は日本評論社において過去3回にわたり私の著書の出版を担当していただいた方であり、そのご縁から私もアフリカから休暇で日本に帰るたびに武藤氏にお目にかかっては、アフリカ話を吹聴していたのである。そして、そんなことを続けているうちに、そのアフリカ話を本にまとめてみようという気になったのであるから、その意味で武藤氏は本書の生みの親である。もちろん、本書の育ての親は私であり、本書の至らぬ点についての責任はすべて育ての親である私自身が負うべきものであるが、一応の完成を見た今、これまでの感謝を込めて本書を武藤氏に捧げたい。

　なお、本書はすべて私個人の意見であり、私が属した組織の意見とは何ら関係がないことを改めて申し添えておく。


ボツワナとマラウイの思い出とともに
中臣　久

目 次

はじめに *i*

## 序　章　アフリカ経済を考える上でなぜ資源が重要か　　1

１．面積と人口からアフリカのイメージをつかむ……………………1
（１）面積…………1
　（イ）位置関係　1　　（ロ）面積　3
（２）人口…………4
　（イ）人口　4　　（ロ）人口密度　5
（３）面積、人口、人口密度の上位 10 カ国と下位 10 カ国…………5
２．アフリカ諸国の経済的規模…………………………………………7
（１）名目 GDP…………7
（２）1 人当たり GNI…………11
　（イ）高所得国　11　　（ロ）高位中所得国　11
　（ハ）低位中所得国　11　　（ニ）低所得国　11
３．アフリカ諸国に富をもたらした要因……………………………14
（１）鉱物資源の有無…………14
（２）鉱物以外の資源…………17
（３）まとめ…………18
４．本書の目的と構成…………………………………………………19
（１）本書の目的…………19
（２）本書の構成…………19

## 第1部　アフリカ経済の何が問題か　　23

## 第1章　アフリカはどのように成長したか　　27

１．発展の阻害要因……………………………………………………27
（１）奴隷貿易…………27
（２）植民地支配…………29
　（イ）アフリカ分割　29　　（ロ）植民地の基本的性質　31
２．独立後の状況………………………………………………………32
（１）アフリカの独立…………32
（２）独立時の状況…………34
（３）独立後の状況…………36
　（イ）2000 年以前　36　　（ロ）2001 年以後　43

*xii*

## 第2章　アフリカで資本はどのように蓄積されたのか　49

　1．一般的特徴……………………………………………………………49
　（1）植民地以前の状況…………49
　　（イ）土地の価値　49　　（ロ）土地に代わるもの　50
　（2）植民地時代の状況…………51
　　（イ）白人入植者の役割　51　　（ロ）外資の役割　53
　（3）独立後の状況…………56
　　（イ）南ローデシア（現ジンバブエ）　57　　（ロ）南ア　59
　　（ハ）その他の国々　61
　2．実際の資本蓄積状況………………………………………………63
　（1）2000年以前…………64
　　（イ）貯蓄率の動向　64　　（ロ）投資率の動向　67
　（2）2001年以後…………71
　　（イ）貯蓄率の動向　71　　（ロ）投資率の動向　75

## 第3章　アフリカの労働の何が問題か
### ——なぜ雁はアフリカまで飛ばないのか　83

　1．労働力の量と質……………………………………………………84
　（1）農村人口…………84
　　（イ）農村人口比率と地域との関係　86
　　（ロ）農村人口比率と所得との関係　87
　（2）耕地面積…………88
　（3）農業部門における労働生産性…………92
　（4）農業部門から非農業部門への労働力移転…………96
　2．労働力の価格………………………………………………………101
　（1）賃金の実態…………101
　（2）高賃金をもたらす要因…………103
　　（イ）制度的要因：最低賃金制度　103
　　（ロ）実態的要因：物価高　106

## 第4章　なぜアフリカでは技術進歩が進まないのか　111

　1．技術問題の特徴…………………………………………………111
　（1）歴史的経緯…………111
　　（イ）独創的技術と技術の模倣　111
　　（ロ）技術進歩が遅れた理由　112
　（2）現状における課題…………114
　　（イ）総論　114　　（ロ）各論　115

２．技術の現状を示す指標……………………………………………………118
（１）全要素生産性成長率…………118
（２）成人識字率…………119
　（イ）具体的数値　119　　（ロ）識字率に影響を与える要因　119
（３）就学率…………124
　（イ）初等教育　124　　（ロ）中等教育　126　　（ハ）高等教育　126
（４）教育支出…………127

# 第5章　どれくらいの外資がアフリカに流入したのか　131

１．歴史的経緯………………………………………………………………131
（１）資金の出し手…………131
（２）資金の受け手…………132
２．資金流入の実態を示す指標……………………………………………134
（１）直接投資…………134
　（イ）2000 年以前　134　　（ロ）2001 年以後　141
（２）間接投資…………144
　（イ）2000 年以前　144　　（ロ）2001 年以後　146
（３）個人送金…………148
　（イ）2000 年以前　148　　（ロ）2001 年以後　151

# 第6章　どれくらいの援助がアフリカに流入したのか　155

１．歴史的経緯………………………………………………………………156
（１）援助の受け手の事情…………156
　（イ）植民地から独立国へ　156　　（ロ）構造調整の時代　157
（２）援助の出し手の事情…………159
　（イ）東西冷戦時代　159　　（ロ）グローバル時代　164
２．アフリカに流入した援助金額…………………………………………166
（１）2000 年以前…………166
　（イ）全体　166　　（ロ）有償　169　　（ハ）無償　172
　（ニ）技術協力　172
（２）2001 年以後…………175
　（イ）全体　175　　（ロ）有償　178　　（ハ）無償　179
　（ニ）技術協力　180
３．現状における問題点……………………………………………………181
（１）援助の受け手の問題点…………181
　（イ）援助依存の慢性化　181　　（ロ）行政の肥大化　185
　（ハ）行政管理能力の欠如　186　　（ニ）腐敗の蔓延　186
（２）援助の出し手の問題点…………188
　（イ）寛大な態度　188　　（ロ）援助ビジネス　189

# 第7章　アフリカはどのような産業構造をもっているのか　193

1．産業構造の変遷……………………………………………………… 193
（1）1990 年…………194
　（イ）農業　194　　（ロ）鉱工業　196　　（ハ）サービス業　197
（2）2013 年…………198
　（イ）農業　199　　（ロ）鉱工業　203　　（ハ）サービス業　204
2．産業構造上の問題点………………………………………………… 205
（1）農業…………205
　（イ）厳しい自然条件　206　　（ロ）低い自給率　206
　（ハ）低い生産性　207　　（ニ）価格問題　209
　（ホ）未成熟な市場　210
（2）鉱工業…………210
　（イ）南アの事例　211　　（ロ）軽工業部門の若干の成功例　213
　（ハ）輸入代替工業化の失敗　214
（3）サービス業…………216
（4）インフォーマル・セクター…………217
3．産業発展を妨げている要素………………………………………… 219
（1）インフラ整備…………219
　（イ）電力消費量から見たインフラ整備の実態　219
　（ロ）財政とインフラ整備の関係　221
（2）金融支援…………224
　（イ）銀行支店数　224　　（ロ）民間部門向け国内信用　226
　（ハ）銀行貸出金利　229

# 第8章　アフリカはどのような貿易構造をもっているのか　234

1．貿易動向……………………………………………………………… 234
（1）貿易額と貿易収支…………234
　（イ）1990 年　234　　（ロ）2013 年　237
（2）貿易額の対 GDP 比率…………241
　（イ）輸出　241　　（ロ）輸入　244
（3）貿易相手国…………246
　（イ）輸出　247　　（ロ）輸入　248
（4）貿易品目…………250
　（イ）輸出　250　　（ロ）輸入　251
2．地域統合の現状……………………………………………………… 252
（1）機構別分類…………252
　（イ）AMU　252　　（ロ）CEN-SAD　252　　（ハ）ECOWAS　253
　（ニ）ECCAS　253　　（ホ）EAC　253　　（ヘ）COMESA　253
　（ト）IGAD　254　　（チ）SADC　254

目次　*xv*

（2）各機構の特徴…………254

　（イ）地域性　254　　（ロ）規模　254

（3）地域経済共同体の貿易相手国…………255

　（イ）輸出　255　　（ロ）輸入　257

（4）地域統合の具体例：SADC の場合…………259

　（イ）SADC の歴史　259　　（ロ）SADC の特徴　263

## 第2部　どうしたら資源を有効活用できるか　271

## 第9章　アフリカはどのような資源をもっているのか　274

1．資源の分布状態……………………………………………274

（1）5分類に基づく資源分布…………274

（2）鉱産物の分布…………276

（3）農産物の分布…………279

2．アフリカが有する資源の特徴と世界市場での位置づけ…………281

（1）鉱産物…………281

　（イ）石油　281　　（ロ）金　282　　（ハ）ダイヤモンド　284

　（ニ）銅　287　　（ホ）天然ガス　288　　（ヘ）鉄鉱石　289

　（ト）ニッケル　290　　（チ）リン鉱石　291　　（リ）石炭　292

　（ヌ）マンガン　293　　（ル）ボーキサイト　293

　（ヲ）プラチナ　294　　（ワ）石灰石　295　　（カ）ウラン　295

　（ヨ）クロム　296　　（タ）バナジウム　296　　（レ）錫　297

　（ソ）コルタン　298　　（ツ）アスベスト　299

（2）農産物…………299

　（イ）綿花　299　　（ロ）コーヒー豆　300　　（ハ）タバコ　301

　（ニ）カカオ豆　301　　（ホ）茶　302　　（ト）ナッツ類　303

　（チ）園芸作物　304　　（リ）砂糖　304　　（ヌ）落花生　305

　（ル）香料　305　　（ヲ）天然ゴム　306　　（ワ）食糧作物　306

## 第10章　資源の優劣を決める要因は何か　309

1．資源輸出の歴史……………………………………………309

（1）独立以前…………309

（2）独立以後…………310

　（イ）2000 年以前　310　　（ロ）2001 年以後　311

2．資源輸出額………………………………………………313

（1）鉱産物…………313

（2）農産物…………315

xvi

３．資源価格の動向‥‥‥‥‥‥‥‥‥‥‥‥‥‥‥‥‥‥‥‥‥‥‥‥ 318

（１）鉱産物‥‥‥‥‥318

　（イ）化石燃料 318　　（ロ）貴金属 322　　（ハ）鉄 326

　（ニ）非鉄金属 327

（２）農産物‥‥‥‥‥331

　（イ）カカオ豆 332　　（ロ）コーヒー豆 333　　（ハ）茶 335

　（ニ）砂糖 337

# 第11章　どういう国が資源を有効活用できたか　341

　１．鉱産物資源の有効活用例：ボツワナ‥‥‥‥‥‥‥‥‥‥‥‥‥‥‥ 341

（１）歴史的経緯‥‥‥‥‥341

　（イ）独立以前 341　　（ロ）独立以後 342

（２）成功の要因‥‥‥‥‥343

　（イ）ボツワナを取り巻く環境 343

　（ロ）ボツワナが有効活用した条件 346

（３）成功の限界‥‥‥‥‥348

　２．農産物資源の有効活用例：ケニア‥‥‥‥‥‥‥‥‥‥‥‥‥‥‥‥ 349

（１）歴史的経緯‥‥‥‥‥349

　（イ）独立以前 349　　（ロ）独立以後 350

（２）成功の要因‥‥‥‥‥351

　（イ）ケニアを取り巻く環境 351

　（ロ）ケニアが有効活用した条件 351

（３）成功の限界‥‥‥‥‥353

　３．ボツワナとケニアの数値比較‥‥‥‥‥‥‥‥‥‥‥‥‥‥‥‥‥‥ 354

（１）輸出額‥‥‥‥‥354

（２）１人当たり GDP‥‥‥‥‥355

（３）GDP‥‥‥‥‥358

（４）輸出額の対 GDP 比率‥‥‥‥‥359

（５）GDP の構成比‥‥‥‥‥361

　（イ）ボツワナ 362　　（ロ）ケニア 363

# 第12章　資源の有効活用を妨げている要因とは何か　367

　１．理論的考察‥‥‥‥‥‥‥‥‥‥‥‥‥‥‥‥‥‥‥‥‥‥‥‥‥‥ 367

（１）資源の呪い‥‥‥‥‥367

（２）レント・シーキング‥‥‥‥‥369

　２．経験的考察‥‥‥‥‥‥‥‥‥‥‥‥‥‥‥‥‥‥‥‥‥‥‥‥‥‥ 371

（１）人口‥‥‥‥‥371

（２）レントの奪い合いと紛争の発生‥‥‥‥‥373

目次　*xvii*

（イ）1つの資源の奪い合い　373
（ロ）複数の資源の奪い合い　374
（3）ガバナンスの欠如がもたらす弊害…………375
（イ）独裁政権下での腐敗　375
（ロ）頻繁な政権交代下での腐敗　385
（4）経済政策の失敗…………389
（イ）カカオ豆の場合　389　　（ロ）コーヒー豆の場合　393
（ハ）名目GDP比較　396

## 第3部　どうしたらアフリカと良好な関係を築けるのか　403

## 第13章　欧米諸国はアフリカとどう付き合ってきたか　406

1．イギリスの場合……………………………………………………406
（1）イギリス・アフリカ関係の諸特徴…………406
（イ）独立以前　406　　（ロ）独立以後　407
（2）具体的経済関係…………408
（イ）貿易　408　　（ロ）投資　410　　（ハ）援助　411
2．フランスの場合……………………………………………………413
（1）フランス・アフリカ関係の諸特徴…………413
（イ）独立以前　413　　（ロ）独立以後　413
（2）具体的経済関係…………415
（イ）貿易　415　　（ロ）投資　416　　（ハ）援助　417
3．EUの場合……………………………………………………………418
（1）EU・アフリカ関係の諸特徴…………418
（イ）ヤウンデ協定　418　　（ロ）ロメ協定　418
（ハ）コトヌー協定　419　　（ニ）EPA　420
（2）具体的経済関係…………421
（イ）貿易　421　　（ロ）投資　423　　（ハ）援助　423
4．米国の場合……………………………………………………………423
（1）米国・アフリカ関係の諸特徴…………423
（イ）食糧政策　424　　（ロ）資源戦略　425
（ハ）AGOA　426
（2）具体的経済関係…………427
（イ）貿易　427　　（ロ）投資　428　　（ハ）援助　429

## 第**14**章 アジア諸国はアフリカとどう付き合ってきたか　434

　　　１．インドの場合……………………………………………434
　　　（１）インド・アフリカ関係の諸特徴…………434
　　　　（イ）インド系住民の存在　434　　（ロ）資源戦略　436
　　　（２）具体的経済関係…………437
　　　　（イ）貿易　437　　（ロ）投資　438　　（ハ）援助　438
　　　２．中国の場合………………………………………………438
　　　（１）中国・アフリカ関係の諸特徴…………439
　　　　（イ）代表権問題　439　　　（ロ）欧米社会への対抗意識　440
　　　　（ハ）新植民地主義　441　　（ニ）資源戦略　444
　　　　（ホ）援助政策　445
　　　（２）具体的経済関係…………447
　　　　（イ）貿易　447　　（ロ）投資　449　　（ハ）援助　449
　　　３．日本の場合………………………………………………451
　　　（１）日本・アフリカ関係の諸特徴…………451
　　　　（イ）日本人の海外移住　451　　（ロ）外交関係　452
　　　　（ハ）人的交流の現状　454
　　　（２）日本の経済力がアフリカに与える影響…………455
　　　　（イ）名目 GDP　455　　（ロ）輸出　457　　（ハ）輸入　458
　　　（３）具体的経済関係…………460
　　　　（イ）貿易　460　　（ロ）投資　461　　（ハ）援助　462


おわりに──なぜマラウイは貧しくなるのか　467


参考文献　492
索引　503

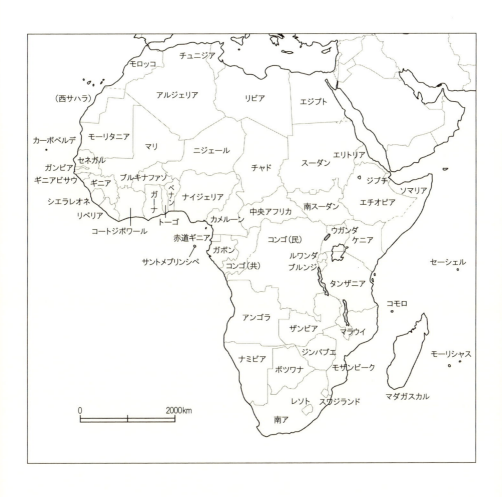

■■■ 序　章 ■■■

# アフリカ経済を考える上で
# なぜ資源が重要か

## 1．面積と人口からアフリカのイメージをつかむ

### （1）面積

#### （イ）位置関係

　アフリカはとにかく広くて長い。アフリカというと、何となく南のイメージが強いが、実はその最北端チュニジアのベンサッカ岬の緯度は北緯 37 度で、東京よりもさらに北に位置する。そして、そこから最南端南ア[1]のアガラス岬（南緯 34 度）までの距離は約 8,000km もある。ということは、緯度的には赤道をはさんで南北ともほぼ 35 度の範囲に広がっているのだ。他方、経度的に見ると、最東端ソマリアのハーフーン岬（東経 51 度）から最西端セネガルのベルデ岬（西経 17 度）までの距離も約 7,400km ある。大陸の面積は南北 8,000km、東西 7,400km を一辺とする長方形の半分強の 3,030 万km[2]である[2]。この大陸部に 1ヵ所だけ国がない地域が存在する。それが西サハラ[3]であるが、ここを除けば、アフリカ大陸は 2016 年末時点で 48 カ国によってきれいに分割されている。この 48 カ国に大西洋上のカーボベルデ、サントメプリンシペの 2 カ国、さらにはインド洋上のセーシェル、コモロ、モーリシャス、マダガスカルの 4 カ国を加えた計 54 カ国が通常アフリカ諸国として分類されている。島嶼部の中ではマダガスカルが 59 万 km[2]という大きな面積を有する[4]が、それ以外の 5 カ国の面積の合計は 1 万 km[2]に満たない[5]。仮に南北回帰線の内側を熱帯、外側を非熱帯とすれば、完全に北回

1

帰線外に位置する国はモロッコとチュニジアの2カ国、完全に南回帰線外に位置する国はスワジランドとレソトの2カ国のみである。ということは、アフリカの国のほとんどが熱帯に位置するということになる。

　アフリカ大陸に属する48カ国はさらに海をもつ沿岸国と海をもたない内陸国に分類することができる。まずエジプトを起点に沿岸国を時計周りに見ていくと、スーダン、エリトリア、ジブチ、ソマリア、ケニア、タンザニア、モザンビーク、南ア、ナミビア、アンゴラ、コンゴ（民）[6]、コンゴ（共）[7]、ガボン、赤道ギニア[8]、カメルーン、ナイジェリア、ベナン、トーゴ、ガーナ、コートジボワール、リベリア、シエラレオネ、ギニア、ギニアビサウ、ガンビア、セネガル、モーリタニア、モロッコ、アルジェリア、チュニジア、リビアの32カ国である。次に内陸国を南スーダンから順に見ていくと、エチオピア、ウガンダ、ルワンダ、ブルンジ、マラウイ、ザンビア、ジンバブエ、ボツワナ、スワジランド、レソト、中央アフリカ、チャド、ニジェール、ブルキナファソ、マリの16カ国である。つまり、大陸部の国の1/3が内陸国なのである。

　国連の分類[9]に従えば、アフリカは概ね東西南北中の5地域に大別される。

　まず北から見ていくと、そこに属する国はエジプト、リビア、チュニジア、アルジェリア、モロッコ、スーダンの6カ国である。これらの国々のうち、エジプトからモロッコまでの5カ国はいずれも地中海とサハラ砂漠に挟まれているという地理的共通点をもつと同時に、国民の大多数が白人種でイスラム教徒であるという共通点をもっている。特に後者の人種的文化的共通点に着目すると、これらの国々はアフリカに属するというよりはむしろ中東に属するといった方がよいかもしれない。他方、スーダンでは国民の大多数が黒人種であるが、宗教的には他の北アフリカに属する国々と同様にイスラム教徒が多い。ちなみに、この5カ国と西サハラを足した地域を除いたアフリカを「サブサハラ・アフリカ（Sub-Saharan Africa）」と呼ぶ場合もある。

　次に西を見ると、大西洋上のカーボベルデと大西洋岸からギニア湾に沿ったモーリタニア、セネガル、ガンビア、ギニアビサウ、ギニア、シエラレオネ、リベリア、コートジボワール、ガーナ、トーゴ、ベナン、ナイジェリアの沿岸12カ国とマリ、ブルキナファソ、ニジェールの内陸3カ国の計16カ国がある。

　ギニア湾に沿っていくと、ナイジェリアの次はカメルーンであるが、ここ

から赤道ギニア、ガボン、コンゴ（共）、コンゴ（民）、アンゴラまでの沿岸6カ国とチャド、中央アフリカの内陸2カ国、さらに島嶼部のサントメプリンシペが加わり、計9カ国が中部アフリカに分類される。

　次に東に目を転じると、紅海からインド洋に沿うエリトリア、ジブチ、ソマリア、ケニア、タンザニア、モザンビークの沿岸6カ国と、南スーダン、エチオピア、ウガンダ、ルワンダ、ブルンジ、マラウイ、ザンビア、ジンバブエの内陸8カ国、さらにセーシェル、コモロ、モーリシャス、マダガスカルという4つの島嶼国が加わり、計18カ国となる。

　そして、残る南ア、レソト、スワジランド、ナミビア、ボツワナの5カ国が南部アフリカに分類される。

### （ロ）面積

　アフリカ54カ国において最大の面積を有する国は長らくスーダンだったが、2011年7月にそのスーダンから南スーダンが分離独立した結果、アフリカで最大の面積を誇る国はアルジェリア（238万$km^2$）となった。これに次ぐのがコンゴ（民）（234万$km^2$）で、アフリカで面積が200万$km^2$を超える国はこの2カ国のみである。面積が100万$km^2$台の国はスーダン、リビア、チャド、ニジェール、アンゴラ、マリ、南ア、エチオピア、モーリタニア、エジプトの10カ国である。以下100万$km^2$未満50万$km^2$以上の国がタンザニア、ナイジェリア、ナミビア、モザンビーク、ザンビア、南スーダン、ソマリア、中央アフリカ、マダガスカル、ボツワナ、ケニアの11カ国、50万$km^2$未満10万$km^2$以上の国がカメルーン、モロッコ、ジンバブエ、コンゴ（共）、コートジボワール、ブルキナファソ、ガボン、ギニア、ウガンダ、ガーナ、セネガル、チュニジア、マラウイ、エリトリア、ベナン、リベリアの16カ国であるが、最大のアルジェリアから数えて26番目のジンバブエまでが日本より大きく、54カ国中残りの28カ国は日本より面積が小さい。面積が10万$km^2$未満の国はシエラレオネ、トーゴ、ギニアビサウ、レソト、赤道ギニア、ブルンジ、ルワンダ、ジブチ、スワジランド、ガンビア、カーボベルデ、コモロ、モーリシャス、サントメプリンシペ、セーシェルの15カ国である。

（2）人口

（イ）人口

　地球上の陸地面積の 22.5% を占めるほどアフリカは広大である。しかし、2014 年の世界人口が 71.1 億人であるのに対してアフリカの人口は 11.2 億人であるから、人口について言えば、アフリカは世界全体の 15.7% を占めるにすぎない。つまり、アフリカは面積に比べて人口はむしろ希薄である。そのことは人口密度からも示される。というのは、人口密度の世界平均が 1km$^2$ 当たり 53.1 人であるのに対して、アフリカは 37.1 人だからである。

　この結果は国別人口にも反映されている。たとえば、2014 年時点で日本の人口は世界第 10 位の 1 億 2,706 万人であるが、ソマリアを除くアフリカ 53 カ国で日本の人口を上回る国はナイジェリア（1 億 7,394 万人）1 カ国のみである。ナイジェリアに次ぐ人口大国はエチオピア（9,098 万人）で、以下エジプト（8,670 万人）、コンゴ（民）（7,930 万人）、南ア（5,400 万人）、タンザニア（4,766 万人）、ケニア（4,293 万人）、アルジェリア（3,870 万人）、ウガンダ（3,804 万人）、スーダン（3,729 万人）までが上位 10 カ国である。上位 10 カ国の合計は 6 億 8,954 万人で、アフリカ全体の約 62% を占める。ところで、この上位 10 カ国からナイジェリアとアルジェリアを除いて、残り 8 カ国を眺めると、1 つの興味ある事実に気づく。その事実とは、アフリカ大陸を南北の帯と東西の帯で分割した場合、これら 8 カ国がエジプトから南アに至る南北の帯上にほぼ乗っているということである。これら 8 カ国の人口合計は 4 億 7,690 万人であるから、これはアフリカの全人口の約 43% が南北の帯上に乗っていることを意味する。中でも注目に値するのがタンザニア、ケニア、ウガンダの 3 カ国であり、これら 3 カ国が互いに国境を接するという意味で将来的に一大経済統合地域として発展する可能性を秘めていると考えられる。ちなみに、これら 3 カ国の人口合計は 1 億 2,788 万人であり、日本の人口にほぼ等しい。

　ベストテン圏外で人口が 3,000 万人台の国はモロッコ 1 カ国のみ、2,000 万人台の国はモザンビーク、ガーナ、アンゴラ、マダガスカル、コートジボワール、カメルーンの 6 カ国、1,000 万人台の国はマラウイ、ブルキナファソ、ニジェール、マリ、ザンビア、セネガル、ジンバブエ、ギニア、南スーダン、チャド、ルワンダ、チュニジア、ベナンの 13 カ国、1,000 万人未満 100 万人以上の国はブルンジ、トーゴ、エリトリア、シエラレオネ、リビア、

中央アフリカ、コンゴ（共）、リベリア、モーリタニア、ナミビア、ボツワナ、ガンビア、レソト、ギニアビサウ、ガボン、モーリシャス、スワジランドの 17 カ国、100 万人未満の国はジブチ、赤道ギニア、コモロ、カーボベルデ、サントメプリンシペ、セーシェルの 6 カ国である[10]。

### （ロ）人口密度

　次に各国の人口密度を求めてみよう。2014 年においてアフリカで最大の人口密度を有する国はモーリシャスで 1km$^2$ 当たり 617.2 人である。以下ルワンダ、コモロ、ブルンジ、セーシェル、サントメプリンシペ、ナイジェリア、ガンビア、ウガンダ、マラウイ、カーボベルデ、トーゴ、ガーナと続くが、以上 13 カ国が人口密度で 100 人を上回る。100 人未満 50 人以上の国はベナン、シエラレオネ、エジプト、エチオピア、モロッコ、ケニア、セネガル、コートジボワール、チュニジア、スワジランド、ブルキナファソ、レソト、エリトリア、タンザニアの 14 カ国である。ちなみに、エリトリアは55.6 人であるが、最大のモーリシャスから数えてエリトリアまでの 26 カ国が世界平均の 53.1 人を上回る。人口密度が 50 人未満の国はギニアビサウ、カメルーン、ギニア、南ア、ジブチ、マダガスカル、リベリア、ジンバブエ、コンゴ（民）、モザンビーク、赤道ギニア、スーダン、ザンビア、アンゴラ、南スーダン、アルジェリア、ニジェール、マリ、コンゴ（共）、チャド、中央アフリカ、ガボン、ボツワナ、リビア、モーリタニア、ナミビアの 26 カ国であるが、最大のモーリシャスから数えてリベリアまでの 34 カ国がアフリカ平均の 37.1 人を上回る。最下位のナミビアはわずか 2.7 人であるが、世界 187 カ国でこれより人口密度が少ない国は 1.9 人のモンゴルのみである。

## （3）面積、人口、人口密度の上位 10 カ国と下位 10 カ国

　表 0-1 はソマリアを除くアフリカ 53 カ国の面積、人口、人口密度について上位 10 カ国と下位 10 カ国を列記したものであるが、この表からはいくつかの興味ある事実を指摘することができる。

　まず面積を見ると、赤道を挟んで国土が南北に広がっているコンゴ（民）を除くと、上位 9 カ国のうち、アンゴラと南アを除く 7 カ国が北半球に属するので、面積の大きい国は北半球に多いと言い得るだろう。面積の上位 10カ国を沿岸国と内陸国に分けると、内陸国はチャド、ニジェール、エチオピアの 3 カ国のみであるから、沿岸国の方が多い。ただし、コンゴ（民）の沿

序　章　アフリカ経済を考える上でなぜ資源が重要か　　5

表 0-1　面積、人口、人口密度の上位国と下位国（2014 年）

|   | 面積 | 人口 | 人口密度 |
|---|---|---|---|
| 1 | アルジェリア | ナイジェリア | モーリシャス |
| 2 | コンゴ（民） | エチオピア | ルワンダ |
| 3 | スーダン | エジプト | コモロ |
| 4 | リビア | コンゴ（民） | ブルンジ |
| 5 | チャド | 南ア | セーシェル |
| 6 | ニジェール | タンザニア | サントメプリンシペ |
| 7 | アンゴラ | ケニア | ナイジェリア |
| 8 | マリ | アルジェリア | ガンビア |
| 9 | 南ア | ウガンダ | ウガンダ |
| 10 | エチオピア | スーダン | マラウイ |
| ｜ | | | |
| 44 | ブルンジ | ギニアビサウ | ニジェール |
| 45 | ルワンダ | ガボン | マリ |
| 46 | ジブチ | モーリシャス | コンゴ（共） |
| 47 | スワジランド | スワジランド | チャド |
| 48 | ガンビア | ジブチ | 中央アフリカ |
| 49 | カーボベルデ | 赤道ギニア | ガボン |
| 50 | コモロ | コモロ | ボツワナ |
| 51 | モーリシャス | カーボベルデ | リビア |
| 52 | サントメプリンシペ | サントメプリンシペ | モーリタニア |
| 53 | セーシェル | セーシェル | ナミビア |

出所 1：面積は CIA（2015）The World Factbook
出所 2：人口は IMF（2015）World Economic Outlook Databases

岸はコンゴ川の河口部分のみであるし、コンゴ川の最下流部は急流が多く、船舶の航行は困難であるから、実質的には内陸国の性質が濃厚である。他方、面積の下位 10 カ国を見ると、マダガスカルを除く島嶼国 5 カ国が最下位を占めている[11]。

　次に人口を見ると、上位 10 カ国のうちエチオピア、コンゴ（民）、南ア、アルジェリア、スーダンの 5 カ国は面積の上位 10 カ国にも名を連ねているから、これら 5 カ国は面積大国であると同時に人口大国でもある。人口上位 10 カ国のうちエジプト、タンザニア、ナイジェリアは面積でもそれぞれ第 12 位、第 13 位、第 14 位であるから、これら 3 カ国も加えると、人口大国かつ面積大国は 8 カ国となる。結局、面積大国ではない人口大国はケニアとウガンダの 2 カ国であるが、両国の面積はそれぞれ第 23 位と第 32 位である。他方、人口下位 10 カ国を見ると、セーシェル、サントメプリンシペ、カーボベルデ、コモロ、ジブチ、スワジランド、モーリシャスの 7 カ国が面積の

下位 10 カ国にも名を連ねているので、これら 7 カ国は人口小国かつ面積小国である。しかし、赤道ギニアとギニアビサウについてもそれぞれの面積は下から数えて第 11 位、第 13 位であるから、これら 2 カ国を加えた 9 カ国が人口小国かつ面積小国であると言い得るだろう。しかし、ガボンの面積は上から数えて第 25 位であるから、面積小国とは言い難い。

　次に人口密度を見ると、モーリシャスからサントメプリンシペまでの人口密度上位 6 カ国と第 8 位のガンビアを加えた計 7 カ国が面積の下位 10 カ国に属しているから、面積小国の人口密度が高くなりがちである。これに対して、人口密度下位 10 カ国で面積上位 10 カ国に名を連ねる国はリビア、チャド、マリ、ニジェールの 4 カ国であるから、面積大国と低人口密度の関係は面積小国と高人口密度の関係ほど強くはない。なお、アフリカにはサハラ、カラハリ、ナビブという大砂漠があるが、人口密度下位 10 カ国の中で国土面積の中にこれらの砂漠を含まない国はコンゴ（共）、中央アフリカ、ガボンの 3 カ国にすぎないから、国土に砂漠地域を含む国は人口密度が低くなる傾向が強いと考えられる。

## 2．アフリカ諸国の経済的規模

### （1）名目 GDP

　以下ではソマリアを除くアフリカ 53 カ国の経済規模を名目 GDP で比較する[12]。

　2014 年においてアフリカ最大の経済規模を有する国はアフリカ最大の人口を擁するナイジェリアで、その名目 GDP は 5,737 億ドル[13]に達するが、この数字は世界 188 カ国中第 21 位である。これに次ぐのが南ア（3,501 億ドル）、エジプト（2,864 億ドル）、アルジェリア（2,141 億ドル）、アンゴラ（1,286 億ドル）、モロッコ（1,092 億ドル）であるが、以上 6 カ国のみしかアフリカで名目 GDP が 1,000 億ドルを超える国はない。他方、700 億ドル台がスーダン（738 億ドル）1 カ国、600 億ドル台がケニア（601 億ドル）1 カ国、500 億ドル台がエチオピア（523 億ドル）1 カ国、400 億ドル台がチュニジア（486 億ドル）、タンザニア（479 億ドル）、リビア（412 億ドル）の 3 カ国、300 億ドル台がガーナ（387 億ドル）、コンゴ（民）（347 億ドル）、コートジボワール（340 億ドル）、カメルーン（317 億ドル）の 4 カ国、200 億

序　章　アフリカ経済を考える上でなぜ資源が重要か　　7

ドル台がウガンダ（276 億ドル）、ザンビア（268 億ドル）の 2 カ国、100 億ドル台がガボン（172 億ドル）、モザンビーク（167 億ドル）、ボツワナ（158 億ドル）、セネガル（156 億ドル）、赤道ギニア（143 億ドル）、チャド（140 億ドル）、ジンバブエ（137 億ドル）、コンゴ（共）（135 億ドル）、ナミビア（134 億ドル）、モーリシャス（132 億ドル）、南スーダン（128 億ドル）、ブルキナファソ（125 億ドル）、マリ（119 億ドル）、マダガスカル（106 億ドル）の 14 カ国、100 ドル未満の国がベナン（87 億ドル）、ニジェール（80 億ドル）、ルワンダ（80 億ドル）、ギニア（65 億ドル）、モーリタニア（51 億ドル）、シエラレオネ（50 億ドル）、トーゴ（46 億ドル）、マラウイ（43 億ドル）、エリトリア（39 億ドル）、スワジランド（37 億ドル）、ブルンジ（31 億ドル）、レソト（22 億ドル）、リベリア（20 億ドル）、カーボベルデ（19 億ドル）、中央アフリカ（18 億ドル）、ジブチ（16 億ドル）、セーシェル（14 億ドル）、ギニアビサウ（10 億ドル）、ガンビア（8 億ドル）、コモロ（7 億ドル）、サントメプリンシペ（3 億ドル）の 21 カ国である。

　上記の結果が示す通り、53 カ国中の約 4 割が 100 億ドル未満の国である。この 100 億ドル未満の 21 カ国の名目 GDP を足し上げると 746 億ドルになるが、これは第 7 位のスーダンを上回るが、第 6 位のモロッコには及ばない。次に 200 億ドル未満の 35 カ国を足し上げると 3,444 億ドルとなるが、これは第 3 位のエジプトを上回るが、第 2 位の南アには及ばない。このように考えると、第 1 位のナイジェリアを上回るためには下から 44 番目で上から 10 番目のチュニジアまで足し上げなければならない。ということは、ナイジェリア一国で下位 44 カ国分の経済規模をもつということである。また、同じような考え方で、下から足し上げた数字と上から足し上げた数字を比較すると、第 3 位のエジプトと第 4 位のアルジェリアの間に境目が来る。ということは、ナイジェリア、南ア、エジプトの上位 3 カ国の名目 GDP 合計はそれ以下の 50 カ国の名目 GDP 合計にほぼ匹敵するということである。さらに言えば、53 カ国の名目 GDP をすべて足し上げると 2 兆 4,493 億ドルとなるが、この数字は世界第 7 位のブラジル（2 兆 3,530 億ドル）より大きいが、第 6 位のフランス（2 兆 8,469 億ドル）より小さい。ということは、アフリカ全体の経済規模は世界第 3 位の日本（4 兆 6,163 億ドル）の半分強ということになる。

　表 0-2 はソマリアを除くアフリカ 53 カ国の人口と名目 GDP について上

表 0-2　人口、名目 GDP の上位国と下位国（2014 年）

| | 人口 | 名目 GDP |
|---|---|---|
| 1 | ナイジェリア | ナイジェリア |
| 2 | エチオピア | 南ア |
| 3 | エジプト | エジプト |
| 4 | コンゴ（民） | アルジェリア |
| 5 | 南ア | アンゴラ |
| 6 | タンザニア | モロッコ |
| 7 | ケニア | スーダン |
| 8 | アルジェリア | ケニア |
| 9 | ウガンダ | エチオピア |
| 10 | スーダン | チュニジア |
| ｜ | | |
| 44 | ギニアビサウ | レソト |
| 45 | ガボン | リベリア |
| 46 | モーリシャス | カーボベルデ |
| 47 | スワジランド | 中央アフリカ |
| 48 | ジブチ | ジブチ |
| 49 | 赤道ギニア | セーシェル |
| 50 | コモロ | ギニアビサウ |
| 51 | カーボベルデ | ガンビア |
| 52 | サントメプリンシペ | コモロ |
| 53 | セーシェル | サントメプリンシペ |

出所：IMF（2015）World Economic Outlook Databases

位 10 カ国と下位 10 カ国を列記したものであるが、この表からはいくつかの
興味ある事実を指摘することができる。

　まず名目 GDP の上位 10 カ国を見ると、ナイジェリア、南ア、エジプト、
アルジェリア、スーダン、ケニア、エチオピアの 7 カ国が人口についても上
位 10 カ国に名を連ねている。残り 3 カ国の人口順位はアンゴラ第 14 位、モ
ロッコ第 11 位、チュニジア第 29 位であるから、アンゴラとモロッコも人口
大国に加えると、名目 GDP の上位 10 カ国で人口大国でない国はチュニジ
ア 1 カ国となる。

　次に名目 GDP の下位 10 カ国を見ると、サントメプリンシペ、コモロ、
ギニアビサウ、セーシェル、ジブチ、カーボベルデの 6 カ国が人口につい
ても下位 10 カ国に名を連ねている。残り 4 カ国の人口順位は下から数えてガ
ンビア第 12 位、中央アフリカ第 18 位、リベリア第 16 位、レソト第 11 位で
あり、いずれも下位 20 カ国に名を連ねているから、名目 GDP の下位 10 カ
国はすべて人口小国ということになる。

序　章　アフリカ経済を考える上でなぜ資源が重要か　　9

図 0-1 人口と名目 GDP の関係

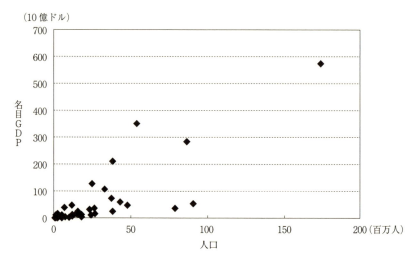

出所：IMF（2015）World Economic Outlook Databases

　図 0-1 は、2014 年時点におけるソマリアを除くアフリカ 53 カ国の人口と名目 GDP の関係を示したものであるが、人口と名目 GDP の間に正の相関関係があることを読み取ることができる。そこで、正確を期すために説明変数に人口（x）、被説明変数に名目 GDP（y）をとり、最小自乗法で回帰直線を推計すると、

$$y = 2.71x - 10.85$$

という結果を得る。人口の係数は 2.71 というプラス値をとっているので、名目 GDP は確かに人口に比例して増加している。ちなみに、この相関係数は 0.82 であるから、かなり高い正の相関関係を示していると言い得るだろう。

　要するに、アフリカのほとんどの国においては、人口が大きければ、その分名目 GDP も大きいのであるが、このことは、かつてアジアにおいて日本を起点として韓国、台湾、香港、シンガポールのアジア四小竜へ、さらには東南アジア、中国へと伝播していった本格的な経済成長の大きなうねりがアフリカにはまだ起きていないことを示唆している。というのは、もしアフリカにおいてそのような高度成長を経験していたとすれば、名目 GDP は人口

に対して直線的に上昇するというよりはむしろそれ以上の急カーブで上昇するはずだからである。

## （2）1人当たり GNI

　世界銀行は、人口 3 万人以上の国の経済を 1 人当たり GNI（Gross National Income：国民総所得）に基づき、世界各国を高所得国、高位中所得国、低位中所得国、低所得国という 4 階層に分類している。この見直し作業は毎年 7 月 1 日に行われるが、2014 年の場合、12,736 ドル以上が高所得国、12,736 ドルと 4,125 ドルの間が高位中所得国、4,125 ドルと 1,045 ドルの間が低位中所得国、1,045 ドル以下が低所得国という分類である。この分類に国連分類に基づく地理的要素を加味しつつ、アフリカ 54 カ国を抽出すると、次のようになる[14]。

　（イ）高所得国（12,736 ドル以上）
　　　東部（1 カ国）：セーシェル（13,990）
　（ロ）高位中所得国（12,736〜4,125 ドル：10 カ国）
　　　北部（3 カ国）：アルジェリア（5,480）、チュニジア（4,210）、
　　　　　　　　　　　リビア（7,910）
　　　中部（3 カ国）：赤道ギニア（12,640）、ガボン（9,450）、
　　　　　　　　　　　アンゴラ（4,850）
　　　東部（1 カ国）：モーリシャス（9,710）
　　　南部（3 カ国）：ボツワナ（7,240）、南ア（6,800）、ナミビア（5,680）
　（ハ）低位中所得国（4,125〜1,045 ドル：16 カ国）
　　　北部（3 カ国）：エジプト（3,050）、モロッコ（2,980）、スーダン（1,710）
　　　西部（5 カ国）：カーボベルデ（3,450）、ナイジェリア（2,970）、
　　　　　　　　　　　ガーナ（1,600）、コートジボワール（1,460）、
　　　　　　　　　　　モーリタニア（1,270）
　　　中部（3 カ国）：コンゴ（共）（2,710）、サントメプリンシペ（1,670）、
　　　　　　　　　　　カメルーン（1,360）
　　　東部（3 カ国）：ザンビア（1,680）、ケニア（1,290）、ジブチ[15]
　　　南部（2 カ国）：スワジランド（2,700）、レソト（1,340）
　（ニ）低所得国（1,045 ドル未満：27 カ国）
　　　西部（11 カ国）：セネガル（1,040）、ベナン（810）、

序　章　アフリカ経済を考える上でなぜ資源が重要か　　11

表 0-3　地域別所得分類（2014 年）

|  | 北部 | 西部 | 中部 | 東部 | 南部 | 計 |
|---|---|---|---|---|---|---|
| 高所得国 | 0 | 0 | 0 | 1 | 0 | 1 |
| 高位中所得国 | 3 | 0 | 3 | 1 | 3 | 10 |
| 低位中所得国 | 3 | 5 | 3 | 3 | 2 | 16 |
| 低所得国 | 0 | 11 | 3 | 13 | 0 | 27 |
| 計 | 6 | 16 | 9 | 18 | 5 | 54 |

出所：World Bank（2015）World Development Indicators Database

　　　　　　　　シエラレオネ（710）、ブルキナファソ（710）、
　　　　　　　　マリ（660）、トーゴ（570）、ギニアビサウ（550）、
　　　　　　　　ギニア（470）、ガンビア（440）、ニジェール（420）、
　　　　　　　　リベリア（370）
　　中部（3 カ国）：チャド（980）、コンゴ（民）（380）、
　　　　　　　　中央アフリカ（330）
　　東部（13 カ国）：南スーダン（940）、タンザニア（930）、ジンバブエ
　　　　　　　　（830）、コモロ（820）、ルワンダ（700）、ウガンダ
　　　　　　　　（680）、エリトリア（680）、モザンビーク（620）、
　　　　　　　　エチオピア（550）、マダガスカル（440）、ブルンジ
　　　　　　　　（270）、マラウイ（250）、ソマリア[16]

　表 0-3 は以上の結果を表にまとめたものであるが、この表からは地域特性に関していくつかの興味ある事実を指摘することができる。まずアフリカの高所得国は東部のセーシェル 1 カ国のみで、それ以外の 53 カ国は中所得国と低所得国のいずれかである。国の数では中所得国 26 カ国、低所得国 27 カ国である。北部と南部の国はすべて中所得国に属し、低所得国に属する国はないので、アフリカの中では比較的所得の高い地域であると言い得るだろう。北部と南部に敢えて優劣をつけると、域内国数に占める高位中所得国数の比率から、南部が上位に来る。これに対して、西部、中部、東部は逆に所得の低い地域である。しかし、中所得国数は西部 5 カ国、中部 5 カ国、東部 5 カ国であり、低所得国数は西部 11 カ国、中部 3 カ国、東部 13 カ国であるから、域内国数との比率で言えば、地域的には東部が最も低所得国の比率が高く、西部、中部がこれに次ぐ。この結果として、地域的には南部、北部、中部、

図 0-2　人口と 1 人当たり GNI（2014 年）

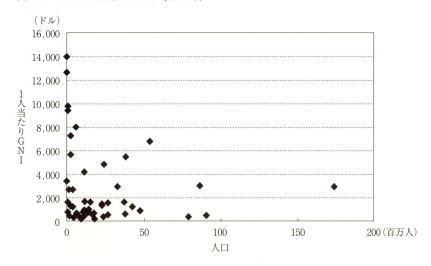

出所 1：IMF（2015）World Economic Outlook Databases
出所 2：World Bank（2015）World Development Indicators Database

西部、東部という順で所得が高い。

　図 0-2 は 2014 年時点におけるソマリア、ジブチを除くアフリカ 52 カ国の人口と 1 人当たり GNI の関係を示したものであるが、この図と人口と名目 GDP の関係を示した図 0-1 を比較すると、1 つの興味ある事実を指摘することができる。というのは、図 0-1 においては名目 GDP が人口に比例して増加する傾向があることを読み取ることができたが、図 0-2 においては人口と 1 人当たり GNI の間の相関係数はマイナス 0.12 であり、図 0-1 のような正の相関関係を読み取ることはできない。逆に大雑把ではあるが、人口小国の方がむしろ 1 人当たり GNI が大きいという傾向を読み取ることができる。なぜこのような結果になるかというと、図 0-2 からも明らかな通り、1 人当たり GNI が高い国には人口小国が多いので、それに引っ張られる形で相関係数もマイナスに引き寄せられるのである。ちなみに、1 人当たり GNI の上位 6 カ国はセーシェル、赤道ギニア、モーリシャス、ガボン、リビア、ボツワナであるが、これらの国の人口は下から数えてそれぞれ第 1 位、第 5 位、第 8 位、第 9 位、第 19 位、第 13 位である。

序　章　アフリカ経済を考える上でなぜ資源が重要か　　13

## 3．アフリカ諸国に富をもたらした要因

### （1）鉱物資源の有無

　表 0-4 は、2014 年時点におけるアフリカ 54 カ国を 1 人当たり GNI、主要産業、鉱物資源の有無[17]、主要輸出品に基づき分類したものであるが、この表を見ると、54 カ国の半分である 27 カ国がなぜ低所得国に止まっているのか、さらには、残り 27 カ国がなぜ低所得国を脱して中所得国のグループに仲間入りすることができたのかを大雑把ながら判断することができる。

　まず高位中所得国を見ると、そこに属する国は 11 カ国であるが、第 1 位のセーシェルと第 3 位のモーリシャスがインド洋上の島嶼国であるのに対し、残り 9 カ国は大陸部の国である。しかも、セーシェルとモーリシャスが鉱物資源をもたないのに対して、大陸部の 9 カ国はいずれも鉱物資源を有し、その産業も輸出もその鉱物資源に依存する度合いが大きい。ということは、結果的には鉱物資源を有する国がアフリカ大陸で高位中所得国になっているのである。

　セーシェルは、表 0-1 と表 0-2 が示す通り、アフリカで面積と人口が最小の国である。セーシェルは鉱物資源を有しないが、観光業と農業、水産業が盛んなことに加え、人口が小さいために、アフリカで 1 人当たり GNI が第 1 位となったと考えられる。住民の大半はクレオールと呼ばれる白人と黒人の混血である。クレオールが多いという意味では第 3 位のモーリシャスも同様だが、モーリシャスの場合は、インド商人の貿易中継地となっていた関係でクレオール以上にインド系が多い。モーリシャスもセーシェルと同様に鉱物資源をもたず、長らくサトウキビと茶のプランテーションに依存していたが、1970 年代に輸出加工区を作り、繊維産業を誘致し、アフリカでは唯一と言える輸出指向型工業化に成功した結果、所得上位国に定着した。なお、セーシェル、モーリシャスとも旧イギリス領である。

　赤道ギニアは、大陸部とギニア湾上の島からなる国で、アフリカで下から 5 番目の人口小国である。赤道ギニアは歴史的にはカカオ豆とコーヒーのプランテーションを中心とした農業国だったが、1992 年に海底油田が発見されて以来、著しい成長を遂げ、1 人当たり GNI の上位国の常連となった。ちなみに、2013 年の 1 人当たり GNI は 14,320 ドルとアフリカで最高で、

14

表 0-4　アフリカ諸国の１人当たり GNI（2014 年）と主要産業　　　　　（単位：米ドル）

| 所得 | 国名 | GNI | 主要産業 | 鉱物 | 主要輸出品 |
|---|---|---|---|---|---|
| 高所得 | セーシェル | 13,990 | 観光、水産 | 無 | 水産物 |
| 高位中所得 | 赤道ギニア | 12,530 | 鉱業 | 有 | 石油、天然ガス |
| | モーリシャス | 9,710 | 繊維 | 無 | 繊維 |
| | ガボン | 9,450 | 鉱業 | 有 | 石油 |
| | リビア | 7,910 | 鉱業 | 有 | 石油 |
| | ボツワナ | 7,240 | 鉱業 | 有 | ダイヤモンド |
| | 南ア | 6,800 | 鉱工業 | 有 | 金、工業製品 |
| | ナミビア | 5,680 | 鉱業 | 有 | ダイヤモンド |
| | アルジェリア | 5,480 | 鉱業 | 有 | 石油、天然ガス |
| | アンゴラ | 4,850 | 鉱業 | 有 | 石油、ダイヤモンド |
| | チュニジア | 4,210 | 観光、鉱工業 | 有 | 機械、肥料 |
| 低位中所得 | カーボベルデ | 3,450 | 水産 | 無 | 水産物 |
| | エジプト | 3,050 | 鉱工業 | 有 | 石油、繊維 |
| | モロッコ | 2,980 | 鉱工業、水産 | 有 | リン鉱石、繊維 |
| | ナイジェリア | 2,970 | 鉱業 | 有 | 石油、天然ガス |
| | コンゴ（共） | 2,710 | 鉱業 | 有 | 石油 |
| | スワジランド | 2,700 | 鉱業、繊維 | 有 | 繊維 |
| | スーダン | 1,710 | 鉱業 | 有 | 石油、金 |
| | ザンビア | 1,680 | 鉱業、農業 | 有 | 銅、コバルト |
| | サントメプリンシペ | 1,670 | 農業 | 無 | カカオ豆 |
| | ガーナ | 1,600 | 鉱業、農業 | 有 | 石油、金、カカオ豆 |
| | コートジボワール | 1,460 | 農業、鉱業 | 有 | カカオ豆、石油 |
| | カメルーン | 1,360 | 鉱業、農業 | 有 | 石油、カカオ豆 |
| | レソト | 1,340 | 農業、繊維、鉱業 | 有 | 繊維、ダイヤモンド |
| | ケニア | 1,290 | 鉱業、農工業 | 有 | 茶、園芸作物 |
| | モーリタニア | 1,270 | 農業、鉱業 | 有 | 鉄鉱石、石油 |
| | ジブチ | - | 運輸 | 無 | |
| 低所得 | セネガル | 1,040 | 農林水産業、鉱業 | 有 | 水産物、リン酸製品 |
| | チャド | 980 | 農業、鉱業 | 有 | 石油、綿花 |
| | 南スーダン | 940 | 農業、鉱業 | 有 | 石油 |
| | タンザニア | 930 | 農業、鉱業 | 有 | 金、コーヒー、タバコ葉 |
| | ジンバブエ | 830 | 農業、鉱業 | 有 | ニッケル、綿花 |
| | コモロ | 820 | 農業 | 無 | クローブ、香油、バニラ |
| | ベナン | 810 | 農業 | 無 | 綿花 |
| | シエラレオネ | 710 | 農業、鉱業 | 有 | 鉄鉱石、ダイヤモンド |
| | ブルキナファソ | 710 | 農業、鉱業 | 有 | 綿花、金 |
| | ルワンダ | 700 | 農業、鉱業 | 有 | コルタン、錫、茶 |
| | ウガンダ | 680 | 農林水産業 | 無 | コーヒー、淡水魚 |
| | エリトリア | 680 | 農業、鉱業 | 有 | 家畜、ソルガム |
| | マリ | 660 | 農業、鉱業 | 有 | 金、綿花 |
| | モザンビーク | 620 | 農林水産業、鉱業 | 有 | アルミ、天然ガス、エビ |
| | トーゴ | 570 | 農業、鉱業 | 有 | セメント、リン鉱石 |
| | ギニアビサウ | 550 | 農林水産業 | 無 | カシューナッツ、エビ |
| | エチオピア | 550 | 農業、鉱業 | 有 | コーヒー、金 |
| | ギニア | 470 | 農業、鉱業 | 有 | 金、ボーキサイト |
| | マダガスカル | 440 | 農林水産業、鉱業 | 無 | バニラ、甲殻類、ニッケル |
| | ガンビア | 440 | 農業 | 無 | 落花生 |
| | ニジェール | 420 | 農業、鉱業 | 有 | 原油、ウラン |
| | コンゴ（民） | 380 | 農業、鉱業 | 有 | ダイヤモンド、原油 |
| | リベリア | 370 | 農林業、鉱業 | 有 | ゴム、鉄鉱石 |
| | 中央アフリカ | 330 | 農林業、鉱業 | 有 | 木材、ダイヤモンド |
| | ブルンジ | 270 | 農業 | 無 | コーヒー、茶 |
| | マラウイ | 250 | 農業 | 無 | タバコ葉、茶 |
| | ソマリア | - | 農業 | 無 | 農産物 |

出所 1：1 人当たり GNI は World Bank（2015）World Development Indicators Database
出所 2：それ以外は外務省ホームページから筆者が作成。

序　章　アフリカ経済を考える上でなぜ資源が重要か　　　15

なおかつ唯一の高所得国であったが、世界的な原油価格安が響き、2014年には高所得国から転落し、セーシェルに次ぐ第2位となった。赤道ギニアは旧スペイン領であるが、スペインがアフリカで所有した植民地はここと西サハラのみである。

第4位のガボン、第5位のリビア、第9位のアルジェリア、第10位のアンゴラも赤道ギニアと同じ産油国である。これに対して、第6位のボツワナ、第7位の南ア、第8位のナミビアは南部アフリカに属し、互いに国境を接した隣国同士である。これら3カ国はダイヤモンドの産地という共通点もある。高位中所得国の最後はチュニジアであるが、ここはリン鉱石の産地で、リン酸肥料が重要な輸出品の1つである。

次に低位中所得国16カ国を見ると、島嶼国はカーボベルデ、サントメプリンシペの2カ国のみで、カーボベルデがアフリカ最西端であるセネガルのベルデ岬沖の大西洋上に位置し、サントメプリンシペはギニア湾上に位置する。両国とも旧ポルトガル領で、面積、人口ともにセーシェルに次ぎそれぞれ下から第3位と第2位である。鉱物資源の有無について見ると、もたない国はカーボベルデ、サントメプリンシペ、ジブチの3カ国のみで、残り13カ国が鉱物資源を有する。鉱物資源を有する国の比率は高位中所得国の場合で82％、低位中所得国の場合で81％、中所得国全体で81％である。

最後に低所得国を見ると、島嶼国はコモロ、マダガスカルの2カ国のみである。マダガスカルはモザンビークの沖合に位置する面積が世界で4番目に大きい島であるが、コモロはそのマダガスカルと大陸の間に位置する面積も人口もアフリカで4番目に小さな島国である。両国はともに旧フランス領である。低所得国の中で鉱物資源をもたない国は27カ国中8カ国、もつ国は19カ国で、鉱物資源を有する国の比率は70％である。

以上の結果から2つの興味ある事実を指摘することができる。その1つは鉱物資源国の多さで、54カ国中41カ国が鉱物資源を有し、鉱物資源保有国は全体の3/4を上回る。要するに、アフリカでは所得の高低にかかわらず鉱物資源を有する国が多いのである。しかし、高位中所得国、低位中所得国、低所得国の3分類で言えば、上位にいくほど鉱物資源を有する国の比率が高くなることも事実である。ちなみに、500ドルを境に低所得国を高位と低位に便宜的に分類すると、国の数はそれぞれ17カ国、10カ国である。これに対して、鉱物資源を有する国の数はそれぞれ13カ国、6カ国であり、鉱物

16

表 0-5　　非鉱物資源国の主要産業（2014 年）

| 所得 | 国名 | 産業 | | | | |
|---|---|---|---|---|---|---|
| | | 農業 | 水産業 | 製造業 | 運輸業 | 観光業 |
| 高位中所得 | セーシェル | | ○ | | | ○ |
| | モーリシャス | | | ○ | | |
| 低位中所得 | カーボベルデ | | ○ | | | |
| | サントメプリンシペ | ○ | | | | |
| | ジブチ | | | | ○ | |
| 低所得 | コモロ | ○ | | | | |
| | ベナン | ○ | | | | |
| | ウガンダ | ○ | ○ | | | |
| | ギニアビサウ | ○ | ○ | | | |
| | ガンビア | ○ | | | | |
| | ブルンジ | ○ | | | | |
| | マラウイ | ○ | | | | |
| | ソマリア | ○ | | | | |

出所：表 0-4 より筆者作成。

資源を有する国の比率はそれぞれ 76%、60% である。ここで、鉱物資源を有する国の比率を高位中所得国、低位中所得国、高位低所得国、低位低所得国の順に列記すると、82%、81%、76%、60% となるから、この数字からも高位にいくほど、鉱物資源を有する国の比率が高くなることを看取できる。

## （2）鉱物以外の資源

　表 0-5 は、表 0-4 から鉱物資源をもたない 13 カ国を抽出し、それらの国の主要産業を分類したものであるが、この表からもいくつかの興味ある事実を指摘することができる。主要産業という点で言えば、農業が 13 カ国 9 カ国と圧倒的に多く、4 カ国の水産業がこれに次ぐ。農業と水産業以外では、製造業、運輸業、観光業を主要産業とする国がそれぞれ 1 カ国ずつある。

　次に所得分類を見ると、中所得国が 5 カ国で低所得国が 8 カ国である。中所得国は高位 2 カ国と低位 3 カ国に分類される。高位中所得国 2 カ国はいずれも島嶼国であり、なおかつ、非農業国である。低位中所得国 3 カ国のうち 2 カ国も島嶼国であるから、中所得国においては島嶼国の占める比率が高い。中所得国中唯一の非島嶼国はジブチである。ジブチはエリトリア、エチオピア、ソマリアと国境を接する東部アフリカに属する国であるが、国土の大半

序　章　アフリカ経済を考える上でなぜ資源が重要か　　17

が砂漠地帯であり、農業には不向きであるが、内陸国エチオピアに向けて鉄道が通じていることから、その経済はジブチ港とジブチ・エチオピア鉄道による中継貿易に依存するところが大きい。中所得国5カ国中唯一の農業国がサントメプリンシペである。サントメプリンシペは、ギニア湾上に浮かぶサントメ島とプリンシペ島、さらにはその周辺の島々を国土とする国である。サントメ島もプリンシペ島も赤道直下で高温多湿なため、当初はサトウキビの栽培が盛んであったが、現在ではカカオ豆の栽培が盛んである。

次に低所得国8カ国を見ると、島嶼国はコモロのみで、残り7カ国は大陸部に属する国である。コモロは島嶼国であるが、その主要産業は農業で、バニラやクローブといった香料の生産が盛んである。水産業が盛んな低所得国は大陸部のウガンダとギニアビサウであるが、ウガンダは内陸国で、ギニアビサウは大西洋に面した沿岸国である。なぜ内陸国のウガンダで水産業が盛んかというと、ウガンダがアフリカ最大の湖であるビクトリア湖の沿岸国だからである。


（3）まとめ

　以上の分析結果をまとめると、アフリカ経済の特徴として次の諸点を指摘できると思う。

①東アジアには日本、アジア四小龍、中国、ASEANへと続く輸出指向型工業発展戦略で成功した国の系譜が存在するが、アフリカにはそうした系譜がない。そうした戦略で成功した国はアフリカではモーリシャス一国のみであるが、インド洋上に位置する地理的位置、インド系が住民の7割近くを占めるという人種構成を考慮すれば、モーリシャスは純粋なアフリカ国家とは言い難い面があるので、モーリシャスを除いてしまうと、輸出指向型工業発展戦略で成功した国はアフリカでは皆無となってしまう。

②アフリカではその経済を鉱物資源に依存する国が多い。また、単に鉱物のみならず農産物も資源に含めれば、アフリカの国のほとんどが有資源国で、しかも、その資源に経済が大きく依存している。

## 4．本書の目的と構成

### （1）本書の目的

　たとえばアジアを例にとると、昔は「アジア経済論」といった題名の本を多数目にすることができたが、最近はそのような名の本を見ることはまずない。なぜそのような名の本がなくなったかというと、読者が西のトルコから東の日本に至る広大な地域を1つのアジアとして括って、その経済を論じるというやり方に満足しなくなっているからである。換言すれば、読者の関心はアジアそのものからアジアを構成する個別の地域や国に移っていて、そうした読者のニーズを踏まえ、アジア経済論が韓国経済論、中国経済論、東南アジア経済論、インド経済論に細分化しているのである。ところで、アジアを北はロシア以南、西はトルコとウラル山脈以東、南はオーストラリア以北、東は日本以西の地域と定義しても、そこに属する国の数が50カ国に満たないから、54カ国を擁するアフリカを一括りしても、その漠然さはアジア以上のはずである。しかし、アジア以上の漠然さにもかかわらず、アフリカが東西南北中の地域ごとないしは国ごとに論じられることは稀で、今日でも依然として一括りの「アフリカ経済論」として論じられることが圧倒的に多い。ということは、アジアとは異なり、アフリカの場合は読者の関心がまだ個別の地域や国に移ってはいないのである。それゆえ、本書においてもあくまで「アフリカ」にこだわり、「アフリカ経済論」を論じ続けるつもりであるが、この漠然としたテーマに埋没することなく、「アフリカ経済論」を論じきるために、あえて1つの切り口を用意した。その切り口が「資源」であるが、「資源」によってアフリカ54カ国を分類・分析すると、この序章でも述べたように、1つの「アフリカ」の鮮明な姿がくっきりと浮かび上がってくるのである。したがって、本書執筆の目的とは、「資源」という切り口によってアフリカ54カ国を分析することによって、「アフリカ」の経済的諸特徴を最大公約数的に明らかにすることである。

### （2）本書の構成

　本書は3部構成であり、第1部においては「資源」という先入観をもつことなしに客観的に「アフリカ」を観察・分析するが、その順序として第1章

においては各国の GDP を比較検討する。次いで第 2 章から第 4 章において資本、労働、技術という 3 つの生産要素が GDP に与えた影響を考察する。ここまでは内的要因の分析であるが、第 5 章と第 6 章においては外的要因である外資と援助が GDP に与えた影響を考察する。そして、第 7 章と第 8 章においては各国の経済構造を国内的側面と対外的側面に分けて考察する。

第 1 部の客観的分析を通じて「アフリカ」における「資源」のもつ意味の重要性が再確認できるので、第 2 部においては「資源」に特化した分析を行う。具体的には第 9 章においてアフリカにおける資源の分布状況を網羅的にチェックするとともに、それぞれの資源の特性を詳述する。次に、この分布状況を踏まえつつ、資源の優劣を論じるのが第 10 章である。そして、第 11 章と第 12 章においてはどういう国が有資源国として成功し、失敗したかを具体的事例ともに詳述する。

第 1 部と第 2 部における主体はあくまで「アフリカ」であり、分析の主眼はアフリカ各国が何をしたかであったが、第 3 部においては「アフリカ」は客体であり、主体を「外国」に変え、外国がアフリカに何をしたかを分析する。具体的には第 13 章において欧米諸国がアフリカに対して何をしたかを概観し、第 14 章においてアジア諸国がアフリカに対して何をしたかを概観する。

---

1  正式国名は南アフリカ共和国であるが、本書においては原則として「南ア」と略記する。

2  地球上で最大の陸地がユーラシア（全陸地の約 40%、以下同様）で、南北アメリカ（約 30%）、アフリカ（約 20%）、南極（10%弱）、オーストラリア（5%強）、島嶼部（5%弱）と続く。

3  大西洋とモロッコ、モーリタニア、アルジェリアの 3 国に挟まれる西サハラはスペインの植民地であったが、地域の大半はモロッコに実効支配されている。一方、亡命政権であるサハラ・アラブ民主共和国も領有を主張していて、決着がついていない。

4  マダガスカル島は面積でグリーンランド、ニューギニア、ボルネオに次ぐ世界第 4 位の大きさを誇る。

5  6 カ国の面積はカーボベルデ 4,033km$^2$、サントメプリンシペ 1,001km$^2$、セーシェル 460km$^2$、コモロ 2,236km$^2$、モーリシャス 2,045km$^2$、マダガスカル 587,041km$^2$である。

6  正式国名はコンゴ民主共和国であるが、本書においては原則として「コンゴ（民）」

と略記する。

7 正式国名はコンゴ共和国であるが、本書においては原則として「コンゴ（共）」と略記する。

8 赤道ギニアは大西洋上の島嶼部とカメルーンとガボンに挟まれた大陸部より構成される国であるが、大陸部の面積の方が広いので、島嶼国ではなく、大陸部に分類した。

9 国連のホームページを参照した。

10 以上の数字は IMF のホームページからの引用である。

11 以上の数字は CIA のホームページからの引用である。

12 ソマリアを除く理由は、長期間の紛争が GDP の計測を困難にしたためである。

13 以下、特にことわらない限り、「ドル」とは「米ドル」のことである。

14 World Bank のホームページからの引用である。なお、国名に続く括弧内の数字の単位は全て米ドルである。

15 世界銀行はジブチを低位中所得国に分類しているが、数値は特定していない。

16 世界銀行はソマリアを低所得国に分類しているが、数値は特定していない。

17 ここでいう鉱物資源の有無とは 2014 年時点のものであり、過去に発掘の事実があったもの、現在休止中のもの、現在開発中のものは含まない。また、鉱物資源があっても、GDP や輸出への貢献が極小な場合も有資源国としてカウントしなかった。

序　章　アフリカ経済を考える上でなぜ資源が重要か　　21

第**1**部

・

# アフリカ経済の何が問題か

・

アフリカ経済の問題点を明確に洗い出すために、単純ではあるが、厳密な理論的考察を加えることとしよう。その手始めとして次のような生産関数を考える。

$Y = F(K, L, A)$

この関数は、Y（産出量）がK（資本）、L（労働）、A（技術）という3つの生産要素の組み合わせで生産されることを示している。この関数が連続で、かつ微分可能と仮定し、両辺を全微分すると、

$dY = (\partial F/\partial K)\, dK + (\partial F/\partial L)\, dL + (\partial F/\partial A)\, dA$

となる。次に両辺をYで割り、若干の変換を施すと、最終的に次のような形となる。

$dY/Y = (\partial F/\partial K)\, (dK/K)\, (K/Y) + (\partial F/\partial L)\, (dL/L)\, (L/Y) + (\partial F/\partial A)\, (dA/A)(A/Y)$

この式の左辺はGDP成長率である。他方、右辺はそれぞれが似通った3つの項の和であり、その3つの項は次のような3つの項の積である。

① （資本の限界生産力）×（資本成長率）×（資本産出量比率）
② （労働の限界生産力）×（労働成長率）×（労働産出量比率）
③ （技術の限界生産力）×（技術成長率）×（技術産出量比率）

要するに、GDP成長率は資本、労働、技術という3つの生産要素に関係する部分に分解され、さらに言えば、3つの生産要素それぞれの限界生産力、成長率、産出量比率の積に分解されるのである。

第1部においてはこの等式関係を念頭に置きつつ、アフリカ経済の問題点を詳細かつ鮮明に洗い出すことにする。

まず第1章においては等式の左辺の部分、すなわち、GDP成長率を考える。第1章では統計が利用できる時代と利用できない時代とを別々に考察する。基本的には統計が利用できる時代とは独立以後である。ここで多くの国が独立した1960年時点に着目すると、その時点でほとんどの国は低開発状態だった。独立時点で低開発だったということは、独立以前の長い期間にわたって多くの国が低開発状態であったことを意味する。そこで、第1章の前半部分においては、なぜアフリカが長期にわたって停滞したか、その理由を

24　第1部　アフリカ経済の何が問題か

地理的、歴史的、社会的な経緯を踏まえて考察する。他方、独立以後は統計が利用できる時代なので、GDP 成長率に関する具体的数値を見ながら、どのような国が高成長を達成し、また、どのような国が低成長に喘いでいたのか、その理由を国ごとの事例を踏まえつつ考察する。

次の第 2 章から第 4 章までは生産関数の右辺の部分、すなわち、各生産要素が如何なる貢献をしたかを考察する。

第 2 章では資本が果たした役割を考察する。ただし、アフリカの場合、資本量を統計的に把握することは極めて困難である。そこでまず歴史的経緯を踏まえ、植民地化以前、植民地時代、独立時代という 3 つの時代区分を行った上で、それぞれの時代における資本蓄積に関する一般的特徴を洗い出す。次いで、利用可能な統計数字の関係から、2000 年以前、2001 年以後という年代区分を行った上で、それぞれの年代における貯蓄率と投資率の動向を見ながら、アフリカにおける資本蓄積の現状を探る。

第 3 章では労働が果たした役割を考察する。ここで考えることは労働力の量と質と価格であるが、アフリカにおいては人口の大半が農村に住み、農業に従事しているのが普通であるから、農村人口、耕地面積というような指標を見つつ、その上で農業部門における労働生産性の問題を考察しながら、労働力の量と質の問題を考える。次いで、関心を農村から都市へ移し、都市における物価問題を参考に労働力の量と質の問題を考える。

第 4 章では技術が果たした役割を考察する。はじめに技術面の歴史を概観しながら、アフリカで技術進歩が遅れた理由を考察するとともに、現状における課題が何かを浮き彫りにする。次いで、全要素生産性成長率、成人識字率、宗教、就学率、政府の教育分野への支出といった指標に関する具体的数字を見ながら、現状における技術面での課題が何であるかを浮き彫りにする。

資本、労働、技術という 3 つの要素はいずれも国内的な生産要素であるが、ある国の成長を考察するためにはそれだけでは不十分で、対外的要素も加味する必要があると思う。そこで、次の 2 つの章では対外的な要素としての外資と援助を取り扱う。

第 5 章では外資を考察する。はじめにアフリカの歴史を概観しながら、資金の出し手と受け手という 2 つの立場からアフリカに流れ込んだ外資の意味を考える。次いで、利用可能な統計数字の関係から、2000 年以前、2001 年以後という年代区分を行った上で、それぞれの年代における直接投資、間接

投資、個人送金という 3 つの指標の動向を見つつ、資本流入の実態を明らかにする。

　第 6 章では援助を考察する。第 5 章では資金の出し手と受け手という 2 つの立場に立って外資を考えたが、第 6 章でも援助の出し手と受け手という 2 つの立場に立って、まず援助の歴史的特徴を洗い出す。次いで、援助を有償、無償、技術協力に分けた上で、2000 年以前、2001 年以後という年代区分に沿ってアフリカに流入した援助額の動向を見る。こうした作業を通じて援助の問題点が朧気ながら浮かび上がってくるので、最後にやはり援助の出し手と受け手という 2 つの立場に立って、それぞれが抱える援助の具体的問題点を明らかにする。

　第 1 章から第 6 章までの分析を通じて、如何なる生産要素が投入されたことによって如何なる産出が出てくるか、その全容がほぼ明らかになると考える。そこで、この分析結果を踏まえて、第 7 章と第 8 章ではアフリカ経済がもつ諸特徴を洗い出すこととする。

　第 7 章では国内的視点に立脚した分析を行う。第 7 章では経済の発展とともに基幹産業は農業を中心とした第一次産業から鉱工業を中心とした第二次産業へ、さらにはサービス業を中心とした第三次産業に移行という考え方を踏まえ、まず 1990 年と 2013 年における GDP の産業別構成比を比較する。この比較の目的は、農業から鉱工業さらにはサービス業への移行のペースが世界経済の平均より速いか遅いかを確認することである。この確認作業を通じて、アフリカ経済が如何なる産業構造上の問題点を有しているのか、その全体像を明らかにするとともに、そうした問題を引き起こしている要因についても具体的な考察を加えたい。

　第 8 章では対外的視点に立脚した分析を行う。まず前半部分ではそれぞれ低迷期と成長期を代表する年と考えられる 1990 年と 2013 年に着目し、それらの年における貿易統計を具体的にチェックする。次いで、アフリカ各国が如何なる相手と如何なる商品の輸出入を行っているか、その概略を洗い出すことによって、アフリカの対外経済関係の特徴の一端を明らかにする。そして、後半部分では、アフリカを東西南北中の 5 地域に分割し、それぞれの地域を代表する地域経済共同体の貿易相手を比較しながら、いずれの共同体が最も域内統合が進んでいるかを明らかにする。

# 第1章

# アフリカはどのように成長したか

　本章においては、まずアフリカの成長の諸特徴を歴史的な経緯を踏まえつつ大雑把に洗い出し、次いで1960年代以降の統計数字に言及しながら、成長の足取りを個別具体的に跡づけていくこととしたい。

## １．発展の阻害要因

　アフリカの発展を阻害してきた負の遺産としてしばしば指摘される要因が奴隷貿易と植民地支配の２つであるので、以下ではこの２つを詳述する。

### （１）奴隷貿易

　アフリカにおいてはインド洋奴隷貿易と大西洋奴隷貿易という２つの流れがあり、歴史的にはインド洋奴隷貿易の方が大西洋奴隷貿易より起源が古く、かつ連綿と続いてきた。このインド洋奴隷貿易が質的に変化するのが1770年代であり、東部沿岸からの奴隷輸出が盛んとなり、特に19世紀に入って急増する。増加をもたらした要因の１つが象牙、クローブ[1]、コプラ[2]といった商品に対する需要増[3]で、その需要増がこれらの商品を扱うザンジバル[4]に大きな経済的繁栄をもたらした。もう１つの要因はモーリシャス、レユニオン[5]といったインド洋上のフランス領諸島での商品作物栽培の隆盛で、たとえば、モーリシャスの砂糖、レユニオンのコーヒー（ナポレオン戦争後は砂糖）の栽培に必要な労働力が当初はマダガスカルから、次いでモザンビークから輸出された。

27

これに対して、大西洋奴隷貿易は地理上の発見を契機とする比較的新しいものであるが、規模の大きさもアフリカに与えた影響もはるかに甚大だった。大西洋奴隷貿易のきっかけを作ったのはスペインである。すなわち、地理上の発見によって新大陸に進出したスペインはそこで大規模な鉱山とプランテーションの経営に着手するが、その過程で原住民を酷使したため、労働力不足が深刻な問題として浮上した[6]。この労働力不足に対処するため、1510年、スペイン国王はアフリカ人奴隷の輸送に勅許を出すが、これが奴隷貿易の本格的な契機となった。しかし、大西洋奴隷貿易を実際に始めたのはスペインではなくポルトガルである。というのは、1493年のローマ教皇による調停と翌1494年のトルデシリャス条約の締結によって西経46度37分の分界線の西はスペイン、東はポルトガルという勢力分布が確定しており、奴隷供給源のアフリカを自国の勢力内に納めていたポルトガルの方が奴隷貿易を行う上で有利な立場に立っていたからである。

　ポルトガルの覇権は17世紀に入るとオランダに取って代わられるが、この時代に奴隷は大西洋貿易最大の商品となったと言っても過言ではない。この時期に奴隷貿易を加速したものが各国東インド会社によってもたらされた紅茶であり、18世紀に入ると、コーヒーも嗜好品として普及した。この結果、ヨーロッパで砂糖需要が急増し、この需要に応えるため、オランダ、ポルトガル、イギリス、フランスが中南米での砂糖栽培に参入し、これが奴隷の需要増をもたらした。そして、その後は米国南部の綿花プランテーションの繁栄が奴隷需要増に寄与した。

　奴隷貿易が長期的かつ大規模に機能した背景には構造的特徴がある。その特徴とは大西洋を挟んだアフリカ、南北アメリカ、ヨーロッパの3大陸を結ぶ交易サイクルである。この三角貿易において、ヨーロッパの奴隷商人はヨーロッパで綿製品、羊毛、酒類、鉄砲、火薬、装飾品などを仕入れ、それをアフリカ沿岸部で奴隷と交換した。交換率は概ね銃1丁プラス若干の奢侈品に対して奴隷1人の割合だったと言われている。商人たちは奴隷をカリブ海やブラジルに搬送し、そこで奴隷と引き換えに綿花・砂糖・銀といった産品を買い付け、ヨーロッパに持ち込んだ。

　アフリカ人奴隷の大半はヨーロッパ向け商品作物を栽培する奴隷制プランテーションに輸出されたが、その他スペイン領での鉱山労働力、あるいは一般の家僕やその他の労働力としても使われた。アフリカ人奴隷の男女比率は

概ね2対1で、女子も労働力として酷使されたから、その出産率は低く、現地でのアフリカ人労働力の再生産は部分的にしか維持されなかった[7]。この輸出先で労働力が再生産されにくいという性格も大西洋奴隷貿易が400年以上も継続する要因の1つであったと考えられる。

　しかし、18世紀後半になると、新大陸で奴隷の子孫が増加し、安価な労働力が手に入りやすくなった。こうなると、高価な奴隷の輸入に対する需要は先細るようになる。加えて、ヨーロッパにおける産業革命の進展がアフリカの見直しを惹起した。というのは、産業革命を推進するためにはより多くの資源が必要であり、その資源の供給地としてアフリカが注目され始めたからである。アフリカで資源を産出するためには当然現地労働力が必要となるから、結果として、アフリカでの現地労働力の需要増と新大陸での労働力の需要減が相俟って、大西洋奴隷貿易自体が先細っていくことになる。そして、1803年のデンマークに続き、1807年イギリス、1808年米国、1814年オランダ、1818年フランスと、各国が奴隷貿易の廃止を法制化することで、大西洋奴隷貿易は終焉を迎えることになった。大西洋奴隷貿易で連れ去られた奴隷数についての推計は、多いもので2,000万人、少ないもので900万人と大きな幅があるが、大体1,000万人前後と考えるのが妥当だと思う[8]。

## （2）植民地支配
### （イ）アフリカ分割

　北部においてはエジプトの歴代王朝、西部においてはガーナ[9]、マリ[10]、ソンガイ[11]という各王国といった具合に、部分的には繁栄した国家が存在したことは事実である。しかし、大陸全体を見渡すと、強固な国家で埋め尽くされていたわけではないので、アフリカは外部勢力の浸食を受けやすいという弱点を歴史的にももっていたと考えられるが、その弱点が一気に吹き出したのが19世紀後半だった。すなわち、この時期になると、産業革命を経験し、その生産力を飛躍的に高めたヨーロッパ列強諸国が資源の供給地かつ製品の消費地としてのアフリカを自国の影響下に置くべく陣取り合戦を開始し、中には列強間の深刻な対立も生まれるようになっていた。

　こうした列強間の利害対立を調停する場となったのがドイツの宰相ビスマルクが主宰したベルリン会議（1884～1885年）であり、この会議に参加したヨーロッパ12カ国[12]と米国、オスマン・トルコの計14カ国によってアフ

リカ分割の原則が確認された。この確認事項によってヨーロッパ列強による
アフリカの植民地化が一気に進み、アフリカ大陸ではエチオピアとリベリ
ア[13]を除く全ての土地がイギリス、フランス、ドイツ、イタリア、スペイン、
ポルトガル、ベルギーの7カ国によって完全に分割されてしまった。換言す
れば、現在54カ国を数えるアフリカのうちでエチオピアとリベリアを除い
た52カ国が植民地化されたわけだが、それら52カ国を地理的要素も加味し
ながら宗主国別に分類すると次のようになる。

 （a）イギリス（19カ国）

  北部（2カ国）：エジプト、スーダン

  西部（4カ国）：ガンビア、シエラレオネ、ナイジェリア、ガーナ

  東部（9カ国）：南スーダン、ソマリアの一部、ケニア、ウガンダ、
        マラウイ、ザンビア、ジンバブエ、セーシェル、
        モーリシャス

  南部（4カ国）：ボツワナ、南ア、レソト、スワジランド

 （b）フランス（18カ国）

  北部（3カ国）：チュニジア、アルジェリア、モロッコ

  西部（9カ国）：モーリタニア、マリ、ニジェール、チャド、
        セネガル、ギニア、コートジボワール、
        ブルキナファソ、ベナン

  中部（3カ国）：ガボン、中央アフリカ、コンゴ（共）、

  東部（3カ国）：ジブチ、コモロ、マダガスカル

 （c）ドイツ（6カ国）

  西部（1カ国）：トーゴ

  中部（1カ国）：カメルーン

  東部（3カ国）：ブルンジ、ルワンダ、タンザニア[14]

  南部（1カ国）：ナミビア

 （d）イタリア（3カ国）

  北部（1カ国）：リビア

  東部（2カ国）：エリトリア、ソマリアの大部分

 （e）スペイン（1カ国）

  中部（1カ国）：赤道ギニア

 （f）ポルトガル（5カ国）

西部（2 カ国）：カーボベルデ、ギニアビサウ

　　中部（2 カ国）：アンゴラ、サントメプリンシペ

　　東部（1 カ国）：モザンビーク

　（ g ）ベルギー（1 カ国）

　　中部（1 カ国）：コンゴ（民）

　なお、上記 7 分類の合計は 53 カ国となり、52 カ国を 1 カ国だけ上回るが、これは現在のソマリアがイギリス領とイタリア領に分かれていたために起きた重複である。また、第一次世界大戦でドイツが敗戦国となった結果、ドイツの植民地 6 カ国は国際連盟が委任する国の委任統治領[15]になり、第二次世界大戦後は国際連合の信託を受けた国の信託統治領[16]となった。

### （ロ）植民地の基本的性質

　各植民地にはそれぞれ地域ごとの特性があるが、あえてアフリカ全体を一括りにすれば、アフリカにおける植民地統治の根幹は、アフリカ人に課税する一方で、アフリカ人の労働力を強制調達することであったと言っても過言ではない。

　まず課税の面では住民の中で白人入植者と原住民をあからさまに差別した。つまり、白人入植者には税金を課さなかった代わりに原住民からは様々な税を徴収したのである。課税の中でも重要なのが小屋税と人頭税で、この 2 つの課税が部族中心に自給自足経済を営んでいた多くの地域を変革し、原住民の賃労働者化と貨幣経済の浸透を促した。というのは、小屋税と人頭税は金納で、かつ宗主国の通貨での支払いを義務づけられたから、住民は宗主国の通貨を得るために、植民会社、白人経営のプランテーション、鉱山などで働かざるを得なくなった。これが貨幣経済を植民地のすみずみまで浸透させ、原住民を出稼ぎ労働に向かわせる最大の要因となった。

　労働力の強制的調達について言えば、植民地支配の本質が資源の収奪だったという点を考慮する必要がある。すなわち、宗主国にとって何よりも重要なことは本国における産業資本主義の発展であり、アフリカは、本国の工業に必要な産品を生産し、それを本国に輸出することをまず求められた。そこで考え出された方法が強制労働と強制栽培である。この強制労働と強制栽培を通じて、アフリカはヨーロッパを中心とした世界経済に組み込まれるとともに、世界経済への従属を強いられた。植民地は、原料の供給地として輸出用の商品作物をモノカルチャー形式で生産することを強制されたが、その一

第 1 章　アフリカはどのように成長したか　　31

方で、良質な農地を白人入植者が独占することで、土地から閉め出された原住民の主要作物栽培が制限されたから、原住民の多くは商品作物の生産現場で雇用される労働者とならざるを得なかった。しかも、農産物や鉱産物の輸出によって得られた経済余剰は宗主国に流出したから、植民地内に止まることはなかった。そして、このことが独立後の経済開発の財源不足の遠因となった。他方で、植民地は宗主国で生産された工業製品の消費地としての役割を担わされた。大量生産された工業製品は安価であるから、その輸入によって植民地の既存手工業が壊滅的な打撃を受けて、それに従事する職人層が激減した。こうして、アフリカの植民地には一次産品輸出と生産性の低い脆弱な農工業という2つの構造的特徴が定着する。

## 2．独立後の状況

### （1）アフリカの独立

　ベルリン会議の結果として、エチオピアとリベリアを除く地域が植民地化したが、その植民地がいつ独立したかを列記すると、次のようになる。

1910 年　南ア

1922 年　エジプト

1951 年　リビア

1956 年　スーダン、チュニジア、モロッコ

1957 年　ガーナ

1958 年　ギニア

1960 年　ガボン、カメルーン、コートジボワール、コンゴ（共）、
　　　　　　コンゴ（民）、セネガル、ソマリア、チャド、中央アフリカ、
　　　　　　トーゴ、ナイジェリア、ニジェール、ブルキナファソ[17]、
　　　　　　ベナン[18]、マダガスカル、マリ、モーリタニア

1961 年　シエラレオネ、タンザニア

1962 年　アルジェリア、ウガンダ、ブルンジ

1963 年　ケニア

1964 年　ザンビア、マラウイ

1965 年　ガンビア

1966 年　ボツワナ、レソト

1968 年　スワジランド、赤道ギニア、モーリシャス

1973 年　ギニアビサウ

1975 年　アンゴラ、カーボベルデ、コモロ、サントメプリンシペ、
　　　　　モザンビーク

1976 年　セーシェル

1977 年　ジブチ

1980 年　ジンバブエ

1990 年　ナミビア

1993 年　エリトリア

2011 年　南スーダン

　以上の結果をまとめると、第一次世界大戦勃発前に独立した国は南ア 1 カ
国のみ、また第一次世界大戦と第二次世界大戦の戦間期に独立した国はエジ
プト 1 カ国のみで、残りはすべて第二次世界大戦後の独立ということになる。
なぜ第二次世界大戦後に独立が急増したかというと、第二次世界大戦で疲弊
したヨーロッパ諸国にとって植民地経営が本国に繁栄をもたらす以上に重い
負担としてのしかかってきたからである。この負担を倍加させたのが植民地
における独立運動の激化である。この独立運動に対して植民地支配の二大勢
力であるイギリスとフランスが正反対の対応をした。すなわち、イギリスが
最終的に独立を容認する方向に動いたのに対して、フランスは植民地体制を
実質的に堅持できる方向に動いたのである。そのために第二次世界大戦後の
第四共和政下でフランスが採用した枠組みがフランス連合[19]であり、この枠
組みの中で植民地は本国と平等な権利義務を与えられることになった。しか
し、この枠組みに満足しないベトナムとアルジェリアがフランスと戦争状態
となり、ベトナムについては、1955 年のジュネーブ協定で南北 2 つのベト
ナムがフランスから独立した。他方、1958 年にアルジェリア問題が危機的
状況になると、第二次世界大戦の英雄であるドゴール将軍が政界に復帰し、
大統領権限を強化した第五共和政を樹立する。この第五共和政下でフランス
連合はフランス共同体[20]に改組された。この新しい枠組みの下で、植民地は
内政についての完全な自治権を認められる一方で、防衛・外交・通貨などに
ついては自治権を認められず、フランス共同体を実質的に掌握するフランス
の手に委ねられた。フランス共同体への改組によってフランスが享受するメ
リットとは植民地経営にかかる費用の軽減である。というのは、フランス共

第 1 章　アフリカはどのように成長したか　　33

同体への改組によってこれまで植民地経営の中核であったフランス領西アフリカ[21]、フランス領赤道アフリカ[22]という2つの行政単位を廃止することができたからである。他方、植民地側はメリットだけでなくデメリットも覚悟しなければならなかった。メリットとは本国と平等な権利義務が完全な自治へと格上げされたことである。これに対して、デメリットとはフランス領西アフリカ、フランス領赤道アフリカという2つの行政単位の廃止である。というのは、この2つの行政単位の廃止はそこに属する各植民地を小国に分割することを意味するから、その行政単位下で受けてきたサービスが受けられなくなる恐れがあるのだ。ここにおいて植民地はフランス共同体に加入すべきか否かの二者択一を迫られることになる。1958年、フランス共同体加入の賛否を問う国民投票が実施され、ギニアのみが反対票を投じ、フランスから完全独立する道を選んだ。ギニアの独立が1958年であるのはまさにこうした経緯を反映したものである。では、賛成票を投じた植民地がどうなったかというと、1960年に一斉に独立したのである。というのは、1960年に第五共和政憲法第86条が改正されたことによって、フランス共同体を構成する植民地はフランスとの関係を断絶することなく独立することが可能となったからである。この改正によって独立運動が一気に加速化し、1960年中に14の植民地がフランスから独立した。結局、この1960年には合計で17カ国が独立したが、この未曾有の独立ラッシュを反映し、この年は「アフリカの年」と呼ばれるようになった。

第二次世界大戦後の独立を年代別に分けると、1950年代が6カ国、1960年代が31カ国、1970年代が8カ国、1980年代が1カ国、1990年代が2カ国、2010年代が1カ国である。この結果が示す通り、1960年代の独立が多く、その国の数はエチオピアとリベリアを除く52カ国中6割近くを占める。次いで多いのが1970年代と1950年代であるから、1950年代から70年代までの30年間で52カ国中45カ国が独立を達成したことになる。

## （2）独立時の状況

前述の通りアフリカ諸国の独立年はまちまちであるが、1960年が「アフリカの年」と呼ばれるほど象徴的な年であるので、まずこの年におけるアフリカ諸国の経済状況を見ていくこととしよう。

表1-1は世界100カ国をさらにサブサハラ、その他の途上国（ラ米、南ア

表1-1　地域別1人当たり実質 GDP 比較（1960 年と 2000 年）

| 地域名 | 国数 | 1 人当たり実質GDP（1996 年 PPP ドル） | |
|---|---|---|---|
| | | 1960 年 | 2000 年 |
| サブサハラ | 35 | 1,278 | 2,048 |
| その他途上国 | 43 | 2,592 | 6,409 |
| ラ米 | 22 | 3,338 | 6,268 |
| 南アジア | 5 | 934 | 2,186 |
| 東アジア | 9 | 1,833 | 8,691 |
| 中東 | 7 | 2,403 | 6,935 |
| 先進工業国 | 22 | 8,508 | 24,489 |
| 計 | 100 | 3,433 | 8,860 |

出所：B.J. Ndulu and others eds.（2008），p.16

ジア、東アジア、中東）、先進工業国に分けて 1960 年と 2000 年の 1 人当た
り実質 GDP を比較したものであるが、この表は 1 つの興味ある事実を示し
ている。その事実とは、2000 年におけるサブサハラ 35 カ国の 1 人当たり実
質 GDP は 2,048 ドル[23]であり、これは世界 100 カ国平均の 8,860 ドルを大
きく下回って世界最低である。しかし、それから 40 年前の 1960 年の数字を
見ると、サブサハラは 1,278 ドルで、934 ドルの南アジアの方が低い。とい
うことは、奴隷貿易や植民地支配という負の遺産を継承したアフリカが独立
時に大きなハンデを負っていたことは紛れもない事実であるが、それでも
1960 年の数字を見る限り、アジア、とりわけ南アジアの方が状況はアフリ
カより悲惨だったのである。この結果は 1 つの重要な可能性を示唆している。
その可能性とは、現在のアフリカが世界で最も所得水準が低い状況に止まっ
ている最大の原因が独立以前に負ったハンデの大きさではなく、むしろ独立
後の国家運営にあるということである。

　サブサハラの 1960 年の 1 人当たり実質 GDP がアジアより高かったとい
うことは、1960 年に至るまでの成長率についてもサブサハラの方がアジア
よりも高かったという可能性が高い。そこで、1820 年から 2001 年までの
181 年間にわたる 1 人当たり実質 GDP 成長率の推移を示した表 1-2 を見て
みよう。まず 1820 年から 1870 年までの期間であるが、この期間はサブサハ
ラにおいてもアジアにおいても植民地化が進捗していた時期であるが、1 人
当たり実質 GDP 成長率はサブサハラ 0.2%、アジア[24]はマイナス 0.1% でア

第 1 章　アフリカはどのように成長したか　　35

表 1-2　地域別 1 人当たり実質 GDP 成長率比較（1820〜2001 年）　　（単位：%）

|  | サブサハラ | ラ米 | アジア | 中東・北アフリカ |
|---|---|---|---|---|
| 1820-1870 年 | 0.2 | 0.0 | -0.1 | 0.5 |
| 1870-1913 年 | 0.2 | 1.8 | 0.5 | 1.2 |
| 1913-1950 年 | 1.1 | 1.4 | -0.1 | 1.1 |
| 1950-2001 年 | 0.7 | 1.7 | 3.4 | 2.2 |

出所：表 1-1 と同じ。

ジアの方が低い。次の 1870 年から 1913 年までの期間はアフリカの分割が完了し、エチオピアとリベリアを除く地域が完全に植民地化されるとともに、その植民地が世界経済に完全に組み込まれていた時期であるが、1 人当たり実質 GDP 成長率はサブサハラ 0.2%、アジア 0.5% でサブサハラの方が低い。次の 1913 年から 1950 年までの期間は 2 つの世界大戦が勃発し、世界経済が縮小していた時期であるが、1 人当たり実質 GDP 成長率はサブサハラ 1.1%、アジアはマイナス 0.1% でアジアの方が低い。つまり、1950 年以前の 3 期間 130 年中 2 期間 87 年でアジアの方がサブサハラより 1 人当たり実質 GDP 成長率が低いのである。この 3 期間においてはアジアの多くの地域がアフリカ同様に植民地化されていたことを考慮すれば、この結果は植民地時代の負の遺産がアフリカ以上にアジアにおいて深刻だったという可能性を示唆している。最後に 1950 年から 2001 年までの期間を見ると、表 1-2 の結果は、2000 年における表 1-1 の結果を裏付けている。というのは、この時期の 1 人当たり実質 GDP 成長率はサブサハラ 0.7%、アジア 3.4% で、アジアの方がサブサハラの 5 倍近く高いからである。加えて注目すべき点は、この時期におけるサブサハラ 1 人当たり実質 GDP 成長率が 1913 年から 1950 年までの時期におけるサブサハラ 1 人当たり実質 GDP 成長率よりも低いということである。この結果に従えば、サブサハラの経済パフォーマンスは植民地時代よりも独立以後の方がむしろ悪くなっているのである。

## （3）独立後の状況

### （イ）2000 年以前

#### （a）低い成長率

表 1-3 はサブサハラ 47 カ国の成長率を 1960 年から 2000 年までの時期に

表1-3 国別成長率比較（1960～2013年）　　　　　　　　（単位：%）

| 国名 | 1960～2000年 | 国名 | 2001～2013年 |
|---|---|---|---|
| 1．ボツワナ | 6.33 | 1．赤道ギニア | 12.71 |
| 2．モーリシャス | 3.70 | 2．シエラレオネ | 10.19 |
| 3．レソト | 3.59 | 3．アンゴラ | 10.07 |
| 4．カーボベルデ | 3.43 | 4．エチオピア | 8.95 |
| 5．エリトリア | 2.48 | 5．チャド | 8.91 |
| 6．セーシェル | 2.35 | 6．モザンビーク | 7.92 |
| 7．赤道ギニア | 2.21 | 7．ナイジェリア | 7.86 |
| 8．ガボン | 2.21 | 8．ルワンダ | 7.83 |
| 9．スワジランド | 2.03 | 9．ザンビア | 7.26 |
| 10．タンザニア | 1.83 | 10．ウガンダ | 7.11 |
| 11．ウガンダ | 1.40 | 11．ガーナ | 6.82 |
| 12．マラウイ | 1.36 | 12．タンザニア | 6.44 |
| 13．コンゴ（共） | 1.33 | 13．ブルキナファソ | 6.09 |
| 14．モーリタニア | 1.30 | 14．ニジェール | 5.61 |
| 15．ブルキナファソ | 1.25 | 15．コンゴ（民） | 5.35 |
| 16．ケニア | 1.23 | 16．モーリタニア | 5.07 |
| 17．ガンビア | 0.92 | 17．サントメプリンシペ | 4.80 |
| 18．南ア | 0.88 | 18．ナミビア | 4.75 |
| 19．トーゴ | 0.86 | 19．マリ | 4.73 |
| 20．スーダン | 0.75 | 20．カーボベルデ | 4.66 |
| 21．ジンバブエ | 0.71 | 21．ケニア | 4.51 |
| 22．カメルーン | 0.66 | 22．マラウイ | 4.47 |
| 23．ベナン | 0.63 | 23．コンゴ（共） | 4.42 |
| 24．ナミビア | 0.62 | 24．スーダン | 4.32 |
| 25．コートジボワール | 0.57 | 25．ボツワナ | 4.30 |
| 26．エチオピア | 0.41 | 26．レソト | 4.13 |
| 27．ナイジェリア | 0.32 | 27．ベナン | 4.12 |
| 28．ブルンジ | 0.20 | 28．ジブチ | 4.05 |
| 29．ギニアビサウ | 0.02 | 29．リベリア | 3.92 |
| | | 30．モーリシャス | 3.85 |
| 30．コモロ | -0.18 | 31．ブルンジ | 3.84 |
| 31．ガーナ | -0.21 | 32．セネガル | 3.82 |
| 32．セネガル | -0.24 | 33．カメルーン | 3.65 |
| 33．マリ | -0.27 | 34．ガンビア | 3.47 |
| 34．ルワンダ | -0.33 | 35．南ア | 3.27 |
| 35．モザンビーク | -0.38 | 36．セーシェル | 3.25 |
| 36．ギニア | -0.58 | 37．トーゴ | 2.93 |
| 37．チャド | -0.72 | 38．ギニア | 2.72 |
| 38．中央アフリカ | -0.75 | 39．マダガスカル | 2.68 |
| 39．サントメプリンシペ | -1.06 | 40．ギニアビサウ | 2.49 |
| 40．マダガスカル | -1.11 | 41．ガボン | 2.40 |
| 41．アンゴラ | -1.23 | 42．コモロ | 2.25 |
| 42．ザンビア | -1.25 | 43．エリトリア | 2.09 |
| 43．シエラレオネ | -1.36 | 44．スワジランド | 2.07 |
| 44．ニジェール | -1.65 | 45．コートジボワール | 2.01 |
| 45．コンゴ（民） | -3.35 | | |
| 46．リベリア | -3.49 | 46．中央アフリカ | -1.04 |
| 47．ジブチ | -4.80 | 47．ジンバブエ | -1.28 |
| 平均 | 0.48 | 平均 | 4.81 |

出所1：1960～2000年は表1-1と同じ。
出所2：2001～2013年はIMFホームページ。
注1：1960～2000年は1人当たり実質GDP成長率の年平均である。
注2：2000～2013年は実質GDP成長率の年平均である。

第1章　アフリカはどのように成長したか　　37

ついては1人当たりGDPの年平均成長率で、また、2001年から2013年までの時期についてはGDPの年平均成長率で表示したものである。

まずこの表の1960年から2000年までの時期を見ると、プラス成長の国が29カ国、マイナス成長の国が18カ国あり、プラス成長の国の方が多い。しかし、2001年から2013年までの時期を見ると、プラス成長の国が45カ国、マイナス成長の国が2カ国であるから、2001年から2013年までの時期と比べると、マイナス成長の国の数は9倍多いことがわかる。ちなみに、47カ国の平均は1960年から2000年までの時期が0.48%、2001年から2013年までの時期が4.81%であるから、2つの時期の比較で言えば、2001年から2013年までの時期を高成長の時代と呼べば、逆に1960年から2000年までの時期は低成長の時代と呼ぶことが可能であろう。

1960年から2000年までの時期において最高の成長率6.33%を達成した国は南部アフリカの内陸国ボツワナである。本書の「はじめに」において述べた通り、ボツワナにサブサハラ47カ国中最高の成長率をもたらしたものはダイヤモンドである。

ボツワナから若干離された第2位に位置するのがモーリシャスで、以下レソト、カーボベルデの3カ国が3%台の成長率を達成している。2%台の成長率を達成した国はエリトリア、セーシェル、赤道ギニア、ガボン、スワジランドの5カ国である。以上、ボツワナからスワジランドまでの上位9カ国を見ると、モーリシャス、カーボベルデ、セーシェルの3カ国が鉱物資源をもたないのに対して、それ以外の6カ国が鉱物資源を有するから、上位9カ国で鉱物資源を有する国の比率は67%ということになる。

さらに見ていくと、成長率が1%台の国はタンザニア、ウガンダ、マラウイ、コンゴ（共）、モーリタニア、ブルキナファソ、ケニアの7カ国で、このうちウガンダ、マラウイの2カ国が鉱物資源をもたない。この結果、ボツワナからケニアまでの上位16カ国で鉱物資源を有する国の比率は69%となる。他方、成長率0%台の国は13カ国で、このうちブルンジ、ギニアビサウの2カ国が鉱物資源をもたない。この結果、ボツワナからギニアビサウまでのプラス成長国29カ国で鉱物資源を有する国の比率は69%となる。以上の結果をまとめると、1960年から2000年までの時期においてプラス成長を達成した国のほぼ2/3が鉱物資源保有国ということなる。

これに対して、1960年から2000年までの時期においてマイナス成長とな

38　　第1部　アフリカ経済の何が問題か

った国は 18 カ国あり、これをさらに細分化すると、マイナス 0％成長が 9 カ国、マイナス 1％成長が 6 カ国、マイナス 3％成長が 2 カ国、マイナス 4％成長が 1 カ国である。このうち鉱物資源をもたない国はサントメプリンシペとジブチであるから、結局、マイナス成長を記録した 18 カ国で鉱物資源を有する国の比率は 89％となる。この 89％という数字はプラス成長国 29 カ国で鉱物資源を有する国の比率 69％をはるかに上回る。ということは、1960 年から 2000 年までの時期においては鉱物資源の有無が成長の高低を決定づける要因とはなっていないのである。

　（b）低成長の要因

　それでは、何がこの時期の成長に大きく左右したのだろうか。その原因を探るために用意したのが表 1-4 である。表 1-4 は 1960 年から 2000 年までの間にクーデター（未遂を含む）・暴動（暗殺を含む）、内乱・内戦、革命、独立闘争ないしは反政府闘争が起きたか否かによってサブサハラ 47 カ国の政治的安定度を測ったものである。つまり、ある国でクーデター・暴動、内乱・内戦、革命、独立闘争ないしは反政府闘争が 1 回でも起きた場合はその国を「不安定」に分類し、1 回も起こっていない国を「安定」に分類した。ただし、「不安定」の中で複数の項目に該当する場合は最も大きな不安定要因となったと考えられる項目に分類し、重複は避けた。

　以上のルールに則って 47 カ国を分類すると、「安定」に属する国は 9 カ国、「不安定」に属する国は 38 カ国であるから、全体の 20％弱が安定国、80％強が不安定国ということになる。「不安定」を構成する項目の中ではクーデター・暴動経験国が最多で 21 カ国、内乱・内戦経験国が 2 番目に多い 14 カ国で、独立闘争と革命の経験国はわずか 3 カ国である[25]。

　次に表 1-3 と表 1-4 を成長率と安定・不安定の関係を考慮して見ていくこととしよう。表 1-4 の分類に従えば、安定国は 9 カ国であるが、そのすべてが 1960 年から 2000 年までの期間におけるプラス成長国である。成長率第 1 位のボツワナは 1966 年の独立以来複数政党制が維持され、選挙によって選ばれた政党が政権を担当するという模範的な民主主義国である[26]。第 2 位のモーリシャスも 1968 年の独立以来平和裡に政権交代が行われており、民主主義が定着している。第 4 位のカーボベルデは 1975 年から 15 年間一党支配体制が続いたが、1990 年に複数政党制に移行しているので、それ以後はボツワナ、モーリシャスと同じように民主主義が定着している。したがって、

第 1 章　アフリカはどのように成長したか　　39

表 1-4　各国の政治的安定度（1960〜2000 年）

| 安定 | 不安定 | | | |
|---|---|---|---|---|
| | クーデター・暴動 | 内乱・内戦 | 独立闘争 | 革命 |
| カーボベルデ | ウガンダ | アンゴラ | エリトリア | エチオピア |
| カメルーン | ガーナ | コートジボワール | ナミビア | |
| ケニア | ガボン | コンゴ（共） | | |
| ジンバブエ | ガンビア | コンゴ（民） | | |
| スワジランド | ギニア | ジブチ | | |
| タンザニア | ギニアビサウ | スーダン | | |
| ボツワナ | コモロ | セネガル | | |
| マラウイ | サントメプリンシペ | チャド | | |
| モーリシャス | ザンビア | 中央アフリカ | | |
| | シエラレオネ | ナイジェリア | | |
| | セーシェル | ブルンジ | | |
| | 赤道ギニア | モザンビーク | | |
| | トーゴ | リベリア | | |
| | ニジェール | ルワンダ | | |
| | ブルキナファソ | | | |
| | ベナン | | | |
| | マリ | | | |
| | マダガスカル | | | |
| | 南ア | | | |
| | モーリタニア | | | |
| | レソト | | | |

出所：外務省ホームページ等から筆者作成。

　以上 3 カ国は掛け値なしの安定国と言い得るだろう。

　他方、これ以外の安定国はそれぞれに問題を抱えている。たとえば、第 9 位のスワジランドは、1968 年に王国として独立して以来国王が絶対的権限を握り、政党活動も禁止されていた。第 10 位のタンザニアは、大陸部が 1961 年にタンガニーカとして独立し、島嶼部が 1963 年にザンジバル王国として独立したが、1964 年に合邦してタンザニアとなった国である。タンザニアは初代ジュリウス・ニエレレ大統領の下で「ウジャマー[27]」と呼ばれるアフリカ型社会主義政策を推進したが、満足すべき成果が上がらなかったので、その責任をとってニエレレは 1985 年の大統領選出馬を辞退した。第 12 位のマラウイは独立から 2 年後の 1966 年から一党支配制に移行し、それが複数政党制導入の 1993 年まで続いた。第 16 位のケニアでは第 2 代ダニエル・モイ大統領が 1978 年から 2002 年まで 5 選 24 年間という長期独裁政権

40　　第 1 部　アフリカ経済の何が問題か

を維持した結果、経済が停滞した。第21位のジンバブエの前身は1923年にイギリスの自治植民地として成立した南ローデシアであるが、「ローデシア（Rhodesia）」とはそもそも南アのケープ植民地首相であったセシル・ローズに由来する地名である。はじめはダイヤモンド、次いで金のビジネスで巨万の富を手にしたローズはその経済力をバックに政界に進出し、1890年にはケープ植民地の首相にまで上り詰めた。そのローズがイギリス国王の勅許状を受けて1889年に設立したのがイギリス南アフリカ会社（British South Africa Company）であるが、この会社は1894年に南東アフリカ地域の広大な土地を獲得し、その地をローズに因んで「ローデシア」と命名した。しかし、会社の業績は当初の予想に反して鉱山開発が思ったほど進捗しなかったこともあり、なかなか好転しなかった。そのような状況下で、白人の植民活動が盛んだったザンベジ川右岸では1923年に白人のみの選挙で南ローデシア自治政府が樹立された。この白人政権が1980年の独立まで維持されたのがジンバブエであるが、とりわけイアン・スミスを首班とする白人政権が1965年にイギリスからの独立を宣言してから多数派の黒人の反抗も活発となり、その内戦は周辺国をも巻き込んでジンバブエの独立まで続いた。第22位のカメルーンにおいても、1960年の独立時に初代大統領に選ばれたアマドゥ・アヒジョが1982年まで20年以上にわたって大統領職に留まり、一党支配を続けた。

　では、なぜアフリカでこのような不安定な状況が続いたのだろうか。

　まず考えられる要因は植民地体制の負の遺産である。アフリカの分割を論じた際に明らかにしたように、植民地の境界はヨーロッパ列強の力関係によって確定されたものであって、住民間の力関係で確定されたものではない。この結果、1つの植民地に多数の部族が混在したり、ある部族が植民地によって分断されたりという事態が発生した。民族自決の観点から言えば、1つの民族ないし部族が1つの国家を建設するのが理想であろう。しかし、植民地にとって何よりも重要なことは宗主国からの独立であり、独立を勝ち取るまでは植民地は一枚岩で宗主国に立ち向かわざるを得ない。この努力の結晶として、確かに植民地は宗主国から独立することができたのだが、植民地内に複数の部族が混在するという問題はそのまま新しく生まれた独立国に持ち越されることとなった。つまり「植民地当局と闘う」という共通の大きな使命感がある間は、部族対立はその大義の下に隠れ、表に現れることはなかっ

たが、独立が達成されてしまうと、部族の利害が一気に表面化したのである。しかも、民主的な方法を採用すれば、当然多数決の原理で新しい指導者を選ばざるを得なくなるが、多民族国家では選挙の結果は出身部族の人口比で決まってくるのが通例であるから、選ばれた指導者が国益より部族益を優先するケースが多くなる[28]。他方、国民の側も部族への帰属感を強くもち、国家との一体感が薄いと、権力者の腐敗をチェックする機能が低下する。国家の財産を詐取して身内のために使うのは悪行ではなく善行であり、それが有力な指導者に求められる「優れた資質」となる。さらに言えば、慢性的な財源不足の中では公務員は給料だけで生活できない。だから賄賂をとる。賄賂をとって身内を優遇するという文化はまだアフリカにはいまだ根強く存在する[29]。そのため、腐敗は非常な速さで進行していく[30]。アフリカのほとんどの国で指導者は自分の出身部族に属する者に国家利益を分配し、それによって自分の地位の安定を図っている。その結果、国づくりが放置され、指導者が私物化した巨額の公金は海外の銀行に蓄財され、国内市場に出回らない。蓄財した金が社会資本として回転しないため、経済の進展もない[31]。利権を握る指導者のグループと利権から排除されたグループとの対立は激化する。

　第二の不安定要因は東西冷戦構造と関係する。多くのアフリカ諸国が独立した1960年代は東西冷戦構造のまっただ中であり、米国を盟主とする西側陣営とソ連を盟主とする東側陣営が鋭く対立し、とりわけ新興国を多数擁するアフリカは両陣営の草刈り場となったのである。特に、アフリカの場合は、ヨーロッパ列強が宗主国であったこともあり、それへの反発からマルクス・レーニン主義に共感するグループの勢力が強かったこともあり、独立後には社会主義的政策を採用する国も多く、政治的にはソ連や中国の影響もあって単一政党制を採用する国も多かった。そして、単一政党制だと、実施された政策が奏功しなくても政権は変わらないから、反対派は非民主的な方法で政権交代を図ろうとし、必然的にクーデターが増えていく。クーデターが成功すれば、今まで東側陣営に属してソ連等からの援助を受けていた国が今度は米国の援助を受けることになる。この結果、かつてはヨーロッパ列強の植民地として塗り分けられたアフリカが今度は東西両陣営によって塗り分けられることになる。ちなみに、軍部が主導権を握ったクーデターは、「アフリカの年」と呼ばれた1960年からの24年間で60回成功している。政府転覆の計画段階で挫折したものは115回とされ、西サハラのサハラ・アラブ民主共

42　　第1部　アフリカ経済の何が問題か

和国を含む独立国 52 カ国のうち 30 カ国以上が一度はクーデターを体験しており、14 カ国が 2 回以上のクーデターに見舞われた。このクーデターによって国家元首 15 人が現職のまま暗殺されている[32]。

### （ロ）2001 年以後

#### （a）高い成長率

表 1-3 が示す通り、2001 年以後はそれ以前と打って変わって高成長の時代に突入した。プラス成長国数は 2000 年以前の 29 カ国から 45 カ国へと増加したが、それ以上に注目すべき点は成長率の高さである。つまり、プラス成長国で成長率が最も低いコートジボワールでさえ 2.01％を達成したが、この数字を 2000 年以前に当てはめると、第 10 位のタンザニアより高い。2000 年以前ではボツワナの 6.33％が最高だったが、2001 年以後でこの数字を上回る国は 12 カ国も存在する。

マイナス成長国は 18 カ国から 2 カ国に減少したが、中央アフリカは、表 1-4 が示す通りの「不安定国」であり、2000 年以前もマイナス成長だった。中央アフリカはダイヤモンド、金、ウランなどを産出する鉱物資源国であるが、1965 年の軍事クーデター以後圧政、クーデター、内戦が頻発するという状況下で経済は打撃を受け続けた。他方、もう 1 つのマイナス成長国ジンバブエは 2000 年以前には「安定国」でかつプラス成長国であったが、2000 年 8 月に 1980 年の独立後も温存されていた少数民族の白人による大規模農場の強制収用を始めたことから経済がうまく回らなくなり、一気にマイナス成長国に転落してしまった。

要するに、中央アフリカとジンバブエがマイナス成長に陥った背景には極端な政治的不安定ないしは失政があったのである。したがって、極端な政治的不安定や失政がない限り、この時代はどんな国でもプラス成長を達成できる幸運な時代だった。

#### （b）高成長の要因

それでは、この時代に高成長をもたらした要因とは何だったのだろうか。

表 1-3 を見ると、1 つの興味ある事実に気づく。その事実とは、2001 年以後の成長率上位 20 カ国中、表 1-4 で「安定国」に分類された国は第 12 位のタンザニアと第 20 位のカーボベルデの 2 カ国のみで、それ以外の 18 カ国はすべて「不安定国」だということである。さらに言えば、上位 20 カ国中、表 0-4 で鉱物資源をもたない国として分類された国も第 10 位のウガンダと

第 1 章　アフリカはどのように成長したか　　43

第 17 位のサントメプリンシペの 2 カ国のみで、それ以外の 18 カ国はすべて「鉱物有資源国」だということである。要するに、2001 年以後の成長率上位20 カ国中 18 カ国が「政治的不安定国」、「鉱物資源国」という 2 つの特徴を併せ持っているのである。

以上の特徴を念頭に置きながら、上位 10 カ国を具体的に見ていくと、まず成長率第 1 位を記録した赤道ギニアはカカオとコーヒーの生産に依存する農業国だったが、1990 年代に原油生産が本格化した。2005 年には日量 35 万バレル水準を達成し、サブサハラ第 3 位の産油国の地位を確立した。

第 2 位のシエラレオネは 1930 年代に発見されたダイヤモンドの輸出に大きく依存する国であったが、1991 年から内戦状況となったため、経済が低迷した。その結果、1960 年から 2000 年までの成長率はサブサハラ 47 カ国中下から 5 番目の低さだった。しかし、2002 年に内戦が終結し、ダイヤモンドの輸出が再開されることで高成長を達成した[33]。

第 3 位のアンゴラもシエラレオネと同じような経緯を辿った国である。すなわち、1961 年から 1975 年までは独立戦争、独立を達成した 1975 年以後も 2002 年まで内戦が続いたため、1960 年から 2000 年までの成長率はサブサハラ 47 カ国中下から 7 番目の低さだった。内戦終結後は石油、ダイヤモンドといった豊富な資源を背景に高成長を遂げたのである。ちなみに、アンゴラはサブサハラ第 2 位の産油国である。

第 4 位のエチオピアには古代から連綿として続く王朝があり、しかもその王朝がヨーロッパ列強の侵略に屈しなかったという歴史があるが、エチオピアの安定も 1975 年の帝政廃止と一党支配体制下での社会主義政策の推進によって一気に崩れ去り、国内は内戦状態となった。加えて、エリトリアの分離独立問題がその混乱に拍車をかけた。エチオピアは金の産出国であるが、経済に占める比率は小さく、その経済は農業に大きく依存している。したがって、2001 年以後の高成長は政治の安定によって農業部門が活性化したことによってもたらされた側面が大きい。

第 5 位のチャドには米国のエクソン・モービル社が開発した油田が存在したが、輸送手段がボトルネックとなって生産が伸び悩んでいた。ところが、2003 年に油田とカメルーン沿岸を結ぶ延長 1,000km 以上のパイプラインが完成したことで生産が急拡大し高成長を遂げた。チャドの特異な点は、2001年以後においても、政府の腐敗が酷く、内戦が発生しているにもかかわらず、

44    第 1 部　アフリカ経済の何が問題か

石油のおかげで高成長を達成しているということであり、換言すれば、莫大な石油収入は国のためにも国民のためにもきちんと使われていないということである。

　第6位のモザンビークも第2位のシエラレオネや第3位のアンゴラと同じような経緯を辿った国である。すなわち、1964年から1975年までは独立戦争、独立後の1977年から1992年まで内戦が続いたため、1960年から2000年までの成長率はマイナスを記録している。内戦終結後は政治が安定したこともあり、経済が急速に発展した。この時代の主な輸出品は農産物、水産物であったが、鉱物資源が豊富なこともあり、将来的には鉱物資源が主要な輸出品となる可能性が高い。

　第7位のナイジェリアは人口もアフリカ第1位、経済規模もアフリカ第1位という大国であるが、政治は独立以来混乱続きである。また、ナイジェリアは1960年代からサブサハラ第1位の産油国であったが、政治の混乱と腐敗が潤沢な石油収入を有効に活用し得なかったため、2000年以前の成長率は0.32％に止まっていた。2001年以後はそれ以前と比べると政治が安定することによって石油の輸出が増え、また、大人口がもたらす内需によってサービス、小売、金融といった第3次産業が発展した結果、8％近い高成長を達成した。

　第8位のルワンダは1994年に少数派部族のツチ族50〜100万人が多数派部族のフツ族によって虐殺されるという大惨事が起きた国である。こうした混乱もあって2000年以前はマイナス成長だった。しかし、2000年にカガメ大統領が就任し、フツ族とツチ族の対立の過程で欧米や周辺諸国に離散していた人たちを優遇する政策を打ち出すと、それに呼応して帰国した人たちが積極的な投資を行ったり、海外で習得した知識や技術を活かした国づくりに邁進したりした結果、8％近い高成長を達成した。

　第9位のザンビアは世界有数の産銅国であり、その経済は銅に大きく依存する。そのため、1970年代の銅価格の低迷はザンビア経済に大打撃を与え、続く1980年代もその低迷から脱することができなかった。こうした中、1970年から続く一党支配体制に対する国民の不満が暴動を惹起し、1991年には複数政党制が導入された。こうした混乱もあり、1960年から2000年までの成長率はサブサハラ47カ国中下から6番目の低さだった。これに対して2001年以後は7％台の高成長を記録することになるが、この高成長をも

第1章　アフリカはどのように成長したか　　45

たらした主因は銅価格の上昇である。すなわち、1970年代後半から下降局面に入った銅価格は1980年から2003年までの期間のほとんどの年でトン当たり2,500米ドル以下の水準で低迷していたが、以後急騰し、2011年には9,000米ドル近くまで上昇した。

　第10位のウガンダは、1971年にアミン独裁政権による30万人規模の虐殺が起きた他、1978年には隣国タンザニアとの戦争、1981年から86年までは内戦、1998年から2003年までは第二次コンゴ戦争と政治的混乱が頻発している国であるが、それでも1960年から2000年までの成長率はサブサハラ47カ国中上から11番目の1.36%だった。なぜ打ち続く混乱の中でもプラス成長を達成し得たかというと、それは、ウガンダの国土のほとんどが広大で肥沃な土地であり、しかも豊富な降雨量に恵まれている農業適地だったからである。このような高い潜在性を有するがゆえに、政治が若干安定すれば、それなりの高成長は容易に達成できたと考えられる。

　以上、2001年から2013年までの成長率上位10カ国を概観したが、その結果をまとめると、この時期に高成長をもたらした要因が政治的安定（10カ国中6カ国）と鉱物資源（10カ国中6カ国）の2つに大別されることが判明した。このうち鉱物資源に関して言えば、銅価格がこの時期に上昇したことはザンビアの項で述べた通りであるが、石油価格についても、たとえばWTI[34]を見ると、1980年から1998年までは長期的低落傾向にあり、ほとんどの年で1バレル30米ドルの水準を下回ったが、1998年を底に上昇に転じ、2008年には100米ドル近くまで上昇した。サブサハラの産油国には自国で石油を消費するだけの内需はないから、産出量の大半が輸出に向けられ、こうした価格上昇が輸出収入の増加という形で産油国の成長を牽引したのである。銅にしても石油にしても状況は同じで、それらの産品の価格上昇は中国を中心とした新興国の急成長に伴う資源に対する旺盛な需要によってもたらされたのである[35]。

---

1　モルッカ原産の香辛料の1つで、その形状から「丁字」ともいう。
2　ココヤシの果実の胚乳を乾燥したもので、そこに含まれる良質は脂肪分がマーガリン、石鹸、蝋燭などの原料となる。

3　山田秀雄（2005 年）380 頁からの引用。

4　ザンジバルはタンザニアの沖合の島で、アラビア半島のオマーンから独立した王国であった。その王国はやがてイギリスの保護領となったが、1963 年に独立し、さらに 1964 年にはタンガニーカと合併してタンザニアとなった。

5　もともとマダガスカル東方に位置する無人島だったが、1640 年にフランス人が上陸してからフランス領となって今日に至っている。

6　舩田クラーセンさやか編（2010 年）47 頁によると、16 世紀半ばから 17 世紀の間に中南米の先住民人口は 5000 万人から 400 万人に減少したとのことである。

7　山田秀雄（2005 年）377 頁からの引用。

8　Philip Curtin によると、1451 年から 1870 年までの間に 9, 391, 100 人のアフリカ人奴隷がアメリカ大陸に輸出された由であり、他方、Paul Lovejoy の推計によると、アフリカから船出した奴隷数は 11, 863, 000 人で、無事アメリカに着いたのは 9, 600, 000 人から 10, 800, 000 人の間で、残りは航海中に死亡したとのことである。以上は John Reader（1997）, p.379 からの引用である。

9　8 世紀から 11 世紀にかけてサハラ砂漠越えの隊商貿易の中継地として栄えた黒人国家である。

10　13 世紀から 17 世紀にかけて現在のマリ周辺で栄えた王国である。

11　15 世紀から 16 世紀にかけてニジェール川流域を広範に支配した黒人王国である。

12　欧州 12 カ国とは、ドイツ（主催国）、イギリス、フランス、オーストリア、イタリア、ベルギー、スペイン、ポルトガル、オランダ、デンマーク、スウェーデン、ロシアである。

13　米国内で設立されたアメリカ植民協会が奴隷解放の一環として奴隷たちを現在のリベリアの地に帰還させ、リベリア植民地を建設した。1847 年、この植民地が米国から独立して今日に至っている。

14　より正確に言うと、タンザニアではなくタンガニーカである。タンザニアは大陸部のタンガニーカとインド洋上のザンジバルが合併してできた国である。

15　各委任統治国はトーゴがフランス、カメルーンが北東部はイギリス、南東部がフランス、ブルンジとルワンダがベルギー、タンザニアがイギリス、ナミビアが南アである。

16　各委任統治国がそのまま信託統治国となった。

17　独立時の国名は「オートボルタ」だったが、1984 年に「ブルキナファソ」に改称した。

18　独立時の国名は「ダホメ」だったが、1975 年に「ベナン」に改称した。

19　フランス語で L'Union française という。

20　フランス語で La Communauté française という。

21　モーリタニア、セネガル、マリ、ギニア、コートジボワール、ニジェール、ブルキナファソ、ベナンの 8 カ国がこれに属した。

22　ガボン、コンゴ（共）、中央アフリカ、チャドの 4 カ国がこれに属した。

23　これは通常の米ドルではなく、1996 年 PPP（purchasing power parity：購買力平価）ドルである。

24　ここでのアジアとは表 1-1 の南アジア 5 カ国と東アジア 9 カ国を足した 14 カ国のことである。

第 1 章　アフリカはどのように成長したか　　47

25 次の文献が同様の分類を行っている。例えば、舩田クラーセンさやか編（2010 年）65 頁によると、アフリカでは 1952 年から 1994 年の間に暴力による政権交代が 78 回あり、この間 88 人の指導者が権力の座から追われた他、1989 年までに開かれた複数政党制選挙が行われていたのは 54 ヵ国中 6 ヵ国にすぎない。また、同 70 頁によると、複数政党が競い合う選挙が行われていた国は 1989 年時点で 48 ヵ国中 10％にすぎなかったが、1995 年には 80％に達している。

26 実際には独立以来選挙で過半数を獲得しているのがボツワナ民主党で、それ以外の政党が政権を獲得したことはない。

27 「ウジャマー」とは「家族的連帯感」を意味する。

28 松本仁一（2008 年）43 頁からの引用。

29 松本仁一（2008 年）74 頁からの引用。

30 松本仁一（2008 年）43 頁からの引用。

31 松本仁一（2008 年）43 頁からの引用。

32 篠田豊（1985 年）98 頁からの引用。

33 内戦中もダイヤモンドの輸出は密輸という形で行われていた。換言すれば、ダイヤモンドの利権争いが紛争を勃発させ、ダイヤモンドの密輸が戦争を長引かせたという側面は否定できない。というのは、紛争の当事者同士がダイヤモンドの密輸によって得た資金で武器を購入しているからである。こうした中、国連が戦争の資金源となっている「紛争ダイヤモンド（Blood Diamond）」の存在を指摘したことに呼応し、南部アフリカのダイヤモンド生産国は南アのキンバリーに集まって会議を開き、そこで紛争ダイヤモンドの扱いを取り締まる方法について討議した。この討議結果は最終的にキンバリー・プロセス認証制度として結実した。

34 WTI とは West Texas Intermediate の略語。WTI は米国南部のテキサス州とニューメキシコ州で産出する原油の総称であるが、その先物はニューヨーク商品取引所で取引され、国際的な原油価格の指標となっている。

35 たとえば、澤田賢治（2013 年）89 頁によると、WTO に加盟した 2001 年以降、中国の資源消費量は加速度的に拡大し、2010 年には世界の資源消費量の 20〜50％を占めるに至った他、2000 年代の消費量も年率 10〜20％で増加している。

■■■ 第**2**章 ■■■

# アフリカで資本は
# どのように蓄積されたのか

　本章においてアフリカの資本蓄積状況を概観するが、資本量を統計的に把
握することは極めて困難である。そこでまず歴史的経緯を踏まえ、アフリカ
の資本蓄積状況に関する一般的特徴を洗い出し、次いで、その一般的特徴を
踏まえつつ、利用可能な統計数字からアフリカにおける資本蓄積の現状の一
端を垣間見ることとしたい。

## 1．一般的特徴

### （1）植民地化以前の状況
#### （イ）土地の価値
　マルクスの発展段階論が示すように、ヨーロッパ社会は原始共産制→古代
奴隷制→封建制度→資本主義社会という段階を経て発展を遂げた。このうち
特に重要なのが封建制度から資本主義社会への移行期で、封建社会が崩壊し
資本主義社会が成立する過程で「資本の本源的蓄積」と呼ばれる生産様式の
大変革が起きた。より具体的に言えば、資本主義社会が成立するためには商
品経済の成立が不可欠であるが、商品経済が成立するためには、一方で資本
家、他方で労働者の存在が必要となる。そして、最初に資本主義社会を成立
させたイギリスの例が示す通り、資本家と労働者が誕生する背景で土地が重
要な役割を演じた。すなわち、「ヨーマン」と呼ばれる独立自営農民が土地
を囲い込むことによって資本を蓄積し、資本家に育っていく一方で、囲い込
みによって土地という生産手段を失った農民たちは自分の労働力を切り売り

49

するしか生きる道のない賃労働者に落ちていくのである。

この土地を介して資本主義社会が誕生していくという過程は多かれ少なかれ他の国々も経験している。日本もその例外ではなく、平安時代の武士の発生に始まり、鎌倉幕府から江戸幕府に至る時代は封建制度そのものであるし、さらに言えば、明治維新後の近代日本の基礎固めが地租改正という土地を基礎とした税制改革からスタートしたことから判断しても、資本蓄積に果たした土地の役割の大きさは明らかである。

ところが、こうした事例とは異なり、アフリカでは資本蓄積に果たした土地の役割が極めて小さく、その結果として、エチオピア以外の土地では封建制度も存在しなかったと言われている[1]。なぜ土地の役割が小さいかというと、まず考えられる理由の1つがアフリカと他の地域との自然条件の違いである。アフリカの多くの地域は土地肥沃度が低く、乾燥度も高い。アフリカ大陸の1/3弱が砂漠であるし、残り2/3強のかなりの部分がサバンナとステップである[2]。たとえば、北部の大部分は砂漠や不毛地で、可耕地は狭い。その結果、農業生産に有効に利用し得る土地はフランス領北アフリカ全体で総面積の6%、植民地別に見れば、モロッコで8%、アルジェリアで3%、チュニジアで26%にすぎない[3]。砂漠の周辺部は牛の放牧地にしかならない半乾燥地帯である。半乾燥地の場合は水を撒けば撒くほど土壌に不溶性の塩が蓄積し、土壌が荒廃して砂漠化が進むという問題もある。他方、コンゴ盆地や西部の一部の多雨地域は土壌が痩せている。多すぎる雨が植物の成長に必要とされるミネラルを表土から洗い流してしまうからだ。この結果、いずれの地においても自然は人間に対して過酷であり、土地が広大なわりには人口が希薄であるというのがアフリカの一般的地域特性だった。土地の肥沃度が低いと、自然の力を利用して肥沃度を回復させる休閑期を組み込む必要があるから、耕地は分散され、農民はその耕地間を定期的に移動するようになり、場合によっては、肥沃度の回復が見込めないと、その土地は見捨てられる。要するに、定住のない所では土地に大きな価値を見出すことはないのである。結局、アフリカでは農地が財産にならない場合が多かった[4]。土地が財産にならないと、地主階級さらには資本家階級も生まれない。

（ロ）土地に代わるもの

では、土地に価値を見出すことの少ないアフリカは何に価値を見出したのだろうか。まず言い得ることはアフリカの伝統的社会が家族や部族を核とし

た自給自足的な共同体であったということである。その社会では土地は個人によって所有されるものではなく、同系血縁集団によって利用されるものであるから、富は土地を所有することによってもたらされるものではなく、むしろ労働力を保持する人間そのものを直接支配することが富の源泉となった。要するに、アフリカでは土地ではなく、「人」そのものが財産となったのである。それは世界史上の戦争を見ても明らかで、ユーラシア大陸での戦争が主に領土を求めるものだったのに対して、アフリカ大陸での戦争は主に人の捕獲を目的とするものだったと言われている。アフリカに古くから奴隷制が広範に存在した背景にはこうした事情も影響していたと考えられる。また、地域によっては牛が最も重要な財産となった。牛は何とでも交換できる貨幣としても機能した。

## （2）植民地時代の状況

### （イ）白人入植者の役割

　以上の状況が示すように、アフリカ農村社会では多くの農民が土地豊富な資源賦存状況の下で自給自足経済に従事してきた結果、余剰生産・商品化は限られたものであったから、資本の蓄積もほとんど行われなかった。その状況は基本的には植民地化された後でも変わらない。

　しかし、植民地化とともに新たな状況が生まれたことも事実である。その状況とは輸出向け商品作物生産体制の整備であり、地域によって2通りの型が現れた。1つは小農型で主に西部で発展した。このタイプの生産体制下ではヨーロッパ人による大規模な土地収奪は行われず、アフリカ人小農によって輸出向け農産物の生産が行われた。しかし、アフリカ人小農が資本蓄積を行い得た可能性は極めて小さい。というのは、植民地本国を中心とした外国資本が植民地での商業・金融・輸送といった主要な部門を支配している以上、アフリカ人小農が作った作物は安く買いたたかれたはずであり、資本蓄積を行い得るだけの余剰分の発生は容易でなかったと考えられるからである。

　もう1つはプランテーション型で主に北部、東部、南部で発展した。このタイプの生産体制下では外国企業や白人入植者が生産部門に直接従事して輸出向け生産を行った。そこでは外国企業や白人移民が大規模な土地収奪を行い、白人専用の土地とアフリカ人専用の土地に国土が分割された。アフリカ人は植民地当局が指定した「居留地（reserve）」と呼ばれる土地のみで自給

第2章　アフリカで資本はどのように蓄積されたのか　51

的農業を営むとともに、白人農場や鉱山で出稼ぎ労働を行った[5]。

ヨーロッパ人の入植がどのように進んだかを見ると、たとえば北部のフランス領植民地アルジェリアではわずか2万人強のフランス人が最も肥沃な土地272万 ha を占領したのに対して、63万人の原住民は735万 ha を所有するのみで、全く土地をもたない農民数も100万人に達した[6]。また、東部のイギリス領植民地ケニアではわずか3,000人の白人が全国の肥沃な農地の30%が集中する「ホワイト・ハイランド」と呼ばれる土地の450万 ha を独占してプランテーション経営を行った[7]。また、最初はオランダ人が占領し、その後イギリスの植民地となった南部の南アでは土地の89%が農業人口のわずか8%を占めるだけの白人の手中に帰し、その1人当たり耕地面積は原住民の67倍にも達した[8]。土地の占有比率は南アの89%が最高で、南ローデシア（現ジンバブエ）とスワジランドの49%、ベルギー領コンゴ（現コンゴ（民））の9%、ケニアの7%、ニヤサランド（現マラウイ）、ガーナ、南西アフリカ（現ナミビア）の5%、北ローデシア（現ザンビア）の3%と続く[9]。ヨーロッパ人が取り上げた土地は潜在的には現地における最良の土地だったが、それだけでは不十分だった。つまり、これを現実の農業適地に変えるためには、莫大な資本を投下しながら近代的な機械や技術をふんだんに使うことが求められた。換言すれば、このプランテーション型農業が発展する過程でそれなりの資本蓄積が行われたと考えられるのである。

以下ではプランテーション型農業が発展した南ローデシア（現ジンバブエ）の事例を中心に説明することとする。

1889年、第1章でも言及したセシル・ローズがイギリス本国の特許状を得て資本金25万ポンドのイギリス南アフリカ会社を設立した[10]。この特許状によって同社は現在のジンバブエとザンビアに跨がる地域を保有することが認められていたが、実際には原住民の土地を奪っていく形で版図が広げられていった。具体的に言うと、1904年以降、同社によって数千人規模の白人の移住が意識的に奨励された[11]。初期の入植者の関心は金鉱開発だった。ところが、期待したほど金が見つからなかったため、入植者の関心は肥沃な土地を利用した農業開発へと徐々に移行していった。この結果、白人たちが入植したザンベジ川右岸のジンバブエ高原は1923年に白人のみの住民投票で南ローデシア自治政府を樹立した[12]。そして、1930年に制定された土地配分法によって、肥沃な土地の大半を含む国土の半分が白人入植者に配分され

る一方で、乾燥地の多い国土の2割強が人口の大多数を占める原住民向けの居留地に配分された。これを面積で表すと、白人入植者の土地が3,000万エーカーであるのに対して、原住民保留地は1,000万エーカーである[13]。ちなみに、1925年の土地委員会報告によれば、原住民の居留地外の土地7,500万エーカーのうち4,800万エーカー強が白人によって購入されたのに対して、黒人に購入された土地はわずか700万エーカー弱だった[14]。一方、1921年から1931年までの10年間で20万人の白人が新規に流入したのに対して、流出はわずか1.4万人である[15]。

第二次世界大戦を境に南ローデシアはさらなる発展を遂げた。というのは、復員軍人を含む大量のヨーロッパ系移民が流入したからである。第二次世界大戦前には年間40万ポンドを超すことがなかった流入資本も戦後急増し、1946年から1953年まで年平均が3,140万ポンドとなった。また、国内の蓄積増に伴って外国投資も増大した。この結果、1949年から1953年の投下資本額は2億3,370万ポンドに達したが、その70%に相当する1億6,000万ポンドは国外から投資されたものである[16]。1955年から1979年までの白人の流出入を見ると、流入合計が25万5692人、流出合計が24万6047人、この時期の白人人口の平均は22万5583人[17]、この間のピークは1960年代末の約30万人[18]、そして、ジンバブエとして独立する1980年時点では約10万人だった[19]。

要するに、南ローデシアでは総人口の5%強の白人のうち、さらに少ないわずか6,000世帯が国内農地の40%強の土地を支配して、高度な農業技術と機械化に支えられた大規模農場を経営していたのである[20]。そして、ジンバブエとして独立する1980年時点で白人大規模農家の所有面積は1世帯平均で2,285haとなったが、これら大規模農家の生産と出荷が全国で占める比率はそれぞれ80%と90%という大きさだった[21]。

### （ロ）外資の役割

植民地時代の資本蓄積という意味ではプランテーション型農業と両輪をなすのが鉱山開発で、同じく白人移住者と外国資本が重要な役割を演じた。このプランテーション型とも言える鉱業の発展は、現地での資本蓄積を可能としただけでなく、白人という購買力をもつ市場の存在により、製造業の発展をも可能とした[22]。

以下では、アフリカにおけるこの鉱山開発を中心とした資本蓄積の唯一の

第2章　アフリカで資本はどのように蓄積されたのか　53

成功例とも言える南アの事例を中心に説明することとする。

　南アに最初に入植したヨーロッパ人はオランダ人で、1652 年、オランダ東インド会社のヤン・ファン・リーベック率いる一団が現在のケープタウンに上陸し、本国とバタビア（現インドネシアのジャカルタ）との間の航路の中継基地を建設する。この基地がやがてケープ植民地に発展するのだが、その初期には本国で迫害を受けた新教徒のフランス人ユグノーも同じ新教徒のオランダ人を頼って入植してきた。やがてヨーロッパではナポレオンの台頭とともにイギリスとフランスの対立が高まり、ナポレオンの弟がオランダ国王に推戴されるとともに、イギリスはケープ植民地を占領する。ケープ植民地は、1815 年、ナポレオン敗退後のウィーン会議によって正式にイギリス領となるが、イギリスの統治を嫌ったオランダ系住民は新天地を求めて内陸部に移動し、1852 年にはトランスヴァール共和国、1854 年にはオレンジ自由国を建設する。ここにおいて南アはイギリスのケープ植民地、オランダ系の 2 つの独立国、原住民の居住地が併存する地域となる。

　こうした南アに大変革をもたらすきっかけとなったのがダイヤモンドと金の発見である。まずダイヤモンドについて言えば、1860 年代に相次ぐ発見[23]があり、採掘の中心となったキンバリー[24]には 1872 年までに 2 万人の白人と 3 万人の黒人が集結した[25]。ダイヤモンド鉱山開発は多額の投資を呼び込んだ。しかし、その後供給過剰となったことから、多くの鉱山で経営が立ち行かなくなり、鉱山を経営する企業の統合が活発に行われ、1885 年には 7 社体制となり、さらに 1889 年にはデビアス鉱山会社（De Beers Consolidated Mines）の独占体制が確立された。このデビアス社を設立したのがセシル・ローズである。

　1885 年には現在のヨハネスブルク郊外で金が発見されたが、金の発見と金鉱業の発展にはダイヤモンド鉱山開発で蓄積された人材と資金が重要な役割を演じた。何よりも南アの鉱山業者の手にはダイヤ鉱山業で蓄積された資金があった。それが初期の露天掘り鉱山開発の重要な資本となり、さらには、そこで蓄積された資金が次の深層鉱山開発向けの原資となった。

　南アにおける金の発見が一時のゴールド・ラッシュで終わらずに、今日に至る産金業として南ア経済の発展に多大の貢献をした背景には南アの金鉱がもつ独特の性質がある。19 世紀中頃、南アに先立ち米国のカリフォルニアやオーストラリアでゴールド・ラッシュが起きるが、そこでの金は砂金とし

54　　第 1 部　アフリカ経済の何が問題か

て存在したから、誰でもシャベルと水洗い鍋を使った簡単な採金労働で相当量の金を採取することができた。これに対して、南アの鉱層はその成因が火成のため、岩盤が非常に固く、鉱脈も深かった。深層鉱山開発には多額の資金が必要となる[26]が、ダイヤモンド開発の成功を足がかりに金鉱業に進出していたキンバリーの大資本家たちの資力をもってしてもその資金需要を満たすことができなかった。そこで、彼らが注目したのがヨーロッパ、とりわけ当時の金融の最先端基地であるイギリスのマーチャント・バンカーたち[27]で、彼らからの資金を導入するために「鉱業商会」、さらには「鉱業金融商会」を設立する。持株会社の一種である鉱業金融商会は外国資本を集める受け皿として機能するとともに、傘下の鉱山会社に対して発起・株式発行、金融、管理・支配を集中的に行った。この結果、1887年から1936年までの50年間における南ア金鉱業に対する投資額は2億5,000万ポンドに達した。その内訳は営業資本募集のための株式発行が56%、売主発行と利潤からの再投資がそれぞれ20%前後、社債が4%を占めたと推計されている[28]。南アの金鉱業への資本流入は1887年から1897年までの10年間で同じくイギリスの植民地であったオーストラリアとカナダを合わせたものの3倍になった[29]。ちなみに、1887年から1898年の投資額は年平均390万ポンド（1902年から1913年では年平均250万ポンド）である[30]。また、1895年だけで4,100万ポンド以上が南アの金鉱業に投資された[31]。

　それでは、なぜヨーロッパの投資家たちは南アの金鉱業に積極的に投資したのだろうか。まず考えられることはそこが世界最大級の巨大な鉱脈だったことである。加えて、金は奢侈品のダイヤモンドとは異なり、供給量が増えても値下がりすることがない。金には原則として安く売ろうとする販売競争が起きないから、生産統制をして価格の維持を図る必要もない。この結果、産出量の増大に比例して利益が上がり、その利益がさらなる投資を呼び込むという好循環が生まれるのだ。ちなみに、1899年には南アの産金量は世界全体の30%近くを占めるまでになり[32]、その金額は1,500万ポンドとなった[33]。また、この年の鉱山会社全体の株式の名目価格は5,000万ポンドであったが、その時価は2億1,500万ポンドに上った[34]。この南ア産金業への投資総額は3億7,000万ポンドにも上るが、そのうち27%がイギリス、23%が米国と大陸ヨーロッパ、7%が南アの非鉱業部門から集められ、残りの43%は南ア国内で発展した鉱業金融商会という会社組織の内部金融によって

第2章　アフリカで資本はどのように蓄積されたのか　　55

集められたものである[35]。さらに言えば、サブサハラだけで1870年から1936年までに投下された外国資本は総額約12億2,200万ポンドに達するが、この総額の中でアフリカの地場資本が占めた比率は3.7%よりさらに小さかった[36]。ちなみに、投下資本の62.5%にあたる約4億ポンドが1870年と1913年の間に南アと南北ローデシアに流入しているが、これにカタンガ[37]、南西アフリカ（現ナミビア）、モザンビークに対する投資額が加われば、資本投下総額の中で南部アフリカ全体のシェアはおそらく70%近くになる。以上の資本の大部分は鉱山事業と鉱業活動で必要とされた鉄道に投資された[38]。さらに言えば、19世紀後半から世界が金本位制の時代に入り、金の安定的供給が求められたことも南ア産金業に対する投資増をもたらした要因と考えられる。

20世紀に入っても、第一次世界大戦勃発前まではイギリス資本による投資が圧倒的であった。しかし、第一次世界大戦後は南ア資本の比率が高まり、その結果、金鉱山の株式合計のうち南ア資本が占める割合は1914年の14.5%から35年には40%強へと上昇した。第二次世界大戦後は、既存のヨハネスブルク周辺鉱山の劣化とそれ以外の場所における新規鉱山の発見が同時進行した。既存鉱山について言えば、資源の枯渇とインフレによるコスト上昇のために閉山が相次ぎ、1945年には43あった鉱山数が1970年には17にまで減少し、産出量も1,121万オンスから363万オンスに減少した。この結果、営業利潤も3,036万ポンドから326万ポンドの赤字に転落した。その一方で、新規開拓鉱山では同時期に鉱山数が3から30へと増加するとともに、産出量も56万オンスから2,816万オンスへ、営業利潤も155万ポンドから1億4,243億ポンドへと激増した[39]。ちなみに、1946から1951年までに南アに流入した外国資本は総計6億4,000万ポンド（約19億2,000万ドル）である[40]。

## （3）独立後の状況

前節において南ローデシアにおける農業と南アの鉱業という2つの例を引用しながら、アフリカにおける資本蓄積過程を明らかにしたので、以下では南ローデシア、南ア、その他の国々に分けて、独立後の資本蓄積過程を概観してみよう。

## （イ）南ローデシア（現ジンバブエ）

　1965 年、南ローデシアのイアン・スミス首相は宗主国イギリスに対して一方的に独立を宣言し、ローデシア共和国を成立させた。しかし、その目的が人種差別政策に基づく少数白人による支配の存続であったことから、国際社会はその独立を承認せず、むしろ経済制裁で対抗した。また、国内ではスミス政権への反発からアフリカ人解放組織の抵抗運動も激化した。こうした内憂外患の中でじり貧状態となったスミス政権は 1979 年にイギリスの調停を受け入れて総選挙に臨んだが、結果は敗北となり、1980 年、ロバート・ムガベを首班とする新生国家ジンバブエが誕生し、新政府は独立直後から不平等な農地の再分配計画に着手する。この再分配事業は主にジンバブエ政府とイギリス政府が費用を分担し、イギリス系農家から購入した土地をアフリカ人に分配するという形で進められた[41]。

　しかし、計画は遅々として進まず、独立直後の 1982 年においても、約 6,000 世帯の白人農家が肥沃で豊かな農地を中心に国内農地の 42% を所有していた。そうした不平等状態にもかかわらず、独立から 10 年間のジンバブエ農業は順調で、国内消費を満たした上に近隣諸国に輸出された。農業が好調だった理由は不平等な二層構造と関係する。すなわち、ジンバブエ農業の主要な担い手は白人の大規模農家であるが、彼らは大型スプリンクラーやトラクターを備えた大規模農業を営んでいたから、旱魃の影響を受けにくかった。彼らの主要生産物はタバコ葉などの換金作物だが、メイズや大豆などの穀類も育てており、国内消費の大部分はこの白人農場の生産で間に合った[42]。この白人農場の安定した生産の上に、人口 1300 万人の大半を占める黒人零細農家の生産が上積みされるから、その上積み分を常時輸出に回すことができたのである[43]。この結果、1990 年には労働者 1 人当たり資本量が 3,823 ドル、労働者 1 人当たり生産量が 2,537 ドルとなった[44]。

　この間、土地再分配計画の実施が止まったわけではなく、1980 年から 1989 年にかけて 5 万世帯以上のアフリカ人農家が白人大規模商業農地の約 1/3 にあたる 270 万 ha の土地に入植した[45]。初期の入植者の多くは独立闘争時に生まれた難民や土地を失った貧農・元兵士であった。さらに 1990 年から 1996 年にかけて 2 万世帯弱の農家が入植したが、白人農家側から提供される土地には放棄地や悪条件の農地が多く、小規模で地理的に分散しているという難点があり、入植者側に不満が残った。

1990 年代後半、土地問題に大きな変化が起こった。まず 1997 年 7 月から 8 月にかけて、独立運動に従事した退役軍人が恩給の給付遅滞に反発し、ムガベ政権への批判を強めた。これに対して、ムガベ政権は退役軍人への手当増額とともに、土地改革の再開を宣言した。その一方で、ムガベ政権は新たな土地改革計画の再開に関して旧宗主国イギリスの理解と資金援助を求めたが、トニー・ブレアを首班とするイギリスの労働党政権が、ジンバブエの土地問題はもはや植民地問題ではないとして、土地収用の動きに強い懸念を示したため、両国関係は一気に冷え込んでしまった。窮地に陥ったムガベ政権は、退役軍人や農村部からの支持を念頭に、アフリカ人に対して無条件で土地を返還する項目を含む新憲法制定のための国民投票に打って出た。しかし、結果は否決だった。そして、この状況に危機感を覚えた元兵士たちが白人農場を襲撃し、それを占拠するという暴挙に出た。これに対して欧米諸国は、かかる暴挙を非人道的行為として非難する一方、ムガベ政権に対しては厳しい経済制裁を課した。

　2000 年 7 月からの 2 年間で強制収用された土地の面積は 1,100 万 ha に上る。これによってジンバブエの農業構造は大きく変化し、800ha 以上の農地面積をもつ大規模商業農家の世帯数は 1980 年の約 6,000 世帯から約 1,600 世帯に減少した。1980 年当時は 6,000 世帯の大規模農家のほぼすべてが白人農家だったが、「急速再入植計画」後の白人農家世帯数は 200〜300 程度に減少した。また、約 140ha の農地面積をもつ中規模農家世帯数は 1980 年の約 8500 世帯から約 3 万世帯に増加した。さらに 35 万世帯に対して 6h の農地を分配し、多数の小規模アフリカ人農家が創出された。

　ジンバブエの土地改革は、アフリカ人原住民が白人入植者に対して暴力的手段を行使することによって劇的に農業構成を変化させたというアフリカでも特異な土地改革であるが、この土地改革後、ジンバブエの農業生産が急激に悪化し、特に大規模商業農家が独占的に生産していたコーヒー、タバコ、綿花、大豆等の輸出作物生産量が壊滅的な打撃を受けたこと、さらには、ジンバブエが国際社会からの孤立と経済破綻に見舞われ、2000 年代後半には記録的なハイパーインフレを経験したこと等を考慮すれば、この急進的な土地改革は失敗と言わざるを得ない。また、その過程でこれまで蓄積されてきた資本のかなりの部分が消失してしまったことも事実である。しかし、様々な禍根を残しつつも、苛酷なショック療法によって病巣の根源を絶ちきった

という面は確かにあるので、現在も続く混乱がやがて収束すれば、ジンバブエ経済は将来的には立ち直る可能性も秘めているのである。

### （ロ）南ア

1910年、南アがイギリスから独立した。しかし、多数派のアフリカ人による政府を作り得た他のアフリカ諸国と違って、南アの場合は独立後も少数派の白人が政権を担い続け、その状態が1994年にネルソン・マンデラを首班とする政府ができるまで続いた。そういう意味で言えば、南アに真の独立が訪れたのは多数派のアフリカ人による政権が成立した1994年であるが、南アにおける資本蓄積過程を理解するためには、それ以前の白人政権の時代も知る必要があるので、以下では、1910年に遡って記述を行うこととする。

1910年の独立[46]によって、南アは他のアフリカ植民地とは著しく異なる経済発展を達成していく。というのは、プランテーション型の農業と鉱業の発展が他の植民地では見られなかった現地での資本蓄積を可能とし、さらには白人という購買力をもつ市場の存在[47]により、製造業の発展も可能となったからである。第一次世界大戦中、ヨーロッパからの物資流入が滞ったことは輸入代替産業発展の機会を生み、鉄鋼生産も開始された。

以上は裕福な白人を中心とした議論であるが、白人の中には当然貧しい人たちも存在する。その貧しい白人たちを「プア・ホワイト」と呼ぶ。大雑把に言えば、この時代の南アには豊かなイギリス系人と貧しいオランダ系人という2つの白人階層が存在するが、なぜオランダ系人が貧困化したかというと、それは2回にわたるボーア戦争[48]の結果である。すなわち、ダイヤモンドと金が発見される前の南アはイギリスのケープ植民地とオランダ系のトランスヴァール共和国とオレンジ自由国が併存する形だったが、オレンジ自由国でダイヤモンドが発見され、さらにトランスヴァール共和国で金が発見されると、その権益を求めて、ケープ植民地から2つのオランダ系共和国に対する介入圧力が強まり、これに抵抗するオランダ系共和国との間で2回の戦争が勃発する。これがボーア戦争であり、最終的にイギリス側が勝利することで、南アはケープ植民地と2つのオランダ系共和国が併存する状態に終止符を打ち、1910年には南ア連邦というイギリス帝国内の自治領となる。ボーア戦争は全国を焦土と化したから、戦争の過程で自分の農場を失うアフリカーナー[49]も多かった。また、鉱業の発展が都市化の進展をもたらしたこともあって、アフリカーナーの離農者はさらに増加した。しかし、もともと農

民であった彼らの都市生活への適応能力は低く、鉱山労働に従事しても、その熟練度は低かった。ここに至って、「プア・ホワイト」と呼ばれる白人下層階級の存在が社会問題化することになったのである。しかし、経済的には劣位に立つアフリカーナーであるが、ボーア戦争の勝者であるイギリスが寛大にも同じ白人であるアフリカーナーに対してイギリス人と同等の政治的権利、具体的には自治領内での参政権を与えたために、アフリカーナーは自治領内においてその政治力を徐々に発揮することとなる。

この「プア・ホワイト」問題をきっかけに南アでは後に「アパルトヘイト」と呼ばれる人種隔離政策が推進されていく。その先駆けとなったのが1913年の原住民土地法で、居留地を指定し、そこでのアフリカ人の居住を義務づけるとともに、アフリカ人が居留地外の土地を取得したり、賃借したりすることを禁じた。ちなみに、居留地の面積は国土の14％の水準で維持された。居留地はその後「ホームランド」と呼び名が変わり、白人政府が隔離政策を進展させるための基点となった。そして、1948年、プア・ホワイトを支持基盤とする国民党が再び選挙に勝利し、党首のダニエル・フランソワ・マラン[50]が首相となって以降、マンデラ政権が誕生する1994年までの46年間、国民党は政権を担い続ける。そして、この国民党政権下でアパルトヘイト政策が本格化していく。

この白人政権下でも1960年代までは南ア経済は着実な発展を遂げる。まず第一次世界大戦が南ア経済にプラスの影響を及ぼした。というのは、イギリスからの輸入減少が製品の国産化を通じて工業の発展を促した。さらに戦時のインフラがもたらした工業製品の値上がりによって農産品加工業も発展した。農業部門が繁栄した結果、食料の輸入依存度が減り、農畜産物を輸出できるようになった。1929年、世界大恐慌が白人農家に大打撃を与えた。これに対して、政府は補助金の貸与や外国農産物輸入関税率の引き上げといった白人農家の保護策を実施したが、アフリカ人農家に対しては何の保護も与えなかった。この間の金鉱業への投資状況を見ると、1886年から1944年までの投資総額は3億ドルを上回り[51]、第二次世界大戦後の1953年から1964年までの投資額は6億ポンドを上回る[52]。第二次世界大戦後、インフレの発生によって金の生産コストが上昇する一方で、金価格が固定されていたため、金鉱業の前途が危ぶまれたが、1949年、南アの平価切り下げがあり、それによって金価格は1オンス17.25ランドから24.83ランドに上昇した[53]。

1970 年、金の産出量は過去最高の 3,179 万オンス[54]に達した。

しかし、1970 年代から世界経済の成長が止まり、貿易が縮小に転じた。石油危機で石油価格が上昇し、南アでもインフレが激しくなったが、ニクソン・ショックによって金とドルの交換が停止したため、金に対する需要が逆に高まった。このため、為替レートは切り上がり、製造業部門の輸出が低下した。この結果、製造業輸出は 1948 年から 1972 年までは年率 7.3％で増加したが、1972 年から 1984 年になると比率は 1.7％に急減した[55]。1983 年以降、輸出を刺激する目的でランドが切り下げられたが、アパルトヘイト政策のために受けてきた経済制裁の影響もあり、輸出はさほど伸びず、むしろ輸入コスト高を招いてしまった。1980 年代後半からは投資が落ち込み、成長も減速した。ここに至って、国民党政権はアパルトヘイト関連法を全廃するとともに、1994 年に全人種が参加する総選挙を実施する。選挙結果は人口の大多数のアフリカ人が支持する ANC[56]が勝利を収めるのは当然であり、同党のネルソン・マンデラ党首が新生南アの大統領に就任した。そして、新生南アはイギリス連邦[57]と国連に復帰するとともに、アフリカ統一機構[58]にも加盟することで、国際社会に復帰した。

新生南アが標榜するスローガンが「虹の国」で、このスローガンには多くの人種が融和して希望の溢れる国を作っていこうとの願いが込められているが、これは「言うは易く行うは難い」の典型である。というのは、その融和を実現する過程で、少数の白人が築き上げた富を多数のアフリカ人に分配するというパイの切り分け問題が不可避となるからだ。パイの切り分けが小さいと、アフリカ人の不満が噴出し、逆に切り分けが大きすぎると、白人の不満が噴出する。今のところ ANC 政権はこのパイの切り分け問題によって白人とアフリカ人の間の対立が激化しないように巧妙に立ち回っているから、ダイヤモンドと金の発見以降蓄積されてきた資本が大きく毀損するという事態には立ち至っていない。しかし、仮に経済がうまく機能しなくなり、多数派のアフリカ人の生活が不安定になると、ジンバブエで起きたような暴力的なパイの切り分けが起きるかもしれないので、どうしたらそういう事態を回避できるかが南アにとって今後最大の課題になると考えられる。

（ハ）その他の国々

以上、南ローデシアと南アを例にとり、植民地時代にプランテーション型の農業や鉱業を発展させる国における独立後の資本蓄積状態を詳述してきた

が、それ以外の国々は独立前と比較して資本蓄積状態をどのように変化させてきたのだろうか。

まず言い得ることは、プランテーション型を採用しなかったということは白人の入植が少ないことを意味するから、プランテーション型の国に比べて、国内における地場資本の蓄積度合いも低いということである。元々の資本蓄積が貧弱な上に、独立によって旧宗主国からの投資も減るだろうから、植民地時代に存在したわずかな資本はさらに毀損していった可能性が高い。したがって、多くの国では独立後の資本蓄積状態は植民地時代よりむしろ悪化したと考えられる。

植民地時代の資本を毀損させることとなった典型例が外国企業の国有化であるので、以下ではザンビアを例にとり、その状況を概観することとしたい。

1923年、南ローデシアで自治政府が樹立されると、翌24年にイギリスは北ローデシアを保護領として直轄植民地化した。そして、翌25年、この北ローデシア北部のベルギー領コンゴとの国境地帯で銅の大鉱脈が発見されたのである。この産銅地帯での開発を担ったのがローデシア・アングロ・アメリカン社[59]とローデシア・セレクション・トラスト社[60]である。1910年、ベルギーとイギリスの資本により、南アのダイヤモンド鉱山集積地のキンバリーから南ローデシアのブラワヨ経由で鉄道が敷設されたことが内陸国北ローデシアの銅を隆盛に導いた。この結果、北ローデシアは1920年代には銅生産に関して世界的な戦略生産拠点の1つとなった[61]。

1964年、北ローデシアがザンビアとして独立したとき、初代ケネス・カウンダ大統領にとっての最重要な政治経済的課題がローデシアと南アとの関係だった。というのは、アフリカ人の主権国家として独立した以上、ザンビアは、少数白人国家のローデシアと南アが遂行する人種差別政策に反対していかざるを得ないが、両国に経済的に大きく依存している現状を考慮すれば、反対を弱めざるを得ないというジレンマに陥ることになるからである。こうした状況下、1964年、カウンダ大統領は国連の制裁決議にしたがって南アとの経済関係を断つとともに、1965年にはローデシアに対する経済封鎖にも参加するが、これによってザンビアはローデシア、南ア経由で銅を輸出できなくなった。これは銅の輸出が国内経済を支える度合いが大きいザンビアでは死活問題である。そして、この問題を克服するために、ザンビアは2つの選択をする。1つは産銅企業の国有化、もう1つはタンザン鉄道[62]の建設

である。

　以下、ここでの焦点である国有化問題に限って説明すると、ザンビア政府は 1969 年に国有化法を制定し、外国資本の産銅会社の株式を 51％取得して公社化を実現する。当時世界の銅価格は高値水準で推移したため、公社化はザンビア政府に大きな利益をもたらした。ところが、1975 年に銅の国際価格が暴落すると、銅生産も下落し、公社の経営も左前になった。そして、種々の改革を経ても状況の改善は見られず、2000 年には民営化法が制定されて、再び外資が導入された。この結果、産銅企業の資産価値は公社化以前の状態よりもさらに劣化してしまった。

　以上の例が示すように、国有化の失敗には 1 つの定型パターンがある。国有化によってまず起きることが外資の引き揚げである。勿論、国有化後の企業が順調に利益を上げていれば、企業経営は破綻しない。しかし、経営が順調なときに、国家がその利益の大半を吸い上げて他の目的に使ってしまうことこそ問題である。というのは、その間に内部留保がほとんどなされないから、経営環境が悪化に転じたとき、善後策を講じるための資金が足りないという状況に陥ってしまう。善後策を講じられない以上、経営はさらに悪化せざるを得ず、最終的に経営が破綻して、再び外資の支援を仰がざるを得なくなるのである。

## 2．実際の資本蓄積状況

　国民所得統計に資本量を表す数字が掲載されるケースは極めて少ない。そのため、ストックとしての資本総額の把握は容易ではないが、フローの資本増加分が毎年の投資額であることを考慮すれば、投資額を見ることで資本の増減は大雑把ながら把握できると考える。他方、資本の蓄積過程を考えると、その最初に位置するのが貯蓄である。というのは、家計が得た所得を消費する一方で、残存部分が貯蓄に回り、その貯蓄が金融機関を通じて企業に投資されることによって、資本が増強されていくからである。そこで、以下では、第 1 章と同様にアフリカ諸国における状況を 2000 年以前とそれ以後の状況に分け、まず貯蓄率の動向から見ていくこととしよう。

第 2 章　アフリカで資本はどのように蓄積されたのか　　63

表 2-1　貯蓄率と投資率の国際比較（1980〜2000 年）

| 地域 | | 貯蓄率（%） | 投資率（%） | 投資率/貯蓄率（%） |
|---|---|---|---|---|
| 地域名 | 国数 | | | |
| 世界 | 189 | 23.17 | 24.46 | 107.75 |
| 先進国 | 21 | 23.34 | 24.28 | 104.03 |
| 新興国・途上国 | 152 | 22.48 | 25.21 | 112.14 |
| アジア | 29 | 28.48 | 31.18 | 109.48 |
| ラテンアメリカ | 32 | 18.43 | 20.16 | 109.39 |
| 中東・アフリカ | 20 | 23.81 | 24.92 | 104.66 |
| サブサハラ | 45 | 14.43 | 22.94 | 158.97 |

出所：IMF（2015）World Economic Outlook Databases

## （1）2000 年以前

### （イ）貯蓄率の動向

　表 2-1 は 1980 年から 2000 年までの貯蓄率と投資率の年平均値をいろいろな地域に分けて比較したものである。そこからまず貯蓄率を見ると、世界189 カ国の平均値が 23.17% である。この世界平均値は、先進国の平均値23.34% よりは低く、新興国・途上国の平均値 22.48% よりは高い。このことから、貯蓄率に関して言えば、先進国の方が途上国より高いという一般的傾向を読み取ることができる。次に、アジア、ラテンアメリカ、中東・北アフリカ、サブサハラの 4 地域について比較すると、高い順にアジア 28.48%、中東・北アフリカ 23.81%、ラテンアメリカ 18.43%、サブサハラ 14.43%となる。要するに、サブサハラは貯蓄率の面でも世界最低水準だったのである。このことは、この期間内におけるサブサハラ・アフリカの資本蓄積が他地域に比べて低調であったことを如実に示していると考えられる。

　次に、それぞれの国の具体的数値を見ていくこととしよう。表 2-2 は1980 年から 2000 年までの期間におけるサブサハラ 39 カ国の貯蓄率と投資率の年平均値を高い順に列記したものである。まず貯蓄率を見ていくと、38カ国がプラス値をとり、マイナス値をとるのはシエラレオネ 1 カ国のみである。シエラレオネは一方は太平洋、他方はギニアとリベリアに接したアフリカ西部の国の 1 つで、1961 年にイギリスから独立した。1930 年、この国でダイヤモンドが発見されたが、そのダイヤモンドがこの国の経済を支え続けてきた。ところが 1991 年に発生した内戦が長期化したことで、この国の経済は完全に疲弊し、1980 年から 2000 年までの成長率もマイナス 1.36% の低

64　　第 1 部　アフリカ経済の何が問題か

表 2-2　サブサハラの貯蓄率と投資率（1980～2000 年）　　（単位：%）

| 国名 | 貯蓄率 | 国名 | 投資率 |
|---|---|---|---|
| 1．ボツワナ | 36.75 | 1．コンゴ（民） | 84.75 |
| 2．レソト | 33.77 | 2．赤道ギニア | 55.19 |
| 3．ガボン | 32.07 | 3．レソト | 49.01 |
| 4．赤道ギニア | 20.85 | 4．ブルンジ | 38.28 |
| 5．コンゴ（共） | 22.66 | 5．カーボベルデ | 36.86 |
| 6．モーリシャス | 19.66 | 6．ガボン | 29.97 |
| 7．南ア | 19.54 | 7．ボツワナ | 29.41 |
| 8．ナイジェリア | 17.05 | 8．モザンビーク | 27.76 |
| 9．モザンビーク | 16.89 | 9．モーリシャス | 27.67 |
| 10．タンザニア | 16.67 | 10．セーシェル | 27.53 |
| 11．セーシェル | 16.65 | 11．コンゴ（共） | 27.42 |
| 12．カメルーン | 14.98 | 12．ベナン | 26.06 |
| 13．カーボベルデ | 14.46 | 13．タンザニア | 25.80 |
| 14．スワジランド | 14.44 | 14．スワジランド | 25.49 |
| 15．ケニア | 13.81 | 15．ケニア | 21.41 |
| 16．アンゴラ | 13.68 | 16．カメルーン | 21.23 |
| 17．ブルキナファソ | 13.61 | 17．南ア | 21.14 |
| 18．コモロ | 13.35 | 18．アンゴラ | 19.74 |
| 19．ウガンダ | 11.92 | 19．ナイジェリア | 19.39 |
| 20．ベナン | 11.36 | 20．ギニア | 18.59 |
| 21．ギニア | 10.88 | 21．ブルキナファソ | 18.30 |
| 22．ガンビア | 9.66 | 22．ウガンダ | 17.60 |
| 23．コートジボワール | 9.49 | 23．マリ | 17.25 |
| 24．トーゴ | 8.90 | 24．ザンビア | 16.98 |
| 25．ルワンダ | 8.64 | 25．ルワンダ | 16.17 |
| 26．エチオピア | 8.32 | 26．トーゴ | 16.13 |
| 27．ザンビア | 7.82 | 27．ギニアビサウ | 15.84 |
| 28．ニジェール | 7.62 | 28．コートジボワール | 15.76 |
| 29．ガーナ | 7.36 | 29．エチオピア | 15.61 |
| 30．ギニアビサウ | 6.83 | 30．セネガル | 14.78 |
| 31．セネガル | 6.30 | 31．コモロ | 14.27 |
| 32．マラウイ | 5.90 | 32．チャド | 13.24 |
| 33．ブルンジ | 5.67 | 33．ニジェール | 12.45 |
| 34．中央アフリカ | 5.15 | 34．マダガスカル | 11.74 |
| 35．コンゴ（民） | 5.10 | 35．ガーナ | 11.28 |
| 36．マダガスカル | 4.37 | 36．マラウイ | 8.89 |
| 37．マリ | 3.92 | 37．中央アフリカ | 8.57 |
| 38．チャド | 3.29 | 38．シエラレオネ | 6.12 |
| 39．シエラレオネ | -0.64 | 39．ガンビア | 5.41 |

出所：IMF（2015）World Economic Outlook Databases

第 2 章　アフリカで資本はどのように蓄積されたのか　　65

さである。すなわち、内戦が長期化する中で国民が貯蓄を行う余裕などなかったのである。ちなみに、ダイヤモンドという資源がこの内戦の長期化と関係している。というのは、ダイヤモンド鉱山を制圧することで、反政府勢力は武器購入のための財源を確保できたからである[63]。

貯蓄率は、36.75％をとる第1位のボツワナからマイナス値をとるシエラレオネまで、そこには大きな差がある。39カ国の平均値は12.79％であるが、その数値は第18位のコモロと第19位のウガンダの間に位置するから、平均値を上回る国は18カ国、下回る国は21カ国ということになる。サブサハラ39カ国を貯蓄率の高い順にさらに分類すると、30％台が3カ国、20％台が2カ国、10％台が16カ国、10％未満が18カ国ということになる。

第1位のボツワナから第8位のナイジェリアまでの8カ国を見ると、鉱物資源をもつ国が6カ国、もたない国が2カ国となる。もつ国6カ国のうちガボン、赤道ギニア、コンゴ（共）、ナイジェリアの4カ国が産油国でそれ以外の2カ国はダイヤモンドと金の産出国である。もたない国の1つモーリシャスについてはこれまでも何度か言及したので、ここではレソトについて説明する。

通常の内陸国がいくつかの国と国境を接しているのに対して、レソトが国境を接するのは南アのみである。要するに、レソトは南アという海に浮かぶ島のような存在なのである。なぜこのような国が生まれたかというと、南アの成立事情が大きく関係する。レソトの主要民族は南ア中部の山岳部に居住するバンツー系のソト族であるが、オランダ系の内陸進出に驚異を感じたソト族は、それに対抗するため、イギリスの保護を受け、やがてイギリスの植民地となる。ところが、周囲を囲んでいたオランダ系の共和国とイギリスの植民地が統合して白人政権の南アが成立したため、レソトはイギリスの植民地のまま残され、やがてレソト王国として独立したことによって、今日のような形ができあがった。山岳地帯のレソトでは、耕地は国土の10％にすぎず、60％以上が家畜の放牧地である。また、国内産業が未発達なため、国内には労働力を吸収できる適当な働き先がなかった。ここでレソト人が目をつけたのが南アであり、南アに出稼ぎに行き、収入を得ることによって、家計を支えようとしたのである。出稼ぎを行うということは現金収入を得ることを意味するが、これは貯蓄を行う上で有利である。というのは、現金を本国に持ち込むよりも金融機関を通じた送金の方がより安全だからである。しか

図 2-1　貯蓄率と成長率の関係（1960～2000 年）

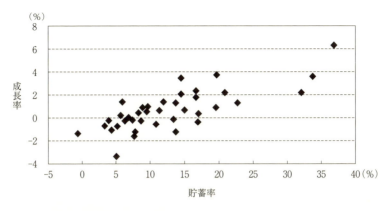

出所1：貯蓄率は表 2-2 と同じ。
出所2：成長率は表 1-3 と同じ。

も、レソトの通貨は南アの通貨ランドと1対1の対応をしているから、為替変動のリスクを負う心配もない。こうした事情がレソトの貯蓄率を高める要因となったと考えられる。

　この表 2-2 と序章の表 0-4、第1章の表 1-3 を比較すると、1つの興味ある事実を指摘することができる。その事実とは1人当たり GNI が高いほど、また、GDP 成長率が高いほど、貯蓄率も高いということである。この事実は、貯蓄率と GDP 成長率の関係を示した図 2-1 からも確認することができる。というのは、この図から両者の間にかなり高い正の相関関係[64]があることを読み取ることができるからである。すでに何度か確認しているように、鉱物資源の存在が高い成長率を通じて高い1人当たり GDP（ないし GNI）をもたらす場合が多いが、ここにおいて貯蓄率と GDP 成長率との間に正の相関関係を見出せたということは、鉱物資源の存在によって富が蓄積され、その富がより高い貯蓄率をもたらし、その高い貯蓄率が高い GDP 成長率をもたらすという因果関係の存在を示唆していると考えられる。

（ロ）投資率の動向

　前掲の表 2-1 から 1980 年から 2000 年までの投資率の年平均値を見ると、世界 189 カ国の平均値が 24.46％ である。この世界平均値は、先進国の平均値 24.28％ よりは高く、新興国・途上国の平均値 25.21％ よりは低い。この

第 2 章　アフリカで資本はどのように蓄積されたのか　　67

ことから、投資率の場合は貯蓄率の場合とは反対に、途上国の方が先進国より高いという一般的傾向を読み取ることができる。次に、アジア、ラテンアメリカ、中東・北アフリカ、サブサハラの4地域について比較すると、高い順にアジア31.18％、中東・北アフリカ24.92％、サブサハラ22.94％、ラテンアメリカ20.16％で、アジアと中東・北アフリカの順位は変わらないが、サブサハラとラテンアメリカの順位は逆転している。ラテンアフリカが低い理由はそれだけ先進度が高いことの証左であろう。要するに、成熟した先進国より未成熟な途上国の方がより投資需要が旺盛なので、そのことが投資率の引き上げ要因となっているのである。

　理論的に言えば、投資は需要を表し、貯蓄は供給を表す[65]。他方、投資率も貯蓄率も分母は同じGDPであるから、投資率が貯蓄率を上回れば需要が供給を上回った状態となり、逆に貯蓄率が投資率を上回れば、供給が需要を上回ることとなる。以上を理論的前提として表2-1の投資率の貯蓄率に対する比率を見ると、いずれも100％を超えているので、需要が供給を上回っていることがわかる。問題はその上回り方であるが、先進国と途上国の比較では途上国の超過需要の方が大きい。そして、アジア、ラテンアメリカ、中東・北アフリカ、サブサハラの4地域について比較すると、サブサハラは突出して高く、それ以外の3地域はいずれも同程度である。このことは2つのことを示唆していると考えられる。1つはサブサハラの旺盛な投資需要であるが、裏返せば、サブサハラがそれだけ未開発であるということの証左でもある。もう1つは旺盛な需要に供給が追いつかないということであるが、その需給ギャップを埋めるためには借金をしなければならないということである。

　次に表2-2に戻って、1980年から2000年までの期間におけるサブサハラ39カ国の投資率の年平均値を見てみることとしよう。まず数値的に見ると、最高が84.75％、最低が5.41％で、貯蓄率の2倍以上のばらつきがある。39カ国の平均値は22.80％であるが、その数値は第14位のスワジランドと第15位のケニアの間に位置するから、平均値を上回る国は14カ国、下回る国は25カ国ということになる。この投資率平均値と貯蓄率平均値12.79％の比をとると178.26％であり、表2-1の158.97％より若干高いものの、かなり近い値となっている。サブサハラ39カ国を投資率の高い順にさらに分類すると、80％台が1カ国、50％台が1カ国、40％台が1カ国、30％台が2カ

68　　　第1部　アフリカ経済の何が問題か

国、20％台が 12 カ国、10％台が 18 カ国、10％未満が 4 カ国ということになる。

　国ごとに投資率と貯蓄率を見ていくと、39 カ国中 36 カ国で投資率が貯蓄率を上回っているから、投資に関しては大半の国で需要が供給を上回っていることになる。これに対して、供給が需要を上回るのはガボン、ボツワナ、ガンビアの 3 カ国である。このうちガボンは産油国として、また、ボツワナは宝飾用ダイヤモンドの産出国であり、すでに十分な投資が行われた可能性が高い上に、ともに高位中所得国に属するから、貯蓄率が投資率を上回る可能性は確かにある。それでは、低所得国で鉱物資源をもたないガンビアの貯蓄率がなぜ投資率を上回ったのだろうか。ガンビアの面積はアフリカで 6 番目に小さいが、5 番目まではすべて島嶼国であるから、大陸内での最小面積国ということになる。国土はガンビア川の流域に展開していて、河口を除けば隣国はセネガルのみである。主要産業は農業のみで、落花生の輸出で外貨を稼ぐ典型的な低所得国である。第 1 章の表 1-3 が示す通り、1960 年から 2000 年までの GDP 成長率も年平均 0.92％と低い。それゆえ、ガンビアの場合は適当な投資先がないために、貯蓄率が投資率を上回ったと考えられる。

　39 カ国の順位は基本的に貯蓄率の順位と大差はない。というのは、投資率順位上位 21 カ国のうちの 19 カ国が貯蓄率上位 21 カ国の中に入るからである。それゆえ、サブサハラでは一般的に投資率が貯蓄率を上回ってはいるが、それでも投資率が高い国はそれなりに貯蓄率も高いのが普通である。しかし、そうした傾向を大きく逸脱した国が 2 つある。

　その 1 つがコンゴ（民）で、投資率は 84.75％と 39 カ国中最高でありながら、同時期の貯蓄率は 5.10％と下から 5 番目の低さである。第 1 章の表 1-3 から 1960 年から 2000 年までの成長率を見ると、コンゴ（民）のそれはマイナスで、しかも 45 カ国中で下から 3 番目の低さである。それゆえ、貯蓄率の低さは納得できるが、投資率の高さは納得できない。そこで毎年の数値をさらに細かく見ていくと、貯蓄率については毎年の数字を計測することが可能であるが、投資率については 1980 年から 1988 年までの 9 年間が計測不能で、計測値は 1989 年から 2000 年までの 12 年間にすぎない。しかも、その 12 年間の中に投資率が 100％を超える年が 1989 年、92 年、96 年、97 年の 4 回もある。投資率が 100％を超えるということは GDP を超える投資がなされていることを意味するが、これは極めて異常な事態である。なぜこ

第 2 章　アフリカで資本はどのように蓄積されたのか　　69

のような異常な事態が起きるかというと、それはこの国のもつ政治と経済の
アンバランスに起因している。コンゴ（民）は、ナイルに次ぐアフリカ第2
の長流で、流域面積ではアフリカ最大のコンゴ川の流域に展開する国で、そ
の面積はアルジェリアに次いでアフリカ54カ国中2番目の広さである。こ
の広大な国土に250以上の民族集団が居住するのであるから、国を1つにま
とめることは大変な作業で、内戦は頻発するし、その内戦を抑えようとして
独裁政権による強権政治が横行して、政治は常に混乱している。この政治的
混乱の影響もあり、経済は常に低迷しているから、国民所得水準も極めて低
く、2014年の1人当たりGNIも380ドルという低さである。ところが、皮
肉なことに、この国は世界有数の鉱物資源国で、その経済も鉱物輸出に大き
く依存している[66]。しかも、資源の多くは南部のカタンガ地方に偏在してい
るから、どんな内戦状況下でも、時の政権は虎の子のカタンガ地方を死守す
ると同時に、その資源開発のために必要な投資はどうしても行わなければな
らないので、結果として、投資率が高くなるのである。

　もう1つの例外はブルンジで、投資率は38.28%と39カ国中第4位であ
りながら、同時期の貯蓄率は5.67%と下から7番目の低さである。第1章
の表1-3から1960年から2000年までの成長率を見ると、ブルンジのそれは
コンゴ（民）とは違ってプラスであるが、それでもわずか0.20%である。
それゆえ、コンゴ（民）と同様に貯蓄率の低さは納得できるが、投資率の高
さは納得できない。しかし、ブルンジの場合は1980年から2000年まで毎年
の数値が計測できているので、統計資料自体に問題はない。では、なぜこの
ような乖離が起きたのだろうか。ブルンジはフツ族とツチ族を主要民族に抱
えるという点で、隣国ルワンダと類似した性質を有した国であり、ルワンダ
同様、1990年代に大規模な混乱に陥った[67]。序章の表0-1が示す通り、ブル
ンジの面積はアフリカで下から10番目であるが、その割に人口が多いため、
人口密度は上から4番目である。主要産業は農業で、中でもコーヒー豆の生
産が突出していて、輸出の8割を稼ぐ他、就業人口の9割を雇用しているが、
それでも2014年の1人当たりGNIは270ドルという低さである。したがっ
て、投資率が貯蓄率を大きく上回る理由もコンゴ（民）と同様で、低所得国
で貯蓄が低いといっても、基幹産業であるコーヒー豆栽培のための投資はあ
る程度の犠牲を払っても行わざるを得ないのである。

70　　第1部　アフリカ経済の何が問題か

表 2-3　貯蓄率と投資率の国際比較（2001〜2013 年）

| 地域 | | 貯蓄率（%） | 投資率（%） | 投資率/貯蓄率（%） |
|---|---|---|---|---|
| 地域名 | 国数 | | | |
| 世界 | 189 | 24.19 | 23.93 | 98.93 |
| 先進国 | 21 | 21.38 | 21.79 | 101.92 |
| 新興国・途上国 | 152 | 30.68 | 28.61 | 93.25 |
| アジア | 29 | 40.23 | 37.45 | 93.09 |
| ラテンアメリカ | 32 | 20.18 | 20.95 | 103.82 |
| 中東・アフリカ | 20 | 37.46 | 27.41 | 73.17 |
| サブサハラ | 45 | 19.46 | 19.79 | 101.70 |

出所：IMF（2015）World Economic Outlook Databases

## （2）2001 年以後

### （イ）貯蓄率の動向

　表 2-3 は 2001 年から 2013 年までの貯蓄率と投資率の年平均値をいろいろな地域に分けて比較したものである。以下、前掲の表 2-1 の比較しつつ貯蓄率を見ると、世界 189 カ国の平均値が 24.19% であるが、この数値は 1980 年から 2000 年までの平均値 23.17% よりも若干高い。同様に先進国、途上国の平均値を比較すると、先進国の場合は 23.17% から 21.38% に下落しているのに対して、途上国の場合は逆に 22.48% から 30.68% へ大幅に上昇している。この結果、2000 年以前においては先進国、世界、途上国の順で高かった貯蓄率が、2001 年以後においては途上国、世界、先進国の順となり、途上国と先進国の地位が逆転している。要するに、2001 年から 2013 年までの期間においては途上国の成長率の伸びを反映して貯蓄率も大きく伸びたのに対して、成熟した先進国の場合は成長が鈍化した結果、貯蓄率は下落に転じたのである。

　次に、アジア、ラテンアメリカ、中東・北アフリカ、サブサハラの 4 地域について比較すると、高い順にアジア 40.23%、中東・北アフリカ 37.46%、ラテンアメリカ 20.18%、サブサハラ 19.46% となる。この順位は 2000 年以前と同様であり、しかもいずれの地域においても 2000 年以前の数値より 2001 年以後の数値の方が高い。しかし、サブサハラが貯蓄率の面でも他地域より低いという状況は依然として同じである。

　次に、それぞれの国の具体的数値を見ていくこととしよう。表 2-4 は 2001 年から 2013 年までの期間におけるサブサハラ 42 カ国の貯蓄率と投資

率の年平均値を高い順に列記したものである。まず貯蓄率を見ていくと、41
カ国がプラス値をとり、マイナス値をとるのはエリトリア1カ国のみである。
エリトリアの現代史はエチオピアとの二国間関係の歴史と言っても過言では
ない。エリトリアは元々イタリアの植民地であったが、第二次世界大戦中の
1942年にイギリスの保護領となる。そして、1952年の国連決定に従い、エ
チオピアと連邦を形成するが、1962年にエチオピアが一方的にエリトリア
を併合する。ここから1993年に独立を獲得するまで、エリトリアは30年間
エチオピアと戦い続けるが、独立後も解放闘争を主導したエリトリア人民解
放戦線の一党支配体制が続く中、大量の難民が発生する一方で、エチオピア
との国境紛争も頻発している。こういう状況を反映し、2001年から2013年
までの期間におけるGDP成長率は2.09%であるが、これはアフリカ47カ
国中で下から5番目の低さである。元々食糧自給率の低いエリトリアは食糧
の7割を輸入ないし援助に頼った上に、長期にわたる戦争でインフラも破壊
されているから、経済の再建は容易ではなく、この結果として、アフリカで
この時期唯一貯蓄率がマイナスとなってしまったのである。

　貯蓄率は第1位のボツワナから最下位のエリトリアまで大きな差がある。
42カ国の平均値16.84%であるが、この数値は2000年以前の平均値
12.79%に比べてかなり高い。ちなみに、16.84%という数値は第27位のニ
ジェールと第28位のセーシェルの間に位置するから、平均値を上回る国は
27カ国、下回る国は15カ国ということになる。2000年以前の場合、平均を
下回る国の数が上回る国の数より多かったが、2001年以後の場合は逆に平
均を上回る国の方が下回る国よりも多い。サブサハラ42カ国を貯蓄率の高
い順にさらに分類すると、30%台が4カ国、20%台が10カ国、10%台が19
カ国、10%未満が9カ国ということになる。全体で3カ国増えているという
問題はあるが、2000年以前と比較すると、30%台、20%台、10カ国で国の
数が増え、10%台と10%未満で国の数が減っている。

　貯蓄率の上位10カ国を見ると、第1位は39.12%のボツワナである。加
えて、第2位のガボン、第3位のレソト、第4位の赤道ギニアの4カ国につ
いては、若干順位の変動はあるも、顔ぶれは2000年以前と全く同じである。
他方、第5位には2000年以前の順位が第27位であったザンビアが躍進した。
ザンビアはGDP成長率も7.26%の第9位である。これは、新興国経済の勃
興とともに銅の需要が高まったことと銅の国際価格が上昇傾向にあったこと

表 2-4　サブサハラの貯蓄率と投資率（2001〜2013 年）　　　　（単位：%）

| 国名 | 貯蓄率 | 国名 | 投資率 |
|---|---|---|---|
| 1．ボツワナ | 39.12 | 1．赤道ギニア | 47.80 |
| 2．ガボン | 38.78 | 2．サントメプリンシペ | 46.50 |
| 3．レソト | 34.61 | 3．カーボベルデ | 35.76 |
| 4．赤道ギニア | 33.88 | 4．ボツワナ | 32.73 |
| 5．ザンビア | 28.68 | 5．チャド | 32.62 |
| 6．カーボベルデ | 25.28 | 6．ザンビア | 30.35 |
| 7．ナミビア | 25.14 | 7．モザンビーク | 30.26 |
| 8．ナイジェリア | 24.20 | 8．レソト | 29.70 |
| 9．ウガンダ | 22.11 | 9．セーシェル | 29.03 |
| 10．エチオピア | 22.05 | 10．ウガンダ | 28.34 |
| 11．サントメプリンシペ | 21.18 | 11．ニジェール | 28.27 |
| 12．コンゴ（共） | 21.11 | 12．マリ | 27.77 |
| 13．マリ | 20.92 | 13．ガボン | 26.60 |
| 14．モーリシャス | 20.19 | 14．エチオピア | 24.94 |
| 15．アンゴラ | 19.61 | 15．タンザニア | 24.48 |
| 16．タンザニア | 19.20 | 16．セネガル | 24.32 |
| 17．チャド | 17.48 | 17．モーリシャス | 24.26 |
| 18．ルワンダ | 17.19 | 18．マダガスカル | 23.72 |
| 19．スワジランド | 16.65 | 19．コンゴ（共） | 23.50 |
| 20．ガーナ | 16.60 | 20．ナミビア | 23.03 |
| 21．南ア | 16.29 | 21．ガーナ | 22.95 |
| 22．カメルーン | 16.12 | 22．ルワンダ | 21.54 |
| 23．セネガル | 16.05 | 23．トーゴ | 19.98 |
| 24．マダガスカル | 15.97 | 24．ケニア | 19.27 |
| 25．ケニア | 15.32 | 25．南ア | 19.22 |
| 26．コートジボワール | 15.17 | 26．ベナン | 18.99 |
| 27．ニジェール | 14.86 | 27．マラウイ | 18.86 |
| 28．セーシェル | 13.92 | 28．スワジランド | 18.75 |
| 29．マラウイ | 12.75 | 29．ガンビア | 18.58 |
| 30．モザンビーク | 12.51 | 30．ブルンジ | 18.13 |
| 31．ブルンジ | 11.69 | 31．カメルーン | 18.05 |
| 32．ベナン | 11.27 | 32．ナイジェリア | 17.73 |
| 33．トーゴ | 11.04 | 33．ブルキナファソ | 17.44 |
| 34．ガンビア | 9.58 | 34．エリトリア | 16.76 |
| 35．ブルキナファソ | 9.45 | 35．ギニア | 16.73 |
| 36．コモロ | 8.58 | 36．シエラレオネ | 16.03 |
| 37．ギニア | 7.41 | 37．アンゴラ | 13.35 |
| 38．コンゴ（民） | 6.77 | 38．コートジボワール | 12.90 |
| 39．中央アフリカ | 5.48 | 39．コモロ | 12.69 |
| 40．ギニアビサウ | 4.51 | 40．コンゴ（民） | 11.88 |
| 41．シエラレオネ | 2.39 | 41．中央アフリカ | 10.70 |
| 42．エリトリア | -13.88 | 42．ギニアビサウ | 7.03 |

出所：IMF（2015）World Economic Outlook Databases

が産銅国のザンビアに追い風となり、国民の所得が増え、貯蓄に回す分も増えた結果と考えられる。第6位のカーボベルデ、第9位のウガンダ、第10位のエチオピアも2001年以前の順位はそれぞれ第13位、第19位、第26位だったが、大幅に順位を上げた。大西洋上の群島国家であるカーボベルデは、GDP成長率順位については2000年以前が第3位、2001年以後が第20位で、順位は下がっているが、数値は3.43%から4.66%に上がっており、長期にわたる順調な成長が貯蓄率を引き上げたものと考えられる。これに対して、ウガンダとエチオピアは2000年以前の低成長を脱し、2001年以後はともに高成長を達成している。第8位のナイジェリアは2001年以前の順位も第8位だった。ただし、ナイジェリアもウガンダ、エチオピアと同様、2000年以前は低成長だったが、2001年以後は高成長を記録している。第7位のナミビアは、元々南西アフリカと呼ばれるドイツの植民地だったが、第一次世界大戦後には南アの委任統治領、第二次世界大戦後には南アの信託統治領となり、1990年に独立を果たした国なので、1990年以前の数値はない。ナミビアは長年にわたって隣国南アの支援を受けてきたことや鉱物資源に恵まれていることもあり、2014年の1人当たりGNIが5,680ドルに達する高位中所得国であるから、貯蓄率が高いのはある意味当然である。

　前掲の図2-1が示す通り、2000年以前においては貯蓄率とGNP成長率との間にかなり高い相関関係があったが、図2-2が示す通り、2001年以後においてもかなり高い相関関係を読み取ることができる。ちなみに、貯蓄率とGNP成長率との相関係数は2000年以前が0.76、2001年以後が0.77でほぼ等しい。

　それでは、低成長の時代においても、高成長の時代においても、貯蓄率とGNP成長率との相関係数が高いということは、如何なる意味をもつのだろうか。まず考えられることは、高い成長率によって所得が上がることにより高い貯蓄率が実現されるということである。この関係は高い成長率が高い貯蓄率をもたらすという一方通行的な因果関係を示唆するが、高い貯蓄率が高い投資率を通じて高い成長率をもたらすと考えれば、成長率と貯蓄率の関係は一方通行ではなくなり、双方向的となるだろう。要するに、一方通行のままでは成長率も貯蓄率もともに上昇しないが、双方向的な好循環が生まれると、成長率も貯蓄率もともに飛躍的に上昇すると考えられる。成長率と貯蓄率の関係でもう1つ重要なことは、貯蓄率は長期的かつ安定的な成長の結果

図 2-2 貯蓄率と成長率の関係（2001〜2013 年）

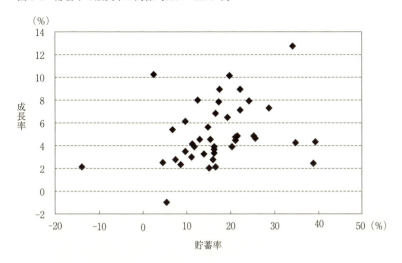

出所 1：貯蓄率は表 2-4 と同じ。
出所 2：成長率は表 1-3 と同じ。

として上がっていくということである。その関係を如実に示す例がボツワナである。というのは、ボツワナは 2000 年以前も 2001 年以後も貯蓄率が第 1 位であるが、成長率に関して言えば、2000 年以前は 6.33％で第 1 位であったが、2001 年以後は 4.30％で順位は第 25 位まで下がってしまう。しかし、これはボツワナ経済の衰退を示すわけではなく、むしろボツワナ経済が高度成長期から安定成長期に移行したことを示しているのである。こうした事情があるからこそ、成長率順位が第 1 位から第 25 位まで下がったといっても、依然として 4％台のプラス成長を実現しているボツワナは高成長時代よりも高い貯蓄率を達成し、第 1 位という順位も引き続き維持しているのである。

（ロ）投資率の動向

前掲の表 2-3 から 2001 年から 2013 年までの投資率の年平均値を見ると、世界 189 カ国の平均値が 23.93％であるが、この数値は 1980 年から 2000 年までの平均値 24.46％よりも低いので、世界全体で見ると、2001 年以後の方が投資率は下がっているという関係を読み取ることができる。同様に先進国と途上国の平均値を 2000 年以前と 2001 年以後で比較すると、先進国の場合

は 24. 28％から 21. 79％へと大きく下落しているのに対して、途上国の場合
は逆に 25. 21％から 28. 61％へ大幅上昇している。この結果、2000 年以前に
おいては途上国、世界、先進国の順で高かった投資率が、2001 年以後にお
いてもその順位についての変更はないが、途上国と先進国の格差は 2000 年
以前の 0. 93％が 2001 年以後の 6. 82％へと広がっている。要するに、2001
年から 2013 年までの期間においては途上国の成長率の伸びを反映して投資
率も大きく伸びたのに対して、成熟した先進国の場合は成長が鈍化した結果、
投資率は下落に転じたのである。他方、2001 年以後の投資率と貯蓄率を比
較すると、世界平均では貯蓄率が投資率を上回っている。ところが、これを
先進国と途上国に細分すると、結果は全く逆になる。というのは、先進国の
場合は投資率が貯蓄率を上回っているのに対して、途上国の場合は貯蓄率が
投資率を上回っている。そして、途上国における貯蓄率の投資率に対する上
回り方が先進国における投資率の貯蓄率に対する上回り方より大きいために、
世界全体では貯蓄率が投資率を上回ることになったのである。理論的に言え
ば、この状況は供給が需要を上回ることを示すから、投資に関しては、2000
年以前の供給不足が解消し、2001 年以後はむしろ供給過剰になったことを
意味するのである。

　次に、2001 年以後の投資率をアジア、ラテンアメリカ、中東・北アフリ
カ、サブサハラの 4 地域について比較すると、高い順にアジア 37. 45％、中
東・北アフリカ 27. 41％、ラテンアメリカ 20. 95％、サブサハラ 19. 79％で
あるが、これは同時期の貯蓄率の順位と同じである。しかし、2000 年以前
の投資率の順位と比較すると、アジアと中東・北アフリカの順位は変わらな
いが、サブサハラとラテンアメリカの順位は逆転している。サブサハラにつ
いて言えば、投資率は 2000 年以前の 22. 94％からむしろ低下している。と
いうことは、2001 年以後はサブサハラにとって高成長の時代であったにも
かかわらず、それが投資率には反映していないということである。

　次に表 2-3 に戻って、2001 年から 2013 年までの期間におけるサブサハラ
42 カ国の投資率の年平均値を見てみることとしよう。まず数値的に見ると、
最高が 47. 80％、最低が 7. 03％で、そのばらつき具合は貯蓄率よりも小さく
なっている。42 カ国の平均値は 22. 89％であるが、その数値は第 21 位のガー
ナと第 22 位のルワンダの間に位置するから、平均値を上回る国は 21 カ国、
下回る国は 21 カ国の同数である。この投資率平均値 22. 89％と貯蓄率平均

値 16.84％の比をとると 135.93％であるが、この値は表 2-3 の 101.70％よりかなり高い。サブサハラ 42 カ国を投資率の高い順にさらに分類すると、2000 年以前のような 80％台や 50％台はなく、40％台が 2 カ国、30％台が 5 カ国、20％台が 15 カ国、10％台が 19 カ国、10％未満が 1 カ国ということになる。

　国ごとに投資率と貯蓄率を見ていくと、42 カ国中 35 カ国で投資率が貯蓄率を上回っているから、投資に関しては大半の国で需要が供給を上回っていることになる。ということは、全体に占める投資率が貯蓄率を上回って国の比率は 83％となるが、これは 2000 年以前の 92％より低くなっている。これに対して、供給が需要を上回るのはボツワナ、ガボン、レソト、ナミビア、ナイジェリア、アンゴラ、コートジボワールの 7 カ国である。2000 年以前に供給が需要を上回るのはガボン、ボツワナ、ガンビアの 3 カ国であったから、供給が需要を上回る国の数は 3 カ国から 7 カ国に増えたことになる。このうちボツワナとガボンの 2 カ国のみが 2000 年以前にも 2001 年以後にも供給が需要を上回っているが、ガンビアでは 2000 年以前は供給が需要を上回ったが、2001 年以後は需要が供給を上回るようになった。ちなみに、ガンビアの貯蓄は 2000 年以前が 9.66％、2001 年以後が 9.58％で若干低下しているが、投資率は 5.41％から 18.58％に急上昇しているので、供給的にはほとんど変わらないが、需要が大幅に伸びた。そのため、供給が需要を若干上回る状態から需要が供給をはるかに上回る状態へと変化したのである。

　他方、ナミビアについては 2000 年以前の数値がないので比較できないが、レソト、ナイジェリア、アンゴラ、コートジボワールについては、2000 年以前は需要が供給を上回っていたが、2001 年以後は供給が需要を上回るようになった。これら 4 カ国のうち、ナイジェリアとアンゴラはそれぞれサブサハラ第 1 位と第 2 位の産油国で、資源ブームの中、2001 年から 2013 年までの期間でそれぞれ 7.86％、10.07％という高成長を記録した結果、2014 年の名目 GDP で言えば、ナイジェリアがアフリカ 53 カ国中第 1 位、アンゴラが第 5 位へと躍進している。ということは、この 2 カ国に関しては、高成長によって所得が増加したことに付随して貯蓄が増えたことで、供給が需要を上回る状態が生まれたと考えられる。他方、レソトに関して言えば、貯蓄率は 2000 年以前が 39 カ国中第 2 位、2001 年以後が 42 カ国中第 3 位と常に最上位に位置している。これに対して、投資率は 2000 年以前が 39 カ国中第

3位、2001 年以後が 42 カ国中第 8 位である。ということは、2001 年以後の投資率の順位が若干下がったことによって供給が需要を上回る状態が生じてしまったが、成長率が 2000 年以前は 3.59%、2001 年以後が 4.13% と長期にわたって安定成長を持続させていることを考慮すれば、その安定成長の中での所得増加に付随して貯蓄が増えた結果であると考えられるのである。

　コートジボワールは典型的な商品作物輸出国だったが、1960 年にフランスから独立以来、初代ウフェボワニ大統領が推進する親仏政策の下で主力産品のカカオ豆とコーヒー豆の輸出が好調だったこともあり、1960 年代と 70 年代は 8% の高成長を達成した。ところが、カカオ豆とコーヒー豆の国際価格が低迷に転じると、コートジボワールの経済は一気に左前となった。この状況に拍車をかけたのが政治の混乱で、在職 33 年に及んだウフェボワニ大統領が死去した 1993 年 12 月以降はクーデターが頻発し、2002 年以降は政府側と反政府側との間で内戦が勃発し、その状態が 2011 年まで続いた。こうした状況を考慮すると、1980 年から 2013 年までという貯蓄率と投資率の計測期間はコートジボワール経済の低迷期ないしは混乱期と合致するので、GDP 成長率も 2000 年以前は 0.57%、2001 年以後は 2.01% といずれも低率であるが、2001 年以後には若干の改善が見られたので、その改善を反映して、貯蓄率が投資率を上回る状態が生まれたと考えられる。

　2000 年以前においては、投資率順位上位 21 カ国のうちの 19 カ国が貯蓄率上位 21 カ国の中に入ったことが示すように、投資率と貯蓄率との順位が接近する場合が多かったが、2001 年以後になると、ばらつきが大きくなり、そうした傾向が見られなくなる。とりわけ投資率と貯蓄率の間の乖離が目立つのが投資率の高い順に第 7 位のモザンビーク、第 9 位のセーシェル、第 11 位のニジェール、第 32 位のナイジェリア、第 37 位のアンゴラの 5 カ国で、このうちモザンビーク、セーシェル、ニジェールの 3 カ国は投資率が貯蓄率を大きく上回り、ナイジェリア、アンゴラの 2 カ国は貯蓄率が投資率を大きく上回る。ナイジェリアとアンゴラについてはすでに説明済みなので、以下ではモザンビーク、セーシェル、ニジェールの 3 カ国についてなぜ投資率が貯蓄率を大きく上回ったのか、その理由を検討する。

　アフリカ大陸南東部に位置するモザンビークでは 1964 年から 1992 年まで 30 年近くにわたって戦争状態が続いた。最初の 10 年は宗主国ポルトガルから独立を勝ち得るための戦争で、1975 年の独立以後は民族間の勢力争いで

ある。このため、経済は疲弊し、1980年から2000年までの成長率はマイナス0.38%という低さだった。しかし、2001年以後になると、資源の宝庫であるモザンビークは資源ブームに乗って7.92%という高成長を達成する。

　ところが、2014年の1人当たりGNIはわずか620ドルで、依然として低所得国に止まっている。ということは、急激な投資需要に対して供給が追いついていけないために、投資率が貯蓄率を大幅に上回るという事態が生じてしまったのである。

　セーシェルは2014年の1人当たりGNIが13,990ドルであるが、これはアフリカ54カ国中で第1位であると同時に唯一の高所得国である。すでに高所得国入りしているということは長年にわたって順調な成長を積み上げてきた証左であり、事実成長率も2000年以前が2.35%、2001年以後が3.25%と安定している。それでは、なぜ高所得国で本来は所得が積み上がっているはずのセーシェルで2001年以後貯蓄率の低下が起こったのだろうか。その理由はおそらく人口と関係すると思う。というのは、2013年のセーシェルの人口はわずか8万9,000人にすぎないからである。換言すれば、この人口の少なさがセーシェルを第1の高所得国に押し上げた要因であるが、いくら高所得とはいえ、10万人に満たない国民が積み上げた貯蓄には自ずと限界がある。その一方で安定的な成長を維持するためにはある程度の投資が必要であり、結果として、投資の需要と供給の間に格差が生まれてしまうと考えられる。

　サハラ砂漠の南縁に位置するニジェールでは国民の大半が自給自足的農業を営んでいたが、1970年代中頃にウランが発見されたことで経済発展の足がかりを掴んだ。ところが、ウラン価格の低迷、国内の政情不安等が重なったこともあり、1980年から2000年までの成長率はマイナス1.65%だった。これに対して、2001年以後は石油の発見によって資源開発ブームが到来したこともあり、5.61%の成長率を記録したが、それでも低所得な状態に変わりはなく、2014年の1人当たりGNIはわずか420ドルである。ということは、モザンビークと同じように、ニジェールの場合も急激な投資需要に対して供給が追いついていけないために、投資率が貯蓄率を大幅に上回るという事態が生じてしまったのである。

第2章　アフリカで資本はどのように蓄積されたのか　　79

1 13 世紀、エチオピアでは復興ソロモン王朝が地方に「ラス」と呼ばれる諸侯を配置
　 し、封建制度を構築したと言われている。
2 福井勝義、赤阪賢、大塚和夫（2010 年）19 頁からの引用。
3 西野照太郎（1954 年）83 頁からの引用。
4 峯陽一、武内進一、笹岡雄一編（2010 年）10 頁からの引用。
5 長岡新吉、太田和宏、宮本謙介編著（1992 年）194 頁からの引用。
6 岡倉古志郎（1967 年）55 頁からの引用。
7 岡倉古志郎（1967 年）55 頁からの引用。
8 岡倉古志郎（1967 年）56 頁からの引用。
9 ウォディス、ジャック（1963 年）2 頁からの引用。
10 Stiff, Peter（2000）, p.281 からの引用。
11 マンロー、J.F.（1987 年）117 頁からの引用。
12 ザンベジ川左岸は翌 1924 年にイギリスの保護領「北ローデシア」（現ザンビア）とな
　 った。
13 星昭、林晃司（1978 年）120 頁からの引用。なお、1 エーカー（acre）は約 4, 047m²
　 に相当する。
14 Baxter, Peter（1999）, p.186 からの引用。
15 Baxter, Peter（1999）, p.189 からの引用。
16 星昭、林晃司（1978 年）からの引用。
17 小倉充夫編（2012 年）94 頁からの引用。
18 Baxter, Peter（1999）, p.237 からの引用。
19 白戸圭一（2011 年）91 頁からの引用。
20 白戸圭一（2011 年）91 頁からの引用。
21 小倉充夫編（2012 年）99 頁からの引用。
22 小倉充夫（2009 年）212 頁からの引用。
23 最初の発見が 1866 年で、オレンジ自由国に住む少年が拾った石が後に 21 カラットを
　 超えるダイヤであることが判明した。次の発見は 1869 年で、同じくオレンジ自由国
　 に住む羊飼いが拾った石が後に 83 カラットを超えるダイヤであることが判明した。
24 キンバリーはオレンジ自由国の領内だったが、1867 年にダイヤが発見された後、
　 1971 年に西グリクワランドとしてイギリス領への併合が宣言され、さらに 1980 年に
　 イギリス領ケープ植民地に併合された。
25 阿部利洋（2007 年）34 頁からの引用。
26 竹内幸雄（2003 年）187 頁によれば、1890 年代中頃、南アでは 3000 フィートの深掘
　 りに必要な資金は 65 万ポンドに達した。一方、1895 年以前において、30 万ポンドを
　 超えた投資が行われた鉱山は米国にもオーストラリアにもなかったとのことである。
27 老舗でかつ最大のマーチャント・バンカーであるロスチャイルド商会は、南ア最大の
　 ダイヤ・金鉱業者であり、ケープ植民地の首相として政界にも進出したセシル・ロー
　 ズによる金鉱独占のための会社設立の陰の主役であった。ちなみに、ロスチャイルド
　 商会はカリフォルニアの金鉱発見直後からの金の主要な輸入業者であり、ロンドン金
　 市場において中軸的かつ支配的な地位を占めていた。

28 西浦昭雄（2003 年）からの引用。

29 竹内幸雄（2003 年）183 頁からの引用。

30 竹内幸雄（2003 年）183 頁からの引用。

31 マンロー、J.F.（1987 年）80 頁からの引用。

32 阿部利洋（2007 年）35 頁からの引用。

33 竹内幸雄（2003 年）187 頁からの引用。

34 竹内幸雄（2003 年）187 頁からの引用。

35 佐伯尤（2004 年）158 頁からの引用。

36 西野照太郎（1954 年）144 頁からの引用。

37 ベルギー領コンゴの南端の州で、国境を接する北ローデシアのカッパーベルトととも
に産銅地帯を形成する。

38 マンロー、J.F.（1987 年）116 頁からの引用。

39 林晃史（2003 年）からの引用。

40 西野照太郎（1954 年）157 頁からの引用。

41 白戸圭一（2011 年）92 頁からの引用。

42 坂田有弥（2014 年）によると、白人大規模農業は全国農業生産高の 75％、出荷高の
96％を占めたとのことである。

43 松本仁一（2008 年）23 頁からの引用。

44 アレン、ロバート C.（2012 年）68 頁からの引用。

45 坂田有弥（2014 年）からの引用。

46 より正確に言うと、南アはカナダ、オーストラリア、ニュージーランドに次ぐイギリ
ス帝国内の自治領となった。

47 小倉充夫（2009 年）9 頁によると、独立時の白人人口は 100 万人をはるかに上回って
いた。

48 「ボーア（Boer）」とはアフリカーンス語で「農民」を意味するが、イギリス人がオラ
ンダ系の人々を軽蔑して「ボーア人」と読んだことから、最近では徐々に使われなく
なっていて、ボーア戦争も南ア戦争と呼ばれる場合がある。ちなみに、第一次ボーア
戦争（1880〜1881 年）はイギリスがオランダ系のトランスヴァール共和国を併合し
ようとして起こした戦争を指し、第二次ボーア戦争（1889〜1902 年）はイギリスと 2
つのオランダ系共和国（トランスヴァール共和国とオレンジ自由国）との間の戦争で
ある。

49 オランダ系の人たちをイギリス人は「ボーア人」と呼んだが、オランダ系の人たちは
自分たちを「アフリカーナー」と呼んだ。

50 その名が示す通り、彼の祖先は旧教徒の迫害を逃れて南アにやってきたフランスの新
教徒ユグノーである。

51 佐伯尤（2004 年）126 頁、127 頁、130 頁の数字から筆者が計算した。

52 佐伯尤（2004 年）130 頁からの引用。

53 星昭、林晃司（1978 年）179 頁からの引用。

54 佐伯尤（2004 年）227 頁からの引用。

55 Feinstein, Charles H.（2005），p.220 からの引用。

56 African National Congress（アフリカ民族会議）の略である。

57 イギリス連邦（Commonwealth of Nations）とは、イギリスとその旧植民地からなる緩やかな国家連合体で、現在の加盟国は 53 カ国である。

58 アフリカ統一機構（Organization of African Unity）は 1963 年にアフリカの統一と連帯を促すために発足した国際組織であるが、2002 年にアフリカ連合（African Union）に改組された。

59 1917 年、ユダヤ系ドイツ人のアーネスト・オッペンハイマーによって南アで設立されたアングロ・アメリカン社の子会社である。「アングロ・アメリカン」という名は南アの金を採掘するためにイギリス、米国、南アから資金を集めたことに由来する。

60 アイルランド系米国人のアルフレッド・ビーティがイギリスと米国から資金を集めて設立された企業である。

61 Southall, Roger, Henning Melber eds.（2009）, p.277 からの引用。

62 「タンザン」とは「タンザニア・ザンビア」の略である。ローデシアと南アを経由するルートで銅を輸出できなくなったザンビアは、同じく南アとローデシアに対する制裁に加わった隣国タンザニアと協議し、タンザニアの首都ダルエスサラーム経由で銅を輸出できる鉄道建設に合意する。このタンザン鉄道の建設に大きな貢献をしたのが中国である。

63 紛争地で採掘され、闇ルートで市場に出回るダイヤモンドを「紛争ダイヤモンド」と呼ぶ。

64 相関計数値は 0.76 である。

65 最も簡単な国民所得の定義式 Y＝C＋I を考えると、左辺が供給、右辺が需要を表す。この両辺から消費 C を引くと、Y－C＝I となる。左辺の Y－C＝S、つまり、貯蓄であるから、結局、I＝S となる。これは需要面の投資 I と供給面の貯蓄 S が等しくなることを示す。

66 輸出収入の 9 割を鉱物が占めると言われている。

67 1993 年 6 月、ブルンジで初のフツ系大統領が選出されたが、同年 10 月、ツチ系主導の軍部により、その大統領が暗殺された。翌 94 年 4 月、新たに選出されたフツ系大統領が搭乗していた航空機がルワンダ領内で撃墜され、同乗のルワンダ大統領（フツ系）とともに殺されると、両国で多数派のフツ系による少数派のツチ系に対する大虐殺が始まった。

## 第3章

# アフリカの労働の何が問題か
## ──なぜ雁はアフリカまで飛ばないのか

　一般的には、資本や技術と比べると、労働は統計数値としてより把握が容易な生産要素であり、それは統計資料が乏しいアフリカについても当てはまる。そこで、まず人口と総労働力[1]を見ていくと、多くのアフリカ諸国が独立した 1960 年代からすでに半世紀が経過したが、この間にアフリカの人口は大きく伸び、それに比例して労働人口も伸びた。そして、過去四半世紀を見ただけでもアフリカの総労働力は倍以上の伸び[2]を示したのである。仮に資本や労働といった他の生産要素が伸びていない場合であっても、労働がこれだけ伸びていれば、それに見合って総生産が伸びていても不思議ではない。しかし、第 1 章の表 1-3 が示す通り、GDP 成長率は 1960 年から 2000 年までの停滞期でわずか 0.48％だったし、2001 年から 2013 年までの成長期でも 4.81％だった。この間の総労働力の伸びが 100％以上であることを考慮すれば、この GDP 成長率は低すぎると考えられる。

　では、なぜ労働力はその伸びほどに総生産の伸びに貢献しなかったのだろうか。本章においてはその原因を生産関数の型から考えてみる。というのは、それぞれの地域や国によって生産関数の型は違っているはずであり、型によっては投入を増やしても産出が増えない場合があると考えられるからである。そして、生産関数の型から労働力の量と質の問題、さらには、労働力の価格の問題を考えていくこととしたい。

## 1．労働力の量と質

### （1）農村人口

　生産関数の型を考える上で最も参考になるのが経済発展論の泰斗であるアーサー・ルイスが提唱した 2 部門モデルである。2 部門とは農業部門と工業部門で、経済がダイナミックに発展していく過程においては伝統的農業部門で蓄積された余剰労働力が工業部門に吸収されるという現象が見られるというのがこのモデルのエッセンスである。ところが、現状のアフリカにおいて工業部門が発展していると言い得る国はせいぜい南ア程度であるから、多くのアフリカ諸国では依然として労働力の大半が伝統的農業部門に滞留しているというのが実態である。伝統的農業部門に余剰労働力が蓄積されているということは農業部門の停滞を招きやすいということでもある。というのは、農業部門が労働集約的になるから、資本集約的な新技術の採用が疎かになる。このことは農業部門の停滞を招くだけでなく、工業部門の発展を誘発する機会の欠如をも招くからである。

　ここでアフリカ各国における全人口に占める農村人口の比率を見る。というのは、その比率の高低を見ることによって、農村に基盤を置く農業部門と都市に基盤を置く工業部門がその国の経済に占め合う比重を大雑把ながら知ることができるからである。換言すれば、その比率が高いということは工業が未発達なことを意味するから、その分伝統的農業部門に滞留する人口も多くなるだろう。

　表 3-1 は、2013 年におけるアフリカ 54 カ国の全人口に占める農村人口の比率を示したものである。この表によると、アフリカ 54 カ国で全人口に占める農村人口の比率が一番高い国はブルンジ、一番低い国はガボンである。54 カ国の平均は 58％で、これは第 30 位のアンゴラの数値と同じである。問題はこの 58％という数字の大きさであるが、2013 年における世界 212 の国と地域の平均値が 41％であること[3]を考慮すれば、58％という数字は世界平均よりはるかに大きいので、この数字からもアフリカにおいては依然として伝統的農業部門に人口の多くが滞留している可能性を読み取ることができる。

　各国の数値を見ると、80％台が 6 カ国、70％台が 9 カ国、60％台が 13 カ国、50％台が 9 カ国、40％台が 8 カ国、30％台が 6 カ国、20％台が 2 カ国、

表 3-1　全人口に占める農村人口の比率（2013 年）　　（単位：％）

| 国名 | 農村人口／全人口 | 増減率 |
|---|---|---|
| 1．ブルンジ | 89 | 94 |
| 2．ウガンダ | 85 | 92 |
| 3．マラウイ | 84 | 92 |
| 4．ニジェール | 82 | 95 |
| 5．南スーダン | 82 | 90 |
| 6．エチオピア | 81 | 91 |
| 7．スワジランド | 79 | 98 |
| 8．チャド | 78 | 96 |
| 9．エリトリア | 78 | 92 |
| 10．ケニア | 75 | 89 |
| 11．レソト | 74 | 84 |
| 12．ルワンダ | 73 | 77 |
| 13．ブルキナファソ | 72 | 79 |
| 14．コモロ | 72 | 95 |
| 15．タンザニア | 70 | 82 |
| 16．モザンビーク | 68 | 79 |
| 17．スーダン | 67 | 84 |
| 18．ジンバブエ | 67 | 87 |
| 19．マダガスカル | 66 | 81 |
| 20．ギニア | 64 | 85 |
| 21．マリ | 62 | 77 |
| 22．中央アフリカ | 61 | 92 |
| 23．シエラレオネ | 61 | 87 |
| 24．ソマリア | 61 | 84 |
| 25．トーゴ | 61 | 81 |
| 26．赤道ギニア | 60 | 83 |
| 27．モーリシャス | 60 | 103 |
| 28．ザンビア | 60 | 100 |
| 29．コンゴ（民） | 59 | 81 |
| 30．アンゴラ | 58 | 75 |
| 31．ベナン | 57 | 79 |
| 32．エジプト | 57 | 102 |
| 33．セネガル | 57 | 89 |
| 34．ナミビア | 55 | 73 |
| 35．ナイジェリア | 54 | 70 |
| 36．ギニアビサウ | 52 | 63 |
| 37．リベリア | 51 | 80 |
| 38．カメルーン | 47 | 70 |
| 39．コートジボワール | 47 | 75 |
| 40．ガーナ | 47 | 68 |
| 41．セーシェル | 47 | 92 |
| 42．ボツワナ | 43 | 52 |
| 43．ガンビア | 42 | 59 |
| 44．モーリタニア | 41 | 58 |
| 45．モロッコ | 41 | 71 |
| 46．カーボベルデ | 36 | 48 |
| 47．サントメプリンシペ | 36 | 55 |
| 48．南ア | 36 | 71 |
| 49．コンゴ（共） | 35 | 69 |
| 50．チュニジア | 34 | 69 |
| 51．アルジェリア | 30 | 54 |
| 52．ジブチ | 23 | 85 |
| 53．リビア | 22 | 76 |
| 54．ガボン | 13 | 30 |

出所：IMF（2015）World Economic Outlook Databases

図3-1 農村人口比率と増減率（2013年）

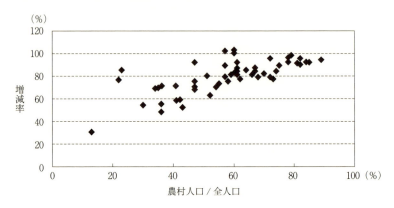

出所：IMF（2015）World Economic Outlook Databases

10％台が1カ国である。比率が高い上位9カ国は1981年と2013年の間の比率の増減率がいずれも90％を上回っている。増減率は、それが100％であれば1981年と2013年との間の比率が同じということであるし、100％を上回れば比率が上昇したことを意味し、下回れば比率が低下したことを意味する。したがって、増減率が90％台であるということは、比率自体は若干低下しているとはいえ、30年以上にわたって全人口比でほとんど変わりのないほどの大量の人口が農村に滞留し続けていることを意味しているのである。増減率が80％を切って70％台が現れるのが第12位のルワンダからである。そして、初めて60％台が現れるのが第36位ギニアビサウから、初めて50％台が現れるのが第42位のボツワナからで、30％台は最下位のガボンのみである。以上の結果から、1981年時点で全人口に占める農村人口比率が高かった国はその後30年以上が経過した2013年においても依然としてその比率が高いという傾向を窺い知ることができる。この間の事情は図3-1からも容易に窺い知ることができる。というのは、この図は横軸に2013年の全人口に占める農村人口の比率をとり、縦軸に1981年から2013年までの増減率をとっているが、各国を示す点は概ね右肩上がりに散布しているからである[4]。

（イ）農村人口比率と地域との関係

農村人口比率上位の国々を具体的に見ていくこととしよう。第1位のブル

ンジ、第 2 位のウガンダ、第 3 位のマラウイはいずれも国連分類の東部に属する国である。東部にはシナイ半島、紅海、エチオピアを経てモザンビークに抜けていく大地溝帯という大陸の裂け目が走っていて、この大地溝帯にはビクトリア、タンガニーカ、マラウイというアフリカの 3 大湖[5]をはじめとする多数の湖沼が点在しているが、これら 3 カ国はいずれもこの大湖地帯に属している。大地溝帯に沿うという意味では第 5 位の南スーダン、第 6 位のエチオピア、第 9 位のエリトリア、第 10 位のケニアも同様であるから、上位 10 カ国中の 7 カ国が東部の大地溝沿いに位置するということになる。ちなみに、東部に属する国は 18 カ国あるが、このうち 13 カ国が上位 20 カ国に属するように圧倒的な存在感を示している。

　他方、農村人口比率が平均値の 58% 以下の国は 25 カ国あるが、国連分類に従うと、西部 10 カ国、北部 5 カ国、中部 5 カ国、南部 3 カ国、東部 2 カ国であり、西部に属する国が圧倒的に多い。しかし、それぞれの地域に属する国の数が違うから、地域ごとの比率を求めると、最高は北部で、6 カ国中 5 カ国の 83% となり、以下、西部 63%、南部 60%、中部 56%、東部 11% となる。以上の結果をまとめると、地域別では、農村人口比率は東部において高いのに対して、逆にサハラ砂漠北縁の北部において低く、それ以外の西部、中部、南部においては大体似たような比率になるという傾向を読み取ることができる。

### （ロ）農村人口比率と所得との関係

　次に農村人口比率と所得の関係を見てみよう。2014 年の 1 人当たり GNI を見ると、農村人口比率上位 10 カ国中、中所得国は第 7 位のスワジランドと第 10 位のケニアの 2 カ国のみで、それ以外の 8 カ国が低所得国である。第 11 位から第 20 位までを見ると、中所得国は第 11 位のスーダンと第 17 位のスーダンの 2 カ国のみで、それ以外の 8 カ国は低所得国である。第 21 位から第 30 位までを見ると、中所得国は第 26 位の赤道ギニア、第 27 位のモーリシャス、第 28 位のザンビア、第 30 位のコンゴ（民）の 4 カ国で、それ以外の 6 カ国が低所得国である。結局、上位 30 カ国について言えば、中所得国が 8 カ国、低所得国が 22 カ国となり、低所得国が全体の 7 割以上を占めている。これに対して、第 31 位以下の 24 カ国を見ると、第 31 位から第 40 位までの 10 カ国中、中所得国が 6 カ国、低所得国が 4 カ国となり、低所得国の占める比率は 4 割に減少した。さらに、第 41 位から第 54 位までの

第 3 章　アフリカの労働の何が問題か　　87

14 カ国を見ると、高所得国が 1 カ国、中所得国が 12 カ国、低所得国が 1 カ国であり、低所得国の占める比率は 1 割弱に減少した。以上の結果から、アフリカ全体では低所得国ほど農村人口比率が高く、所得が上がるほど、その比率が下がるという傾向を読み取ることができる。

## （2）耕地面積

　農村人口のうち実際に農業に従事する人口がわからない現状においては、全人口に占める農村人口の比率が高いといっても、それが農村で働く人の数に直結するわけではない。そこで実際に農村で働く人の数を類推するために耕地面積に着目することとしよう。というのは、労働集約産業である農業の場合、耕地面積が広ければ広いほど労働力が必要となるから、それに比例して農村人口も増加すると考えられるからである。

　表 3-2 は 2013 年における南スーダンを除くアフリカ 53 カ国の国土面積に対する耕地面積の比率を示したものである。53 カ国の平均値は 14.1% であるが、世界 205 の国と地域の平均値も 14.2% であるから、両者の間に大差はない。ということは、アフリカ諸国の耕地面積が世界との比較で取り立てて広いわけでも狭いわけでもないということである。しかし、その平均値が国別順位で 53 カ国中の第 18 位と第 19 位の間に位置するということは、過半数以上のアフリカ諸国では国土面積に比して耕地面積が狭小であることを意味する。

　各国の比率を見ていくと、40% 台の国が 5 カ国、30% 台の国が 4 カ国、20% 台の国が 4 カ国、10% 台の国が 14 カ国、1% 以上 10% 未満の国が 22 カ国、1% 未満の国が 4 カ国である。まず上位から見ていくと、40% 台の 5 カ国トーゴ、ルワンダ、ブルンジ、ガンビア、マラウイはいずれも農業国として知られた国々である。30% 台の 4 カ国で明らかに農業国と言い得るのはウガンダのみである。ナイジェリアはアフリカ第 1 位の産油国であるが、石油発見以前はヤシ油の輸出で知られた国であり、アフリカ最大の人口を擁することを考慮すれば、農業国としての側面をもっているかもしれない。残るモーリシャスとコモロはインド洋上の島嶼国であり、国土に占める耕地面積の比率が高いといっても、絶対的な面積が広いわけではない。20% 台の 4 カ国は国連分類でいずれも西部に属する国々である。ベナンは国民の大半が農業に従事し、主食のトウモロコシ（メイズ）や綿花、ヤシ油といった商品作物

88　　第 1 部　アフリカ経済の何が問題か

表 3-2　耕地面積と農村人口の関係（2013 年）　　　　　（単位：%）

| 耕地面積 / 国土面積 | | 農村人口 / 全人口 | |
|---|---|---|---|
| 1. トーゴ | 49 | 1. ブルンジ | 89 |
| 2. ルワンダ | 48 | 2. ウガンダ | 85 |
| 3. ブルンジ | 47 | 3. マラウイ | 84 |
| 4. ガンビア | 44 | 4. ニジェール | 82 |
| 5. マラウイ | 40 | 5. エチオピア | 81 |
| 6. ナイジェリア | 37 | 6. スワジランド | 79 |
| 7. モーリシャス | 37 | 7. チャド | 78 |
| 8. コモロ | 35 | 8. エリトリア | 78 |
| 9. ウガンダ | 34 | 9. ケニア | 75 |
| 10. ベナン | 24 | 10. レソト | 74 |
| 11. ブルキナファソ | 23 | 11. ルワンダ | 73 |
| 12. シエラレオネ | 22 | 12. ブルキナファソ | 72 |
| 13. ガーナ | 21 | 13. コモロ | 72 |
| 14. チュニジア | 18 | 14. タンザニア | 70 |
| 15. モロッコ | 18 | 15. モザンビーク | 68 |
| 16. セネガル | 17 | 16. スーダン | 67 |
| 17. タンザニア | 15 | 17. ジンバブエ | 67 |
| 18. エチオピア | 15 | 18. マダガスカル | 66 |
| 19. カーボベルデ | 14 | 19. ギニア | 64 |
| 20. カメルーン | 13 | 20. マリ | 62 |
| 21. ギニア | 13 | 21. 中央アフリカ | 61 |
| 22. ニジェール | 13 | 22. シエラレオネ | 61 |
| 23. ギニアビサウ | 11 | 23. ソマリア | 61 |
| 24. 南ア | 10 | 24. トーゴ | 61 |
| 25. ジンバブエ | 10 | 25. 赤道ギニア | 60 |
| 26. ケニア | 10 | 26. モーリシャス | 60 |
| 27. スワジランド | 10 | 27. ザンビア | 60 |
| 28. コートジボワール | 9 | 28. コンゴ（民） | 59 |
| 29. サントメプリンシペ | 9 | 29. アンゴラ | 58 |
| 30. レソト | 8 | 30. ベナン | 57 |
| 31. モザンビーク | 7 | 31. エジプト | 57 |
| 32. スーダン | 7 | 32. セネガル | 57 |
| 33. エリトリア | 7 | 33. ナミビア | 55 |
| 34. マダガスカル | 6 | 34. ナイジェリア | 54 |
| 35. マリ | 5 | 35. ギニアビサウ | 52 |
| 36. リベリア | 5 | 36. リベリア | 51 |
| 37. ザンビア | 5 | 37. カメルーン | 47 |
| 38. 赤道ギニア | 4 | 38. コートジボワール | 47 |
| 39. アンゴラ | 4 | 39. ガーナ | 47 |
| 40. チャド | 4 | 40. セーシェル | 47 |
| 41. アルジェリア | 3 | 41. ボツワナ | 43 |
| 42. コンゴ（民） | 3 | 42. ガンビア | 42 |
| 43. 中央アフリカ | 3 | 43. モーリタニア | 41 |
| 44. エジプト | 3 | 44. モロッコ | 41 |
| 45. ソマリア | 2 | 45. カーボベルデ | 36 |
| 46. コンゴ（共） | 2 | 46. サントメプリンシペ | 36 |
| 47. ガボン | 1 | 47. 南ア | 36 |
| 48. リビア | 1 | 48. コンゴ（共） | 35 |
| 49. ナミビア | 1 | 49. チュニジア | 34 |
| 50. ボツワナ | 0.5 | 50. アルジェリア | 30 |
| 51. モーリタニア | 0.4 | 51. ジブチ | 23 |
| 52. セーシェル | 0.2 | 52. リビア | 22 |
| 53. ジブチ | 0.1 | 53. ガボン | 13 |

出所：IMF（2015）World Economic Outlook Databases

第 3 章　アフリカの労働の何が問題か　　89

を栽培している。ブルキナファソも農業国で主食のソルガムやトウモロコシ
を栽培しているが、人口が過剰なため、多くのブルキナファソ人が隣国コー
トジボワールのカカオ豆農園で働いている。シエラレオネとガーナは鉱物資
源保有国であるが、農業面ではカカオ豆とコーヒー豆の栽培が盛んである。

　次に下位から見ていくと、1％以下の7カ国中5カ国が国土内に砂漠をも
つ国[6]である。その例外となるのがセーシェルとガボンの2カ国である。セ
ーシェルはインド洋上の島嶼国で国土の絶対面積が小さい。ガボンは産油国
であるが、国土の80％以上が森林で、人口も200万人以下と少ない。なお、
ガボン、リビア、ジブチの3カ国は全人口に占める農村人口比率がアフリカ
で最低である。2％台は2カ国あり、その1つのコンゴ（共）は全人口に占
める農村人口の比率もアフリカ53カ国中下から6番目の低さである。他方、
もう1つのソマリアは全人口に占める農村人口の比率が下から31番目であ
り、決して低くはないが、これは農村人口の多くが農民ではなく遊牧民であ
るからである。

　次に1人当たり耕地面積を見ると、1981年におけるアフリカ51カ国[7]の
平均値は0.35haで、これは世界173カ国の平均値0.28haよりはるかに広か
った。ところが、2013年になると、アフリカ51カ国の平均値は0.204haへ
と大きく下がってしまった。つまり、アフリカの場合、この30年間で1人
当たり耕地面積はむしろ狭くなってしまったのである。もちろん、狭くなっ
たという意味では世界も同様で、世界204カ国の平均値は0.199haへと下が
ってしまった。しかし、その低下率はアフリカの方が世界より大きい。この
結果、まだアフリカの方が世界平均より若干広いものの、その差はほとんど
なくなってしまった。

　表3-3はこの間の経緯を具体的に示したものであるが、この表からは2つ
の興味ある特徴を読み取ることができる。第一の特徴は地域的偏在の問題で
ある。まず1981年から見ていくと、1人当たり耕地面積が第1位の国はニ
ジェールで、このニジェールだけがアフリカ53カ国中唯一1人当たり耕地
面積が1haを超える国である。以下、第2位中央アフリカ、第3位トーゴ、
第4位チャド、第5位ギニア、第6位カメルーンと続くが、国連分類による
と、これら6カ国はいずれも西部か中部に属する国である。ちなみに、1981
年においてアフリカの平均値0.35haを上回る国は19カ国あるが、地域別国
数は西部6カ国、中部5カ国、北部3カ国、南部3カ国、東部1カ国であり、

90　　第1部　アフリカ経済の何が問題か

表 3-3　1人当たり耕地面積

| 1981 年 | (ha) | 2013 年 | (ha) | 増減率 | (%) |
|---|---|---|---|---|---|
| 1．ニジェール | 1.59 | 1．ニジェール | 0.87 | 1．サントメプリンシペ | 500.0 |
| 2．中央アフリカ | 0.80 | 2．マリ | 0.39 | 2．シエラレオネ | 85.7 |
| 3．トーゴ | 0.69 | 3．中央アフリカ | 0.38 | 3．マリ | 39.3 |
| 4．チャド | 0.68 | 4．トーゴ | 0.38 | 4．ガーナ | 5.9 |
| 5．ギニア | 0.67 | 5．チャド | 0.37 | 5．ジブチ | 0.0 |
| 6．カメルーン | 0.64 | 6．ブルキナファソ | 0.36 | 6．ナイジェリア | -9.1 |
| 7．ナミビア | 0.63 | 7．ナミビア | 0.34 | 7．ブルキナファソ | -10.0 |
| 8．赤道ギニア | 0.56 | 8．カメルーン | 0.28 | 8．モザンビーク | -12.5 |
| 9．セネガル | 0.55 | 9．リビア | 0.27 | 9．カーボベルデ | -15.3 |
| 10．リビア | 0.53 | 10．タンザニア | 0.27 | 10．ガンビア | -17.2 |
| 11．チュニジア | 0.48 | 11．ジンバブエ | 0.27 | 11．サントメプリンシペ | -20.0 |
| 12．南ア | 0.44 | 12．ベナン | 0.26 | 12．ジンバブエ | -20.6 |
| 13．タンザニア | 0.41 | 13．ギニア | 0.26 | 13．ルワンダ | -26.7 |
| 14．ベナン | 0.40 | 14．シエラレオネ | 0.26 | 14．マラウイ | -28.1 |
| 15．ブルキナファソ | 0.40 | 15．チュニジア | 0.26 | 15．ソマリア | -31.3 |
| 16．ボツワナ | 0.39 | 16．モロッコ | 0.24 | 16．タンザニア | -34.1 |
| 17．ガボン | 0.39 | 17．モロッコ | 0.24 | 17．ベナン | -35.0 |
| 18．モロッコ | 0.37 | 18．南ア | 0.24 | 18．モロッコ | -35.1 |
| 19．ザンビア | 0.37 | 19．ザンビア | 0.24 | 19．ザンビア | -35.1 |
| 20．アルジェリア | 0.35 | 20．マラウイ | 0.23 | 20．スワジランド | -36.4 |
| 21．エチオピア | 0.35 | 21．セネガル | 0.23 | 21．リベリア | -36.8 |
| 22．アンゴラ | 0.34 | 22．アンゴラ | 0.21 | 22．アンゴラ | -38.2 |
| 23．ジンバブエ | 0.34 | 23．モザンビーク | 0.21 | 23．エジプト | -40.0 |
| 24．マラウイ | 0.32 | 24．アルジェリア | 0.20 | 24．モーリシャス | -40.0 |
| 25．ウガンダ | 0.32 | 25．ガボン | 0.20 | 25．ウガンダ | -40.6 |
| 26．ギニアビサウ | 0.30 | 26．ナイジェリア | 0.20 | 26．ケニア | -40.9 |
| 27．ガンビア | 0.29 | 27．ウガンダ | 0.19 | 27．アルジェリア | -42.9 |
| 28．マダガスカル | 0.28 | 28．ガーナ | 0.18 | 28．ギニアビサウ | -43.3 |
| 29．マリ | 0.28 | 29．ギニアビサウ | 0.17 | 29．コートジボワール | -43.5 |
| 30．コンゴ（共） | 0.26 | 30．エチオピア | 0.16 | 30．トーゴ | -44.9 |
| 31．コンゴ（民） | 0.25 | 31．赤道ギニア | 0.15 | 31．ニジェール | -45.3 |
| 32．モザンビーク | 0.24 | 32．マダガスカル | 0.15 | 32．レソト | -45.5 |
| 33．コートジボワール | 0.23 | 33．スワジランド | 0.14 | 33．南ア | -45.5 |
| 34．ブルンジ | 0.22 | 34．コンゴ（共） | 0.13 | 34．チャド | -45.6 |
| 35．ケニア | 0.22 | 35．コートジボワール | 0.13 | 35．チュニジア | -45.8 |
| 36．レソト | 0.22 | 36．ケニア | 0.13 | 36．ナミビア | -46.0 |
| 37．ナイジェリア | 0.22 | 37．ボツワナ | 0.12 | 37．マダガスカル | -46.4 |
| 38．スワジランド | 0.22 | 38．レソト | 0.12 | 38．ガボン | -48.7 |
| 39．コモロ | 0.20 | 39．リベリア | 0.12 | 39．リビア | -49.1 |
| 40．リベリア | 0.19 | 40．モーリタニア | 0.12 | 40．ブルンジ | -50.0 |
| 41．ガーナ | 0.17 | 41．ブルンジ | 0.11 | 41．コンゴ（共） | -50.0 |
| 42．ソマリア | 0.16 | 42．カーボベルデ | 0.11 | 42．セーシェル | -50.0 |
| 43．モーリタニア | 0.15 | 43．ルワンダ | 0.11 | 43．中央アフリカ | -52.5 |
| 44．ルワンダ | 0.15 | 44．ソマリア | 0.11 | 44．エチオピア | -54.3 |
| 45．シエラレオネ | 0.14 | 45．コンゴ（民） | 0.10 | 45．コモロ | -55.0 |
| 46．カーボベルデ | 0.13 | 46．コモロ | 0.09 | 46．カメルーン | -56.3 |
| 47．モーリシャス | 0.10 | 47．モーリシャス | 0.06 | 47．セネガル | -58.2 |
| 48．エジプト | 0.05 | 48．サントメプリンシペ | 0.05 | 48．コンゴ（民） | -60.0 |
| 49．セーシェル | 0.02 | 49．エジプト | 0.03 | 49．ギニア | -61.2 |
| 50．サントメプリンシペ | 0.01 | 50．セーシェル | 0.01 | 50．ボツワナ | -69.2 |
| 51．ジブチ | 0.00 | 51．ジブチ | 0.00 | 51．赤道ギニア | -73.2 |

出所：IMF（2015）World Economic Outlook Databases

西部と中部に属する国が多く、東部が少ない。他方、1981年において世界の平均値0.28haを下回る国は22カ国あるが、地域別国数は東部9カ国、西部6カ国、中部3カ国、南部2カ国、北部1カ国であり、上位とは逆に東部が多くなっている。なお、2013年を見ても、この地域的偏在関係は基本的に維持されている。というのは、下位5カ国の顔ぶれは1981年と2013年で全く同じであるし、上位5カ国についても1981年の5カ国中4カ国が2013年の上位5カ国にランク入りしているからである。

　第二の特徴は、1981年から2013年までの30年強の間に圧倒的多数の国で1人当たり耕地面積が縮小したということである。表3-3からも明らかな通り、1981年と2013年で増減率が変わらない国はジブチ1カ国のみ、増減率がプラスの国は4カ国のみで、それ以外の46カ国では増減率がマイナスである。ちなみに、増減率第1位は500.0%のサントメプリンシペであるが、ギニア湾上の島嶼国である同国ではそもそも耕地が少ないが、序章の表0-1が示す通り、人口密度はアフリカで6番目に高かったので、1981年においても1人当たり耕地面積が0.01haと狭小だった。しかし、30年以上をかけてそれが5倍に増えたのだが、それでも1人当たり耕地面積はアフリカで下から4番目の0.05haとなったにすぎない。ポルトガルの植民地時代からサントメプリンシペではカカオ豆の生産が有名であるが、生産量としては主食のタロイモ、バナナ、キャッサバの方が大きい。サントメプリンシペ以外に増減率がプラスの国はシエラレオネ、マリ、ガーナの3カ国であるが、これら3カ国で記録に残るような特筆すべき農地の拡大があったわけではない。他方、これら3カ国における1981年から2013年までの農村人口増減率はシエラレオネ70.6%、マリ74.5%、ガーナ62.1%であり、100%を超える国が多い中ではこれら3カ国の増減率はむしろ低めであるから、農村人口の低めの伸びが1人当たり耕地面積を拡大させる要因であったと考えられる。

## （3）農業部門における労働生産性

　ここまでの分析を通じてアフリカ農業の特徴が朧気ながら明らかになったと思うが、その要点をまとめると、次のようになる。

　①アフリカでは国土面積に比して耕地面積が狭小な場合が多く、かつ、1
　　人当たり耕地面積は縮小傾向にある。

　②①の事実があるにもかかわらず、アフリカでは人口の多くが依然として

92　　第1部　アフリカ経済の何が問題か

伝統的農業部門に滞留しているし、低所得国ほど農村人口比率が高い。

　では、この状況下でアフリカ農業は実際にどのように営まれているのだろうか。それを知るために用意したのが表3-4である。

　表3-4はアフリカ39カ国における1人当たり農業付加価値額の推移を示したものであるが、この表からは農業部門における労働生産性の実態を垣間見ることができると考える。まず1991年の数字[8]を見ると、39カ国中最高はモーリシャスの4,337ドル、最低はマラウイの132ドルで、その平均値は954ドルである。ちなみに、1991年における世界119カ国の平均値は5,122ドルであるから、アフリカの平均値は世界平均の2割にも満たない。したがって、この事実からもアフリカ農業における労働生産性が極めて低いことを読み取ることができるだろう。次に2013年の数字を見ると、39カ国中最高は1991年と同じくモーリシャスの8,574ドル、最低はブルンジの128ドルで、その平均値は1,580ドルである。つまり、1991年から20年以上をかけてアフリカは労働者1人当たり農業付加価値額の平均値を1.7倍にまで引き上げることができたのである。しかし、2013年における世界159カ国の平均値は11,657ドルで、同期間中に世界平均値も2.3倍上昇しており、世界の方がアフリカの伸び率を上回っている。その結果、世界とアフリカの格差は1991年の5.4倍が2013年の7.4倍へとむしろ広がってしまった。要するに、過去20数年間でアフリカの農業はその生産性を引き上げることはできたが、同期間中世界がアフリカ以上のハイペースで生産性を引き上げたため、農業の生産性における世界との格差はむしろ大きくなってしまったのである。

　次にアフリカ39カ国の状況を具体的に見ていくこととしよう。まず1991年の状況を見ると、1つの興味ある事実に気づく。その事実とは、所得の高い国[9]ほど労働者1人当たり農業付加価値額が高く、その反対に所得が低くなると、労働者1人当たり農業付加価値額も低くなるということである。事実、上位15カ国はすべて中所得国以上であり、それをさらに分類すると、高所得国1カ国、高位中所得国7カ国、低位中所得国7カ国となる。これに対して、下位15カ国は低位中所得国であるケニアとレソトを除く13カ国がすべて低所得国である。

　1991年と2013年を比較すると、さらに興味ある事実に気づく。というのは、1991年の上位15カ国のうちボツワナを除く14カ国が2013年の上位15カ国の中に入っているし、同じく1991年の下位15カ国のうちケニアを除く

14 カ国が 2013 年の下位 15 カ国に入っているからである。ということは、1991 年の第 16 位から第 24 位までの 9 カ国についても、カメルーンとザンビアを除く 7 カ国が 2013 年の第 16 位から第 24 位までの範囲に入っているから、39 カ国全体について言えば、1991 年と 2013 年で上位、中位、下位の顔ぶれはほとんど変わっていないということである。このことは、1991 年から 2013 年に至る 20 年以上の期間において各国が生産性を引き上げたことは事実であるが、それは国別順位を大きく変更させるほどの生産性上昇ではなかったことを意味する。この点を表 3-3 の増減率で確認しておこう。増減率は最大の 375.6％から最低のマイナス 45.3％まで大きな幅があり、増加率が 100％を超えるカーボベルデ、ナイジェリア、カメルーンという上位 3 カ国については 1991 年から 2013 年の間で大きく順位を上げていることは事実である。しかし、それ以下の国々の場合、増減率はそれほど順位に影響を及ぼしていないのである。

　では、どういう国で労働者 1 人当たり農業付加価値額が高くなり、どういう国でそれが低くなるのだろうか。その答えを得るために、2013 年の上位 15 カ国を具体的に見ていくこととしよう。第 1 位のモーリシャスはインド洋に浮かぶ島嶼国であるが、サトウキビと茶のプランテーションで有名である。第 2 位の南アは 2013 年にナイジェリアに抜かれるまではアフリカで一番 GDP が高かった国であり、過去から現在に至るまでアフリカ随一の経済大国であり続けているが、この南アでは農業の近代化が大きく進んでおり、農産物の輸出も盛んである。第 3 位のモロッコ、第 6 位のチュニジア、第 7 位のアルジェリアはいずれも地中海に面した国であり、地中海性気候に合ったオリーブ、ナツメヤシ、柑橘類といった輸出用商品作物の生産が盛んである。第 4 位のナイジェリアは石油の発見以前はヤシ油の輸出で有名であったが、現在ではカカオ豆、天然ゴム、胡麻の栽培が盛んである。なお、ナイジェリアはアフリカ第 1 位の人口大国であることから、主食のキャッサバやヤムイモについては世界一の生産量を誇っている。第 8 位のガボンは農業生産には不向きな土地柄であるが、その豊富な森林資源を活かした木材の生産量が大きい。第 9 位のエジプトと第 12 位のスーダンは肥沃なナイル川の恩恵を受けた国であり、特に良質な綿花を産することで有名である。第 10 位のナミビアは元々ドイツの植民地だったが、第一次世界大戦におけるドイツの敗戦により、南アが委任統治することとなった。その結果、南アから白人が

表 3-4　1 人当たり農業付加価値額

| 1991 年 | （ドル） | 2013 年 | （ドル） | 増減率 | （%） |
|---|---|---|---|---|---|
| 1．モーリシャス | 4,337 | 1．モーリシャス | 8,574 | 1．カーボベルデ | 375.6 |
| 2．南ア | 3,475 | 2．南ア | 6,655 | 2．ナイジェリア | 322.0 |
| 3．チュニジア | 3,368 | 3．モロッコ | 4,656 | 3．カメルーン | 137.6 |
| 4．モロッコ | 2,471 | 4．ナイジェリア | 4,575 | 4．モーリシャス | 97.7 |
| 5．アルジェリア | 2,246 | 5．カーボベルデ | 4,528 | 5．アルジェリア | 93.9 |
| 6．ナミビア | 2,056 | 6．チュニジア | 4,395 | 6．南ア | 91.5 |
| 7．ガボン | 1,691 | 7．アルジェリア | 4,354 | 7．エジプト | 91.3 |
| 8．エジプト | 1,291 | 8．ガボン | 2,636 | 8．モロッコ | 88.4 |
| 9．スワジランド | 1,242 | 9．エジプト | 2,470 | 9．マラウイ | 86.4 |
| 10．モーリタニア | 1,166 | 10．ナミビア | 2,180 | 10．ベナン | 79.5 |
| 11．セーシェル | 1,133 | 11．スワジランド | 1,470 | 11．モザンビーク | 79.2 |
| 12．ナイジェリア | 1,084 | 12．スーダン | 1,372 | 12．スーダン | 73.2 |
| 13．カーボベルデ | 952 | 13．カメルーン | 1,214 | 13．コンゴ（共） | 72.4 |
| 14．ボツワナ | 894 | 14．モーリタニア | 1,051 | 14．ガボン | 55.9 |
| 15．スーダン | 792 | 15．セーシェル | 978 | 15．ギニア | 49.3 |
| 16．シエラレオネ | 764 | 16．ベナン | 937 | 16．ブルキナファソ | 42.0 |
| 17．コモロ | 734 | 17．シエラレオネ | 929 | 17．ルワンダ | 39.9 |
| 18．マリ | 645 | 18．マリ | 819 | 18．タンザニア | 37.6 |
| 19．トーゴ | 567 | 19．コモロ | 806 | 19．チュニジア | 30.5 |
| 20．ベナン | 522 | 20．コンゴ（共） | 776 | 20．マリ | 27.0 |
| 21．カメルーン | 511 | 21．ボツワナ | 746 | 21．シエラレオネ | 21.6 |
| 22．ザンビア | 467 | 22．トーゴ | 601 | 22．スワジランド | 18.4 |
| 23．コンゴ（共） | 450 | 23．中央アフリカ | 455 | 23．レソト | 14.7 |
| 24．中央アフリカ | 433 | 24．ケニア | 391 | 24．コモロ | 9.8 |
| 25．セネガル | 414 | 25．セネガル | 360 | 25．ナミビア | 6.0 |
| 26．ケニア | 397 | 26．タンザニア | 355 | 26．トーゴ | 6.0 |
| 27．ジンバブエ | 392 | 27．レソト | 352 | 27．ウガンダ | 5.8 |
| 28．レソト | 307 | 28．ザンビア | 341 | 28．中央アフリカ | 5.1 |
| 29．ガンビア | 300 | 29．ブルキナファソ | 328 | 29．ケニア | -1.5 |
| 30．コンゴ（民） | 264 | 30．ルワンダ | 305 | 30．モーリタニア | -9.9 |
| 31．タンザニア | 258 | 31．モザンビーク | 301 | 31．ガンビア | -11.0 |
| 32．マダガスカル | 240 | 32．ガンビア | 267 | 32．セネガル | -13.0 |
| 33．ブルンジ | 234 | 33．マラウイ | 246 | 33．セーシェル | -13.7 |
| 34．ブルキナファソ | 231 | 34．ジンバブエ | 228 | 34．コンゴ（民） | -15.2 |
| 35．ルワンダ | 218 | 35．コンゴ（民） | 224 | 35．ボツワナ | -16.6 |
| 36．ウガンダ | 205 | 36．ギニア | 221 | 36．ザンビア | -27.0 |
| 37．モザンビーク | 168 | 37．ウガンダ | 217 | 37．マダガスカル | -27.1 |
| 38．ギニア | 148 | 38．マダガスカル | 175 | 38．ジンバブエ | -41.8 |
| 39．マラウイ | 132 | 39．ブルンジ | 128 | 39．ブルンジ | -45.3 |

出所：IMF（2015）World Economic Outlook Databases
注：ドルは 2005 年の米ドルである。

入植し、大規模な牧場を経営した。ナミビアは、第二次世界大戦後には南ア
の信託統治領となり、1990年に独立したが、そこでは大規模な牧場を基盤
とする牧畜業が鉱業と並ぶ重要産業である。第11位のスワジランドは南ア
という大市場に隣接する地理的優位性もあり、砂糖、木材、柑橘類の輸出が
盛んである。第13位のカメルーンはカカオ豆、コーヒー、綿花の輸出が盛
んである。第14位のモーリタニアはサハラ砂漠の西縁に位置する国で農業
適地ではないが、牧畜業が盛んである。また、農林水産業という括りで言え
ば、タコやイカといった海産物も輸出に貢献している。第15位のセーシェ
ルはモーリシャスと同じくインド洋上の島嶼国で農地は狭いが、コプラやコ
コナッツの輸出が盛んである。また、マグロのような海産物も輸出に貢献し
ている。以上、15カ国についての説明からも明らかな通り、労働者1人当
たり農業付加価値額が高い国は、いずれも農業生産が主食の生産に偏ってい
るわけではなく、むしろその主力が輸出用の商品作物に置かれているのであ
る。

　主食生産の比重が低くなるにつれて労働者1人当たり農業付加価値額が高
くなるという傾向は表3-2と表3-3の比較からも窺い知ることができる。例
えば、表3-2を見ると、2013年において全人口に占める農村人口の比率が
高い国の第1位から第3位までを東部のブルンジ、ウガンダ、マラウイが占
めているが、これら3カ国は国土面積に占める耕地面積の比率もそれぞれ第
3位、第9位、第5位と高い。ところが、2013年における3カ国の労働者1
人当たり農業付加価値額はマラウイ第33位、ウガンダ第37位、ブルンジ第
39位といずれも最低の部類に属する。序章の表0-1が示す通り、ブルンジ、
ウガンダ、マラウイの3カ国はアフリカで人口密度が最も高い上位10カ国
に属する国である。この人口密度が高い国では、その人口を養うための主食
生産に注力せざるを得ず、当然開墾が進むから、国土面積に占める耕地面積
も広くなる。しかし、その結果として自給自足の比率も高まるから、そこか
らは付加価値は生まれず、結果として、労働者1人当たり農業付加価値額の
上昇も見込めないのである。

## （4）農業部門から非農業部門への労働力移転

　ルイス理論でいうところの農業部門から工業部門への労働力の移転があっ
たか否かを検討するために、以下ではGDPに占める農業部門の貢献度の推

移を見ることとする。ただし、利用可能な資料の関係で、実際に見ることができるのは農業部門から工業部門への移転ではなく、非工業部門への移転である。

表3-5は、アフリカ43カ国における農業付加価値額の対GDP比率を示したものである。まず1991年から見ていくと、最高のエチオピアが61.4%、最低の南アが4.6%であり、その間に大きな差がある。他方、2013年においては中央アフリカの58.2%が最高、南アの2.3%が最低であり、その差は依然として大きい。次に平均値を見ると、1991年が29.5%、2013年が23.6%であり、アフリカ全体について言えば、GDP全体に占める農業部門の比重は若干低下しているので、この比重の変化に対応して、農業部門における余剰労働力の一部が非農業部門に移転した可能性は大きいと考えられる。しかし、世界平均と比較すると、その移転の度合いは依然として小さいと言わざるを得ない。というのは、1991年における世界140カ国の平均値が20.6%、2013年における世界163カ国の平均値が12.9%だからである。しかも、1991年から2013年にかけて世界の比率が4割近く低下したのに対して、アフリカの比率は2割しか低下していないので、世界とアフリカとの格差はむしろ拡大しているのである。

次にアフリカ43カ国の具体的状況を見ていくこととする。まず1991年から見ていくと、平均値の29.5%を上回る国は24カ国、下回る国は19カ国で、上回る国の方が多い。比率が最も高いのはエチオピアの61.4%である。ちなみに、比率が60%台の国はエチオピアのみで、以下、50%台が3カ国、40%台が7カ国、30%台が12カ国、20%台が5カ国、10%台が12カ国、10%未満が3カ国である。これに対して、2013年の場合は平均値の23.6%を上回る国は20カ国、下回る国は23カ国で、1991年とは逆に下回る国の方が多い。比率が最も高いのは中央アフリカの58.2%である。ちなみに、比率が50%台の国は中央アフリカを含めて3カ国、40%台が2カ国、30%台が9カ国、20%台が13カ国、10%台が5カ国、10%未満が11カ国である。

表3-5に関しては、比率の低い国から見ていく方がその特徴をより容易かつ鮮明に洗い出すことができる。というのは、比率が低い3カ国の顔ぶれが1991年と2013年で変わらないからである。その3カ国とは南ア、セーシェル、ボツワナであるが、これら3カ国の比率は1991年が4%台、2013年が2%台と突出して低い。ちなみに、序章の表0-4から2014年におけるアフリ

第3章 アフリカの労働の何が問題か 97

カ諸国の1人当たり GNI を見ると、セーシェルが第1位、ボツワナが第6位、南アが第7位で、いずれも最上位に属している。これら3カ国の中では南アがアフリカ随一の経済大国、セーシェルがアフリカ唯一の高所得国、ボツワナが 1960 年から 2000 年までの期間で最高の成長率を実現した国という具合に、それぞれがアフリカ No.1 的な要素を有しており、比較的早い段階から産業の中心が農業部門から非農業部門に移行していたのである。

　以下、比率の低い国を順に見ていくと、2013 年における下から4番目の国はモーリシャスである。モーリシャスは 2014 年の1人当たり GNI がアフリカ第3位であるから、南ア、セーシェル、ボツワナと同じくアフリカの中では高所得国であり、経済も発展していることがこの順位につながったと考えられる。なお、モーリシャスの比率は 1991 年の 11.7% から 2013 年の 3.2% に大きく低下しているが、表 3-4 の増減率からも明らかなように、モーリシャスの下落率はアフリカ 43 カ国中で最高である。この下落率低下の背景には産業構造の転換がある。つまり、モーリシャス経済は長らくサトウキビと茶のプランテーションに依存していたが、1970 年代に輸出加工区を作り、繊維産業を誘致した。その結果、GDP に占める農業部門の比率は 1991 年には 11.7% まで低下したが、その後繊維産業がさらに発展を遂げたために、GDP に占める農業部門の比率は 2013 年には 3.2% まで劇的に低下したのである。

　下から5番目のコンゴ（共）の農業は主食のキャッサバを自給する程度の貧弱なものにすぎず、その経済は石油と木材の生産に大きく依存していたので、その結果として、1991 年における農業部門の対 GDP 比率も 11.3% と下から6番目の低さだった。ところが、2013 年の順位は下から5番目であり、順位的には1つしか違わないが、下落率はモーリシャス、レソトに次ぐ第3位の 61.1% である。なぜこれほど大きな下落を経験したかというと、それは政治的安定が経済の発展に寄与したからである。というのは、コンゴ（共）経済が石油と木材に依存するという点では 1991 年以前も以後も変わりがないが、1991 年以前は政治的不安定が経済の発展を阻害していたのである。つまり、1960 年に独立したコンゴ（共）は 1963 年から社会主義路線を採用し、1969 年には国名もコンゴ人民共和国に改めて、マルクス・レーニン主義に基づく社会主義国家建設に邁進するが、経済的には見るべき成果を上げることができず、社会はむしろ混乱を極めた。この結果、1991 年には

表 3-5　農業付加価値額の対 GDP 比率　　　　　　　　　　　　　（単位：%）

| 1991 年 | | 2013 年 | | 増減率 | |
|---|---|---|---|---|---|
| 1．エチオピア | 61.4 | 1．中央アフリカ | 58.2 | 1．チャド | 42.2 |
| 2．ブルンジ | 54.3 | 2．チャド | 51.9 | 2．シエラレオネ | 30.4 |
| 3．ギニアビサウ | 54.1 | 3．シエラレオネ | 50.6 | 3．中央アフリカ | 26.5 |
| 4．ウガンダ | 52.8 | 4．エチオピア | 44.9 | 4．トーゴ | 14.0 |
| 5．タンザニア | 48.1 | 5．ギニアビサウ | 43.7 | 5．ブルキナファソ | 11.5 |
| 6．中央アフリカ | 46.0 | 6．ブルンジ | 39.8 | 6．ギニア | 7.4 |
| 7．ガーナ | 45.6 | 7．マリ | 38.4 | 7．ケニア | 4.6 |
| 8．マラウイ | 43.7 | 8．トーゴ | 37.4 | 8．ルワンダ | 4.0 |
| 9．スーダン | 41.8 | 9．コモロ | 37.1 | 9．アルジェリア | 3.9 |
| 10．マリ | 41.3 | 10．ニジェール | 35.7 | 10．コモロ | -6.5 |
| 11．コンゴ（民） | 40.0 | 11．ブルキナファソ | 34.8 | 11．マリ | -7.0 |
| 12．コモロ | 39.7 | 12．ルワンダ | 33.4 | 12．カメルーン | -7.7 |
| 13．ニジェール | 39.2 | 13．タンザニア | 33.3 | 13．ニジェール | -8.9 |
| 14．シエラレオネ | 38.8 | 14．マラウイ | 33.2 | 14．マダガスカル | -11.1 |
| 15．モーリタニア | 37.5 | 15．ケニア | 29.4 | 15．エジプト | -17.6 |
| 16．モザンビーク | 37.0 | 16．スーダン | 29.2 | 16．ギニアビサウ | -19.2 |
| 17．チャド | 36.5 | 17．ウガンダ | 27.2 | 17．ジンバブエ | -21.6 |
| 18．ベナン | 35.0 | 18．モザンビーク | 26.6 | 18．セネガル | -23.2 |
| 19．コートジボワール | 33.3 | 19．マダガスカル | 26.4 | 19．マラウイ | -24.0 |
| 20．トーゴ | 32.8 | 20．ベナン | 24.0 | 20．ブルンジ | -26.7 |
| 21．ルワンダ | 32.1 | 21．ガーナ | 23.2 | 21．エチオピア | -26.9 |
| 22．ブルキナファソ | 31.2 | 22．カメルーン | 22.9 | 22．モザンビーク | -28.1 |
| 23．ナイジェリア | 31.2 | 23．コンゴ（民） | 22.2 | 23．スーダン | -30.1 |
| 24．マダガスカル | 29.7 | 24．コートジボワール | 22.1 | 24．タンザニア | -30.8 |
| 25．ケニア | 28.1 | 25．ナイジェリア | 21.0 | 25．ベナン | -31.4 |
| 26．カメルーン | 24.8 | 26．モーリタニア | 20.5 | 26．ナイジェリア | -32.7 |
| 27．モロッコ | 22.2 | 27．ギニア | 20.2 | 27．コートジボワール | -33.6 |
| 28．セネガル | 20.3 | 28．セネガル | 15.6 | 28．モロッコ | -33.8 |
| 29．チュニジア | 19.1 | 29．モロッコ | 14.7 | 29．ナミビア | -36.4 |
| 30．ギニア | 18.8 | 30．エジプト | 14.5 | 30．カーボベルデ | -36.6 |
| 31．レソト | 17.7 | 31．ジンバブエ | 12.0 | 31．コンゴ（民） | -44.5 |
| 32．エジプト | 17.6 | 32．アルジェリア | 10.6 | 32．スワジランド | -44.7 |
| 33．ザンビア | 17.4 | 33．ザンビア | 9.6 | 33．ザンビア | -44.8 |
| 34．ジンバブエ | 15.3 | 34．チュニジア | 8.8 | 34．モーリタニア | -45.3 |
| 35．カーボベルデ | 13.4 | 35．カーボベルデ | 8.5 | 35．ボツワナ | -45.8 |
| 36．モーリシャス | 11.7 | 36．ナミビア | 6.8 | 36．セーシェル | -47.9 |
| 37．スワジランド | 11.4 | 37．スワジランド | 6.3 | 37．ウガンダ | -48.5 |
| 38．コンゴ（共） | 11.3 | 38．レソト | 5.4 | 38．ガーナ | -49.1 |
| 39．ナミビア | 10.7 | 39．コンゴ（共） | 4.4 | 39．南ア | -50.0 |
| 40．アルジェリア | 10.2 | 40．モーリシャス | 3.2 | 40．チュニジア | -53.9 |
| 41．ボツワナ | 4.8 | 41．ボツワナ | 2.6 | 41．コンゴ（共） | -61.1 |
| 42．セーシェル | 4.8 | 42．セーシェル | 2.5 | 42．レソト | -69.5 |
| 43．南ア | 4.6 | 43．南ア | 2.3 | 43．モーリシャス | -72.6 |

出所：IMF（2015）World Economic Outlook Databases

社会主義路線を放棄するが、この政策変更が奏功し、コンゴ（共）は安定を回復するとともに、経済も高軌道に乗り出すのである。

　下から6番目のレソト、7番目のスワジランド、8番目のナミビアはいずれもアフリカ随一の経済大国である南アと隣接する国々であり、国連分類の南部に属する国である。これに下から1番目の南アと3番目のボツワナを加えると、下位8カ国中の5カ国を南部が占めるということになり、この結果からも地域別では南部が抜きん出て農業中心経済から脱却していることがわかる。ちなみに、下から11番目のザンビアと13番目のジンバブエは国連分類では東部に属するが、かつての南北ローデシアであるから、この2国も南部に算入すると、アフリカ全体での南部の発展ぶりはさらに際立つことになる。

　次に比率上位の国に目を転じると、2013年における第1位の中央アフリカから第14位のマラウイまでのすべての国が序章に表0-4の低所得国に分類されることがわかる。ちなみに、この14カ国のうちチャド、トーゴ、ルワンダ、ブルキナファソを除く10カ国が1991年の第1位から第14位までに属している。これら10カ国の中で1991年から2013年にかけて比率が上昇した上に順位も上がった国は中央アフリカとシエラレオネの2カ国である。他方、順位は上がったが、比率は下がっている国はマリ、コモロ、ニジェールの3カ国である。これに対して、比率も順位も下がった国はエチオピア、ギニアビサウ、ブルンジ、タンザニア、マラウイの5カ国である。

　以上の結果から言い得ることは2つある。1つは、アフリカにも全体としての数は少ないが、伝統的な農業依存経済から脱却した国が存在し、その多くが南部に属するということである。南部には南アという核になる国が存在するから、南アとの密接な経済関係を通じて自給自足経済から脱却しやすいという側面はあるかもしれない。2つ目はその反対であるが、伝統的な農業依存経済から脱却し得ない国も多数存在するということである。ちなみに、1991年と2013年でこれらの国の顔ぶれがほとんど変わらないということは、アフリカでは南部を除く他の地域では伝統的な農業依存経済から脱却する萌芽さえ見られないということでもある。しかも、南アの発展の基礎がアフリカ人の努力の結果というよりもむしろ外から来た白人によって築かれたことを考慮すれば、他のアフリカ諸国がアフリカ人だけの力で南ア並みの発展を遂げる可能性は極めて低いと考えられるので、近い将来においてもアフリカ

100　　第1部　アフリカ経済の何が問題か

人の多くが伝統的な農業依存経済の中で生活を続けていくことが予想される
のである。

## 2．労働力の価格

　ここまでの分析を通じて、アフリカが1つのジレンマに直面していること
が明らかになったと考える。そのジレンマとは、アフリカには豊富な労働力
が存在するが、その労働力のほとんどが伝統的農業部門に滞留し、なおかつ、
伝統的農業部門の生産関数に問題があるために、労働の生産性は低く、その
結果として生産も増えないということである。それでは、このジレンマを脱
却するために、労働は如何なる役割を果たし得るのだろうか。このように考
えると、最も手っ取り早い方法が外資の導入である。つまり、生産要素のう
ち資本と技術を外部から持ち込むことによって既存の生産要素である労働を
活かそうというわけである。しかし、外資を呼び込むためには、外資がアフ
リカの労働に魅力を感じる必要がある。労働の魅力とは、一言で言えば、優
秀で安価な労働力が存在するということである。そこで、以下では優秀とい
う部分はひとまずおき、アフリカに安価な労働力が存在するか否かを検証す
ることとする。

### （1）賃金の実態
　アフリカにおける賃金の実態を網羅的かつ統一的に把握することは困難で
ある。しかし、一般的には、低所得というイメージとは逆に、アフリカの賃
金が割高であるという指摘が以前から多かったように思う。そこで、改めて
グーグルに「アフリカ」、「賃金」というキーワードを入れて検索をかけてみ
ると、上位には次のような記述が並ぶこととなった。
　①「アフリカが中国をはるかに上回っているものがある。賃金だ。…南ア
　　フリカを除く地域の製造業の平均賃金は2,474ドルと中国（504ドル）
　　の5倍近い…」[10]
　②「アフリカの製造業平均賃金は、同じような1人当たりGDPレベルに
　　あるアジアの国々に比べると倍から3倍の水準にある…」[11]
　③「多くの中国企業が生産拠点を労働賃金の安いアフリカに移してい
　　る」[12]

第3章　アフリカの労働の何が問題か　　101

④「アフリカが、アジアのように製造拠点の移転先としてなかなか候補として挙がらないのは、インフラの未整備もさることながら、人件費が高いからだ…」[13]

⑤「一般的にはアフリカ製造業における賃金水準は、所得水準に比例して低いというイメージをもたれている。しかし、実際には、ケニアの非熟練労働者の賃金水準はアジアのベトナム、バングラデシュ、スリランカと比べて2倍以上の水準である。」[14]

上記5件のうち、「アフリカの賃金が安い」と指摘しているのは③の1件のみであり、それ以外の4件はいずれも「アフリカの賃金が高い」という指摘であった。それゆえ、上記の検索結果を見る限り、「アフリカの賃金が高い」という指摘は多くの場合でアフリカの実態を反映していると考えられる。

以上の結果をILOの統計に基づき、月額平均賃金で確認すると、2009年の購買力平価で測った米ドルに換算すると、世界70カ国で月額平均賃金が一番高いのはルクセンブルクの4,089ドル、一番低いのはパキスタンの255ドル、70カ国の平均値は1,480ドルである。この70カ国に含まれるアフリカの国は南ア、ボツワナ、モーリシャスの3カ国であるが、これら3カ国はアフリカの中では高所得国に属するので、その平均賃金もアフリカでは上位にあると考えられる。問題はこれら3カ国の月額平均賃金が世界70カ国の中でどういう位置づけにあるかであるが、それを明らかにするために新興国の代表であるBRICS[15]とASEAN[16]と比較することとした。

アフリカ3カ国で月額平均賃金が一番高いのは南アの1,838ドルであるが、これは世界70カ国の平均値1,480ドルを上回る。南アはBRICSの一員でもあるが、南アの月額平均賃金はBRICSの中で最高である。というのは、ロシアの1,800ドル、ブラジルの778ドル、中国の656ドル、インドの295ドルを上回るからである。次にボツワナとモーリシャスを見ると、ボツワナが996ドル、モーリシャスが783ドルである。ということは、両国ともロシアよりは低いが、ブラジル、中国、インドの3カ国を上回るのである。70カ国に含まれるASEAN加盟国はマレーシア、タイ、フィリピンの3カ国であるが、それらの月額平均賃金はマレーシア961ドル、タイ489ドル、フィリピン279ドルである。ということは、マレーシアの月額平均賃金はモーリシャスよりは高いが、タイ、フィリピンはモーリシャス以下だということである。この数字を見る限り、安価な労働力を求めて中国、タイ、フィリピンに

102　　第1部　アフリカ経済の何が問題か

生産拠点を移した製造業企業が、より安価な労働力を求めてアフリカに移転してくる可能性は極めて小さいと言わざるを得ない。

　もちろん、以上はアフリカの中でも比較的所得が高い、南ア、ボツワナ、モーリシャスという3カ国に限定した議論であり、他のアフリカ諸国の月額平均賃金はこれら3カ国の賃金を下回るとは思うが、ASEANの中で一番低いフィリピンでさえ、2014年の1人当たりGNIがアフリカで第12位のカーボベルデよりも高いことを考慮すれば、アフリカの賃金は高いという議論はそれなりに正鵠を射ていると考えられる。

## （2）高賃金をもたらす要因

　では、なぜアジアより所得の低いアフリカの賃金がアジアよりも高くなってしまったのだろうか。以下では、制度的要因と実態的要因からその原因を探っていくこととする。

### （イ）制度的要因：最低賃金制度

　ある低所得国に進出した外資があまりに安く労働者を雇用すると、労働者が最低限度の生活しか送れず人権上問題となるだけでなく、所得の引き上げにもつながらないから、外資を誘致した意味がなくなってしまう。そこで、この問題を回避すべく当局が採用するのが最低賃金制度であるが、現実の所得水準を無視してあまりに高く最低賃金を設定すると、今度は逆に外資側がその国への進出に二の足を踏むという事態が起こり得る。そこで、以下では、アフリカで実際に導入されている最低賃金の実態を見ながら、アフリカにおける最低賃金制度の導入が進出を考えている外資に二の足を踏ませる状態を引き起こしているか否かを検証することとした。

　表3-6は、最低賃金制度を導入しているアフリカ39カ国における2014年の最低賃金年額を高い順に列記したものであるが、39カ国中で最低賃金が最も高いのはリビアの7,813ドル[17]、低いのはウガンダの64ドルで、平均値は2,326ドルである。この金額を高い順に見ていくと、7,000ドル台が1カ国、6,000ドル台が2カ国、5,000ドル台がなくて、4,000ドル台が1カ国、3,000ドル台が4カ国、2,000ドル台が9カ国、1,000ドル台が17カ国、1,000ドル未満500ドル以上が4カ国、500ドル未満が1カ国である。以上のことから、ウガンダの最低賃金が飛び抜けて低いことがわかるが、これは、この金額が導入されたのが今から30年以上前の1984年であり、それ以後こ

第3章　アフリカの労働の何が問題か　103

の金額が据え置かれたために、他国との間で大きな格差が生じてしまったと考えられる。

表3-6からはいくつかの興味ある事実を指摘することができるが、まず注目したのがボツワナとモーリシャスである。というのは、この両国については前節において月額平均賃金が明らかにされているからである。そこで、統計がとられた年代の違いを無視し、月額平均賃金を12倍して年額平均賃金を求めると、ボツワナが11,952ドル、モーリシャスが9,396ドルとなる。次に表3-6から両国の最低賃金を見ると、ボツワナが39カ国中第31位で1,317ドル、モーリシャスが39カ国中第25位で1,637ドルであり、いずれも39カ国の平均2,336ドルを下回る。ここから最低賃金と平均賃金の差はボツワナで9.1倍、モーリシャスで5.7倍ということがわかる。もちろん、ボツワナもモーリシャスもアフリカでは高所得の部類に属する国であるから、実際に採用される賃金の多くが最低賃金水準をかなり上回っている可能性が高く、他の国の場合は最低賃金と平均賃金の間にボツワナやモーリシャスほどの格差は存在しないかもしれないが、それでも最低賃金と平均賃金の間に2～3倍程度の格差があるのは普通であるから、そう考えると、アフリカの国の多くが高めの最低賃金を設定している可能性が高いと考えられる。

このことは、前節のフィリピンの数字との比較からも明らかである。というのは、フィリピンの月額平均賃金が279ドルであり、これを12倍した3,348ドルを年額平均賃金と考えて、表3-6の39カ国の数字と比較すると、それは第5位のコンゴ（共）と第6位のレソトの間に位置する。さらに正確を期してフィリピンの法令を調べると、2012年7月25日に現行の最低賃金法が施行され、それに基づく最低賃金は年額で3,223ドルであり、これだと第7位のチュニジアと第8位のコモロの間に落ちる。ということは、チュニジアより上位7カ国にはフィリピンから生産拠点を移す可能性はまずあり得ないということである。

次に、序章の表0-4の1人当たりGNIに基づき39カ国を分類すると、中所得国以上が20カ国、低所得国が19カ国となり、ほぼ拮抗しているが、中所得国以上をさらに分類すると、高所得国が1カ国、高位中所得国が7カ国、低位中所得国が12カ国となり、数字的には所得が下がるほど国の数が多くなることがわかる。39カ国を順位別に見ていくと、上位4カ国はすべて高位中所得国以上であり、上位10カ国中9カ国が中所得以上である。これに

104　第1部　アフリカ経済の何が問題か

表 3-6　最低賃金額（2014 年）

| 最低賃金額 | （ドル） | 対 GDP 比率 | （％） |
|---|---|---|---|
| 1．リビア | 7,813 | 1．中央アフリカ | 270.3 |
| 2．赤道ギニア | 6,770 | 2．コモロ | 196.7 |
| 3．セーシェル | 6,534 | 3．モザンビーク | 190.2 |
| 4．ガボン | 4,982 | 4．ニジェール | 168.3 |
| 5．コンゴ（共） | 3,479 | 5．マラウイ | 148.1 |
| 6．レソト | 3,283 | 6．シエラレオネ | 130.3 |
| 7．チュニジア | 3,231 | 7．レソト | 125.6 |
| 8．コモロ | 3,008 | 8．トーゴ | 125.1 |
| 9．モーリタニア | 2,969 | 9．マダガスカル | 116.9 |
| 10．カーボベルデ | 2,813 | 10．チャド | 115.7 |
| 11．シエラレオネ | 2,675 | 11．ベナン | 113.0 |
| 12．チャド | 2,597 | 12．ブルキナファソ | 112.4 |
| 13．モザンビーク | 2,224 | 13．コンゴ（民） | 93.7 |
| 14．ナイジェリア | 2,173 | 14．マリ | 88.4 |
| 15．アンゴラ | 2,160 | 15．リベリア | 84.0 |
| 16．ザンビア | 2,142 | 16．モーリタニア | 76.2 |
| 17．ベナン | 2,107 | 17．セネガル | 69.7 |
| 18．ブルキナファソ | 1,892 | 18．ギニアビサウ | 66.6 |
| 19．コートジボワール | 1,879 | 19．ガンビア | 66.4 |
| 20．カメルーン | 1,858 | 20．カメルーン | 62.7 |
| 21．トーゴ | 1,819 | 21．コンゴ（共） | 56.2 |
| 22．ガーナ | 1,727 | 22．コートジボワール | 53.9 |
| 23．マダガスカル | 1,680 | 23．ザンビア | 52.4 |
| 24．中央アフリカ | 1,639 | 24．リビア | 50.1 |
| 25．モーリシャス | 1,637 | 25．ケニア | 48.1 |
| 26．ニジェール | 1,627 | 26．カーボベルデ | 42.3 |
| 27．セネガル | 1,611 | 27．ガーナ | 41.7 |
| 28．マリ | 1,533 | 28．ナイジェリア | 37.0 |
| 29．スーダン | 1,478 | 29．スーダン | 35.8 |
| 30．ケニア | 1,400 | 30．チュニジア | 29.0 |
| 31．ボツワナ | 1,317 | 31．アンゴラ | 27.3 |
| 32．マラウイ | 1,207 | 32．ガボン | 26.5 |
| 33．スワジランド | 1,128 | 33．タンザニア | 25.1 |
| 34．ガンビア | 1,082 | 34．セーシェル | 24.9 |
| 35．ギニアビサウ | 951 | 35．赤道ギニア | 21.0 |
| 36．リベリア | 823 | 36．スワジランド | 19.0 |
| 37．コンゴ（民） | 754 | 37．モーリシャス | 8.8 |
| 38．タンザニア | 650 | 38．ボツワナ | 7.5 |
| 39．ウガンダ | 64 | 39．ウガンダ | 3.7 |

出所：各国法令から筆者が作成。
注 1：ドルとは購買力平価で測った 2014 年の米ドルである。
注 2：日給、週給、月給は次の式で年給に換算した。
　　　年給＝ 12 ×月給＝ 52 ×週給（＝ 5 ×日給）

第 3 章　アフリカの労働の何が問題か　　105

対して、下位 6 カ国はすべて低所得国であるが、下位 10 カ国中では低所得国は 7 カ国である。したがって、上位 10 カ国と下位 10 カ国を見る限り、所得が高い国ほど最低賃金が高いという傾向を読み取ることができる。

次に最低賃金と平均賃金との比較を行いたいと考えるが、あいにく平均賃金に関する統計が未整備なため、その比較を行うことができない。そこで平均賃金を 1 人当たり GDP で代用し、最低賃金と 1 人当たり GDP の比率をとってみると、比率が 100％を超える国が 39 カ国中 12 カ国ある。現実的には最低賃金が平均賃金を上回るということはあり得ないから、その比率が 100％を超えるということもあり得ない。それゆえ、比率が 100％を超えるということは、平均賃金をそれよりも低い 1 人当たり GDP で代用したために起きた現象と考えられるが、これらの国においては最低賃金がかなり割高に設定されている可能性が高い。そこで、改めて最低賃金の対 GDP 比率を見ていくと、第 1 位の中央アフリカから第 6 位のシエラレオネまでの 6 カ国はすべて低所得国である。そして、低位中所得国のレソトをおいて、第 8 位のトーゴから第 19 位のガンビアまでの 10 カ国すべてが低所得国である。ということは、この比率の上位半分はほとんどが低所得国であり、低所得国ほど高めの最低賃金を設定していることがわかる。

（ロ）実態的要因：物価高

外資が生産拠点を置く場合、その立地先として考えられるのは通常は農村ではなく都市である。ところが、アフリカの都市は世界の他の国々の都市に比べて物価が高いと言われている。そして、その物価の高さは生計費に反映するが、そうした生計費の高さで世界の都市を比較すると、2015 年において世界 207 都市中で世界最悪を記録したのがアンゴラの首都ルアンダである[18]。207 都市の中にはアフリカの都市が 39 カ所含まれているが、ルアンダに次ぐのが第 10 位のンジャメナ（チャド）で、中国の上海や北京よりも生計費が低いが、東京やロンドンよりも生計費が高く、第 13 位のキンシャサ（コンゴ（民））はニューヨークよりも生計費が高い。以下、第 17 位ヴィクトリア（セーシェル）、第 20 位ラゴス（ナイジェリア）、第 22 位コナクリ（ギニア）、第 30 位リーブルヴィル（ガボン）、第 35 位アブジャ（ナイジェリア）、第 36 位ブラザヴィル（コンゴ（共））までがタイのバンコク、パリ、メルボルンよりも生計費が高く、第 55 位ジブチ（ジブチ）、第 58 位アビジャン（コートジボワール）、第 60 位ヤウンデ（カメルーン）、第 62 位アクラ

106　　第 1 部　アフリカ経済の何が問題か

（ガーナ）まではインドのムンバイ、フィリピンのマニラよりも生計費が高く、第78位トゥアラ（カメルーン）、第83位ダカール（セネガル）までがベトナムのハノイ、ホーチミンより生計費が高く、第93位のマプト（モザンビーク）、第97位キガリ（ルワンダ）はインドネシアのジャカルタより生計費が高く、第104位ナイロビ、第120位のカイロ（エジプト）とバマコ（マリ）、第133位コトヌー（ベナン）、第140位カサブランカ（モロッコ）までがカンボジアのプノンペンより生計費が高く、第144位ロメ（トーゴ）、第153位ワガドゥグー（ブルキナファソ）、第155位ニアメ（ニジェール）、第162位アジスアベバ、第168位ハラレ（ジンバブエ）、第173位ヌアクショット（モーリタニア）、第174位ポートルイス（モーリシャス）、第175位ラバト（モロッコ）、第179位ダルエスサラーム（タンザニア）、第180位ルサカ（ザンビア）、第181位アルジェ（アルジェリア）までがインドのバンガロールより生計費が高く、第184位カンパラ（ウガンダ）、第186位ブランタイヤ（マラウイ）第188位ハボロネ（ボツワナ）、第191ヨハネスブルク（南ア）、第200位ケープタウン（南ア）、第202位バンジュール（ガンビア）までがパキスタンのカラチより生計費が高く、第206位のウインドフック（ナミビア）までがキルギスのビシュケクより生計費が高い。もちろん、ここでいう生計費とは外資が派遣した外国人にとっての生計費であり、それがそのまま現地で雇用される労働者の生計費に直結するわけではない。しかし、都市で生活する場合、住宅費は外国人の方が現地人よりもより高価な物件に入居するのが一般的であるが、差別的料金が設定されていない限り、光熱費には差がないと思うし、現地で調達できる食料の価格についても外国人と現地人との間で大した差はないと考えられるから、アフリカの都市における物価高に直面しているという意味では、現地人も外国人と同様であると考えられるのである。

アフリカの都市における物価高を最も象徴的に示しているのが食料価格である。なぜ都市における食料価格が高いかというと、都市住民の食糧需要を満たすために、多くの国が外国からの輸入に頼っているからである。本来ならば、国民経済が発展する段階で都市が誕生し、農村がその生産余剰をもって都市を養うというシステムもその過程で成立するが、アフリカの場合、そうした発展段階を踏むことなく、都市が誕生し肥大化してしまったから、農村には都市を養うだけの余力が存在しない。これを助長しているのが植民地

第3章　アフリカの労働の何が問題か　　107

時代の商品作物栽培である。というのは、輸出用の商品作物栽培にエネルギーを注力すればするほど、主食である穀物の栽培は片手間で行われることとなり、自給自足の域を出なくなるからである。農民が自分たちだけ食べる分しか作らなければ、都市に回る分は生まれない。また、農村がその生産余剰をもって都市を養うというシステムが構築されていないと、貯蔵手段、輸送手段が整備されることもないから、仮に農村で生産余剰が生じたとしても、それを効率よく都市に運ぶことができないのだ。この結果、国際的な穀物価格の上昇を受け、アフリカの都市の多くで食料価格が上昇することとなったのである。

　そこで、以下では食料価格が大きな比重を占める消費者物価指数を見ることで、食料価格の高騰が労賃に如何なる影響を与えるかを考えてみた。表3-7 は、アフリカ 46 カ国について 2010 年を 100 とした消費者物価指数をとり、2001 年の消費者物価指数と 2013 年の消費者物価指数を比較することで、この間の上昇率を求め、それを高い順に並べ替えたものであるが、この表からはいくつかの興味ある事実を指摘することができる。

　まず言い得ることは、この期間のアフリカにおける物価上昇率がマイナスの上昇率が 1 つもないということである。これは 2001 年から 2013 年までの期間において 46 カ国すべてで物価が上昇したことを示している。次に上昇率を高い順に分類すると、1,000%台は 1 カ国、400%台が 2 カ国、300%台が 5 カ国、200%台が 5 カ国、100%台が 11 カ国で、100%未満が 22 カ国となる。この結果、物価が倍になる 100%で区切ると、100%以上の上昇率を記録した国が 24 カ国、100%未満の国が 22 カ国となり、ほぼ同数となる。ここで前述の生計費調査結果と比較すると、物価上昇率第 1 位のアンゴラは生計費調査でも第 1 位であるが、それ以外の国については必ずしも物価上昇率の高い国が生計費調査においても高い順位を占めているわけではない。

　次に、この表からアフリカ 46 カ国の平均値を求めると 178.1%となるが、これは同時期の世界 159 カ国の平均値 116.9%を大幅に上回る。しかも、アフリカ 46 カ国中の第 1 位であるアンゴラから第 7 位のマラウイまでが世界159 カ国中の上位 10 カ国[19] の中に入っていることを考慮すれば、世界の物価上昇率を引き上げているのがアフリカ諸国であるということになる。それゆえ、これら上位国においては、この間の物価上昇が物価高を通じて、労賃の高騰をもたらした可能性が高いと考えられる。他方、世界平均を表に当ては

108　　第 1 部　アフリカ経済の何が問題か

表 3-7　消費者物価上昇率（2001〜2013 年）

| 国名 | 上昇率（％） | 生計費調査順位 |
|---|---|---|
| 1．アンゴラ | 1,764.4 | 1 |
| 2．サントメプリンシペ | 460.2 | |
| 3．エチオピア | 450.8 | 25 |
| 4．スーダン | 398.9 | |
| 5．ガーナ | 371.5 | 12 |
| 6．ザンビア | 319.7 | 31 |
| 7．マラウイ | 318.4 | 34 |
| 8．コンゴ（民） | 310.9 | 3 |
| 9．ナイジェリア | 280.0 | 7 |
| 10．ケニア | 227.0 | 17 |
| 11．ブルンジ | 205.2 | |
| 12．リベリア | 204.1 | |
| 13．マダガスカル | 202.0 | |
| 14．モザンビーク | 196.7 | 15 |
| 15．エジプト | 179.8 | 18 |
| 16．ボツワナ | 163.3 | 35 |
| 17．ウガンダ | 160.9 | 33 |
| 18．タンザニア | 159.2 | 30 |
| 19．レソト | 155.8 | |
| 20．ルワンダ | 142.6 | 16 |
| 21．セーシェル | 129.7 | 4 |
| 22．スワジランド | 129.1 | |
| 23．ガンビア | 116.7 | 38 |
| 24．モーリタニア | 107.2 | 27 |
| 25．赤道ギニア | 98.2 | |
| 26．南ア | 98.0 | 36,37 |
| 27．モーリシャス | 91.3 | 28 |
| 28．アルジェリア | 60.1 | 32 |
| 29．コンゴ（共） | 58.7 | 8 |
| 30．チュニジア | 57.6 | |
| 31．ジブチ | 56.5 | 9 |
| 32．ベナン | 45.1 | 20 |
| 33．中央アフリカ | 44.5 | |
| 34．トーゴ | 39.8 | 22 |
| 35．コートジボワール | 39.6 | 10 |
| 36．リビア | 39.5 | |
| 37．ブルキナファソ | 36.3 | 23 |
| 38．チャド | 35.6 | 2 |
| 39．ギニアビサウ | 34.1 | |
| 40．マリ | 34.1 | 19 |
| 41．カーボベルデ | 33.8 | |
| 42．カメルーン | 33.3 | 11,13 |
| 43．ニジェール | 30.5 | 24 |
| 44．ガボン | 25.5 | 6 |
| 45．セネガル | 24.8 | 14 |
| 46．モロッコ | 23.6 | 21,29 |

出所 1：IMF（2015），World Economic Outlook Databases
出所 2：マーサー社ホームページ

めると、世界平均を上回る国は第 1 位のアンゴラから第 22 位のスワジランドまでで、第 23 位のガンビア以下 24 カ国は世界平均を下回るから、46 カ国中の約半分では顕著な物価上昇は起きていない。しかし、これらの国においても生計費調査順位の高い国があることを考慮すると、これらの国においては、元々の物価水準が高かったか、物価以外の要因が作用したために、生計費が上昇した可能性が高いと考えられる。

1　総労働力（total labor force）とは、ILO（international Labor Organization：国際労働機関）の定義によれば、15 歳以上人口である。

2　IMF のホームページによれば、1990 年に 2 億 2,309 万人だった労働人口は 2014 年に 4 億 4,886 万人となった。

3　IMF のホームページからとった数字から筆者が計算した。

4　両者の相関係数は 0.72 である。

5　正確に言うと、大地溝帯は途中で西地溝帯と東地溝帯に枝分かれし、ビクトリア湖のみが両地溝帯の中間地帯に位置する湖である。

6　ジブチがバラ砂漠、モーリタニアとリビアがサハラ砂漠、ボツワナがカラハリ砂漠、ナミビアがカラハリ砂漠とナミブ砂漠である。

7　アフリカ 54 カ国からエリトリア、スーダン、南スーダンの 3 カ国が除かれている。

8　1981 年以降の数字が利用可能であったが、利用可能な国の数を少しでも多くし、なおかつ、より長期にわたる比較ができることを考慮して、1991 年の数値を採用した。

9　所得の高低は序章の表 0-4 に基づく。

10　2010 年 8 月 16 日付朝日新聞グローブからの引用である。

11　平野克己（2008 年 a）からの引用である。

12　2014 年 9 月 15 日付アフリカ・ビジネス・ニュースからの引用である。

13　2014 年 10 月 10 日付日経ビジネス・オンラインからの引用である。

14　西浦昭雄（2010 年）からの引用である。

15　BRICs と書くとブラジル（Brazil）、ロシア（Russia）、インド（India）、中国（China）の 4 カ国を指すが、BRICS と書くと、4 カ国に南ア（South Africa）を加えた 5 カ国を指す。

16　ASEAN とは東南アジア諸国連合（Association of South-East Asian Nations）の略で、東南アジアの 10 カ国が加盟する地域協力機構である。

17　これは購買力平価で測った 2014 年の米ドルである。

18　これは米国のコンサルティング会社であるあるマーサー社（Mercer）の発表に基づく。

19　上位 10 カ国の順位は①アンゴラ、②イラン、③ミャンマー、④サントメプリンシペ、⑤エチオピア、⑥イラク、⑦スーダン、⑧ガーナ、⑨ザンビア、⑩マラウイである。

第**4**章

# なぜアフリカでは
# 技術進歩が進まないのか

　外国人、とりわけ先進国の生活に慣れた外国人がアフリカに長期滞在すると、生活のいろいろな場面で技術の遅れを痛感することになる。しかし、この痛感とはあくまで主観的な印象であり、その中に無知や偏見が入り込む余地も皆無とは言えないと思う。そこで、この主観的印象を客観的事実にできる限り近づけるために、本章においては、アフリカにおける技術問題の特徴を歴史的な経緯を踏まえて洗い出し、その上で、技術の現状を示す統計数値をいくつか拾い出しながら、その意味を考えることとしたい。

## 1．技術問題の特徴

### （1）歴史的経緯
#### （イ）独創的技術と技術の模倣
　人類の歴史を概観すると、画期的な技術が文明誕生の起爆剤となっている場合が多々あるが、古代文明誕生に果たした役割の大きさでマクニールが特に強調する技術が「灌漑」、「犂」、「文字」の3つである[1]。なぜ「灌漑」かというと、文明の誕生のためにはある程度の人口の集住が必要だからである。そして、人が集まるためには、食糧が安定的に確保されている必要があるが、毎年一定量の穀物を収穫できる土地は灌漑を施した土地に限られるので、「灌漑」は文明誕生の起爆剤の1つになり得るのである。次に「犂」であるが、動物の力を利用した「犂」を使えば、鍬や掘り棒よりもはるかに広い土地を耕すことができる。さらに「灌漑」と「犂」が組み合わされれば、穀物

111

生産量も飛躍的に増大し、大量の人口を養うことも可能となる。最後の「文字」は文明社会の運営に不可欠な要素である。というのは、文明社会の円滑な運営のためには、情報操作が的確に行われる必要があるが、「文字」が利用されることによって、情報操作がより的確に行われるようになったからである。ところが、この3つの技術はアフリカとりわけサブサハラには存在しなかった技術なのである[2]。そして、アフリカとりわけサブサハラにはこれ以外にも存在しなかった重要な技術が結構あるのだ[3]。

　もちろん、独創的な技術を生み出すことはそれ自体重要ではあるが、外来の技術の導入・普及もそれに負けず劣らず重要である。その一例が日本であるが、日本には元々「ネジ」という技術がなかったと言われている。日本に「ネジ」が入ってくるきっかけは、1543年にポルトガル船が種子島に漂着したときに持ち込まれた鉄砲であるが、この鉄砲に興味をもった種子島の領主は早速地元の刀鍛冶に命じて、その複製を作らせることにした。そして、複製作成の過程で「ネジ」の存在を知ったのである。というのは、鉄砲の暴発を防ぐためには、銃底をきちんと塞がなくてはならないが、ポルトガル船が持ち込んだ鉄砲はその難題を「ネジ」を切ることによって解決していたからである。そして、「ネジ」という新技術の模倣に短期間で成功した日本は鉄砲の国産化に乗り出し、その国産鉄砲は、戦国時代という時代背景もあり、瞬く間に日本全国に普及していった。しかし、食糧を除けば、日本で起きた外来新技術の模倣も普及もアフリカではほとんど起きていないのである[4]。

### （ロ）技術進歩が遅れた理由

　では、アフリカとりわけサブサハラではなぜ固有技術の発明や外来技術の模倣・普及が遅れたのだろうか。

　考えられる第一の理由は、社会の経済的成熟度の低さである。というのは、画期的な新技術の発明や不断の技術進歩が起きるためには、それなりのインセンティブが必要であるが、アフリカの場合、むしろこのインセンティブが起きにくい条件がそろっていたのである。というのは、植民地化される前のアフリカのほとんどの地域で人々は小規模な部族単位で生活し、その人口の大多数が単純な農作業を行う農民か、同じく単純な手作業に従事する職人であったが、彼らの間には互いに刺激し合うという関係が成り立ちにくかったと考えられる。また、部族間の交流が少ない場合には外部からの刺激も少ない。アシュトンによれば、新技術の発明や外来技術の模倣が起きるのは、こ

うした個人単位の粗放的社会ではなく、むしろ集団単位のコンパクトな社会である。つまり、単一の生産物を作るための集団が形成されるようになると、その生産を効率化しようという機運が盛り上がり、それが新技術の発明や外来技術の模倣へとつながっていくのである[5]。

　第二の理由は、精神性と関係する。アシュトンによれば、新技術の発明は、単に物質的目的のみを追求する社会においてよりも、精神的なものを尊重する社会においてよりいっそう生まれやすい[6]とのことであるが、アフリカの部族社会においては精神性を尊重する度合いが低かったかもしれない。それを示唆するのが「文字」との関係である。もちろん、文字がなくても、高い精神性を維持することは可能かもしれない。しかし、文字があるとないのとでは情報の伝達力に大きな差が出ることは確実であるし、実際に文字をもった社会で多くの新技術が誕生したことを考慮すれば、その優劣は自ずと明らかであると考える。

　第三の理由は、植民地支配の影響である。植民地支配の根幹とは宗主国による植民地の搾取であり、その体制下で受動的に行動せざるを得ないアフリカ人が主体的に技術進歩に参加する機会は極めて限定的であったと考えられる。また、労働コストの低さも技術進歩の遅れに影響を及ぼした可能性がある。前章においてアフリカの労働コストの高さを指摘したが、これはあくまでも独立以後の特徴であり、植民地時代はむしろ労働コストが低かったのだ。なぜ労働コストが低かったかというと、アフリカ人に価格の決定権がなかったからである。ところで、資本と労働の代替関係を考えたとき、資本が労働の代用となり得るのは労働の価格が資本の価格を上回る場合だけである[7]。そして、イギリスをはじめとする国々は産業革命を経験する過程で多かれ少なかれ労働の価格が資本の価格を上回る状態に直面しているのである。そして、イギリスでは利子率の低下によって資本がさらに安価となり、それが産業革命へとつながる技術革新を誘発していったと言われている[8]。しかし、植民地時代のアフリカでは、たとえば、輸出用の商品作物や鉱物の場合、その国際競争力を維持するために、その生産に費やされる労働力のコストが意図的に低く抑えられていたから、労働を資本で代用するような技術革新は起こりようがなかったのである。

## （2）現状における課題

　植民地の軛から解放された以上、アフリカにも技術革新の波が押し寄せて
も不思議ではないが、そうなっていないのが偽らざる現実である。そこで、
なぜアフリカの技術が停滞から脱せられないかを総論と各論に分けて論じる
こととした。

### （イ）総論

　技術進歩の停滞が今日的課題として残ってしまった背景には2つの問題が
あると考えられる。第一は、経済構造の問題である。多くの国が独立した
1960年代はアフリカ諸国の主要輸出品であった商品作物の国際価格が相対
的に高かった時代である。このため、商品作物生産特化型の経済構造は独立
後も存続することになり、アフリカ人中心の国民経済への移行は起きなかっ
た。もちろん、植民地が解放された結果として、プランテーションの経営権
がヨーロッパ人からアフリカ人に移ったり、アフリカ人農民が商品作物生産
に新規参入する場合は確かにあり、その生産過程でアフリカ人の主体性が増
したことは事実である。しかし、アフリカ人が労働者から経営者に変わった
からといっても、単純で安価な労働によって支えられているという商品作物
生産独特の構造が変わらない以上、新たな技術革新が起きる余地はほとんど
なかったのである。

　第二は、政策の問題である。独立当初多くの国が自国の工業化に乗り出し
たが、その際に採用させたのが輸入代替政策であった。輸入代替政策を採用
した背景には植民地体制との関係があった。すなわち、植民地体制の中で植
民地と宗主国の間には植民地が宗主国に原料を供給し、宗主国が植民地に生
活に必要な工業製品を供給するという分業体制が確立していたが、独立によ
ってこの分業体制が維持できなくなり、アフリカ側は生活に必要な工業製品
を植民地時代よりも高い価格で輸入せざるを得なくなってしまったのである。
アフリカ各国がこの輸入代替政策を遂行する上で頼りにしたのが商品作物輸
出から得られる収入である。しかし、1970年代以降、商品作物の国際価格
が下落傾向を示すようになった結果、輸入代替政策の遂行は困難になってし
まった。ここで追い打ちをかけたのが債務問題である。というのは、輸入代
替型の工業化を実現すべく外国から資材を購入したのだが、商品作物価格の
下落によって、その購入代金が返済できなくなってしまったからである。そ
して、この債務問題の悪化によってアフリカ諸国の多くがIMFや世界銀行

が提唱する構造改革に着手せざるを得なくなったことで、輸入代替政策は完全に頓挫してしまった。

**（ロ）各論**

現在においてもアフリカ諸国の多くが工業化に成功していないし、主要産業の農業においても主食の穀物を自給できない国が多数存在するので、以下では代表的穀物として米とトウモロコシを選び、それらの自給問題を中心に技術の問題点を見ていくことにした。

**（a）米の場合**

まず米であるが、1940年代から1960年代にかけて実施された農業技術改革が東南アジアや南アジアで米の生産性の飛躍的向上に結びついたことから、この改革を「緑の革命」と呼ぶようになった。この「緑の革命」を成功に導くためにはいくつかの要素が結びつく必要がある。1つ目の要素は、多収量品種の開発であるが、この点についてはアフリカも一定の成果を上げている。というのは、アフリカの稲にはニジェール川流域で誕生したと言われる固有種アフリカ稲と500年ほど前に伝来したと言われる外来種アジア稲の2種類があるが、この2種を交配させることによって、1999年、西アフリカ稲開発協会が「ネリカ[9]」と呼ばれる新品種を誕生させたからである。この品種はアフリカ西部ではギニア、コートジボワール、ガンビア、ガーナ、マリ、トーゴ、ブルキナファソに、また、中部ではコンゴ（民）、コンゴ（共）に、また、東部ではウガンダ、タンザニア、マダガスカルに広がっていった。

2つ目の要素は、水の管理である。水について言えば、アフリカではそのほとんどの地域において住民が治水治山事業の経験を有していないという問題がある。たとえば、堯舜禹の伝説が示すように治水治山事業は国家形成の歴史とも密接に関係している。そして、それは単に中国のみではなく、多くの文明社会にも共通すると考えられるが、アフリカとりわけサブサハラにおいては歴史的にもそうした例が皆無に近いし、現代社会においても国家と住民が積極的に協力して自発的かつ自力で治水治山事業に取り組んでいるという例はほとんど見られない[10]。治山治水事業が行われないと、洪水による高地流出や干魃による食糧不足が頻繁に起こるし、灌漑も普及しない。ちなみに、アフリカはアジアに比べて灌漑比率が低いことでも知られているが、水稲の収量が陸稲の収量の数倍になることを考慮すれば、灌漑を普及させ、天水依存から脱することが急務であると考えられる。しかし、現状では自発的

第4章　なぜアフリカでは技術進歩が進まないのか　　115

な灌漑事業は非常に遅いテンポでしか進捗していない。なぜ進捗しないかというと、理由は2つ考えられる。1つは、生産者のほとんどが小規模零細農家だということである。つまり、小規模零細では自力で灌漑事業を興すのはなかなか難しい。もう1つは、地域住民の協力体制の欠如である。仮に個々の農民が小規模零細であっても、農民相互が団結・協力すれば、灌漑事業を興すことも可能と考えられるが、治水治山事業の例が示す通り、地域住民間には団結・協力の歴史もなければ、ノーハウもないので、自発的かつ積極的に協力し合って灌漑事業を興そうという機運がなかなか生まれないのである。

3つ目の要素は、資金手当である。というのは、仮に高収量品種の種を開発できたとしても、実際に収量を上げるためには化学肥料の大量散布が必要となるし、十分な水の確保も雑草の除去も必要となるが、これを実行に移すためには人力だけでは不十分で、それに見合う資金手当が必要である。さらに言えば、雑草のない田畑を作ると、稲特有の害虫やそれを媒介とするウイルスが大量発生するので、その害を防止するために農薬が広範に使用されるというわけで、農家の資金負担はさらに重くなる。アフリカの米作農家のほとんどは小規模零細農家であるから、この資金手当が足枷となって、「緑の革命」の進捗を妨げているのである。

（ｂ）トウモロコシの場合

以下では、なぜトウモロコシの技術革新がアフリカで成功していないかを国連分類でアフリカ東部に属するマラウイを例にとって考えてみることとしたい。

2013年時点でのマラウイにおける農業と農民の関係を理解する上で参考となるのが第3章の各表である。まず全人口に占める農村人口の比率[11]を見ると、マラウイは84%であるが、これは54カ国中第3位の高率である。次に国土面積に占める耕地面積の比率[12]を見ると、マラウイは40%であるが、これも53カ国中第5位の高率である。この2つの数値から、マラウイが農村人口も耕地面積も相対的に大きな農業国であるという特徴が浮かび上がってくる。ところが、1人当たり耕地面積[13]を見ると、マラウイは0.23haであり、その順位は51カ国中第20位に後退している。つまり、利用可能な土地のほとんどが耕地となっているにもかかわらず、農村人口が多すぎるために、1人当たり耕地面積が狭小となっているのである。ちなみに、1981年の耕地面積は0.32haであるから、30年強の時間経過とともに、1人当たり耕地面

積は3割弱縮小したことになる。この1人当たり耕地面積の狭小さは1人当たり農業付加価値額[14]にも反映している。というのは、その順位は39カ国中第33位と下位であり、数値も246ドルにすぎないからである。

　次に歴史的経緯を概観する。マラウイでは1964年の独立から1994年までの30年間、初代カムズ・バンダ大統領が独裁体制を敷いたが、この体制下でトウモロコシ生産農家はむしろ優遇措置を受けてきた。というのは、政府が設立した団体が種子と化学肥料の流通を独占していたからである[15]。この団体は種子と肥料を低価格で農家に引き渡すとともに、それを受け取った農家は収穫物を全量この団体に売り渡し、その代金を受け取る。ただし、その際に種子と肥料の購入代金が差し引かれる。また、農民保護の観点から、政府は農民に対して低利融資を行う団体[16]も設立した。ところが、1994年の選挙でバンダ大統領が大敗し、バンダ大統領が退陣を余儀なくされる頃から農家優遇政策は徐々に見直されていく。すなわち、1994年には改良品種種子への補助金が廃止され、翌95年には化学肥料への補助金も廃止された。この結果、種子と肥料の流通を独占していた団体の機能が縮小したが、これによってもたらされた流通の一部自由化は農家にとってはむしろマイナスに作用した。というのは、種子と肥料の価格が高騰したからである。農家にとってさらなる打撃となったのが低利融資を行う団体の経営破綻である。なぜ破綻したかというと、低利で融資を行っているにもかかわらず、返済率が低かったからである。これを受けて政府は新しい団体[17]を設立するが、この新団体は市場金利での貸し出しを行ったから、今まで低利で借りていた農家にとっては大きな打撃となった。加えて、市場金利で借りることに同意したとしても、団体側が貸し渋るという現象が起こった。とりわけその対象となったのがトウモロコシ農家である。というのは、新団体がトウモロコシ生産農家から確実な返済が期待できるタバコ生産農家へと融資先をシフトさせていったからである[18]。

　マラウイで「緑の革命」が進捗しない最大の理由はトウモロコシ生産農家の資金不足であり、とりわけ肥料を購入するための資金不足が大きなネックとなった。というのは、肥料購入が農家経営費用の約半分を占めたからである[19]。なぜその比率が高いかというと、工業が未発達なマラウイでは化学肥料は全量外国からの輸入に依存しているからである[20]。そのため一旦タンザニアかモザンビークで陸揚げされた肥料が陸路でマラウイに入ってくるので、

第4章　なぜアフリカでは技術進歩が進まないのか　　117

輸送費が上乗せされた分、輸入肥料はどうしても割高になってしまう。そして、政府の補助がなくなり、市場金利で資金を借りざるを得なくなると、小規模零細農家の占める率が圧倒的に高いマラウイでは農家の多くが肥料の大量投入が必要な新品種の種子の導入に消極的になってしまったのである[21]。

## 2．技術の現状を示す指標

### （1）全要素生産性成長率

　ロバート・ソローの新古典派成長モデルを援用すると、技術進歩率は全要素生産性成長率として表現される[22]。そこで、1999 年から 2014 年までの全要素生産性成長率[23]を見ると、15 年間の年平均成長率は先進国で 0.2%、新興国・途上国で 0.4% である。この結果はある意味妥当である。というのは、この期間は新興国・途上国の高成長が世界全体の成長を牽引した時期であるが、この結果が新興国・途上国が高い成長率を達成した背景に先進国よりも高い技術進歩率の達成があることを示唆しているからである。新興国・途上国をさらに地域分けし、そこからアジアとサブサハラを比較すると、アジアが 1.1%、サブサハラがマイナス 0.5% である。つまり、この期間にアジアが技術的にプラスの成長を達成する一方で、サブサハラは逆にマイナス成長となっているのである。ここで念のため他地域を見ると、中東・北アフリカがマイナス 0.9%、ラ米がマイナス 1.3% であり、いずれもサブサハラより悪い数値である。なお、アジアを中国、インド、その他のアジアに細分すると、中国が 1.8%、インドが 0.9%、その他のアジアが 0.6% である。以上の結果を整理すると、この 15 年間でとりわけ著しい技術進歩を示したのはアジアのみで、それ以外の地域ではむしろ後退しているのである。そして、アフリカについて言えば、この期間において高成長を達成したことは事実であるが、それを牽引したのは中国やインドの旺盛な需要を受け手とした資源輸出の伸びであり、さらには、資源価格の上昇に伴う輸出収入の伸びであって、技術進歩ではないということである。

118　　第 1 部　アフリカ経済の何が問題か

表 4-1　成人識字率の地域別分類（2013 年）

| 比率 | 北部 | 西部 | 中部 | 東部 | 南部 | 計 |
|---|---|---|---|---|---|---|
| 80％以上 | 1 | 1 | 3 | 4 | 5 | 14 |
| 80％未満 60％以上 | 5 | 4 | 4 | 10 | 0 | 23 |
| 60％未満 | 0 | 11 | 2 | 4 | 0 | 17 |
| 計 | 6 | 16 | 9 | 18 | 5 | 54 |

出所：CIA（2013）The World Factbook

## （2）成人識字率

### （イ）具体的数値

　技術に与える影響が大きいと考えられる指標の 1 つが成人識字率である。まず CIA 資料から 2013 年の数値を見る[24]と、世界 217 カ国の最高はリヒテンシュタイン以下 7 カ国の 100％[25]、最低が南スーダンの 27.0％で、平均値は 85.9％である。217 カ国のうち世界平均を上回った国は 145 カ国、下回った国は 68 カ国である。アフリカ 54 カ国を見ると、最高は世界順位第 107 位の赤道ギニアが 94.2％、最低は世界最下位の南スーダンが 27.0％である。世界平均との関係では 10 カ国が世界平均を上回り、44 カ国が下回る。ちなみに、アフリカ諸国が世界平均を上回る比率は 6.9％、世界平均を下回る比率は 64.7％であり、世界的に見てアフリカ諸国の識字率が際立って低いという傾向を読み取ることができる。

### （ロ）識字率に影響を与える要因

#### （a）地域

　表 4-1 は、国連分類に従ってアフリカ 54 カ国を 5 地域に分けて、その識字率を見たものであるが、この表からは 1 つの興味ある特徴を読み取ることができる。その特徴とは識字率に関する大きな地域間格差である。5 地域中で最も識字率が高い地域は南部で、5 カ国すべてが 80％以上の識字率を達成している。80％以上の識字率を達成している国の数で言えば、南部に次ぐのが東部の 4 カ国、中部の 3 カ国で、西部と北部はそれぞれ 1 カ国のみであるが、60％以上で見ると、達成率は南部と北部が 100％、東部と中部が同率の 78％、西部が 31％であり、西部が著しく低い、それゆえ、識字率に関して言えば、アフリカ両端の南部と北部において相対的に高く、西部において低いという傾向を読み取ることができるのである。

第 4 章　なぜアフリカでは技術進歩が進まないのか　　119

ところで、アフリカの識字率は過去にはどの程度だったのだろうか。あい
にく 54 カ国のデータはないが、1955 年時点でユネスコが集計した資料があ
るので、以下ではそれに基づき、1955 年当時の識字率を見ていくこととし
よう。

　それによると、成人識字率が一番低い部類、すなわち 5〜10％の地域がイ
ギリス領ソマリランド[26]、フランス領赤道アフリカ[27]、フランス領ソマリラ
ンド[28]、フランス領西アフリカ[29]、ガンビア、ニヤサランド[30]、シエラレオ
ネ、ザンジバル[31]、10〜15％がナイジェリア、15〜20％がスワジランド、
20〜25％がケニア、ベチュアナランド[32]、北ローデシア[33]、25〜30％がウガ
ンダ、35〜40％がベルギー領コンゴだった[34]。これらの数値を見る限り、植
民地分類では識字率はイギリス領よりもフランス領の方が低い傾向にある。
また、1955 年と 2013 年の比較で言えば、過去 60 年間でアフリカの識字率
は大きく改善したと言い得るだろう。ちなみに、これらの植民地名を現在の
国名に当てはめて見ると、2013 年の成人識字率はソマリアが 37.8％、ガボ
ンが 89.0％、コンゴ（共）が 83.8％、中央アフリカが 56.6％、チャドが
35.4％、ジブチが 67.9％、モーリタニアが 58.6％、セネガルが 49.7％、マ
リが 33.4％、ギニアが 41.0％、コートジボワールが 56.9％、ブルキナファ
ソが 28.7％、ニジェールが 28.7％、ベナンが 42.4％、ガンビアが 51.1％、
マラウイが 74.8％、シエラレオネが 43.3％、タンザニアが 67.8％、ナイジ
ェリアが 61.3％、スワジランドが 87.8％、ケニアが 87.4％、ボツワナが
85.1％、ザンビアが 61.4％、コンゴ（民）が 66.8％であり、60 年間におけ
る識字率の改善という意味でも旧イギリス植民地が旧フランス植民地を上回
っている。

　（ｂ）所得

　表 4-2 は、2014 年の 1 人当たり GNI に基づきアフリカ 54 カ国を高所得
国、高位中所得国、低位中所得国、低所得国に分け、成人識字率を国ごとに
分類したものである。まずアフリカ 54 カ国を中所得国以上と低所得国に分
けると、それぞれ 27 カ国となる。つまり、アフリカ 54 カ国の半分が低所得
国となるが、識字率が 80％以上の低所得国はジンバブエ 1 カ国のみで、そ
れ以外の 26 カ国の識字率は 80％に満たない。低所得国の識字率をさらに見
ていくと、80％未満 60％以上が 11 カ国、60％未満が 15 カ国で、60％未満
の国の方が多い。つまり、識字率が低い方が国の数が多いのである。次に高

表 4-2　成人識字率の所得別分類（2013 年）

| 比率 | 高所得国 | 高位中所得国 | 低位中所得国 | 低所得国 | 計 |
|---|---|---|---|---|---|
| 80％以上 | 1 | 7 | 5 | 1 | 14 |
| 80％未満 60％以上 | 0 | 3 | 9 | 11 | 23 |
| 60％未満 | 0 | 0 | 2 | 15 | 17 |
| 計 | 1 | 10 | 16 | 27 | 54 |

出所 1：CIA（2013）The World Factbook
出所 2：World Bank（2015）World Development Indicators Database

所得国を見ていくと、これはセーシェル 1 カ国だけであり、しかもその識字率は 80％以上と高率である。次に中所得国であるが、高位の場合、80％以上 7 カ国、80％未満 60％以上 3 カ国、60％未満ゼロということで、識字率が低くなるにつれて、国の数が減少している。これに対して、低位の場合は 80％以上 5 カ国、80％未満 60％以上 9 カ国、60％ 2 カ国で、80％未満 60％以上が一番多い。以上の結果から、所得が高い国の識字率が高く、逆に所得に低い国ほど識字率が低いという傾向を読み取ることができるのである。

　表 4-2 の関係をさらに詳しく見るために、横軸に 1 人当たり GNI をとり、縦軸に識字率をとって各国の数値を当てはめた結果が図 4-1 である[35]。この図における 1 人当たり GNI と識字率の間の相関係数は 0.61 であり、一応プラス値をとっており、大雑把ながら 1 人当たり GNI が高いほど識字率も高いという関係を読み取ることができる。しかし、より重要なのが図の形状である。というのは、1 人当たり GNI が 2,000 ドル以下の部分では識字率を示す点がほぼ垂直線上に乗っているのに対して、識字率が 80％以上と高い部分においては 1 人当たり GNI を示す点がほぼ水平線上に乗っているからである。このことは 2 つの含意をもっていると考えられる。1 つは、1 人当たり GNI が 2,000 ドル以下の低所得国グループの中では所得の上昇に応じて識字率も上昇するという関係を看取できないということである。つまり、低所得という大きな括りはあるにせよ、そのグループ内では 1 人当たり GNI 以外の別な要因が識字率の高低を決定していると考えられるのである。もう 1 つは GNI が 2,000 ドル以上の中所得国以上のグループのうち、4,000 ドルから 8,000 ドルまでの国々については以下の低位中所得国中では 1 人当たり GNI が高いほど識字率も高いという関係を看取することができるが、

第 4 章　なぜアフリカでは技術進歩が進まないのか　　121

図4-1　1人当たりGNIと識字率の関係

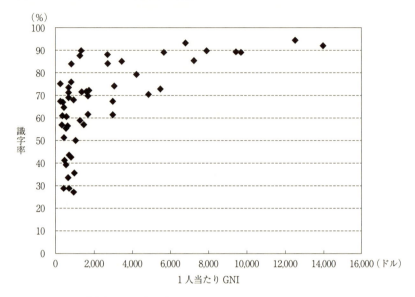

出所1：識字率はCIA（2013）The World Factbook
出所2：1人当たりGNIはWorld Bank（2015）World Development Indicators Database

8,000ドル以上となると、そのような関係は読み取れないので、識字率の高低は1人当たりGNIの高低とはほとんど無関係である。相関関係数値が1から離れた0.61をとっている背景にはこうした事情が反映していると考えられる。

（c）宗教

次に宗教が識字率に与える影響を考える。ちなみに、アフリカでは1つの国で複数の言語が話される場合が多いが、その状況は宗教についても同様である。しかし、人口で多数派を占める民族が信奉する宗教をもってその国の宗教と見なした場合、ヒンズー教徒が多数派を占めるモーリシャス[36]を除く53カ国がキリスト教国かイスラム教国のいずれかに分類される。

（i）キリスト教国（31カ国）
　　　　西部（5カ国）：カーボベルデ、リベリア、ガーナ、トーゴ、
　　　　　　　　　　　ベナン

表4-3　成人識字率の宗教別分類（2013年）　　　　　　（単位：%）

| 比率 | キリスト教国 | イスラム教国 | 計 |
|---|---|---|---|
| 80%以上 | 12 | 1 | 13 |
| 80%未満60%以上 | 14 | 9 | 23 |
| 60%未満 | 5 | 12 | 17 |
| 計 | 31 | 22 | 53 |

出所：CIA（2013）The World Factbook

　　　　中部（8カ国）：カメルーン、赤道ギニア、ガボン、
　　　　　　　　　　　　　コンゴ（共）、コンゴ（民）、アンゴラ、
　　　　　　　　　　　　　中央アフリカ、サントメプリンシペ
　　　　東部（13カ国）：エリトリア、ケニア、モザンビーク、
　　　　　　　　　　　　　南スーダン、エチオピア、ウガンダ、
　　　　　　　　　　　　　ルワンダ、ブルンジ、マラウイ、ザンビア、
　　　　　　　　　　　　　ジンバブエ、セーシェル、マダガスカル
　　　　南部（5カ国）：南ア、レソト、スワジランド、ナミビア、
　　　　　　　　　　　　　ボツワナ
（ⅱ）イスラム教国（22カ国）
　　　　北部（6カ国）：エジプト、リビア、チュニジア、アルジェリア、
　　　　　　　　　　　　　モロッコ、スーダン
　　　　西部（11カ国）：モーリタニア、セネガル、ガンビア、
　　　　　　　　　　　　　ギニアビサウ、ギニア、シエラレオネ、
　　　　　　　　　　　　　コートジボワール、ナイジェリア、マリ、
　　　　　　　　　　　　　ブルキナファソ、ニジェール
　　　　中部（1カ国）：チャド
　　　　東部（4カ国）：ジブチ、ソマリア、タンザニア、コモロ

　以上の分類を基にアフリカ53カ国を識字率の高低で分類した結果が表4-3である。この表からキリスト教国を見ると、80%以上が12カ国、80%未満60%以上が14カ国、60%未満が5カ国である。つまり、全体の84%のキリスト教国が識字率60%以上を達成している。これに対してイスラム教国の場合は80%以上が1カ国、80%未満60%以上が9カ国、60%未満が12カ国で、キリスト教国の場合とは逆に識字率が60%以上の国は全体の半分

第4章　なぜアフリカでは技術進歩が進まないのか　　123

以下の 45％にすぎない。この結果からはキリスト教国の方がイスラム教国より識字率が高いという傾向をはっきりと読み取ることができるのである。

## （3）就学率

　ソロー・モデルでは技術進歩率を全要素生産性成長率で代用する。しかし、この考えに基づくと、技術進歩は外生的にしかとらえることはできないので、その欠陥を補うべく登場したのが内生的成長理論である。内生的成長理論で強調されるのが学習の役割である。すなわち、学習によって人的資本が成長することで、あらゆる生産要素がその生産性を上昇させるという考えである。そこで、以下では学習の効果を測る指標として就学率を採用し、その数値を見ながら、アフリカにおける学習の効果を考えてみたい。

　表 4-4 は 2013 年時点におけるアフリカ各国の就学率を初等教育、中等教育、高等教育に分け[37]、比率の高い順に列記したものであるが、国によっては 2013 年の数値がない場合もあるので、その場合には近い年の数値で代用した。なお、就学率には総就学率と純就学率がある。たとえば、ある国が 7 歳から 12 歳までの 6 年間を初等教育年限と定めているとしよう。この場合、もし 7 歳から 12 歳までのすべての児童が初等教育を受けているとすれば、就学率は 100％となる。しかし、実際には 13 歳、14 歳になっても初等教育を受けていることがあり、その場合、就学率は 100％を超えることもあり得る[38]。これが総就学率である。これに対して、純就学率は、仮に 13 歳、14 歳の児童が初等教育を受けていても、それを排除し、7 歳から 12 歳までの児童だけの就学者数を数えるから、純就学率が 100％を超えることはない。就学率の趣旨を反映しているという意味で言えば、総就学率より純就学率の方が優っていると考えられるが、利用可能な統計という意味では純就学率より総就学率の方が多いので、本書においては総就学率を採用することとした。

### （イ）初等教育

　まず初等教育の総就学率を見ると、アフリカ 48 カ国中で最高はマラウイの 146％、最低はエリトリアの 51％である。前述の通り、100％を超えた総就学率にはほとんど意味はないから、そういう観点で 100％を境にすると、100％を超える国が 31 カ国、超えない国が 17 カ国である。この 17 カ国の内訳を見ると、90％台が 5 カ国、80％台が 7 カ国、70％台が 2 カ国、60％台が 2 カ国、50％台が 1 カ国である。アフリカ 48 カ国の平均値は 104％であり、

表 4-4　総就学率（2013 年） （単位：%）

| 初等教育 | | 中等教育 | | 高等教育 | |
|---|---|---|---|---|---|
| 1．マラウイ | 146 | 1．アルジェリア | 100 | 1．モーリシャス | 40 |
| 2．マダガスカル | 145 | 2．南ア | 98 | 2．アルジェリア | 34 |
| 3．ガボン | 142 | 3．カーボベルデ | 94 | 3．チュニジア | 34 |
| 4．ルワンダ | 138 | 4．モーリシャス | 94 | 4．エジプト | 30 |
| 5．ブルンジ | 130 | 5．チュニジア | 90 | 5．ボツワナ | 25 |
| 6．シエラレオネ | 130 | 6．エジプト | 86 | 6．カーボベルデ | 22 |
| 7．トーゴ | 129 | 7．ボツワナ | 84 | 7．モロッコ | 22 |
| 8．ベナン | 124 | 8．セーシェル | 74 | 8．南ア | 20 |
| 9．アルジェリア | 120 | 9．モロッコ | 69 | 9．スーダン | 17 |
| 10．モロッコ | 117 | 10．ケニア | 68 | 10．ベナン | 15 |
| 11．サントメプリンシペ | 115 | 11．サントメプリンシペ | 66 | 11．ガーナ | 14 |
| 12．カーボベルデ | 114 | 12．スワジランド | 63 | 12．カメルーン | 12 |
| 13．カメルーン | 114 | 13．ガーナ | 61 | 13．リベリア | 12 |
| 14．スワジランド | 113 | 14．コモロ | 59 | 14．アンゴラ | 10 |
| 15．コンゴ（共） | 111 | 15．コンゴ（共） | 55 | 15．コンゴ（共） | 10 |
| 16．ケニア | 111 | 16．トーゴ | 55 | 16．ギニア | 10 |
| 17．ナミビア | 111 | 17．ベナン | 54 | 17．レソト | 10 |
| 18．チュニジア | 111 | 18．レソト | 53 | 18．トーゴ | 10 |
| 19．ウガンダ | 110 | 19．カメルーン | 52 | 19．コモロ | 9 |
| 20．ボツワナ | 109 | 20．ジンバブエ | 47 | 20．コートジボワール | 9 |
| 21．ガーナ | 108 | 21．ジブチ | 45 | 21．エチオピア | 8 |
| 22．レソト | 108 | 22．リベリア | 45 | 22．ルワンダ | 8 |
| 23．エジプト | 106 | 23．シエラレオネ | 43 | 23．サントメプリンシペ | 8 |
| 24．セーシェル | 106 | 24．コンゴ（民） | 41 | 24．コンゴ（民） | 7 |
| 25．コモロ | 105 | 25．マリ | 41 | 25．マリ | 7 |
| 26．モザンビーク | 104 | 26．コートジボワール | 40 | 26．ジンバブエ | 6 |
| 27．ザンビア | 104 | 27．ルワンダ | 40 | 27．ブルキナファソ | 5 |
| 28．コンゴ（民） | 103 | 28．セネガル | 40 | 28．ジブチ | 5 |
| 29．モーリシャス | 102 | 29．スーダン | 40 | 29．モーリタニア | 5 |
| 30．ジンバブエ | 102 | 30．ギニア | 38 | 30．モザンビーク | 5 |
| 31．チャド | 101 | 31．マダガスカル | 38 | 31．スワジランド | 5 |
| 32．南ア | 99 | 32．マラウイ | 38 | 32．ブルンジ | 4 |
| 33．リベリア | 96 | 33．エリトリア | 36 | 33．マダガスカル | 4 |
| 34．モーリタニア | 96 | 34．エチオピア | 36 | 34．タンザニア | 4 |
| 35．エチオピア | 95 | 35．ブルンジ | 32 | 35．ウガンダ | 4 |
| 36．ギニア | 90 | 36．タンザニア | 32 | 36．中央アフリカ | 3 |
| 37．コートジボワール | 87 | 37．アンゴラ | 29 | 37．エリトリア | 3 |
| 38．タンザニア | 87 | 38．モーリタニア | 29 | 38．セーシェル | 3 |
| 39．ブルキナファソ | 85 | 39．ブルキナファソ | 28 | 39．チャド | 2 |
| 40．ガンビア | 85 | 40．ウガンダ | 28 | 40．ニジェール | 2 |
| 41．赤道ギニア | 84 | 41．モザンビーク | 25 | 41．マラウイ | 1 |
| 42．南スーダン | 84 | 42．チャド | 22 | | |
| 43．セネガル | 81 | 43．ニジェール | 18 | | |
| 44．マリ | 76 | 44．中央アフリカ | 17 | | |
| 45．ニジェール | 70 | | | | |
| 46．スーダン | 69 | | | | |
| 47．ジブチ | 67 | | | | |
| 48．エリトリア | 51 | | | | |

出所：World Bank（2015）World Development Indicators Database

第 27 位のザンビアまでが平均値を上回るか、平均値に等しく、第 28 位のコンゴ（民）以下 21 カ国が平均値を下回る。ちなみに、世界 166 カ国の平均値は 105％で、アフリカの平均値と大差がない。ということは、初等教育レベルの就学率について見る限り、アフリカが世界から大きく遅れているという兆候は看取できなかった。

（ロ）中等教育

次に中等教育の総就学率を見ると、アフリカ 44 カ国中で最高はアルジェリアの 100％、最低は中央アフリカの 17％である。初等教育の場合、総就学率が 100％を超える国が 31 カ国あったが、中等教育ではそれがアルジェリア 1 カ国に減っていることからも、初等教育に比べて中等教育の就学率が大きく下がっていることがわかる。100％以下の比率を見ると、90％台が 4 カ国、80％台が 2 カ国、70％台が 1 カ国、60％台が 5 カ国、50％台が 6 カ国、40％台が 10 カ国、30％台が 7 カ国、20％台が 6 カ国、10％台が 2 カ国で、40％前後の国が多い。アフリカ 44 カ国の平均値は 51％であり、第 19 位のカメルーンまでが平均値を上回り、第 20 位のジンバブエ以下 25 カ国が平均値を下回る。ちなみに、世界 165 カ国の平均値は 83％で、中等教育の就学率に関して言えば、アフリカが世界に比べて大きく立ち遅れていることがわかる。

（ハ）高等教育

次に高等教育の総就学率を見ると、アフリカ 41 カ国中で最高はモーリシャスの 40％、最低はマラウイの 1％である。総就学率が 100％を超える国の数は初等教育で 31 カ国だったものが、中等教育では 1 カ国に激減したが、高等教育ではゼロとなった。ちなみに、高等教育の最高値である 40％で区切ると、初等教育では全 48 カ国が、また中等教育では 44 カ国中 29 カ国がこの水準を超えているから、高等教育になると極端に就学率が下がることがわかる。各比率を見ると、40％台が 1 カ国、30％台が 3 カ国、20％台が 4 カ国、10％台が 10 カ国で、10％未満が 22 カ国で、過半数が 10％未満である。アフリカ 41 カ国の平均値は 11％であり、第 13 位のリベリアまでが平均値を上回り、第 14 位のアンゴラ以下 28 カ国が平均値を下回る。ちなみに、世界 150 カ国の平均値は 39％で、中等教育同様、高等教育の就学率に関してもアフリカが世界に比べて大きく立ち遅れていることがわかる。

ところで、初等教育、中等教育、高等教育という 3 つの総就学率を比較し

てみると、初等教育レベルでは顕在化していなかった所得水準の差が中等教育以上のレベルになると、はっきりと読み取れるようになる。たとえば、中等教育の総就学率が高い上位9カ国はアルジェリア、南ア、カーボベルデ、モーリシャス、チュニジア、エジプト、ボツワナ、セーシェル、モロッコである。これらの国は2014年の1人当たりGNI分類で高所得国、高位中所得国、低位中所得国の上位国のいずれかであるが、このうちセーシェルを除く8カ国がすべて高等教育の総就学率が高い上位8カ国の中に入っている。これに対して、中等教育の総就学率が低い国の場合は高い国の場合ほどはっきりとした傾向が現れているわけではないが、それでも中等教育の総就学率が低い下位6カ国中央アフリカ、ニジェール、チャド、モザンビーク、ウガンダ、ブルキナファソはすべて低所得国である。ウガンダまでの下位5カ国中モザンビークを除く4カ国が高等教育の総就学率が低い下位7カ国の中に入っている。

## （4）教育支出

就学率を引き上げるためには、それに見合った政府の努力が必要と考えられるので、以下では2011年における教育支出の対GDP比率[39]を見ながら、その努力の一端を垣間見ることとしよう。

2011年における教育支出の対GDP比率を利用できる国はアフリカ54カ国中の半分に満たない26カ国であるが、数値の大きい順に列記すると、ガーナ8.1%、スワジランド7.8%、モザンビーク6.2%、チュニジア6.2%、ブルンジ6.0%、南ア6.0%、マラウイ5.9%、ベナン5.3%、カーボベルデ5.0%、ルワンダ4.7%、マリ4.6%、ブルキナファソ4.5%、トーゴ4.4%、ニジェール4.2%、ガンビア3.9%、モーリタニア3.8%、セーシェル3.6%、モーリシャス3.4%、カメルーン3.1%、ギニア3.1%、リベリア2.8%、マダガスカル2.8%、シエラレオネ2.7%、ウガンダ2.7%、チャド2.3%、中央アフリカ1.2%である。

2014年の1人当たりGNI分類に従えば、上記26カ国中、高所得国はセーシェル1カ国、高位中所得国はチュニジア、南ア、モーリシャスの3カ国、低位中所得国はガーナ、スワジランド、カーボベルデ、モーリタニア、カメルーンの5カ国で、残り17カ国が低所得ということになる。高位中所得国以上の4カ国を見ると、チュニジアと南アの順位は比較的上位であるが、

第4章　なぜアフリカでは技術進歩が進まないのか　　127

セーシェルとモーリシャスはむしろ低位であるから、所得が高いほど教育支出の対 GDP 比率が高いというわけではない。次に低位中所得国を見ると、2 カ国が上位、1 カ国が中位、2 カ国が下位に位置するので、低位中所得国についても、所得が高いほど教育支出の対 GDP 比率が高いという関係は成り立たない。他方、低所得国について見ると、中央アフリカ、チャド、ウガンダという最下位 3 カ国は、表 4-4 の中等教育就学率、高等教育就学率がともに最下位グループに属するので、この 3 カ国については、所得が低いほど教育支出の対 GDP 比率も低いという関係は成り立っている。しかし、これ以外の低所得国については必ずしもその関係が成り立っているというわけではない。

アフリカ 26 カ国の平均値は 4.4％である。これは第 13 位のトーゴと同値である。これに対して、世界 120 カ国の平均値は 4.9％であり、世界の平均値の方が高いが、それほど大きな差ではない。したがって、教育支出の対 GDP 比率に関して言えば、アフリカ諸国の対教育支出が世界各国に比べて極端に劣っているわけではなく、たとえば、アフリカ第 1 位のガーナ、第 6 位のスワジランドは世界でもそれぞれ第 4 位、第 6 位の高位に位置している。

---

1　マクニール、ウィリアム H.（2008 年）上巻第 1 部第 1 章および第 2 章における議論を参考にした。
2　福井勝義、赤阪賢、大塚和夫（1999 年）56 頁からの引用。なお、山野峰（2008 年）によれば、アフリカでは現在においても全農地の 5％以下しか灌漑施設が整っていないとのことである。
3　たとえば、サブサハラには車輪というものがなかったと言われている（西野照太郎（1954 年）16 頁）。なぜ車輪が生まれなかったかというと、サブサハラには家畜を殺すツェツェ蠅が至る所にいるため、家畜が普及しなかった。家畜無しには荷車を牽くことはできないから、車輪という発想も生まれなかったようである。
4　アフリカ原産の穀物にはソルガムやミレットなどがあるが、現在のアフリカ人が主食としているのは、南米からもたらされたトウモロコシ（メイズ）、キャッサバ、アジアからもたらされたバナナ、ヤムイモである。
5　アシュトン、T.S.（1973 年）24 頁からの引用。
6　アシュトン、T.S.（1973 年）25 頁からの引用。
7　ロバート・C・アレン（2012 年）68 頁からの引用。
8　アシュトン、T.S.（1973 年）20 頁からの引用。
9　「ネリカ」（NERICA）とは「New Rice for Africa」の略である。

10 たとえば、マラウイでは首都の水源地における水不足が深刻な問題となっているが、その原因となっているのが周辺住民の不法伐採である。つまり、周辺住民は、燃料を購入する資金がないために、水源地周辺の森林に分け入って得た樹木を料理用の燃料に使用したり、現金を得るために炭焼きをするので、森林の保水力が低下してしまったのである。また、2015 年 1 月にはマラウイ南部で大規模な洪水が発生し、地元住民が甚大な被害を被ったが、現場は斜度の違う 2 本の河川、すなわち、斜度の小さい大河川と斜度が大きい小河川が交差する洪水発生多発地帯である。なぜ洪水が多発するかというと、斜度の大きい小河川の上流で大雨が降ると、大量の雨が急勾配を駆け下り、交差地点で大河川の流れを遮断するので、行き場を失った大河川の水が周囲に溢れかえるからである。地元住民の話によると、現場は過去に何度も洪水に見舞われているが、歴史的に治水事業が行われた形跡は皆無である。

11 第 3 章の表 3-1 を参照願いたい。

12 第 3 章の表 3-2 を参照願いたい。

13 第 3 章の表 3-3 を参照願いたい。

14 第 3 章の表 3-4 を参照願いたい。

15 流通を担う団体が ADMARC（Agricultural Development and Marketing Corporation）である。

16 低利融資を担う団体が SACA（Smallholder Agricultural Credit Administration）である。

17 新団体は MRFIC（Malawi Rural Finance Company）である。

18 高根務（2006 年）からの引用。

19 高根務（2006 年）からの引用。

20 2016 年に筆者が ADMARC 関係者から聴取したところでは、主要な輸入先は南アで、最近ではエジプトからの輸入も多いとのことであった。

21 硬粒の旧品種の方が軟粒の新品種より美味なことが新品種導入に消極的な理由であるという説もある。ただし、この点については、旧品種と新品種を交配させ、美味さと多収量という硬粒と軟粒の 2 つの長所を併せ持った新品種も開発させているが、その新品種普及の進捗も思わしくないことを考えれば、やはり化学肥料購入資金の不足が最大のネックであると考えられる。

22 コブ・ダグラス型生産関数 $Y = AK^{\alpha}L^{1-\alpha}$ を仮定すると、$\Delta Y/Y = \Delta A/A + \alpha \Delta K/K + (1-\alpha)\Delta L/L$ となり、さらに変形すると、$\Delta A/A = \Delta Y/Y - \alpha \Delta K/K - (1-\alpha)\Delta L/L$ となる。この式が示す通り、技術進歩率は全体の GDP 成長率から資本と労働の成長率を差し引いた値として計測されることから、全要素生産性成長率（またはソロー残差）と呼ばれる。

23 The Conference Board のホームページからの引用。

24 CIA のホームページからの引用。なお、本書の執筆段階で識字率の最新数字は 2015 年のものであったが、対象国が 162 カ国と少なく、そこには日本をはじめとする主要先進国の数字が抜け落ちていることから、主要国が網羅されていて、なおかつ、対象国も 217 カ国と多い 2013 年の数字を利用することとした。ただし、2013 年の数字といっても、調査年はそれぞれの国でまちまちである。

25 7 カ国とは北朝鮮、ノルウェー、バチカン、フィンランド、ルクセンブルク、アンドラ、グリーンランドである。なお、グリーンランドはデンマーク領であるが、自治が

進んでおり、統計上はデンマークとは別扱いされている。

26 イタリア領ソマリランドともに現在のソマリアとなった。

27 アフリカ中部に存在したフランスの植民地で、そこからガボン、コンゴ（共）、中央アフリカ、チャドの 4 カ国が独立した。

28 現在のジブチである。

29 アフリカ西部に存在したフランスの植民地で、そこからモーリタニア、セネガル、マリ、ギニア、コートジボワール、ブルキナファソ、ニジェール、ベナンの 8 カ国が独立した。

30 現在のマラウイである。

31 1963 年にイギリスから独立したが、1964 年に大陸部のタンガニーカと合併し、タンザニアの一部となった。

32 現在のボツワナである。

33 現在のザンビアである。

34 ウォディス、ジャック（1963 年）228 頁からの引用。ただし、原典の「文盲率」を「識字率」に改めた関係で、数字も（100％－文盲率）で計算し直した。

35 ジブチとソマリアについては 1 人当たり GNI の数値が利用できないことから、この結果は 54 カ国ではなく 52 カ国に関するものである。

36 インド商人の貿易中継基地であったモーリシャスの住民の過半数はインド系であり、宗教的にもヒンズー教が人口の 52％ を占め、キリスト教（30％）とイスラム教（17％）を上回る。

37 初等、中等、高等の区別についてはユネスコが策定した国際標準教育分類（ISCED: International Standard Classification of Education）に従った。なお、高等教育とは大学学士以上であるが、高等職業訓練校もこれに含めた。

38 この場合、7〜12 歳の児童が 100％ 就学していなくても、それ以外の年の児童の就学者数が多ければ、総就学率が 100％ を超えるということは起こり得る。

39 2013 年の数値を採用したかったが、過去数年の中では 2011 年の数値が一番多かったので、ここでは 2011 年の数値を採用した。なお、数値は World Bank のホームページからの引用。

■■■ 第**5**章 ■■■

# どれくらいの外資が
# アフリカに流入したのか

　第2章から第4章までの分析を通じて、アフリカの低成長の背景に資本、労働、技術といった生産要素の問題があることが明らかになった。しかし、仮に自前の生産要素が貧弱であっても、それを外部からの投入によって補うことは可能である。外部からの投入で考えられるのが投資と援助であるが、本章においては投資の役割を検討し、次章においては援助の役割を検討することとした。

## 1. 歴史的経緯

　第2章においては主に南アと南北ローデシア（現在のジンバブエとザンビア）を例に挙げながら、外国からの資金の流入がアフリカの発展に果たした役割について考察したが、以下では、断片的ではあるが、サブサハラ全般の動きを概観することとしたい。

### （1）資金の出し手

　アフリカを植民地支配した国はイギリス、フランス、ドイツ、イタリア、スペイン、ポルトガル、ベルギーの7カ国であり、これらの国々は宗主国としてそれぞれの植民地に対して投資を行っている[1]。これら宗主国からの投資は政府からの投資と民間からの投資に分けられるが、第二次世界大戦以前の対サブサハラ投資の数字を見る限り、政府投資が投資総額の44.7%を占めた[2]。残る半分は民間投資であるが、これは主として鉱山業と移民のプラ

ンテーション農業で大規模に行われただけであった。民間投資の主要投資地域は鉱物分野が南部、農業分野が南部と北部であった。また、金融制度面で見ると、近代的な銀行業が植民地に導入されたが、銀行は短期の商業金融を中心とし、長期融資を行うことは少なかったと言われている[3]。

　投資規模という点ではイギリスが他国を圧倒していた。ちなみに、イギリスは 1873 年から 1914 年までの期間において GDP の 5% を海外投資に振り向けたと言われている[4]。1914 年までにイギリスが海外に投資した資本ストックの名目価値は 38 億ポンドと言われているが、それはイギリス以外の国の全海外資産の 40〜50% に相当する。イギリスの海外投資の 45% は米国向けで、白人植民地がそれに続いた。それ以外ではラテンアメリカ向け 20%、アジア向け 16%、アフリカ向け 13% であり、イギリスの投資先という意味ではアフリカの比重は大きくない[5]。

　19 世紀のイギリスの対外投資を特徴づけるものは直接投資ではなく、証券取引を中心とした間接投資だった[6]。たとえば、イギリスの有力銀行の 1 つであるロスチャイルド銀行の資本金は 4,100 万ポンドに達するが、同行資産の主要部分は政府公債に投資され、植民地投資の中では特にエジプト向けと南ア向けが大きかったと言われている[7]。

## （2）資金の受け手

　ヨーロッパがアフリカへの注目を強めたという意味で、1869 年は極めて重要な年となった。というのは、この年、南アでダイヤモンドが発見されると同時に、エジプトでスエズ運河が開通したからである。南アでのダイヤモンド生産は資本投資の呼び水となった。資本投資はインフラ整備にも向かい、ケープ植民地政府は数千ポンドを借り入れて、鉄道建設資金に充当した。南アに向かった資本投資はその後リンポポ川を超えて南北ローデシアに向かっていった。他方、スエズ運河の開通がアフリカ東部へのアクセスを飛躍的に高めた結果、東部にも投資が向かうようになった。

　フランケルの調査[8]によれば、1870 年から 1936 年までの期間におけるアフリカへの投資総額は 12 億 2,100 万ポンドで、うち 42.8% は対南ア向けだった[9]。ただし、この総額の中でアフリカの資本が占めた比率は 3.7% 以下だった[10]。

　最大投資国イギリスの投資先を見ると、1936 年時点では自国植民地への

132　　第 1 部　アフリカ経済の何が問題か

投資額が圧倒的に大きい。これは南アへの投資が巨額だったためである。自国植民地に次ぐのがベルギー領コンゴ（現コンゴ（民））で、フランス領とポルトガル領に対する投資はその半分以下だった[11]。人口1人当たりの投資額が大きいのは南ア、南ローデシア（現ジンバブエ）、ベルギー領コンゴ（現コンゴ（民））、黄金海岸（現ガーナ）である。これらの植民地は、白人の農園や鉱山の集中する地域を抱えていたから、それだけアフリカ人の賃労働を必要とし、その対策に力を入れていた[12]。

イギリスの投資の影響が大きかったこともあり、資金の流入先としては南ア向けと南北ローデシア向けが圧倒的に多く、1870年から1913年までの期間においても約4億ポンドがこの地域に流れた[13]。これにカタンガ[14]、南西アフリカ（現ナミビア）、モザンビークといった周辺地域への投資額が加われば、資本流入総額の中でこの地域が占めるシェアはおそらく70％近くになると考えられる。なお、第二次大戦後においても、投資の流入先が南アであるという状況は基本的に同じであり、1946年から1951年の間においても総計6億4,000万ポンドの外国資本が南アに流入している[15]。

流入資本の大部分はダイヤモンド、金、さらには銅の採掘事業や鉱物輸送に必要な鉄道に投下された。鉄道建設用資金の多くは民間投資によって賄われたが、それは内陸部と港とを結んでより低コストで一次産品を輸出することを目的としたからである[16]。この結果、第一次世界大戦が勃発する1914年までにサブサハラには延長3万5,000kmの鉄道が敷設された[17]。

この投資は副次的な連鎖も生み出した。たとえば、鉱山で排水用ポンプを動かすためにも、鉄道で鉱物を輸送するためにも石炭が必要であるが、そうした石炭への需要の高まりとともに、南アのトランスヴァールやナタール、さらには南ローデシアでの石炭資源開発が進み、これらの地域における石炭産業の発展をもたらした。石炭産業の発展に次ぐのが建設部門と運輸部門の発展であり、巨大化する鉱業企業と隣接する形でこれらの部門に属する企業群が誕生した。そして、第三弾となるのがサービス部門の発展である。というのは、鉱山と鉄道、そして、その関連産業によって生み出された所得から広範囲にわたる消費財とサービスに対する需要が創出されたからである。

南アとその周辺に次ぐ外国投資の大きな受け手となったのがベルギー領コンゴ（現コンゴ（民））であり、1870年から1936年までの間に総額約1億4,300万ポンドが投下されたが、比率は1/3が政府資本、2/3が民間資本だ

第5章　どれくらいの外資がアフリカに流入したのか　133

った。民間資本の主力をなしたのがソシエテ・ジェネラル以下の4大金融資本であり、たとえば、1906年にベルギーとイギリスの合弁により設立された産銅業の中核企業であるユニオン・ミニエール社はソシエテ・ジェネラルの子会社であった[18]。ユニオン・ミニエール社は2万数千人の労働者を雇い、ベルギー領コンゴ全体の電力消費量の87%、鉄道輸送力の53%を供給した他、領内全体の鉱業生産高の75%を占める巨大トラストであった[19]。

内陸の奥深くに位置するカタンガの銅の最大の弱点が輸送問題である。そこで、鉄道分野に資本が投下され、1911年にはイギリスの植民地である北ローデシアとカタンガを結ぶ鉄道が開通し、南アとモザンビークに抜けるルートが開拓された。しかし、このルートは輸送距離が長すぎるという難点があった。そこで、ユニオン・ミニエール社は自らの出資で別ルートの鉄道建設に着手する。これがベンゲラ鉄道で、1929年にこの鉄道が全通したことによってアンゴラのロビト港から銅をより安価に輸出できるようになった[20]。この結果、1920年に8万6,000トンにすぎなかった銅の輸出は、1936年には43万トン強まで拡大した[21]。ベルギー領コンゴにおけるユニオン・ミニエール社の存在は圧倒的であり、独立直前の1959年には植民地政府の歳入の50%がユニオン・ミニエール社からの税収で賄われた[22]。

## 2．資金流入の実態を示す指標

外国投資には直接投資と間接投資がある。直接投資とはある国で企業経営を行うことを目的とした投資であり、間接投資とは証券の購入を通じて値上がり益や利子・配当を得ることを目的とした投資である。以下では、この分類に従い、独立以後のアフリカに流入した外国資金の流れを直接投資と間接投資に分けて検討する。また、これ以外の資金の流れとしては個人送金が占める比重も大きいので、合わせて考察を加えることとした。

### （1）直接投資
#### （イ）2000年以前

直接投資に関しては1981年から2014年までの数値が利用可能だったが、ここでは2000年以前と2001年以後に分類した。なぜそのようにしたかというと、第1章においてアフリカ各国のGDP成長率を概観した際に、2000年

134　　第1部　アフリカ経済の何が問題か

以前は低成長、2001年以後は高成長という明確な違いが読み取れたので、直接投資に関してもそうした違いが現れるか否かを確認したかったからである。

　表5-1は1981年から2014年までにアフリカ各国に入ってきた対内直接投資額[23]を2000年以前と2001年以後に分けて、それぞれの累計額を金額の大きい順に並び替えたものである。なお、2000年以前と2001年以後で国数が違うのは、2000年以前では未独立の南スーダンが除かれているためである。この表からまず2000年以前を見ると、植民地時代の主要な外資受入先だった南ア、ジンバブエ（旧南ローデシア）、コンゴ（民）（旧ベルギー領コンゴ）の地位の相対的低下が目につく。まず南アであるが、依然として第3位の高位を維持しているが、植民地時代の絶対的優位性は影を潜めている。南アに流入する外資が減少した理由は2つ考えられる。1つは、経済制裁の影響である。すなわち、1980年に南アが反アパルトヘイト運動の弾圧に乗り出したことに反発した国際社会が南アに対して経済制裁を課したからである。もう1つは、経済の成熟である。すなわち、南アの高成長は1960年代がピークで、1980年代には低成長の時代に入っており、外資が新規参入する余地はそれほど大きくなかったと考えられる。

　次にジンバブエとコンゴ（民）であるが、ジンバブエは53カ国中第22位、コンゴ（民）は51位である。植民地時代に比べると、ジンバブエもコンゴ（民）もその地位を大きく下げているが、それをもたらしている一番大きな原因が政治の不安定さであり、ジンバブエの方がコンゴ（民）よりも順位が高い理由も不安定度と関係している。ジンバブエについて言えば、1965年にイアン・スミスを首班とする政権がイギリスからの一方的独立を宣言し、人種差別政策を継続した結果、反対勢力との内戦状態に突入するが、1980年にジンバブエが成立するとともに、人種差別政策は消滅するので、1980年から2000年までの期間はむしろ一時的安定を達成したので、それなりに外資も流入したと考えられる。これに対して、コンゴ（民）の方は、独立後の混乱期を経て、モブツ独裁政権が確立する。このモブツ政権下で、コンゴ（民）は当初は順調に推移したが、1970年代に資源価格が低下するとともに経済が低迷し、1980年から2000年までの期間においては深刻な経済不振に陥った。こうした中、モブツ政権に対する反感が強まり、国内が内戦状態に陥ったため、外資の流入は極端に低下したのである。

第5章　どれくらいの外資がアフリカに流入したのか　　135

ここで再び表 5-1 に戻ると、2000 年以前で累積額が最大の国はナイジェリアで約 180 億ドルである。ちなみに、累積額が 100 億ドルを超えている国はナイジェリアと第 2 位のエジプトの 2 カ国のみであるが、第 3 位の南アも100 億ドルに近い。この 3 カ国にアンゴラとチュニジアを加えた 5 カ国が 50億ドルを超えている。20 億ドル台はモロッコ、コートジボワール、リベリアの 3 カ国であるが、10 億ドル台はザンビアからナミビアまで 12 カ国ある。以上が第 20 位までである。残り 33 カ国について言えば、10 億ドル未満 5億ドル以上が 8 カ国、5 億ドル未満 1 億ドル以上が 13 カ国、1 億ドル未満が7 カ国で、さらにマイナス値をとる国が 5 カ国である。マイナス値ということは、投資の引き揚げが起きた結果、最終的に資金の流出が流入を上回ったことを意味する。この 5 カ国とはソマリア、シエラレオネ、コンゴ（民）、ガボン、リビアであるが、このうちガボンを除く 4 カ国が革命による体制転換が起きたり、内紛が多発した国である。

　アフリカ 53 カ国の平均値は 16 億 9,358 万ドルであるが、世界 187 カ国の平均値は 409 億 1,907 万ドルであるから、アフリカ 53 カ国すべてが世界187 カ国の平均値を大きく下回ることになる。ちなみに、アフリカ最大のナイジェリアであっても、世界 187 カ国の中では第 41 位にすぎないので、この期間における資金の流れを見る限り、アフリカに入ってきた資金量は他の地域に比べて極めて少なかったことがわかる。一方、アフリカの中だけに限れば、平均値は第 11 位のタンザニアと第 12 位のコンゴ（共）の中間に位置するので、累積額が平均値を上回る国は 11 カ国、下回る国は 42 カ国となり、下回る国の方が圧倒的に多い。

　アフリカ 53 カ国の順位を見ていくと、2 つの興味ある事実に気づく。その 1 つは、名目 GDP との相関が高いということである。序章でも言及した通り、2014 年の名目 GDP が高い国は第 1 位がナイジェリア、第 2 位が南ア、第 3 位がエジプトであるが、これら 3 カ国が投資受入国としても最上位を占めている。投資受入国順位は第 4 位アンゴラ、第 5 位チュニジア、第 6 位モロッコと続くが、最上位 6 カ国すべてが 2014 年の名目 GDP についても上位 10 カ国の中に入っている。ちなみに、第 10 位のアルジェリアを加えると、投資受入国順位最上 10 カ国中 7 カ国が 2014 年の名目 GDP 最上位 10 カ国にランク入りすることとなる。他方、投資受入国の下位を見ると、累積額がプラス値をとっている中での最下位はサントメプリンシペとコモロであるが、

136　　第 1 部　アフリカ経済の何が問題か

表 5-1　対内直接投資累積額　　　　　　　　　　　　（単位：百万ドル）

| 1981 〜 2000 年 | | 2001 〜 2014 年 | |
|---|---|---|---|
| 1．ナイジェリア | 17,988.85 | 1．ナイジェリア | 71,723.46 |
| 2．エジプト | 16,744.03 | 2．南ア | 67,908.14 |
| 3．南ア | 9,612.86 | 3．エジプト | 63,526.20 |
| 4．アンゴラ | 7,917.08 | 4．モロッコ | 28,098.89 |
| 5．チュニジア | 5,650.80 | 5．モザンビーク | 25,799.85 |
| 6．モロッコ | 2,918.11 | 6．ガーナ | 23,335.73 |
| 7．コートジボワール | 2,230.94 | 7．アルジェリア | 23,326.36 |
| 8．リベリア | 2,100.26 | 8．コンゴ（共） | 22,632.15 |
| 9．ザンビア | 1,994.40 | 9．スーダン | 22,062.81 |
| 10．アルジェリア | 1,745.67 | 10．リビア | 17,746.30 |
| 11．タンザニア | 1,708.42 | 11．チュニジア | 17,355.82 |
| 12．コンゴ（共） | 1,598.52 | 12．赤道ギニア | 16,189.56 |
| 13．レソト | 1,409.47 | 13．タンザニア | 14,606.02 |
| 14．ガーナ | 1,372.16 | 14．ザンビア | 13,286.38 |
| 15．スーダン | 1,368.83 | 15．ウガンダ | 9,106.68 |
| 16．カメルーン | 1,269.75 | 16．マダガスカル | 7,046.75 |
| 17．赤道ギニア | 1,251.93 | 17．ガボン | 6,604.53 |
| 18．ウガンダ | 1,069.95 | 18．エチオピア | 6,323.21 |
| 19．モザンビーク | 1,057.28 | 19．ボツワナ | 6,048.06 |
| 20．ナミビア | 1,017.70 | 20．モーリタニア | 5,818.60 |
| 21．スワジランド | 974.17 | 21．ニジェール | 5,369.49 |
| 22．ジンバブエ | 878.05 | 22．カメルーン | 5,117.52 |
| 23．ケニア | 863.01 | 23．チャド | 4,941.66 |
| 24．エチオピア | 810.73 | 24．コートジボワール | 4,798.43 |
| 25．ボツワナ | 731.05 | 25．リベリア | 4,667.23 |
| 26．セネガル | 710.38 | 26．マリ | 3,858.68 |
| 27．モーリシャス | 646.71 | 27．コンゴ（民） | 3,725.96 |
| 28．ベナン | 553.90 | 28．ナミビア | 3,555.27 |
| 29．セーシェル | 489.12 | 29．シエラレオネ | 3,496.83 |
| 30．チャド | 454.51 | 30．セネガル | 3,366.45 |
| 31．マリ | 339.60 | 31．モーリシャス | 3,333.98 |
| 32．エリトリア | 337.42 | 32．マラウイ | 3,305.71 |
| 33．マダガスカル | 314.58 | 33．ケニア | 2,971.01 |
| 34．トーゴ | 263.78 | 34．ギニア | 2,882.91 |
| 35．ギニア | 261.56 | 35．ジンバブエ | 2,307.70 |
| 36．マラウイ | 214.81 | 36．セーシェル | 2,036.03 |
| 37．ルワンダ | 196.54 | 37．トーゴ | 2,018.51 |
| 38．カーボベルデ | 173.84 | 38．ブルキナファソ | 1,631.04 |
| 39．ニジェール | 165.14 | 39．ベナン | 1,546.81 |
| 40．モーリタニア | 149.15 | 40．カーボベルデ | 1,454.11 |
| 41．ブルキナファソ | 117.51 | 41．ジブチ | 1,374.45 |
| 42．ガンビア | 95.89 | 42．ルワンダ | 1,222.73 |
| 43．中央アフリカ | 56.62 | 43．ソマリア | 984.48 |
| 44．ギニアビサウ | 37.88 | 44．スワジランド | 788.79 |
| 45．ジブチ | 26.68 | 45．レソト | 632.45 |
| 46．ブルンジ | 24.32 | 46．ガンビア | 578.93 |
| 47．コモロ | 18.72 | 47．エリトリア | 499.74 |
| 48．サントメプリンシペ | 11.66 | 48．中央アフリカ | 471.93 |
| 49．ソマリア | -30.41 | 49．サントメプリンシペ | 335.96 |
| 50．シエラレオネ | -39.46 | 50．ギニアビサウ | 179.55 |
| 51．コンゴ（民） | -43.23 | 51．コモロ | 95.77 |
| 52．ガボン | -611.59 | 52．ブルンジ | 16.98 |
| 53．リビア | -1,459.29 | 53．南スーダン | -778.00 |
| | | 54．アンゴラ | -7,926.38 |

出所：World Bank（2015）World Development Indicators Database

これら2カ国は2014年の名目GDPについても最下位に位置している。ちなみに、マイナス値を除く投資受入国順位最下位10カ国中サントメプリンシペ、コモロ、ジブチ、ギニアビサウ、中央アフリカ、ガンビアの6カ国が2014年の名目GDP最下位10カ国にランク入りしている。

　2つ目は、資源との関係である。序章の表0-4と比較すると、投資受入順位第1位のナイジェリアから第20位のナミビアまでの中で鉱物資源をもたない国は第18位のウガンダのみである。他方、マイナス値を除く投資受入国順位下位10カ国を見ると、鉱物資源をもたない国はサントメプリンシペ、コモロ、ブルンジ、ジブチ、ギニアビサウ、ガンビアの6カ国であり、下位20カ国を見ると、これにカーボベルデ、マラウイ、マダガスカル、セーシェルを加えた10カ国となる。以上の結果から、鉱物資源を有する国により多くの外国資金が流入していたことがわかる。鉱物資源の中では石油が一番多く海外からの資金を引きつけていたと考えられる。というのは、投資受入順位上位5カ国中、南アを除く4カ国がすべて産油国となっているからである。

　次に表5-2から直接投資額の対名目GDP比率[24]を見ることにしよう。前掲の表5-1においては低成長時代を1981年から2000年、高成長時代を2001年から2014年としたが、表5-2においては、少しでも多くの国を比較したいと考えたので、数値を得られない年は排除し、前者については1988年から2000年までの13年間、後者については2001年から2013年までの13年間とした。

　まず1988年から2000年までを見ると、アフリカ45カ国中比率が最も高いのが赤道ギニアの34.07%、最も低いのがガボンのマイナス1.78%である。さらに比率を細かく見ていくと、30%台が赤道ギニアとリベリアの2カ国、20%台がなく、10%台がレソト1カ国、7%台がアンゴラ1カ国、6%台がセーシェル1カ国である。以下、4%台2カ国、3%台3カ国、2%台5カ国、1%台9カ国、1%未満0%以上が20カ国、マイナス値をとる国が1カ国である。外国から流入した直接投資額がGDPの1%に満たない国が全体の半数近くあるということは、この間の対アフリカ向け投資の少なさを如実に物語っているといっても過言ではないだろう。ちなみに、アフリカ45カ国の平均値が3.30であるのに対して、世界132カ国の平均値は4.26であるから、この平均値の比較からも、世界の他地域に比べてアフリカに流入した投資資

表5-2　直接投資額の対名目 GDP 比率　　　　　（単位：％）

| 1988 ～ 2000 年 | | 2001 ～ 2013 年 | |
|---|---|---|---|
| 1．赤道ギニア | 34.07 | 1．リベリア | 34.79 |
| 2．リベリア | 33.77 | 2．モザンビーク | 16.79 |
| 3．レソト | 15.13 | 3．セーシェル | 15.76 |
| 4．アンゴラ | 7.32 | 4．コンゴ（共） | 15.32 |
| 5．セーシェル | 6.57 | 5．サントメプリンシペ | 14.33 |
| 6．スワジランド | 4.90 | 6．モーリタニア | 12.76 |
| 7．コンゴ（共） | 4.36 | 7．ジブチ | 10.17 |
| 8．ナイジェリア | 3.97 | 8．赤道ギニア | 10.10 |
| 9．ザンビア | 3.84 | 9．シエラレオネ | 9.41 |
| 10．カーボベルデ | 3.08 | 10．ニジェール | 7.82 |
| 11．モザンビーク | 2.45 | 11．カーボベルデ | 7.71 |
| 12．ナミビア | 2.25 | 12．マダガスカル | 7.14 |
| 13．タンザニア | 2.07 | 13．ガーナ | 6.66 |
| 14．チュニジア | 2.06 | 14．ザンビア | 6.42 |
| 15．ベナン | 2.02 | 15．マラウイ | 5.46 |
| 16．チャド | 1.74 | 16．トーゴ | 4.96 |
| 17．ガーナ | 1.62 | 17．ウガンダ | 4.47 |
| 18．ウガンダ | 1.61 | 18．ギニア | 4.31 |
| 19．エジプト | 1.42 | 19．チャド | 4.13 |
| 20．コートジボワール | 1.34 | 20．ボツワナ | 4.10 |
| 21．モーリシャス | 1.33 | 21．タンザニア | 4.09 |
| 22．トーゴ | 1.16 | 22．マリ | 3.93 |
| 23．ギニアビサウ | 1.04 | 23．スーダン | 3.82 |
| 24．セネガル | 1.03 | 24．ガボン | 3.71 |
| 25．マリ | 0.97 | 25．チュニジア | 3.41 |
| 26．ジンバブエ | 0.92 | 26．エジプト | 2.87 |
| 27．スーダン | 0.87 | 27．レソト | 2.84 |
| 28．マラウイ | 0.76 | 28．ナミビア | 2.80 |
| 29．シエラレオネ | 0.69 | 29．モーリシャス | 2.78 |
| 30．マダガスカル | 0.68 | 30．モロッコ | 2.52 |
| 31．モロッコ | 0.59 | 31．ナイジェリア | 2.38 |
| 32．モーリタニア | 0.58 | 32．セネガル | 2.21 |
| 33．ギニア | 0.57 | 33．スワジランド | 1.93 |
| 34．ケニア | 0.55 | 34．コンゴ（民） | 1.87 |
| 35．南ア | 0.54 | 35．カメルーン | 1.79 |
| 36．ボツワナ | 0.52 | 36．ジンバブエ | 1.76 |
| 37．ニジェール | 0.44 | 37．エチオピア | 1.74 |
| 38．コモロ | 0.37 | 38．ルワンダ | 1.73 |
| 39．ルワンダ | 0.33 | 39．南ア | 1.72 |
| 40．カメルーン | 0.32 | 40．ギニアビサウ | 1.71 |
| 41．ブルキナファソ | 0.31 | 41．コートジボワール | 1.62 |
| 42．ブルンジ | 0.16 | 42．ベナン | 1.53 |
| 43．コンゴ（民） | 0.09 | 43．コモロ | 1.43 |
| 44．中央アフリカ | 0.06 | 44．ブルキナファソ | 1.39 |
| 45．ガボン | -1.78 | 45．アルジェリア | 1.28 |
| | | 46．ケニア | 0.51 |
| | | 47．中央アフリカ | 0.23 |
| | | 48．ブルンジ | 0.08 |
| | | 49．アンゴラ | -1.17 |

出所：World Bank（2015）World Development Indicators Database

金が少なかったことを知ることができる。アフリカ45カ国の平均値はちょうど第9位のザンビアと第10位のカーボベルデの中間に位置する。ということは、平均値を上回る国が9カ国、下回る国が36カ国ということで、下回る国が断然多い。なぜこうした結果になったかというと、赤道ギニア、リベリア、レソトという上位3カ国の数値が高すぎることと、2％未満という数値の小さい国が全体の2/3を占めているからである。

以下、上位国と下位国に分けて、それぞれの特徴を洗い出すこととしよう。まず上位国であるが、第1位の赤道ギニアの経済を支えていたのはカカオ豆とコーヒー豆の輸出であったが、1980年代以降積極的な石油探査が行われた結果として、多額の投資資金が流入した。しかし、実際に石油生産を開始するのは1992年であるから、それまでの期間においてはカカオ豆とコーヒー豆が稼ぎ出すGDPはそれほど高いわけではない。その結果として比率が異常に高くなってしまったと考えられる。なお、石油探査関連の投資が比率を引き上げたという意味では第4位のアンゴラも同様である。

第2位のリベリアであるが、この国には天然ゴム[25]と鉄鉱石という2つの戦略的輸出品があったので、この分野に対して外国からの資金が流入していた可能性は高い。しかし、それ以上に重要なのがタックスヘイブンとしての役割であり、それを可能にしたのが便宜置籍船制度である。人間に国籍があるように、船にも船籍があり、通常船主は所有船舶を国に登録しなければならない。ところが、それによって多額の納税義務が生じると、船籍を税金の安い国に便宜的に移す場合がある。世界的にそうした行動を最初にとったのが大海運国ギリシャの船主たちで、彼らが船籍を移した国がリベリアだった。この結果として、リベリアに多額の資金が流入したのである[26]。他方、リベリアは第1章の表1-3が示すように、1960年から2000年までの成長率はマイナス3.49％であるが、これはサブサハラ47カ国中下から2番目の低さである。さらに言えば、序章で示した通り、2014年のリベリアの名目GDPは20億ドルであるが、これはアフリカ53カ国中下から9番目の低さである。ということは、1988年から2000年までの期間においてもリベリアの名目GDPは他のアフリカ諸国に比べて相当低かったはずであり、この結果として比率が高くなってしまったと考えられる。

第3位のレソトは国土を完全に南アに囲まれた農業国[27]であり、経済的にも南アに従属するところが大であるが、1980年代以降、発展の見込みのな

い主産業の農業に見切りをつける代わりに繊維産業に着目し、積極的な外資誘致策に乗り出した結果、外資が流入し、その結果として比率が高くなったと考えられる。

次に下位国であるが、マイナス値をとるガボンとボツワナまでの8カ国を見ると、中央アフリカ、ブルキナファソ、コモロはクーデターが頻発した国、コンゴ（民）は長期独裁が内戦に発展した国、ブルンジとルワンダはフツ族とツチ族の民族対立があった国、カメルーンは英語圏とフランス語圏の対立がある国、ニジェールはクーデターと民族対立があった国といった具合に、いずれの国も政治的不安定を抱えている他、コンゴ（民）を除けば、取り立てた資源もない。つまり、外資にとって魅力的な国ではないことから、そこに流入する資金量も極めて少なかったと考えられる。

**（ロ）2001年以後**

表5-1から、2001年以後を見ると、累積額の上位3カ国は第2位と第3位が入れ替わったとはいえ、顔ぶれは全く同じである。第1位はナイジェリアであるが、ナイジェリアは1981年から30年以上にわたってアフリカ第1の投資受入国になっているということになる。なお、ナイジェリアの投資受入額は717億ドルであるが、これは2000年以前の受入額の4倍近い金額である。ちなみに、2000以前は20年間の累積額、2001年以後は14年間の累積額であるから、これを年平均に均すと、2000年以前は9億ドル、2001年以降は51億ドルであり、6倍弱の開きがあることがわかる。

順位が逆転したとはいえ、第2位の南アも第3位のエジプトも600億ドル以上を受け入れている。順位が逆転した背景には南ア社会の3つの変革がある。1つ目は、アパルトヘイトの廃止で、これによって経済制裁が解除され、国際社会の南アへの投資がしやすくなった。2つ目は、1994年の総選挙の結果を受けて大統領に就任したネルソン・マンデラが人種間の対立を煽るのではなく、むしろその融和に努める政策を打ち出したことである。この政策が南ア社会に安定をもたらし、外資流入の環境がさらに整った。3つ目は、新興国の台頭であり、BRICSの一翼を担う南アに対する関心が高まったことで、投資環境がより一層整備されたのである。この結果、南アの投資受入額は2000年以前の累積額との比較で7倍、年平均との比較で10倍の伸びを示した。

上位3カ国のうちナイジェリアとエジプトの2カ国が産油国であるが、産

第5章　どれくらいの外資がアフリカに流入したのか　141

油国という意味では第4位モロッコ、第6位ガーナ、第7位アルジェリア、第8位コンゴ（共）、第9位スーダン、第10位リビア、第11位チュニジア、第12位赤道ギニアも同様であるから、12カ国中10カ国、つまり8割強が産油国ということになる。ちなみに、2000年以前において産油国が占めた割合は上位12カ国中7カ国、つまり半分強であるから、2001年以後、産油国に対する資金流入はさらに加速したと言い得るだろう。なお、産油国の中では2000年以前に第4位に位置していたアンゴラが2001年以後は最下位と大きく順位を下げているが、これは2005年から2007年まで3年連続で、また、2010年から2014年まで4年連続でマイナス値を記録したためであるが、このマイナス値は投資金額の引き揚げを意味すると考えられる。

　これ以外の上位国を見ると、第5位に非産油国のモザンビークが入っている。モザンビークは2000年以前の第19位からの躍進である。モザンビークはエビやカシューナッツといった農林水産物に加え、天然ガス、石炭、鉄鉱石も豊富な鉱物資源も有する国であり、内戦の終結とともに外資の流入が加速したのは当然の成り行きであったが、中でも外資導入に大きな貢献をしたのがモザール計画である。モザールとは、1998年にイギリス・オーストラリア系で世界最大の鉱業会社であるBHPビリトンが47.1%、日本の三菱商事が25.0%、南アの産業開発公社が24.0%、モザンビーク政府が3.9%出資して設立されたアルミ精錬会社である。この計画のユニークな点は、アルミニウムの原料となるボーキサイトも生産しないし、アルミ精錬に必要な電力の安定供給も十分でないモザンビークにアルミ精錬工場を建設したことである。つまり、原料はオーストラリアから輸入し、電力も南アから輸入することによって稼働する工場をモザンビークに建設したのだが、その総工費は22億ドルに及ぶ。この22億ドルは2001年以降の累積投資額の1/10弱に相当する。

　次に下位国を見ると、顔ぶれは2000年以前とそれほど大きく変わっているわけではない。たとえば、プラス値をとる下位7カ国はブルンジ、コモロ、ギニアビサウ、サントメプリンシペ、中央アフリカ、エリトリア、ガンビアであるが、このうちエリトリアを除く6カ国が2000年以前でプラス値をとる下位7カ国中にすべて入っている。したがって、これらの国について言えば、成長期における投資ブームの恩恵を全く受けていないのである。

　アフリカ54カ国の平均値は98億7,793万ドルである。これは2000年以

前の 53 カ国の平均値より 5.8 倍大きいので、この数字からも 2001 年以後ア
フリカへの投資が大きく伸びたことがわかる。他方、世界との比較で言えば、
世界 198 カ国の平均値は 1,123 億 5,288 万ドルで、平均値同士の比較で言え
ば、対アフリカ投資は世界平均のわずか 8.8% にすぎない。しかし、平均値
の伸び率で見ると、世界が 2.7 倍であるのに対して、アフリカは 5.8 倍と倍
以上の伸び率を示しているので、その格差は若干ながら縮まっている。

　次に表 5-2 から直接投資額の対名目 GDP 比率[28]を見ることにしよう。ア
フリカ 49 カ国中比率が最も高いのがリベリアの 34.79%、最も低いのがア
ンゴラのマイナス 1.17% である。さらに比率を細かく見ていくと、30% 台 1
カ国、20% 台がなく、10% 台 7 カ国、9% 台 1 カ国、7% 台 3 カ国、6% 台 2
カ国、5% 台 1 カ国、4% 台 6 カ国、3% 台 4 カ国、2% 台 7 カ国、1% 台 13 カ
国、1% 未満 0% 以上が 3 カ国、マイナス値をとる国が 1 カ国である。2000
年以前との比較で言えば、1% 未満 0% 以上が 20 カ国から 3 カ国に大きく減
少し、1% 台が逆に 9 カ国から 13 カ国に増えている。ちなみに、アフリカ
49 カ国の平均値は 5.33 であり、2000 年以前の平均値 3.30 を大きく上回っ
ている。この 5.33 という値は第 15 位のマラウイと第 16 位のトーゴの中間
に位置するので、平均値を上回る国は 15 カ国、下回る国は 34 カ国となる。
他方、世界 172 カ国の平均値は 5.60 であり、依然として世界の平均値の方
が高いものの、その差はわずかであり、2000 年以前にあった大きな格差は
かなり改善したと言い得るだろう。

　以下、上位国と下位国に分けて、それぞれの特徴を洗い出すこととしよう。
まず上位国であるが、2000 年の第 1 位だった赤道ギニアが 2001 年以後第 8
位となったのは、石油生産が本格化し、GDP が上昇し、分母が大きくなっ
た分、比率が下がったと考えられる。これに対して、2000 年以前に第 2 位
だったリベリアが第 1 位となったのは 2000 年以前と 2001 年以後で大きな変
化がなかったためと考えられる。2000 年以前に第 3 位であったレソトが第
27 位と大きく順位を下げた理由も繊維輸出が順調で、GDP が上昇し、分母
が大きくなった分、比率が下がったと考えられる。2000 年以前に第 4 位で
あったアンゴラが最下位と大きく順位を下げた理由は分母の問題というより
は分子の問題で、投資の撤退によって分子がマイナス値をとった結果と考え
られる。他方、2000 年以前に第 11 位であったモザンビークが第 2 位に躍進
した背景にはモザール計画をはじめとする各種案件に対する積極的投資があ

第 5 章　どれくらいの外資がアフリカに流入したのか　　143

ったと考えられる。

他方、下位国であるが、ブルンジ、中央アフリカといった国々は 2000 年以前においても 2001 年以後においても比率は 0%台であるから、外国資本の関心をほとんど喚起していない。なお、ケニアも 2000 年以前も 2001 年以後も比率が 0%台であるが、ケニアの場合は農産物の輸出が盛んでそれが GDP の増大に貢献していると考えられるが、農産物については地場企業の勢力が強く、外国企業が参入する余地が少ないために、比率も低い状態が続いていると考えられる。

## （2）間接投資

アフリカにおける証券取引所開設の歴史そのものは世界の他の地域と比べて遜色なく、19 世紀においてもエジプトと南アが今日まで続く証券取引所を有していた[29]。しかし、植民地から独立という断絶、さらには独立後の混乱を経験した国が多かったこともあり、証券取引所を有する国は 54 カ国中の 38 カ国にとどまっている[30]。上場銘柄数が一番多いのが約 800 銘柄のエジプトで、以下、約 400 銘柄の南ア、約 200 銘柄のナイジェリアと続き、これ以外の証券取引所の銘柄数はいずれも 100 以下である[31]。また、アフリカでは銀行や株式市場と比べて債券市場の発展が遅れ気味であった。しかも国債は短期債が中心で、社債はほとんど存在しない。アフリカで債券市場が発展しない理由の 1 つが国際機関から受けてきた優遇条件と関係する。というのは、多くのアフリカ諸国が援助的性格の強い譲許的融資を受けてきたが、この譲許性融資は、債権を発行する場合と比べて、償還期間が長い、利率が低い、債務不履行や返済遅延に陥った際の制裁が緩い等々の特徴[32]をもつから、より条件の厳しい起債に対するインセンティブが働かなかったと考えられる。以下では、こうした実態を踏まえつつ、対内間接投資額の具体的数値を見ていくこととした。

### （イ）2000 年以前

表 5-3 は対内間接投資累積額を多い順に並べたものであるが、ここでも分析の整合性を保つため、調査対象期間を直接投資の場合と同じく 1987 年から 2000 年までの期間と 2001 年から 2014 年までの期間に分けることとした。

表 5-3 から 2000 年以前の数値を見ると、この期間に間接投資の流出入があったのが 54 カ国中の 22 カ国にすぎないことがわかる。ちなみに、2000

表 5-3　対内間接投資累積額　　　　　　　　　　　　（単位：百万ドル）

| 1987 〜 2000 年 | | 2001 〜 2014 年 | |
| --- | --- | --- | --- |
| 1. 南ア | 31,796.96 | 1. 南ア | 46,451.55 |
| 2. エジプト | 1,281.30 | 2. ナイジェリア | 24,752.32 |
| 3. モロッコ | 509.01 | 3. モーリシャス | 16,319.53 |
| 4. チュニジア | 286.92 | 4. ケニア | 1,304.60 |
| 5. ナミビア | 259.81 | 5. モロッコ | 668.86 |
| 6. モーリシャス | 77.58 | 6. ガーナ | 552.68 |
| 7. トーゴ | 65.58 | 7. ウガンダ | 313.32 |
| 8. ジンバブエ | 56.80 | 8. スーダン | 141.47 |
| 9. コートジボワール | 36.46 | 9. ザンビア | 131.11 |
| 10. セネガル | 26.02 | 10. ナミビア | 104.24 |
| 11. マリ | 23.35 | 11. チュニジア | 75.91 |
| 12. スワジランド | 21.37 | 12. トーゴ | 72.89 |
| 13. ザンビア | 20.32 | 13. コートジボワール | 71.91 |
| 14. ボツワナ | 17.51 | 14. ボツワナ | 64.74 |
| 15. マラウイ | 8.41 | 15. ルワンダ | 62.50 |
| 16. ベナン | 8.22 | 16. タンザニア | 46.58 |
| 17. ケニア | 4.98 | 17. スワジランド | 44.86 |
| 18. カーボベルデ | 0.30 | 18. ニジェール | 38.30 |
| 19. ニジェール | 1.37 | 19. ベナン | 23.89 |
| 20. コンゴ（共） | -0.15 | 20. マリ | 9.05 |
| 21. ブルキナファソ | -2.56 | 21. セーシェル | 6.75 |
| 22. カメルーン | -16.55 | 22. シエラレオネ | 5.83 |
| | | 23. カーボベルデ | 4.35 |
| | | 24. ギニアビサウ | 3.69 |
| | | 25. レソト | 3.68 |
| | | 26. モザンビーク | 1.34 |
| | | 27. サントメプリンシペ | 0.01 |
| | | 28. マダガスカル | -0.05 |
| | | 29. マラウイ | -5.85 |
| | | 30. コンゴ（民） | -17.00 |
| | | 31. カメルーン | -30.77 |
| | | 32. セネガル | -81.03 |
| | | 33. ブルキナファソ | -315.71 |
| | | 34. エジプト | -227.98 |

出所：World Bank（2015）World Development Indicators Database

　年以前に証券取引所を開設していた国は 32 カ国にすぎないが、間接投資の流出入があった国の数は証券取引所を有する国の数よりも少なく、このことからもアフリカ向けの間接投資の低調さを窺い知ることができる。

　22 カ国中、間接投資受入額が最大の国は南ア、最低の国はカメルーンで、その平均値は 1 億 5,675 万ドルである。これに対して、世界 88 カ国の平均

第 5 章　どれくらいの外資がアフリカに流入したのか　　145

値は296億1,475万ドルであり、200倍近い差があることを考えると、2000年以前において、世界の間接投資資金のほとんどがアフリカ以外の地域に向かって流れていたと言い得るだろう。

22カ国の詳しい内訳を見ると、第1位の南アが317億9,696万ドルある。アフリカで世界平均を上回る間接投資を受け入れた国はこの南ア1カ国のみである。南アに次ぐのがエジプトの12億8,130万ドルであるが、南アとエジプトの間には25倍近い差が存在する。ちなみに、第2位のエジプト以下をすべて足し上げても26億8,605万ドルにしかならず、南アの間には12倍近い差が依然として存在する。つまり、この時期における間接投資受入という意味では南アが圧倒的な存在感を示していたのである。ところで、この表と前掲の表5-1と比較すると、1つの興味ある事実に気づく。つまり、表5-1によると、1981年から2000年までの期間において南アはナイジェリアとエジプトに次ぐ第3位の直接投資受入国であるが、その金額は96億1,286万ドルと間接投資受入額のわずか30%程度にすぎないので、2000年以前においては、対南ア向け外資の主流は直接投資ではなく、間接投資であったということになる。これは南アが国際社会からの経済制裁を受けていたことと関係すると思われる。というのは、直接投資の方がより表立って行われるので、非難の対象となりやすいからである。しかし、1994年以後経済制裁が解除され制約がなくなったことで南ア向け直接投資も増加し、2001年以後の直接投資受入額は679億814万ドルに跳ね上がり、これによって2001年以後は直接投資受入額の方が間接投資受入額を上回るようになっている。なお、直接投資受入額と間接投資受入額の関係を南ア以外の国について見ると、すべての国において直接投資受入額が間接投資受入額を上回っていることがわかる。

国別順位を見ると、南ア、エジプト、モロッコ、チュニジア、ナミビア、モーリシャスまでの上位6カ国はいずれも相対的な高所得国であるから、高所得国の方が間接投資を受け入れやすいという傾向を読み取ることができる。しかし、それ以下の順位を見ると必ずしも所得の順位と比例しているわけではないが、これはおそらく証券取引所の有無、上場銘柄数の多寡等が関係した結果であると考えられる。

（ロ）2001年以後

次に表5-3から2001年以後の数値を見ると、国数は22から34に増える

146　第1部　アフリカ経済の何が問題か

とともに、合計金額も 344 億 8,301 万ドルから 905 億 9,757 万ドルと 2.6 倍増を記録しているので、2000 年以前と比較して、資金調達の方法として間接投資がより多く利用されるようになったことがわかる。

　34 カ国中、間接投資受入額が最大の国は南ア、最低の国はエジプトである。2000 年以前と比較すると、最大の南アは変わらない。しかし、第 2 位だったエジプトが一気に最下位に転落してしまったが、これはおそらく投資資金の引き揚げがあったためと考えられる。34 カ国の平均値は 26 億 6,463 万ドルである。これに対して、世界 116 カ国の平均値は 747 億 3,260 万ドルであり、依然として 30 倍弱の開きがあるが、2000 年以前の 200 倍近い開きに比べれば、その差は顕著に縮小したと言い得るだろう。

　34 カ国の詳しい内訳を見ると、第 1 位は 2000 年以前と同様に南アで、その金額は 464 億 5,155 万ドルである。この金額自体は 2000 年以前の 317 億 9,696 万ドルも大きいが、世界 116 カ国の平均値と比べると小さい。この結果、2001 年以後においてアフリカで世界平均値を上回る国は皆無となってしまった。

　受入額が 100 億ドルを上回る国は南ア、ナイジェリア、モーリシャスの 3 カ国であるが、2000 年以前に間接投資資金の流入がなかったナイジェリアが第 2 位に躍進したのは注目に値する。表 5-1 が示す通り、ナイジェリアはアフリカ第 1 位の直接投資受入国であると同時に、南アと並ぶ経済大国としての地位を確立したことから、外国投資家のナイジェリアに対する関心が高まった結果として、間接投資が増えたものと考えられる。

　2000 年以前との比較で受入額が急増したという意味では第 3 位のモーリシャスと第 4 位のケニアも注目される。モーリシャスはインド洋上の島嶼国であるが、サトウキビ依存経済から繊維を中心とした輸出指向型経済に脱皮したことにより、高成長を実現した国である。こうした事情もあり、モーリシャスの証券取引所の上場銘柄は 88 と小国の取引所としては多い部類であるから、外国投資家の関心も引きやすいと考えられる。これに対して、ケニアの場合は農業加工で競争力を有する企業がいくつも育っており、証券取引所の上場銘柄数も 64 と比較的に多い方であるから、モーリシャスと同様に外国投資家の関心が高まったものと考えられる。

　最後に直接投資受入額と間接投資受入額の関係を見ると、34 カ国すべてにおいて直接投資受入額が間接投資受入額を上回っていることがわかる。

第 5 章　どれくらいの外資がアフリカに流入したのか　　147

（3）個人送金

　貧しい土地で暮らす人たちはそこだけで生活の糧を得ることができないので、豊かな土地に出かけ、そこで得た収入を家族に送金することで家族を養うという行動をとる。これが出稼ぎであるが、自国に適当な働き場所がなければ、彼らは国外に出稼ぎの場所を求める。しかし、国内での出稼ぎならばいざ知らず、国外への出稼ぎは不法行為と表裏一体となる場合が多い。というのは、世界中で好景気が続く国はそれほど多いわけではなく、多くの国が自国民の雇用機会を奪う外国人労働者の受け入れには消極的政策をとっているからである。このため、出稼ぎ労働者の中には不法滞在者も多くなりがちであり、その労働実態を各国の公式統計から正確に把握するのはほぼ不可能といっても過言ではない。しかし、彼らが本国に行う送金はそれなりの把握が可能である。というのは、送金需要を見越して、それなりの送金ビジネスが合法的に成立しているからである。それゆえ、以下ではこの合法的な送金の実態を概観することとするが、ここで利用される数字は全体像の一端を示すにすぎないことを予め断っておきたい。というのは、送金には公式の金融機関を通じない場合も結構あると考えられるからである。そのことを示す格好の例がジンバブエである。というのは、2008 年に年 2 億％のインフレを経験したことが示すように、国内経済の混乱が続いているジンバブエで国民の生活を実質的に支えているのは 1,500 万人の人口の 3 割弱を占める 400 万人の海外送金[33]であるが、後述する公式統計に現れる送金額は非常に小さく、とても 1,500 万人の人口を養える金額ではないからである。

（イ）2000 年以前

　表 5-4 は個人送金累積額を多い順に並べたものであるが、ここでも分析の整合性を保つため、調査対象期間を直接投資、間接投資の場合と同じく1987 年から 2000 年までの期間と 2001 年から 2014 年までの期間に分けることとした。

　表 5-4 から 2000 年以前の数値を見ると、45 カ国中、個人送金累積額が最大の国はエジプト、最低の国は中央アフリカで、その平均値は 31 億 2,906万ドルである。この平均値を直接投資の平均値 16 億 9,358 万ドルと間接投資の平均値 1 億 5,675 万ドルと比較すると、個人送金、直接投資、間接投資の順となる。ということは、平均値で見る限り、2000 年以前においてはアフリカ人の出稼ぎ者が本国に送った金額の方が外国人ないし外国企業の投資

148　　第 1 部　アフリカ経済の何が問題か

表5-4　個人送金累積額　　　　　　　　　　　　　　　　　　（単位：百万ドル）

| 1987 ～ 2000 年 | | 2001 ～ 2014 年 | |
|---|---|---|---|
| 1．エジプト | 53,932.11 | 1．ナイジェリア | 195,399.83 |
| 2．モロッコ | 26,322.11 | 2．エジプト | 129,369.60 |
| 3．アルジェリア | 12,478.00 | 3．モロッコ | 77,938.00 |
| 4．ナイジェリア | 9,397.80 | 4．チュニジア | 24,209.63 |
| 5．チュニジア | 8,463.70 | 5．セネガル | 15,488.34 |
| 6．レソト | 5,355.87 | 6．スーダン | 13,097.15 |
| 7．スーダン | 4,165.13 | 7．ケニア | 10,656.49 |
| 8．ケニア | 3,121.14 | 8．南ア | 10,483.16 |
| 9．南ア | 2,135.11 | 9．ウガンダ | 8,397.83 |
| 10．セネガル | 2,126.18 | 10．ガーナ | 8,123.80 |
| 11．ブルキナファソ | 1,531.13 | 11．アルジェリア | 7,790.03 |
| 12．マリ | 1,341.13 | 12．レソト | 7,606.52 |
| 13．ベナン | 1,288.00 | 13．マリ | 6,054.99 |
| 14．コートジボワール | 1,258.28 | 14．エチオピア | 4,336.56 |
| 15．スワジランド | 1,222.63 | 15．マダガスカル | 3,573.03 |
| 16．モーリシャス | 1,113.00 | 16．トーゴ | 3,546.18 |
| 17．カーボベルデ | 1,008.71 | 17．コートジボワール | 3,465.84 |
| 18．ボツワナ | 826.53 | 18．ベナン | 2,178.66 |
| 19．モザンビーク | 804.10 | 19．タンザニア | 2,102.21 |
| 20．ウガンダ | 470.70 | 20．リベリア | 2,100.17 |
| 21．トーゴ | 309.58 | 21．カメルーン | 1,955.15 |
| 22．カメルーン | 289.88 | 22．カーボベルデ | 1,944.20 |
| 32．エチオピア | 266.14 | 23．モザンビーク | 1,413.98 |
| 24．ガーナ | 221.31 | 24．ニジェール | 1,300.10 |
| 25．ニジェール | 190.29 | 25．ブルキナファソ | 1,213.88 |
| 26．マダガスカル | 152.59 | 26．ガンビア | 1,176.94 |
| 27．ナミビア | 145.71 | 27．ルワンダ | 1,068.65 |
| 28．ジブチ | 128.93 | 28．コモロ | 934.03 |
| 29．モーリタニア | 118.24 | 29．スワジランド | 893.49 |
| 30．ギニア | 110.72 | 30．モーリシャス | 866.92 |
| 31．シエラレオネ | 105.47 | 31．ギニア | 741.13 |
| 32．ルワンダ | 90.49 | 32．ボツワナ | 704.56 |
| 33．コンゴ（共） | 71.04 | 33．ザンビア | 639.09 |
| 34．ジンバブエ | 49.84 | 34．ギニアビサウ | 519.42 |
| 35．タンザニア | 48.45 | 35．シエラレオネ | 497.15 |
| 36．ガボン | 44.37 | 36．ジブチ | 391.90 |
| 37．セーシェル | 35.32 | 37．コンゴ（民） | 262.69 |
| 38．ギニアビサウ | 33.24 | 38．ブルンジ | 250.02 |
| 39．コモロ | 10.16 | 39．マラウイ | 241.27 |
| 40．エリトリア | 9.61 | 40．ナミビア | 186.28 |
| 41．マラウイ | 4.92 | 41．セーシェル | 153.11 |
| 42．チャド | 3.74 | 42．アンゴラ | 100.56 |
| 43．赤道ギニア | 3.00 | 43．サントメプリンシペ | 87.37 |
| 44．サントメプリンシペ | 2.92 | 44．コンゴ（共） | 80.02 |
| 45．中央アフリカ | 0.60 | 45．リビア | 66.00 |
| | | 46．ガボン | 32.08 |

出所：World Bank（2015）World Development Indicators Database

金額を上回っているということであり、この数字からも対アフリカ投資の相対的小ささを窺い知ることができる。他方、この期間における世界153カ国の平均値は82億7,069万ドルであり、アフリカ45カ国の平均値よりも2.6倍大きい。ということは、世界全体を見ると、アフリカ以上に外国に出稼ぎに行き、本国に送金している国が多いということである。ただし、世界の場合において、直接投資、間接投資、個人送金の3者の平均値を比較すると、直接投資が409億1,907万ドル、間接投資が296億1,475万ドル、個人送金が82億7,069万ドルで、直接投資、間接投資、個人送金の順となる。このことから、世界においては、状況がアフリカとは逆で、外国人ないし外国企業の投資金額の方がアフリカ人の出稼ぎ者が本国に送った金額を上回っていることがわかる。

　45カ国の詳しい内訳を見ると、第1位エジプト、第2位モロッコ、第3位アルジェリア、第4位ナイジェリア、第5位チュニジアであるが、ナイジェリアを除く4カ国すべてが国連分類の北部に属する。ちなみに、第7位のスーダンも北部に属することを考慮すれば、個人送金受け入れという意味で北部諸国の存在感は際立っている。なぜ北部諸国の個人送金受入額が多いかというと、まず考えられる理由は地の利である。というのは、スーダンを除く4カ国は地中海沿岸国であり、古代から地中海を挟んでヨーロッパとの交流が盛んであるから、出稼ぎ労働者の数も多いと推測される。これに対して、第6位のレソトの場合、出稼ぎ先はヨーロッパではなく南アである。レソトは四囲を南アに囲まれた国であり、南アへの出稼ぎによって得た収入が国の大きな支えとなっている。

　表5-4からは1つの興味ある事実を指摘することができる。その事実とは旧宗主国との関係である。というのは、上位5位までのうちモロッコ、アルジェリア、チュニジアは単に地中海沿岸諸国というだけではなく、フランスを宗主国とするという意味でも共通点をもっているからである。ちなみに、第10位のセネガルから第14位のコートジボワールまで旧フランス植民地が5カ国連続して並ぶが、前述の3カ国を加えると、上位14カ国中8カ国が旧フランス植民地ということになる。旧フランス植民地は独立後もフランスとの結びつきが強固であるから、その関係でフランスはこれらの国々からの出稼ぎ労働者を寛大に受け入れてきた結果がこの数字に現れたと考えられる。旧植民地からの出稼ぎ労働者を寛大に受け入れたという意味ではイギリスも

150　　第1部　アフリカ経済の何が問題か

同様であり、表5-4の上位に顔を出すエジプト、ナイジェリア、ケニア、南アに入ってきた個人送金の多くはイギリスでの出稼ぎによるものと考えられる。ちなみに、日本では看護師になるためには国家資格が必要であるが、イギリスでは不要である。こうした労働条件の緩さもあり、イギリスでは多くの職種に英語を流暢に話せる旧植民地出身者が進出している。

（ロ）2001年以後

次に表5-4から2001年以後の数値を見ると、国数は45から46に1カ国増えただけであるが、合計金額は1,408億790万ドルから5,536億3,801万ドルと4倍近い増加を記録している。また、その平均値は120億3,561万ドルであり、2000年以前の平均値31億2,906万ドルを4倍近く上回っている。この平均値を直接投資の平均値98億7,793万ドルと間接投資の平均値26億9,757万ドルと比較すると、個人送金、直接投資、間接投資の順となる。ただし、直接投資の平均値と間接投資の平均値の合計は個人送金の合計を上回るので、平均値で見る限り、2001年以後においては外国人ないし外国企業の投資金額がアフリカ人の出稼ぎ者が本国に送った金額を上回ることなり、2000年以前と比べると、状況は若干改善された。他方、この期間における世界181カ国の平均値は266億4,767万ドルであり、アフリカ46カ国の平均値よりも2.2倍大きい。しかし、2000年以前において2.6倍の格差があったことを考えると、その差は若干ではあるが縮小している。直接投資、間接投資、個人送金の関係を見ると、世界全体では直接投資が1,123億5,288万ドル、間接投資が744億3,260万ドル、個人送金が266億4,767万ドルで、直接投資、間接投資、個人送金という順位は変わらない。したがって、この数字を見比べた範囲内でも、アフリカへの投資はまだまだ少ないというのが偽らざる現状である。

個人送金受入額の上位では、2000年以前の上位5カ国中アルジェリアを除く4カ国が2001年以後においても最上位を占めている。その中で2000年以前に第1位であったエジプトは金額を倍以上に伸ばしたが、第4位であったナイジェリアが20倍以上の伸びを示して第1位に躍進した結果、第2位に順位を下げた。金額的にはナイジェリアとエジプトの2カ国が飛び抜けて高く1,000億ドルを超えている。第3位のモロッコは700億台、第4位のチュニジアは200億台である。100億台はセネガル、スーダン、ケニア、南アの4カ国であるが、アフリカ46カ国の平均値は第6位のスーダンと第7位

のケニアの中間に位置する。ということは、平均値を上回る国は6カ国、下回る国は40カ国ということで、下回る国の方が断然多い。ちなみに、第3位以下をすべて足し上げると2,288億6,858万ドルとなるが、これは第1位のナイジェリアの金額は上回るものの、第1位と第2位の合計3,247億6,943万ドルを1,000億近く下回る。

　以上の数字から、ナイジェリアの躍進が著しいことがわかるが、その躍進をもたらしたものは人口の増加である。ナイジェリアの人口は1987年の8,812万人が2014年には1億7,748万人になっている。つまり、28年間で人口が2倍に膨れ上がっていることを考慮すると、これだけの人口増を自国の労働市場だけで吸収するのは大変であり、結果として、海外への出稼ぎ労働者が増え、彼らの本国送金も増えたと考えられる。ちなみに、日本に在留する外国人数は2016年4月時点で223万2,189人であるが、うちアフリカ人は1万3,368人である。これを国籍別に分類すると、上位10カ国はナイジェリア（2,638人）、ガーナ（2,005人）、エジプト（1,747人）、ケニア（695人）、南ア（691人）、ウガンダ（511人）、セネガル（484人）、カメルーン（473人）、モロッコ（422人）、タンザニア（419人）である[34]。日本が特別に多くアフリカ人を受け入れている事実がないことを考慮すれば、これは特殊な例ではなく、他の多くの先進国においても当てはまる事例と考えられるから、この統計1つからもナイジェリア人の出稼ぎの多さは容易に想像できる。また、この上位国の顔ぶれは表5-4の上位国の顔ぶれとも一致するので、上位国からはナイジェリアと同じように出稼ぎが世界中に散らばっていると考えられる。

---

1　山田秀雄（2005年）170頁によると、ポルトガルについては国力の衰えもあり、その植民地に対する投資の半分以上を担ったのはイギリスである。

2　宮川典之（2009年）24頁からの引用。

3　北川勝彦、高橋基樹編著（2014年）88頁からの引用。

4　宮川典之（2009年）24頁からの引用。

5　Ferguson, Niall（2004), p.244からの引用。

6　宮川典之（2009年）24頁からの引用。

7　Ferguson, Niall（2004), p.285からの引用。

8　Frankel, Herbert（1939）に基づく。

9   北川勝彦、高橋基樹編著（2014年）88頁からの引用。

10  西野照太郎（1954年）144頁からの引用。

11  山田秀雄（2005年）171頁からの引用。

12  山田秀雄（2005年）172頁からの引用。

13  マンロー、J.F.（1987年）116頁からの引用。

14  北ローデシア（現ザンビア）北部とベルギー領コンゴ（現コンゴ（民））南部に跨が
    る産銅地帯である。

15  西野照太郎（1954年）157頁からの引用。

16  アレン、ロバートC.（2012年）141頁からの引用。

17  アレン、ロバートC.（2012年）141頁からの引用。

18  岡倉古志郎（1967年）48頁からの引用。

19  岡倉古志郎（1967年）48頁によれば、ユニオン・ミニエール社は銅を年間30万トン、
    コバルトを年間8千トン生産する他、ウラン、亜鉛なども生産した。

20  細井義孝（2014年）56頁からの引用。

21  西野照太郎（1954年）135頁からの引用。

22  細井義孝（2014年）57頁からの引用。

23  Aという国からBという国に投資が行われたとき、Aから見た投資を「対外投資」、B
    からみた投資を「対内投資」と呼ぶ。

24  ある年の投資額を名目GDPで除した結果をその年の比率とし、当該期間中の比率の
    平均値を最終的な値として採用した。

25  米国のタイヤ製造企業ファイアストーン社は、自国における自動車タイヤ需要の増加
    を見込み、ゴムの木を栽培する用地を確保するため、1926年に100万エーカーの土
    地をエーカー当たり6セントで99年間借り受ける契約を結ぶとともに、1934年には
    栽培面積をさらに拡大した。

26  Meredith, Martin（2013), p.547によると、イベリアが実際に所有する船舶は2隻のみ
    であるが、便宜置籍船は2,500隻以上に上るとのことである。

27  平地の少ないレソトの国土の2/3が放牧地である。

28  ある年の投資額を名目GDPで除した結果をその年の比率とし、当該期間中の比率の
    平均値を最終的な値として採用した。

29  アフリカ最古の証券取引所は1883年に開設されたエジプト証券取引所で、1887年に
    開設された南アのヨハネスブルク証券取引所がこれに次ぐ。

30  これは2015年末時点での数字である。ただし、この38カ国中13カ国は単独の証券
    取引所をもたず、地域証券取引所を共有している。地域証券取引所はコートジボワール
    のアビジャンとガボンのリーブルヴィルの2カ所あり、コートジボワールの取引所
    にはセネガル、マリ、ニジェール、コートジボワール、ギニアビサウ、ブルキナファ
    ソ、トーゴ、ベナンの8カ国が所属し、ガボンの取引所には中央アフリカ、チャド、
    コンゴ（共）、赤道ギニア、ガボンの5カ国が所属している。これに対して、自国に
    単独の証券取引所を有する国は、アルジェリア、ボツワナ、カメルーン、カーボベル
    デ、エジプト、ガーナ、ケニア、リビア、マラウイ、モーリシャス、モロッコ、モザ
    ンビーク、ナミビア、ナイジェリア、ルワンダ、セーシェル、ソマリア、南ア、スー
    ダン、スワジランド、タンザニア、チュニジア、ウガンダ、ザンビア、ジンバブエの

25 カ国である。

31 数値は各証券取引所のホームページからの引用。

32 北川勝彦、高橋基樹編著（2014 年）204 頁からの引用。

33 北川勝彦、高橋基樹編著（2014 年）226 頁からの引用。

34 法務省のホームページからの引用。

## 第**6**章

# どれくらいの援助が
# アフリカに流入したのか

　経済活動を行うという意味では政府も民間と変わりはないが、民間とは異なり、政府はその活動から利益を上げることはできない。つまり、政府は民間のように内部留保によってその活動を自己増殖することができないのだ。そのため、政府が活動を継続ないし拡大するためには、外部からの資金注入を常に受け続けなければならない。通常この資金注入は国民から徴収した税金によって賄われるので、税収が少なければ、政府はその活動を縮小せざるを得ない。しかし、どうしてもその活動が必要であれば、外国からの援助を仰いでもそれを実行しようとする。このように考えると、援助も外国投資と同じような余剰国から不足国への資金移動として捉えることができるが、そこには大きな違いもある。その違いとは資金の出し手の態度である。つまり、投資の場合は利益を得ることを目的としているから、利益が得られる見込みがない案件に投資資金が注入されることはないし、一旦資金が注入されても、利益が上がらなければ、その資金はすぐに引き揚げられてしまう。これに対して、援助の場合は資金の出し手ははるかに寛大である。その寛大さを示す最もよい例が無償援助であるが、これは贈与であって返済の必要はない。また、有償の場合であっても、民間の場合よりもその返済条件ははるかに緩い[1]。

　以上のことを念頭に入れながら、本章においてはまずアフリカ諸国が外国から援助を受けてきた経緯を歴史的に概観した上で、具体的な援助金額をチェックし、援助の出し手と受け手の問題点を検証する。

## 1. 歴史的経緯

### （1）援助の受け手の事情
#### （イ）植民地から独立国へ

　アフリカを植民地としたとき、宗主国が直面した重要な課題の1つが徴税問題であった。というのは、第2章で詳述した通り、植民地化される前のアフリカの多くの地域においては支配者が被支配者から徴税するという制度が確立していなかったからである。しかし、税収なしに植民地経営を円滑に行うことは困難であるから、植民地当局は遅かれ早かれ新たな課税制度の導入を検討せざるを得なくなった。これをイギリスの例で説明すると、イギリスは初期段階においては住民に対する直接的な徴税を行う代わりに強制労働という方法を採用している。つまり、鉄道や道路の建設というインフラ整備のために、地域住民を無償で狩り出したのである。しかし、強制労働が期待通りの効果を上げなかったことに加え、本国において強制労働が非人道的であると非難する世論が盛り上がりを見せたこともあり、イギリスは強制労働に代わる新たな原住民課税制度の導入に踏み切るのだが、その柱となったのが人頭税ないし小屋税[2]の徴収である。この人頭税と小屋税の導入は貨幣経済を植民地の末端まで浸透させ、原住民を出稼ぎという賃労働に向かわせる上で重要な役割を演じた[3]。というのは、これらの税は宗主国の通貨で金納する必要があったが、自給自足経済の中で暮らす原住民はもともと宗主国の通貨をもっていなかった。それゆえ、原住民は納税資金を得るために出稼ぎに出たが、彼らは低賃金で酷使された。そして、原住民の低賃金出稼ぎ労働が特にアフリカ南部おいては鉱山業と農業プランテーションの隆盛を下支えしたのである。要するに、植民地時代の課税制度は、白人入植者には課税しないのに、原住民からは税金を取り立てるという不平等なものであった。

　こうした事情があったから、独立を達成したアフリカ各国は植民地時代の不平等な課税制度を撤廃する。しかし、税収なしには円滑な公共サービスの提供が困難であるから、新政府は新たな税収確保の道を模索することとなった。そのとき多くの国が頼ったのが間接税である。たとえば、多くの国で輸入代替工業化政策が採用されたが、その政策の実施に必要な資金を手当てするため、農業に対する間接的課税が広範に実施された。そのとき大きな役割

を担ったのが主要な輸出用農産物に対する価格統制である。つまり、政府ないし政府が設立した公的機関が生産者から農産物を国際価格より大幅に下回る価格で買い取り、それを国際価格で輸出することによって、その差額を歳入に組み込んでいったのである[4]。これは単にアフリカ諸国のみならず途上国全般で採用された方法である。この結果、輸入税や輸出税という形の物品に対する税が途上国における単一で最大の収入源となった[5]。

　一方で所得税のような直接税に対する課税はアフリカでは低調である。その理由の一つが人頭税、小屋税といった植民地時代の不平等税制の撤廃であるが、それに代わる新たな直接税を導入できなかった背景にはアフリカ固有の事情が反映していたと考えられる。その事情とはアフリカにはもともと土地に基礎を置く税制が存在しなかったということである。土地に基礎を置かないと、人に基礎を置かざるを得なくなり、植民地当局も人に基礎を置く人頭税や小屋税を導入した。しかし、植民地体制の否定を存在理由の１つとする新政府は人に基礎を置く税制も否定せざるを得ないが、基礎がない以上、土地には課税できず、やはり人に課税せざるを得ない。人に対する課税で最も一般的なものは所得税であるが、国民の大半を占める自給自足農民の経済活動が国民所得計算勘定に計上されることはないから、課税の対象にはなり得ない。これはアフリカだけではなく、途上国全般に言えることであるが、先進国では人口の60〜80％が所得税を納めているのに対して、アフリカを含む途上国では人口の3％に満たないと言われている[6]。そうなると、所得課税の主要対象は個人ではなく法人となるが、植民地支配の影響もあり、企業と言えば外国人企業が大半で地場企業はわずかである。しかも、独立後、外国人企業の多くは撤退するか国有化した。国有化された企業から税金を徴収することは可能であるが、経済を主導するはずだった国営企業が赤字を出す場合も多く、そうなると、主要な財源となるよりむしろ足手纏いとなり、財政から国営企業を支援する場合も出てきた。他方、残った外国人企業から税金をとることも容易ではない。その結果、自国民あるいは外国人所有の会社の利益に対する課税が先進国では6％を超えているのに対して、アフリカを含む途上国では3％未満に止まっていた[7]。

### （ロ）構造調整の時代

　独立直後のアフリカには財政出動を求められる喫緊の課題が山積していた。まず農業面では食糧の輸入問題があった。植民地時代のアフリカ農業は宗主

国の方針によって輸出指向のモノカルチャー型に特化していたから、多くの地域で食糧自給ができず、不足分を輸入に頼っていた。この食糧輸入費用は、植民地時代は宗主国によって負担されたが、独立後は自前で手当する必要に迫られた。他方、工業面では輸入代替化工業政策の推進と外国企業の国営化が重くのしかかってきた。それでも、独立直後のアフリカ諸国がこうした財政負担を行い得た背景には世界的な一次産品ブームがあった。というのは、世界的な一次産品ブームの中でカカオ豆、コーヒー豆、落花生といった産品が国際的に高値で取引されたことがアフリカ各国に大きな財政収入をもたらしたからである。

　ところが、1973 年の第一次石油危機以降、世界の景気が好況から不況に転じた結果、一次産品ブームも鎮静化し、一次産品の国際価格が長い低迷期に突入した。そして、1970 年代後半、アフリカ各国の輸出収入が減少に転じると、一次産品ブームに乗じて借りまくった資金を返済できなくなった。アフリカ経済の落ち込みが最も激しかった 1980 年代はアフリカへの資金流入規模がずば抜けて大きかった時期であるが、このことはアフリカが借金返済のためにさらに借金を重ねたことを意味する。しかし、その借金はさらに債務を膨らませるだけで、アフリカの累積債務は 1987 年にはほぼ GNP に匹敵する規模にまで膨張した[8]。アフリカの債務の特徴は公的債務比率が一貫して 95％前後と高いことであるが、これだけの累積債務がある以上、債務救済措置がとられなければ、国際収支は破綻してしまう[9]。ここに至って、債務軽減と外貨収入不足を補うための追加支援が急務となったが、その支援の中で中心的役割を果たしたのが IMF と世界銀行であり、彼らがその支援のために推進したのが「構造調整」と呼ばれる政策だった[10]。

　「構造調整」とは、対外債務を独力で返済できなくなった国が、債務繰り延べと新規融資を認めてもらうための条件として、その履行を IMF や世界銀行に約束する。IMF が求めるものは安定化政策で、履行を約束した国はそれを実現するためにマクロ的な緊縮政策を実施しなければならない。これに対して、世界銀行が求めるものは経済自由化政策で、履行を約束した国はそれを実現するためにミクロ的な供給政策を実施しなければならない。「構造調整」は新古典派理論に則っていて、市場経済メカニズムが最適資源配分をもたらし、需要と供給が価格シグナルに対して弾力的に反応すると想定されている。また、価格水準が貨幣供給量の操作によって決定されるとも想定

158　　第 1 部　アフリカ経済の何が問題か

されている。

アフリカ諸国は、財政基盤の悪化や国営工場など公営企業化の経営悪化が深刻化した1980年代から90年代にかけて、IMFと世界銀行の融資支援を受け入れる条件として構造調整プログラムを受け入れた。このプログラムを受け入れるということは、アフリカ諸国が対外債務返済を繰り延べしてもらう条件として、返済資金を捻出できるように、公共部門を縮小したり、一旦は国有化した企業を生産停止・解体・民営化したり、公務員給与や各種補助金を削減したり、通貨切り下げなどによる輸出促進政策を実施したり、輸入自由化などの勧告を受け入れることを意味した[11]。この構造調整プログラムを受け入れた国の数は1994年まででサブサハラ48カ国中の39カ国に及ぶ。しかし、これらの国々では市場が未整備かつ硬直的であるから、経済が市場に感応する度合いが低い。そして、このような状況下で急進的な構造調整政策を実施し、たとえば財政支出を切り詰めたりすると、経済がむしろ機能不全に陥る場合も多々あり、結果としてより一層深刻な低迷に直面した国も多かった[12]。そのため、アフリカ全体としての対外債務は債務削減が本格化する1990年代まで一貫して増え続け、平均でGDPの1.5倍を超える水準にまで達してしまった[13]。

## （2）援助の出し手の事情
### （イ）東西冷戦時代

独立後もアフリカ諸国の多くが何らかの形で旧宗主国との関係を維持し、引き続き援助を受けることとなった[14]。しかし、1960年代から1980年代にかけて対アフリカ援助で主導的役割を演じたという意味では米国、ソ連、中国の存在が特に大きかったと考えられる。というのは、第二次世界大戦後、世界は米国を盟主とする西側の資本主義陣営とソ連を盟主とする東側の社会主義陣営とに二分されたが、世界のある地域で新たな独立国が生まれると、両陣営ともそこを自陣に引き込むべく競って援助を供与した。また、1960年代以降、同じ社会主義陣営に属するソ連と中国の対立が先鋭化した結果、東西対立は米ソ中の三極構造となり、アフリカはこれら3カ国の草刈り場となった。

これら3カ国はそれぞれ対立しながら対アフリカ援助を実施した。米国の場合、援助政策は対外政策と直結する。この当時、米国が対外政策で最も力

第6章　どれくらいの援助がアフリカに流入したのか　　159

を入れていたのが東側陣営の勢力拡大を阻止することであったが、その観点から最初に発動されたのがマーシャル・プランで、この計画に基づき、米国は1948年から1951年まで多額の援助を注入して西ヨーロッパ諸国の戦後復興を後押しした。そして、1950年に朝鮮戦争が勃発すると、その関心の比重をアジアに移し、韓国の支援に全力で取り組むことになる。ちなみに、1950年から1980年代にかけて米国が韓国に対して行った援助総額は、米国が1957年から1990年までの間にアフリカ53カ国に対して供与した援助総額とほぼ同額とのことであるから、この一事をもってしても、米国の韓国支援の大きさを窺い知ることができる[15]。

　米国の対アフリカ支援も東側陣営の勢力拡大阻止を主眼とするが、その意味で最初に米国の関心を惹起した国がエジプトである。というのは、エジプトでは、1952年の革命によって王政が打倒され、1956年には東西冷戦下での中立主義と汎アラブ主義を唱えるナセルが政権を掌握し、同じく1956年にはナセルの指揮下でスエズ運河の国有化が断行されたからである。スエズ運河は、フランス人レセップスが設立したスエズ運河会社によって建設され、1869年の開通後も同社によって運営されていたが、主たる資金の提供者はフランスの投資家とエジプトの王族だった。ところが、エジプトの財政困難[16]が原因でエジプトの王族がその持ち株をイギリスに売却したため、最終的にはイギリスとフランスが共同出資する形となった。スエズ運河の国有化とはイギリスとフランスが共同出資するスエズ運河会社の利権を奪うことであるから、当然両国は反発する。しかし、エジプトに侵攻することは国際社会から侵略戦争との非難を招く恐れがあったので、エジプトと敵対していたイスラエルに働きかけることで、まずイスラエルに戦端を開かせることとしたが、結局これが第二次中東戦争に発展していく。この第二次中東戦争は米国とソ連の調停によって停戦を迎えるが、この結果として、エジプトに対するイギリスとフランスの影響力は大きく削がれ、その逆に米国とソ連の影響力が飛躍的に高まった。

　エジプトに対する米ソの影響力という点では、ナセル時代はソ連が米国を上回った。というのは、エジプトがアラブの盟主としての地位を確立すればするほど、エジプトはイスラエルと敵対せざるを得なくなり、それがイスラエルを支援する米国との関係に悪影響を及ぼすからである。ナセルは当初米ソ等距離外交路線を堅持していたが、西側の反発を招いたし、国家的規模の

160　　第1部　アフリカ経済の何が問題か

大プロジェクトであるアスワン・ハイ・ダムをソ連の支援を得て建設[17]した結果、ソ連寄りの姿勢を鮮明に打ち出していく。

1970年、ナセル急死を受けて政権の座に着いたサダトは当初はナセル路線を踏襲し、1973年にはシリアと共同で第四次中東戦争を起こし、国民的英雄に祭り上げられるが、その後突如外交路線を転換し、米国に接近するとともに、米国の仲介によるイスラエルとの和平の道を模索する。しかし、この路線転換はアラブ同胞に対する裏切りと受け取られ、国内でもサダト批判の声が高まった。こうした批判を強権で押さえ込もうとしたサダトは1981年に暗殺され、ムバラクが後継大統領に就任するが、ムバラクが採用した路線もサダトと同じ親米・親イスラエル路線だった。こうした事情もあり、ムバラクが政権を担当した30年間、米国はエジプトに対して多額の援助を供与し続けるのである。

米ソの対立が援助競争を引き起こしたという意味ではアンゴラの例も注目に値する。アンゴラはポルトガルの植民地だったが、第二次世界大戦後、他の宗主国が植民地の独立を認める方向に動いたのに対して、ポルトガルだけは植民地支配を堅持する方向に動いた。こうしたポルトガルの態度は植民地住民の反発を招き独立闘争を惹起したが、アンゴラにおいて独立闘争を主導したのがMPLA（アンゴラ解放人民運動）、FNLA（アンゴラ民族解放戦線）、UNITA（アンゴラ全面独立民族同盟）という3つの組織だった。事態が動いたのが1975年である。同年1月、それまで独自の活動を続けていた3組織が連帯したことで独立闘争組織との戦いを継続することを断念したポルトガルは7月に3組織と休戦協定を締結する。この結果、最大勢力であるMPLAを中心とした新政権が誕生する可能性が高まったが、米国の反対によって政権樹立が頓挫してしまった。なぜ米国が反対したかというと、MPLAがソ連とキューバの支援を受けていたからである。そして、MPLAへの対抗上、米国がFNLAを支援したため、ここにMPLA対FNLAの内戦が勃発した。しかし、FNLAはMPLAに比べて弱体であったから、米国はUNITAをFNLA陣営に引き込もうとした。その際米国が利用したのが南アである。つまり反アパルトヘイトを唱えるMPLAの勢力拡大を恐れた南アは米国の要請を受けてUNITA支援を開始した。なお、UNITAに対しては、当時ソ連と対立しつつ米国との関係を改善しつつあった中国も支援を行っている。この結果、MPLA対FNLA・UNITA連合という対立の構造ができあ

がった。この状況下、FNLA が首都ルアンダへの侵攻を試みるが、キューバの軍事顧問団の指揮する MPLA に大敗を喫してしまう。すると今度は南アが当時信託統治していた南西アフリカ（現ナミビア）からアンゴラに侵攻するが、それに対抗してキューバも軍隊をアンゴラに上陸させ、ソ連も大量の武器・物資を供与するという具合で、事態は東西代理戦争の様相を呈してしまった。

またも事態が動いたのは 1975 年 11 月である。このとき MPLA が「アンゴラ人民共和国」の独立を宣言し、対抗上 FNLA・UNITA 連合も「アンゴラ人民民主共和国」の独立を宣言するが、多くのアフリカ諸国が FNLA・UNITA 連合の「アンゴラ人民民主共和国」ではなく、MPLA の「アンゴラ人民共和国」を承認した。この独立承認以後、FNLA・UNITA 連合は徐々に弱体化していき、1984 年には FNLA が降伏して戦線を離脱した。この結果、対立の構図は MPLA 対 UNITA となるが、1991 年に両者は一旦停戦に合意する。そして、翌 1992 年に大統領選挙と議会選挙が行われ、いずれも MPLA が勝利するが、この結果に不満な UNITA は選挙に不正があったと主張し、内戦を再開する。しかし、1991 年にソ連が崩壊していたこと、1994 年に南アで黒人政権が誕生していたことなどもあり、もはや MPLA を支援する国もなければ、UNITA を支援する国もなかった。それでも内戦が終わらなかったのはアンゴラが資源国だったからである。すなわち、MPLA は北部の油田を抑え、UNITA は南部のダイヤモンドを抑えることで、それぞれ資金を確保した。

この内戦を最終的な終結に導いた要素は 2 つある。1 つは、ザイール（現コンゴ（民））が UNITA 支援を停止したことである。米国の要請を受けたザイールはモブツ政権下で UNITA 支援を続けていたが、第一次コンゴ戦争の敗退によってモブツは辞任・亡命を余儀なくされた。代わって大統領に就任したのがカビラであるが、反モブツ闘争を展開する中で MPLA の支援を受けていたカビラは 1997 年に UNITA への支援を停止したのだ。2 つ目の要素は、国連での動きと関係する。すなわち、1998 年、国連において UNITA のダイヤモンド取引を禁止する決議が可決された結果、UNITA は資金源を失ってしまったのだ。こうなると、UNITA はジリ貧となり、2002 年には指導者が暗殺されて、完全に力を失った。こうして内戦は終結したのだが、それでも 30 年近く内戦が続いたのは、やはりアンゴラが東西両陣営の草刈

り場のためと言わざるを得ない。

　最後にこの時期における中国の対アフリカ援助の象徴的事例ともいえるタンザン鉄道の建設について言及しておく。タンザン鉄道とはタンザニアとザンビアを結ぶ鉄道であるが、この鉄道建設の背景にはアフリカ南東部における政治問題が横たわっている。政治問題の原因を作った張本人は南アとローデシア（現ジンバブエ）であるが、両国が人種差別政策を採用したために、アフリカ人政権が成立していた周辺諸国との間でいくつもの緊張関係が生まれていた。そうした緊張関係の１つが北ローデシアで採掘される銅の輸出問題だった。北ローデシアで銅が発見されたのは 1925 年であるが、それ以来北ローデシアの銅は鉄道を使い、南ローデシア経由で南アに運ばれるという経路で輸出されていた。ところが、1964 年に北ローデシアがザンビアとしてイギリスから独立すると、隣の南ローデシアでも独立の機運が盛り上がる。しかし、南ローデシアでは少数派でなおかつ人種差別政策を採用する白人政権の勢力が強かったため、宗主国イギリスは南ローデシアの独立に難色を示した。こうした状況下、白人政権は独立を強行し、ローデシアの建国を宣言するが、この独立はイギリスの認めるところとはならず、なおかつ、国連による経済封鎖という事態を招いてしまった。この経済封鎖はローデシアにとって痛手であったが、ザンビア、南ア経由で銅を輸出していたザンビアにとってはローデシア以上の痛手となった。

　この苦境に陥っていたザンビアに救いの手を差し伸べたのがタンザニアと中国である。すなわち、タンザニアはザンビア国境からダルエスサラームに至る鉄道建設用地を提供し、中国はその鉄道建設費用を負担したのである。この鉄道建設のために、中国はタンザニアとザンビアに対して４億ドル以上の無利子借款を供与するとともに、２万人の中国人労働者を派遣した。全長 1,800 ㎞に及ぶタンザン鉄道が延べ６年の歳月をかけて完成したのは 1976 年であるが、この完成によってザンビアはタンザニア経由で銅を輸出できる経路を確保した。当時の中国の国力を考慮すれば、こうした援助は中国にとって大きな負担だったと考えられるが、中国が敢えて難事業に乗り出した背景には１つの思惑があったと考えられる。その思惑とは国連代表権問題である。当時、中国を代表して国連に加盟していたのは大陸を支配していた共産党主導の中華人民共和国政府ではなく、台湾を支配していた国民党主導の中華民国政府であったが、「１つの中国」を標榜する中華人民共和国政府としては、

第 6 章　どれくらいの援助がアフリカに流入したのか　　163

国連の場で中華民国政府を追い落とし、その地位に自分が取って代わる必要があったのだ。しかし、加盟国でない中華人民共和国政府が国連の場で直接働きかけることはできないので、国連加盟国を自分の味方につけようとした。こうした思惑があったからこそ、中華人民共和国政府はアフリカをはじめとする途上国に対する援助を熱心に行い、彼らの支持を取り付けていった。そして、こうした外交努力が奏功し、1971年10月、中華人民共和国政府は中華民国政府を追い落とし、国連加盟国となるのである。

（ロ）グローバル時代

東西冷戦構造が消失した結果、1990年代からグローバル時代が到来したが、グローバル時代の前半においては、東西両陣営の草刈り場としての地政学的意義が消滅したため、対アフリカ援助は劇的に縮小した[18]。それゆえ、東西冷戦構造の消失は援助という面では痛手であることは間違いないが、思わぬプラスの効果ももたらした。その効果とは、多くの国で独裁体制ないし一党支配体制が打倒されたことである。アフリカで多くの独立国が誕生した1960年代は社会主義体制がまだ色褪せていない時代であり、その盟主であるソ連に対して畏敬の念を抱く国も多かった。事実、1960年前後に独立を達成したアフリカの国の多くがその後一党独裁ないし軍事独裁に移行していくが、こうした体制移行の背後には理念型としてのソ連の政治体制があったと考えられる。ところが、総本山のソ連が崩壊した結果、アフリカでもかなりの程度民主化が進捗した。その結果、1990年時点でわずか5カ国[19]であった複数政党制採用国は2001年時点で38カ国にまで増えた。

東側陣営の消滅、西側陣営の援助疲れの中で対アフリカ援助が減少したことは事実であるが、他の地域との比較では対アフリカ援助はむしろその比率を増している。というのは、1970年代初頭までアジアがODA[20]総額の40％以上を吸収していたが、1981年以降はアフリカが最大の受取国となり、1989年には32％を占めた[21]。そして、1981年から1997年にかけてアフリカは一貫してODAの最大受取地域であり続けた[22]。このことは世界総人口の1割強を占めるサブサハラが途上国全体に対するODAの1/3近くを受け取っていたことを意味する[23]。

ここでアフリカにもう1つの追い風が吹く。この時期のアフリカが債務問題の解決に苦慮していたことは前述の通りであるが、1990年には長期債務残高は1,500億ドルを超える水準に達していた。金額がこれほどの規模にな

164　　第1部　アフリカ経済の何が問題か

ると完済は容易ではなく、事実、アフリカ諸国が実際に返済できたのは毎年
支払期限が迫ってくる額の半分程度であり、残りは債権国がその都度返済時
期を繰り延べてきた。この返済繰り延べ措置をリスケ[24]と呼ぶが、1980年末
までだけでもこのリスケが100件以上も行われていたと言われている[25]。こ
の債務問題を解決すべく立ち上がったのが債権国とIMF、世界銀行といっ
た国際機関である。債権国は元々パリクラブ[26]という枠組みを使って債務国
と債務返済交渉を行っていたが、債権国の間には従来の方法では問題の抜本
的解決は図れないとの認識が徐々に広がっていった。この結果として生まれ
たのが、債務国を返済余力のある国とない国に分け、ない国については、ま
ず支援を行って十分な経済力をつけさせることが肝心という考え方である。
この考え方に基づき、IMFと世界銀行はこのない国をHIPC（Heavily Inde-
bted Poor Countries：重債務貧困国）と呼び、1996年に世界41カ国をHIPC
と認定した[27]。ところが、この41カ国中33カ国がアフリカに属していたた
めに、HIPC認定は実質的にはアフリカ支援という色彩が濃厚であった。そ
して、G7ないしG8と呼ばれる先進国首脳会議[28]の場でHIPCイニシアティ
ブと呼ばれる積極的な支援策が打ち出され、たとえば、ドイツがホスト国
をつとめた1999年のケルン・サミットではG8各国がHIPCに対して保有
するODA債権を全額放棄することが決まったし、イギリスがホスト国をつ
とめた2005年のグレンイーグルズ・サミットではIMF、世界銀行、アフリ
カ開発銀行がアフリカ14カ国に対して有する債権を100％放棄することや
アフリカ支援を2010年までに倍増する計画が打ち出された[29]。これを補完
する動きが国連の場でもあり、2000年に開催されたミレニアム[30]・サミット
では国連の全加盟国[31]と23の国際機関が貧困撲滅を含むミレニアム目標の
達成に合意している。このHIPCイニシアティブは健全な政策運営を実施
できた国の対外債務を返済可能な水準にまで減免することで、アフリカの対
外債務状況を大きく改善した。この結果、サハラ以南における対外債務残高
は1995～2000年平均でGDP比103％という高水準から劇的に減少し、2008
年には1980年以来最低の20.4％を達成した[32]。

第6章　どれくらいの援助がアフリカに流入したのか　　165

## 2．アフリカに流入した援助金額

### （1）2000 年以前
#### （イ）全体

　アフリカに流入した国別援助金額を 2000 年以前と 2001 年以後に分けて表示した表 6-1 から、まず 2000 年以前の数値を見ていくと、いくつかの興味ある事実を指摘することができる。

　まずアフリカ全 53 カ国に流入した援助総額を計算すると、それは 2,643 億 5,573 万ドルとなるが、この金額は同時期に流入した対内直接投資額 897 億 6,040 万ドル[33]と対内間接投資額 344 億 8,301 万ドル[34]の合計の 2 倍以上である。ということは、アフリカへの外部資金の流入という意味では投資よりも援助の方がはるかに大きかったのである。

　次に 53 カ国の平均値を計算すると 49 億 8,784 万ドルとなるが、これは国別順位で第 19 位ブルキナファソと第 20 位コンゴ（民）の中間に位置する。ということは、53 カ国中で平均値を上回る援助を受けた国が 19 カ国であるのに対して、平均値を下回る国が 34 カ国あるということである。ちなみに、同時期における世界 126 カ国が受け取った援助の平均値は 43 億 7,607 万ドルであり、アフリカの平均値を下回る。アフリカに流入した外部資金のうち、対内直接投資も対内間接投資も世界の平均値がアフリカの平均値を上回っていることを考慮すれば、援助についてはその逆でアフリカの平均値が世界の平均値を上回るという現象が起きていることがわかる。この事実からもこの時期において地域別でアフリカが最大の援助受け入れ地域となっていた事実を読み取ることができる。

　次に 53 カ国を低所得国[35]とそれ以上に分けると、平均値を上回る 19 カ国中の低所得国は高い順にタンザニア、モザンビーク、エチオピア、ウガンダ、セネガル、マラウイ、マリ、マダガスカル、ジンバブエ、ルワンダ、ブルキナファソの 11 カ国で占有率は 58％である。これに対して、平均値を下回る 34 カ国中の低所得国は高い順にコンゴ（民）、ソマリア、ギニア、ニジェール、ベナン、チャド、ブルンジ、中央アフリカ、トーゴ、シエラレオネ、ギニアビサウ、リベリア、エリトリア、ガンビア、コモロの 15 カ国で占有率は 44％である。したがって、この結果を見る限り、低所得国の方が中所得

表6-1　援助受取累積額　　　　　　　　　　　　　　　　（単位：百万ドル）

| 1987〜2000年 | | 2001〜2014年 | |
|---|---|---|---|
| 1．エジプト | 36,469.80 | 1．エチオピア | 37,185.64 |
| 2．タンザニア | 14,027.20 | 2．コンゴ（民） | 35,149.62 |
| 3．モザンビーク | 13,943.37 | 3．ナイジェリア | 34,824.97 |
| 4．エチオピア | 11,985.31 | 4．タンザニア | 31,809.51 |
| 5．ザンビア | 10,243.37 | 5．モザンビーク | 24,690.70 |
| 6．ケニア | 10,034.73 | 6．エジプト | 22,866.11 |
| 7．コートジボワール | 9,875.24 | 7．ケニア | 20,957.14 |
| 8．モロッコ | 9,865.85 | 8．スーダン | 20,533.93 |
| 9．ウガンダ | 9,051.09 | 9．ウガンダ | 19,939.57 |
| 10．ガーナ | 8,622.75 | 10．ガーナ | 17,922.29 |
| 11．セネガル | 8,321.55 | 11．モロッコ | 15,872.50 |
| 12．スーダン | 6,944.61 | 12．ザンビア | 14,361.40 |
| 13．カメルーン | 6,540.71 | 13．南ア | 12,487.62 |
| 14．マラウイ | 6,259.06 | 14．マリ | 12,459.58 |
| 15．マリ | 5,857.66 | 15．コートジボワール | 12,314.06 |
| 16．マダガスカル | 5,482.68 | 16．セネガル | 12,083.77 |
| 17．ジンバブエ | 5,264.32 | 17．ブルキナファソ | 11,989.87 |
| 18．ルワンダ | 5,205.47 | 18．カメルーン | 11,344.95 |
| 19．ブルキナファソ | 5,156.38 | 19．マラウイ | 10,586.32 |
| 20．コンゴ（民） | 4,972.81 | 20．ルワンダ | 10,556.13 |
| 21．ソマリア | 4,876.61 | 21．マダガスカル | 8,802.69 |
| 22．ギニア | 4,569.02 | 22．ニジェール | 8,266.94 |
| 23．ニジェール | 4,395.34 | 23．ソマリア | 7,895.54 |
| 24．アンゴラ | 4,336.83 | 24．リベリア | 7,380.79 |
| 25．アルジェリア | 3,680.97 | 25．チュニジア | 7,352.08 |
| 26．チュニジア | 3,370.34 | 26．ジンバブエ | 7,228.48 |
| 27．ベナン | 3,352.24 | 27．ベナン | 6,867.13 |
| 28．南ア | 3,347.42 | 28．シエラレオネ | 6,206.15 |
| 29．モーリタニア | 3,238.67 | 29．ブルンジ | 6,039.33 |
| 30．チャド | 3,210.57 | 30．チャド | 5,291.83 |
| 31．ナイジェリア | 2,908.11 | 31．南スーダン | 4,987.44 |
| 32．ブルンジ | 2,650.31 | 32．アンゴラ | 4,953.32 |
| 33．コンゴ（共） | 2,322.22 | 33．コンゴ（共） | 4,858.66 |
| 34．中央アフリカ | 2,253.47 | 34．モーリタニア | 4,398.73 |
| 35．トーゴ | 2,167.28 | 35．ギニア | 4,008.57 |
| 36．シエラレオネ | 1,915.44 | 36．アルジェリア | 3,458.19 |
| 37．ナミビア | 1,882.37 | 37．トーゴ | 2,944.86 |
| 38．ギニアビサウ | 1,594.19 | 38．ナミビア | 2,885.51 |
| 39．ボツワナ | 1,548.46 | 39．中央アフリカ | 2,765.96 |
| 40．カーボベルデ | 1,510.16 | 40．カーボベルデ | 2,641.56 |
| 41．ジブチ | 1,478.17 | 41．エリトリア | 2,603.52 |
| 42．レソト | 1,448.60 | 42．レソト | 2,052.11 |
| 43．リベリア | 1,383.97 | 43．ボツワナ | 1,920.07 |
| 44．ガボン | 1,356.31 | 44．ジブチ | 1,617.03 |
| 45．エリトリア | 1,153.47 | 45．ギニアビサウ | 1,440.05 |
| 46．ガンビア | 988.04 | 46．ガンビア | 1,304.42 |
| 47．モーリシャス | 606.98 | 47．リビア | 1,271.83 |
| 48．サントメプリンシペ | 599.51 | 48．モーリシャス | 1,138.83 |
| 49．コモロ | 582.96 | 49．スワジランド | 879.52 |
| 50．スワジランド | 582.02 | 50．ガボン | 840.88 |
| 51．赤道ギニア | 575.46 | 51．コモロ | 638.56 |
| 52．セーシェル | 282.55 | 52．サントメプリンシペ | 581.03 |
| 53．リビア | 71.18 | 53．赤道ギニア | 370.86 |
| | | 54．セーシェル | 316.94 |

出所：World Bank（2015）World Development Indicators Database

第6章　どれくらいの援助がアフリカに流入したのか　　167

国以上に比べてより多くの援助を受け取っていると言い得るだろう。

　次に上位 10 カ国を具体的に見ていくと、エジプトが第 2 位のタンザニアを金額で 2 倍以上引き離し断トツの第 1 位である。ちなみに、エジプトに流入した援助金額は全援助額の 14% 近くを占める。エジプトは 2014 年の 1 人当たり GNI が 3,050 ドルで低位中所得国に属する。また、2014 年の名目GDP は 2,864 億ドルで、これはナイジェリア、南アに次ぐアフリカ第 3 位の規模である。こうしたアフリカの経済大国の 1 つであるエジプトになぜこれほど巨額な援助が流入したかというと、その理由は 2 つ考えられる。1 つは、エジプトの地政学的重要性、もう 1 つは、1970 年代後半からエジプトが採用した親米ないし親西側路線と関係する。この親米ないし親西側路線の採用、より具体的に言えば、反米から親米、反西側から親西側への路線変更は援助を受ける上で極めて重要な要素である。というのは、援助は国際機関が行う多国間援助と各国が行う二国間援助に大別されるが、二国間援助の出し手のほとんどが西側先進国であるから、西側先進国に関心をもたれない限り、彼らから巨額の援助を引き出すことは不可能だからである。

　この反西側から親西側への路線変更によって巨額な援助を受けたという意味では第 2 位のタンザニア、第 3 位のモザンビーク、第 4 位のエチオピア、第 5 位のザンビア、第 10 位のガーナも同様である。タンザニアは初代ニエレレ大統領の時代に国内的には独自の社会主義路線を採用するとともに、対外的には親西側とは距離を置く第三世界[36]外交を打ち出す一方で、南ア、南ローデシア（現ジンバブエ）、モザンビークにおける少数白人支配に反対する運動において主導的役割を果たしたが、経済の破綻の責任をとってニエレレ大統領が 1985 年に引退すると、後任のムウィニ大統領は IMF の勧告を受け入れて自由化路線を採用し、現在に至っている。モザンビークは 1975 年の独立以来社会主義路線を採用し、モザンビーク人民共和国という国名を名乗っていたが、1989 年に路線変更し、以後は自由化路線を採用している。エチオピアは 1975 年に帝政を廃止して以来メンギスツ政権下で社会主義路線を採用していたが、1991 年にメンギスツ政権が打倒されてからは自由化路線を歩んでいる。ザンビアは初代カウンダ大統領が一党支配体制の下で産銅企業の国有化を推し進めたが、経済的困難の高まりとともに路線変更し、1991 年には複数政党制に基づく選挙が実施されている。ガーナは初代ンクルマ大統領の下で汎アフリカ主義を掲げ東側諸国との友好関係を強化した。

ガーナは 1966 年のンクルマ失脚後も混乱が続いたが、1980 年代からは IMF や世界銀行の構造調整を受け入れ、自由化路線を推進している。これに対して、一貫して親西側路線を堅持したことによって巨額の援助を受けた国は第 6 位のケニア、第 7 位のコートジボワール、第 8 位のモロッコ、第 9 位のウガンダである。

次に下位 10 カ国を見ていくと、エリトリア、ガンビア、コモロの 3 カ国は低所得国であるが、それ以外の 7 カ国は中所得国以上である。7 カ国の内訳は、サントメプリンシペとスワジランドの 2 カ国が低位中所得国、ガボン、モーリシャス、赤道ギニア、リビアの 4 カ国が高位中所得国、セーシェルが高所得国である。このうち援助受入額が極端に少ないのがリビアであるが、これはカダフィ政権の下で反米ないし反西側路線を採用していた結果として、西側諸国から経済制裁を受けていた結果である。

（ロ）有償

援助は通常有償、無償、技術協力[37]の 3 つに分類できるので、まず有償から見ていく。表 6-2 はアフリカに流入した国別有償援助金額を 2000 年以前と 2001 年以後に分けて表示したものであるが、この表から 2000 年以前の数字を見ると、いくつかの興味ある事実を指摘することができる。

第一に指摘すべき点は、有償援助の規模である。すなわち、53 カ国が受け取った有償援助総額は 615 億 7,675 万ドルであるが、これは同じく 53 カ国が受け取った無償援助総額 1,404 億 2,355 万ドルより少ないだけでなく、技術協力総額 623 億 5,545 万ドルよりも少ない。援助の出し手の立場で考えれば、無償資金よりは有償資金の方が出しやすい。というのは、有償資金はやがて返済されるので、返済された分を再び援助に回すことができるからである。他方、援助の受け手の立場で考えれば、仮に多額に資金を要する案件であっても、それが経済発展に資するならば、有償資金を借りてでも、その案件を実施したいと思うはずである。というのは、その資金で発電所を建設すれば、そこで作った電気を売ることによって資金回収の目処が立つからである。また、その案件から直接資金回収ができない場合であっても、自国産業が育成されれば、自国企業から税金を徴収することも可能になると思われる。こうした事情もあり、多額の資金を要する案件には有償資金が使われることが多く、小規模案件には無償資金が使われるのが一般的である。それゆえ、この有償資金と無償資金との違いを考慮すれば、有償資金の供与が少な

第 6 章　どれくらいの援助がアフリカに流入したのか　　169

いということは、アフリカでは経済発展に必要なインフラ整備のための有償資金が十分に活用されていないことを意味する。では、なぜアフリカでは有償資金の供与額が少ないのだろうか。その理由はおそらくアフリカ諸国の債務返済能力と関係していると考えられる。すなわち、前節でも示した通り、1980 年代以降多くのアフリカ諸国が債務を返済できなくなる事態に直面し、リスケを繰り返したことによって、援助の出し手も受けても有償資金の扱いには慎重になっているのである。ちなみに、アフリカ 53 カ国の平均値は 11 億 6,182 万ドルであるが、世界 160 カ国の平均値は 6 億 8,704 万ドルで、アフリカをさらに下回る。ということは、アフリカには世界平均を上回る有償資金が供与されているということであり、この事実から見ても、単にアフリカのみならず世界全体としても援助の世界では有償資金がもはや援助の主体とはなり得ないことが明らかである。

　次に 53 カ国すべてを見渡すと、リビアの援助受取額だけがマイナスであることに気づく。なぜマイナスの受取額が出てくるかというと、それは有償援助が返済義務を伴うからである。たとえば、ある国が水力発電所建設のために 30 億ドルのローンを借りたとしよう。このローンは無利子で、なおかつ、返済期間 40 年のうち最初の 10 年が支払を据え置かれ、11 年目から同額返済するとしよう。すると、最初の年には 30 億ドルの入金があるが、11 年目以降は毎年 1 億ドルの出金があるのみである。もしこの国が他のローンを借りず、11 年目から 40 年目までの統計をとったとすれば、この国の援助受取額はマイナス 30 億ドルとなるのだ。以上の類推から言い得ることは、1987 年から 2000 年までの期間においてアフリカ 53 カ国中でリビアだけが有償援助受取額よりも返済額が多かったために全体としての援助受取額がマイナスとなってしまったのである。

　次に表 6-2 を表 6-1 と比較すると、全体金額の上位 10 カ国中モザンビークを除く 9 カ国が有償資金についても上位 10 カ国を占めている。ちなみに、有償資金におけるモザンビークの順位は第 11 位であるから、実際に両者はほとんど重複しているといっても過言ではない。他方、下位の場合は上位 10 カ国中ガンビアとエリトリアを除く 8 カ国が有償資金についても下位 10 カ国を占めている。ちなみに、有償資金におけるガンビアの順位は下から 15 番目、エリトリアの順位は下から 13 番目であるから、下位についても両者はほとんど重複していると言い得るだろう。

170　　第 1 部　アフリカ経済の何が問題か

表6-2　有償援助受取累積額　　　　　　　　　　　　　　　　（単位：百万ドル）

| 1987～2000年 | | 2001～2014年 | |
|---|---|---|---|
| 1．エジプト | 5,509.88 | 1．ナイジェリア | 5,467.61 |
| 2．ガーナ | 4,000.40 | 2．モロッコ | 4,700.34 |
| 3．コートジボワール | 3,999.46 | 3．ケニア | 4,409.22 |
| 4．ザンビア | 3,382.56 | 4．タンザニア | 3,882.20 |
| 5．ウガンダ | 2,982.50 | 5．エチオピア | 3,650.07 |
| 6．タンザニア | 2,816.67 | 6．モザンビーク | 2,739.62 |
| 7．ケニア | 2,746.04 | 7．チュニジア | 2,592.24 |
| 8．モロッコ | 2,653.81 | 8．南ア | 1,239.24 |
| 9．エチオピア | 2,475.34 | 9．エジプト | 1,181.81 |
| 10．カメルーン | 2,158.23 | 10．カーボベルデ | 1,083.67 |
| 11．モザンビーク | 2,121.67 | 11．スーダン | 979.59 |
| 12．マラウイ | 1,919.88 | 12．ブルキナファソ | 656.38 |
| 13．ギニア | 1,752.08 | 13．セネガル | 639.63 |
| 14．セネガル | 1,705.07 | 14．アンゴラ | 608.70 |
| 15．マリ | 1,511.72 | 15．エリトリア | 526.62 |
| 16．アルジェリア | 1,351.68 | 16．モーリタニア | 355.23 |
| 17．コンゴ（民） | 1,300.19 | 17．ウガンダ | 256.64 |
| 18．スーダン | 1,160.55 | 18．ジブチ | 248.41 |
| 19．マダガスカル | 1,135.22 | 19．チャド | 204.37 |
| 20．ジンバブエ | 1,129.44 | 20．モーリシャス | 201.39 |
| 21．ナイジェリア | 1,008.49 | 21．レソト | 180.66 |
| 22．ブルキナファソ | 983.40 | 22．ナミビア | 106.36 |
| 23．チャド | 940.39 | 23．セーシェル | 47.01 |
| 24．ベナン | 876.76 | 24．南スーダン | 5.87 |
| 25．ルワンダ | 847.45 | 25．スワジランド | 3.80 |
| 26．モーリタニア | 804.14 | 26．ベナン | 1.56 |
| 27．アンゴラ | 687.39 | 27．ソマリア | -25.38 |
| 28．シエラレオネ | 663.52 | 28．マリ | -27.95 |
| 29．ニジェール | 649.57 | 29．赤道ギニア | -84.42 |
| 30．トーゴ | 629.47 | 30．リビア | -107.54 |
| 31．ブルンジ | 609.55 | 31．ジンバブエ | -107.74 |
| 32．チュニジア | 593.28 | 32．ガンビア | -113.53 |
| 33．コンゴ（共） | 555.00 | 33．シエラレオネ | -131.36 |
| 34．ギニアビサウ | 485.29 | 34．サントメプリンシペ | -132.28 |
| 35．中央アフリカ | 464.16 | 35．コモロ | -136.43 |
| 36．レソト | 327.96 | 36．ニジェール | -137.39 |
| 37．ソマリア | 277.37 | 37．ルワンダ | -149.70 |
| 38．南ア | 267.16 | 38．ボツワナ | -177.23 |
| 39．ガンビア | 249.41 | 39．ガーナ | -195.25 |
| 40．カーボベルデ | 240.13 | 40．ガボン | -317.34 |
| 41．エリトリア | 230.74 | 41．コンゴ（共） | -361.13 |
| 42．ナミビア | 226.10 | 42．アルジェリア | -364.26 |
| 43．ジブチ | 217.91 | 43．ギニアビサウ | -390.71 |
| 44．サントメプリンシペ | 196.37 | 44．リベリア | -411.07 |
| 45．ボツワナ | 191.15 | 45．マダガスカル | -544.43 |
| 46．赤道ギニア | 111.44 | 46．中央アフリカ | -586.66 |
| 47．モーリシャス | 104.25 | 47．ブルンジ | -717.53 |
| 48．ガボン | 102.11 | 48．トーゴ | -854.57 |
| 49．リベリア | 94.21 | 49．コートジボワール | -985.31 |
| 50．コモロ | 79.18 | 50．カメルーン | -1,232.41 |
| 51．セーシェル | 53.88 | 51．ギニア | -1,538.87 |
| 52．スワジランド | 12.42 | 52．コンゴ（民） | -1,816.59 |
| 53．リビア | -15.29 | 53．マラウイ | -2,477.31 |
| | | 54．ザンビア | -2,887.26 |

出所：World Bank（2015）World Development Indicators Database
注：金額は全体額から無償援助受取額と技術協力援助受取額を差し引いて算出した。

## （ハ）無償

表6-3はアフリカに流入した国別無償援助金額を2000年以前と2001年以後に分けて表示したものであるが、この表から2000年以前の数字を見ると、いくつかの興味ある事実を指摘することができる。

前述の通り、無償援助は有償、無償、技術協力の3分類の中で最大規模となっているだけでなく、全体の半分以上を占め、アフリカ援助の主流となっている。ちなみに、アフリカ53カ国の平均値は25億756万ドルであるが、これは161カ国の平均値17億8,896万ドルを大きく上回っているので、この事実からも、援助の世界では対アフリカ向けの無償援助が主流となりつつあることを窺い知ることができる。

次に表6-3を表6-1と比較すると、全体金額の上位6カ国と無償資金の上位6カ国は全く同じ顔ぶれである。また、10カ国中コートジボワールとガーナを除く8カ国が無償資金についても上位10カ国を占めている。ちなみに、無償資金におけるコートジボワールの順位は第11位、ガーナの順位は第13位であるから、実際に両者はほとんど重複しているといっても過言ではない。他方、下位の場合は下から8番目までの下位8カ国は全く同じ顔ぶれである。また、10カ国中エリトリアとガボンを除く8カ国が無償資金についても下位10カ国を占めている。ちなみに、無償資金におけるエリトリアの順位は下から11番目、ガボンの順位は下から13番目であるから、下位についても両者はほとんど重複していると言い得るだろう。

## （ニ）技術協力

有償と無償の違いは返済を伴うか否かの違いである。これに対して、技術協力も無償援助の一種であるが、無償と技術協力の違いは有形か無形かの違いである。たとえば、道路を建設したり、橋を架けたりという具合に、無償の場合は援助が後々まで形として残るが、技術協力の場合は原則として形が残らない。なぜ残らないかというと、技術協力がカバーするのが主に人件費だからである。つまり、先進国から途上国に専門家を派遣したり、先進国が途上国からの研修員を受け入れたりするのが技術協力の典型例であるが、専門家を派遣した結果として、または研修員を受け入れた結果として何かが残るわけでない。

表6-4はアフリカに流入した国別技術協力金額を2000年以前と2001年以後に分けて表示したものであるが、この表から2000年以前の数字を見ると、

表6-3　無償援助受取累積額　　　　　　　　　　　　　　　（単位：百万ドル）

| 1987～2000 年 | | 2001～2014 年 | |
|---|---|---|---|
| 1．エジプト | 21,401.43 | 1．コンゴ（民） | 34,613.74 |
| 2．モザンビーク | 9,650.45 | 2．エチオピア | 31,043.98 |
| 3．タンザニア | 8,368.52 | 3．ナイジェリア | 26,400.55 |
| 4．エチオピア | 7,223.19 | 4．タンザニア | 25,480.89 |
| 5．ザンビア | 5,118.70 | 5．モザンビーク | 19,339.17 |
| 6．ケニア | 4,635.16 | 6．スーダン | 18,171.59 |
| 7．ウガンダ | 4,525.51 | 7．ウガンダ | 17,595.36 |
| 8．セネガル | 4,516.81 | 8．エジプト | 17,223.49 |
| 9．モロッコ | 4,428.66 | 9．ガーナ | 16,342.23 |
| 10．スーダン | 4,426.94 | 10．ザンビア | 15,803.44 |
| 11．コートジボワール | 4,422.00 | 11．ケニア | 13,991.89 |
| 12．ソマリア | 3,753.70 | 12．コートジボワール | 12,377.82 |
| 13．ガーナ | 3,395.88 | 13．マラウイ | 11,804.56 |
| 14．ルワンダ | 3,244.89 | 14．マリ | 10,799.99 |
| 15．マダガスカル | 3,087.51 | 15．カメルーン | 10,471.42 |
| 16．マラウイ | 3,029.64 | 16．ブルキナファソ | 9,889.56 |
| 17．カメルーン | 2,838.25 | 17．ルワンダ | 9,314.24 |
| 18．アンゴラ | 2,831.64 | 18．セネガル | 8,675.84 |
| 19．マリ | 2,812.27 | 19．南ア | 8,324.72 |
| 20．ブルキナファソ | 2,731.35 | 20．マダガスカル | 8,151.88 |
| 21．ジンバブエ | 2,597.55 | 21．ソマリア | 7,631.29 |
| 22．ニジェール | 2,518.31 | 22．ニジェール | 7,476.95 |
| 23．コンゴ（民） | 2,419.52 | 23．リベリア | 7,356.64 |
| 24．ギニア | 2,011.49 | 24．モロッコ | 6,848.67 |
| 25．モーリタニア | 1,817.23 | 25．ジンバブエ | 6,442.32 |
| 26．ベナン | 1,664.87 | 26．ブルンジ | 5,996.08 |
| 27．チャド | 1,543.28 | 27．シエラレオネ | 5,725.27 |
| 28．南ア | 1,489.79 | 28．ベナン | 5,648.69 |
| 29．チュニジア | 1,449.81 | 29．コンゴ（共） | 4,838.10 |
| 30．ブルンジ | 1,433.16 | 30．ギニア | 4,796.76 |
| 31．コンゴ（共） | 1,249.21 | 31．チャド | 4,600.59 |
| 32．中央アフリカ | 1,186.11 | 32．南スーダン | 4,579.30 |
| 33．トーゴ | 1,012.70 | 33．アンゴラ | 3,579.86 |
| 34．リベリア | 995.01 | 34．モーリタニア | 3,450.57 |
| 35．ナミビア | 976.98 | 35．トーゴ | 3,360.90 |
| 36．アルジェリア | 976.97 | 36．中央アフリカ | 2,976.39 |
| 37．シエラレオネ | 919.26 | 37．チュニジア | 2,754.20 |
| 38．ナイジェリア | 859.68 | 38．ナミビア | 2,077.79 |
| 39．カーボベルデ | 844.07 | 39．エリトリア | 1,843.57 |
| 40．ジブチ | 727.52 | 40．ボツワナ | 1,774.67 |
| 41．ガボン | 717.85 | 41．レソト | 1,685.69 |
| 42．ボツワナ | 712.86 | 42．ギニアビサウ | 1,606.35 |
| 43．エリトリア | 673.39 | 43．アルジェリア | 1,562.88 |
| 44．ギニアビサウ | 669.89 | 44．ガンビア | 1,251.83 |
| 45．レソト | 657.50 | 45．カーボベルデ | 1,068.78 |
| 46．ガンビア | 465.95 | 46．リビア | 1,067.88 |
| 47．コモロ | 296.59 | 47．ジブチ | 1,037.04 |
| 48．赤道ギニア | 260.12 | 48．スワジランド | 778.82 |
| 49．スワジランド | 244.11 | 49．モーリシャス | 637.79 |
| 50．サントメプリンシペ | 238.91 | 50．ガボン | 603.47 |
| 51．モーリシャス | 216.32 | 51．コモロ | 597.49 |
| 52．セーシェル | 110.90 | 52．サントメプリンシペ | 552.85 |
| 53．リビア | 24.14 | 53．赤道ギニア | 310.25 |
| | | 54．セーシェル | 203.71 |

出所：World Bank（2015）World Development Indicators Database

表6-4　技術協力援助受取累積額　　　　　　　　　　（単位：百万ドル）

| 1987 ～ 2000 年 | | 2001 ～ 2014 年 | |
|---|---|---|---|
| 1．エジプト | 9,558.49 | 1．エジプト | 4,460.81 |
| 2．タンザニア | 2,842.01 | 2．モロッコ | 4,323.49 |
| 3．モロッコ | 2,783.38 | 3．ナイジェリア | 2,956.81 |
| 4．ケニア | 2,653.53 | 4．南ア | 2,923.66 |
| 5．エチオピア | 2,286.78 | 5．セネガル | 2,768.30 |
| 6．モザンビーク | 2,171.25 | 6．モザンビーク | 2,611.91 |
| 7．セネガル | 2,099.67 | 7．ケニア | 2,556.03 |
| 8．ザンビア | 1,742.11 | 8．エチオピア | 2,491.59 |
| 9．南ア | 1,590.47 | 9．タンザニア | 2,446.42 |
| 10．カメルーン | 1,544.23 | 10．コンゴ（民） | 2,352.47 |
| 11．ウガンダ | 1,543.08 | 11．アルジェリア | 2,259.57 |
| 12．ジンバブエ | 1,537.33 | 12．カメルーン | 2,105.94 |
| 13．マリ | 1,533.67 | 13．ウガンダ | 2,087.57 |
| 14．コートジボワール | 1,453.78 | 14．チュニジア | 2,005.64 |
| 15．ブルキナファソ | 1,441.63 | 15．ガーナ | 1,775.31 |
| 16．スーダン | 1,357.12 | 16．マリ | 1,687.54 |
| 17．アルジェリア | 1,352.32 | 17．ザンビア | 1,445.22 |
| 18．チュニジア | 1,327.25 | 18．ブルキナファソ | 1,443.93 |
| 19．マラウイ | 1,309.54 | 19．ルワンダ | 1,391.59 |
| 20．マダガスカル | 1,259.95 | 20．スーダン | 1,382.75 |
| 21．コンゴ（民） | 1,253.10 | 21．マラウイ | 1,259.07 |
| 22．ニジェール | 1,227.46 | 22．ベナン | 1,216.88 |
| 23．ガーナ | 1,226.47 | 23．マダガスカル | 1,195.24 |
| 24．ルワンダ | 1,113.13 | 24．ニジェール | 927.38 |
| 25．ナイジェリア | 1,039.94 | 25．コートジボワール | 921.55 |
| 26．ソマリア | 845.54 | 26．ジンバブエ | 893.90 |
| 27．アンゴラ | 817.80 | 27．アンゴラ | 764.76 |
| 28．ベナン | 810.61 | 28．ブルンジ | 760.78 |
| 29．ギニア | 805.45 | 29．ギニア | 750.68 |
| 30．チャド | 726.90 | 30．ナミビア | 701.36 |
| 31．ナミビア | 679.29 | 31．シエラレオネ | 612.24 |
| 32．ボツワナ | 644.45 | 32．モーリタニア | 592.93 |
| 33．モーリタニア | 617.30 | 33．ガボン | 554.75 |
| 34．ブルンジ | 607.60 | 34．カーボベルデ | 489.11 |
| 35．中央アフリカ | 603.20 | 35．チャド | 486.87 |
| 36．ガボン | 536.35 | 36．トーゴ | 438.53 |
| 37．ジブチ | 532.74 | 37．リベリア | 435.22 |
| 38．トーゴ | 525.11 | 38．南スーダン | 402.27 |
| 39．コンゴ（共） | 518.01 | 39．コンゴ（共） | 381.69 |
| 40．レソト | 463.14 | 40．中央アフリカ | 376.23 |
| 41．ギニアビサウ | 439.01 | 41．ジブチ | 331.58 |
| 42．カーボベルデ | 425.98 | 42．ボツワナ | 322.63 |
| 43．シエラレオネ | 332.66 | 43．リビア | 311.49 |
| 44．スワジランド | 325.49 | 44．モーリシャス | 299.65 |
| 45．リベリア | 294.75 | 45．ソマリア | 289.63 |
| 46．モーリシャス | 278.94 | 46．エリトリア | 233.33 |
| 47．ガンビア | 272.68 | 47．ギニアビサウ | 224.41 |
| 48．エリトリア | 249.34 | 48．レソト | 185.76 |
| 49．コモロ | 207.19 | 49．コモロ | 177.50 |
| 50．赤道ギニア | 203.90 | 50．ガンビア | 166.12 |
| 51．サントメプリンシペ | 164.23 | 51．サントメプリンシペ | 160.46 |
| 52．セーシェル | 117.77 | 52．赤道ギニア | 145.03 |
| 53．リビア | 62.33 | 53．スワジランド | 96.90 |
| | | 54．セーシェル | 66.22 |

出所：World Bank（2015）World Development Indicators Database

いくつかの興味ある事実を指摘することができる。

前述の通り、技術協力の総額は 623 億 5,545 万ドルであり、3 分類の中では無償に次ぐ規模であるが、金額的には有償援助総額 615 億 7,675 万ドルとほとんど変わりがない。それゆえ、援助総額で見れば、全体の 1/2 強を無償が占め、それぞれ 1/4 弱を有償と技術協力が占めるというのがこの時期における対アフリカ援助の特徴と言い得るだろう。

アフリカ 53 カ国の平均値は 11 億 7,652 万ドルであるが、世界 160 カ国の平均値は 9 億 5,897 万ドルで、アフリカをさらに下回る。ということは、アフリカには世界平均を上回る規模で技術協力が行われているということであり、この数字からは、技術協力の分野でも主要な資金供与先がアフリカになっているという実態を窺い知ることができる。

次に表 6-4 を表 6-1 と比較すると、全体金額の上位 10 カ国中コートジボワール、ウガンダ、ガーナを除く 7 カ国が技術協力についても上位 10 カ国を占めている。ちなみに、無償資金におけるコートジボワールの順位は第 14 位、ウガンダの順位は第 11 位、ガーナの順位は第 23 位である。それゆえ、重複率は依然として高いが、有償や無償に比べると、若干低いことは否めない。他方、下位の場合は下位 10 カ国中ガボンを除く 9 カ国が技術協力についても下位 10 カ国を占めている。ちなみに、ガボンの順位は下から 18 番目である。したがって、重複率については上位よりも下位の方が高い。

## （2）2001 年以後

### （イ）全体

前掲の表 6-1 から 2001 年以後の数値を見ていくと、いくつかの興味ある事実を指摘することができる。まずアフリカ全 54 カ国に流入した援助総額を計算すると、それは 5,161 億 4,509 万ドルとなるが、これは 2000 年以前の援助総額 2,643 億 5,573 万ドルの 2 倍弱であるから、2000 年以前との比較で言えば、2001 年以後の時期において援助総額はほぼ倍増したこととなる。ちなみに、同時期に流入した対内直接投資額が 5,334 億 820 万ドル[38]、対内間接投資額が 905 億 9,756 万ドルであることを考慮すれば、援助総額は対内直接投資額よりは若干少ないが、対内間接投資額よりは 5 倍以上の規模である。ただし、2000 年以前の援助総額が対内直接投資と対内間接投資の合計の 2 倍以上であったことを考慮すれば、2001 年以後の援助総額は対内

第 6 章　どれくらいの援助がアフリカに流入したのか　175

直接投資と対内間接投資の合計額の80%に縮小している。ということは、アフリカへの外部資金の流入という意味では、2000年以前においては投資よりも援助の方がはるかに大きかったが、2001年以後はその立場が逆転し、援助よりも投資の方が大きくなっているのである。

　次に54カ国の平均値を計算すると95億5,824万ドルとなるが、これは国別順位で第20位ルワンダと第21位マダガスカルの中間に位置する。ということは、54カ国中で平均値を上回る援助を受けた国が20カ国であるのに対して、平均値を下回る国が34カ国あるということである。ちなみに、同時期における世界141カ国が受け取った援助の平均値は75億8,718万ドルであり、アフリカの平均値を下回る。ちなみに、世界の平均値との比較という意味では、アフリカが世界を上回った比率が2000年以前には1.14倍であったのに対して、2001年以後には1.26倍に拡大しているので、この数字からも地域別でアフリカが援助を受ける比重がますます高まっているという傾向を窺い知ることができる。

　次に54カ国を低所得国[39]とそれ以上に分けると、平均値を上回る20カ国中の低所得国は高い順にエチオピア、コンゴ（民）、タンザニア、モザンビーク、ウガンダ、マリ、セネガル、ブルキナファソ、マラウイ、ルワンダの10カ国で占有率は50%である。これに対して、平均値を下回る34カ国中の低所得国は高い順にマダガスカル、ニジェール、ソマリア、リベリア、ジンバブエ、ベナン、シエラレオネ、ブルンジ、チャド、南スーダン、ギニア、トーゴ、中央アフリカ、エリトリア、ギニアビサウ、ガンビア、コモロの17カ国で占有率は同じく50%である。したがって、この結果を見る限り、低所得国は中所得国以上と同等に援助を受け取っていると言い得るだろう。

　次に上位10カ国を具体的に見ていくと、2000年以前においても2001年以後においても上位10カ国入りしている国は、エジプト、タンザニア、モザンビーク、エチオピア、ケニア、ウガンダ、ガーナの7カ国であるから、これら7カ国についてはアフリカにおける不動の援助受け入れ大国といってもよいと思う。他方、2000年以前においては上位10カ国入りしていたにもかかわらず、2001年以後において圏外に去ったのがモロッコ、ザンビア、コートジボワールの3カ国である。しかし、モロッコとザンビアは2001年以後もそれぞれ第11位、第12位であるから、この2カ国についても不動の援助受け入れ大国の仲間に入れてもよいと考えるが、コートジボワールの場

合は第7位から第15位まで順位を下げているので、その仲間には入れがたい。なぜコートジボワールの順位が大幅に下がったかというと、政情不安が影響している可能性が高い。というのは、1960年の独立後、親仏政策を推し進めたウフェボワニ大統領の下で高度成長を達成したコートジボワールであるが、30年以上政権の座にあったウフェボワニが1993年に死去してからは政情不安に見舞われるようになり、2000年代に入ると、それが内戦にまで発展したからである。しかし、コートジボワールは順位こそ下げたが、2000年以前と2001年以後の比較では援助の受取額はむしろ1.2倍増となっている。これに対して、2000年以前は上位10カ国の圏外だったが、2001年以後上位10カ国入りしたのがスーダン、コンゴ（民）、ナイジェリアの3カ国である。このうちスーダンは2000年以前の順位が第11位であるから、不動の援助受け入れ大国と見なしてよいが、コンゴ（民）は第20位から第2位、ナイジェリアは第31位から第3位への躍進である。

　この3カ国が上位10カ国入りしたことによって、いくつかの興味ある事実が浮かび上がっていた。その1つが人口であるが、2014年におけるアフリカの10大人口大国はナイジェリア、エチオピア、エジプト、コンゴ（民）、南ア、タンザニア、ケニア、アルジェリア、ウガンダ、スーダンであるが、このうち南アとアルジェリアを除く8カ国がランクインしているのである。それゆえ、アフリカにおける援助受け入れ大国とは人口大国とほぼ同義であると言い得るだろう。2つ目は経済規模である。すなわち、2014年において名目GDPが大きい10カ国とは、序章の表0-2が示す通り、ナイジェリア、南ア、エジプト、アルジェリア、アンゴラ、モロッコ、スーダン、ケニア、エチオピア、チュニジアであるが、このうちナイジェリア、エジプト、スーダン、ケニア、エチオピアの5カ国が援助受け入れの上位10カ国に入っているのである。それゆえ、人口ほどではないが、アフリカにおける援助受け入れ大国とは人口大国とは経済規模が大きい国という側面も多分に持ち合わせていると考えられる。

　2001年以後の上位10カ国について特筆すべきことが2つある。1つは、エジプトの凋落である。2000年以前において、エジプトは第2位のタンザニアを金額で2倍以上引き離し断トツの第1位を占めていたが、2001年以後はその順位を第6位に落とすとともに、援助受取額も2000年以前の6割程度に縮小してしまった。この援助受取額縮小はおそらくエジプトの地政学

第6章　どれくらいの援助がアフリカに流入したのか　　177

的重要性の相対的低下を反映していると考えられる。2つ目は、エチオピア、コンゴ（民）、ナイジェリア、タンザニアの躍進である。これら4カ国はいずれもその援助受取額が300億ドルを超え、2000年以前のエジプトの規模にまで規模を拡大させているが、そのうちエチオピアとタンザニアについては、安定した政治と着実な経済発展が援助の呼び水となっていることは疑う余地がない。他方、コンゴ（民）とナイジェリアについては依然として政情は不安定ではあるが、第1章の表1-3が示す通り、2001年から2013年までの期間においてナイジェリアは7.86%、コンゴ（民）は5.35%という高い成長率を達成しており、こうした高成長が呼び水となって、多額の援助資金が流入しているものと考えられる。

次に下位10カ国を見ていくと、2000年以前の10カ国のうちリビア、セーシェル、赤道ギニアが、スワジランド、コモロ、サントメプリンシペ、モーリシャス、ガンビア、ガボンの9カ国が2001年以後においても下位10カ国入りしているので、これら9カ国についてはアフリカにおける不動の援助受け入れ小国と言い得るだろう。

（ロ）有償

前掲の表6-2から2001年以後の数字を見ると、いくつかの興味ある事実を指摘することができる。まず有償援助の合計金額を見ると、2000年以前が615億7,675万ドルであったのに対して、2001年以後は189億5,659万ドルであり、2000年以前の30%程度まで縮小している。これは全体の援助が2倍弱増加しているのとは対照的な現象である。なぜこの時期に有償援助が大幅に減少したかというと、考えられる理由は債務問題である。1990年代後半から国際社会の積極的な関与によってアフリカの債務問題解決のための道筋がつけられたことは前述の通りであるが、その結果として援助の出し手も受け手も有償援助を縮小する方向に動いたのである。こうなると、新規の有償資金の流入は減るが、過去に借りた分の返済は続けなければならないので、有償資金の純受取額がマイナスとなる国が出てくる。表6-2が示す通り、この有償資金受取額がマイナスという国は、2000年以前においてはリビア1カ国のみであったが、2001年以後には28カ国にまで増加している。つまり、2001年以後においては全54カ国の半数以上の国で有償資金の受け取りよりも返済の方が多くなっているのである。ちなみに、1996年にアフリカ33カ国がHIPC（重債務貧困国）に認定されたが、このうち表6-2で

178　第1部　アフリカ経済の何が問題か

有償援助受取額がプラス値をとっている国が 11 カ国、マイナス値をとっている国が 22 カ国であり、HIPC の中で引き続き有償援助を受けている国は全体の 1/3 に止まっていることがわかる。

アフリカ 54 カ国の平均値は 3 億 5,104 万ドルであるが、これは 2000 年以前の平均値 11 億 6,182 万ドルの 1/3 程度であるから、この数字からも 2012 年以後の有償資金の流れが大きく減少したことを窺い知ることができる。ちなみに、2001 年以後の世界 160 カ国の平均値は 3 億 8,793 万ドルで、アフリカを若干上回るが、ほぼ同規模であるから、援助の中での有償資金の役割は世界的にも大きく縮小しつつあると言い得るだろう。

次に 54 カ国を見渡すと、2000 年以前の上位 10 カ国のうち第 1 位エジプト、第 2 位ガーナ、第 3 位コートジボワール、第 4 位ザンビア、第 5 位ウガンダ、第 10 位カメルーンの 6 カ国が 2001 年以後では大きく順位を下げている。ただし、エジプトは順位を下げたとはいえ、依然上位 10 カ国内に止まっているが、ウガンダは第 17 位、ガーナは第 39 位、コートジボワールを第 49 位、カメルーンは第 50 位、ザンビアに至っては最下位の第 54 位まで順位を上げている。他方、第 6 位タンザニア、第 7 位ケニア、第 8 位モロッコ、第 9 位エチオピアの 4 カ国はそれぞれ順位を上げ、2001 年以後の順位ではモロッコが第 2 位、ケニアが第 3 位、タンザニアが第 4 位、エチオピアが第 5 位となっている。これに対して、2000 年以前にはベストテン圏外であったが、2001 年以後にベストテン入りした国がナイジェリア、チュニジア、南ア、カーボベルデの 4 カ国である。この結果、序章の表 0-2 が示す通り、2014 年の名目 GDP の上位 10 カ国中ナイジェリア、モロッコ、ケニア、エチオピア、チュニジア、南ア、エジプトの 7 カ国が 2001 年以後の上位 10 カ国に入っていることとなり、経済規模の大きい国により多額の有償資金が流れ込むという傾向がより鮮明となっている。

（ハ）無償

前掲の表 6-3 から 2001 年以後の数字を見ると、無償援助資金の流入がさらに大規模になっていることがわかる。というのは、2000 年以前に 1,404 億 2,355 万ドルであった無償資金総額が 2001 年以後は 4,325 億 3,980 万ドルと 3 倍以上も大きくなっているからである。ちなみに、アフリカ 54 カ国の平均値は 80 億 1,000 万ドルであるが、これは 143 カ国の平均値 58 億 6,255 万ドルを 1.37 倍上回っている。この倍率は 2000 年以前の倍率 1.40

第 6 章　どれくらいの援助がアフリカに流入したのか　　179

倍より若干小さいが、この事実からも、援助の世界では対アフリカ向けの無償援助が依然主流となっていることを読み取ることができる。

次に54カ国を見渡すと、2000年以前の上位10カ国のうち第1位エジプト、第2位モザンビーク、第3位タンザニア、第4位エチオピア、第5位ザンビア、第7位ウガンダ、第10位スーダンの7カ国が順位に変動はあるものの2001年以後も依然上位10カ国内に止まっている。他方、第6位ケニア、第8位セネガル、第9位モロッコの3カ国はベストテン圏外に去っているが、そのうちケニアは第11位であるので、ベストテンに準じる地位を維持している。これに対して、2000年以前のベストテン圏外から2001年以後のベストテン圏内に入った国はコンゴ（民）、ナイジェリア、ガーナの3カ国である。この結果、序章の表0-2が示す通り、2014年の名目GDPの上位10カ国中ナイジェリア、エジプト、スーダン、ケニア、エチオピアの5カ国が2001年以後の上位10カ国に入っていることとなるが、それ以上に重要なのが人口である。というのは、2014年の人口の上位10カ国中ナイジェリア、エチオピア、エジプト、コンゴ（民）、タンザニア、ウガンダ、スーダンの7カ国が2001年以後の上位10カ国に入っているからである。それゆえ、2001年以後においては人口規模の大きい国により多額の無償資金が流れ込むという傾向がより鮮明となっている。他方、下位の場合は2000年以前の下位10カ国中第1位のリビアから第7位のコモロまでの7カ国が2001年以後も下位10カ国中に入っているが、第8位のガンビア、第9位のレソト、第10位のギニアビサウは圏外に去っている。しかし、圏外に去ったとはいえ、ガンビアは下から第11位、レソトは第14位、ギニアビサウは第13位と引き続き下位10カ国に近い位置を占めているので、無償資金の受け取りについては下位国の顔ぶれにほとんど変更は見られない。

### （二）技術協力

前掲の表6-4から2001年以後の数字を見ると、技術協力の総額は2000年以前の623億5,545万ドルから646億4,870万ドルに増えているが、その増加率は3.7%の低率である。この結果、2000年以前と2001年以後の比較では、有償が減少し、無償と技術協力が増加したが、増加幅という点では無償が大きく、技術協力が小さいという傾向を読み取ることができた。

アフリカ54カ国の平均値は11億9,720万ドルであるが、世界144カ国の平均値は13億3,270万ドルであり、世界の平均値がアフリカの平均値を上

回る。2000 年以前においてアフリカの平均値が世界の平均値を上回っていたことを考慮すれば、技術協力の分野では 2001 年以後においてアフリカの比重はむしろ下がっているということになる。

次に国別順位を見ると、2000 年以前の上位 10 カ国中第 8 位のザンビアと第 10 位のカメルーンがベストテン圏外に去っているが、それ以外の 8 カ国は引き続き上位 10 カ国の中に入っている。圏外に去った 2 カ国のうちザンビアは第 17 位まで順位を下げたが、カメルーンは第 12 位であるから、このカメルーンを加えると、10 カ国中 9 カ国が最上位を維持しており、その定着率は高いと言い得るだろう。他方、2000 年以前はベストテン圏外であったが 2001 年以後に新たに上位 10 カ国入りしたのがナイジェリアとコンゴ（民）の 2 カ国である。この結果、2014 年に人口大国上位 10 カ国のうちエジプト、ナイジェリア、南ア、ケニア、エチオピア、タンザニア、コンゴ（民）の 7 カ国が 2001 年以後の上位 10 カ国入りすることとなり、ここでも人口大国ほど技術協力援助の受け取りが大きいという傾向が現れている。これに対して、2000 年以前の下位 10 カ国中リビア、モーリシャス、リベリアを除く 7 カ国が 2001 年以後も下位 10 カ国入りしているし、モーリシャスとリビアもそれぞれ下から 11 番目と 12 番目であることを考慮すれば、10 カ国圏内から大きく外れたのはリベリアのみとなり、この結果からも下位の顔ぶれが固定していることを読み取ることができる。

## 3．現状における問題点

上記 2 の分析を通じてアフリカには投資を上回る援助資金が流入していることが明らかになったが、多くの国が依然として低成長に喘いでいる事実を見ると、援助資金が必ずしも有効には使われてこなかったのではないかという疑問が生まれてくる。そこで以下では援助の問題点を援助の受け手と出し手のそれぞれの立場から考察してみることとした。

### （1）援助の受け手の問題点
#### （イ）援助依存の慢性化
表6-5 は 1990 年から 2013 年までの 24 年間におけるアフリカ 39 カ国が受け取った援助額をそれぞれの国の歳出と GNI で除し、さらにその平均値を

第 6 章　どれくらいの援助がアフリカに流入したのか　　181

高い順に並べ替えたものである[40]。この表からまず援助の対歳出比率を見る
が、注目すべきポイントは 100% という比率である。その比率が 100% であ
るということは国外から入ってきた援助と国内で手当した歳出が同額という
ことである。公共サービスの提供のために使われるという意味では援助も歳
出も同じであるから、結局、その比率が 100% であるということは公共サー
ビスの半分が援助によって賄われているということになる。このように考え
ると、39 カ国中最も比率の高いガンビアの場合、実に公共サービスの 2/3
弱が援助によって賄われ、自国の歳出で賄われる分は 1/3 強にすぎないとい
うことになる。24 年の長きにわたってこうした状況が続いているとしたら、
これは援助依存体質が慢性化していると言わざるを得ない。ちなみに、アフ
リカ 39 カ国の平均値は 51.14% であるから、平均的に見ても、アフリカで
は公共サービスを自国資金で賄える部分は 2/3 にすぎず、1/3 は援助によっ
て賄われているということになる。

　次に上位 10 カ国と下位 10 カ国の顔ぶれを見ると、より際立った特徴が現
れてくる。まず上位 10 カ国であるが、序章の表 0-4 の分類に従うと、この
うちサントメプリンシペを除く 9 カ国が低所得国である。低所得国の場合、
経済も未発展で財政基盤も脆弱であるから財政収入も乏しく、それに見合っ
て予算歳出の規模も小さいと考えられるから、援助の対歳出比率も高くなり
がちになると考えられる。ちなみに、サントメプリンシペは 2014 年の 1 人
当たり GNI が 1,670 ドルの低位中所得国であるが、序章の表 0-1 と表 0-2
が示す通り、セーシェルに次ぐアフリカ第 2 位の人口小国で、なおかつ、
2014 年の名目 GDP はアフリカ 53 カ国中の最下位であるから、経済規模が
小さい分、援助の対歳出比率が高くなってしまったと考えられる。他方、下
位 10 カ国の顔ぶれを見ると、この中には低所得国が 1 カ国もないだけでな
く、モロッコを除く 9 カ国すべてが高位中所得国以上である。高位中所得国
以上であれば、経済もそれなりに発展し、それなりの財政基盤も確立し、安
定的な財政収入も確保されているから、それに見合って予算歳出の規模も大
きいと考えられるので、援助の対歳出比率は逆に小さくなりがちになると考
えられる。ちなみに、モロッコは低位中所得国であるが、2,980 ドルという
2014 年の 1 人当たり GNI は 16 カ国ある低位中所得国で上から 3 番目の高
位であるから、高位中所得国に分類しても差し支えなく、そう考えると、10
カ国すべてが高位中所得国ということになる。

表6-5　援助の対歳出、GNI 比率（1990〜2013 年）　　　（単位：%）

| 援助の対歳出比率 | | 援助の対 GNI 比率 | |
|---|---|---|---|
| 1．ガンビア | 178.70 | 1．サントメプリンシペ | 28.58 |
| 2．サントメプリンシペ | 120.63 | 2．モザンビーク | 27.76 |
| 3．ルワンダ | 118.21 | 3．ブルンジ | 24.19 |
| 4．コンゴ（民） | 107.83 | 4．ルワンダ | 23.50 |
| 5．ブルキナファソ | 100.15 | 5．カーボベルデ | 19.98 |
| 6．マダガスカル | 99.93 | 6．ザンビア | 17.20 |
| 7．エチオピア | 95.62 | 7．マリ | 14.23 |
| 8．中央アフリカ | 91.42 | 8．タンザニア | 14.10 |
| 9．マリ | 85.84 | 9．ブルキナファソ | 13.98 |
| 10．ブルンジ | 83.88 | 10．ウガンダ | 13.70 |
| 11．ウガンダ | 73.39 | 11．赤道ギニア | 12.07 |
| 12．ザンビア | 73.07 | 12．エチオピア | 11.70 |
| 13．モザンビーク | 70.57 | 13．中央アフリカ | 11.63 |
| 14．ベナン | 68.03 | 14．ガンビア | 11.51 |
| 15．ギニア | 67.05 | 15．マダガスカル | 11.45 |
| 16．セネガル | 57.91 | 16．コンゴ（民） | 11.20 |
| 17．トーゴ | 51.03 | 17．ベナン | 10.13 |
| 18．タンザニア | 50.83 | 18．セネガル | 9.85 |
| 19．カーボベルデ | 49.12 | 20．トーゴ | 9.03 |
| 20．ガーナ | 42.05 | 21．ガーナ | 8.92 |
| 21．カメルーン | 40.63 | 22．ギニア | 8.69 |
| 22．ケニア | 31.49 | 22．コンゴ（共） | 8.59 |
| 23．レソト | 31.41 | 23．レソト | 8.05 |
| 24．コンゴ（共） | 29.49 | 24．ジンバブエ | 6.41 |
| 25．スーダン | 29.00 | 25．ケニア | 6.12 |
| 26．コートジボワール | 27.58 | 26．コートジボワール | 6.07 |
| 27．ジンバブエ | 23.34 | 27．アンゴラ | 4.91 |
| 28．ナイジェリア | 22.62 | 28．カメルーン | 4.86 |
| 29．エジプト | 12.71 | 29．スーダン | 3.96 |
| 30．ナミビア | 11.38 | 30．セーシェル | 3.48 |
| 31．アンゴラ | 9.01 | 31．ナミビア | 3.46 |
| 32．モロッコ | 7.83 | 32．エジプト | 3.22 |
| 33．セーシェル | 7.41 | 33．モロッコ | 1.85 |
| 34．ボツワナ | 7.32 | 34．ボツワナ | 1.78 |
| 35．赤道ギニア | 5.20 | 35．チュニジア | 1.42 |
| 36．モーリシャス | 5.04 | 36．ナイジェリア | 1.30 |
| 37．チュニジア | 4.84 | 37．モーリシャス | 1.01 |
| 38．アルジェリア | 1.71 | 38．アルジェリア | 0.42 |
| 39．南ア | 1.07 | 39．南ア | 0.34 |

出所：World Bank（2015）World Development Indicators Database

これに対して、援助の対 GNI 比率からはそれ自体の意味しか読み解くことができない。その意味とは、アフリカの中で相対的に発展した経済大国ほど、その経済規模に比して援助受取額が小さく、逆に未発展な途上国ほど、その経済規模に比して援助受取額が大きいということである。この傾向が顕著に現れるのが下位 10 カ国の場合で、この中には低所得国は 1 カ国もない。他方、上位 10 カ国の場合は 7 カ国が低所得国、3 カ国が低位中所得国で、高位中所得国は 1 カ国もない[41]。

　そして、援助の対歳出比率と対 GNI 比率の 2 つを組み合わせると、さらに興味ある事実を指摘することができる。その事実とは援助の経済発展に対する直接的貢献度の低さであるが、なぜそうした指摘ができるかというと、大雑把に言えば、援助がある国の経済発展に貢献したとすれば、発展の結果としてその国の GDP ないし GNI は拡大するので、援助の対 GNI 比率は低下すると考えられるし、逆に経済発展に貢献しなかったとすれば、援助の対 GNI 比率は高止まりすると考えられるからである。この考え方を踏まえつつ、援助の対歳出比率の上位 10 カ国のうち何カ国が援助の対 GNI 比率の上位 10 カ国に入っているかを見ると、それはガンビア、サントメプリンシペ、ルワンダ、ブルキナファソ、マリ、ブルンジの 6 カ国である。この 6 カ国中サントメプリンシペを除く 5 カ国は低所得国であるから、これらの国については、24 年間に多額の援助を受けたにもかかわらず、その援助が経済発展に十分結びつかず、依然として低所得水準にあるために、援助の対 GNI 比率も高止まりしていると言い得るだろう。ただし、援助の対歳出比率の上位 10 カ国中コンゴ（民）、マダガスカル、エチオピア、中央アフリカの 4 カ国は援助の対 GNI 比率の上位 10 カ国に入っていないが、エチオピア第 12 位、中央アフリカ第 13 位、マダガスカル第 15 位、コンゴ（民）第 16 位で、いずれも上位 10 カ国に近接する位置を占めている。したがって、この点を考慮すれば、援助の対歳出比率の上位 10 カ国すべてにおいて援助の経済発展に対する直接的貢献度は低いという結論が導き出せると考える。この傾向は下位 10 カ国を見るとさらに鮮明に看取できる。というのは、援助の対歳出比率の下位 10 カ国中モロッコを除く 9 カ国が高位中所得国以上であり、この下位 10 カ国がアフリカにおける相対的な発展国であることがわかるが、この下位 10 カ国中赤道ギニアとアンゴラを除く 8 カ国が援助の対 GNI 比率の上位 10 カ国入りしているからである。図 6-1 は表 6-5 の関係をグラフ化

図 6-1 援助の対歳出、GNI 比率（1990〜2013 年）

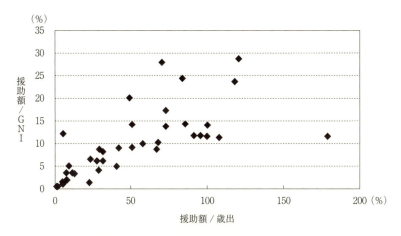

出所：World Bank（2015）World Development Indicators Database

したものであるが、この図からは援助の対歳出比率が高い国は援助の対GNI比率も高いという傾向をより鮮明に把握することができる[42]。

(ロ) 行政の肥大化

　仮に収入が少なければ、提供できる公共サービスにも限りがあるから、政府は多くの公務員を雇用する必要はない。ところが、ここに援助が入り込むことによって、より多くの公共サービスを提供できる財源とそのサービスに従事する公務員を雇用するための財源が確保されるから、公務員数は必然的に増加する。他方、経済が未発展な国においては民間部門も未発展であるから、雇用を吸収する場が極端に少なく、結果として、政府が主要な雇用の吸収先となるから、援助プロジェクトが終了しても、公務員数を援助開始前の水準まで落とすことは容易ではなく、雇用対策の一環としても政府は公務員数の削減には消極的とならざるを得ず、こうした状況が積み重なることによって、行政の肥大化が進むのである。

　ところで、経済が未発展だったにもかかわらず、多くのアフリカ諸国は独立当時から自国の経済規模から比べると相対的に大きな政府をもっていた。というのは、独立当時のアフリカ諸国の多くは自国の国民経済が十分に成熟する前に独立を迎えなければならなかったからである。そして、自国内を見

第 6 章　どれくらいの援助がアフリカに流入したのか　　185

渡せば、そこには近代的な経済インフラもなければ、熟練労働力もなく、地元民の有力資本家（ブルジョワ）も存在せず、大企業と言えば、ほぼすべて旧宗主国資本の傘下にあった。それゆえ、こうした状況において新たに独立した国が早期の経済的自立を図ろうとすれば、どうしても国家が前面に出ざるを得なかったのである[43]。そして、前述の通り、援助依存が慢性化する中で一旦肥大化した行政はなかなか縮小することなしに今日に至っているのである。

### （ハ）行政管理能力の欠如

援助が有効に機能しない理由としてしばしば指摘されるのが援助受取国の行政管理能力の欠如であるが、この問題の本質は究極的には第4章で言及した技術の問題に帰着する。というのは、受け取った援助を有効に活用し、円滑に管理する能力も1つの技術と見做すことができるからである。それゆえ、行政管理能力の欠如とは技術の消化不良に他ならないから、この問題を解決するためには、援助の出し手も受け手が容易に消化できるように援助の中身を工夫する必要がある。

もちろん、案件によっては、関係省庁のやる気のなさや行政の未熟による非能率のために計画が進展しない場合[44]とか、援助実施の過程で、高級ホテルで行う会議の開催費用、プロジェクト実施現場に外国人援助スタッフを連れていくためのランドクルーザー購入等々、本来の目的以外に資金の多くが費やされる場合[45]とかがあり、これをすべて技術の消化不良に帰すことには無理がある。しかし、援助は、政府の通常の財源と比べて、交渉・手続き・調査・管理のために余分な取引費用がかかることも事実である。そして、財政基盤の脆弱な国にはこうした高い取引費用を負担する能力がないから、どうしても援助プロセスが長引き、その過程で行政管理能力の欠如が露呈する場面がしばしば現れると考えられる[46]。

### （ニ）腐敗の蔓延

援助の多くは公共事業に使われるが、公共事業は汚職の温床となりやすい。とりわけ援助が国家予算外の資金によって手当てされ、国民が監視する手段を奪われていれば、汚職を誘発しやすい[47]。また、資金の代替可能性を考慮すれば、援助によって「浮いた」資金の監視は困難となるので、外国援助は簡単に盗まれ、使い道を変えられ、抜き取られるし、付随する汚職も防止できないのである[48]。要するに、援助はレント・シーキングを助長する。レン

ト・シーキングとは、本来民間が公的機関に働きかけて、自分たちに都合の
いいように法律や制度を変更させることによって、レント（超過利潤）を得
る行為であるが、援助に関して言えば、民間よりも公的機関で働く公務員が
レントを得る場合の方が多い。というのは、公共福祉のために用意された援
助金にアクセスできる公務員が自分自身の個人的用途ために援助金を横領す
るからである。

アフリカにおける汚職の蔓延の一端を示す資料の1つに国際的なNGOト
ランスペアレンシー・インターナショナルが毎年公表する腐敗認識指数があ
るが、その2015年版[49]によると、調査対象国は世界168カ国で、その中に
はアフリカ全54カ国中スワジランドと赤道ギニアを除く52カ国が含まれて
いる。52カ国中の最上位がボツワナで、その世界ランキングは第28位であ
る。他方、52カ国中の最下位はソマリアであり、その世界ランキングは第
167位であるが、第167位にはもう1カ国北朝鮮があり、この両国が世界最
下位である。52カ国の位置づけをさらに詳しく見ると、ボツワナに次ぐの
が世界ランキングで40番台のカーボベルデ、セーシェル、ルワンダ、モー
リシャス、ナミビアである。以下、世界ランキング50番台がガーナ、60番
台がレソト、セネガル、南ア、サントメプリンシペ、70番台がブルキナフ
ァソ、チュニジア、ザンビア、80番台がベナン、リベリア、アルジェリア、
エジプト、モロッコ、90番台がマリ、ジブチ、ガボン、ニジェール、100番
台がエチオピア、コートジボワール、トーゴ、110番台がマラウイ、モーリ
タニア、モザンビーク、タンザニア、シエラレオネ、120番台がガンビア、
マダガスカル、130番台がカメルーン、コモロ、ナイジェリア、ギニア、ケ
ニア、ウガンダ、140番台が中央アフリカ、コンゴ（民）、チャド、コンゴ
（共）、150番台がブルンジ、ジンバブエ、エリトリア、ギニアビサウ、160
番台がリビア、アンゴラ、南スーダン、スーダン、ソマリアであり、番号が
大きいほど、腐敗の度合いも高いと考えられる。

世界168カ国の半分は84カ国であるが、アフリカでランキングが84番目
までに入る国はボツワナからベナンまでの15カ国である。換言すれば、ア
フリカ52カ国中で世界ランキングの上位半分に位置する国は15カ国で、下
位半分に位置する国は37カ国ということになるが、これはアフリカ52カ国
の3割が上位半分、7割が下位半分に位置するということであるから、この
数値を見る限りにおいても、アフリカには腐敗蔓延度が高い国が多いという

第6章　どれくらいの援助がアフリカに流入したのか　　187

相対的事実を指摘できると思う。

## （2）援助の出し手の問題点

### （イ）寛大な態度

　無償資金は贈与という形の一方通行であり、投下した資金が出し手の側に戻ってくることはない。それゆえ、無償資金援助を継続的に行うためには、援助供与国は常に新たな資金を手当する必要に迫られるから、無償で多額の援助を供与し続けるには自ずと限界がある。これに対して、有償資金の場合は年月がかかるとはいえ資金の回収が可能であるから、常に新たな資金を手当する必要に迫られる心配はない。こうした事情もあり、過去には巨額な資金を要する大型案件には有償資金が供与され、巨額な資金を必要としない小型案件には無償資金が供与されるという棲み分けも存在していた。そして、有償資金と無償資金の棲み分けがきちんと行われている国の方がそうでない国よりも援助を自国の発展により効果的に結びつけているという一般的傾向も看取できたのである。というのは、道路、港湾、発電所といった経済発展に資するようなインフラの整備には巨額な資金を要するので、これらインフラ整備案件を間断なく実施するためには有償資金の活用が不可欠だったからである。

　ところが、アフリカに関する限り、この有償資金と無償資金の効果的棲み分けができていない場合が多い。というのは、アフリカでは無償資金援助の占める比率が圧倒的に高いからである。なぜそうした事態が起きたかというと、それは累積債務問題と関係する。すなわち、一次産品輸出ブームによって経済が比較的好調であった 1970 年代前半まではアフリカ諸国の多くが有償資金援助を積極的に活用し、その結果として、1970 年代中頃には援助のほぼ 2/3 がインフラ案件に向けられていた。ところが、一次産品価格の下落が経済不振を招くようになると、急場しのぎの貧困対策により多くの有償資金が使われるようになり、1970 年代後半には 5％であったその比率が 1980 年代前半には一気に 50％に上昇してしまった[50]。こうなると、有償資金援助を受けても、それが自国の発展に結びつかないから、経済的な体力が低下し、債務返済が滞るようになり、1980 年代後半時点でアフリカ諸国が実際に返済できた額は返済すべき額の半分程度となってしまった。ちなみに、こうした状況下で債権国と債務国との間で取り決められた支払い延期措置は 1980

188　　第 1 部　アフリカ経済の何が問題か

年末時点で 100 件を超えていたと言われている[51]。そして、1990 年には主として 1970 年代に借りた有償資金の債務残高は 1,500 億ドルを超える規模にまで拡大したが、この額はアフリカ諸国が毎年実現する国民総生産にほぼ匹敵する額である。こうした事情もあり、対アフリカ援助の無償化が加速化していき、1998 年時点で対アフリカ援助の 76% が無償となった[52]。

援助の無償化が加速していけば、その分、援助の出し手の負担は増大していく。にもかかわらず、前掲の表 6-3 が示す通り、2001 年以後の対アフリカ無償援助額が 2000 年以前との比較で 3 倍以上も増大しているということは援助の出し手の寛大さの証左に他ならないが、その寛大さが必ずしもアフリカ諸国の発展をもたらすわけではなく、むしろその逆の場合もあり得る。というのは、無償援助は人道支援的側面が濃厚で、保健、教育といった分野に資金が集中する傾向が大きく、経済発展に直結するようなインフラ整備にはあまり向かわないからである。

### （ロ）援助ビジネス

援助が人道的観点から実施されることは論を俟たないが、その一方でビジネスという側面があることも無視できない事実である。たとえば、援助の重要な担い手が国際機関であり、そこに所属する多くの職員が途上国で行われている援助業務に従事しているが、これを国連職員の場合で考えると、国連職員は 193 の加盟国から採用され、その総数は 4.4 万人にも及ぶのであるが、このうちの半数以上が実際の現場で活動を行っている。ということは、援助の現場では援助の受け手の公務員だけでなく、援助の出し手の職員も多数業務に従事しているから、援助の現場は援助の出し手の職員に雇用機会を与える場でもある。そう考えると、援助の出し手の職員の側に立てば、雇用の場を確保するためにも、援助を減らすわけにはいかなくなるのである。

他方、対アフリカ援助の一翼を担っている IMF や世界銀行はアフリカ諸国に対して融資を行ったり、補助金を出したりするが、それらの活動は多かれ少なかれ援助ビジネスとしての側面を有している[53]。たとえば、IMF について言えば、ある国が自国の発展に資すると考えて IMF に融資を仰ぐ場合であって、その決定が必ずしも発展に結びつかないという事態が起こり得る。というのは、資金の出し手である IMF の最優先課題は、資金の受け手を発展させることではなくて、資金の受け手にきちんとした返済を促すことだからである。そうなると、資金の受け手は、借金を返済するための資金確保の

観点からも、支出削減を最優先せざるを得なくなり、本来発展のために使われる資金が目減りする可能性が出てくるのである[54]。また、世界銀行の場合は設立当初は国際復興開発銀行としてニューヨーク市場で債券を発行し、信用度の高い国々に対して低利で貸付を行っていた。しかし、このやり方では信用度の低い低所得国に貸付を行うことができない。そこで、信用度の低い低所得国にも貸付を行うことができるように、世界銀行は新たに国際開発協会（別名、第二世銀）を設立した。この第二世銀の役割は譲渡であるが、このように新たな任務を追加することによって、世界銀行は自身のビジネス範囲をどんどん拡大していったのである。

　さらに言えば、食糧支援を行うWFP（世界食糧計画）は穀物商社としての側面を併せ持っているといっても過言ではない。というのは、WFPは今やアフリカ最大の穀物の買い手で、たとえば2007年には26ヵ国からほぼ90万トン、総額で2億4,500万ドルを超える穀物を買い付けている。そして、その穀物買取に関与するのが質・量・配送でWFPの入札条件を満たす大規模投機家であるから、食糧援助はそれ自体巨大なビジネスである[55]。

---

1　たとえば返済期間が40年、最初の10年間は返済据え置き、金利ゼロというような優遇条件で借款が実施される場合がある。

2　ディネーセン、アイザック（1981年）422頁によると、イギリスはケニアで借地人の小屋1軒当たり12シリングの税金を課していた。

3　山田秀雄（2005年）169頁からの引用。

4　寺西重郎（1995年）68頁からの引用。

5　トダロ、マイケル（1997年）756頁からの引用。

6　トダロ、マイケル（1997年）756頁からの引用。

7　トダロ、マイケル（1997年）758頁からの引用。

8　平野克己（2002年）104頁からの引用。

9　平野克己（2002年）105頁からの引用。

10　石弘之（2009年）120頁からの引用。

11　勝俣誠（1991年）66頁からの引用。

12　平野克己（2002年）23頁からの引用。

13　北川勝彦、高橋基樹編著（2014年）102頁からの引用。

14　たとえば、旧イギリス植民地は独立後もイギリス連邦（元々の名称はBritish Commonwealth of Nationsであったが、1949年にCommonwealth of Nationsに改称）という緩やかな国家連合に所属したし、旧フランス植民地の場合は、西部と中部の国が

CFA フランという共通通貨を流通させている。この CFA フランが創設されたのは 1958 年であるが、創設当初は 1 フランス・フラン = 50CFA フランの固定レートが採用され、1999 年 1 月 1 日以降は 1 ユーロ = 655.957CFA フランの固定レートが採用されている。ところで、CFA とは本来「アフリカのフランス植民地」（Colonies Françaises d' Afrique）の意味だったが、現在西部では「アフリカ金融共同体」（Communauté Financière Africaine）、中部では「中部アフリカ金融協力体」（Coopération Financière en Afrique centrale）の意味で使われている。

15 ヨモ、ダンビサ（2010 年）63 頁からの引用。

16 財政困難をもたらした背景にはスエズ運河の建設費が当初の予定以上に拡大したという事情がある。

17 建設にはソ連以外にも中国、チェコスロバキアなどが協力している。

18 ヨモ、ダンビサ（2010 年）32 頁からの引用。

19 5 カ国とはボツワナ、ガンビア、モーリシャス、セネガル、ジンバブエである。

20 ODA とは Official Development Aid（政府開発援助）の略である。

21 平野克己（2002 年）97 頁からの引用。

22 平野克己編（2003 年）7 頁からの引用。

23 勝俣誠（1991 年）67 頁からの引用。

24 「リスケ」とは「リスケジュール」（reschedule）の略である。

25 勝俣誠（1991 年）110 頁からの引用。

26 パリクラブとは、債権国と債務国が二国間でリスケ交渉を行う非公式会合であるが、毎月 1 回、フランス財務省で開催されることから、この呼称が定着した。

27 認定基準は、1993 年時点で 1 人当たり GNP が 695 ドル以下、1993 年時点で債務残高の現在価値が年間輸出額の 2.2 倍以上（または GNP の 80％以上）の 2 つである。

28 1997 年までは日本、米国、イギリス、フランス、ドイツ、イタリア、カナダの 7 カ国が参加する G7 だったが、1998 年からはロシアも加わり、G8 となった。しかし、2014 年にロシアの参加資格が停止され、再び G7 に戻った。

29 北川勝彦、高橋基樹編著（2014 年）204 頁からの引用。

30 キリスト教世界には、キリストが再臨して地上に千年王国という理想郷を建設するという言い伝えがあることから、西暦 2000 年という区切りのよい年に新たな千年王国を建国しようという機運が盛り上がった。

31 この時点での加盟国数は 193 カ国であった。

32 北川勝彦、高橋基樹編著（2014 年）204 頁からの引用。

33 第 5 章の表 5-1 から計算した。

34 第 5 章の表 5-3 から計算した。

35 2014 年の 1 人当たり GNI を基準にすると、アフリカ 54 カ国中 27 カ国が低所得国に分類されるが、うち南スーダンは 2000 年以前にはスーダンの一部だったので、ここでは 26 カ国として議論する。

36 第一世界は西側世界、第二世界は東側世界で、そのいずれにも属さないのが第三世界である。

37 返済義務のない技術協力も無償援助の 1 つであるが、通常は一般の無償援助と切り離して扱われる。

38 第5章の表5-1から計算した。

39 2014年の1人当たりGNIを基準にすると、アフリカ54カ国中27カ国が低所得国に分類されるが、うち南スーダンは2000年以前にはスーダンの一部だったので、ここでは26カ国として議論する。

40 なぜ1990年から2013年までの24年かというと、これが援助額の対歳出比率の数値をとれる期間と合致するからである。また39カ国としたのも、これが援助額の対歳出比率の数値をとれる国の数だからである。ただし、国によっては全期間で数値がとれるわけではないので、その場合は数値のとれる期間の平均値を計算した。

41 以上は序章の表0-4に従った分類である。

42 2つの比率の相関係数は0.69である。

43 北川勝彦、高橋基樹編著（2014年）100頁からの引用。

44 松本仁一（2008年）60頁からの引用。

45 ゲスト、ロバート（2008年）180頁からの引用。

46 石田洋子（2008年）50頁からの引用。

47 石田洋子（2008年）51頁からの引用。

48 石田洋子（2008年）52頁からの引用。

49 Transparency Internationalのホームページからの引用。

50 ヨモ、ダンビサ（2010年）21頁からの引用。

51 勝俣誠（1991年）110頁からの引用。

52 平野克己（2002年）101頁からの引用。

53 ヨモ、ダンビサ（2010年）77頁からの引用。

54 スティグリッツ、ジョセフE.（2012年）271頁からの引用。

55 サロー、ロジャー、スコット・キルマン（2011年）310頁からの引用。

第**7**章

# アフリカはどのような産業構造をもっているのか

　アフリカ経済の全体像を知るためには、アフリカ経済がどのような構造をもっているかを知る必要がある。このとき重視されるのが国内的視点と対外的視点の2つであるが、本章においては国内的視点に立脚した分析を行い、次章においては対外的視点に立脚した分析を行う。本章においてはまず各国における産業構造の洗い出しを行い、その上でより多くの国に共通すると考えられる産業構造の特徴を明らかにするとともに、なぜアフリカでは工業やサービス業が発展しないのか、その理由も考えてみたい。

## 1. 産業構成の変遷

　ペティ・クラークの法則[1]によれば、経済の発展とともに基幹産業は農業を中心とした第一次産業から鉱工業を中心とした第二次産業へ、さらにはサービス業を中心とした第三次産業に移行するから、もしアフリカ経済が着実な発展を遂げていれば、GDP に占める各産業の比重も第一次産業から第二次産業さらには第三次産業へと変化していくはずである。こうした考え方を踏まえ、以下では 1990 年と 2013 年における GDP の産業別構成比を比較することとした。なお、1990 年と 2013 年を採用した理由は、比較年の間隔を少しでも広げることによって長期的な変化の動向を見たいと考えたこと、より客観的な分析を行うためには標本数をできる限り多くとる必要があるが、1990 年と 2013 年を採用すると、その数が最大となったことの2つである。

193

## （1）1990 年

1990 年は、一般的に言えば、多くのアフリカ諸国が独立を達成した 1960 年から 30 年を経過した年であるが、好調だった経済が第一次石油危機を契機として悪化に転じ、それが債務危機によってさらに悪化した年であったと見なすことができる。表 7-1 はこの 1990 年におけるアフリカ 43 カ国の GDP の産業別構成比を比率の高い順に列記したものである。この表からまずアフリカ 43 カ国の平均値を計算すると、農業 29.4%、鉱工業 26.4%、サービス業 44.1%であり、すでにサービス業が農業を上回っている。つまり、1990 年時点で農業はすでに GDP の稼ぎ頭という地位を失っているのである。ただし、この数字をもってアフリカの経済発展が進んでいると考えるのは早計である。同年における世界 135 カ国の平均値を見ると、農業 20.8%、鉱工業 30.6%、サービス業 48.6%である。ということは、アフリカの場合、農業が依然として GDP の 3 割を稼得しているのに対して、世界の場合、その比率が 2 割にまで低下しており、両者間には 1 割の差がある。この数字から見ても、アフリカにおける経済発展の度合いは世界的にも大きく出遅れていると言い得るだろう。以下、産業ごとに数字をみていくこととしよう。

### （イ）農業

アフリカ 43 カ国中、GDP に占める農業の比率が最も高い国はギニアビサウの 60.8%、最も低い国は南アの 4.6%である。比率が 60%台の国はギニアビサウ 1 カ国、50%台がウガンダ以下 3 カ国、40%台の国が中央アフリカ以下 7 カ国、30%台の国がマリ以下 9 カ国、20%台の国がケニア以下 9 カ国、10%台の国がセネガル以下 10 カ国、10%未満の国がナミビア以下 4 カ国である。43 カ国の平均値は 29.4%であるが、これは第 22 位のモーリタニアと第 23 位のチャドの中間に位置するので、平均値を上回る国が 22 カ国、下回る国が 21 カ国となる。また、世界 135 カ国の平均値は 20.8%であるが、これを上回る国は 28 カ国、下回る国は 15 カ国となる。

上位 10 カ国の顔ぶれを見ると、第 1 位のギニアビサウは国連分類の西部に属する国で、セネガル、ギニアと国境を接している。比率の高さが示す通り、農業以外にめぼしい産業はないが、だからといって、農業が高度に発展しているというわけではない。序章の表 0-2 が示す通り、2014 年時点でアフリカ 53 カ国中、人口は下から 10 番目、名目 GDP は下から 4 番目であることを考慮すれば、ギニアビサウにおける農業比率の高さは、人口の少なさ

194　　第 1 部　アフリカ経済の何が問題か

表 7-1　GDP の産業別構成比（1990 年）　　　　　　　　　　　　　　　　（単位：%）

| 農業 | | 鉱工業 | | サービス業 | |
|---|---|---|---|---|---|
| 1．ギニアビサウ | 60.8 | 1．ボツワナ | 61.0 | 1．セーシェル | 78.9 |
| 2．ウガンダ | 56.5 | 2．ザンビア | 51.3 | 2．ナミビア | 58.7 |
| 3．ブルンジ | 55.8 | 3．アルジェリア | 48.2 | 3．マダガスカル | 58.6 |
| 4．エチオピア | 52.0 | 4．ナイジェリア | 45.3 | 4．セネガル | 57.9 |
| 5．中央アフリカ | 49.2 | 5．スワジランド | 43.2 | 5．カーボベルデ | 55.5 |
| 6．シエラレオネ | 46.9 | 6．コンゴ（共） | 40.6 | 6．南ア | 55.3 |
| 7．タンザニア | 45.9 | 7．南ア | 40.1 | 7．モーリシャス | 54.4 |
| 8．ガーナ | 45.0 | 8．レソト | 34.1 | 8．チャド | 53.0 |
| 9．マラウイ | 45.0 | 9．チュニジア | 33.6 | 9．ベナン | 52.9 |
| 10．コモロ | 41.4 | 10．ギニア | 33.3 | 10．エジプト | 52.0 |
| 11．スーダン | 40.5 | 11．ジンバブエ | 33.1 | 11．ケニア | 51.4 |
| 12．マリ | 39.5 | 12．モーリシャス | 32.8 | 12．ジンバブエ | 50.4 |
| 13．モザンビーク | 37.1 | 13．ナミビア | 31.5 | 13．コモロ | 50.3 |
| 14．ニジェール | 35.2 | 14．モロッコ | 30.4 | 14．モロッコ | 50.3 |
| 15．ベナン | 34.6 | 15．カーボベルデ | 30.1 | 15．ブルキナファソ | 49.6 |
| 16．トーゴ | 33.8 | 16．カメルーン | 29.5 | 16．チュニジア | 48.7 |
| 17．ルワンダ | 32.6 | 17．コンゴ（民） | 29.0 | 17．ニジェール | 48.6 |
| 18．コートジボワール | 32.5 | 18．マラウイ | 28.9 | 18．コンゴ（共） | 46.5 |
| 19．ナイジェリア | 31.5 | 19．モーリタニア | 28.8 | 19．スワジランド | 46.5 |
| 20．コンゴ（民） | 31.0 | 20．エジプト | 28.7 | 20．カメルーン | 46.0 |
| 21．ケニア | 29.6 | 21．コートジボワール | 26.3 | 21．モザンビーク | 44.5 |
| 22．モーリタニア | 29.6 | 22．ルワンダ | 24.6 | 22．スーダン | 44.2 |
| 23．チャド | 29.3 | 23．トーゴ | 22.5 | 23．トーゴ | 43.7 |
| 24．ブルキナファソ | 29.2 | 24．セネガル | 22.2 | 24．マリ | 43.3 |
| 25．マダガスカル | 28.6 | 25．ブルキナファソ | 21.2 | 25．ギニア | 42.9 |
| 26．レソト | 24.8 | 26．中央アフリカ | 20.4 | 26．ルワンダ | 42.8 |
| 27．カメルーン | 24.5 | 27．シエラレオネ | 19.2 | 27．モーリタニア | 41.6 |
| 28．ギニア | 23.8 | 28．ブルンジ | 19.0 | 28．コートジボワール | 41.2 |
| 29．ザンビア | 20.6 | 29．ケニア | 19.0 | 29．レソト | 41.1 |
| 30．セネガル | 19.9 | 30．ギニアビサウ | 18.6 | 30．アルジェリア | 40.5 |
| 31．エジプト | 19.3 | 31．モザンビーク | 18.4 | 31．コンゴ（民） | 40.0 |
| 32．モロッコ | 19.3 | 32．チャド | 17.7 | 32．エチオピア | 38.2 |
| 33．チュニジア | 17.7 | 33．タンザニア | 17.7 | 33．ガーナ | 38.1 |
| 34．ジンバブエ | 16.5 | 34．マリ | 17.2 | 34．タンザニア | 36.4 |
| 35．カーボベルデ | 14.4 | 35．ガーナ | 16.9 | 35．ボツワナ | 34.1 |
| 36．コンゴ（共） | 12.9 | 36．セーシェル | 16.3 | 36．シエラレオネ | 33.9 |
| 37．モーリシャス | 12.8 | 37．ニジェール | 16.2 | 37．ウガンダ | 32.4 |
| 38．アルジェリア | 11.3 | 38．スーダン | 15.3 | 38．中央アフリカ | 30.4 |
| 39．スワジランド | 10.3 | 39．マダガスカル | 12.8 | 39．ザンビア | 28.1 |
| 40．ナミビア | 9.8 | 40．ベナン | 12.5 | 40．マラウイ | 26.1 |
| 41．ボツワナ | 4.9 | 41．ウガンダ | 11.1 | 41．ブルンジ | 25.2 |
| 42．セーシェル | 4.8 | 42．エチオピア | 9.8 | 42．ナイジェリア | 23.2 |
| 43．南ア | 4.6 | 43．コモロ | 8.3 | 43．ギニアビサウ | 20.6 |

出所：World Bank（2015）World Development Indicators Database

による経済規模の小ささ、経済発展の度合いの低さに起因すると言い得るだろう。経済が発展しない背景には政治の不安定さも影響している。というのは、この国は元々ポルトガルの植民地であったが、行政上は19世紀後半まで同じくポルトガルの植民地である大西洋上の島嶼国カーボベルデの一部であったため、少数派のカーボベルデ人がギニアビサウ社会を支配するという構図が1974年の独立以後も続いたからである。この結果として、多数派のギニアビサウ人の反発が強まり、クーデターの勃発等が続き、経済も混乱していたので、とても経済発展に集中できるような状況ではなかった。

　ギニアビサウに続くのがウガンダ、ブルンジ、エチオピアであるが、これら3カ国は国連分類の東部に属する国である。東部に属するという意味ではタンザニア、マラウイ、コモロも同様であるから、上位10カ国中の6カ国が東部の国ということになる。なお、それ以外の地域では西部がギニアビサウ、シエラレオネ、ガーナの3カ国、中部が中央アフリカの1カ国である。なお、序章の表0-4の分類に従えば、上位10カ国中、中所得国は第8位のガーナのみで、それ以外の9カ国はすべて低所得国である。

　次に下位5カ国を見ていくと、セーシェルを除く4カ国がすべて国連分類の南部に属する国である。ちなみに、セーシェルは東部に属する国であるが、SADC[2]の加盟国でもあるから南部の国と見なすことも可能であり、そうすると、下位5カ国がすべて南部の国ということになる。この分類に従うと、モーリシャスとジンバブエもSADC加盟国であるから、下位10カ国中の7カ国が南部ということになり、残りは北部がアルジェリア1カ国、中部がコンゴ（共）1カ国、西部がカーボベルデ1カ国となる。なお、序章の表0-4の分類に従えば、ジンバブエ1カ国のみが低所得国で、残る9カ国はすべて中所得国以上で、なおかつ、6カ国が高位中所得国以上であるから、これらの国については、経済発展の度合いの高さが農業比率の低さに直結していると考えられる。

　（ロ）鉱工業
　アフリカ43カ国中、GDPに占める鉱工業の比率が最も高い国はボツワナの61.0%、最も低い国はコモロの8.3%である。比率が60%台の国はボツワナ1カ国、50%台がザンビア1カ国、40%台の国がアルジェリア以下5カ国、30%台の国がレソト以下8カ国、20%台の国がカメルーン以下11カ国、10%台の国がシエラレオネ以下15カ国、10%未満の国がエチオピア以下2

カ国である。43 カ国の平均値は 26.4％であるが、これは第 20 位のエジプト
と第 21 位のコートジボワールの中間に位置するので、平均値を上回る国が
20 カ国、下回る国が 23 カ国となる。また、世界 135 カ国の平均値は 30.6％
であるが、これを上回る国は 13 カ国、下回る国は 30 カ国となる。この世界
の中には工業が発展した先進国も含まれているので、その事実を加味すれば、
アフリカの平均値が世界の平均値より低いことはアフリカにおける経済発展
の未成熟さを示すかもしれない。

　序章の表 0-4 に従って上位 10 カ国の顔ぶれを見ると、10 カ国すべてが鉱
物資源を有する国であることがわかる。資源別で見ると、石油がアルジェリ
ア、ナイジェリア、コンゴ（共）、ダイヤモンドがボツワナ、レソト、銅が
ザンビア、石炭がスワジランド、金が南ア、リン鉱石がチュニジア、ボーキ
サイトがギニアである[3]。これら 10 カ国の中で鉱業だけではなく、工業も発
展していると言い得る国は南アのみであるから、この表を見る限り、鉱工業
比率の上昇は工業の発展によってもたらされたというよりは、むしろ鉱業の
発展によってもたらされたと言い得るだろう。なお、序章の表 0-4 の分類に
従えば、上位 10 カ国中、低所得国はギニア 1 カ国のみで、それ以外の 9 カ
国はすべて中所得国である[4]。

　次に下位 10 カ国を表 0-4 に従って分類すると、鉱物資源を有する国がエ
チオピア、スーダン、ニジェール、ガーナ、マリの 5 カ国であるが、これら
の国の鉱工業比率が低いということは 1990 年時点では鉱物資源の開発が十
分には進んでいなかったと考えられる。なお、序章の表 0-4 の分類に従えば、
下位 10 カ国中、高所得国がセーシェル、低位中所得国がスーダン、ガーナ
で、残る 7 カ国が低所得国である。

（ハ）サービス業

　アフリカ 43 カ国中、GDP に占めるサービス業の比率が最も高い国はセー
シェルの 78.9％、最も低い国はギニアビサウの 20.6％である。比率が 70％
台の国はセーシェル 1 カ国、60％台がなく、50％台がナミビア以下 13 カ国、
40％台の国がブルキナファソ以下 17 カ国、30％台の国がエチオピア以下 7
カ国、20％台の国がザンビア以下 5 カ国である。43 カ国の平均値は 44.1％
であるが、これは第 22 位のスーダンと第 23 位のトーゴの中間に位置するの
で、これを上回る国は 22 カ国、下回る国は 21 カ国となる。また、世界 135
カ国の平均値は 48.6％であるが、これは第 17 位のニジェールと同値である。

第 7 章　アフリカはどのような産業構造をもっているのか　　197

序章の表 0-4 に従って上位 10 カ国の顔ぶれを見ると、10 カ国中、低所得国がマダガスカル、セネガル、チャド、ベナンの 4 カ国であるのに対して、中所得国以上が 6 カ国である。他方、下位 10 カ国の顔ぶれを見ると、10 カ国中、中所得国がナイジェリア、ボツワナ、ザンビアの 3 カ国であるのに対して、低所得国が 7 カ国である。この結果から、上位 10 カ国と下位 10 カ国では低所得国と中所得国以上の比率が逆転しているので、低所得国ほどサービス業の比率が低いという明確な傾向は読み取り得ないと考える。

　なお、農業比率とサービス業比率を比較すると、この低所得国と中所得国との関係にさらに興味ある事実を付け加えることができる。その事実とは、農業比率の上位 10 カ国のうち、エチオピアとガーナを除く 8 カ国がサービス業比率の下位 10 カ国にランクインしているということである。ただし、ガーナは下から 11 番目、エチオピアは下から 12 番目であるから、下位 12 カ国をとると、10 カ国すべてがランクインすることとなる。以上の結果から、農業比率が高い低所得国はサービス業の比率が低いという結論を導き出すことができるだろう。なお、これとは逆に農業比率の下位 10 カ国中でサービス業の上位 10 カ国にランクインする国はセーシェル、ナミビア、カーボベルデ、南ア、モーリシャス、エジプトの 6 カ国あるから、農業比率の上位 10 カ国ほどではないが、下位 10 カ国についても農業比率が低い中所得国以上の国はサービス業の比率が高いという結論を導き出すことが可能である。

## （2）2013 年

　1990 年がアフリカにとって停滞の年であったとすれば、逆に 2013 年はアフリカに高成長をもたらした資源ブームがまさに終焉を迎えた時期とほぼ一致するから、1960 年代の独立ブーム以来の過去 50 年間の中でアフリカの発展がピークに達していた年であったとも解釈できる。表 7-2 はこの 2013 年におけるアフリカ 43 カ国の GDP の産業別構成比を比率の高い順に列記したものである。この表からまずアフリカ 43 カ国の平均値を計算すると、農業 23.9%、鉱工業 26.1%、サービス業 50.0% である。ちなみに、1990 年との比較で言えば、農業が 29.4% から 23.9%、鉱工業が 26.4% から 26.1% へと比率を下げたのに対して、サービス業だけが 44.1% から 50.0% に比率を上げている。多くの国が高成長を遂げる中で農業の比率が下がり、サービス業の比率が上がるということは妥当な結果であるが、鉱工業の比率が下がっ

198　　第 1 部　アフリカ経済の何が問題か

たことは意外である。というのは、ペティ・クラークの法則に従えば、農業
比率の低下の次には鉱工業比率の上昇が起きるのが普通であるが、それが起
きていないからである。さらに言えば、資源ブームで資源価格が上昇してい
る状況下では GDP に占める鉱工業比率も上昇すると思われるからである。
他方、同年における世界 164 カ国の平均値を見ると、農業 12.9％、鉱工業
28.4％、サービス業 58.6％である。ということは、農業の比率は世界より
アフリカの方が高いが、鉱工業とサービス業の比率は世界の方がアフリカよ
り高いので、産業構成を見る限り、1990 年から 20 年以上が経過した 2013
年においても、アフリカの発展段階は世界平均よりもかなり遅れていると考
えられる。その遅れは農業比率を見れば歴然で、アフリカの場合、農業が依
然として GDP の 2 割を稼得しているのに対して、世界の場合、その比率が
1 割まで低下しており、両者間には依然として 1 割の差がある。

## （イ）農業

アフリカ 43 カ国中、GDP に占める農業の比率が最も高い国は中央アフリ
カの 58.2％、最も低い国は南アの 2.3％である。比率が 50％台の国は中央
アフリカ以下 3 カ国、40％台がエチオピア以下 2 カ国、30％台の国がブルン
ジ以下 9 カ国、20％台の国がケニア以下 13 カ国、10％台の国がセーシェル
以下 6 カ国、10％未満の国がザンビア以下 10 カ国である。43 カ国の平均値
は 23.9％であるが、これは第 20 位のベナンと第 21 位のガーナの中間に位
置するので、平均値を上回る国が 20 カ国、下回る国が 23 カ国となる。また、
世界 135 カ国の平均値は 12.9％であるが、これを上回る国は 30 カ国、下回
る国は 13 カ国となる。

上位 10 カ国の顔ぶれを見ると、1990 年の上位 10 カ国中、ギニアビサウ、
ブルンジ、エチオピア、中央アフリカ、シエラレオネ、コモロの 6 カ国が
2013 年の上位 10 カ国にランクインし、ウガンダ、タンザニア、ガーナ、マ
ラウイの 4 カ国が上位 10 カ国から外れている。他方、1990 年の上位 10 カ
国外から 2013 年の上位 10 カ国に入った国はマリ、ニジェール、トーゴ、チ
ャドの 4 カ国である。この 4 カ国のうちマリだけは 1990 年から 2013 年まで
の間に 39.5％から 38.3％と比率を下げているのに対して、残る 3 カ国は比
率を上げている。ちなみに、1990 年も 2013 年も上位 10 カ国入りした 6 カ
国のうち 2013 年の比率が 1990 年より高い国は中央アフリカとシエラレオネ
の 2 カ国のみである。

第 7 章　アフリカはどのような産業構造をもっているのか　　199

1990 年から 2013 年にかけて農業比率が上昇した 5 カ国を 2013 年の順位に従って見ていくと、第 1 位の中央アフリカは、第 1 章の表 1-3 が示す通り、2001 年から 2013 年にかけての成長率がマイナスで、しかも順位は 47 カ国中で下から 2 番目である。中央アフリカのマイナス成長は打ち続く内戦と無政府状態によってもたらされたもので、マイナス成長で経済規模が縮小したことが農業比率の上昇を惹起したと考えられる。

　第 2 位のチャドは、1990 年の順位が第 23 位で農業比率は 29.3％であったが、2013 年にはその比率が 51.9％まで上昇した。第 1 章の表 1-3 によれば、チャドは、2000 年以前はマイナス成長だったが、2001 年以後はプラス成長に転じ、しかも 8.91％というように 47 カ国中第 5 位の高率を達成している。この高成長が石油生産によってもたらされたと考えられるだけに、チャドにおける農業比率の上昇は意外な結果である。しかし、鉱工業比率の毎年の数値を見ると、2003 年に 24.4％、2004 年に 47.1％を記録したが、それ以外の年は一貫して 10％台ないしそれ以下であるから、鉱工業比率の上昇は読み取ることができなかった[5]。ちなみに、2003 年は内陸油田から海への出口まで全長 1,000km 強のパイプラインが完成し、日量 10 万バレルの原油生産が始まった年である。そして、それ以降チャドの輸出の 8 割が原油によって占められているが、原油生産が本格化する前のチャドは典型的な農業国で、主力農産物である綿花が輸出の 7 割を稼得していた。一方、チャドは政治的には不安定な国で、2000 年代にも内戦が頻発している。

　第 3 位のシエラレオネもチャドと同じように、2000 年以前はマイナス成長、2001 年以後はプラス成長を記録した国であり、しかも 2001 年以後は 47 カ国中で赤道ギニアに次ぐ第 2 位の 10.19％を達成している。シエラレオネは 1991 年の内戦勃発以来政治的に不安定な状態が続いていたが、2007 年以後正常化した。シエラレオネはダイヤモンドやボーキサイトなどの輸出でも知られていて、1991 年から 2000 年まで鉱工業比率は毎年 20〜40％という高率を維持していたが、2001 年以降は 10％台ないしそれ以下に落ち、2013 年に再び 20％台を回復した[6]。シエラレオネにおける農業比率の上昇は、政治的混乱収拾に伴う農業の復活と混乱が長期化した結果としてのサービス業の未発展によってもたらされたと考えられる。

　第 8 位のトーゴは、順位という点では 1990 年の第 16 位から 2013 年には第 8 位に躍進しているが、比率的は 29.3％から 37.1％への上昇にすぎない。

トーゴにおける農業比率の上昇は主力鉱物資源であるリン鉱石の枯渇によって説明することができる。というのは、一時は世界シェアの10%を占めていた採掘量が1990年代前半にピークに達し、それ以後採掘量は減少に転じたからである。また、この減少によって1981年から1997年まで20%台を維持していた鉱工業比率が10%台に下落する[7]。他方、トーゴでは政治が比較的に安定していたこともあり、農業の順調な発展がその比率を引き上げたと考えられる。

　第10位のニジェールは、1990年の第14位から2013年の第10位へと順位をわずかに上げただけであるし、比率上昇も35.2%から35.8%とわずかである。ニジェールは2014年の1人当たりGNIが420ドルで、アフリカ53カ国中で下から6番目の低さである。こうした所得の低さが経済の未発展や農業比率の高さを助長していると考えるが、その一方で、ニジェールはサハラ砂漠の南縁に位置する内陸国で、農業ができるのは南部に限られ、しかも自給農業が中心であるから、農業自体に発展の余地はほとんどないし、工業も未成熟である。他方、世界第3位の埋蔵量を誇るウランがあるので、鉱業がGDPに与える影響が大きいと考えられるが、鉱工業比率を見る限り、比率の大きな落ち込みもなく、むしろ2013年には上昇している。このように考えると、サービス業比率の下落分が農業比率の上昇に影響したと考えるのが妥当である。サービス業比率に影響を与える要素としては政治的安定があると思うが、確かに1990年代以後クーデターも頻発し、さらには2000年代にはバッタの大量発生に伴う食糧危機も経験していることを考慮すれば、ニジェールは政治的かつ社会的に不安定な国であり、それがサービス業の発展を妨げている可能性は高い。

　次に下位10カ国を見ていくと、1990年の下位10カ国のうちセーシェル、アルジェリア、ジンバブエを除く7カ国が2013年の下位10カ国の中に入っているので、その定着率は上位10カ国以上に高い。いずれにしても、この上位10カ国、下位10カ国の顔ぶれを見る限り、農業比率の国別順位に大きな変化はない。2013年の下位10カ国の中には国連分類で南部に属する5カ国がすべて含まれているし、SADCメンバーも南部に含めると、10カ国中7カ国が南部ということになる。なお、序章の表0-4の分類に従うと、1990年の場合は、ジンバブエを除く9カ国がすべて中所得国以上であったが、2013年の場合は10カ国すべてが中所得国以上である。

第7章　アフリカはどのような産業構造をもっているのか　　201

表 7-2　GDP の産業別構成比（2013 年）　　　　　　　　　　　　　　（単位：％）

| 農業 | | 鉱工業 | | サービス業 | |
|---|---|---|---|---|---|
| 1．中央アフリカ | 58.2 | 1．コンゴ（共） | 72.0 | 1．カーボベルデ | 74.9 |
| 2．チャド | 51.9 | 2．アルジェリア | 47.8 | 2．モーリシャス | 72.5 |
| 3．シエラレオネ | 50.6 | 3．スワジランド | 44.2 | 3．セーシェル | 70.2 |
| 4．エチオピア | 44.9 | 4．モーリタニア | 41.1 | 4．南ア | 67.8 |
| 5．ギニアビサウ | 43.6 | 5．エジプト | 38.9 | 5．チュニジア | 61.3 |
| 6．ブルンジ | 39.9 | 6．ボツワナ | 38.5 | 6．セネガル | 60.6 |
| 7．マリ | 38.3 | 7．ギニア | 37.7 | 7．ナミビア | 60.5 |
| 8．トーゴ | 37.3 | 8．ザンビア | 33.9 | 8．レソト | 60.2 |
| 9．コモロ | 37.1 | 9．コンゴ（民） | 33.6 | 9．ボツワナ | 58.8 |
| 10．ニジェール | 35.8 | 10．ナミビア | 32.7 | 10．マダガスカル | 57.5 |
| 11．ブルキナファソ | 34.8 | 11．レソト | 31.8 | 11．ジンバブエ | 56.9 |
| 12．ルワンダ | 33.4 | 12．ジンバブエ | 31.1 | 12．モロッコ | 56.6 |
| 13．タンザニア | 33.3 | 13．カメルーン | 29.9 | 13．ザンビア | 56.5 |
| 14．マラウイ | 33.2 | 14．南ア | 29.9 | 14．コートジボワール | 55.7 |
| 15．ケニア | 29.4 | 15．チュニジア | 29.9 | 15．モザンビーク | 54.7 |
| 16．スーダン | 29.2 | 16．ガーナ | 28.7 | 16．ナイジェリア | 53.7 |
| 17．ウガンダ | 27.2 | 17．モロッコ | 28.7 | 17．ベナン | 53.1 |
| 18．モザンビーク | 26.6 | 18．ナイジェリア | 25.3 | 18．ルワンダ | 51.7 |
| 19．マダガスカル | 26.5 | 19．モーリシャス | 24.3 | 19．コモロ | 51.6 |
| 20．ベナン | 24.0 | 20．タンザニア | 24.2 | 20．ケニア | 50.5 |
| 21．ガーナ | 23.2 | 21．セネガル | 23.8 | 21．ウガンダ | 50.4 |
| 22．カメルーン | 22.9 | 22．ブルキナファソ | 23.4 | 22．エジプト | 50.1 |
| 23．コンゴ（民） | 22.1 | 23．ベナン | 22.9 | 23．スーダン | 49.9 |
| 24．コートジボワール | 22.0 | 24．マリ | 22.6 | 24．マラウイ | 49.6 |
| 25．ナイジェリア | 21.0 | 25．シエラレオネ | 22.4 | 25．スワジランド | 49.5 |
| 26．モーリタニア | 20.4 | 26．ウガンダ | 22.4 | 26．ガーナ | 48.1 |
| 27．ギニア | 20.2 | 27．コートジボワール | 22.3 | 27．カメルーン | 47.2 |
| 28．セーシェル | 16.9 | 28．ニジェール | 21.9 | 28．トーゴ | 45.1 |
| 29．セネガル | 15.6 | 29．スーダン | 20.9 | 29．コンゴ（民） | 44.3 |
| 30．モロッコ | 14.7 | 30．ケニア | 20.1 | 30．エチオピア | 43.2 |
| 31．ジンバブエ | 12.0 | 31．モザンビーク | 18.7 | 31．ギニアビサウ | 42.7 |
| 32．エジプト | 11.0 | 32．ブルンジ | 17.7 | 32．タンザニア | 42.5 |
| 33．アルジェリア | 10.6 | 33．トーゴ | 17.6 | 33．ブルンジ | 42.4 |
| 34．ザンビア | 9.6 | 34．マラウイ | 17.2 | 34．ニジェール | 42.3 |
| 35．チュニジア | 8.8 | 35．カーボベルデ | 16.6 | 35．ギニア | 42.1 |
| 36．カーボベルデ | 8.5 | 36．マダガスカル | 16.0 | 36．ブルキナファソ | 41.8 |
| 37．レソト | 8.0 | 37．ルワンダ | 14.9 | 37．アルジェリア | 41.6 |
| 38．ナミビア | 6.8 | 38．チャド | 13.8 | 38．マリ | 39.1 |
| 39．スワジランド | 6.3 | 39．ギニアビサウ | 13.7 | 39．モーリタニア | 38.5 |
| 40．コンゴ（共） | 4.4 | 40．セーシェル | 12.9 | 40．チャド | 34.3 |
| 41．モーリシャス | 3.2 | 41．中央アフリカ | 12.0 | 41．中央アフリカ | 29.8 |
| 42．ボツワナ | 2.7 | 42．エチオピア | 11.9 | 42．シエラレオネ | 27.0 |
| 43．南ア | 2.3 | 43．コモロ | 11.3 | 43．コンゴ（共） | 23.6 |

出所：World Bank（2015）World Development Indicators Database

（ロ）鉱工業

　アフリカ43カ国中、GDPに占める鉱工業の比率が最も高い国はコンゴ（共）の72.0％、最も低い国はコモロの11.3％である。比率が70％台の国はコンゴ（共）1カ国、60％台と50％台はなく、40％台の国がアルジェリア以下3カ国、30％台の国がエジプト以下8カ国、20％台の国がカメルーン以下18カ国、10％台の国がモザンビーク以下13カ国である。43カ国の平均値は26.1％で、1990年の平均値26.4％を若干下回るが、これは意外な結果である。というのは、2001年以降の高成長が資源ブームによってもたらされたことを考慮すれば、1990年との比較でGDPに占める鉱工業の比率はむしろ上昇していると考えられるからである。ちなみに、2013年の平均値は第17位のモロッコと第18位のナイジェリアの中間に位置するので、平均値を上回る国が17カ国、下回る国が26カ国となる。また、世界164カ国の平均値は28.4％である。この数字は1990年の世界平均値30.6％を下回るが、2013年のアフリカ平均値を上回る。

　上位10カ国の顔ぶれを見ると、10カ国すべてが鉱物資源を有する国であることは1990年の場合と同様である。資源の内訳は石油がコンゴ（共）、アルジェリア、モーリタニア、エジプト、ダイヤモンドがボツワナ、ナミビア、銅がザンビア、石炭がスワジランド、ボーキサイトがギニア、コバルトがコンゴ（民）である[8]。序章の表0-4の分類に従えば、上位10カ国中、低所得国はギニアとコンゴ（民）の2カ国で、それ以外の8カ国はすべて中所得国である。1990年との比較で最も顕著な特徴と言えば、それは、アフリカ有数の鉱業国であると同時にアフリカ随一の工業国で南アとアフリカ随一の産油国であるナイジェリアが上位10カ国から外れたことである。南アが外れた理由は鉱工業からサービス業への比重の移行によって説明できると考える。というのは、南アの場合、農業の比率は1990年においても2013年においても43カ国中最低であるから、農業における比重の変化が関係したとは考えがたいが、鉱工業比率が40.1％から29.9％に下落した分、サービス業比率は55.3％から67.8％に上昇しているからである。これに対して、ナイジェリアの場合はサービス業比率の上昇分30％が農業比率の下落分10％と鉱工業比率の下落分20％によってもたらされている。おそらくナイジェリアの場合は人口増加に伴うサービス業比率の上昇が結果として農業比率と鉱工業比率を低下させることになったと考えられる。

第7章　アフリカはどのような産業構造をもっているのか　　203

次に下位 10 カ国の顔ぶれを見ると、10 カ国のうち鉱物資源を有さない国がコモロ、セーシェル、ギニアビサウ、マダガスカル、カーボベルデ、マラウイの 6 カ国で全体の半分以上を占めるので、鉱物資源の有無が鉱工業比率の高低に及ぼす影響は大きいと言い得るだろう。次に 1990 年と 2013 年の上位 10 カ国を比較すると、1990 年の上位 10 カ国のうち 2013 年も上位 10 カ国入りしている国は 4 カ国のみで、6 カ国が外れている。この 6 カ国とはスーダン、ニジェール、ウガンダ、マリ、ベナン、ガーナであるが、ウガンダとベナンを除く 4 カ国は鉱物資源国なので、主力鉱物産品価格の高騰が比率の引き上げに貢献したと考えられる。他方、ウガンダとベナンの場合は主力輸出作物の高騰が比率の引き上げに貢献した可能性が高い。

### （ハ）サービス業

　アフリカ 43 カ国中、GDP に占めるサービス業の比率が最も高い国はカーボベルデの 74.9%、最も低い国はコンゴ（共）の 23.6% である。比率が 70% 台の国がカーボベルデ以下 3 カ国、60% 台の国が南ア以下 5 カ国、50% 台がボツワナ以下 14 カ国、40% 台の国がスーダン以下 15 カ国、30% 台の国がマリ以下 3 カ国、20% 台の国が中央アフリカ以下 3 カ国である。43 カ国の平均値は 50.0% であるが、これは 1990 年の平均値 44.1% よりも高い。ちなみに、2013 年の平均値は第 22 位のエジプトと第 23 位のスーダンの中間に位置するので、これを上回る国は 22 カ国、下回る国は 21 カ国となる。また、世界 164 カ国の平均値はアフリカの平均値よりもさらに高い 58.6% であるが、この世界平均値を上回る国はアフリカでは 9 カ国のみである。

　序章の表 0-4 に従って上位 10 カ国の顔ぶれを見ると、10 カ国中、低所得国はセネガルとマダガスカルの 2 カ国で、それ以外の 8 カ国は中所得国以上である。1990 年においては中所得国以上が 6 カ国であった事実と比較すれば、上位 10 カ国における高所得国比率は明らかに高まっている。他方、下位 10 カ国の顔ぶれを見ると、10 カ国中、中所得国がコンゴ（共）、モーリタニア、アルジェリアの 3 カ国であるのに対して、低所得国が 7 カ国であり、この 3 対 7 という比率は 1990 年と同様である。この結果から、上位 10 カ国では高所得国の比率が高く、下位 10 カ国では低所得国の比率が高いので、高所得国ほどサービス業の比率が高く、逆に低所得国ほどサービス業の比率が低いという結論を導き出せると考える。

　なお、1990 年の場合は農業比率の上位 10 カ国のうち 8 カ国がサービス業

比率の下位 10 カ国にランクインしている関係を導き出すことができたが、2013 年の場合、その数は 6 カ国に減少する。しかし、コモロを除く 9 カ国が 2013 年の下位 16 位以内にランクインしている事実を考慮すれば、引き続き農業比率の上位国がサービス業比率の下位国となる可能性は高いと言い得るだろう。同様に、1990 年においては農業比率の下位 10 カ国中でサービス業の上位 10 カ国にランクインする国は 6 カ国であったが、2013 年においてその数字は 7 カ国に増加するので、農業比率の上位 10 カ国以上に下位 10 カ国については農業比率が低い国ほどサービス業の比率が高いという結論を導き出すことが可能である。

## 2．産業構造上の問題点

上記 1 の分析を通じて、アフリカ経済の産業構造も世界経済の産業構造と同様にその比重が農業から鉱工業さらにはサービス業に移行している、その移行ペースが世界経済よりもアフリカ経済の方が遅いという 2 つの事実を突き止めることができたので、以下では、それらの事実を踏まえて、アフリカ経済が如何なる産業構造上の問題点を有しているのか、その全体像を明らかにしていきたい。

### （1）農業

アフリカで生産される農産物は大別して食糧作物と輸出作物に分けることができる。食糧作物（小麦、米、トウモロコシ（メイズ）、ミレット、ソルガム、大麦、ライ麦等々）は可耕地の 45％を使って生産され、農業生産総額の 80％を占める[9]。ただし、過去 20 年を見る限り、トウモロコシはほぼ自給できているものの、米と小麦の輸入量は 2 倍以上増加し、その結果として 2007 年には米消費量の 4 割、小麦消費量の 5 割以上が輸入に依存する状態である[10]。耕作面積的にはトウモロコシ、ミレット、ソルガムがそれぞれ全体の 10％を超え、キャッサバが 5％以上、米が 5％以下を占める。アフリカ最大の食糧作物はポルトガルによって南米からもたらされたトウモロコシ（メイズ）である。根菜類の代表がキャッサバとヤムイモで、アフリカ西部から中部に広く普及している。キャッサバは 16 世紀後半にポルトガル人の手によって南米からコンゴ河口地域に持ち込まれ、20 世紀に入ってから内

第 7 章　アフリカはどのような産業構造をもっているのか　　205

陸部に浸透していった[11]。他方、ヤムイモは約200年前に東南アジアから入ってきた。世界全体ではジャガイモが最大の根菜類であるが、サブサハラではキャッサバが総生産の60％、ヤムイモが25％を占める[12]。アフリカで米を主食とする国は東部のマダガスカル、西部のギニアなどごくわずかであるが、各国の都市住民の消費は結構大きい。米にはアジア原産種とアフリカ原産種があるが、いずれもほとんどが陸稲で生産される。バナナというと果物のイメージが強いが、アフリカ東部のウガンダ、ルワンダ、中部のカメルーン、コンゴ（民）、西部のコートジボワール、ガーナ、ナイジェリアなどでは年間100万トン以上が生産され、主食として利用されている。バナナは2000年以上前に東南アジアからもたらされたが、少ない労働投下で高い収穫が得られるという特性がある。これに対して、輸出作物の代表がカカオ豆、コーヒー豆、綿花、砂糖の4品種である。アフリカにおける輸出用作物生産の農業総生産に占めるシェアはさほど大きくないものの、土地生産性は高い。しかし、それがもたらす外貨の半分以上は農業部門の主体を構成する穀物生産の不足を補うために費消されているのが現実である[13]。

　このように考えると、輸出作物よりもむしろ食糧作物の方がより多く問題を抱えていると思われるので、以下ではアフリカ農業の特徴を食糧作物生産という観点に注力しながら洗い出すこととしたい。

### （イ）厳しい自然条件

　豊かな生物多様性に恵まれたアフリカだが、栽培種への改良に適した植物の中でアフリカ原産というものは非常に限られている。その一例を示すと、小麦と大麦は中東、米と大豆はアジア、トウモロコシ、トマト、ジャガイモはアメリカ原産といった具合である。アフリカの農地の大半が乾燥・半乾燥気候帯に属するが、そこでは降雨量の変動が大きく、しばしば干魃が起こる。加えて、土壌が全般に痩せているため、農場の生産向上が困難である。なぜ土壌が痩せるかというと、その原因の1つが激しい雨が土壌の無機物や微生物を含んだ成分を洗い流すことと関係する。その後には不溶性の鉄分とアルミが残るが、アフリカの大地の多くが赤色や黄褐色をしているのはこの鉄分のためである。この赤土がラテライトでアフリカ大陸の1/3を占める[14]。

### （ロ）低い自給率

　アフリカ農村社会では植民地化以前から多くの農民が土地豊富な資源賦存状況の下で自給自足的な生産を行ってきた結果、独立ブームに沸き立つ

1961 年時点においてもサブサハラ諸国の食糧自給率は 94.4% の高率を維持していた。その自給率が 2005 年には 73.6% まで落ち込んでしまうが[15]、その原因を一言で要約すれば、それは長期にわたる自給自足体制の下で穀物の余剰生産を行ったり、穀物を商品化したりするシステムを構築できなかったからである。アフリカで供給される作物の 8 割は小規模農家によって生産されたものである。生産の主たる目的は自給自足であるから、農地は農民たちが管理できる規模を超えて大きくなることはない。また、作物を市場で売って報酬を得るという仕組みが浸透していないため、農家が現金収入を得ることもできない。そして、そのシステムが構築されなかったために、国内生産が都市における食糧需要の増大を賄いきれず、結局、穀物輸入は 1961 年の 170 万トンから 2000 年には 1,665 万トンへと膨張していった[16]。ちなみに、1960 年当時の人口はアフリカ全体で 3 億人、サブサハラで 2 億 4,000 万人、人口の都市集中率は 15% 以下だったが、それが今では 10 億人を超え、都市化率は 40% となり、都市人口は 5,000 万人から 4 倍以上に膨らんでいる[17]。このように考えると、アフリカ大陸の痩せた土壌で伝統的な耕作法を用いて安定的に養える人口は 1960 年当時の数字が限界だったと言い得るかもしれない[18]。

このシステムの問題以外にもアフリカの食糧自給率低下に影響を及ぼした要因はいくつかあるが、その 1 つが輸出作物との関係である。つまり、コーヒー豆、カカオ豆、紅茶、ヤシ油、サイザル麻、カシューナッツといった輸出用換金作物生産が食糧穀物生産を土地と労働力の両面で圧迫した結果として、限られた資源が食糧生産のために十分投入されなかった可能性はある。

### （ハ）低い生産性

アフリカ農業の特徴として言い得ることは、輸出作物の土地生産性が世界的平均レベルにあるのに対して、食糧作物の土地生産性および 1 人当たり食糧生産量が世界平均をはるかに下回っているということである[19]。なぜ食糧生産性が低いことが問題かというと、その理由は 2 つある。1 つは、農民所得との関係である。農民所得は土地生産性の伸びとほぼ比例的に増えていくが、耕作面積の拡大はそれより小さい割合でしか所得に反映されない。それゆえ、農民所得の増加には耕作面積の増加よりも土地生産性の上昇の方がより重要である。2 つ目は、成長との関係である。つまり、生産性上昇がないところには持続的成長もない。ここで農業生産力が急速に高まる逆の場合を

考えてみると、そのロジックは容易に理解できる。すなわち、農業生産性が上昇することで食糧価格が下がり、余剰労働力が生まれて、工業化のための社会的素地が形成される。経済発展と並行する都市化はこうして始まる。換言すれば、農業生産性が低迷した状況下ではこうしたメカニズムが働かず、成長は1人当たり所得が最低生存水準まで下がったところで終息してしまう。これが「リカードの罠」であるが、この「リカードの罠」に陥っている限り、成長も持続しない。そして、こうした状況下で都市化が進展しても、それは工業発展と結びつかない。というのは、農村から都市への人口流出は食糧自給力の低下に直結するだけでなく、穀物価格の上昇をもたらし、正規賃金の上昇につながるからである。

アフリカでは経済全体に占める農業就業者の割合が2006年時点で63.4%であり、世界平均の39.7%を大きく上回っている反面、GDPに占める農業生産の割合は16.8%にすぎず、農業就業人口が多いわりに生産性は低い[20]。60%以上の労働力を投入しながら食糧自給を達成できないということは明らかに生産性に問題がある[21]。1ha当たりの収量で見ても、東南アジアで3.5トン、南アジアで2.5トンに達しているのに対し、アフリカでは1.0トンの水準に留まっている[22]。要するに、アフリカは食糧の土地生産性も労働生産性も世界平均の1/3以下なのである[23]。さらに時系列的に見ると、アフリカの食糧生産量は1961年の4,600万トンから2006年の1億4,600万トンに増加したが、この間人口は2億2,000万人から9億2,000万人に増えたため、1人当たり生産量はピークの209kg（1963年）から逆に158kg（2006年）へと減少した[24]。この間、1人当たり労働生産量が減少する中、穀物の土地生産性はha当たり806kgから1,205kgへと50%弱上昇しただけである[25]。ちなみに、1990年代に1人当たり穀物生産量が1960年代よりも低下している国はアフリカ43カ国のうち31カ国に上っている。

アフリカの食糧生産量の推移を見ると、1つの興味ある事実を指摘することができる。というのは、アフリカにおいては1980年代初頭まで作付面積がほとんど増加しない中で、その増加率を上回る勢いで食糧生産量が増加していたからである。このことは1980年以前においては食糧生産量の増加が土地生産性の伸びに依存していたことを示唆している。ところが、1980年代中期以降になると、食糧生産量と作付面積の伸びはほぼ一致してしまう。つまり、食糧生産量の伸びにかかわらず、土地生産性は停滞している[26]。

1980年代中期以降の作付面積増加の背景にはIMFや世界銀行が推し進める構造調整が関係していた可能性が高い。というのは、構造調整で緊縮政策とインフレが同時進行した時代において、それまで農業に従事していなかった人々が生活防衛のために自給用穀物生産に乗り出していったからである[27]。

　低生産性をもたらした要因の1つとして肥料投入の少なさと灌漑率の低さを指摘することもできる。アフリカ諸国の面積当たり肥料投入量は東アジア・オセアニアの1/17、南アジアの1/3、また、灌漑が行われているのは農地の3%のみであった[28]。肥料について言えば、全世界的には人類はカロリー摂取量の40%を化学肥料で育てた作物から得ているのに対して、2002年時点におけるアフリカの化学肥料使用量は、世界平均の1ha当たり91kgに対して、わずか8kgにすぎない[29]。なぜアフリカにおける化学肥料の使用が少ないかというと、アフリカで肥料を自国で生産しているのは南ア、ジンバブエ、セネガル、モーリシャスの4カ国のみであるから、多くの国は化学肥料を輸入に頼らざるを得ない[30]。しかし、経済が未発展な国は外貨不足で満足な化学肥料購入を行い得ないから、必然的に輸入量も低水準に止まらざるを得ないのである。他方、灌漑率について言えば、アジアの灌漑率は30%以上であるのに対して、アフリカの灌漑率は6%にすぎない[31]。灌漑率の上昇を妨げている要因の1つが苛酷な自然である。つまり、アフリカには高温で乾燥した灌漑不適地が多く、そこでは農業用水の4〜6割は浸透や蒸発で使用されないままに失われているのである[32]。

（二）価格問題

　食糧作物について言えば、3つの価格問題があり、そのうちの2つは高い価格の問題であり、残る1つは低い価格の問題である。

　まず高い価格であるが、1つは、食糧価格の高さである。アフリカでは農業基盤の脆弱さもあり、一般に食糧価格が高く、それがアフリカにおける製造業の発展を妨げているという側面がある。というのは、食糧価格の高さが都市部における生活コスト高に直結し、都市部に立地する製造業賃金の高騰を招いているからである。アフリカにおける製造業賃金が中国、バングラデシュ、カンボジアといった国々より高い背景にはこうした事情が影響している[33]。2つ目は、生産要素価格の高さで、これが食糧価格を引き上げている側面がある。アフリカにおける化学肥料の使用量が少ないことは前述した通りであるが、その原因の1つとして化学肥料価格の高さがあり、中にはニリ

ン酸肥料のようにその国際価格が1年間で1トン当たり252ドルから752ドルへと3倍近くに跳ね上がったものもある[34]。

次に低い価格であるが、それは輸入食糧価格の安さである。食糧作物の生産国の多くが先進国であるが、そこでは政府による農民保護政策として多額の補助金が支給されているから、その分彼らが生産した食糧の価格を低く抑えることができる。そして、この安価な食糧が輸入されることによって、途上国の食糧生産農家は大きな打撃を受けるのだ。

### （ホ）未成熟な市場

現状では食糧作物生産農民の多くは自給のために生産を行っているのであり、市場で売買を通じて所得を得るために生産を行っているのではない。こうした事情もあり、アフリカでは食糧作物を取り扱う国内市場の整備がなかなか進まない。もちろん、政府が介入することによって市場の整備を進捗させるということは可能であるし、輸出作物については多くの政府が市場整備を積極的に行ったという前例もある。しかし、輸出作物の場合は、それによって税収が得られるから、市場整備に積極的に動いたというのが現実であるが、食糧作物の場合はその商品化や現金化が容易ではないので、政府は食糧作物の市場整備を積極的に推進しようとはしないのである。

市場が未成熟であると、技術革新も進まない。というのは、食糧生産農家が技術革新を受け入れるためには、初期投資分と経常的投入分に対する見返りが確保されなければならないからである。換言すれば、自給以上の増産が意味をもつためには、実現されるべき生産余剰が肥料やその他の投入物のコストを賄う以上の市場価値をもつと同時に、その現金化が保証されなければならないが、そのためには食糧作物の商品化や現金化を可能とする市場の存在がどうしても必要となるのである。


## （2）鉱工業

前掲の表7-1と表7-2が示す通り、アフリカの場合、GDPに占める鉱工業比率が高いといっても、高いのは鉱業であって工業ではない。換言すれば、過去にアフリカで軽工業から重工業に至る本格的工業化を実現し得た国は南ア1カ国のみであるし、軽工業部門で若干の成功例はあるものの、それ以外のほとんどの国は軽工業部門の工業化さえ実現できていないのが現状である[35]。そこで、以下ではなぜ多くのアフリカ諸国が工業化を実現し得ないか

を輸入代替工業化の失敗と捉え、その失敗理由を戦略南アの事例、軽工業部門の若干の成功例を参考にしながら分析することとしたい。

（イ）南アの事例

表7-1を見ると、南アのGDP構成比は1990年において農業4.6%、鉱工業40.1%、サービス業55.3%である。これを同年の世界平均と比較すると、農業は世界平均を大きく下回るが、鉱工業とサービス業については世界平均を大きく上回るから、この比較を通じても1990年時点で南アがすでに先進国型の産業構成を有していた事実を読み取ることは可能である。この数字はさておき、南アの工業化の歴史は第一次世界大戦頃に遡れるほど古く、他の先進国と遜色ない。換言すれば、南アは、アフリカの一国として工業化に成功したというよりも、むしろカナダ、オーストラリア、ニュージーランドと同じ大英帝国内の自治植民地として工業化に成功したと言い得るだろう。

1910年、ケープ、ナタールという2つのイギリス植民地とトランスヴァール共和国、オレンジ自由国という2つのアフリカーナー[36]国家が合併して南ア連邦が誕生するが、これによって1848年のカナダ、1901年のオーストラリア、1907年のニュージーランドに次ぐ大英帝国内の自治領が成立した。要するに、南ア連邦とはアフリカの地に誕生した少数白人が支配する国家だったのである。この南ア連邦誕生当時、その国民純生産はすでに2億2600万ドルに達していたと言われるが、その内訳は鉱業27.1%、農業17.4%、製造業6.7%であり、製造業も一定の地位を確立していた[37]。この南アでさらなる工業化を促した要因が1914年に勃発した第一次世界大戦だった。というのは、これまで主要な物資の輸入先であった宗主国イギリスが参戦した結果、イギリスからの物資輸入が途絶えがちになるが、この危機を脱するために採用された輸入品の国産化政策が奏功するからである。この政策に追い風となったのが戦時中のインフレである。というのは、このインフレがもたらす工業製品価格の上昇に注目した白人企業家たちが新たな起業に動いたからである。企業家たちが特に注目したのが農産品加工であり、これによって農産品加工業が発展する。この農産品加工業の発展が南ア経済に及ぼした影響は大きく、これによって農業部門が繁栄しただけではなく、食糧の輸入依存度が低下するとともに、農産物さらには畜産物を近隣諸国に輸出できるまでになった。

第一次世界大戦の終了によって再びイギリスをはじめとする先進工業国の

第7章　アフリカはどのような産業構造をもっているのか　　211

製品が再び南ア市場に入ってくるようになる。この状況下で成立したのが国民党と労働党による連立政権であるが、1924年以降、この連立政権は保護関税を通じた輸入代替工業化と電気と鉄鋼への国家投資を促進する政策を実施に移す。この結果、南アの工業部門は、関税障壁に加え、成長著しい南北ローデシア市場に近いという地の利を得て、1932年から1939年までの間にその産出量は2倍以上になった。この時期最も急速な成長が遂げたのが鉄鋼を中心とした重工業分野であるが、その中軸企業は国営鉄鋼公社である。

第一次世界大戦同様、第二次世界大戦の勃発も南アの工業発展に有利に作用した。というのは、連合国側で参戦した南アは、戦火に見舞われていないという地の利を活かして、連合国側に対する補給基地としての役割を果たしたからである。こうした好条件の下で南アの工業部門は拡大と多様化を実現していく。そして、南アの工業部門は第二次世界大戦終了後も順調に発展し、とりわけ製造業は1960年代に世界全体で輸出の10%程度を占める規模まで成長する[38]。1965年の国内自給率は衣料89.2%、食品91.3%、飲料・タバコ95.5%で、これら軽工業についてはほぼ国内自給を達成している。また、重工業については化学（75.0%）と金属・金属製品（78.9%）の自給化が進展したが、機械（49.3%）、自動車・輸送機器（62.9%）は輸入品への依存度が高かった[39]。

以上が南アにおける工業発展の勃興期から成長期に至る歴史の概略である。この歴史からもなぜ南アの事例が他のアフリカ諸国の参考になり得ないかを大雑把に掴むことは可能であるが、以下では4つの違いに着目しつつ、その理由をより明確にしておくこととする。

第一の理由は、工業化の時期の違いである。すなわち、南アの場合、多くのアフリカ諸国が独立を達成する1960年代にはすでに工業化を達成していたのである。換言すれば、南アの工業化は先進国型であって、後発国のキャッチアップ型ではないということである。

第二の理由は、人材の違いである。すなわち、南アの場合、主要な企業家はすべて白人であるし、白人企業家を保護する政府も白人で構成されている。そして、その政府が作った国営企業と英米系を中心とする多国籍企業が中核企業群を構成するという具合に、すべての主体が白人であり、アフリカ人の役割と言えば、安価な単純労働を提供するだけであるから、このような体制がアフリカ人主体国家で醸成されることはあり得ない。

第三の理由は、資金力の違いである。すなわち、南アの場合、工業化に先立ち、ダイヤモンドと金の発見段階から欧米系の莫大な資本投下があり、その資本投下は工業の育成段階でも継続して行われていた。そして、鉱業発展とともに地場資本も蓄積されていったから、南アは工業化を促進するために必要な資本を内外から調達することができたのである。

　第四の理由は、先進国市場へのアクセスの違いである。すなわち、南アの場合、国家誕生の経緯もあり、白人の大半はイギリス系かオランダ系であるから両国に対するアクセスが容易だった。また、大英帝国の自治領として出発した経緯もあり、帝国領内へのアクセスのよさも特筆されるべきであろう。

## （ロ）軽工業部門の若干の成功例

　ここでは軽工業部門の工業化に成功した代表例としてモーリシャス、レソト、スワジランドを取り上げるが、これら3カ国はいずれも国土面積が10万km²未満と小さく[40]、人口も100万人前後と少ない国[41]で、さらに言えば、SADCの加盟国である。ということは、この分野の成功例は南部に属する小国に限られるということである。以下、3カ国を個別に見ていくこととしよう。

　モーリシャスはインド洋上の島嶼国であり、住民の大半がインド系であるという点でも他のアフリカ諸国とは異質である。モーリシャスはサトウキビと茶のプランテーションに依存する経済構造を有していたが、1968年の独立後は観光業と工業の育成に注力する。工業分野について言えば、独立後に与党労働党が採用した輸出振興策、具体的には、EPZ[42]を設立し、そこにアジア型の労働集約型繊維産業を誘致するという政策が奏功する。最初のEPZが設立されたのが1971年であるが、そのとき参考とされたのが台湾やシンガポールのモデルである。このEPZは設立当初こそ5社が入居しただけであった。しかし、その後は香港などからの企業誘致に成功し、1992年には600社近い企業が入居し、そこで雇用される労働者数も9万人近くとなった。モーリシャスの成功の背景にはヨーロッパとの関係がある。というのは、1975年に締結されたロメ協定[43]によって、特恵を利用したヨーロッパ市場への進出が可能となったからである。

　次のレソトとスワジランドはいずれも南アと国境を接する内陸国であるから、南アとの関係が極めて濃厚である。事実、レソトとスワジランドの工業化も南ア企業の移転からスタートした。前述の通り、南アは1960年代には

先進工業国の仲間入りを果たしていたが、その一方で、人種隔離政策の採用によって国際社会から経済制裁を受けるようにもなっていた。このため、経済制裁を潜り抜けるための方便として、南ア企業がレソトとスワジランドに進出したのである。南アとの関係に加えて、もう1つ見過ごせない要素が台湾との関係である。というのは、アフリカ諸国の多くが共産党主導の中華人民共和国と外交関係を結んでいたのに対して、南ア、レソト、スワジランドの3カ国は台湾と外交関係を結んでいたからである[44]。この結果、繊維産業に従事する多くの台湾企業がレソトとスワジランドに進出することとなり、これらの企業はアフリカ諸国に対して貿易上の特恵を与えている欧米市場への輸出拡大を実現していった。レソトとスワジランドの工業化にとりわけ大きな役割を果たしたのが米国のAGOA（African Growth and Opportunity Act：アフリカ成長機会法）である。米国はAGOAに基づき、2000年から対アフリカ諸国向け特恵関税制度を導入するが、レソトもスワジランドもこの恩恵を最大限利用し、対米輸出を増やしていった。

### （ハ）輸入代替工業化の失敗

以下では多くのアフリカ諸国が経験した工業化の失敗を採用した政策に基づき記述することとしたい。

### （a）失敗のプロセス

植民地時代において、多くのアフリカ諸国は、特定の一次産品に依存しながら、宗主国を中心とする先進国にその一次産品を輸出し、その一方で、消費財などの工業製品を輸入するという経済構造を有していたが、この経済構造が独立後の工業化戦略の策定に大きな影響を及ぼすこととなった。というのは、こうした構造を前提とすると、手をつけるべきは輸出部門ではなく、輸入部門になるからである。こうして、一次産品の輸出収入を原資としながら、これまで輸入に頼ってきた部門の工業化を図ろうという輸入代替工業化戦略が採用されていくこととなる。この輸入代替工業化戦略の下で政府が採用した政策は大別して3つある。1つは輸出部門に対する政策で、一次産品の生産や流通に国営企業や公社を深く関与させることによって、輸出収入の安定的確保を企てた。2つ目は輸入部門に対する政策で、輸入品に対して高関税をかけて幼稚産業を保護した。そして、3つ目が為替政策で、為替レートを高く設定することによって外貨収入を増やし、その外資収入を輸入部門で工業化を目指す特定企業に割り当てることによって、原材料輸入を促そう

214　第1部　アフリカ経済の何が問題か

とした。

　ところが、1970 年代中頃から一次産品の国際価格が低下に転じ、その低迷が長期化すると、多くの国でマクロ経済バランスが悪化し、輸入代替工業化どころではなくなってしまった。ここにおいて登場するのが IMF と世界銀行であり、1980 年代以降、彼らが提唱する構造調整政策を受け入れたことが輸入代替工業化戦略の失敗を決定的なものとしてしまったのである。構造調整の名の下で実施された政策を概観すると、まず輸出部門では、政府による輸出価格へのマージン上乗せが廃止され、これによって政府が輸出収入を工業育成資金として利用する道が閉ざされてしまった。他方、輸入部門では、関税引き下げが幅広く行われ、それまで保護されていた国内の輸入代替部門が輸入品との競争に曝される一方で、輸入代替製品を製造する企業に対する補助金も削減され、資本集約産業を育成するために設立された国営企業の民営化も進められた。構造調整実施の最大の眼目は、国内経済が現実に抱える問題点を構造調整の実施によって最小化することで内外からの投資を増やすことであったが、実際には政府に代わって経済を牽引すると期待された外国投資も国内民間投資も増えなかった。その一方で、外的要因がさらなる追い打ちをかけた。その追い打ちとは、主要輸出産品の価格低迷が続いたことであり、これによって各国経済が一段と縮小した。そして、IMF や世界銀行が供与した無利子借款が対外債務増大の原因となり、多くの国が必要な財政支出まで削減せざるを得なくなってしまった。

　（b）失敗の原因

　工業化が失敗した原因を探っていくと 2 つの問題に行き着くと考えられる。第一に、要素賦存と比較優位の問題がある。この問題を考えるとき、通常考慮される生産要素は資本と労働の 2 つで、資本集約的か労働集約的かが比較優位に大きな影響を及ぼす。しかし、アフリカでは多くの場合、資本と労働に加え、土地を考慮に入れなければならない。というのは、土地に比べて、資本も労働も少なすぎるからである。換言すれば、アフリカは土地集約的産業の代表である農業の立地には向くが、労働集約的産業の代表である軽工業や資本集約的産業の代表である重工業の立地には向かないのである。以上のように考えると、今アフリカが進むべき道は潜在的な比較優位をもつ農業の発展に注力することであるが、前述の通り、農業、とりわけ、国民生活の基礎ともいうべき食糧作物生産農業はむしろ退化しているのが現状であり、明

第 7 章　アフリカはどのような産業構造をもっているのか　　215

るい将来展望が描けない状態が続いているから、農業の次は工業という発展
の連鎖がなかなか起こりにくいのである。

　第二に、資源集約的産業が抱えている問題がある。というのは、農業では
なく、敢えて工業化の道を模索すれば、資本集約的ないしは資源集約的工業
化を推進するのがアフリカの要素賦存の現状に合っていると考えられるから
である。資源集約的工業化とは、簡単に言えば、農産物や天然資源の加工を
行うことであり、多くの国で細々と立ち上がっている工業分野がまさにこの
加工業である。しかし、この加工業が現状において国民経済の発展を刺激す
る可能性は決して大きくはない。というのは、資本集約的産業は雇用創出効
果が低いだけでなく、労働集約的産業とは異なり、国内の労働者に広く所得
を分配し、知識・技能を伝播させる効果も小さいからである。資本集約的産
業にはもう1つ大きな問題がある。それは、現状で資本集約的産業を興そう
とすればするほど、外国への依存度が高まるということである。この場合、
外国投資家が得た利益が常に現地で再投資される保証もないし、彼らから安
定的に税金を徴収できる保証もないので、経済発展への着実な貢献という意
味では労働集約的産業に比べてかなり見劣りするというのが現状である。

## （3）サービス業

　前掲の表7-2からは、所得が高くなればなるほど、GDPに占めるサービ
ス業比率も高くなるという傾向を読み取ることができたが、それらの相対的
高所得国の中でペティ・クラークの法則に従うような発展段階を踏襲した国
は南ア1カ国のみであることを考慮すれば、サービス業に一定の発展パター
ンがあるとは考えがたく、むしろそれぞれの国情に応じて発展したと考える
のが適当である。たとえば、表7-2が示す通り、2013年においてサービス
業比率が最も高い国はカーボベルデであるが、この国のサービス業比率が高
い理由は2つある。1つは海外在住者が多いことであり、その結果として莫
大な送金収入が入ってくる。もう1つは観光業の隆盛で、その結果として、
年間5億ドル近い観光収入を得ているとのことである。2014年の名目GDP
が14億ドルであったことを考慮すると、5億ドルという観光収入は確かに
大きい。観光収入が多いという意味ではカーボベルデに次いでサービス業比
率が高いモーリシャスとセーシェルも同様であるから、上位3カ国すべてで
観光業の占める比率が高いということになる。これら3カ国は大西洋とイン

ド洋の違いがあるとはいえ、いずれも島嶼国で面積も人口も小さいから、観光業の隆盛が一気に GDP を引き上げてしまうと考えられる。なお、島嶼国ではないが、チュニジアのサービス業比率の高さも観光業と関係する面が大きいと考えられる。というのは、チュニジアは地中海に面し、なおかつヨーロッパに近いという地の利があるからである。これに対して、セネガルもヨーロッパから若干遠いが、観光業の GDP への貢献度はそれなりに高く、フランスを中心に年間 80 万人以上の外国人が高名なビーチ・リゾートなどを訪れている。

　観光業以外では金融業の果たす役割も大きい。ちなみに、アフリカ最大の金融センターは南アであるが、それに次ぐのがモーリシャスである。なぜモーリシャスが南アに次ぐ金融センターになり得たかというと、それは人種構成と関係する。というのは、モーリシャス人の多くがインド系であるため、彼らはインドから種々の優遇措置を受けているからである。その 1 つがモーリシャス人がインドに投資して上げた収益に対する無税措置であるが、この措置があるために、インド向け投資の半分近くがモーリシャス籍の会社を経由することになる。他方、少数派ではあるが、モーリシャスには 3 万人近い華人・華僑[45]が在住するから、モーリシャス・中国間では 1990 年代から租税条約が締結され、金融投資環境の整備が進み、中国からも多額の資金が流入しているのである。

## （4）インフォーマル・セクター

　通常公式統計に掲載されない経済活動は「インフォーマル・セクター」の活動として一括りにされるが、その全体像の解明は難しく、推計でお茶を濁す場合がほとんどである。アフリカについても状況は似たり寄ったりで、サブサハラにおける非農業雇用の 72％がインフォーマル・セクターに雇用されている[46]、アフリカにおける 1990 年代の新規雇用の 93％はインフォーマル・セクターによって創出された、2003 年の GNI に占めるインフォーマル・セクターの割合（農業を除く）はジンバブエ、タンザニア、ナイジェリアで約 60％、最も少ない南アで約 30％、サブサハラ平均で 42.3％である[47]等々の推計を通じて断片的な実態把握しか行い得ない。しかし、そうした断片的情報であっても、朧気ながら見えてくるものはあるので、以下ではそれらをまとめる形でインフォーマル・セクターの特徴を洗い出すこととする。

第 7 章　アフリカはどのような産業構造をもっているのか　　217

第一に指摘すべき点は、インフォーマル・セクターが農村ではなく都市で形成されやすいということである。というのは、インフォーマル・セクターの主要構成員は公式統計に載るような定職に就いていない人たちであるが、そういう人たちの多くは農村ではなく都市に住んでいるからである。さらに言えば、そうしたインフォーマル・セクターの主要構成員の多くが農村から都市への移住者である。ただし、それは、平時においても都市における就業機会の増大が牽引するというような積極的移住ではなく、農村で暮らしていても展望が開けないが、都市に行けばどうにかなるのではないかという淡い期待に基づく消極的移住である。そして、非常時においては旱魃や内戦による農村の生活破綻から逃れようとする移住が増加する。

　次に誰がどういう活動をどういう条件下で行っているのか、その大雑把な傾向を探ると、アフリカのインフォーマル・セクターには、女性の割合が高い、活動は団体ではなく、個人が一人で行う場合が多い、活動は商業分野が多い、低賃金で長時間働く場合が多く、労働環境が悪いといった特徴が浮き彫りになる場合が多いようである。さらに言えば、インフォーマル・セクターにはセクター固有の金融制度が確立しているという特徴もある。というのは、商業銀行のみならず、証券・債券市場も十分に発達しているとは言い難いアフリカにおいては、インフォーマルな金融機関から融資を受けたり、知人や親戚から借り入れたりすることで、資金繰りをする場合が多いからである。ちなみに、アフリカで金融仲介業務が進展しない理由は貯蓄率が低いためだけでなく、そもそも銀行サービスが国民に行き渡っておらず、銀行預金の絶対額が低いためである。こうした事情が銀行の管理コストの高止まりを誘発するから、銀行側は口座維持管理費などの手数料を預金者側に負担させたり、最低預金額を設定したりすることとなる。この結果、銀行預金額の対GDP比率はアフリカ43カ国平均で33％という低水準である[48]。これに加えて、民間企業に融資を行う際のリスク評価の難しさや管理コストの高さを理由に銀行側は貸出金利を高く設定しようとするから、なかなか借り手も現れない。こうなると、銀行は民間に投資するのではなく、ますます安全な政府債を購入しようとするから、国民はますます銀行を利用しなくなり、現金を用いるか、地元のインフォーマル金融に頼るかのいずれかを選択せざるを得なくなるのである。

## 3．産業発展を妨げている要素

　ここまでの分析を通じて、アフリカ経済が如何なる産業構造上の問題点を有しているのかが明らかになったと考えるので、以下ではそうした問題を引き起こしている要因についても具体的な考察を加えることとした。

### （1）インフラ整備

　工業やサービス業が発展するためには、その前提としてインフラが整備されている必要がある。というのは、電気も水も満足に供給されず、運輸インフラも整備されていないような場所には工場や事務所を開設することが困難だからである。そこで、以下では電力インフラに着目し、電力消費量を見ながら、アフリカのインフラ整備状況の一端を垣間見ることとした。

### （イ）電力消費量から見たインフラ整備の実態

　表7-3は前掲の表7-1と表7-2を踏襲し、1990年と2013年に着目しつつ、これらの年における1人当たり電力消費量を国別に列記したものである。表7-3から1990年の数字を見ると、アフリカ25カ国の平均値は550kwhである。これに対して、同年の世界132カ国の平均値は3,219kwhであるから、アフリカの平均値は世界平均の20％にも満たない。この数字からも、1990年時点でアフリカの電力インフラが世界との比較で大きく立ち遅れているという事実を読み取ることができるだろう。各国の具体的数字を見ていくと、最高は南アの4,431kwh、最低はエチオピアの23kwhで、その間には200倍近い格差がある。ということは、アフリカ25カ国で世界平均を上回る国は南ア1カ国のみということであり、この事実に基づけば、電力インフラに関する限り、南ア以外のアフリカ諸国はすべて世界平均以下ということになる。上位10カ国の顔ぶれを見ると、モーリシャスを除く9カ国が鉱物資源産出国であり、その中でも産油国が5カ国と高い比率を占めている[49]。他方、下位10カ国の顔ぶれを見ると、10カ国すべてが鉱物資源産出国であるから、鉱物資源の有無が1人当たり電力消費量の多寡を決めているわけではないことがわかる。

　次に2013年の数字を見ると、アフリカ29カ国の平均値は839kwhであり、1990年の550kwhから1.5倍の伸びを示している。しかし、同年の世界138

第7章　アフリカはどのような産業構造をもっているのか　　219

表7-3　1人当たり電力消費量　　　　　　　（単位：kwh）

| 1990 年 | | 2013 年 | |
|---|---|---|---|
| 1．南ア | 4,431 | 1．南ア | 4,328 |
| 2．リビア | 1,591 | 2．リビア | 3,923 |
| 3．ガボン | 917 | 3．モーリシャス | 2,148 |
| 4．ジンバブエ | 861 | 4．エジプト | 1,697 |
| 5．ザンビア | 752 | 5．ナミビア | 1,611 |
| 6．ボツワナ | 717 | 6．ボツワナ | 1,564 |
| 7．エジプト | 675 | 7．チュニジア | 1,435 |
| 8．モーリシャス | 671 | 8．アルジェリア | 1,277 |
| 9．チュニジア | 638 | 9．ガボン | 1,168 |
| 10．アルジェリア | 528 | 10．モロッコ | 866 |
| 11．モロッコ | 357 | 11．ザンビア | 731 |
| 12．ガーナ | 327 | 12．ジンバブエ | 532 |
| 13．カメルーン | 194 | 13．モザンビーク | 436 |
| 14．コンゴ（共） | 172 | 14．ガーナ | 382 |
| 15．コートジボワール | 157 | 15．カメルーン | 278 |
| 16．コンゴ（民） | 130 | 16．コートジボワール | 252 |
| 17．ケニア | 125 | 17．コンゴ（共） | 234 |
| 18．セネガル | 104 | 18．アンゴラ | 227 |
| 19．トーゴ | 91 | 19．セネガル | 219 |
| 20．ナイジェリア | 87 | 20．ケニア | 168 |
| 21．アンゴラ | 57 | 21．スーダン | 159 |
| 22．タンザニア | 51 | 22．トーゴ | 148 |
| 23．スーダン | 50 | 23．ナイジェリア | 142 |
| 24．モザンビーク | 41 | 24．コンゴ（民） | 110 |
| 25．エチオピア | 23 | 25．タンザニア | 89 |
| | | 26．エチオピア | 65 |
| | | 27．エリトリア | 62 |
| | | 28．ニジェール | 49 |
| | | 29．南スーダン | 39 |

出所：World Bank（2015）World Development Indicators Database

カ国の平均値も 4,297kwh に伸びているから、アフリカの平均値は依然とし
て世界平均の 20％にも満たない。つまり、1990 年から 20 年以上が経過し、
しかも、この期間アフリカが資源ブームで高成長を達成した事実があるにも
かかわらず、世界との比較という意味では、2013 時点でもアフリカの電力
インフラは顕著な改善を見せているとは言い難い。各国の具体的数字を見て
いくと、最高は 1990 年と同じく南アであるが、その消費量は 4,431kwh か
ら 4,328kwh に微減しており、この事実からも南アで電力不足が顕在化して
いる状況を窺い知ることができる。他方、最低は南スーダンの 39kwh であ

るが、この数字は 1990 年のエチオピアの 23kwh よりも改善している。しかし、南アと南スーダンの間には依然として 100 倍以上の差があるし、また、アフリカで世界平均を上回る国が南ア 1 カ国のみという状況も変わっていない。さらに言えば、上位と下位の顔ぶれも 1990 年と 2013 年では大きな変わりはない。

### （ロ）財政とインフラ整備の関係

インフラ整備を行うのは政府であるから、政府に資金的余裕があればインフラ整備は進捗し、余裕がなければインフラ整備は滞るはずである。ところで、政府が資金的余裕をもつためには潤沢な財政収入が必要であるし、潤沢な財政収入を得るためには潤沢な税収が確保される必要がある。そこで、以下ではアフリカ各国の実際の財政収入と税収を見ていくこととした。

表 7-4 は 2008 年におけるアフリカ 30 カ国の財政収入と税収の対 GDP 比率を見たものである。なお、この表の作成に当たっても 1990 年と 2013 年の数字の採用を試みたが、いずれの年も標本数が少なかったので、この間で一番標本数が多かった 2008 年の数字を採用した。この表からまず財政収入の対 GDP 比率を見ると、最高がレソトの 65.0%、最低が中央アフリカの 9.4% であり、この間には 6 倍近い差がある。アフリカ 30 カ国の平均値は 25.1% であり、これは第 13 位のエジプトと第 14 位のモーリシャスの中間に位置する。この結果、30 カ国中で平均値を上回る国は 13 カ国、下回る国は 17 カ国となる。なお、この年の世界 125 カ国の平均値は 27.1% であるから、アフリカ 30 カ国の平均値は世界平均を若干下回ることになる。

序章の表 0-4 の分類に従って上位 10 カ国と下位 10 カ国の顔ぶれを見ると、上位 10 カ国はすべて中所得国以上であり、下位 10 カ国はザンビアとナイジェリアを除く 8 カ国が低所得国であるから、所得上位国ほど財政収入も大きいという傾向を読み取ることができるだろう。鉱物資源の有無について見ると、上位 10 カ国の場合は第 1 位のレソトと第 8 位のセーシェルを除く 8 カ国が有資源国であり、下位 10 カ国の場合は下から 6 番目のウガンダと 8 番目のマダガスカルを除く 8 カ国が有資源国であるから、鉱物資源の有無が財政収入の多寡に影響を及ぼしているとは言い難い。ちなみに、上位第 8 位のセーシェルはアフリカ唯一の高所得国であるが、上位第 1 位のレソトは中所得国に分類される。表 0-4 によれば、レソトの 1 人当たり GNI は 53 カ国中第 24 位と決して高いわけではない。このレソトが財政収入の対 GDP 比率

第 7 章　アフリカはどのような産業構造をもっているのか　　221

で第1位となった理由はSACU[50]に求められる。SACUとは南アと南アが国境を接するボツワナ、レソト、スワジランド、ナミビアという4カ国をメンバーとする関税同盟である。5カ国中で圧倒的な経済力を有する南アは、関税収入も他の加盟国を圧倒している。しかし、少数白人政権が人種隔離政策を推進する南アにとって国境を接するアフリカ人国家と過度に敵対することは得策ではないので、彼らを懐柔することによって、自身の安全確保を狙ったと考えられる。この懐柔策として南アが利用したのがSACUであり、南アは自身の関税収入の一部を分配することによって他の加盟国を支援したのである。経済規模の小さいレソトでは、この南アの支援を受けた関税収入が対GDP比率で大きくなるため、結果として、税収の対GDP比率や財政収入の対GDP比率が以上に高くなっていると考えられる。

　次に税収の対GDP比率を見ると、最高がレソトの58.7%、最低がナイジェリアの5.5%であり、この間には10倍以上の差がある。アフリカ30カ国の平均値は18.5%であり、これは第10位のチュニジアと第11位のモーリシャスの中間に位置する。この結果、30カ国中で平均値を上回る国は10カ国、下回る国は20カ国となる。なお、この年の世界127カ国の平均値は18.0%であるから、アフリカ30カ国の平均値が世界平均を若干上回ることになる。したがって、2008年の税収の対GDP比率を見る限り、アフリカが世界全体に見劣っているという事実はない。

　序章の表0-4の分類に従って上位10カ国と下位10カ国の顔ぶれを見ると、上位10カ国はすべて中所得国か高所得国であり、下位10カ国は赤道ギニア、コンゴ（共）、ナイジェリアを除く7カ国が低所得国であるから、財政収入ほどではないが、所得上位国ほど税収が大きいという傾向を読み取ることができるだろう。鉱物資源の有無について見ると、上位10カ国の場合は第1位のレソト、第8位のセーシェル、第9位のカーボベルデを除く7カ国が有資源国であり、下位10カ国の場合は下から9番目のウガンダと10番目のマダガスカルを除く8カ国が有資源国であるから、鉱物資源の有無が税収の多寡に影響を及ぼしているとは言い難い。

　次に財政収入と税収の関係を見ると、財政収入の上位10カ国中第2位のコンゴ（共）と第5位の赤道ギニアを除く8カ国が税収の上位10カ国入りしている。なお、この順位を上位12カ国まで拡げると、12カ国中10カ国が上位10カ国入りすることとなるから、財政収入の大きい国は税収も大き

表7-4　財政収入と税収の対 GDP 比率（2008 年）　　（単位：%）

| 財政収入 | | 税収 | |
|---|---|---|---|
| 1．レソト | 65.0 | 1．レソト | 58.7 |
| 2．コンゴ（共） | 48.2 | 2．アルジェリア | 45.3 |
| 3．アルジェリア | 47.2 | 3．ナミビア | 30.3 |
| 4．アンゴラ | 42.7 | 4．アンゴラ | 29.0 |
| 5．赤道ギニア | 42.5 | 5．ボツワナ | 27.4 |
| 6．ボツワナ | 39.8 | 6．南ア | 26.8 |
| 7．モロッコ | 34.9 | 7．モロッコ | 26.5 |
| 8．セーシェル | 34.8 | 8．セーシェル | 22.4 |
| 9．ナミビア | 33.3 | 9．カーボベルデ | 21.3 |
| 10．南ア | 29.6 | 10．チュニジア | 20.5 |
| 11．カーボベルデ | 29.2 | 11．モーリシャス | 17.6 |
| 12．チュニジア | 29.2 | 12．ベナン | 16.1 |
| 13．エジプト | 27.6 | 13．ケニア | 16.0 |
| 14．モーリシャス | 21.0 | 14．エジプト | 15.3 |
| 15．ベナン | 17.3 | 15．コートジボワール | 15.1 |
| 16．コートジボワール | 16.8 | 16．トーゴ | 14.9 |
| 17．ケニア | 16.5 | 17．サントメプリンシペ | 14.8 |
| 18．サントメプリンシペ | 16.0 | 18．ザンビア | 14.2 |
| 19．ガーナ | 15.7 | 19．ガーナ | 13.9 |
| 20．トーゴ | 15.6 | 20．マリ | 13.3 |
| 21．マリ | 15.5 | 21．マダガスカル | 13.0 |
| 22．ザンビア | 15.0 | 22．ウガンダ | 12.9 |
| 23．マダガスカル | 14.2 | 23．ルワンダ | 12.6 |
| 24．ルワンダ | 13.7 | 24．ブルキナファソ | 11.9 |
| 25．ウガンダ | 13.3 | 25．赤道ギニア | 9.6 |
| 26．ブルキナファソ | 12.9 | 26．コンゴ（民） | 9.2 |
| 27．ナイジェリア | 12.9 | 27．中央アフリカ | 8.3 |
| 28．コンゴ（民） | 11.8 | 28．エチオピア | 7.8 |
| 29．エチオピア | 10.1 | 29．コンゴ（共） | 5.9 |
| 30．中央アフリカ | 9.4 | 30．ナイジェリア | 5.5 |

出所：World Bank（2015）World Development Indicators Database

いという傾向を読み取ることができる。他方、財政収入の下位 10 カ国を見ると、10 カ国中下から 9 番目のザンビアと 10 番目のマリを除く 8 カ国が税収の下位 10 カ国入りしている。なお、マリは税収の下から 11 番目、ザンビアは下から 13 番目の国であるから、財政収入の下位 10 カ国はすべて税収の下位 13 カ国に入るということになり、財政収入の小さい国は税収も小さいという傾向を読み取ることができる。

　ところで、表7-4 において特異な位置にあるのがコンゴ（共）、赤道ギニア、ナイジェリアという 3 つの産油国である。というのは、通常産油国にな

第 7 章　アフリカはどのような産業構造をもっているのか　　223

れば、政府に入ってくる収入が増えるから、財政収入も増えるし、税収も増えるはずである。事実、アルジェリア、アンゴラといった産油国は財政収入の対 GDP 比率も高ければ、税収の対 GDP 比率も高い。しかし、コンゴ（共）と赤道ギニアは財政収入の対 GDP 比率はそれぞれ第 2 位、第 5 位と高いが、税収の対 GDP 比率はそれぞれ下から第 2 位、第 6 位と低い。他方、アフリカ随一の産油国であるナイジェリアは財政収入の対 GDP 比率が下から第 4 位と低い上に、税収の対 GDP 比率も最下位である。コンゴ（共）と赤道ギニアで税収の対 GDP 比率が低い理由は石油収入が税収以外の財政収入項目に分類されているという単なる技術的問題と考えられるが、ナイジェリアの場合は技術的問題として片付けることができない。というのは、税収だけでなく、財政収入も低いからである。換言すれば、ナイジェリアの場合、石油収入は税収にも財政収入にもほとんど貢献していないということになる。この事実はナイジェリアにおいて政府の活動が有効に機能していないことを示す 1 つの有力な証拠になり得るだろう。そして、こうしたガバナンスの低さがあるために、アフリカ随一の産油国であり、今では南アを抜き名目 GDP もアフリカ第 1 位となったナイジェリアが十分な資金をインフラ整備に回すことができず、前掲の表 7-3 が示す通り、2013 年の 1 人当たり電力消費量もアフリカ 29 カ国中第 23 位という低位に低迷しているのである。

## （2）金融支援

　工業やサービス業が発展するためには地場の民間企業の育成が不可欠であるが、その育成に必要な要素の 1 つが金融支援である。ところが、アフリカではこの金融支援が極めて弱いのだ。そこで、以下では金融支援を示す具体的な例を挙げながら、アフリカにおける金融支援の問題点を洗い出すこととする。

### （イ）銀行支店数

　金融支援の弱さを示す一例が銀行の支店数である。表 7-5 は成人 10 万人が実際に何店舗の銀行支店を利用できるかを示したものであるが、店舗数が多いほど、銀行の利用頻度は高まると考えられる。なお、比較年は、標本数をできる限り多くとること、比較年間の間隔をできる限り長くすることを考慮して、2004 年と 2013 年とした。

　まず 2004 年から見ていくと、店舗数の最高がセーシェルの 42.0 店、最低

表 7-5 　成人 10 万人当たり銀行支店数の変化

| 2004 年 | | 2013 年 | |
|---|---|---|---|
| 1．セーシェル | 42.0 | 1．セーシェル | 50.0 |
| 2．モーリシャス | 18.0 | 2．カーボベルデ | 34.4 |
| 3．カーボベルデ | 15.7 | 3．モロッコ | 24.1 |
| 4．チュニジア | 12.0 | 4．サントメプリンシペ | 23.1 |
| 5．ナミビア | 10.7 | 5．モーリシャス | 22.1 |
| 6．モロッコ | 10.0 | 6．チュニジア | 18.2 |
| 7．リビア | 9.2 | 7．アンゴラ | 12.4 |
| 8．ボツワナ | 6.6 | 8．ナミビア | 12.3 |
| 9．スワジランド | 5.9 | 9．ジンバブエ | 12.3 |
| 10．ナイジェリア | 4.7 | 10．ガボン | 10.4 |
| 11．南ア | 4.7 | 11．南ア | 10.2 |
| 12．アルジェリア | 4.6 | 12．ボツワナ | 9.2 |
| 13．ガンビア | 4.3 | 13．モーリタニア | 6.6 |
| 14．エジプト | 3.9 | 14．赤道ギニア | 6.3 |
| 15．赤道ギニア | 3.2 | 15．ガーナ | 5.9 |
| 16．ガーナ | 3.1 | 16．ナイジェリア | 5.9 |
| 17．ザンビア | 3.1 | 17．スワジランド | 5.9 |
| 18．ケニア | 2.7 | 18．ルワンダ | 5.8 |
| 19．ジンバブエ | 2.7 | 19．ケニア | 5.4 |
| 20．レソト | 2.6 | 20．マリ | 5.4 |
| 21．マリ | 2.6 | 21．アルジェリア | 5.1 |
| 22．スーダン | 2.5 | 22．ジブチ | 5.0 |
| 23．アンゴラ | 2.2 | 23．エジプト | 4.8 |
| 24．ジブチ | 2.1 | 24．コートジボワール | 4.7 |
| 25．セネガル | 2.0 | 25．ザンビア | 4.7 |
| 26．モザンビーク | 1.8 | 26．セネガル | 4.6 |
| 27．ブルンジ | 1.5 | 27．トーゴ | 4.6 |
| 28．コートジボワール | 1.4 | 28．リベリア | 3.8 |
| 29．ブルキナファソ | 1.2 | 29．モザンビーク | 3.8 |
| 30．シエラレオネ | 1.2 | 30．レソト | 3.6 |
| 31．タンザニア | 1.2 | 31．コンゴ（共） | 3.5 |
| 32．トーゴ | 1.2 | 32．ベナン | 3.2 |
| 33．マダガスカル | 1.1 | 33．マラウイ | 3.2 |
| 34．ウガンダ | 1.1 | 34．ブルンジ | 3.1 |
| 35．マラウイ | 1.0 | 35．スーダン | 3.0 |
| 36．ベナン | 0.9 | 36．ウガンダ | 2.8 |
| 37．エチオピア | 0.8 | 37．ギニアビサウ | 2.6 |
| 38．コンゴ（共） | 0.7 | 38．タンザニア | 2.5 |
| 39．ギニア | 0.7 | 39．ブルキナファソ | 2.3 |
| 40．コモロ | 0.6 | 40．カメルーン | 1.9 |
| 41．カメルーン | 0.5 | 41．コモロ | 1.9 |
| 42．コンゴ（民） | 0.5 | 42．ギニア | 1.8 |
| 43．チャド | 0.4 | 43．マダガスカル | 1.7 |
| 44．ニジェール | 0.4 | 44．ニジェール | 1.5 |
| 45．ルワンダ | 0.4 | 45．南スーダン | 1.3 |
| 46．中央アフリカ | 0.3 | 46．中央アフリカ | 0.9 |
| 47．ギニアビサウ | 0.1 | 47．チャド | 0.7 |
| | | 48．コンゴ（民） | 0.7 |

出所：World Bank（2015）World Development Indicators Database

第 7 章　アフリカはどのような産業構造をもっているのか　225

がギニアビサウの 0.1 店で、両者の間には 400 倍以上の差がある。アフリカ 47 カ国の平均値は 4.3 店であるが、これは第 13 位のガンビアと同値である。ということは、平均値以上の国が 13 カ国、平均値を下回る国が 34 カ国である。ちなみに、世界 161 カ国の平均値は 18.2 店であり、アフリカの平均値を 4 倍以上上回る。この数字からもアフリカの銀行支店数が世界と比べて極端に少ないという事実を読み取ることができる。序章の表 0-4 の分類に従って上位 10 カ国と下位 10 カ国の顔ぶれを見ると、上位 10 カ国はすべて中所得国か高所得国であり、下位 10 カ国はコンゴ（共）、カメルーンを除く 8 カ国が低所得国であるから、所得上位国ほど銀行支店数が多いという傾向を読み取ることができるだろう。

次に 2013 年を見ると、店舗数の最高がセーシェルの 50.0 店、最低がコンゴ（民）の 0.7 店で、両者の間の差は 70 倍強である。この最高と最低の差は 2004 年時点から大きく縮小したが、依然として大きな差があることは事実である。アフリカ 48 カ国の平均値は 7.7 店であるが、これは第 12 位のボツワナと第 13 位のモーリタニアの中間に位置する。ということは、平均値以上を上回る国が 12 カ国、平均値を下回る国が 36 カ国である。ちなみに、世界 180 カ国の平均値は 20.6 店であり、アフリカの平均値を 3 倍弱上回る。この格差は 2004 年時点からは改善したが、依然としてアフリカの銀行支店数が世界と比べて少ないことに変わりはない。序章の表 0-4 の分類に従って上位 10 カ国と下位 10 カ国の顔ぶれを見ると、上位 10 カ国はジンバブエを除く 9 カ国が中所得国か高所得国であり、下位 10 カ国はカメルーンを除く 9 カ国が低所得国であるから、1990 年と同様に所得上位国ほど銀行支店数が多いという傾向を読み取ることができるだろう。

ここで、1990 年と 2013 年を比較しておくと、1990 年の上位 6 カ国はすべて 2013 年も上位 10 カ国入りしており、その定着率は 6 割である。これに対して、1990 年の下位 10 カ国中、2013 年にも下位 10 カ国入りしている国はギニアビサウ、ルワンダ、コンゴ（共）を除く 7 カ国であり、その定着率は 7 割となるから、上位より下位の方が定着率が高いということになる。

### （ロ）民間部門向け国内信用

金融支援の弱さを示す 2 つ目の例が民間部門向け国内信用である。というのは、国内の金融機関から潤沢な資金が供給されることによって民間部門の育成が促進されると考えられるからである。表 7-6 は 1990 年と 2013 年にお

ける民間部門向け国内信用の対 GDP 比率を国別に列記したものであるが、まず 1990 年から見ていくと、最高が南アの 81.0％、最低がコンゴ（民）の 1.8％で、両者の間には 40 倍以上の差がある。アフリカ 46 カ国の平均値は 20.0％であるが、これは第 16 位のカーボベルデと第 17 位のベナンの中間に位置するから、平均値を上回る国が 16 カ国、平均値を下回る国が 30 カ国である。ちなみに、世界 139 カ国の平均値は 37.6％であり、アフリカの平均値を 2 倍弱上回るから、アフリカにおける民間部門向け国内信用が世界平均と比べてかなり見劣りすることがわかる。序章の表 0-4 の分類に従って上位 10 カ国と下位 10 カ国の顔ぶれを見ると、上位 10 カ国はセネガルを除く 9 カ国が中所得国である。ただし、セネガルが低所得国の最上位に位置することを考慮すれば、セネガルを中所得国と見なしてもよく、その場合は上位 10 カ国すべてが中所得国となる。それゆえ、上位 10 カ国については所得上位国ほど民間部門向け国内信用の対 GDP 比率が高いという傾向を読み取ることができる。他方、下位 10 カ国はナイジェリア、セーシェル、スーダン、ガーナを除く 6 カ国が低所得国であるから、所得上位国ほど民間部門向け国内信用の対 GDP 比率が高いとは言い切れなくなる。

　次に 2013 年を見ると、最高が南アの 149.5％、最低がシエラレオネの 4.9％で、両者の間には 30 倍以上の差がある。1990 年の格差が約 40 倍であったことを考慮すると、この格差は 20 年以上の間にかなり縮小したと言い得るだろう。2013 年において特に注目すべき点は南アとモーリシャスの 2 カ国の比率が 100％を上回っているということである。アフリカ 46 カ国の平均値は 27.4％であるが、これは第 13 位のモザンビークと第 14 位のエジプトの中間に位置するから、平均値を上回る国が 13 カ国、平均値を下回る国が 33 カ国である。ちなみに、世界 166 カ国の平均値は 54.5％であり、アフリカの平均値を 2 倍弱上回る。この 2 倍弱という数字は 1990 年と同様であるから、20 年以上が経過しても、アフリカと世界との差は拡大も縮小もしていないということになる。序章の表 0-4 の分類に従って上位 10 カ国と下位 10 カ国の顔ぶれを見ると、上位 10 カ国はセネガルとトーゴを除く 8 カ国が中所得国である。前述の通り、セネガルは低所得国の最上位に位置するが、トーゴの 1 人当たり GNI はセネガルの約半分であるから、純然たる低所得国である。それゆえ、上位 10 カ国については、依然として所得上位国ほど民間部門向け国内信用の対 GDP 比率は高いが、1990 年ほどは高くない。

第 7 章　アフリカはどのような産業構造をもっているのか　　227

表 7-6 民間部門向け国内信用の対 GDP 比率　　（単位：%）

| 1990 年 | | 2013 年 | |
|---|---|---|---|
| 1．南ア | 81.0 | 1．南ア | 149.5 |
| 2．アルジェリア | 56.1 | 2．モーリシャス | 108.1 |
| 3．チュニジア | 55.1 | 3．チュニジア | 75.9 |
| 4．ジブチ | 45.4 | 4．モロッコ | 67.9 |
| 5．コートジボワール | 36.5 | 5．カーボベルデ | 64.6 |
| 6．モーリタニア | 36.2 | 6．ナミビア | 48.3 |
| 7．モーリシャス | 33.1 | 7．セネガル | 32.7 |
| 8．リビア | 30.4 | 8．トーゴ | 32.2 |
| 9．カメルーン | 26.4 | 9．ケニア | 31.8 |
| 10．セネガル | 26.4 | 10．サントメプリンシペ | 31.7 |
| 11．赤道ギニア | 25.8 | 11．ボツワナ | 31.6 |
| 12．エジプト | 25.4 | 12．ジブチ | 31.1 |
| 13．ジンバブエ | 23.0 | 13．モザンビーク | 28.2 |
| 14．トーゴ | 22.6 | 14．エジプト | 26.5 |
| 15．ギニアビサウ | 22.0 | 15．ブルキナファソ | 24.9 |
| 16．カーボベルデ | 20.7 | 16．コモロ | 23.9 |
| 17．ベナン | 19.1 | 17．マリ | 22.8 |
| 18．ナミビア | 18.9 | 18．ベナン | 22.7 |
| 19．ケニア | 18.7 | 19．レソト | 21.3 |
| 20．モロッコ | 17.6 | 20．アンゴラ | 21.1 |
| 21．モザンビーク | 17.6 | 21．スワジランド | 21.0 |
| 22．レソト | 17.1 | 22．セーシェル | 20.1 |
| 23．ブルキナファソ | 16.9 | 23．リベリア | 19.6 |
| 24．マダガスカル | 16.4 | 24．コートジボワール | 18.3 |
| 25．スワジランド | 16.4 | 25．マラウイ | 17.7 |
| 26．コモロ | 16.2 | 26．ガーナ | 17.1 |
| 27．コンゴ（共） | 15.7 | 27．アルジェリア | 16.5 |
| 28．タンザニア | 13.9 | 28．ザンビア | 16.5 |
| 29．エチオピア | 13.8 | 29．ブルンジ | 16.3 |
| 30．ガボン | 12.9 | 30．リビア | 15.8 |
| 31．ニジェール | 12.3 | 31．ガンビア | 15.2 |
| 32．マリ | 11.6 | 32．ガボン | 15.0 |
| 33．ガンビア | 11.0 | 33．中央アフリカ | 14.9 |
| 34．マラウイ | 10.9 | 34．カメルーン | 14.8 |
| 35．ボツワナ | 9.4 | 35．ギニアビサウ | 14.2 |
| 36．ザンビア | 8.9 | 36．ニジェール | 13.7 |
| 37．ナイジェリア | 8.7 | 37．ウガンダ | 13.5 |
| 38．ブルンジ | 8.6 | 38．タンザニア | 12.9 |
| 39．中央アフリカ | 7.3 | 39．ナイジェリア | 12.6 |
| 40．セーシェル | 7.3 | 40．マダガスカル | 11.9 |
| 41．ルワンダ | 6.9 | 41．コンゴ（共） | 11.3 |
| 42．チャド | 6.5 | 42．スーダン | 10.4 |
| 43．スーダン | 5.1 | 43．赤道ギニア | 9.7 |
| 44．ガーナ | 4.9 | 44．チャド | 6.1 |
| 45．シエラレオネ | 3.2 | 45．コンゴ（民） | 5.7 |
| 46．コンゴ（民） | 1.8 | 46．シエラレオネ | 4.9 |

出所：World Bank（2015）World Development Indicators Database

228　　第 1 部　アフリカ経済の何が問題か

他方、下位 10 カ国はナイジェリア、コンゴ（共）、スーダン、スーダンを除く 6 カ国が低所得国であるから、その比率は 1990 年と同じである。それゆえ、下位 10 カ国については、上位 10 カ国ほど民間部門向け国内信用の対 GDP 比率は高くない。

　ここで、1990 年と 2013 年を比較しておくと、1990 年の上位 10 カ国のうち 2013 年も上位 10 カ国入りしている国は南ア、チュニジア、モーリシャス、セネガルの 4 カ国にすぎず、その定着率は 4 割である。これに対して、1990 年の下位 10 カ国中、2013 年にも下位 10 カ国入りしている国はコンゴ（民）、シエラレオネ、スーダン、チャド、ナイジェリアの 5 カ国であり、その定着率は 5 割である。したがって、下位の方が上位より定着率は高いものの、それは絶対的な高さではない。

　この比較の中で特に気になるのがナイジェリアである。というのは、ナイジェリアは 1990 年から 2013 年に至る 20 数年間にアフリカ第一の経済大国にまで成長したが、民間部門向け国内信用の対 GDP 比率はこの間に 8.7% から 12.6% に上昇しただけである。この数字をアフリカ第二の経済大国である南アと見比べてみると、南アは 1990 年も 2013 年も第 1 位であり、比率もそれぞれ 81.0%、149.5% であり、ナイジェリアとの間に大きな差が存在する。それゆえ、この数字を見る限り、ナイジェリアは人口増と石油収入増によってアフリカ第一の経済大国にまで成長したが、その中身という点で言えば、依然として未成熟であると言わざるを得ないだろう。

### （ハ）銀行貸出金利

　金融支援の弱さを示す 3 つ目の例が銀行貸出金利である。というのは、未発展段階においては、民間企業には潤沢な自己資本がないのが普通であるから、民間企業が積極的投資を行うためには、金融機関からの低利融資が不可欠となるからである。他方、その金利が高いと、民間企業は借りにくくなるから、民間部門の成長もその分遅れることとなる。

　表 7-7 は 1990 年と 2007 年における銀行貸出金利（年利）を国別に列記したものである。なお、この表で 1990 年と比較する年を 2013 年ではなく 2007 年としたのは、2013 年の標本数が少なかったため、2013 年に近い年で一番標本数が多かったのが 2007 年だったからである。まず 1990 年から見ていくと、最高がシエラレオネの 52.5%、最低がエチオピアの 6.0% で、両者の間には 9 倍弱の差がある。アフリカ 40 カ国の平均値は 18.4% であるが、

第 7 章　アフリカはどのような産業構造をもっているのか　　229

表 7-7 　銀行貸出金利　　　　　　　　　　　　　　　　　（単位：%）

| 1990 年 | | 2007 年 | |
|---|---|---|---|
| 1．シエラレオネ | 52.5 | 1．コンゴ（民） | 47.0 |
| 2．ギニアビサウ | 45.8 | 2．マダガスカル | 45.0 |
| 3．ウガンダ | 38.7 | 3．サントメプリンシペ | 32.4 |
| 4．ザンビア | 35.1 | 4．ガンビア | 27.9 |
| 5．ガンビア | 26.5 | 5．マラウイ | 27.7 |
| 6．マダガスカル | 25.8 | 6．シエラレオネ | 25.0 |
| 7．ナイジェリア | 25.3 | 7．モーリタニア | 23.5 |
| 8．ギニア | 21.2 | 8．モーリシャス | 21.9 |
| 9．マラウイ | 21.0 | 9．モザンビーク | 19.5 |
| 10．南ア | 21.0 | 10．ウガンダ | 19.1 |
| 11．レソト | 20.4 | 11．ザンビア | 18.9 |
| 12．サントメプリンシペ | 20.0 | 12．アンゴラ | 17.7 |
| 13．エジプト | 19.0 | 13．ナイジェリア | 16.9 |
| 14．ケニア | 18.8 | 14．ブルンジ | 16.8 |
| 15．カメルーン | 18.5 | 15．ボツワナ | 16.2 |
| 16．モーリシャス | 18.0 | 16．ルワンダ | 16.1 |
| 17．ベナン | 16.0 | 17．タンザニア | 16.1 |
| 18．ブルキナファソ | 16.0 | 18．カメルーン | 15.0 |
| 19．コートジボワール | 16.0 | 19．中央アフリカ | 15.0 |
| 20．マリ | 16.0 | 20．チャド | 15.0 |
| 21．ニジェール | 16.0 | 21．コンゴ（共） | 15.0 |
| 22．セネガル | 16.0 | 22．赤道ギニア | 15.0 |
| 23．トーゴ | 16.0 | 23．ガボン | 15.0 |
| 24．赤道ギニア | 15.6 | 24．リベリア | 15.0 |
| 25．セーシェル | 15.6 | 25．レソト | 14.1 |
| 26．スワジランド | 14.5 | 26．ケニア | 13.3 |
| 27．コンゴ（共） | 13.5 | 27．南ア | 13.2 |
| 28．ルワンダ | 13.2 | 28．スワジランド | 13.2 |
| 29．中央アフリカ | 13.1 | 29．ナミビア | 12.9 |
| 30．ガボン | 12.5 | 30．エジプト | 12.5 |
| 31．ブルンジ | 12.3 | 31．ジブチ | 10.9 |
| 32．チャド | 12.0 | 32．セーシェル | 10.9 |
| 33．ジンバブエ | 11.7 | 33．カーボベルデ | 10.6 |
| 34．ジブチ | 10.5 | 34．コモロ | 10.5 |
| 35．カーボベルデ | 10.0 | 35．アンゴラ | 8.0 |
| 36．モーリタニア | 10.0 | 36．エチオピア | 7.5 |
| 37．モロッコ | 9.0 | 37．リビア | 6.0 |
| 38．ボツワナ | 7.9 | | |
| 39．リビア | 7.0 | | |
| 40．エチオピア | 6.0 | | |

出所：World Bank（2015）World Development Indicators Database

これは第15位のカメルーンと第16位のモーリシャスの中間に位置するから、平均値を上回る国が15カ国、平均値を下回る国が25カ国である。ちなみに、世界114カ国の平均値は17.5％であり、アフリカの平均値を若干下回る[51]。

　序章の表0-4の分類に従って上位10カ国と下位10カ国の顔ぶれを見ると、上位10カ国はザンビア、ナイジェリア、南アを除く7カ国が低所得国である。他方、下位10カ国はエチオピア、ジンバブエ、チャド、ブルンジの4カ国が低所得国である。したがって、これらの数字からは低所得国ほど貸出金利が高いとか、その逆に低所得国ほど貸出金利が低いというような明確な傾向は読み取ることができない。

　次に2007年を見ると、最高がコンゴ（民）の47.0％、最低がリビアの6.0％で、両者の間には8倍弱の差がある。アフリカ37カ国の平均値は17.7％で、これは第12位のアンゴラと同値であるから、平均値以上の国が12カ国、平均値を下回る国が25カ国である。なお、17.7％という金利は1990年の18.4％よりも若干低いから、銀行貸出金利に関する限り、1990年から2007年の間で状況は借り手にとって若干有利になったようである。他方、世界148カ国の平均値は13.3％であり、アフリカの平均値をさらに下回るから、世界平均に比べれば、依然として改善の余地は残されていると言えよう。

　序章の表0-4の分類に従って上位10カ国と下位10カ国の顔ぶれを見ると、上位10カ国はサントメプリンシペ、モーリタニア、モーリシャスを除く7カ国が低所得国である。他方、下位10カ国はエチオピアとコモロを除く8カ国が中所得国以上である。したがって、これらの数字からは低所得国ほど貸出金利が高く、その逆に高所得国ほど貸出金利が低いという傾向を読み取ることができる。

　ここで、1990年と2007年を比較しておくと、1990年の上位10カ国のうち2007年も上位10カ国入りしている国はシエラレオネ、ウガンダ、ガンビア、マダガスカル、マラウイの5カ国で、その定着率は5割である。これに対して、1990年の下位10カ国中、2013年にも下位10カ国入りしている国はエチオピア、リビア、カーボベルデ、ジブチの4カ国で、その定着率は4割である。したがって、銀行貸出金利に関する限り、定着率はそれほど高くない。

第7章　アフリカはどのような産業構造をもっているのか　　231

1 17 世紀のイギリス人経済学者ウィリアム・ペティと 20 世紀のイギリス人経済学者コーリン・クラーク（後にオーストラリアに帰化）の名を冠した法則である。

2 SADC とは Southern African Development Community（南部アフリカ開発共同体）の略であり、現加盟国は 15 カ国である。

3 複数の鉱物を産する国もあるが、ここでは 1 カ国につき 1 つの鉱物を取り上げた。

4 そのうちボツワナ、アルジェリア、南ア、チュニジアの 4 カ国が高位中所得国、それ以外の 5 カ国が低位中所得国である。

5 数字は World Bank のホームページからの引用。

6 数字は World Bank のホームページからの引用。

7 数字は World Bank のホームページからの引用。

8 複数の鉱物を産する国もあるが、ここでは 1 カ国につき 1 つの鉱物を取り上げた。

9 平野克己編（2003 年）140 頁からの引用。

10 山野峰（2008 年）からの引用。

11 平野克己（2009 年）105 頁からの引用。

12 平野克己（2009 年）102 頁からの引用。

13 平野克己（2002 年）35 頁からの引用。

14 外務省情報文化局編（1984 年）70 頁からの引用。

15 石弘之（2009 年）185 頁からの引用。

16 平野克己編（2003 年）146 頁からの引用。

17 平野克己（2013 年）142 頁からの引用。

18 1997 年時点で南アとジンバブエを除く全てのアフリカ諸国が食糧輸入国であり、労働力の 60% 以上を投入しながら、食糧自給を達成できていない。

19 平野克己編（2003 年）69 頁からの引用。

20 山田肖子（2008 年）からの引用。

21 平野克己（2002 年）39 頁からの引用。

22 川端正久、落合雄彦編著（2012 年）229 頁からの引用。

23 平野克己（2008 年 b）からの引用。

24 石弘之（2009 年）183 頁からの引用。

25 平野克己（2009 年）107 頁からの引用。

26 高橋基樹（2010 年）160 頁からの引用。

27 北川勝彦、高橋基樹編著（2004 年）156 頁からの引用。

28 平野克己編（2003 年）85 頁からの引用。

29 サロー、ロジャー、スコット・キルマン（2011 年）50 頁からの引用。

30 平野克己（2009 年）189 頁からの引用。

31 野村修一、ジェームス・クリア（2014 年）94 頁からの引用。

32 石弘之（2009 年）192 頁からの引用。

33 峯陽一、武内進一、笹岡雄一編（2010 年）279 頁からの引用。

34 山野峰（2008 年）からの引用。

35 北川勝彦、高橋基樹編著（2014 年）85 頁によると、1960 年、南ア以外に製造業が GDP の 10% を超えていたのは南ローデシア（16%）とベルギー領コンゴ（14%）の

2 カ国のみ。これにケニア、セネガルが続くとのこと。

36 アフリカーナーとはケープ植民地に入植したオランダ人の子孫が名乗った名称である。

37 星昭、林晃司（1978 年）96 頁からの引用。

38 宮下章（2009 年）29 頁からの引用。

39 西浦昭雄（2008 年 b）69 頁からの引用。

40 序章によれば、ソマリアを除く 53 カ国で面積はモーリシャスが下から 3 番目、スワジランドが下から 7 番目、レソトが下から 12 番目の大きさである。

41 序章によれば、ソマリアを除く 53 カ国で人口はスワジランドが下から 7 番目、モーリシャスが下から 8 番目、レソトが下から 11 番目の大きさである。

42 Export Pcessing Zone（輸出加工区）の略である。

43 1975 年 2 月、EC（現 EU）と ACP 諸国（アフリカ、カリブ海、太平洋諸国の通称）とがトーゴの首都ロメで通商と経済協力に関する協定を締結した。

44 レソトは 1994 年、また、南アは 1998 年に台湾と断交したが、スワジランドは現在でも台湾との外交関係を維持している。

45 通常現地国籍を取得した中国人を「華人」、取得していない中国人を「華僑」と呼び分ける。

46 マハジャン、ヴィジャイ（2009 年）71 頁からの引用。

47 北川勝彦、高橋基樹編著（2014 年）180 頁からの引用。

48 北川勝彦、高橋基樹編著（2014 年）201 頁からの引用。

49 産油国とはリビア、ガボン、エジプト、チュニジア、アルジェリアの 5 カ国であり、それ以外では南アとジンバブエが金、ザンビアが銅、ボツワナがダイヤモンドを産する。

50 SACU とは Southern African Customs Union（南部アフリカ関税同盟）の略である。

51 1990 年の世界の場合、ペルー（4774.5%）、ポーランド（644.5%）、ウルグアイ（163.8%）の 3 カ国において金利が 100% を超えていた。1990 年はこれら 3 カ国にとっても異常な年であり、この 3 カ国における貸出金利が恒常的にこのように高いわけではない。他方、この数字をそのまま採用すると、これらの数字に引っ張られて世界平均値が異常に高くなる恐れがあるので、平均値の算出に当たってはこれら 3 カ国を除外した。

第 7 章　アフリカはどのような産業構造をもっているのか　　233

# 第8章

# アフリカはどのような貿易構造をもっているのか

　前章においてはアフリカ経済の構造を国内的視点から分析したが、本章においては対外的視点から分析する。具体的に言えば、前半部分ではアフリカ各国の貿易動向に注目し、その特徴を洗い出す。そして、後半部分ではアフリカ経済の発展に不可欠な要素と考えられる地域統合の現状を概観する。

## 1．貿易動向

　以下ではアフリカ各国の貿易動向の特徴を貿易額と貿易収支、貿易額の対GDP比率、貿易相手国という3つの視点から洗い出すこととする。

### （1）貿易額と貿易収支

　アフリカ各国の貿易動向を知る上で最も整備された統計資料が毎年の輸出入総額である。そこで、以下では1990年と2013年における各国の輸出入総額を抽出する。1990年と2013年を選んだ理由は、これまでと同様で、前者が停滞期、後者が成長期を代表していると考えられるからである。そして、これらの年における輸出入総額を詳細にチェックすることによってアフリカにおける貿易構造の諸特徴を垣間見ることとした。

### （イ）1990年

　表8-1は、アフリカ54カ国からエリトリア、ソマリア、南スーダンを除いた51カ国について、1990年における輸出入額と貿易収支を国別に列記したものである。なお、貿易収支というと、通常は輸出額から輸入額を引いた

234　第1部　アフリカ経済の何が問題か

金額で表されるが、アフリカの場合、国によって輸出入額が大きく異なるため、そのやり方では実態を把握しにくいので、ここでは輸出額を輸入額で割った比率で代用した。それゆえ、この比率をとると、1.00で収支が均衡し、それ以上ならば輸出超過、以下ならば輸入超過となる。

　まず輸出額から見ていくと、最高が南アの235億4,900万ドル、最低がサントメプリンシペの400万ドルで、両者の間には6,000倍近い差がある。南アに次ぐのがナイジェリア、リビア、アルジェリアの3カ国で、100億ドルの大台に乗っているが、第5位のモロッコになると、その水準が1/3以下の40億ドル台に落ちる。ちなみに、上位4カ国の輸出額の合計は633億ドルとなり、アフリカ51カ国の輸出額合計1,057億ドルの6割近くを占める。アフリカ51カ国の平均値は20億2,700万ドルであるが、この数字は第9位のコートジボワールと第10位のコンゴ（民）の中間に位置するので、平均値を上回る国が9カ国、下回る国が42カ国となる。他方、1990年における世界167カ国の平均値は197億2,300万ドルであるから、平均値同士の比較で見る限り、アフリカの輸出規模は世界の10％強にすぎない。ちなみに、アフリカで世界平均を上回る国は南ア1カ国のみである。

　序章の表0-4の分類に従って上位10カ国と下位10カ国の顔ぶれを見ると、上位10カ国は第10位のコンゴ（民）が低所得国であるが、それ以外の上位9カ国はすべて中所得国である。他方、下位10カ国はコモロ、ギニアビサウ、ブルンジの3カ国が低所得国であるが、残り7カ国は中所得国以上である。つまり、中所得国は上位10カ国だけではなく、下位10カ国についても多いのだ。このことは、輸出額に関して言えば、所得の多さが輸出額の多さには直結しないことを示唆している。これに対して、輸出額の多さに直結すると考えられるのが鉱物資源である。というのは、上位10カ国について言えば、10カ国すべてが何らかの鉱物資源をもっているからである。その中でも特に目を引く資源が石油であり、上位10カ国中ナイジェリア、リビア、アルジェリア、アンゴラ、エジプト、コートジボワールの6カ国が産油国である。これに対して、下位10カ国の場合、サントメプリンシペからセーシェルに至る下位7カ国は鉱物資源を有しない。そして、第10位のブルンジを加えると、下位10カ国中、鉱物資源を有しない国は8カ国であるから、この結果からも、鉱物資源の有無が輸出額の多寡に直結するという傾向を読み取ることができるだろう。

第8章　アフリカはどのような貿易構造をもっているのか　　235

表 8-1　貿易額と貿易収支（1990 年）　　　　　　　　　　　　　　　（単位：百万ドル）

| 輸出 | | 輸入 | | 輸出／輸入 | |
|---|---|---|---|---|---|
| 1．南ア | 23,549 | 1．南ア | 18,399 | 1．アンゴラ | 2.48 |
| 2．ナイジェリア | 13,596 | 2．エジプト | 12,412 | 2．リビア | 2.48 |
| 3．リビア | 13,225 | 3．アルジェリア | 9,780 | 3．ナイジェリア | 2.42 |
| 4．アルジェリア | 12,930 | 4．モロッコ | 6,922 | 4．ガボン | 2.40 |
| 5．モロッコ | 4,265 | 5．ナイジェリア | 5,627 | 5．コンゴ（共） | 1.58 |
| 6．アンゴラ | 3,910 | 6．チュニジア | 5,513 | 6．リベリア | 1.52 |
| 7．チュニジア | 3,526 | 7．リビア | 5,336 | 7．コートジボワール | 1.46 |
| 8．エジプト | 3,477 | 8．ケニア | 2,223 | 8．カメルーン | 1.43 |
| 9．コートジボワール | 3,072 | 9．コートジボワール | 2,097 | 9．コンゴ（民） | 1.34 |
| 10．コンゴ（民） | 2,326 | 10．ボツワナ | 1,946 | 10．アルジェリア | 1.32 |
| 11．ガボン | 2,204 | 11．ジンバブエ | 1,847 | 11．南ア | 1.28 |
| 12．カメルーン | 2,002 | 12．コンゴ（民） | 1,739 | 12．モーリタニア | 1.21 |
| 13．ボツワナ | 1,784 | 13．モーリシャス | 1,618 | 13．ベナン | 1.09 |
| 14．ジンバブエ | 1,726 | 14．アンゴラ | 1,578 | 14．赤道ギニア | 1.07 |
| 15．ザンビア | 1,309 | 15．カメルーン | 1,400 | 15．ザンビア | 1.07 |
| 16．モーリシャス | 1,194 | 16．ザンビア | 1,220 | 16．ギニア | 0.93 |
| 17．ナミビア | 1,085 | 17．セネガル | 1,219 | 17．ナミビア | 0.93 |
| 18．ケニア | 1,031 | 18．ガーナ | 1,205 | 18．シエラレオネ | 0.93 |
| 19．コンゴ（共） | 981 | 19．ナミビア | 1,163 | 19．ジンバブエ | 0.93 |
| 20．ガーナ | 897 | 20．エチオピア | 1,081 | 20．ボツワナ | 0.92 |
| 21．リベリア | 868 | 21．タンザニア | 1,027 | 21．スワジランド | 0.84 |
| 22．セネガル | 761 | 22．ガボン | 918 | 22．中央アフリカ | 0.78 |
| 23．ギニア | 671 | 23．モザンビーク | 878 | 23．ガーナ | 0.74 |
| 24．スワジランド | 556 | 24．ギニア | 723 | 24．モーリシャス | 0.74 |
| 25．モーリタニア | 469 | 25．レソト | 672 | 25．マラウイ | 0.73 |
| 26．マラウイ | 417 | 26．スワジランド | 663 | 26．ニジェール | 0.73 |
| 27．スーダン | 374 | 27．マダガスカル | 651 | 27．チャド | 0.66 |
| 28．マリ | 359 | 28．コンゴ（共） | 621 | 28．チュニジア | 0.64 |
| 29．タンザニア | 331 | 29．スーダン | 618 | 29．モロッコ | 0.62 |
| 30．マダガスカル | 319 | 30．マリ | 602 | 30．セネガル | 0.62 |
| 31．エチオピア | 298 | 31．トーゴ | 581 | 31．スーダン | 0.61 |
| 32．ベナン | 288 | 32．マラウイ | 575 | 32．マリ | 0.60 |
| 33．ニジェール | 282 | 33．リベリア | 570 | 33．ウガンダ | 0.53 |
| 34．トーゴ | 268 | 34．ブルキナファソ | 536 | 34．マダガスカル | 0.49 |
| 35．チャド | 188 | 35．モーリタニア | 388 | 35．ケニア | 0.46 |
| 36．ブルキナファソ | 152 | 36．ニジェール | 388 | 36．トーゴ | 0.46 |
| 37．ウガンダ | 152 | 37．ルワンダ | 288 | 37．ルワンダ | 0.38 |
| 38．シエラレオネ | 138 | 38．ウガンダ | 288 | 38．コモロ | 0.35 |
| 39．モザンビーク | 126 | 39．チャド | 285 | 39．ブルンジ | 0.32 |
| 40．中央アフリカ | 120 | 40．ベナン | 265 | 40．タンザニア | 0.32 |
| 41．ルワンダ | 110 | 41．ブルンジ | 231 | 41．セーシェル | 0.30 |
| 42．ブルンジ | 75 | 42．ジブチ | 215 | 42．ブルキナファソ | 0.28 |
| 43．赤道ギニア | 65 | 43．ガンビア | 188 | 43．エジプト | 0.28 |
| 44．レソト | 62 | 44．セーシェル | 186 | 44．エチオピア | 0.28 |
| 45．セーシェル | 56 | 45．中央アフリカ | 154 | 45．ギニアビサウ | 0.22 |
| 46．ガンビア | 31 | 46．シエラレオネ | 149 | 46．サントメプリンシペ | 0.19 |
| 47．ジブチ | 25 | 47．カーボベルデ | 136 | 47．ガンビア | 0.16 |
| 48．ギニアビサウ | 19 | 48．ギニアビサウ | 86 | 48．モザンビーク | 0.14 |
| 49．コモロ | 18 | 49．赤道ギニア | 61 | 49．ジブチ | 0.12 |
| 50．カーボベルデ | 6 | 50．コモロ | 52 | 50．レソト | 0.09 |
| 51．サントメプリンシペ | 4 | 51．サントメプリンシペ | 21 | 51．カーボベルデ | 0.04 |

出所：World Bank（2015）World Development Indicators Database

次に輸入額を見ていくと、最高が南アの183億9,900万ドル、最低がサントメプリンシペの2,100万ドルで、両者の間には900倍近い差がある。南アに次ぐのがエジプトで、以上2カ国が100億ドルの大台に乗っているが、第3位のアルジェリアの輸入額も100億ドルに近い。これら上位3カ国の輸出額合計は406億ドルとなり、アフリカ51カ国の輸出額合計973億ドルの4割強を占める。アフリカ51カ国の平均値は19億900万ドルであるが、この数字は第10位のボツワナと第11位のジンバブエの中間に位置するので、平均値を上回る国が10カ国、下回る国が41カ国となる。他方、1990年における世界166カ国の平均値は204億700万ドルであるから、平均値同士の比較で見る限り、アフリカの輸入規模は世界の10%弱にすぎない。ちなみに、アフリカで世界平均を上回る国は皆無である。

　序章の表0-4の分類に従って上位10カ国と下位10カ国の顔ぶれを見ると、上位10カ国すべてが中所得国である。他方、下位10カ国はコモロ、ギニアビサウ、シエラレオネ、中央アフリカ、ガンビアの5カ国が低所得国であるが、残り5カ国は中所得国以上である。それゆえ、この結果からも、高所得国ほど輸入額が大きいという傾向は読み取ることができない。むしろ輸入額の多さに直結すると考えられるのがその国の経済規模である。というのは、序章の表0-1を見ると、アフリカの人口小国10カ国のうちサントメプリンシペ、コモロ、赤道ギニア、ギニアビサウ、カーボベルデ、セーシェル、ジブチの7カ国が輸入額の下位10カ国に含まれているからである。

　次に輸出入比率を見ていくと、最高がアンゴラとリビアの2.48、最低がカーボベルデの0.04である。前述の通り、1.00で収支が均衡するから、51カ国中、輸出超過国が15カ国、輸入超過国が36カ国ということで、輸入超過国数が輸出超過国数を上回る。輸出超過の15カ国を見ると、第13位のベナンを除く14カ国が鉱物資源保有国である。その中でも目立つのが石油で、第1位のアンゴラから第5位のコンゴ（共）までの5カ国、さらにコートジボワール、カメルーン、アルジェリア、モーリタニア、赤道ギニアを加えると、産油国は10カ国となり、15カ国の2/3が産油国ということになる。

（ロ）2013年

　表8-2は、アフリカ54カ国からソマリア、南スーダンを除いた52カ国について、2013年における輸出入額と貿易収支を国別に列記したものである。まず輸出額から見ていくと、最高がナイジェリアの1,040億ドル、最低がサ

第8章　アフリカはどのような貿易構造をもっているのか　　237

ントメプリンシペの 1,200 万ドルで、両者の間には 9,000 倍近い差があり、最高と最低の格差は 1990 年よりも拡大している。ナイジェリアに次ぐのが 959 億ドルの南アで、アフリカ 52 カ国の中でこの 2 カ国のみが 1,000 億ドルという断トツの輸出水準を誇っている。ちなみに、この 2 カ国だけでアフリカ 52 カ国の輸出額合計 6,008 億ドルの 3 割以上を占める。アフリカ 52 カ国の平均値は 115 億 5,300 万ドルで、1990 年の平均値より 6 倍弱高い。2013 年の平均値は第 8 位のチュニジアと第 9 位の赤道ギニアの中間に位置するので、平均値を上回る国が 8 カ国、下回る国が 44 カ国となる。他方、2013 年における世界 199 カ国の平均値は 937 億 300 万ドルであるから、平均値同士の比較で見る限り、1990 年当時と大差はなく、アフリカの輸出規模は依然として世界の 10% 強にすぎない。ちなみに、アフリカで世界平均を上回る国はナイジェリアと南アの 2 カ国のみである。

　序章の表 0-4 の分類に従って上位 10 カ国と下位 10 カ国の顔ぶれを見ると、上位 10 カ国すべてが中所得国である。これに対して、下位 10 カ国はサントメプリンシペ、カーボベルデ、ジブチの 3 カ国が中所得国であるが、残り 7 カ国は低所得国である。したがって、2013 年の場合は、1990 年には見られなかった高所得国ほど輸出額も高いという傾向を読み取れるようになっている。他方、鉱物資源の有無と輸出額の関係については、引き続き有資源国ほど輸出額が高いという傾向を読み取ることが可能である。というのは、上位 10 カ国のすべてが鉱物資源保有国であるのに対して、下位 10 カ国の場合、最下位のサントメプリンシペから下から 7 番目のギニアビサウまでの 7 カ国は無資源国だからである。

　次に 1990 年と比較すると、1990 年の上位 10 カ国中第 1 位の南アから第 8 位のエジプトまでの 8 カ国が 2013 年においても上位 10 カ国入りしている。また、第 9 位のコートジボワールも 2013 年の順位は第 11 位であるから、それも加えれば、定着率は 9 割となる。他方、下位 10 カ国の場合は最下位のサントメプリンシペから下から 6 番目のガンビアまでの 6 カ国にブルンジを加えた 7 カ国が 2013 年においても下位 10 カ国入りしているので、定着率は 7 割である。これら定着率の高さから考えても、輸出国の順位の固定率はかなり高いと考えられる。

　次に輸入額を見ていくと、最高が南アの 1,263 億 5,000 万ドル、最低がサントメプリンシペの 1 億 5,200 万ドルで、両者の間には 800 倍以上の差があ

表8-2 貿易額と貿易収支（2013年）　　　　　　　　　　　　　　　　（単位：百万ドル）

| 輸出 | | 輸入 | | 輸出／輸入 | |
|---|---|---|---|---|---|
| 1．ナイジェリア | 104,000 | 1．南ア | 126,350 | 1．アンゴラ | 2.59 |
| 2．南ア | 95,938 | 2．エジプト | 58,294 | 2．ガボン | 2.46 |
| 3．アンゴラ | 68,246 | 3．ナイジェリア | 56,000 | 3．赤道ギニア | 2.10 |
| 4．アルジェリア | 64,974 | 4．アルジェリア | 55,028 | 4．ナイジェリア | 1.86 |
| 5．リビア | 43,500 | 5．モロッコ | 45,189 | 5．リビア | 1.61 |
| 6．エジプト | 28,492 | 6．リビア | 27,000 | 6．コンゴ（共） | 1.50 |
| 7．モロッコ | 21,971 | 7．アンゴラ | 26,343 | 7．アルジェリア | 1.18 |
| 8．チュニジア | 17,060 | 8．チュニジア | 24,266 | 8．スワジランド | 1.12 |
| 9．赤道ギニア | 14,700 | 9．ガーナ | 17,600 | 9．シエラレオネ | 1.08 |
| 10．ガーナ | 13,751 | 10．ケニア | 16,358 | 10．コートジボワール | 1.06 |
| 11．コートジボワール | 13,247 | 11．エチオピア | 14,899 | 11．ザンビア | 1.04 |
| 12．ザンビア | 10,594 | 12．コートジボワール | 12,482 | 12．ボツワナ | 1.01 |
| 13．ガボン | 9,524 | 13．タンザニア | 12,119 | 13．コンゴ（民） | 0.98 |
| 14．コンゴ（共） | 9,089 | 14．ザンビア | 10,161 | 14．チャド | 0.95 |
| 15．ボツワナ | 7,607 | 15．モザンビーク | 10,099 | 15．モーリタニア | 0.87 |
| 16．コンゴ（民） | 6,200 | 16．スーダン | 9,918 | 16．ジンバブエ | 0.82 |
| 17．ケニア | 5,855 | 17．ボツワナ | 7,544 | 17．ニジェール | 0.79 |
| 18．スーダン | 4,789 | 18．ナミビア | 7,359 | 18．ガーナ | 0.78 |
| 19．ナミビア | 4,614 | 19．赤道ギニア | 7,000 | 19．ギニアビサウ | 0.78 |
| 20．カメルーン | 4,515 | 20．セネガル | 6,659 | 20．南ア | 0.76 |
| 21．タンザニア | 4,412 | 21．カメルーン | 6,649 | 21．チュニジア | 0.70 |
| 22．エチオピア | 4,076 | 22．コンゴ（民） | 6,300 | 22．カメルーン | 0.68 |
| 23．モザンビーク | 4,023 | 23．コンゴ（共） | 6,050 | 23．ナミビア | 0.63 |
| 24．チャド | 3,800 | 24．ウガンダ | 5,817 | 24．ギニア | 0.62 |
| 25．ジンバブエ | 3,507 | 25．モーリシャス | 5,397 | 25．マリ | 0.61 |
| 26．モーリシャス | 2,868 | 26．ジンバブエ | 4,300 | 26．ベナン | 0.60 |
| 27．セネガル | 2,666 | 27．チャド | 4,000 | 27．ブルキナファソ | 0.60 |
| 28．モーリタニア | 2,652 | 28．ブルキナファソ | 3,900 | 28．中央アフリカ | 0.60 |
| 29．ウガンダ | 2,407 | 29．ガボン | 3,879 | 29．マダガスカル | 0.59 |
| 30．ブルキナファソ | 2,355 | 30．マリ | 3,800 | 30．トーゴ | 0.57 |
| 31．マリ | 2,338 | 31．マダガスカル | 3,259 | 31．モーリシャス | 0.53 |
| 32．マダガスカル | 1,922 | 32．ベナン | 3,100 | 32．セーシェル | 0.53 |
| 33．シエラレオネ | 1,916 | 33．モーリタニア | 3,044 | 33．エジプト | 0.49 |
| 34．スワジランド | 1,895 | 34．マラウイ | 2,844 | 34．リベリア | 0.49 |
| 35．ベナン | 1,869 | 35．トーゴ | 2,666 | 35．モロッコ | 0.49 |
| 36．ニジェール | 1,600 | 36．ルワンダ | 2,301 | 36．スーダン | 0.48 |
| 37．トーゴ | 1,521 | 37．レソト | 2,200 | 37．マラウイ | 0.42 |
| 38．ギニア | 1,300 | 38．ギニア | 2,100 | 38．ウガンダ | 0.41 |
| 39．マラウイ | 1,207 | 39．ニジェール | 2,020 | 39．モザンビーク | 0.40 |
| 40．レソト | 847 | 40．シエラレオネ | 1,779 | 40．セネガル | 0.40 |
| 41．ルワンダ | 703 | 41．スワジランド | 1,693 | 41．レソト | 0.39 |
| 42．セーシェル | 578 | 42．リベリア | 1,149 | 42．ケニア | 0.36 |
| 43．リベリア | 559 | 43．セーシェル | 1,083 | 43．タンザニア | 0.36 |
| 44．エリトリア | 330 | 44．エリトリア | 1,030 | 44．エリトリア | 0.32 |
| 45．中央アフリカ | 150 | 45．ブルンジ | 811 | 45．ルワンダ | 0.31 |
| 46．ギニアビサウ | 140 | 46．カーボベルデ | 725 | 46．ガンビア | 0.30 |
| 47．ジブチ | 119 | 47．ジブチ | 719 | 47．エリトリア | 0.27 |
| 48．ガンビア | 106 | 48．ガンビア | 350 | 48．ジブチ | 0.17 |
| 49．ブルンジ | 94 | 49．コモロ | 284 | 49．ブルンジ | 0.12 |
| 50．カーボベルデ | 69 | 50．中央アフリカ | 250 | 50．カーボベルデ | 0.10 |
| 51．コモロ | 19 | 51．ギニアビサウ | 180 | 51．サントメプリンシペ | 0.08 |
| 52．サントメプリンシペ | 12 | 52．サントメプリンシペ | 152 | 52．コモロ | 0.07 |

出所：World Bank（2015）World Development Indicators Database

る。この差は1990年と比べると若干縮小した。輸入額が1,000億ドルの大台に乗るのは南アのみで、これに次ぐのが500億ドル台のエジプト、ナイジェリア、アルジェリアの3カ国である。なお、第5位のモロッコは500億ドルに近いので、以上5カ国がアフリカの輸入大国と言えよう。これら上位5カ国の輸入額合計は3,409億ドルとなり、アフリカ52カ国の輸入額合計6,345億ドルの5割強を占める。アフリカ52カ国の平均値は122億200万ドルで、1990年の平均値より6倍強高い。この数字は第12位のコートジボワールと第13位のタンザニアの中間に位置するので、平均値を上回る国が13カ国、下回る国が39カ国となる。他方、2013年における世界198カ国の平均値は942億2,900万ドルであるから、平均値同士の比較で見る限り、アフリカの輸入規模は世界の10%強にすぎない。ちなみに、アフリカで世界平均を上回る国は南ア1カ国のみである。

　次に1990年と比較すると、1990年の上位10カ国中第1位の南アから第8位のエジプトまでの8カ国が2013年においても上位10カ国入りしている。また、第9位のコートジボワールも2013年の順位は第11位であるから、それも加えれば、定着率は9割となる。他方、下位10カ国の場合は最下位のサントメプリンシペから下から6番目のガンビアまでの6カ国にブルンジを加えた7カ国が2013年においても下位10カ国入りしているので、定着率は7割である。これら定着率の高さから考えても、輸出国の順位の固定率はかなり高いと考えられる。

　序章の表0-4の分類に従って上位10カ国と下位10カ国の顔ぶれを見ると、上位10カ国すべてが中所得国である。他方、下位10カ国はサントメプリンシペ、ジブチ、カーボベルデ、セーシェルの4カ国が中所得国以上で、残り6カ国が低所得国である。それゆえ、この結果からは、高所得国ほど輸入額が大きいという傾向を読み取ることができるだろう。

　次に1990年と比較すると、1990年の上位10カ国中第1位の南アから第8位のケニアまでの8カ国が2013年においても上位10カ国入りしているので、定着率は9割となる。他方、下位10カ国の場合は赤道ギニアとシエラレオネを除く8カ国が2013年においても下位10カ国入りしているので、定着率は同じく8割である。これら定着率の高さから考えても、輸入国の順位の固定率はかなり高いと考えられる。

　次に輸出入比率を見ていくと、最高がアンゴラの2.59、最低がコモロの

240　　第1部　アフリカ経済の何が問題か

0.07 である。1.00 で収支が均衡するから、52 カ国中、輸出超過国が 12 カ国、輸入超過国が 40 カ国ということで、輸入超過国数が輸出超過国数を上回る。また、1990 年との比較では、輸出超過国数が減り、輸入超過国数が増えている。輸出超過の 12 カ国を見ると、12 カ国すべてが鉱物資源保有国である。その中でも目立つのが石油で、第 1 位のアンゴラから第 7 位のアルジェリアまでの 7 カ国、さらにコートジボワールを加えると、産油国は 8 カ国となり、13 カ国の 6 割強が産油国ということになる。

## （2）貿易額の対 GDP 比率

ここまで貿易の絶対額を見ながら分析を進めてきたが、その分析ではそれぞれの国において貿易がどれほどの比重を占めているかまではわからない。そこで、その比重を知るために、貿易額の対 GDP 比率をとってみることとした。

### （イ）輸出

表 8-3 は、アフリカ 48 カ国における輸出額の対 GDP 比率を国ごとに列記したものである。まず 1990 年から見ていくと、最高はモーリシャスの 65.0％、最低はスーダンの 4.0％で、両者の間には約 16 倍の差がある。アフリカ 48 カ国の平均値は 27.0％であるが、この数字は第 19 位のコンゴ（民）と第 20 位のケニアの中間に位置するので、平均値を上回る国は 19 カ国、下回る国は 29 カ国となる。ちなみに、世界 162 カ国の平均値は 34.4％であるから、平均値同士を比較する限り、アフリカの方が世界より低いが、それほど極端な差があるわけではない。

序章の表 0-4 の分類に従って上位 10 カ国と下位 10 カ国の顔ぶれを見ると、上位 10 カ国のうち、ガンビアを除く 9 カ国が中所得国である。他方、下位 10 カ国もスーダンを除く 9 カ国が低所得国であるから、所得が高い国ほど、輸出額の対 GDP 比率も高いという傾向を読み取ることができるだろう。他方、鉱物資源の有無と輸出額の対 GDP 比率の関係について言えば、上位 10 カ国ではモーリシャスとガンビアを除く 8 カ国が鉱物資源を有する国であり、下位 10 カ国ではウガンダ、ブルンジ、ソマリア、ギニアギサウを除く 6 カ国が鉱物資源を有する国である。ということは、上位国にも下位国にも鉱物資源国が多いということであるから、この結果を見る限り、有資源国ほど輸出額の対 GDP 比率が高いとは言い難い。

第 8 章　アフリカはどのような貿易構造をもっているのか　　241

以下では上位 10 カ国中唯一の低所得国であるガンビアと下位 10 カ国中唯一の中所得国であるスーダンについて若干の説明を加えておく。まずガンビアであるが、陸地部分がすべてセネガルに囲まれた特異な国である。こうした地形が形成された背景には、周囲をすべてフランスが占領する中で、ガンビア川とその流域だけをイギリスが占領したという歴史的事実が横たわっている。こうした事情もあり、ガンビアの面積はアフリカで 6 番目に小さく、2014 年の 1 人当たり GNI も下から 7 番目の低さである。しかし、国の経済規模に比して落花生の輸出が大きいために、輸出額の対 GDP 比率がモーリシャスに次ぐ第 2 位となったと考えられる。これに対して、スーダンは、2011 年に南スーダンを分離するまでアフリカ最大の面積を誇った国であり、2014 年の人口は第 9 位、名目 GDP は第 7 位という大国である。このスーダンは現在では産油国として知られているが、石油の輸出が本格化するのは1990 年代以降であり、1990 年時点では農産物輸出が中心であったため、経済規模に比して輸出額が小さかったと考えられる。

　次に 2013 年を見ると、最高は赤道ギニアの 92.6%、最低はスーダンの7.2% で、両者の間には約 13 倍の差があるが、この差は 1990 年に比べれば、若干縮小した。アフリカ 48 カ国の平均値は 34.5% であるが、この数字は1990 年の平均値 27.0% よりも上昇している。この数字は第 17 位のレソトと第 18 位のガーナの中間に位置するので、平均値を上回る国は 17 カ国、下回る国は 31 カ国となる。ちなみに、世界 175 カ国の平均値は 44.3% であるから、平均値同士を比較する限り、アフリカの方が依然として世界より低い。

　序章の表 0-4 の分類に従って上位 10 カ国と下位 10 カ国の顔ぶれを見ると、上位 10 カ国のうち、リベリアを除く 9 カ国が中所得国である。他方、下位10 カ国もスーダンとエジプトを除く 8 カ国が低所得国であるから、所得が高い国ほど、輸出額の対 GDP 比率も高いという傾向を読み取ることができるだろう。他方、鉱物資源の有無と輸出額の対 GDP 比率の関係について言えば、上位 10 カ国ではセーシェルとモーリシャス除く 8 カ国が鉱物資源を有する国であり、下位 10 カ国ではブルンジ、ソマリア、コモロ、ギニアギサウを除く 6 カ国が鉱物資源を有する国である。ということは、上位国にも下位国にも鉱物資源国が多いということであるから、この結果を見る限り、鉱物資源国ほど輸出額の対 GDP 比率が高いとは言い難い。

表 8-3　輸出額の対 GDP 比率　　　　　　　（単位：％）

| 1990 年 | | 2013 年 | |
|---|---|---|---|
| 1．モーリシャス | 65.0 | 1．赤道ギニア | 92.6 |
| 2．ガンビア | 59.9 | 2．セーシェル | 85.5 |
| 3．スワジランド | 59.0 | 3．コンゴ（共） | 76.5 |
| 4．ボツワナ | 55.1 | 4．リビア | 70.4 |
| 5．ジブチ | 53.8 | 5．ガボン | 57.4 |
| 6．コンゴ（共） | 51.8 | 6．モーリタニア | 55.7 |
| 7．ガボン | 46.0 | 7．ボツワナ | 54.3 |
| 8．モーリタニア | 45.6 | 8．アンゴラ | 50.7 |
| 9．チュニジア | 43.6 | 9．モーリシャス | 49.0 |
| 10．ナミビア | 43.3 | 10．リベリア | 48.5 |
| 11．リビア | 39.7 | 11．マラウイ | 47.6 |
| 12．赤道ギニア | 39.0 | 12．チュニジア | 47.1 |
| 13．ナイジェリア | 35.3 | 13．トーゴ | 44.3 |
| 14．シエラレオネ | 34.7 | 14．コートジボワール | 43.8 |
| 15．トーゴ | 33.5 | 15．ザンビア | 43.3 |
| 16．アンゴラ | 33.3 | 16．ナミビア | 42.4 |
| 17．コートジボワール | 31.7 | 17．レソト | 40.4 |
| 18．ギニア | 31.1 | 18．ガーナ | 34.2 |
| 19．コンゴ（民） | 29.5 | 19．コンゴ（民） | 33.9 |
| 20．ケニア | 25.7 | 20．チャド | 33.6 |
| 21．モロッコ | 25.7 | 21．アルジェリア | 33.2 |
| 22．セネガル | 25.4 | 22．モロッコ | 32.7 |
| 23．南ア | 24.2 | 23．南ア | 31.0 |
| 24．マラウイ | 23.8 | 24．マダガスカル | 30.1 |
| 25．アルジェリア | 23.4 | 25．ジンバブエ | 29.4 |
| 26．ジンバブエ | 22.9 | 26．ガンビア | 29.2 |
| 27．カメルーン | 20.2 | 27．ギニア | 28.5 |
| 28．エジプト | 20.0 | 28．セネガル | 27.7 |
| 29．ベナン | 19.2 | 29．マリ | 27.5 |
| 30．レソト | 18.0 | 30．ベナン | 27.4 |
| 31．カーボベルデ | 17.1 | 31．ブルキナファソ | 26.1 |
| 32．中央アフリカ | 17.1 | 32．モザンビーク | 25.7 |
| 33．ガーナ | 16.9 | 33．ニジェール | 22.6 |
| 34．マダガスカル | 16.6 | 34．カメルーン | 20.7 |
| 35．マリ | 15.7 | 35．ウガンダ | 20.2 |
| 36．セーシェル | 15.3 | 36．ナイジェリア | 18.0 |
| 37．ニジェール | 14.8 | 37．ケニア | 17.9 |
| 38．コモロ | 14.3 | 38．タンザニア | 17.7 |
| 39．チャド | 13.5 | 39．ギニアビサウ | 17.5 |
| 40．タンザニア | 12.6 | 40．エジプト | 17.2 |
| 41．ブルキナファソ | 11.0 | 41．コモロ | 16.4 |
| 42．ギニアビサウ | 9.9 | 42．南スーダン | 16.2 |
| 43．ソマリア | 9.8 | 43．ルワンダ | 15.6 |
| 44．モザンビーク | 8.2 | 44．ソマリア | 14.6 |
| 45．ブルンジ | 7.9 | 45．中央アフリカ | 14.3 |
| 46．ウガンダ | 7.2 | 46．エチオピア | 12.5 |
| 47．ルワンダ | 5.6 | 47．ブルンジ | 7.4 |
| 48．スーダン | 4.0 | 48．スーダン | 7.2 |

出所：World Bank（2015）World Development Indicators Database

（ロ）輸入

　表 8-4 は、アフリカ 48 カ国における輸入額の対 GDP 比率を国ごとに列記したものである。まず 1990 年から見ていくと、最高は赤道ギニアの 164.4％、最低はスーダンの 7.1％で、両者の間には 20 倍以上の差がある。アフリカ 48 カ国の平均値は 40.0％であるが、この数字は第 13 位のトーゴと第 14 位のソマリアの中間に位置するので、平均値を上回る国は 13 カ国、下回る国は 35 カ国となる。ちなみに、世界 162 カ国の平均値は 41.9％であるから、平均値同士を比較する限り、アフリカの方が世界より若干低いが、ほぼ同水準である。他方、輸出入の平均値を比較すると、輸入の方が大きいから、アフリカ全体として言えば、1990 年は輸入超過の傾向を読み取ることができるが、この輸入超過の傾向は世界全体としても同様である。

　ところで、1990 年に輸入額の対 GDP 比率が 100％を超えている国が 2 つある。1 つは赤道ギニアである。この国は現在でこそ産油国として知られているが、石油生産が本格化するのは 1992 年以降であり、1990 年時点ではカカオ豆とコーヒー豆のプランテーションに依存した典型的な農業国だった。一方、島嶼部と大陸部から構成される赤道ギニアは耕地面積も広大というわけではないから、プランテーションの発展は食糧作物栽培を犠牲にしつつ成立したので、食糧作物は輸入に頼らざるを得なかった。こうした事情もあり、赤道ギニアにおける輸入額の対 GDP 比率が高止まりしたのである。他方、レソトの国土も四囲を南アに囲まれた山岳地帯であり、自給自足が困難で、国民経済の相当部分を南アに依存していたから、その分、輸入額の対 GDP 比率も高止まりしたと考えられる。

　序章の表 0-4 の分類に従って上位 10 カ国と下位 10 カ国の顔ぶれを見ると、上位 10 カ国のうち、ガンビアを除く 9 カ国が中所得国である。他方、下位 10 カ国は、スーダン、カメルーン、ナイジェリア、南ア、コンゴ（共）の 5 カ国が中所得国で、それ以外の 5 カ国が低所得国である。それゆえ、上位 10 カ国については、所得が高い国ほど、輸出額の対 GDP 比率も高いという傾向を読み取ることができるが、下位 10 カ国については、所得が低い国ほど、輸出額の対 GDP 比率も低いとは言い切れない。

　次に 2013 年を見ていくと、最高がレソトの 101.2％、最低がナイジェリアの 13.0％で、両者の間には 8 倍近い差がある。この差は 1990 年と比べるとかなり縮小した。輸入額の対 GDP 比率が 100％を超える国は 1990 年と同

244　　第 1 部　アフリカ経済の何が問題か

表 8-4　輸入額の対 GDP 比率　　　　　　　　（単位：%）

| 1990 年 | | 2013 年 | |
|---|---|---|---|
| 1．赤道ギニア | 164.4 | 1．レソト | 101.2 |
| 2．レソト | 122.4 | 2．リベリア | 100.4 |
| 3．ジブチ | 78.4 | 3．セーシェル | 92.8 |
| 4．モーリシャス | 72.2 | 4．モーリタニア | 79.5 |
| 5．ガンビア | 71.6 | 5．モザンビーク | 74.8 |
| 6．スワジランド | 68.9 | 6．赤道ギニア | 70.5 |
| 7．カーボベルデ | 68.8 | 7．コンゴ（共） | 66.1 |
| 8．モーリタニア | 60.7 | 8．リビア | 64.8 |
| 9．チュニジア | 50.6 | 9．トーゴ | 64.5 |
| 10．セーシェル | 50.5 | 10．モーリシャス | 62.3 |
| 11．ナミビア | 49.9 | 11．ソマリア | 62.1 |
| 12．ボツワナ | 49.8 | 12．コモロ | 61.8 |
| 13．トーゴ | 45.3 | 13．マラウイ | 60.5 |
| 14．ソマリア | 37.7 | 14．ジンバブエ | 59.3 |
| 15．タンザニア | 37.5 | 15．ナミビア | 58.8 |
| 16．コモロ | 37.1 | 16．チュニジア | 56.2 |
| 17．ギニアビサウ | 37.0 | 17．ギニア | 54.6 |
| 18．モザンビーク | 36.1 | 18．ボツワナ | 54.3 |
| 19．シエラレオネ | 34.0 | 19．セネガル | 48.6 |
| 20．ギニア | 33.4 | 20．ガーナ | 47.5 |
| 21．マラウイ | 33.4 | 21．モロッコ | 47.1 |
| 22．アンゴラ | 33.3 | 22．マダガスカル | 43.1 |
| 23．エジプト | 32.7 | 23．コンゴ（民） | 41.8 |
| 24．セネガル | 32.2 | 24．ベナン | 41.7 |
| 25．ケニア | 31.3 | 25．コートジボワール | 41.2 |
| 26．モロッコ | 31.2 | 26．ザンビア | 41.1 |
| 27．リビア | 31.1 | 27．ガンビア | 40.9 |
| 28．ガボン | 30.9 | 28．チャド | 39.1 |
| 29．マリ | 30.9 | 29．ニジェール | 39.0 |
| 30．コンゴ（民） | 29.2 | 30．南スーダン | 38.1 |
| 31．マダガスカル | 28.0 | 31．ブルキナファソ | 37.3 |
| 32．チャド | 27.9 | 32．アンゴラ | 36.0 |
| 33．ブルンジ | 27.8 | 33．ブルンジ | 34.2 |
| 34．コートジボワール | 27.1 | 34．ケニア | 33.4 |
| 35．ベナン | 26.5 | 35．ガボン | 33.3 |
| 36．中央アフリカ | 25.9 | 36．南ア | 33.2 |
| 37．ガーナ | 25.9 | 37．マリ | 31.1 |
| 38．アルジェリア | 24.9 | 38．タンザニア | 31.1 |
| 39．ブルキナファソ | 24.5 | 39．ルワンダ | 30.7 |
| 40．ジンバブエ | 22.8 | 40．ウガンダ | 30.5 |
| 41．ニジェール | 21.6 | 41．アルジェリア | 30.4 |
| 42．ウガンダ | 19.4 | 42．エチオピア | 29.0 |
| 43．コンゴ（共） | 19.0 | 43．カメルーン | 28.9 |
| 44．南ア | 18.8 | 44．中央アフリカ | 24.7 |
| 45．ナイジェリア | 17.7 | 45．ギニアビサウ | 24.3 |
| 46．カメルーン | 17.3 | 46．エジプト | 23.6 |
| 47．ルワンダ | 14.1 | 47．スーダン | 14.9 |
| 48．スーダン | 7.1 | 48．ナイジェリア | 13.0 |

出所：World Bank（2015）World Development Indicators Database

第 8 章　アフリカはどのような貿易構造をもっているのか　　245

様 2 つあり、1 つは 1990 年と同じくレソトであるが、もう 1 つは赤道ギニアではなく、リベリアである。赤道ギニアの場合は石油生産によって GDP が上昇し、分母が大きくなった分、全体の比率が小さくなったと考えられる。他方、リベリアについては 1990 年の数字がないので、1990 年とは比較できないが、打ち続く内戦によって国内が混乱したことが経済に悪影響を与えた可能性が高い。アフリカ 48 カ国の平均値は 47.7% で、1990 年の平均値を上回るから、1990 年との比較で言えば、輸入比率はむしろ上昇してしまった。2013 年の平均値は第 20 位のガーナと第 21 位のモロッコの中間に位置するので、平均値を上回る国が 20 カ国、下回る国が 28 カ国となる。ちなみに、2013 年における世界 175 カ国の平均値は 50.8% であるから、平均値同士を比較する限り、アフリカの方が世界より若干低い。他方、輸出入の平均値を比較すると、輸入の方が大きいから、アフリカ全体として言えば、2013 年においても 1990 年と同様に輸入超過の傾向を読み取ることができるが、この輸入超過の傾向は世界全体としても同様である。

　次に 1990 年と比較すると、1990 年の上位 10 カ国で 2013 年も上位 10 カ国入りしている国は赤道ギニア、レソト、モーリシャス、モーリタニア、セーシェルの 5 カ国で、定着率は 5 割である。他方、1990 年の下位 10 カ国で 2013 年も上位 10 カ国入りしている国はスーダン、ルワンダ、カメルーン、ナイジェリア、ウガンダの 5 カ国で、定着率は同じく 5 割である。これら定着率の高さを考えても、輸入国の順位の固定率は輸出国の順位の固定率ほどは高くない。

　序章の表 0-4 の分類に従って上位 10 カ国と下位 10 カ国の顔ぶれを見ると、上位 10 カ国ではリベリア、モザンビーク、トーゴを除く 7 カ国が中所得国である。他方、下位 10 カ国ではナイジェリア、スーダン、エジプト、カメルーン、アルジェリアの 5 カ国が中所得国で、残り 5 カ国が低所得国である。それゆえ、上位 10 カ国については、所得が高い国ほど、輸入額の対 GDP 比率も高いという傾向を読み取ることができるが、下位 10 カ国については、所得が低い国ほど、輸入額の対 GDP 比率も低いとは言い切れない。


## （3）貿易相手国

　アフリカの場合、貿易相手国別に何をどの程度輸出入したかの詳細を数量的に把握することは困難で、せいぜい貿易相手国の名前を知り得る程度であ

る。そこで、貿易相手国名のみを利用して、そこから如何なる傾向を読み取れるかを考えてみた。なお、国名はすべて 2016 年 7 月末時点での外務省ホームページから抽出した[1]。

（イ）輸出

アフリカ 54 カ国がその輸出相手国として列記している国は 57 カ国に及ぶ。この 57 カ国はさらに国名が複数回引用された国と国名が 1 回のみ引用された国に分けられるが、その数は前者が 28 カ国、後者が 29 カ国である。国名が複数回引用された 28 カ国の内訳を見ると、中国（29）[2]、米国（20）、インド（17）、フランス（13）、イタリア（13）、イギリス（11）、スペイン（9）、ドイツ（8）、オランダ（8）、日本（7）、南ア（7）、スイス（5）、ベルギー（5）、コンゴ（民）（5）、アラブ首長国連邦（5）、ナイジェリア（4）、エジプト（3）、ケニア（3）、バングラデシュ（3）、インドネシア（3）、カナダ（2）、ブラジル（2）、オーストラリア（2）、トルコ（2）、サウジアラビア（2）、イエメン（2）、スーダン（2）、ボツワナ（2）である。以上の結果は最近のアフリカの対外経済関係を如実に示している。というのは、中国やインドという新興国が第 1 位と第 3 位という輸出相手国の上位を占めているからである。なお、第 2 位に米国が位置している背景には、前章で説明した AGOA を利用して、多くのアフリカ諸国が米国向けの輸出を増やしたという事情がある。これら 3 カ国に次ぐのがフランス、イタリア、イギリス、スペイン、ドイツ、オランダというヨーロッパ 6 カ国であるが、このうちオランダを除く 5 カ国が第 1 章で示した通りベルリン会議でアフリカを分割した旧宗主国である[3]。ということは、輸出面でアフリカの多くの国が依然として旧宗主国と緊密な関係を構築しているということである。以上、9 カ国はすべて新興国ないし先進工業国であるが、これに次ぐ日本と南アも先進工業国であるから、アフリカの輸出相手国の上位 11 カ国はすべて新興国ないし先進工業国となる。なお、ここで南アが初めてのアフリカの国として登場する。上記 28 カ国を地域別に分けると、多い順にヨーロッパ（8）、アフリカ（7）、アジア（5）、中東（4）、北米（2）、ラ米（1）、大洋州（1）である。ということは、アフリカ諸国は輸出相手先として同じアフリカの国よりもむしろヨーロッパの国を選好しているのである。

次に国名が 1 回だけ引用された 29 カ国を地域ごとに分類すると、多い順にアフリカ（17）、ヨーロッパ（4）、アジア（4）、中東（3）、ラ米（1）で、

第 8 章　アフリカはどのような貿易構造をもっているのか　247

アフリカが全体の半分以上を占める。それぞれの内訳はアフリカがモロッコ、アルジェリア、リビア、ギニア、ガーナ、トーゴ、ベナン、ブルキナファソ、ニジェール、マリ、ソマリア、ウガンダ、ルワンダ、タンザニア、ザンビア、ジンバブエ、スワジランドである。以下ヨーロッパがポルトガル、ノルウェー、ルーマニア、ギリシア、アジアがパキスタン、マレーシア、シンガポール、韓国、中東がオマーン、レバノン、イスラエル、ラ米がチリである。

（ロ）輸入

アフリカ54カ国がその輸入相手国として列記している国は46カ国であり、輸出相手国の57カ国よりも11カ国少ない。この46カ国はさらに国名が複数回引用された国と国名が1回のみ引用された国に分けられるが、その数は前者が29カ国、後者が17カ国である。国名が複数回引用された29カ国の内訳を見ると、中国（47）、インド（24）、フランス（23）、米国（22）、南ア（12）、サウジアラビア（9）、ドイツ（6）、アラブ首長国連邦（6）、ベルギー（6）、イタリア（5）、スペイン（5）、オランダ（5）、ポルトガル（4）、ナイジェリア（4）、ケニア（4）、イギリス（3）、ブラジル（3）、日本（3）、パキスタン（3）、ザンビア（3）、スイス（2）、バーレーン（2）、タイ（2）、インドネシア（2）、韓国（2）、アルジェリア（2）、セネガル（2）、コートジボワール（2）、ウガンダ（2）である。以上の結果を見ると、上位4カ国の顔ぶれは輸出の場合と同じであるが、輸出相手国順位で第2位であった米国が輸入相手国順位では第4位に下がったため、輸出相手国順位で第3位のインドと第4位のフランスが1つずつ順位を上げ、輸入相手国順位ではそれぞれ第2位と第3位になっている。

国別に見ていくと、中国はアフリカにとって第1位の輸出入相手国であるが、中国を輸出相手国として挙げた国が29カ国であるのに対して、輸入相手国として挙げた国が47カ国であるということは、新興国としてアフリカ諸国からの輸入は大きいが、それ以上に中国が安価な工業製品をより多くのアフリカ諸国に輸出している状況を示していると考えられる。なお、第2位のインドも輸出相手国として挙げた国が17カ国であるのに対して、輸入相手国として挙げた国が24カ国であるから、状況は中国と同じである。第3位のフランスは新興国ではないが、フランスを輸出相手国として挙げた国が13カ国であるのに対して、輸入相手国として挙げた国が23カ国であるから、中国、インドと同様に、アフリカに対しては輸入よりも輸出をより活発に行

っていると言い得るだろう。他方、第4位の米国は輸出相手国順位に比べて
輸入相手国順位が低いが、米国を輸出相手国として挙げた国が20カ国であ
るのに対して、輸入相手国として挙げた国が22カ国であるから、輸入相手
国として挙げた国の数の方が多い。以上の結果が示す通り、上位4カ国につ
いては、対アフリカ向け輸出の方がアフリカからの輸入よりも多いと考えら
れる。以上4カ国が新興国、先進工業国、旧宗主国の代表とすれば、第5位
の南アはアフリカの代表である。南アも上位4カ国と同じく南アを輸出相手
国として挙げた国よりも輸入相手国として挙げた国の方が多いので、アフリ
カ諸国にとっては輸出相手というよりも輸入相手の側面が強い。これに対し
て、第6位のサウジアラビアと第7位のアラブ首長国連邦、さらに第21位
のバーレーンはアフリカの非産油国に対して必需品のガソリンなどを輸出す
ることによって順位が上がったと考えられる。第7位にはアラブ首長国連邦
以外にもドイツとベルギーという旧宗主国が入り、それ以外の宗主国である
イタリア、スペイン、ポルトガル、イギリスと続くが、フランスと並ぶ二大
宗主国だったイギリスが旧宗主国の中では最低の国数である。以上のことか
ら、イギリスはアフリカ諸国にとって依然として重要な輸出先ではあるが、
輸入先としての比重は極めて小さいことがわかる。

　上記29カ国を地域別に分けると、多い順にヨーロッパ（9）、アフリカ
（8）、アジア（7）、中東（3）、北米（1）、ラ米（1）である。この順位は輸出
相手国の場合とほとんど変わらない。ということは、アフリカ諸国は輸入相
手先としてヨーロッパ、アフリカ、アジアという3つの地域を選んでおり、
石油製品を輸入する中東を除けば、それ以外の地域からの輸入比率は極めて
小さいということになる。

　次に国名が1回だけ引用された17カ国を地域ごとに分類すると、多い順
にアフリカ（8）、ヨーロッパ（2）、アジア（2）、中東（2）、ラ米（2）、大洋
州（1）で、アフリカが全体の半分近くを占める状態は、輸出の場合と変わ
らない。それぞれの内訳はアフリカがエジプト、セネガル、トーゴ、カメル
ーン、ガボン、コンゴ（民）、タンザニア、ジブチである。以下ヨーロッパ
がノルウェー、ロシア、アジアがマレーシア、シンガポール中東がクウェー
ト、トルコ、ラ米がキューバ、コロンビア、大洋州が仏領ポリネシアである。

第8章　アフリカはどのような貿易構造をもっているのか　　249

## （4）貿易品目

　前節においてアフリカの貿易相手国を見てきたが、なぜアフリカがこれら
の国々と貿易を行っているのかを理解するためには、アフリカが何を輸出し、
何を輸入しているかを見る必要がある。そこで、貿易品目名のみを利用して、
そこから如何なる傾向を読み取れるかを考えてみた。なお、品目名はすべて
2016 年 7 月末時点での外務省ホームページから抽出した[4]。

### （イ）輸出

　アフリカ 54 カ国が列記している品目を合計すると 175 品目となるが、こ
れを整理すると、農林水産物（88）[5]、鉱物（67）、工業製品（20）の 3 つに
大別される。要するに、アフリカの輸出は農林水産物と鉱物の比重が大きく、
工業製品の比重が小さいのだが、この結果からも、アフリカ諸国のほとんど
で工業化が進んでおらず、依然として貿易構造が一次産品に大きく依存して
いるという事実を読み取ることができる。

　農林水産物は農産物（58）、畜産物（11）、林産物（7）、水産物（12）に分
類されるが、全体で 6 割以上比率を占める農産物の比重が圧倒的に高い。ま
た、農産物はさらに食糧作物（1）と商品作物（57）に分類されるが、この
1 対 57 という極端な比率はアフリカ農業の現状を如実に示しているといっ
ても過言ではない。というのは、前章でも指摘した通り、アフリカ諸国の多
くが農業国であるにもかかわらず、食糧自給を達成できていないという厳し
い現実に直面しているからである。食糧自給を達成できない国に食糧の輸出
余力があるはずがないから、食糧作物を主要な輸出品として列挙した国もわ
ずか 1 カ国にすぎなかったのである。他方、アフリカ諸国の多くが主要輸出
品目として商品作物を列挙しているが、商品作物を大量購入できる国は先進
工業国ないし新興国に限られるから、アフリカの輸出相手国の多くが先進工
業国ないし新興国になってしまうのである。

　鉱物は化石燃料（22）とそれ以外の鉱物（45）に分類され、化石燃料はさ
らに石油（18）、石炭（1）、天然ガス（3）に分類される。化石燃料は必要不
可欠なエネルギー源であり、需要は世界中にあるから、輸出先を特定するこ
とは困難である。他方、鉱物の場合、貴金属は富裕層に嗜好され、それ以外
は工業製品の一部となることから、主要な輸出先は先進工業国ないし新興国
となろう。

　工業製品は繊維製品（10）、食料品（2）、それ以外の工業製品（8）に分類

250　　第 1 部　アフリカ経済の何が問題か

される。工業製品の半分を占める繊維製品は、前章において指摘した通り、輸出指向型工業化戦略の唯一の成功例であるから、その分列挙した国も多かったと考えられる。他方、食料品を列挙した国がわずか2カ国にとどまったのは意外である。というのは、食品加工は工業化の過程で最も取り組みやすい初歩的な工業部門と考えられるからである。そうした事情があるにもかかわらず、列挙数が2つにとどまった背景には2つの理由があると考えられる。1つは、食糧作物の余剰生産力のなさである。食糧生産に余剰が生まれれば、食糧を輸出するか、食糧を原料に加工食品を作り、それを国内市場で販売するか、輸出に回すはずである。しかし、余剰が生まれなければ、そうした行動のとりようがない。2つ目の理由は、商品作物が原料として輸出されるという事実である。なぜ輸出作物に加工を施した製品ないし半製品として輸出しないかというと、輸出作物は先進工業国の消費者のニーズを踏まえて加工されるから、加工地は消費地に近い方が都合がよいと考えられる。

（ロ）輸入

アフリカ54カ国が列記している品目を合計すると178品目となるが、これを整理すると、資本財（80）[6]、中間財（50）、消費財（48）の3つに大別される。要するに、アフリカの輸入は資本財と中間財の比重が大きく、消費財の比重が小さい。なぜこのような比率になったかというと、アフリカ諸国のほとんどが外貨不足に見舞われていて、必要最低限の輸入しかできないため、消費財よりも資本財や中間財の輸入が優先されるからである。また、資本財や中間財の多くが先進国ないしは新興国で生産された工業製品であることを考慮すれば、輸入面においてもアフリカ諸国の主要貿易相手国は先進国ないしは途上国となるだろう。

資本財は機械類（22）、輸送機器（19）、電気機器（9）、工業製品（6）、それ以外の資本財（24）に分類される。これに対して、中間財は燃料（42）、肥料（4）、繊維製品（4）に分類される。燃料の多くはガソリンをはじめとする石油製品である。他方、消費財は食品（33）、医薬品（3）、畜産品（2）、それ以外の消費財（10）に分類される。消費財の中では食品の占める比重が大きいが、この数字からもアフリカ諸国の多くが食糧を自給できない現状を窺い知ることができる。

第8章　アフリカはどのような貿易構造をもっているのか　251

## ２．地域統合の現状

### （１）機構別分類

　アフリカには全アフリカ諸国が加盟する国家統合体として AU[7]（アフリカ連合）がある。しかし、正確に言うと、その加盟数は 54 カ国と 1 地域の計 55 である。この 1 地域とは SADR[8]（サハラ・アラブ民主共和国）である。SADR は、アフリカ大陸で唯一国のない地域である西サハラで独立運動を展開する武装組織ポリサリオ戦線が樹立した亡命政府である。この SADR を AU の前身である OAU（アフリカ統一機構）[9]が承認した結果、西サハラの領有権を主張し、同地域の大半を実効支配するモロッコが反発し、OAU を脱退した。この結果、モロッコは長らく AU に加盟しなかった。この結果、AU の加盟数も長らく 53 カ国プラス 1 地域の 54 であったが、モロッコが AU 加盟申請を行い、それが 2017 年 1 月末の第 28 回 AU 総会で承認された結果、その加盟数は 54 カ国プラス 1 地域の計 55 となった。

　いまや AU は全アフリカ諸国が加盟する統合体ではあるが、アフリカの政治的安定維持や国際社会に対するアフリカを代表しての意見発信に活動の主眼が置かれており、アフリカ経済の特徴を洗い出す上では、むしろ地域経済共同体の活動を見ていく方がよいと考えるので、以下では、存在が公式に認められている 8 つの地域経済共同体[10]それぞれにつき機構名、加盟国数、設立年、2013 年の加盟国の名目 GDP 合計を列記しておく。

（イ）AMU[11]（アラブ・マグレブ連合）
　　（ａ）加盟国（5 カ国）：リビア、チュニジア、アルジェリア、モロッコ、
　　　　　　　　　　　　　　モーリタニア
　　（ｂ）設立年：1989 年
　　（ｃ）加盟国の名目 GDP 合計：7,091 億ドル
（ロ）CEN-SAD[12]（サヘル・サハラ諸国国家共同体）
　　（ａ）加盟国（27 カ国）：ブルキナファソ、チャド、リビア、マリ、
　　　　　　　　　　　　　　　ニジェール、スーダン、中央アフリカ、
　　　　　　　　　　　　　　　エリトリア、ジブチ、ガンビア、セネガル、
　　　　　　　　　　　　　　　エジプト、モロッコ、ナイジェリア、
　　　　　　　　　　　　　　　ソマリア、チュニジア、ベナン、トーゴ、

252　　第 1 部　アフリカ経済の何が問題か

コートジボアール、ギニアビサウ、リベリア、
ガーナ、シエラレオネ、コモロ、ギニア、
ケニア、サントメプリンシペ

（ｂ）設立年：1998 年

（ｃ）加盟国の名目 GDP 合計：1 兆 2,801 億ドル[13]

（ハ）ECOWAS[14]（西アフリカ諸国経済共同体）

（ａ）加盟国（15 カ国）：カーボベルデ、セネガル、ガンビア、
ギニアビサウ、ギニア、シエラレオネ、
リベリア、コートジボアール、ガーナ、
トーゴ、ベナン、ナイジェリア、ニジェール、
ブルキナファソ、マリ

（ｂ）設立年：1975 年

（ｃ）加盟国の名目 GDP 合計：6,751 億ドル

（ニ）ECCAS[15]（中部アフリカ諸国経済共同体）

（ａ）加盟国（10 カ国）：サントメプリンシペ、カメルーン、
赤道ギニア、ガボン、コンゴ（共)、アンゴラ、
チャド、中央アフリカ、コンゴ（民)、
ブルンジ

（ｂ）設立年：1983 年

（ｃ）加盟国の名目 GDP 合計：2,485 億ドル

（ホ）EAC[16]（東アフリカ共同体）

（ａ）加盟国（5 カ国）：ケニア、タンザニア、ウガンダ、ルワンダ、
ブルンジ

（ｂ）設立年：2001 年

（ｃ）加盟国の名目 GDP 合計：1,090 億ドル

（ヘ）COMESA[17]（東南部アフリカ市場共同体）

（ａ）加盟国（20 カ国）：スーダン、ジブチ、ケニア、ウガンダ、
ルワンダ、ブルンジ、中央アフリカ、
コンゴ（民)、マラウイ、ザンビア、
ジンバブエ、スワジランド、コモロ、
マダガスカル、モーリシャス、エリトリア、
エジプト、セーシェル、リビア、南スーダン

第 8 章　アフリカはどのような貿易構造をもっているのか　253

（ｂ）設立年：1994 年

（ｃ）加盟国の名目 GDP 合計：5,860 億ドル

（ト）IGAD[18]（政府間開発機構）

（ａ）加盟国（7 カ国）：スーダン、エリトリア、ジブチ、ソマリア、
エチオピア、ケニア、ウガンダ

（ｂ）設立年：2001 年

（ｃ）加盟国の名目 GDP 合計：1,839 億ドル[19]

（チ）SADC[20]（南部アフリカ開発共同体）

（ａ）加盟国（15 カ国）：タンザニア、ザンビア、ボツワナ、
モザンビーク、アンゴラ、ジンバブエ、
レソト、スワジランド、マラウイ、ナミビア、
南ア、マダガスカル、モーリシャス、
セーシェル、コンゴ（民）

（ｂ）設立：1992 年

（ｃ）加盟国の名目 GDP 合計：6,367 億ドル


## （２）各機構の特徴

### （イ）地域性

8 つの機構のうち、東西南北中のいずれかの地域をほぼ単独でカバーする組織は AMU（北）、ECOWAS（西）、ECCAS（中）、EAC（東）、IGAD（東）の 5 つであり、複数の地域をカバーする組織は CEN-SAD（北、西、東）、COMESA（東、南）の 2 つである。では、残る SADC はどちらに分類されるのだろうか。SADC は名称的には南部のみをカバーする組織であるが、加盟国の中には国連分類で東部に属する国を多く含んでいるので、国連分類に従えば、複数の地域をカバーする組織となる。しかし、SADC に含まれる東部の国々は、タンザニアを除けば、歴史的にも経済交流の実態からいっても東部よりも南部に属するといった方がよい国々であるから、南部のみをカバーする地域経済共同体と考えた方がよい場合が多い。

### （ロ）規模

8 つの機構のうち最大の経済規模をもつのが CEN-SAD であるが、これは全アフリカ 54 カ国の半分の 27 カ国が加盟する大組織であり、地域的にも北、西、東にまたがる。複数の地域をカバーする組織で CEN-SAD に次ぐのが

COMESA である。これに対して、特定の一地域のみをカバーする機構の中で最も経済規模が大きいのが北の AMU で、以下西の ECOWAS、南の SADC、東の IGAD、同じく東の EAC と続く。

## （3）地域経済共同体の貿易相手国

地域統合の達成状態を見るためには、共同体の加盟各国がどの国に対して何をどの程度輸出入しているかに関する詳細な統計資料を分析する必要があるが、あいにくアフリカに関してはそうした資料が未整備で、せいぜい貿易相手国の名前を知り得る程度である。そこで、上記1.（3）と同様に 2016 年 7 月末時点での外務省ホームページから抽出した貿易相手国名のみを利用して、域内貿易の実態を洗い出すこととした。

### （イ）輸出

はじめに輸出から見ていく。表 8-5 は、アフリカの 5 地域、すなわち、北部、西部、中部、東部、南部をそれぞれ代表する 5 つの地域経済共同体の加盟国がどこの地域に属する国に対して輸出を行ったかを示している。まず 5 つの地域経済共同体全体から見ていくと、ヨーロッパ（71）[21]、アジア（61）、アフリカ域内（31）、北米（26）、アフリカ域外（11）、中東（4）、ラ米（2）、大洋州（1）であり、全体の 6 割強をヨーロッパとアジアが占める。これに次ぐのがアフリカ域内であるが、全体に占める比率は 15% 弱である。これに対して、同じアフリカでも域外が全体に占める比率は 5% 強にすぎない。以上の結果から、アフリカの輸出がアフリカに向かう比率は全体の約 2 割で、そのうち 3/4 が域内に向かい、1/4 が域外に向かうということがわかった。

以下、共同体ごとに見ていく。まず北部を代表する AMU であるが、ヨーロッパ（17）、アジア（3）、アフリカ域内（1）、ラ米（1）であり、全体の 8 割近くをヨーロッパが占める。AMU に加盟する 5 カ国のうちモーリタニアを除く 4 カ国が地中海に面していて、ヨーロッパに近いことがヨーロッパ向けの輸出が多くなっている最大の要因と考えられる。これに対して、対アフリカ向け輸出は全体の 5% 弱である。しかも、それはすべて域内向けで、域外向けは皆無である。それゆえ、輸出面で地域統合が進んでいる形跡を見出すことは困難である。

次に西部を代表する ECOWAS であるが、アジア（23）、ヨーロッパ（19）、アフリカ域内（11）、北米（5）、ラ米（2）、アフリカ域外（2）であり、

第 8 章　アフリカはどのような貿易構造をもっているのか　255

表 8-5　地域経済共同体の輸出相手国

|  | AMU | ECOWAS | ECCAS | EAC | SADC | 計 |
|---|---|---|---|---|---|---|
| アフリカ域内 | 1 | 11 | 1 | 5 | 13 | 31 |
| アフリカ域外 | 0 | 2 | 2 | 5 | 2 | 11 |
| ヨーロッパ | 17 | 19 | 12 | 6 | 17 | 71 |
| 中東 | 0 | 2 | 0 | 1 | 1 | 4 |
| アジア | 3 | 23 | 16 | 5 | 14 | 61 |
| 北米 | 0 | 5 | 12 | 0 | 9 | 26 |
| ラ米 | 1 | 2 | 0 | 0 | 0 | 3 |
| 大洋州 | 0 | 0 | 2 | 0 | 0 | 2 |
| 計 | 22 | 64 | 45 | 22 | 56 | 209 |

出所：外務省ホームページより筆者作成。

AMU とは逆にアジアがヨーロッパを上回っている。ECOWAS の場合、アジアとヨーロッパで全体の 6 割以上を占める。これに対して、アフリカの占める比率は全体の約 2 割で、その 85％が域内、15％が域外である。

　次に中部を代表する ECCAS であるが、アジア（16）、ヨーロッパ（12）、北米（12）、大洋州（2）、アフリカ域外（2）、アフリカ域内（1）であり、ECOWAS と同様にアジアがヨーロッパを上回っている。ヨーロッパは第 2 位を確保しているものの、北米と同数である。ECCAS の場合、アジアとヨーロッパと北米で全体の 9 割近くを占める。これに対して、アフリカの占める比率は全体の 7％で、その 2/3 が域外、1/3 が域内である。

　次に東部を代表する EAC であるが、ヨーロッパ（6）、アジア（5）、アフリカ域内（5）、アフリカ域外（5）、中東（1）であり、ヨーロッパ、アジア、アフリカ域内、アフリカ域外が拮抗している。それゆえ、EAC の場合、アジアとヨーロッパが全体に占める比率は 50％、アフリカが占める比率は 45％で、両者の間に大差はない。しかも、アフリカの域内と域外の比率もちょうど半々である。

　次に南部を代表する SADC であるが、ヨーロッパ（17）、アジア（14）、アフリカ域内（13）、北米（9）、アフリカ域外（2）、中東（1）であり、ヨーロッパがアジアと北米を上回っている。SADC の場合、ヨーロッパとアジアと北米が全体に占める比率は 7 割強である。これに対して、アフリカの占める比率は全体の 3 割弱で、その 9 割弱が域内、1 割強が域外である。

　最後にアフリカ域内に的を絞ると、アフリカの域内国から域内国に対して

輸出が行われた例は 31 カ国に及ぶが、それを大きい順に並べると、SADC
(13)、ECOWAS (11)、EAC (5)、AMU (1)、ECCAS (1) となる。この
数字を見る限り、SADC、ECOWAS、EAC の 3 共同体についてはそれなり
に域内統合が進み、AMU と ECCAS の 2 共同体については域内統合が進ん
でいないと言い得るだろう。次に SADC、ECOWAS、EAC の 3 共同体を比
べてみると、数字の上では SADC、ECOWAS、EAC の順となるが、輸出相
手国全体の中で域内国が占める比率では SADC が 23.2%、EAC が 22.7%、
ECOWAS が 17.2% となり、ECOWAS と EAC の地位が入れ替わっている。
また、域内相手国数と加盟国数の比率をとると、EAC が 100%、SADC が
93%、ECOWAS が 73% となり、EAC が首位に躍進している。以上、3 つ
の指標を見比べる限り、輸出面では SADC と EAC の方が ECOWAS より域
内統合がより進んでいると言い得るだろう。

（ロ）輸入

　次に輸入を見る。表 8-6 は、北部、西部、中部、東部、南部をそれぞれ代
表する 5 つの地域経済共同体の加盟国がどこの地域に属する国から輸入を行
ったかを示している。まず 5 つの地域経済共同体全体から見ていくと、アジ
ア (74)[22]、ヨーロッパ (57)、アフリカ域内 (33)、北米 (20)、中東 (14)、
ラ米 (4)、アフリカ域外 (3)、大洋州 (2) であり、全体の 6 割強をヨーロ
ッパとアジアが占める。これに次ぐのがアフリカ域内であるが、全体に占め
る比率は 15% 強である。これに対して、同じアフリカでも域外が全体に占
める比率は 1% 強にすぎない。この結果を輸出の数字と比べてみると、輸出
も輸入もアフリカが占める比率は同程度であるが、域内から域内への比率に
関して言えば、輸出の方が輸入よりも高い。換言すれば、比率的には、域内
間の貿易は輸出も輸入も同程度であるが、域内と域外の間の貿易は輸出が輸
入をはるかに凌駕しているのである。

　以下、共同体ごとに見ていく。まず北部を代表する AMU であるが、ヨー
ロッパ (15)、アジア (4)、中東 (2)、北米 (2)、アフリカ域内 (1) であり、
全体の 6 割以上をヨーロッパが占める。ヨーロッパに近い AMU の場合、輸
出もヨーロッパ向けの比率が高かったが、輸入についてもヨーロッパ諸国が
地理的優位性を発揮していることがわかる。これに対して、アフリカからの
輸入は全体の 5% 弱である。しかも、それはすべて域内からの輸入で、域外
からの輸入はゼロである。それゆえ、輸出面同様、輸入面についても地域統

第 8 章　アフリカはどのような貿易構造をもっているのか　　257

合が進んでいる形跡を見出すことは困難である。

　次に西部を代表する ECOWAS であるが、アジア（28）、ヨーロッパ（17）、アフリカ域内（10）、北米（5）、ラ米（3）、大洋州（1）、アフリカ域外（1）であり、AMU とは逆にアジアがヨーロッパを上回っているが、この状況は輸出と同様であり、貿易相手国に関して言えば、輸出先と輸入先で大差がないということになる。ECOWAS の場合、アジアとヨーロッパで全体の7割弱を占める。これに対して、アフリカの占める比率は全体の15%強で、その9割が域内、1割が域外である。

　次に中部を代表する ECCAS であるが、ヨーロッパ（14）、アジア（9）、北米（8）、アフリカ域内（2）、中東（1）、ラ米（1）、大洋州（1）、アフリカ域外（1）であり、AMU と同様にヨーロッパがアジアを上回っている。したがって、ECCAS に関しては、輸出はアジアがヨーロッパを上回っているが、輸入は逆にヨーロッパがアジアを上回っている。ECCAS の場合、アジアとヨーロッパと北米で全体の8割以上を占める。これに対して、アフリカの占める比率は全体の8%で、その2/3が域外、1/3が域内である。

　次に東部を代表する EAC であるが、アジア（10）、中東（7）、アフリカ域内（4）、ヨーロッパ（2）、アフリカ域外（1）であり、輸出とは異なり、ヨーロッパに地位が下がった分、中東が躍進している。輸入に占める中東の比率が高いのは EAC 加盟国の石油製品輸入と関係していると考えられる。EAC 加盟国は非産油国であることから、エネルギーの海外依存度が高い。このエネルギー輸入コストを少しでも下げるためには、近場の中東諸国からの輸入が望ましく、その結果として、中東からの輸入が結えたと考えられる。EAC の場合、アジアと中東が全体の7割を占める。他方、アフリカが占める比率は2割で、うち8割が域内、2割が域外からの輸入である。

　次に南部を代表する SADC であるが、アジア（23）、アフリカ域内（16）、ヨーロッパ（9）、北米（5）、中東（4）であり、アジアとアフリカ域内がヨーロッパと北米を上回っている。SADC の場合、アジア、ヨーロッパ、北米が占める比率はそれぞれ40%強、15%強、10%弱である。これに対して、アフリカの占める比率は30%弱で、そのすべてが域内で、域外はゼロである。

　最後にアフリカ域内に的を絞ると、アフリカの域内国から域内国に対して輸入が行われた例は33カ国に及ぶが、それを大きい順に並べると、SADC

表 8-6　地域経済共同体の輸入相手国

|  | AMU | ECOWAS | ECCAS | EAC | SADC | 計 |
|---|---|---|---|---|---|---|
| アフリカ域内 | 1 | 10 | 2 | 4 | 16 | 33 |
| アフリカ域外 | 0 | 1 | 1 | 1 | 0 | 3 |
| ヨーロッパ | 15 | 17 | 14 | 2 | 9 | 57 |
| 中東 | 2 | 0 | 1 | 7 | 4 | 14 |
| アジア | 4 | 28 | 9 | 10 | 23 | 74 |
| 北米 | 2 | 5 | 8 | 0 | 5 | 20 |
| ラ米 | 0 | 3 | 1 | 0 | 0 | 4 |
| 大洋州 | 0 | 1 | 1 | 0 | 0 | 2 |
| 計 | 24 | 65 | 37 | 24 | 57 | 207 |

出所：外務省ホームページより筆者作成。

(16)、ECOWAS（10）、EAC（4）、ECCAS（2）、AMU（1）となる。この数字と共同体加盟国数を考慮すると、域内統合の状況は輸出の場合と同様で、SADC、ECOWAS、EAC の 3 共同体についてはそれなりに域内統合が進み、AMU と ECCAS の 2 共同体については域内統合が進んでいないと言い得るだろう。次に SADC、ECOWAS、EAC の 3 共同体を比べてみると、数字の上では SADC、ECOWAS、EAC の順となるが、輸入相手国全体の中で域内国が占める比率では SADC が 48.5％、ECOWAS が 30.3％、EAC が 12.13％である。また、域内相手国数と加盟国数の比率をとると、SADC が 114.3％、EAC が 80％、ECOWAS が 66.7％となる。以上 3 つの指標を見比べる限り、輸入面では SADC の方が EAC と ECOWAS より域内統合がより進んでいると言い得るだろう。

## （4）地域統合の具体例：SADC の場合

　上記（3）の分析を通じて、アフリカの 5 地域を代表する地域経済共同体の中では SADC が一番統合の進捗度が高いことがわかった。そこで、以下では SADC を例にとりながら、地域統合の具体的中身を見ていくこととする。

### （イ）SADC の歴史

　SADC の歴史を一言で言えば、それは南アと南ア以外の域内国との関係史であり、第一期共存時代、対立時代、第二期共存時代の 3 つの時期に分割することができる。

第 8 章　アフリカはどのような貿易構造をもっているのか　　259

（a）第一期共存時代

　第一期共存時代とはダイヤモンドと金の発見により南アの鉱工業が隆盛を迎えた時期であるが、南アには欧米諸国から多額な投資資金が流入し、その結果として、南アとその周辺地域のインフラ整備も進み、鉄道網などはアフリカ随一の稠密さを示すほどに発展した。

　この時期、南アとともにアフリカ南部の地域経済を牽引したのがローデシア（南が現在のジンバブエ、北が現在のザンビア）である。そして、南アとローデシアには流入資本の 62.5％にあたる約 4 億ポンドが 1870 年と 1913 年の間に南アと南北ローデシアに投下された。そして、これにカタンガ（現コンゴ（民）南部）、南西アフリカ（現ナミビア）、モザンビークに対する投資額が加われば、資本輸入総額の中でこの地域のシェアはおそらく 70％近くとなる[23]。投下資本のほとんどは鉱山採掘事業や鉱業活動で必要とされた鉄道の建設に注入されたが、その投資は副次的効果も生んだ。その効果とは、鉱業の発展を支える形で各種の産業が勃興したことである。たとえば、鉱業と鉄道の発展はエネルギー需要を喚起したが、その結果として、南アやローデシアで石炭採掘が盛んとなった。同時に、巨大化する鉱業に付随する形で、建設、機械、運輸といった分野が勃興し、さらには、鉱山、鉄道および関連産業によって生み出された所得から広範囲にわたる消費財とサービスに対する需要が創出された。

　この結果、南ア、ローデシアとそれ以外の国々との間に域内分業体制が徐々に構築されていった。その分業体制とは、南アとローデシアが雇用の場を提供し、それ以外の国々が南アとローデシアに対して安価で大量な労働力を提供するというものである。そして、そうした分業体制が 1 つの国家を生み出した例が 1953 年のローデシア・ニヤサランド連邦の成立である。ローデシア・ニヤサランド連邦とはローデシアがニヤサランド（現マラウイ）と合併して成立したものであるが、これは、当時すでに 16 万人の白人入植者を擁し、着実な経済発展過程にあった南ローデシアの工業力と、1920 年代から本格的な銅採掘が始まった北ローデシアを連結して、そこにニヤサランドの労働力を投入するという構想に基づいて成立した植民地統合である[24]。

　アフリカ南部では早い段階から地域経済共同体が成立していたが、その代表例が SACU[25]である。SACU の起源は 1889 年にケープ植民地とオレンジ自由国が結んだ関税同盟であるが、これにバストランド（現レソト）とベチ

260　　第 1 部　アフリカ経済の何が問題か

ュアナランド（現ボツワナ）が編入され、第二次ボーア戦争（1899〜1902年）終了後にはスワジランドが編入された。そして、1910年の南ア連邦創設後、連邦政府とイギリス本国の合意に基づいて再編されてSACUとなった。SACUの域内では産品の無税通関、商品の自由流通が行われ、域外に対しては共通関税が適用された。SACUの利点は南アとそれ以外の国々では異なる。すなわち、南アにとっての利点とは、ボツワナ、レソト、スワジランド市場の独占が可能となり、南ア経済圏の成立を容易にしたことである。他方、南ア以外の国々にとっての利点とは通関業務と関係する。つまり、通関業務も関税の徴収も南アがすべて代行して行ったから、南ア以外の国々は行政経費を節約することができた。そして、関税収入は協定によって決められている比率に従って各国に分配されたのだが、その比率は各国に有利に設定されていたから、実際の関税収入以上の分配金を受け取ることができたのである。

（b）対立時代

1960年代、少数白人政権の南アがアパルトヘイト政策を強化する一方で、周辺諸国が植民地からの独立を達成するようになると、南アと周辺諸国の間での政治的対立が顕在化する。当時、南アとの対立色を鮮明にしていた国を「前線国家」と呼んでいたが、そこに含まれるのがアンゴラ、ボツワナ、モザンビーク、タンザニア、ザンビアの5カ国である。前線国家との対立が顕在化する中で南アが自陣に引き込もうとした国が少数白人の支配下にあるローデシアとポルトガルの植民地であったモザンビークである。しかし、1975年にアフリカ人政権の下でモザンビークが独立し、さらには、宗主国イギリスの調停下でローデシアもアフリカ人国家として独立する気配が濃厚になると、南アは強い危機感を抱くようになる。そうした危機感の中で南アが考え出した新たな構想がCONSAS[26]である。CONSAS構想とは、一言で言えば、強硬路線から融和路線への変更である。しかし、融和路線といっても、その本来の目的は前線国家の分断であるから、前線国家側もそれを座視するわけにはいかなくなった。そして、南アのCONSAS構想に対抗すべく、1980年、前線国家5カ国はマラウイ、スワジランド、レソト、そしてジンバブエとして独立する前のローデシアに参加を呼びかけ、SADCC[27]を発足させた。

SADCC創設を主導したのがボツワナの初代大統領セレツェ・カーマである。カーマは、前線国家が政治的急進路線を進めすぎると、国際社会の支持

第8章　アフリカはどのような貿易構造をもっているのか　261

を得られなくなり、結果として、前線国家自身の存続も危うくなると考え、中道路線を模索したのである。その路線を実現するために考え出された組織がSADCCであり、カーマは、SADCCを反南アの域内団結を象徴する機関として位置づける一方で、EC[28]を含むヨーロッパ諸国との関係強化を図った。

　もともとSADCC諸国の貿易相手は、タンザニアとアンゴラを別にすれば、域内よりも南アの方が重要であった。とりわけ深刻な問題が内陸国の輸送面での南ア依存度の高さであり、たとえば、1980年代中頃における南部アフリカ諸国の南アに対する輸送依存率はレソト100％、マラウイ95％、ジンバブエ85％、スワジランド70％、ザンビア55％に上った[29]。こうした状況を考えれば、SADCCが最優先で取り組むべき経済的課題が南ア依存からの脱却であることは明らかであり、こうした状況下でSADCCは南アに独占されている産業や経済機能を周辺国のいずれかに作り出し、それを各国共有の地域資産とすることで、南アに依存しないで済む地域経済を構築していこうという構想を打ち出す。そして、それを実現するために、南アの介入によって破壊されたモザンビークのベイラ回廊の再建を最重要プロジェクトとして位置づけた。1990年、南アから独立したナミビアが加盟したことでSADCCの加盟国は10カ国となった。

　（c）第二期共存時代

　南アがアパルトヘイト政策を放棄し民主化路線を歩むことが確定的になった1992年段階で、SADCCはSADCへの改組を決定し、翌1993年に新生SADCが正式に発足した。SADCは、南アの加入を前提に、南アを含む新しいアフリカ南部地域のあるべき姿として、民主主義とグッド・ガバナンス、法の支配と人権の尊重、貧困撲滅、平和と安全保障といったスローガンを掲げた。さらには、資本や労働といった生産要素の域内自由移動を実現して共同市場化を図るというSADCC時代にはなかった新たな経済目標も付け加えられた。1994年の南ア加盟により、SADCの規模はGDP換算で5倍弱に拡大した。また、モーリシャス、セーシェル、コンゴ（民）が新たに加盟し、加盟国数は15カ国まで拡大した。

　簡単に言えば、SADCはSACU加盟国と非SACU加盟国に分けられるが、その中核をなすのはSACU諸国である。SACU諸国は南ア、ボツワナ、レソト、スワジランド、ナミビアの5カ国であるが、南アを除く4カ国の

262　　第1部　アフリカ経済の何が問題か

GDP 合計は南アの 1 割にも満たない。これに対して、非 SACU の 9 カ国は人口、面積では SADC の約 3/4 を占めるが、その GDP 合計は SADC 全体の 20%にすぎない。また、産業構造面に関して言えば、SACU 諸国では第 2 次産業ないし第 3 次産業が中心となっているが、非 SACU 諸国では第 1 次産業が中心の国が多い。非 SACU 諸国の SACU 諸国に対する貿易は恒常的に輸入超過である。

ここで SADC の中核である南アの動きに注目すると、アパルトヘイト時代の 1988 年において南アの輸出の中でアフリカ全体が占める比率は 24%であったが、その 15%以上が SACU 諸国向けだった[30]。ところが、南アの SADC 加盟後は、南アにとって伝統的かつ安定的な輸出市場である SACU 諸国向け輸出は 1990 年時に比べ 180%伸び、SADC 全体への輸出も 226% 増加した[31]。南アの貿易を SADC 向けと非 SADC 向けに分けると、SADC 向けは南アの輸出超過、非 SADC 向けは南アの輸入超過という傾向を読み取ることができる。要するに、南アは SADC との貿易で得た黒字で非 SADC との貿易で生じた赤字を補填しているのである。なお、南アからの輸入依存度という意味では、SADC 域内で 2 割以上、アフリカ全体で約 1 割である[32]。この結果、モザンビーク、ザンビア、マラウイといった SADC 加盟国の国内市場は南ア製品に席巻されてしまった。他方、投資面で言えば、もともと南部諸国の製造業は南ア企業の強い影響下にあり、特にスワジランドとレソトは、その地理的条件と歴史的経緯もあり、南ア資本の国外生産基地として南ア製造業を補完する役割を果たしてきたが、1990 年代、対立の時代から共存の時代に移行したことによって、南アの対 SADC 投資は 1990 年代に入り拡大基調にある。

### （ロ）SADC の特徴

#### （a）既存ネットワークの存在

経済の域内統合が進捗するためには、まず人の往来、とりわけ商人の往来が盛んになる必要がある。というのは、商人の往来が盛んになれば、交流のネットワークが形成されるので、そのネットワークに乗って物流も活発化するからである。インド洋沿いのアフリカ東南部に関して言えば、このネットワーク形成が植民地時代の前から進んでいたが、その主要な担い手がアラブ人やインド人の商人たちであった[33]。彼らは現地商人に商品を手渡し、その商品は現地商人の手で内陸奥深くの住民にまで届けられた。植民地時代にな

第 8 章　アフリカはどのような貿易構造をもっているのか　　263

ると、宗主国イギリスによって大量のインド人がこの地域に連れてこられた。彼らはプランテーションで農業に従事したり、鉄道建設現場で働くために調達された契約労働者であるが、その多くがアフリカに土着し、インド人コミュニティが形成された。このコミュニティ形成がインドからの移民流入の呼び水となり、インド人コミュニティの流通ネットワークが拡大していった。

　このネットワークは伝統的にファミリー・ビジネスの集合体としての性格を色濃く有している。ネットワークの中身をさらに詳しく見ていくと、伝統的手法と近代的手法という2つの流れがある。伝統的手法とは、中堅のチェーンストアを域内に展開し、そこでインドや中東から輸入した商品を流通させるというものである。この伝統的手法の下で、南アジア各地とドバイ、ドーハなどの中東の卸売商業ビジネスセンターを結んだ流通ネットワークが構築されている。これに対して、近代的手法とは、銀行、不動産、製造業から小売りサービスに至るすべての分野を近代的コーポレート・ガバナンスで武装した企業グループが支配し、そこに多角的投資を行うというものである。こうした既存ネットワークを有効活用できれば問題はないが、有効活用できないと、しばしば現地住民との間に軋轢が生まれ、1970年代のウガンダで起きたような苛烈なインド人排斥運動に発展することもある[34]。経済の域内統合が進捗するためには、既存ネットワークを有効活用する必要があるが、それを巧みに実践しているのが南ア企業なので、以下では南ア企業の具体的活動を見ていくこととする。

（ｂ）南ア企業の役割

　SADC域内に進出を果たしていく上で、南ア企業は他のアフリカ諸国の企業に比べて、いくつかの優位性をもっている。まず特筆すべき点はその規模である。たとえば、2013年時点でアフリカに籍を置く売上高上位100社を見ると、第1位はアルジェリアの石油企業[35]、第2位はアンゴラの石油企業[36]であるが、第3位から第13位まで連続して南ア企業が並ぶ。そして、第14位にモロッコの鉱山会社が顔を出すものの、第15位から第20位までを南ア企業が再び独占し、結果として、上位20社中17社を南ア企業が占めている。南アの強みは、石油のような一業種に集中することなく、これら上位企業の業種が鉱物資源開発、化学、通信、電気、小売、保険といった具合に多岐にわたっていることである。ちなみに、上位100社入りしている南ア企業は60社であり、全体の6割を占める。同じく2013年時点でアフリカに

264　　第1部　アフリカ経済の何が問題か

籍を置く総資産の大きい銀行 100 行を見ると、第 1 位から第 5 位までを南ア
の銀行が独占している[37]。要するに、南ア企業自体が国外に打って出るだけ
の規模を有する上に、南アの各銀行もそれら企業の活動を支援できる実力を
兼ね備えているのである。ところで、南ア側にはより積極的に国外に打って
出ざるを得ない内輪の事情が存在することも事実である。南アは確かに
BRICS の一角として新興国に数えられているが、南ア自体は早い段階から
工業化に成功した成熟型の先進国であるから、現状では国内経済にほとんど
発展余力が残っていない。要するに、南ア企業にとって自国市場は小さすぎ
るのである。このため、南ア企業としても自社の発展を確保するためには、
好むと好まざるとにかかわらず、国外に打って出ざるを得ないのである。

　もともとアフリカを地盤としているから、南ア企業の多くがアフリカ事情
に精通していて、BOP[38]ビジネスにも強みを発揮している。BOP とは、途
上国における年間所得 3,000 ドル以下の低所得層をターゲットとして、彼ら
が欲する製品やサービスを彼らが購入可能な価格帯で提供するビジネスであ
る。低所得層だからといって、彼らに購買力がないと考えるのは早計である。
というのは、インフォーマル経済が発達したアフリカでは、外見からは判断
できない所得を得ている場合も多く、しかも親類縁者からの海外送金があれ
ば、その所得はさらに増えるからである。加えて、低所得層だからといって
安易なビジネスができるわけではない。というのは、低所得層は富裕層以上
に少しでも品質のよいものを獲得しようとするシビアな目をもっているから
である。また、低所得層には固有のニーズがあり、中途半端な劣悪品や中古
品を求めているわけではないことも考慮する必要がある。そして、こうした
ニーズを的確に把握し、低所得層が望む製品を低所得層が支出可能な価格帯
で販売すれば、莫大な利益を上げられる可能性もあるのだ。ちなみに、アフ
リカの BOP の市場規模は 4,000 億ドルに達するとも言われているが、これ
は南ア企業にとって大きな魅力として映るに違いない[39]。

　以上は量的な把握であるが、アフリカには BOP ビジネスを展開する上で
欠くことができない質的な魅力がある。この魅力を理解するためには、発想
の転換が必要である。つまり、アフリカが抱える問題をマイナス・イメージ
で捉えるのではなく、ビジネス・チャンスとして捉えることこそ肝要である。
たとえば、アフリカで安定的な電力供給を得られる国は少ないから、多くの
外国企業がこうした国への進出を躊躇する。しかし、こうした問題があれば、

第 8 章　アフリカはどのような貿易構造をもっているのか　　265

逆に自家発電機や太陽光発電の市場が生まれるのだ。また、銀行サービスを利用できない場所では携帯電話を利用した送金システムも発達するという具合に、問題がある所には必ずビジネス・チャンスがあり、現実にそれを活かしたBOPビジネスが多数成立しているのである。

最後に、南ア企業の国外進出活動の一端を示すために、スタンダード銀行[40]とショップライト[41]という2つの企業を紹介しておく。

スタンダード銀行は、1862年に南アのポートエリザベスで設立され、その後アフリカのイギリス植民地一帯に支店網を展開していった。スタンダード銀行は南アではバークレイズ銀行と並ぶ二大銀行であった。スタンダード銀行は、1969年にアジアのイギリス植民地を地盤としていたチャータード銀行と合併し、イギリスに持株会社を置くスタンダード・チャータード銀行となった。そして、アパルトヘイト政策に反対する国際世論の高まりを考慮し、1987年には再び南ア企業となった。スタンダード銀行は2016年7月末時点でアフリカ20カ国に進出している[42]。スタンダード銀行はBOPビジネスにも強く、独自の通信網を張って、地方にもATMを設置し、小口口座を広く集めて、手数料収入を稼いでいる。BOPビジネスは不況に強いので、リーマン・ショック以降もスタンダード銀行は順調な収益を上げている[43]。

スタンダード銀行を老舗とすれば、ショップライト（shoprite）は1979年にケープタウンで創業された新興勢力であるが、今では売上高が2013年時点で93億ドルとなり、アフリカ最大の小売企業グループに成長している。ショップライトの顧客層は、価値志向が強くかつ価格に敏感な低中所得者層をターゲットにして、多様な店舗ブラントでサービスを提供している。ショップライトの低価格戦略を可能にしているのが独特の配送技術である。すなわち、南ア製品に加えて、ヨーロッパや中国から一括大量購入した商品を各国店舗に効率よく配送するシステムを確立することによって、どの国の店舗にもほぼ同様の商品が陳列できるようになった。ところで、これは「言うは易く、行うは難し」の典型である。というのは、アフリカでは国境での通関に手間取ることが日常茶飯事だからである。こうした悪条件にもかかわらず、効率的な配送システムを確立できたからこそ、ショップライトはアフリカ各地に事業展開できるのである。

ショップライトのサブサハラ地域への出店が本格化したのは1995年からで、ザンビア（1995年）、モザンビーク（1997年）、スワジランド（1997

266　第1部　アフリカ経済の何が問題か

年）、ボツワナ（1998年）と続き、1998年6月までに、ショップライトは南ア以外に25店舗を有するに至った。2000年代前半の5年間には、ジンバブエ、ウガンダ、マラウイ、レソト、マダガスカル、モーリシャス、タンザニア、ガーナ、アンゴラ等11ヵ国に進出した。内戦が終結したアンゴラに最初に出店したのもショップライトであった。2012年には、コンゴ（民）の首都キンシャサにも開店した。ショップライトの市場開拓戦略の1つが低所得層をターゲットとした低価格製品を中心とした品揃えであり、もう1つが意思決定の速さであるが、それを象徴するのが2013年にアンゴラに21店舗を一気に開店させたことである。この結果、アンゴラでの店舗売上高は南アに次ぐ水準にまで拡大しているとのことである。ショップライトは商品の現地調達率を向上させることにも熱心である。たとえば、新規に国外店舗を開設すると、当初は商品調達の約70％を輸入に頼らざるを得なくなる。また、生鮮品の輸入コストは高く、しかも、新鮮なまま供給できない場合もあるので、リスクも大きい。こうした問題を解決するために、ショップライトは地場の食料供給業者との提携を積極的に進めている。たとえば、ザンビアでは国内最大の農業関連企業[44]と独占供給契約を結んでいるが、同企業は、ザンビア、ガーナ、ナイジェリアにおいてショップライトの食肉処理場の経営も委託されている。また、地元の農家と提携して栽培方法や品質向上の指導を行い、消費者の満足を得られるような商品作りにも熱心に取り組んでいる。こうした努力もあり、ザンビアでは生鮮食料品の現地調達率が70〜80％まで上昇した。農家にとってはショップライトと取引できるかどうかが経営安定化に繋がるため、地域によっては「ショップライト基準」が標準になりつつあると言われている[45]。

---

1　引用資料の年次については、カーボベルデの2005年、ガンビアの2007年、コートジボワールとトーゴの2009年を除き、それ以外の50カ国はすべて2010年以降である。

2　括弧内の数字は引用回数で、以下同様である。

3　旧宗主国はこれら5カ国にベルギー、ポルトガルを加えた7カ国である。

4　引用資料の年次については、エリトリアの2002年を除き、それ以外の53カ国はすべて2010年以降である。

5　括弧内の数字は引用回数で、以下同様である。

第8章　アフリカはどのような貿易構造をもっているのか　　267

6　括弧内の数字は引用回数で、以下同様である。

7　AU とは African Union の略である。

8　SADR とは Saharawi Arab Democratic Republic の略である。

9　OAU（Organization of African Unity）は 1963 年 5 月 28 日に発足した国際組織である。1994 年には南アが加盟することでモロッコを除く全アフリカ諸国の加盟を実現したが、2002 年に AU に改組された。

10　この地域経済共同体のことを RECs（Regional Economic Communities）と呼ぶ。

11　AMU とは Arab Maghreb Union の略である。

12　CEN-SAD とは Community of Sahel-Saharan States の略である。

13　ソマリアの数字は加算されていない。

14　ECOWAS とは Economic Community of West African States の略である。

15　ECCAS とは Economic Community of Central African States の略である。

16　EAC とは East African Community の略である。

17　COMESA とは Common Market for Eastern and Southern Africa の略である。

18　IGAD とは Intergovernmental Authority on Development の略である。

19　この数字にはソマリア分が加算されていない。

20　SADC とは Southern African Development Community の略である。

21　括弧内の数字は引用回数で、以下同様である。

22　括弧内の数字は引用回数で、以下同様である。

23　マンロー、J.F.（1987 年）116 頁からの引用。

24　平野克己（2002 年）124 頁からの引用。

25　SACU とは Southern African Customs Union（南部アフリカ関税同盟）の略である。

26　CONSAS とは Constellation of Southern African States（南部アフリカ国家連合）の略である。

27　SADCC とは Southern African Development Coordination Conference（南部アフリカ開発調整会議）の略である。

28　European Community（ヨーロッパ共同体）の略である。

29　平野克己（2002 年）125 頁からの引用。

30　川端正久、佐藤誠編（1994 年）35 頁からの引用。

31　平野克己（2002 年）130 頁からの引用。

32　平野克己（2002 年）130 頁からの引用。

33　アフリカ東南部におけるネットワークの主要な担い手をインド人とすれば、アフリカ西部におけるそれはレバノン人である。

34　中野智明、沢井俊光、金子大編著（2011 年）144 頁によれば、アフリカ西部のリベリアにもレバノン人コミュニティが存在するが、その比率は人口約 340 万人のリベリアで 4,000 人にすぎない。黒人以外の国籍所得を認めないリベリアでレバノン人は選挙権や土地所有権をもてないが、レストラン、ホテル、商店などを経営して、経済を牛耳っているため、彼らの経済的成功を妬む現地住民は多く、両者間の溝は深いと言われている。

35　企業名は Sonatrach である。

36　企業名は Sonangol である。

268　第 1 部　アフリカ経済の何が問題か

37　以上の数字は The Africa Report のホームページからの引用。

38　BOP とは Bottom of the Pyramid の略である。BOP はミシガン大学ビジネス・スクールの C.K.プラハラードが 2005 年の著書『ネクスト・マーケット』で使って広まった言葉である。

39　佐川武志（2008 年）からの引用。

40　The Africa Report のホームページによれば、2013 年時点でスタンダード銀行は上位100 行中第 1 位である。

41　The Africa Report のホームページによれば、2013 年時点でショップライトは上位 100 社中第 7 位である。

42　同行ホームページからの引用。

43　佐藤寛編著（2010 年）30 頁からの引用。

44　企業名は Zambeef である。

45　西浦昭雄（2008 年 a）からの引用。

第 **2** 部

●

# どうしたら
# 資源を有効活用できるか

●

第1部においては、アフリカの場合、有資源国とりわけ鉱物資源保有国ほど経済が発展しているという事実を指摘するとともに、なぜ無資源国が有資源国ほどに発展できないのか、その理由を資本、労働、技術という3つの生産要素と外資、援助という2つの外的要因、さらには国内的、対外的経済構造に着目しながら解明していったが、第2部においては、第1部の分析結果を踏まえ、どうしたら限りある資源を将来に向かって有効活用できるかを考えるために、現状において資源が抱える問題点をすべて網羅して洗い出すこととした。

　具体的には、まず第9章において現在アフリカが如何なる資源を有しているかを明らかにする。その際に特に留意した点は資源の分類であり、その分類作業を通じて、アフリカにおいては鉱産物資源と農産物資源が特に重要であることを明らかにするとともに、アフリカに現存する鉱産物資源と農産物資源を個別に列記しながら、それらの資源がどの国にどの程度分布しているかを説明する。

　ところで、資源といっても、その資源が保有国に一律に貢献しているわけではなく、その貢献には優劣があるのが普通である。そこで第10章においては如何なる資源の貢献が大きく、如何なる資源の貢献が小さいかを具体的に見ていくこととするが、その際に着目したのが各資源の価格と輸出額である。というのは、有資源国のGDPに最も大きな影響を与えるのが資源の輸出であるが、資源の輸出額は数量と価格のかけ算であるから、数量を一定とすれば、価格の高低が輸出額の大小を決定する一番大きな要因となるからである。なお、第10章においても鉱産物と農産物を対比して、まず鉱産物と農産物の優劣を比較した上で、各鉱産物、各農産物の優劣を具体的に論じることとする。

　以上の分析によって資源の分布状況と資源の優劣の概略が理解され、そこからは短絡的に価格の高い資源を豊富にもつ国ほどGDPを高めることができるという結論を導き出すことができるが、現実の世界は必ずしも公式通りにいくわけではない。そこで、第11章においては資源を有効活用できた具

体例として鉱産物資源国のボツワナと農産物資源国のケニアを取り上げて、この2カ国が限りある資源をどのように有効活用して、経済の発展に役立てることができたのか、その成功の秘訣を解明するとともに、これらの国が大きな成果を上げる一方で、如何なる問題を克服できていないかについても併せて分析を加えることとする。

　資源とはある意味で天からの贈り物であるが、その贈り物を有効活用して国を富ませるためには、それ相応の知恵と努力が必要となるから、成功例にはそれぞれの国の特殊事情が大きく反映することとなる。それゆえ、成功例を論じるということはこの特殊事情を詳しく解説することでもあったのであるが、この特殊事情を説明するというやり方は失敗例を論じる際にはあまり役立たない。というのは、特殊事情はあくまで特殊事情であり、そこからは法則が見えてこないからである。そこで、失敗例を論じる第12章においては失敗国を列記してその特殊事情を説明するという手法は採用しなかった。というのは、失敗例を論じる意義は、同じ失敗を繰り返さないように失敗例から教訓を得ることであるから、その教訓を得やすいような工夫が必要であると考えたからである。その工夫として第12章においては最初に理論的考察を行い、そこから資源のもたらす弊害として資源の呪いとレント・シーキングの2点に着目し、この2点に当て嵌まるように各国の失敗例を分類し、そこから失敗の共通パターンともいえるものを抽出できるようにする。

## 第9章

# アフリカはどのような資源を
# もっているのか

　アフリカが豊富な資源に恵まれていることはよく知られた事実であるが、それが宝の持ち腐れでは意味がない。つまり、内需が乏しいアフリカでは、資源は輸出され外貨を稼いでこそ意味をもつと考える。そこで、本章ではまずアフリカ54カ国が如何なる資源を輸出したかを見ながら、資源の分布状態を整理する。

## １．資源の分布状態

　ここでは資源をまず鉱産物資源と農産物資源の2つに大別する。そして、農産物資源を文字通りの農産物の他に畜産物、林産物、水産物に細分する。この結果、すべての資源は鉱産物、農産物、畜産物、林産物、水産物の5つに分類されることになるので、以下ではこの5分類に従って資源の分布状態を見ていくこととした。

### （１）５分類に基づく資源分布

　表9-1は、2016年7月末時点で外務省ホームページに掲載されているアフリカ54カ国の輸出品を鉱産物、農産物、畜産物、林産物、水産物のいずれかに分類した上で、それらの資源を輸出した国が国連分類の5地域のいずれに属するかを示したものである。

　まず表を横に見ていくと、アフリカ54カ国が輸出した資源の総数は167件で、このうち一番多いのが鉱産物の80件で、以下農産物の59件、水産物

274　　第2部　どうしたら資源を有効活用できるか

表 9-1　アフリカの地域別資源分布状態

|  | 北部 | 西部 | 中部 | 東部 | 南部 | 計 |
|---|---|---|---|---|---|---|
| 鉱産物 | 8 | 25 | 15 | 14 | 18 | 80 |
| 農産物 | 2 | 14 | 8 | 34 | 1 | 59 |
| 水産物 | 1 | 4 | 0 | 6 | 1 | 12 |
| 畜産物 | 1 | 1 | 1 | 4 | 2 | 9 |
| 林産物 | 0 | 3 | 4 | 0 | 0 | 7 |
| 計 | 12 | 47 | 28 | 58 | 22 | 167 |

出所：出所：外務省ホームページより筆者作成。

の 12 件、畜産物の 9 件、林産物の 7 件と続く。全体に占める比率は鉱産物
48％、農産物 35％、水産物 7％、畜産物 5％、林産物 4％である。これらの
数字からも明らかなように、第 2 位の農産物と、第 3 位の水産物以下には大
きな段差があるので、5 産物分類に従えば、アフリカの主要な資源は鉱産物
と農産物の 2 つとなる。

　鉱産物 80 件の分布状態を見ると、西部 25 カ国[1]、南部 18 カ国、中部 15
カ国、東部 14 カ国、北部 7 カ国で、万遍なく分布するが、一番多く分布す
る地域は西部である。農産物 59 件の場合は東部 34 カ国、西部 14 カ国、中
部 8 カ国、北部 2 カ国、南部 1 カ国で、これも万遍なく分布するが、北部と
南部は少ない。なお、農産物が一番多く分布する地域は東部である。

　水産物 12 件の場合は中部を除く 4 地域に分布し、それぞれの分布数は東
部 6 カ国、西部 4 カ国、北部と南部 1 カ国ずつである。東部 6 カ国とは島嶼
国のセーシェルとモーリシャス、沿岸国のソマリア、ケニア、モザンビーク、
内陸国のウガンダである。なぜ内陸国のウガンダが水産物を輸出できるかと
いうと、アフリカ最大の湖であるビクトリア湖に面するウガンダでは揚げ物
用白身魚として重用される「ナイルパーチ」と呼ばれる淡水魚の漁獲高が大
きいからである。西部 4 カ国とは島嶼国のカーボベルデ、沿岸国のモーリタ
ニア、セネガル、ギニアビサウで、いずれも大西洋に面している。北部 1 カ
国とはモロッコ、南部 1 カ国とはナミビアである。以上の結果からウガンダ
以外はすべて沿岸国であることがわかったが、アフリカに内陸国が多いこと
を考慮すれば、アフリカが水産物輸出に優位性をもつとは言い難いと考える。

　畜産物は生きた家畜を輸出する場合と皮革製品、牛肉等の加工品を輸出す
る場合があり、前者が 3 件、後者が 6 件の計 9 件である。9 件は一応万遍な

第 9 章　アフリカはどのような資源をもっているのか　　275

く5地域に分布しているが、絶対数が少ないのが難点である。それぞれの分布数は東部4カ国、南部2カ国、北部、西部、中部が1カ国ずつであり、東部が比較的に多い。東部4カ国とは実際はエチオピア、エリトリア、ソマリアの3カ国あるが、ソマリアは家畜と皮革製品の両方を輸出しているので2カ国として数えた。南部2カ国とはナミビアとボツワナ、北部1カ国とはスーダン、西部1カ国とはブルキナファソ、中部1カ国とはチャドである。

　林産物はすべて木材である。林産物7件は西部と中部に分布するのみで、北部、東部、南部には分布しない。分布状態を見ると、中部4カ国とは中央アフリカ、赤道ギニア、ガボン、コンゴ（共）、西部3カ国とはリベリア、ガーナ、ベナンであり、いずれも熱帯雨林分布国である。熱帯雨林の分布が赤道を挟んだ地域に偏在していることを考慮すれば、アフリカが林産物輸出に優位性をもつとは言い難いと考える。

　次に表を縦に見ていくと、資源輸出が多い地域は上から順に東部58件、西部47件、中部28件、南部22件、北部12件となり、全体に占める比率も東部35％、西部28％、中部17％、南部13％、北部7％となる。しかし、この結果からアフリカの中で一番資源豊富な地域であると断定するのは早計である。というのは、地域に属する国数は東部18カ国、西部16カ国、中部9カ国、南部5カ国、北部6カ国とそれぞれ異なるからである。換言すれば、南部と北部を除けば、資源数の多寡は域内の国数と比例することになる。そこで、この問題を是正するために、1カ国当たりの資源輸出数を比較すると、南部4.4、東部3.6、中部3.1、西部2.6、北部2.0となり、南部が第1位に躍進する。これら5地域について言えば、東部だけが農産物が鉱産物を上回るが、それ以外の4地域ではいずれも鉱産物が農産物を上回るので、東部を除けば、アフリカの輸出の主力は鉱産物輸出であると言い得るだろう。

　以上の結果を踏まえ、以下ではアフリカの二大輸出産物とも言い得る鉱産物と農産物の資源分布状態を具体的に見ていくこととしたい。


## （2）鉱産物の分布

　表9-2は、表9-1の鉱産物部分を品目ごとに細分化して示したものである。品目は全部で21あるが、そのうち輸出国が10カ国以上を占める品目はわずか3つであり、この3品目だけで全体の49％を占める。そして、上位4品目だと全体の56％を占め、半分を超えてしまう。

以下多い順に見ていくと、第1位の石油は17カ国に分布するが、その内訳は中部7カ国、西部5カ国、北部4カ国、東部1カ国で、南部はゼロである。中部7カ国とはチャド、カメルーン、赤道ギニア、ガボン、コンゴ（共）、コンゴ（民）、アンゴラであるが、これら7カ国は北のチャドから南のアンゴラまでいずれも国境を接した国々である。しかも、内陸国であるチャドを除く6カ国がギニア湾から大西洋に面した国である。なお、中部アフリカに属する国は全部で9カ国あるが、そのうち7カ国が石油輸出国であるということは石油資源面での中部の優位性を如実に示していると言い得るだろう。中部で石油を産しない2カ国とは内陸部の中央アフリカと島嶼部のサントメプリンシペである。他方、産油国に戻ると、西部5カ国とはモーリタニア、コートジボワール、ガーナ、ナイジェリア、ニジェールであり、北部4カ国とはエジプト、スーダン、リビア、アルジェリア、東部1カ国とは南スーダンである。

　第2位の金は12カ国に分布するが、その内訳は西部6カ国、東部3カ国、北部、中部、南部がそれぞれ1カ国ずつである。西部6カ国とはギニア、リベリア、ガーナ、マリ、ブルキナファソ、ニジェールである。東部3カ国とはエチオピア、タンザニア、ジンバブエである。また、北部とはスーダン、中部とは中央アフリカ、南部とは南アである。

　第3位のダイヤモンドは10カ国に分布するが、その内訳は南部4カ国、中部3カ国、西部2カ国、東部1カ国、北部ゼロである。南部4カ国とはナミビア、ボツワナ、南ア、レソトである。中部3カ国とは中央アフリカ、コンゴ（民）、アンゴラである。また、西部2カ国とはギニア、シエラレオネ、東部1カ国とはジンバブエである。

　第4位の銅は6カ国に分布するが、その内訳は南部3カ国、西部、東部、中部がそれぞれ1カ国である。南部3カ国とはナミビア、ボツワナ、南ア、西部とはモーリタニア、東部とはザンビア、中部とはコンゴ（民）である。

　第5位にはいずれも4カ国の天然ガス、鉄鉱石、ニッケル、リン鉱石の4つが位置する。天然ガスは南部を除く4地域それぞれ1カ国に分布する。具体的には、北部がアルジェリア、西部がナイジェリア、中部が赤道ギニア、東部がモザンビークである。ちなみに、モザンビーク以外の3カ国はいずれも産油国である。鉄鉱石は西部3カ国と南部1カ国に分布する。西部3カ国とモーリタニア、リベリア、シエラレオネであり、南部1カ国とは南アであ

第9章　アフリカはどのような資源をもっているのか　　277

表9-2　鉱産物の地域別分布状態

|  | 北部 | 西部 | 中部 | 東部 | 南部 | 計 |
|---|---|---|---|---|---|---|
| 1．石油 | 4 | 5 | 7 | 1 | 0 | 17 |
| 2．金 | 1 | 6 | 1 | 3 | 1 | 12 |
| 3．ダイヤモンド | 0 | 2 | 3 | 1 | 4 | 10 |
| 4．銅 | 0 | 1 | 1 | 1 | 3 | 6 |
| 5．天然ガス | 1 | 1 | 1 | 1 | 0 | 4 |
| 6．鉄鉱石 | 0 | 3 | 0 | 0 | 1 | 4 |
| 7．ニッケル | 0 | 0 | 0 | 2 | 2 | 4 |
| 8．リン鉱石 | 2 | 2 | 0 | 0 | 0 | 4 |
| 9．石炭 | 0 | 0 | 0 | 1 | 1 | 2 |
| 10．マンガン | 0 | 0 | 1 | 0 | 1 | 2 |
| 11．ボーキサイト | 0 | 1 | 1 | 0 | 0 | 2 |
| 12．コバルト | 0 | 0 | 1 | 1 | 0 | 2 |
| 13．プラチナ | 0 | 0 | 0 | 1 | 1 | 2 |
| 14．石灰石 | 0 | 2 | 0 | 0 | 0 | 2 |
| 15．ウラン | 0 | 1 | 0 | 0 | 0 | 1 |
| 16．クロム | 0 | 0 | 0 | 0 | 1 | 1 |
| 17．バナジウム | 0 | 0 | 0 | 0 | 1 | 1 |
| 18．チタン | 0 | 0 | 0 | 0 | 1 | 1 |
| 19．錫 | 0 | 0 | 0 | 1 | 0 | 1 |
| 20．コルタン | 0 | 0 | 0 | 1 | 0 | 1 |
| 21．アスベスト | 0 | 0 | 0 | 0 | 1 | 1 |
| 計 | 8 | 24 | 16 | 14 | 18 | 80 |

出所：出所：外務省ホームページより筆者作成。

る。ニッケルは東部2カ国と南部2カ国に分布する。東部2カ国とはマダガ
スカルとジンバブエ、南部2カ国とはボツワナと南アである。リン酸肥料の
原料となるリン鉱石は北部2カ国と西部2カ国に分布する。北部2カ国とは
チュニジアとモロッコ、西部2カ国とはセネガルとトーゴである。

　第9位にはいずれも2カ国の石炭、マンガン、ボーキサイト、コバルト、
プラチナ、石灰石の6つが位置する。石炭は東部と南部に1カ国ずつ分布す
る。東部1カ国とはモザンビーク、南部1カ国とは南アである。マンガンは
中部と南部に1カ国ずつ分布する。中部1カ国とはガボン、南部1カ国とは
南アである。アルミの原料となるボーキサイトは西部と中部に1カ国ずつ分
布する。西部1カ国とはギニア、中部1カ国とはカメルーンである。コバル
トは中部と東部に1カ国ずつ分布する。中部1カ国とはコンゴ（民）、東部
1カ国とはザンビアである。コバルトの分布は中部と東部に分かれているが、
実際の産地であるコンゴ（民）のカタンガ地方とザンビアのカッパーベルト

とはともに隣接しており、地層としては同一である。プラチナは東部と南部に1カ国ずつ分布する。東部1カ国とはジンバブエ、南部1カ国とは南アである。石灰石は西部2カ国、すなわち、セネガルとトーゴである。

第15位にはいずれも1カ国のウラン、クロム、バナジウム、チタン、錫、コルタン、アスベストの7つが位置する。ウランは西部のニジェールに分布する。クロム、バナジウム、チタンは南部の南アに分布する。錫とコルタンは東部のルワンダに分布する。アスベストはスワジランドに分布する。

## （3）農産物の分布

表9-3は、表9-1の農産物部分を品目ごとに細分化して示したものである。品目は全部で13あるが、そのうち輸出国が10カ国以上を占める品目はわずか2つであり、この2品目だけで全体の34%を占める。そして、上位3品目だと全体の45%となる。また、第4位は2品目あるので、上位5品目だと全体の63%を占め、半分をはるかに超えてしまう。

以下多い順に見ていくと、第1位の綿花は12カ国に分布するが、その内訳は西部と東部が4カ国ずつ、中部が3カ国、北部が1カ国で、南部はゼロである。西部4カ国とはセネガル、ベナン、マリ、ブルキナファソ、東部4カ国とはウガンダ、マラウイ、ザンビア、ジンバブエ、中部3カ国がチャド、中央アフリカ、カメルーン、北部1カ国がエジプトである。

第2位のコーヒー豆は10カ国に分布するが、その内訳は東部8カ国、西部と中部1カ国ずつであり、東部に偏在している。東部8カ国とはエチオピア、ウガンダ、ルワンダ、ブルンジ、ケニア、タンザニア、マラウイ、ザンビアである。西部の1カ国とはシエラレオネ、中部の1カ国とは中央アフリカである。

第3位のタバコは7カ国に分布するが、その内訳は東部6カ国、中部1カ国であり、第2位のコーヒー豆と同様に東部に偏在している。東部6カ国とはウガンダ、タンザニア、マラウイ、ザンビア、モザンビーク、ジンバブエ、中部1カ国とは中央アフリカである。

第4位のカカオ豆は6カ国に分布するが、その内訳は西部3カ国、中部3カ国であり、西部と中部に偏在している。西部3カ国とはシエラレオネ、コートジボワール、ガーナ、中部3カ国とはサントメプリンシペ、カメルーン、赤道ギニアである。

表 9-3　農産物の地域別分布状態

|  | 北部 | 西部 | 中部 | 東部 | 南部 | 計 |
|---|---|---|---|---|---|---|
| 1．綿花 | 1 | 4 | 3 | 4 | 0 | 12 |
| 2．コーヒー豆 | 0 | 1 | 1 | 8 | 0 | 10 |
| 3．タバコ | 0 | 0 | 1 | 6 | 0 | 7 |
| 4．カカオ豆 | 0 | 3 | 3 | 0 | 0 | 6 |
| 5．茶 | 0 | 0 | 0 | 5 | 0 | 5 |
| 6．ナッツ類 | 0 | 2 | 0 | 2 | 0 | 4 |
| 7．園芸作物 | 1 | 0 | 0 | 3 | 0 | 4 |
| 8．砂糖 | 0 | 0 | 0 | 2 | 1 | 3 |
| 9．落花生 | 0 | 2 | 0 | 1 | 0 | 3 |
| 10．香料 | 0 | 0 | 0 | 2 | 0 | 2 |
| 11．天然ゴム | 0 | 2 | 0 | 0 | 0 | 2 |
| 12．食糧作物 | 0 | 0 | 0 | 1 | 0 | 1 |
| 計 | 2 | 14 | 8 | 34 | 1 | 59 |

出所：外務省ホームページより筆者作成。


　第 5 位の茶は 5 カ国に分布するが、その内訳は東部のみである。東部 5 カ国とはケニア、ウガンダ、ルワンダ、ブルンジ、マラウイである。

　第 6 位にはいずれも 4 カ国のナッツ類と園芸作物が位置する。ナッツ類の内訳は西部 2 カ国、東部 2 カ国である。西部 2 カ国とはギニアビサウとベナン、南部 2 カ国とはタンザニアとマラウイである。他方、園芸作物の内訳は東部 3 カ国、北部 1 カ国である。東部 3 カ国とはソマリア、ケニア、ジンバブエ、北部 1 カ国とはモロッコである。

　第 8 位にはいずれも 3 カ国の砂糖と落花生が位置する。その内訳は、砂糖がマラウイ、モーリシャスの東部 2 カ国とスワジランドの南部 1 カ国であり、落花生がセネガル、ガンビアの西部 2 カ国とザンビアの東部 1 カ国である。

　第 10 位にはいずれも 2 カ国の香料と天然ゴムが位置する。香料も天然ゴムも産地が地域的に特定される。香料はいずれもバニラ、クローブで、産地は東部のマダガスカルとコモロである。天然ゴムの産地はリベリアとコートジボワールである。

　第 11 位は食糧作物である。この産地は東部のエリトリアで、作物はソルガムである。輸出向け農産物が 59 件もある中で食糧作物の輸出がこの 1 件のみであるという事実からもアフリカにおける食糧作物生産の低迷ぶりを窺い知ることができると考える。

## ２．アフリカが有する資源の特徴と世界市場での位置づけ

　以下ではアフリカが有する主要な資源として鉱産物と農産物に着目して、それぞれの産物の特徴と世界市場での位置づけを考えることとしたい。

### （１）鉱産物
　表9-2に従い、アフリカに分布する鉱産物を多い順にその特徴を明らかにするとともに、世界市場での相対的地位を明らかにすることとしたい。
　（イ）石油
　　（a）採掘の特徴
　生物由来説によれば、石油とは、100万年以上の長期間にわたって厚い土砂の堆積層に埋没した生物遺骸が高温と高圧によって液体の炭化水素に変化したもので、岩盤内の隙間を移動しながら多孔質岩石に捕捉されて油田を形成する。この油田から最初に石油が採掘されたのは17世紀末で、場所はルーマニアである。このルーマニアに加え、ロシアと米国が19世紀の代表的産油国だった。20世紀になると、内燃機関の技術革新と自動車の普及によって石油に対する需要が高まり、20世紀前半にはインドネシアやベネズエラで新しい油田が発見され、さらに第二次世界大戦を経て中東で新たな大規模油田が発見された。また、アフリカで油田開発が本格化したのも多くの国が独立を達成した1960年以降である。

　石油の探査には莫大な経費と高い技術が必要となるが、独立当初のアフリカ諸国の多くは途上国で、資本もなければ、独自に採掘する技術もないので、それをもつ企業、とりわけ「セブン・シスターズ」と呼ばれる欧米メジャー[2]に独占採掘権を売り渡した。しかし1970年代に資源ナショナリズムが強まると、石油を国有化する国も相次ぎ、国有化された企業の中には巨大企業に成長するものも現れた。第8章で2013年における売上高がアフリカ最大の企業がアルジェリアの国営石油企業であり、それに次ぐのがアンゴラ国営石油企業であることを指摘したが、この2社こそ巨大化した石油企業例である[3]。
　　（b）世界輸出額ランキング
　UNCTAD資料[4]から2014年の世界191カ国の輸出額ランキングを見ると、

第9章　アフリカはどのような資源をもっているのか　　281

ベストテンは①サウジアラビア（2,869 億ドル）、②ロシア（2,706 億ドル）、③アラブ首長国連邦（1,849 億ドル）、④米国（1,286 億ドル）、⑤カナダ（1,049 億ドル）、⑥オランダ（1,031 億ドル）、⑦イラク（831 億ドル）、⑧クウェート（827 億ドル）、⑨ナイジェリア（783 億ドル）、⑩ベネズエラ（708 億ドル）であり、アフリカからは唯一ナイジェリアが第 9 位にランクインしている。ただし、第 9 位といっても、その輸出額は第 1 位のサウジアラビアの 30％にも満たない。

　ナイジェリア以外で輸出額が 10 億ドル以上のアフリカ諸国を列記すると、第 13 位アンゴラ（607 億ドル）、第 22 位アルジェリア（374 億ドル）、第 32 位リビア（175 億ドル）、第 44 位赤道ギニア（87 億ドル）、第 48 位エジプト（69 億ドル）、第 49 位コンゴ（共）（68 億ドル）、第 50 位ガボン（58 億ドル）、第 57 位ガーナ（39 億ドル）、第 60 位南ア（36 億ドル）、第 62 位チャド（34 億ドル）、第 65 位カメルーン（28 億ドル）、第 66 位スーダン（28 億ドル）、第 70 位コートジボワール（25 億ドル）、第 73 位チュニジア（19 億ドル）、第 80 位モロッコ（12 億ドル）、第 82 位コンゴ（民）（10 億ドル）であり、ナイジェリアからここまでで 17 カ国となり、表 9-2 の 17 カ国と数的には一致する。しかし、外務省ホームページによると南ア、チュニジア、モロッコは石油輸出国として記録されているわけではない。なぜ外務省ホームページで記録されていない国が UNCTAD 資料で石油輸出国として記録されているかというと、UNCTAD 資料には原油だけではなく石油製品の輸出も含まれているからである。つまり、南ア、チュニジア、モロッコは産油国でないが、自国に製油所があるために原油を輸入してできた石油製品を輸出できるのである。なお、表 9-2 の 17 カ国に入っていて、ここまでの順位に入っていない国はニジェール、モーリタニア、南スーダンの 3 カ国であるが、南スーダンは 191 カ国の中に入っていないので、輸出額は不明である。これに対して、ニジェールは第 96 位（5 億ドル）、モーリタニアは第 113 位（2 億ドル）である。

（ロ）金

（a）採掘の特徴

　19 世紀末まで世界の金はほとんど全て砂金鉱床から採掘されていた。なぜ砂金鉱床かというと、金の細い鉱脈は大地の割れ目に沈殿した花崗岩や石英が長い年月にわたり高温で熱せられて結晶化した山地に縦横に走っている

が、こうした鉱脈の金は長年にわたって風雨に浸食され、その大半が山中の川に流出するからである[5]。こうした状況はアフリカにおいても同様で、歴史的に知られた産金地はサハラ砂漠から遠く隔たった南方の湿潤な森林地帯にあった。とりわけ有名な産金地がバンブクとフレであるが、その位置はニジェール川とセネガル川の最上流部のギニア山地内である。

ところが、1885年に南アのウィットウォーターラント[6]地方で金が発見されたことが世界の産金業を一変させる。というのは、南アの金は砂金という形でもないし、地表に露頭したわけでもなく、「リーフ（reef）」と呼ばれる鉱脈の中に埋まっていたからである。砂金の場合、採掘技術は簡単で、資金もそれほどかからない。他方、鉱脈から金を採掘するには技術と資本が必要になる。とりわけ南アの鉱脈は厚さがなく、しかも地表から深い場所に位置し、原石から金を分離するのも容易でないため、その採掘には高度な技術と多額の資金が必要となった。しかし、高度な技術と多額の資金を注ぎ込むに値するだけの産出量を達成したのである。具体的には、19世紀末までに南アは世界最大の産金国にのし上がり、世界の金供給量の1/4以上を独占する[7]。そして、第二次大戦後の最盛期には世界の生産の7割を独占するに至った。ちなみに、有史以来産出された金のうち1/4は19世紀末までに産出され、3/4が20世紀に入ってから産出されたとのこと[8]であるが、そのほとんどが南アで産出されたことを考慮すれば、南アの産金量が群を抜いていたことは一目瞭然である。

金は貴金属の王様であるから、その存在自体が稀少である。どれくらい稀少かというと、金は地殻中に$5 \times 10^{-7}$％しか含有されていない。また、鉱石1トン当たりに含まれる金はわずか0.005グラムというのが平均値である。これでは採算が取れないから、普通1トン当たり7グラム以上含まれている鉱石を採掘する[9]。この稀少な金がこの世界にどれくらい存在しているかというと、有史以来これまでに採掘された金の総重量は12万5000トン。これは今日の価格では1兆ドルに相当する[10]。

（b）世界生産量ランキング

USGS資料[11]を見ると、2013年の世界101カ国の生産量合計は2,800トンであるが、そのベストテンは①中国（430トン）、②オーストラリア（265トン）、③米国（230トン）、④ロシア（230トン）、⑤南ア（160トン）、⑥ペルー（151トン）、⑦カナダ（124トン）、⑧ウズベキスタン（98トン）、⑨

第9章　アフリカはどのような資源をもっているのか　283

メキシコ（98トン）、⑩ガーナ（90トン）であり、アフリカからは南アが第5位、ガーナが第10位にランクインしている。この順位からもわかるように、かつて世界で断トツの生産量を誇った南アは1967年に2,649トンを生産したが、これがピークだった。それでも、1970年代中頃までは年間1,300トンの水準を維持[12]していたが、その後は1984年980トン、2009年210トンと長期低落傾向が続いている[13]。

　南ア、ガーナ以外で生産量が1トン以上のアフリカ諸国を列記すると、第17位タンザニア（43トン）、第19位マリ（40トン）、第21位ブルキナファソ（30トン）、第23位スーダン（25トン）、第24位トーゴ（19トン）、第27位コンゴ（民）（17トン）、第28位ギニア（15トン）、第30位ジンバブエ（14トン）、第31位コートジボワール（13トン）、第32位エチオピア（13トン）、第34位エジプト（11トン）、第37位モーリタニア（10トン）、第44位セネガル（6トン）、第47位ナイジェリア（5トン）、第48位ザンビア（5トン）、第53位ケニア（4トン）、第58位エリトリア（3トン）、第63位カメルーン（2トン）、第64位ナミビア（2トン）、第65位ニジェール（2トン）、第73位ボツワナ（1トン）であり、南アからここまでで23カ国となり、表9-2の12カ国を上回る。ちなみに、南アからボツワナまでの23カ国中で表9-2の12カ国に含まれる国は上から順に南ア、ガーナ、タンザニア、マリ、ブルキナファソ、スーダン、ギニア、ジンバブエ、エチオピア、ニジェールの10カ国である。他方、表9-2の12カ国に含まれるが、南アからボツワナまでの23カ国に含まれない国はリベリアと中央アフリカの2カ国あるが、これらの国の2013年の生産量はリベリアが600kg、中央アフリカが50kgである。

### （ハ）ダイヤモンド

#### （a）採掘の特徴

　ダイヤモンドが宝石の王者の地位を占めるようになったのは、17世紀末にイタリアのベネチアに在住する研磨工がブリリアント・カットというスタイルの原型を発明してから後のことと言われている[14]。ダイヤモンドの大半がブリリアント・カットされる理由は2つある。1つはダイヤモンド原石の多くが八面体に近い形をしており、このカットが最も目減りが少ないからである。もう1つは2.42という高い屈折率のため、テーブル面から入った光がパビリオン部のファセットで全反射して、すべて元に戻り、かつ、光の分

散によって虹色のファイアーを最高度に出すからである[15]。

　ダイヤモンドは 1 トンの原石を掘って 0.5 カラット[16]しか採掘できないほど、含有量が少ない鉱物であるから、金よりはるかに高価である[17]。しかも。ダイヤモンドは長い間インドでしかとれなかったので、その稀少価値はますます高まった。ところが、1730 年代にブラジルでも発見され供給量が拡大したことでヨーロッパのダイヤモンド産業がにわかに活気づいた。しかし、1860 年代に入ると、ブラジルの資源が早くも枯渇したため、折角誕生したヨーロッパのダイヤモンド産業が倒産・縮小の危機に見舞われたが、この危機を救ったのが南アにおける大鉱脈の発見だったのである。

　南アで 1866 年に重さ 21 カラットのダイヤモンド原石が発見され[18]、同じく南アで 1869 年に重さ 84 カラットのダイヤモンド原石が発見される[19]と、南アでダイヤモンド採掘ブームが起き、それが大鉱脈の発見へとつながっていった。インドやブラジルの場合がそうであるが、ダイヤモンドがよく発見される場所は沖積層である。なぜ沖積層から発見されたかというと、ダイヤモンドが生成されてから 30 億年をかけて地質変動や川の浸食が起きた結果と考えられるからである。したがって、南アにおいても初期の採掘事業者はこの沖積層を中心にダイヤモンドを探し、沖積層を掘り尽くすと、別の沖積層に移るという作業を繰り返していた。南アの地層は「青土」の上に「黄土」と呼ばれる沖積層が乗っていたから、沖積層を掘り尽くしたか否かを判断するのは容易で、掘った土が黄色から青色に変われば、そこを掘るのを止め、別の場所に移ったのである。ところが、地質学者たちは「青土」にこそ大量のダイヤが含有されていると主張した。彼らの主張の根拠はダイヤモンドの生成過程と関係する。すなわち、炭素の同位体であるダイヤモンドは地球内部の高温高圧[20]な場所で生成された後、徐々に地表近くまで上昇してくるから、「黄土」の下の「青土」にこそ大量のダイヤが含有されていると考えたのである。この「青土」は南アでは「キンバリー鉱床」といって、主に橄欖岩からなる。そして、この「青土」を掘り進むことによって、1870 年にはわずか 10 万カラットだった生産量が 1913 年には 600 万カラットに増加した。

　ダイヤモンドは高価なことに意味がある宝石であるから、生産過剰による値崩れが一番恐ろしい問題であるが、この問題を解決する上で有効に機能したのがカルテルの構築で、その中核を担ったのが南アのデビアス社である。

第 9 章　アフリカはどのような資源をもっているのか　　285

第2章で詳述したセシル・ローズがイギリスの後ろ盾にデビアス鉱山会社（De Beers Consolidated Mines）を設立したのが1881年のことであるが、このデビアス社が同業他社との合併によって巨大化し、1891年までには南アにおけるダイヤモンド生産の独占的地位を確立した。セシル・ローズの事業を引き継いだのがドイツ系ユダヤ人アーネスト・オッペンハイマーであるが、オッペンハイマーは1917年にアングロ・アメリカン社を設立するとともに、1930年にはデビアス社の会長になることによって、ダイヤモンド産業を川上から川下まですべて支配できるシステムを構築した。すなわち、オッペンハイマーは生産者連合を作ることによって生産調整を実施するとともに、その生産者連合からダイヤモンドを一括で買い上げ、さらには、買い上げたダイヤモンドを一手販売した。これによって、オッペンハイマーは、生産調整を行うと同時に、生産実績に応じて販売内容と価格を決定し、販売によって得た利益をプールすることで生産調整に不可欠な買い入れ資金を確保するという循環システムを作り上げたのである。そして、オッペンハイマーが構築したカルテルは2000年7月12日にデビアス社がカルテル終結宣言を出すまで機能し続けた。

（b）世界生産量ランキング

USGS資料を見ると、2013年の世界25カ国の生産量合計は1億3,048万カラットであるが、そのベストテンは①ロシア（3,790万カラット）、②ボツワナ（2,316万カラット）、③コンゴ（民）（1,564万カラット）、④オーストラリア（1,174万カラット）、⑤カナダ（1,060万カラット）、⑥ジンバブエ（1,041万カラット）、⑦アンゴラ（936万カラット）、⑧南ア（814万カラット）、⑨ナミビア（169万カラット）、⑩シエラレオネ（61万カラット）であり、金と同様にかつて世界一のダイヤモンド生産国であった南アが第8位まで順位を下げている。しかし、上位10カ国中7カ国がアフリカ諸国であることを考慮すると、ダイヤモンド生産に関してアフリカは大きな優位性をもっていると言い得るだろう。ちなみに、ランキングの第11位以下を見ると、アフリカ諸国がレソト、ギニア、タンザニア、ガーナ、コンゴ（共）、リベリア、カメルーン、中央アフリカ、トーゴの9カ国、非アフリカ諸国がガイアナ、ブラジル、インド、中国、インドネシア、ベネズエラの6カ国であり、全25カ国中、アフリカ諸国が16カ国、非アフリカ諸国が9カ国となる。なお、アフリカ諸国16カ国は表9-2の10カ国を上回るが、16カ国の

中で表 9-2 に含まれない 6 カ国とはタンザニア、ガーナ、コンゴ（共）、リベリア、カメルーン、トーゴである。

### （二）銅

#### （a）採掘の特徴

銅は柔らかく、加工が容易なこともあり、1 万年以上前の先史時代から人類が利用してきた。このため、世界各地のいろいろな地形から産出が確認されているが、近代以降になると、大半は斑岩型鉱床か堆積型鉱床のいずれかで産出されるようになる。現在世界生産の 50〜60％を占める斑岩型鉱床はプレートの沈み込みによって形成されたことから、鉱床の立地場所は南米のアンデス山脈のようなプレートの周辺部に限られる。これに対して、現在世界生産の 20％を占める堆積型鉱床は岩石の風化や堆積によって形成されることから、鉱床の立地場所は大陸部となる。この型の鉱床の代表例がアフリカ中部のザンビアからコンゴ（民）にかけて伸びるカッパーベルトである。

銅は銀に次いで電気抵抗が低い上に、銀より低価格なため、集積回路やプリント基板を含む各種電気器具の配線をはじめとして様々な用途に用いられている。この結果、銅は鉄とアルミニウムに次いで世界で 3 番目に多く消費される金属となっている。他方、鉱石中の銅濃度は 0.6％程度が一般的であるから、採取した鉱石から銅を取り出すためには製錬が必要である。しかし、製錬には多額の費用がかかるので、産銅業は多額な資金と高度な技術を要する大規模産業とならざるを得ない。

#### （b）世界生産量ランキング

USGS 資料を見ると、2014 年の世界 51 カ国の生産量合計は 1,850 万トンであるが、そのベストテンは①チリ（575 万トン）、②中国（176 万トン）、③ペルー（138 万トン）、④米国（136 万トン）、⑤コンゴ（民）（103 万トン）、⑥オーストラリア（97 万トン）、⑦ロシア（74 万トン）、⑧ザンビア（71 万トン）、⑨カナダ（70 万トン）、⑩メキシコ（52 万トン）で、アフリカからはコンゴ（民）とザンビアがランクインしている。ちなみに、ランキングの第 11 位以下を見ると、第 24 位南ア（8 万 7,600 トン）、第 28 位ボツワナ（5 万 8,000 トン）、第 33 位モーリタニア（3 万 3,310 トン）、第 36 位モロッコ（1 万 8,000 トン）、第 42 位ジンバブエ（8,300 トン）、第 45 位タンザニア（5,800 トン）、第 46 位ナミビア（5,250 トン）であり、第 5 位のコンゴ（民）から数えると、全部で 9 カ国となる。なお、この 9 カ国という

第 9 章　アフリカはどのような資源をもっているのか　　287

数は表 9-2 の 6 カ国を上回るが、9 カ国の中で表 9-2 に含まれない 3 カ国とはモロッコ、ジンバブエ、タンザニアである。

### （ホ）天然ガス

#### （a）採掘の特徴

通常地下 3,000〜5,000 メートルの岩石の孔隙内に高圧で貯蔵されている天然ガスを採取するには 3 段階のプロセスがある。第一段階では目的の地層の深さまでの掘削を行う。次いで、地上に上がってきた天然ガスの分離作業が必要となる。というのは、天然ガスには地層水や二酸化炭素といった不純物が混在しているからである。そして、最後に行うのが液化というプロセスである。液化とは天然ガスをマイナス 162 度以下に冷却する技術であるから、この技術が実用化するのは 20 世紀中頃以降であり、それまで天然ガスの輸出が本格化することはなかった。天然ガスは採掘から液化を経て輸送に至る段階まで多額の費用と高い技術を要することから、途上国で産業として成り立たせるためには、多額な資金と高度な技術をもった外国企業の支援が不可欠である。

#### （b）世界輸出額ランキング

UNCTAD 資料から 2014 年の世界 108 カ国の輸出額ランキングを見ると、ベストテンは①カタール（623 億ドル）、②ロシア（605 億ドル）、③ノルウェー（358 億ドル）、④マレーシア（197 億ドル）、⑤アルジェリア（182 億ドル）、⑥インドネシア（172 億ドル）、⑦オランダ（168 億ドル）、⑧オーストラリア（161 億ドル）、⑨カナダ（143 億ドル）、⑩ドイツ（142 億ドル）であり、アフリカからは唯一アルジェリアが第 5 位にランクインしている。ただし、第 5 位といっても、その輸出額は第 1 位のカタールの 30% にも満たない。

アルジェリア以外で輸出額が 1 億ドル以上のアフリカ諸国を列記すると、第 12 位ナイジェリア（107 億ドル）、第 23 位赤道ギニア（29 億ドル）、第 28 位リビア（15 億ドル）、第 37 位モザンビーク（4 億ドル）、第 39 位アンゴラ（3 億ドル）、第 41 位エジプト（2 億ドル）であり、アルジェリアからここまでで 7 カ国となり、表 9-2 の 4 カ国を上回る。7 カ国の中で表 9-2 に含まれない 3 カ国とはエジプト、リビア、アンゴラである。

（ヘ）鉄鉱石

（a）採掘の特徴

　鉄鉱石の主要成分は酸化鉄であり、多く使われる鉄鉱石としては赤鉄鉱、磁鉄鉱、褐鉄鉱がある。人類にとって最もなじみ深い鉄鉱石は砂鉄であるが、砂鉄は磁鉄鉱である。磁鉄鉱は商業的に利用可能な鉄鉱石の中で最も大きく、流水による選鉱により、純度の高い鉱石を得ることも容易だった。これに対して、産業革命後、世界で鉄需要が増大すると、溶鉱炉を利用した製鉄技術が発展し、それに伴って、鉄鉱石需要も増大したため、露天掘りで大量に採取できる赤鉄鉱が採掘の主流となった。

　地球の中心核の大半は鉄でできているし、海底にも鉄鉱石が無尽蔵に堆積しているとの説が有力である。また、地殻内では酸素、ケイ素、アルミニウムに次いで多く存在する元素であるから、鉄鉱石は世界中の至る所で採掘可能である。しかし、コストや品質を考慮すると、産業として成り立つためには、地面から直接鉄鉱石を掘り出すことができる露天掘り鉱山を有することが不可欠であり、実際にそうした露天掘り鉱山を有する中国、オーストラリア、ブラジル、インド、ロシアと行った国々が世界の主要生産国となっている。

（b）世界生産量ランキング

　USGS資料を見ると、2013年の世界44カ国の生産量合計は14億8,000万トンであるが、そのベストテンは①中国（4億3,500万トン）、②オーストラリア（3億7,700万トン）、③ブラジル（2億4,567万トン）、④インド（9,600万トン）、⑤ロシア（6,070万トン）、⑥南ア（4,570万トン）、⑦ウクライナ（4,510万トン）、⑧米国（3,280万トン）、⑨カナダ（2,600万トン）、⑩イラン（2,400万トン）で、アフリカからは唯一南アがランクインしている。ちなみに、ランキングの第11位以下で生産量1万トン以上を見ると、第14位モーリタニア（780万トン）、第22位エジプト（150万トン）、第27位アルジェリア（83万トン）、第33位モロッコ（14万トン）、第35位チュニジア（9万トン）、第39位ナイジェリア（2万トン）、第40位トーゴ（1万トン）であり、第6位の南アからから数えると、全部で8カ国となる。なお、この8カ国という数は表9-2の4カ国を上回る。ちなみに、表9-2の4カ国とは南ア、モーリタニア、シエラレオネ、リベリアであるが、シエラレオネとリベリアの生産量はそれぞれ8,000トンと3,000トンと1万トンを

第9章　アフリカはどのような資源をもっているのか　　289

下回る。

（ト）ニッケル

（a）採掘の特徴

ニッケルはスウェーデン人の化学者で鉱物学者でもあるクルーンステット
が 1751 年に単体分離に成功し、「ニッケル」と名付けた鉱物であるから、採
掘の歴史は浅い。ニッケルは光沢があり、腐食しにくいため、めっきや合金
の材料として用いられるが、その代表例が鉄、ニッケル、クロムの合金であ
るステンレスである。したがって、めっきや合金に対する需要の高まりとと
もに、ニッケルに対する需要も高まり、採掘が本格化したが、USGS 資料に
よると、ニッケル鉱石の生産量は世界全体でも 150 万トン前後である[21]。

鉱石からニッケル地金の生産までには様々な工程があり、その工程のすべ
てを自国内で行おうとすれば、それなりの資金と技術が必要となる。しかし、
単に鉱石を採掘して輸出するだけであれば、規模にもよるが、それほどの資
金や技術を要するわけではない。

（b）世界輸出額ランキング

USGS 資料を見ると、2015 年の世界 215 カ国の輸出額合計は 2,751 億ド
ルであり、そのベストテンは①オーストラリア（529 億ドル）、②米国（222
億ドル）、③ブラジル（204 億ドル）、④チリ（166 億ドル）、⑤カナダ（123
億ドル）、⑥ペルー（104 億ドル）、⑦ドイツ（94 億ドル）、⑧南ア（78 億ド
ル）、⑨オランダ（73 億ドル）、⑩メキシコ（54 億ドル）であり、アフリカ
からは唯一南アが第 8 位にランクインしている。ただし、第 8 位といっても、
その輸出額は第 1 位のオーストラリアの 15％程度である。

南ア以外で輸出額が 1 億ドル以上のアフリカ諸国を列記すると、第 32 位
モロッコ（16 億ドル）、第 33 位コンゴ（民）（16 億ドル）、第 45 位ギニア
（9 億ドル）、第 51 位モーリタニア（6 億ドル）、第 58 位ボツワナ（6 億ド
ル）、第 62 位ナミビア（6 億ドル）、第 63 位タンザニア（5 億ドル）、第 75
位エジプト（4 億ドル）、第 78 位ガボン（3 億ドル）、第 82 位シエラレオネ
（3 億ドル）、第 85 位ジンバブエ（3 億ドル）、第 88 位ニジェール（3 億ド
ル）、第 89 位ガーナ（2 億ドル）、第 90 位モザンビーク（2 億ドル）、第 92
位ナイジェリア（2 億ドル）、第 95 位ルワンダ（2 億ドル）、第 96 位エリト
リア（2 億ドル）、第 100 位チュニジア（2 億ドル）、第 102 位マダガスカル
（2 億ドル）、第 103 位トーゴ（2 億ドル）、第 104 位アルジェリア（2 億ド

ル）、第109位セネガル（1億ドル）、第112位ザンビア（1億ドル）、第115位ケニア（1億ドル）であり、南アからここまでで25カ国となり、表9-2の4カ国を大きく上回る。ちなみに、表9-2の4カ国とは南ア、ボツワナ、ジンバブエ、マダガスカルである。

#### （チ）リン鉱石

##### （a）採掘の特徴

リン鉱石は窒素、カリウムと並ぶ肥料の3要素の1つであるリン酸の原料となるが、その鉱床は成因により化石鉱床、グアノ鉱床、火成鉱床の3つに分類される。化石鉱床とは古代の動植物や微生物が起源となったもので、現存のリン鉱石の大半がこの鉱床に属する。この鉱床が分布するのが米国、モロッコ、ヨルダンなどである。グアノ鉱床の「グアノ」とは珊瑚礁に海鳥の死骸や糞などが数千年から数万年をかけて堆積・化石化したものであり、その主な分布地はチリ、ペルー、エクアドルといった南米諸国やナウルといったオセアニア諸国である。最後の火成鉱床は地殻変動によって生じた無機質のリン鉱石鉱床であり、ロシアのコラ半島などに大規模に分布する。

動物の糞は世界各地で古くから肥料として利用されていたが、リン鉱石が肥料として本格的に利用されるきっかけとなったのが18世紀末のキャプテン・クックによる太平洋探検で、そのときクックによってグアノが発見された。そして、1821年にスペインから独立したペルーが米国にグアノを輸出したことから、米国でのグアノ人気が高まり、それがヨーロッパへと波及していった。

世界中に広く分布する資源であるため、リン鉱石の価格は極めて安価である。そのため、産業として成り立たせるためには、量を稼ぐ必要があり、結果として、大規模鉱山でなければ、国際競争力を維持できない構造ができあがっている。

##### （b）世界生産量ランキング

USGS資料を見ると、2010年における世界の生産量合計は1億6,600万トンであるが、そのベストテンは①中国（6,020万トン）、②米国（2,640万トン）、③モロッコ（2,300万トン）、④ロシア（1,000万トン）、⑤チュニジア（740万トン）、⑥ブラジル（635万トン）、⑦ヨルダン（528万トン）、⑧エジプト（500万トン）、⑨オーストラリア（280万トン）、⑩イスラエル（270万トン）で、アフリカからはモロッコ、チュニジア、エジプトの3カ

国がランクインしている。また、ランキングの第 11 位以下を見ると、第 12 位南ア（224 万トン）、第 13 位アルジェリア（180 万トン）、第 14 位トーゴ（85 万トン）、第 16 位セネガル（65 万トン）であり、第 3 位のモロッコからから数えると、ここまでで 7 カ国となる。なお、この 7 カ国という数は表 9-2 の 4 カ国を上回る。ちなみに、表 9-2 の 4 カ国とはモロッコ、チュニジア、トーゴ、セネガルである。

（リ）石炭

（a）採掘の特徴

　地中に埋まった植物は地圧や地熱を受けて徐々に変化し、時間とともに泥炭→褐炭→瀝青炭→無煙炭と変化していくが、この変化の過程を石炭化と呼ぶ。石炭化が進むにつれて、酸素や水素が減って炭素濃度が上がるが、炭素の含有量は泥炭で 70% 以下、無煙炭で 90% 以上である。石炭が埋蔵されている地層は元となる植物が繁茂していた時代と関係する。すなわち、ある植物が古生代に繁茂していたとすれば、その植物を元にしてできた石炭は古生代の地層の中に埋まっている。石炭が埋まっている最も古い地層は古生代で、中生代、新生代がこれに次ぐ。採掘方法も地表からの深さに依存する。すなわち、地表近くに鉱床が存在すれば、露天掘りが行われ、それに適さない場合は地表から炭層まで坑道を掘り下げる坑内掘りが行われる。ちなみに、アフリカの石炭は古生代二畳紀の地層か、中生代白亜紀の地層から掘り出されるとのことである。石炭の使用は 2000 年前に遡ると言われるが、世界規模で本格的な採掘が行われるようになったのは 18 世紀以降で、その引き金となったのが産業革命によって引き起こされた石炭需要の急速な高まりである。

　石炭は石油や天然ガスと並ぶ重要なエネルギー源であるが、石油や天然ガスと違って、埋蔵量が豊富であるから、大体どこの国も採炭が可能である。しかし、輸出競争力をもつためには、露天掘り採掘が可能というように、ある程度規模の経済を追求できることが条件となる。

（b）世界生産量ランキング

　BP 資料[22]を見ると、2014 年の世界生産量は 81 億 6,490 万トンであり、そのベストテンは①中国（38 億 7,400 万トン）、②米国（9 億 690 万トン）、③オーストラリア（6 億 4,400 万トン）、④インド（5 億 3,760 万トン）、⑤インドネシア（4 億 5,800 万トン）、⑥ロシア（3 億 5,760 万トン）、⑦南ア（2 億 6,050 万トン）、⑧ドイツ（1 億 8,580 万トン）、⑨ポーランド（1 億

3,710万トン）、⑩カザフスタン（1億870万トン）であり、アフリカからは唯一南アが第7位にランクインしている。ちなみに、アフリカの石炭輸出国は南アとモザンビークであるが、モザンビークは第25位までに入っていない。

### （ヌ）マンガン

#### （a）採掘の特徴

マンガンは1774年にスウェーデン人化学者シェーレが発見し、同じくスウェーデン人化学者ガーンが単体分離に成功した鉱物であるから、採掘の歴史は浅い。マンガンはレアメタルの1つで、鉄鋼を生産する上で必要不可欠な資源であるが、他のレアメタルと同様に生産地が偏在していて、しかも、鉱山の多くは露天掘りである。

露天掘りのような大規模鉱山を経営するのは、単にマンガン採掘を行うだけでなく、他の鉱物の採掘も大企業が多く、その中にはブラジルのヴァーレ社、イギリス・オーストラリア合弁のBHPビリトン社といった資源メジャーが多く含まれている。

#### （b）世界生産量ランキング

BP資料を見ると、2006年の世界生産量は3,120万トンであり、そのベストテンは①中国（600万トン）、②南ア（521万トン）、③オーストラリア（457万トン）、④ブラジル（313万トン）、⑤ガボン（298万トン）、⑥カザフスタン（220万トン）、⑦インド（209万トン）、⑧ウクライナ（200万トン）、⑨ガーナ（180万トン）、⑩メキシコ（38万トン）であり、アフリカからは南ア、ガボン、ガーナの3カ国がランクインしている。また、ランキングの第11位以下を見ると、第13位コートジボワール（7万トン）、第19位エジプト（2万トン）、第20位ナミビア（2万トン）、第21位モロッコ（2万トン）であり、第2位の南アから数えると、ここまでで7カ国となる。

### （ル）ボーキサイト

#### （a）採掘の特徴

アルミニウムは地殻内では酸素、ケイ素に次いで3番目に多く存在すると言われる元素であるが、そのほとんどがアルミノケイ酸塩として存在する。しかし、このアルミノケイ酸塩はケイ素との結合が強く製錬が難しいため、酸化アルミニウム（アルミナ）を含むボーキサイト以外の鉱石から取り出すのは経済的に見合わない。酸化アルミニウムの比率が高い岩石が風化を受け

第9章　アフリカはどのような資源をもっているのか　　293

ると、熱帯性土壌であるラテライトを経てボーキサイトが生成すると考えられている。こうした生成事情があるため、ボーキサイト鉱床は風化が進みやすい熱帯雨林地域、あるいは過去に熱帯雨林であった地域で多く見つかる傾向がある。

アルミニウムが非常に身近な金属であるにもかかわらず、その原料となるボーキサイトが発見されたのは1821年であり、近代に入ってからである。ボーキサイトからアルミニウムを得るためには、溶融させた原料を電気分解しなければならないが、その過程で大量の電気が消費されるから、ボーキサイトの産地であっても、そこに豊富な電力がなければ、アルミニウム製錬を行うことはできない。

（ｂ）世界生産量ランキング

USGS資料を見ると、2006年における世界の生産量合計は1億9,000万トンであるが、そのベストテンは①オーストラリア（6,178万トン）、②中国（2,700万トン）、③ブラジル（2,206万トン）、④ギニア（1,696万トン）、⑤ジャマイカ（1,487万トン）、⑥インド（1,394万トン）、⑦ロシア（660万トン）、⑧ベネズエラ（593万トン）、⑨スリナム（492万トン）、⑩カザフスタン（480万トン）で、アフリカからは唯一ギニアが第4位にランクインしている。

**（ヲ）プラチナ**

（ａ）採掘の特徴

プラチナは地殻中に $0.005ppm$[23]しか存在しないレアメタルの1つで、産地は非常に限られている。プラチナは他の白金属元素と一緒に鉱石に含まれていることが多い。プラチナは貴金属として古代エジプト時代から存在が知られていたが、現代においては装飾品というよりもむしろ産業用として利用されることが多く、一番の用途は自動車の排気ガス浄化装置の触媒である。

（ｂ）世界生産量ランキング

USGS資料を見ると、2014年における世界の生産量ベストテンは①南ア（94.0トン）、②ロシア（23.0トン）、③ジンバブエ（13.0トン）、④カナダ（8.5トン）、⑤米国（3.7トン）、⑥日本（1.7トン）、⑦コロンビア（1.1トン）、⑧フィンランド（1.1トン）、⑨ボツワナ（0.1トン）、⑩オーストラリア（0.1トン）で、アフリカからは南ア、ジンバブエ、ボツワナという互いに国境を接するアフリカ南部の3カ国がランクインしている。上記数字を見

ても明らかなように、南アの生産量が全体の6割以上を占め、南ア、ジンバブエ、ボツワナという3カ国の合計だと、全体の7割以上を占める。ちなみに、第6位の日本の場合は輸入鉱石からの抽出量である。

（ワ）石灰石

（a）採掘の特徴

セメントの原料となる石灰石の主成分は炭酸カルシウムである。石灰石は世界に広く分布する資源であるが、堆積・沈殿した元の場所に産出する原地性のものと、一旦できた岩石が運ばれて二次的に堆積した非原地性のものがあり、世界的には非原地性のものも多いと言われている。石灰石は風化しにくく、大きな山となっている場合が多いので、その採掘方法はほとんどが露天掘りである。

（b）世界生産量ランキング

USGS資料を見ると、2010年における世界の生産量合計は3億1,000万トンであるが、そのベストテンは①中国（1億9,000万トン）、②米国（1,800万トン）、③インド（1,400万トン）、④日本（940万トン）、⑤ブラジル（770万トン）、⑥ロシア（740万トン）、⑦ドイツ（680万トン）、⑧イタリア（640万トン）、⑨メキシコ（570万トン）、⑩トルコ（400万トン）で、アフリカからは1カ国も入っていない。ちなみに、アフリカで最も生産の多いのは南ア（140万トン）であるが、その順位は世界第22位である。

（カ）ウラン

（a）採掘の特徴

ウランにはいくつもの同位体が存在するが、そのすべてが放射性核種であるため、自然界では安定して存在し続けることができない。現在の地球に天然に存在しているウランの99%以上がウラン238である。ウランは地球の地殻中や海水中に広く分布しているが、その量はごくわずかである。地球におけるウランは、その存在量のほとんどが地表から20km以内の地殻表層付近に存在していると言われている。ウランの多くは核燃料として原子力発電に利用されるが、核兵器への転用が可能であるため国際原子力機関によって流通が制限されている。

（b）世界生産量ランキング

WNS資料[24]を見ると、2008年における世界の生産量合計は43,853トンであるが、そのベストテンは①カナダ（9,000トン）、②カザフスタン

第9章　アフリカはどのような資源をもっているのか　　295

（8,521 トン）、③オーストラリア（8,430 トン）、④ナミビア（4,366 トン）、
⑤ロシア（3,521 トン）、⑥ニジェール（3,032 トン）、⑦ウズベキスタン
（2,338 トン）、⑧米国（1,430 トン）、⑨ウクライナ（800 トン）、⑩中国
（769 トン）で、アフリカからはナミビアとニジェールの 2 カ国がランクイ
ンしている。

### （ヨ）クロム

#### （a）採掘の特徴

クロムは 1797 年にフランス人化学者ヴォークランによって発見された金
属である。クロムは光沢があり、硬く、腐食しにくいことから、ステンレス
をはじめとするめっき・合金向けの用途が大きい。クロムの産地は極めて限
定的であり、南ア、インド、カザフスタンの 3 カ国で世界の生産量の約 8 割、
資源量の 9 割以上を占めると言われている[25]。

#### （b）世界生産量ランキング

USGS 資料を見ると、2007 年における世界の生産量合計は 2,150 万トン
であるが、そのベストテンは①南ア（965 万トン）、②カザフスタン（369 万
トン）、③インド（332 万トン）、④ロシア（78 万トン）、⑤ジンバブエ（63
万トン）、⑥ブラジル（56 万トン）、⑦フィンランド（50 万トン）、⑧トルコ
（50 万トン）、⑨オマーン（34 万トン）、⑩パキスタン（32 万トン）で、ア
フリカからは南アとジンバブエの 2 カ国がランクインしている。ちなみに、
南アとジンバブエの生産量を合わせると、世界全体の 48％となる。

### （タ）バナジウム

#### （a）採掘の特徴

バナジウムは世界中に分布する金属であるが、鉱石として品位が高くない
ため、通常は他金属からの副生成物として回収される場合が多い。バナジウ
ムのほとんどは南ア、中国、ロシアに埋蔵されている他、ベネズエラの超重
質油やカナダのオイルサンドの中に硫黄などと一緒に含まれている場合もあ
る。バナジウムは添加剤として使われると、対象となる金属の強度や硬度が
増すので、製鋼用添加剤としての用途が 8 割以上を占める。

#### （b）世界生産量ランキング

世界生産のほとんどが中国、南ア、ロシアの 3 カ国で独占されていて、
USGS 資料によると、2007 年の場合は世界の生産量合計 7 万 6,000 トンに
対して、上位 3 カ国の数字は①中国（4 万トン）、②南ア（2 万トン）、③ロ

シア（1万5,000トン）である。

### （レ）錫

#### （a）採掘の特徴

　錫は融点が低く、また、主要鉱石である錫石からの製錬が容易なため、青銅器[26]時代の名が示す通り、人類史においても使用が最も早い金属の1つである。ただし、錫は地域的に非常に偏在している鉱物であり、その主産地も時代とともに変化している。最初に錫の産地として有名になったのがフェニキア人によって開発されたイギリスのブリテン島最西端に位置するコーンウォール地方である。コーンウォールの錫は、フェニキア滅亡後はローマ帝国に引き継がれ、さらには1890年代まで世界有数の産地であり続けた。次いで、世界最大の錫スズ産出国となったのが東南アジアのマレーシアと南米のボリビアである。マレー半島は古くから錫の産地として知られていたが、イギリスの植民地時代に資源開発が進み、1985年までマレーシアは世界生産の約1/4のシェアを占めていた。他方、南米のボリビアでも1880年代から開発が始まり、1913年には同国の輸出の70%を占めるようになった。マレーシアとボリビアでの生産がピークを過ぎると、次に台頭したのがインドネシアと中国である。

#### （b）世界生産量ランキング

　USGS資料を見ると、2013年における世界の生産量合計は29万4,000トンであるが、そのベストテンは①中国（11万トン）、②インドネシア（9万5,200トン）、③ペルー（2万3,668トン）、④ボリビア（1万9,300トン）、⑤ブラジル（1万2,000トン）、⑥ミャンマー（1万1,000トン）、⑦オーストラリア（6,474トン）、⑧ベトナム（5,400トン）、⑨マレーシア（3,700トン）、⑩コンゴ（民）（3,000トン）で、アフリカからは唯一コンゴ（民）だけがランクインしている。また、ランキングの第11位以下を見ると、第11位ルワンダ（1,900トン）、第13位ナイジェリア（570トン）、第17位ウガンダ（40トン）、第18位ブルンジ（20トン）であり、第10位のコンゴ（民）から数えると、ここまでで5カ国となるが、これら5カ国の生産量を合計しても、第9位のマレーシアの生産量に満たない。

（ソ）コルタン

（a）採掘の特徴

コルタンという鉱石を製錬すると粉末状のタンタルを得られるが、このタンタルはレアメタルの1つで、エレクトロニクス製品に搭載される小型コンデンサーを作る上で欠かせない物質である。ただし、IT産業が勃興する最近まで需要はなかったから、資源の分布状況も十分解明されていないが、コルタン埋蔵量の8割がコンゴ（民）に存在するという説もある。

（b）世界生産量ランキング

USGS資料を見ると、タンタルの2006年における世界生産量合計は1400トンであるが、その上位9カ国は①オーストラリア（584トン）、②ブラジル（176トン）、③エチオピア（70トン）、④カナダ（56トン）、⑤ルワンダ（42トン）、⑥モザンビーク（23トン）、⑦コンゴ（民）（14トン）、⑧ナイジェリア（10トン）、⑨ブルンジ（3トン）で、第5位から第9位までをアフリカ諸国が独占している。

ところで、表9-2においてコルタンを輸出品にあげた国はルワンダであるが、ルワンダは2014年には600トンを生産し、世界一のタンタル生産国となっている。しかし、ルワンダについてはかねてから違法採掘が問題視されている。というのは、世界のコルタンのほとんどがコンゴ（民）に埋蔵されていると言われているが、その場所が東部地方だからである。第一次世界大戦でドイツが敗れると、その植民地だったルワンダとブルンジはコンゴ（民）と同じベルギーの植民地となり、この3カ国は一体感を増す。とりわけコンゴ（民）東部地方はルワンダ、ブルンジと国境を接することもあり、双方の往来が盛んで、実質的に1つの経済圏を構成するようになった。しかし、1990年代にルワンダとブルンジでフツ族とツチ族の間の民族対立が激化し、多数の難民がコンゴ（民）東部地方に流入するようになると、それに比例して、コンゴ（民）隣国のルワンダ、ウガンダ、ブルンジの武装勢力がコンゴ（民）東部地方に流入し、資金源確保の目的からコルタンなどの天然資源を不正採掘するようになった。コルタンなどによって得られた資金があるため、武装勢力が弱体化することはなく、コンゴ（民）東部地方を巡る紛争は2016年時点においても終息することなく続いている[27]。

（ツ）アスベスト

（a）採掘の特徴

無機繊維状鉱物の総称であるアスベスト（石綿）は古代からその存在が知られていて、たとえば、古代エジプトでミイラを包んだ布もアスベストで作られていたそうである。アスベストは耐久性、耐熱性、耐薬品性、電気絶縁性などの特性をもつ上に安価であるから、建設資材、電気製品、自動車、家庭用品等、様々な用途に広く使用されてきた。しかし、空中に飛散したアスベスト繊維を長期間大量に吸入すると肺癌や中皮腫の誘因となることが指摘されるようになったこともあり、1970年代をピークに生産量は大きく減少している。

（b）世界生産量ランキング

USGS資料を見ると、2010年における世界の生産量合計は197万トンであるが、その上位5カ国は①ロシア（100万トン）、②中国（35万トン）、③ブラジル（27万トン）、④カザフスタン（23万トン）、⑤カナダ（10万トン）であり、アフリカの国は入っていないが、過去にはジンバブエと南アが上位に入っていたことがある[28]。ちなみに、表9-2においてアスベストを輸出品にあげた国はスワジランドであるが、スワジランドは生産量の上位にはランクインしていない。


（2）農産物

表9-3に従い、アフリカに分布する農産物を多い順にその特徴を明らかにするとともに、世界市場での相対的地位を明らかにすることとしたい。

（イ）綿花

（a）栽培の特徴

綿花と呼ばれるが、実際は花ではなく、花が咲いた後についた実の種の表皮細胞が細長く生長したものが綿の繊維で、これを「木綿」と呼ぶ。この繊維の塊が白い花に見えることから「綿花」という名がついた。綿花栽培は、インダス文明の中にその痕跡が見出せるように、長い歴史を有しているが、近世において綿花の産地として最も有名なのはインドである。しかし、イギリスがインドを植民地支配し、イギリス国内でインド産木綿に対する需要が高まると、インドでの生産が追いつかなくなり、この結果、イギリスの植民地であった米国やカリブ海地域で綿花栽培が盛んになった。綿花の栽培には

第9章　アフリカはどのような資源をもっているのか　　299

降霜のない長い季節と 600〜1200 ミリ程度の降水量が必要とされるが、この条件を満たすのは熱帯から亜熱帯にかけての湿潤・半乾燥地帯である。しかし、現在では灌漑技術の発展によりウズベキスタンなどより降水量の少ない地域でも大規模な綿花栽培が行われるようになってきている。

（ｂ）世界生産量ランキング

USDA 資料[29]によれば、2011〜12 年の世界の生産量合計は 2,681 万トンであるが、その上位 7 カ国は①中国（718 万トン）、②インド（588 万トン）、③米国（348 万トン）、④パキスタン（224 万トン）、⑤ブラジル（203 万トン）、⑥ウズベキスタン（98 万トン）、⑦オーストラリア（98 万トン）であり、アフリカからランクインしている国はない。ちなみに、同年の輸出量上位 7 カ国は米国、インド、オーストラリア、ブラジル、ウズベキスタン、ギリシア、トルクメニスタンであり、ここにもアフリカからランクインしている国はない。

（ロ）コーヒー豆

（ａ）栽培の特徴

コーヒーは今日では国際貿易で石油に次ぐ重要な地位を確立しているが、その原料となるコーヒー豆はアカネ科に属する常緑灌木であるコーヒーの木から採取される種子であり、その原産地はエチオピアと言われている。今日のような形でコーヒーが飲まれるようになったのが 13 世紀のアラブ世界で、そこからヨーロッパを経て世界中に広まった。コーヒー豆の積出港として有名なのがイエメンの紅海寄りの港町モカであるが、現在コーヒーのブランド名にもなっている「モカ」はこの積出港の名を冠したものである。

コーヒーの木は発芽から 3〜5 年で花を咲かせ、実を結ぶ。その実の中には 2 粒の種子が向かい合わせに入っており、この部分がコーヒー豆である。コーヒー属には 66 種あるが、その 4/5 がアフリカに分布する。種はアラビカとロブスタに大別され、その比率は 3 対 1 である。豆の価値はアラビカの方が高いが、ロブスタは病気に強い。コーヒーの木の栽培種の原産地はエチオピアのアビシニア高原、アフリカ西部などである。コーヒーの木の栽培が本格化したのは 17 世紀以降である。コーヒー豆の主要産地は北緯 25〜南緯25 度までの「コーヒーベルト」と呼ばれる地域に集中している。コーヒーの木は寒さには弱いが、多雨と昼夜の寒暖差を好むので、その生育にはサバナ気候や熱帯モンスーン気候のような雨季と乾季がはっきりした熱帯地域や

300　第 2 部　どうしたら資源を有効活用できるか

熱帯雨林気候の山岳地帯などが適している。また、土壌としては有機質に富む肥沃土や火山性土壌を好むので、火山帯や高地が適している。

（b）世界生産量ランキング

USDA 資料によれば、2014〜15 年の世界の生産量合計は 1 億 4,867 万袋[30]であるが、そのベストテンは①ブラジル（4,950 万袋）、②ベトナム（2,925 万袋）、③コロンビア（1,200 万袋）、④インドネシア（890 万袋）、⑤エチオピア（635 万袋）、⑥インド（513 万袋）、⑦ホンジュラス（500 万袋）、⑧ペルー（450 万袋）、⑨ウガンダ（400 万袋）、⑩メキシコ（390 万袋）あり、アフリカからはエチオピアとウガンダの 2 カ国がランクインしている。ちなみに、同年の輸出量上位 15 カ国にはアフリカから 3 カ国が入っているが、その 3 カ国とは第 8 位ウガンダ（380 万袋）、第 10 位エチオピア（330 万袋）、第 13 位コートジボワール（173 万袋）である。生産量上位のエチオピアが輸出量でウガンダより低いのは自国消費が多いためと考えられる。

（ハ）タバコ

（a）栽培の特徴

タバコはナス科の多年草植物で、葉の成分に強いニコチンを含む。タバコは元々南米アンデス山脈で栽培されていた植物であるが、それが 15 世紀にヨーロッパに伝わり、さらに世界中に広まった。近年、禁煙嫌煙運動の進展もあり、タバコ生産は減少傾向にある。

（b）世界生産量ランキング

FAO 資料によれば、2013 年の世界の生産量ベストテンは①中国（315 万トン）、②ブラジル（85 万トン）、③インド（83 万トン）、④米国（35 万トン）、⑤インドネシア（26 万トン）、⑥ジンバブエ（15 万トン）、⑦マラウイ（13 万トン）、⑧アルゼンチン（12 万トン）、⑨パキスタン（11 万トン）、⑩トルコ（9 万トン）であり、アフリカからはジンバブエとマラウイの 2 カ国がランクインしている。

（ニ）カカオ豆

（a）栽培の特徴

ココアやチョコレートの原料となるカカオ豆はアオイ科の常緑樹であるカカオから採取される種子である。カカオは発芽から約 4 年で花を咲かせるが、結実率は 1％未満と低い。この実の中に 20 から 60 個ほどの種子が入っているが、これがカカオ豆である。カカオは規則的な降雨、排水のよい土壌、湿

潤な気候を好む。カカオは標高 300 メートル程度の丘陵地に自生し、その原産地は中米から南米であるが、初期の主産地は中米であった。ところが、19 世紀中頃、病害により中米のプランテーションが壊滅的打撃を受けたことを契機として、主産地はアフリカに移り、今日に至っている。

（ｂ）世界生産量ランキング

FAO 資料[31]によれば、2009 年の世界の生産量合計は 408 万トンであるが、その上位 5 カ国は①コートジボワール（122 万トン）、②インドネシア（80 万トン）、③ガーナ（66 万トン）、④ナイジェリア（37 万トン）、⑤カメルーン（23 万トン）であり、第 2 位のインドネシアを除く 4 カ国すべてがアフリカ諸国であり、なおかつ、4 カ国すべてが西部か中部に属するギニア湾沿いの国々である。第 6 位以下を見ると、⑥ブラジル（22 万トン）、⑦エクアドル（12 万トン）、⑧トーゴ（11 万トン）、⑨パプアニューギニア（5 万トン）、⑩ドミニカ（共）（5 万トン）であり、ここでもアフリカからはトーゴがランクインしている。第 11 位以下を見ると、第 16 位ウガンダ（2 万トン）、第 18 位シエラレオネ（1 万トン）、第 21 位マダガスカル（0.6 万トン）、第 22 位タンザニア（0.5 万トン）、第 25 位ギニア（0.5 万トン）、第 27 位リベリア（0.5 万トン）であり、第 1 位のコートジボワールから数えると、ここまでで 11 カ国である。ちなみに、国連分類に従えば、11 カ国中の 7 カ国が西部、3 カ国が東部、1 カ国が中部に属する。

（ホ）茶

（ａ）栽培の特徴

茶とは茶木の葉や茎を加工して作られる飲料である。世界で主に栽培されているのは基本変種である茶木とその変種であるアッサムチャの 2 つである。基本変種は主に緑茶向きで、中国、日本、イラン、グルジア、トルコなど冬の寒さが厳しい場所で栽培されている。これに対して、アッサムチャはカテキン含有量が多く、酵素の活性が強く発酵しやすいことから、紅茶向きで、インドのアッサム地方、スリランカ低地、インドネシア、ケニアなどで栽培されている。

（ｂ）世界生産量ランキング

FAO 資料 によれば、2009 年の世界の生産量合計は 395 万トンであるが、そのベストテンは①中国（138 万トン）、②インド（80 万トン）、③ケニア（31 万トン）、④スリランカ（29 万トン）、⑤トルコ（20 万トン）、⑥ベトナ

302　　第 2 部　どうしたら資源を有効活用できるか

ム（19万トン）、⑦インドネシア（16万トン）、⑧日本（9万トン）、⑨アルゼンチン（7万トン）、⑩タイ（6万トン）であり、アフリカからはケニアが唯一ランクインしている。第11位以下を見ると、第12位マラウイ（5万トン）、第13位ウガンダであり、第3位のケニアから数えると、ここまでで3カ国である。ちなみに、国連分類に従えば、これら3カ国はすべて東部に属する。

ところで、2008年の輸出量上位14カ国にはアフリカから5カ国が入っているが、その5カ国とは第1位ケニア（40万トン）、第8位ウガンダ（5万トン）、第10位マラウイ（3万トン）、第11位タンザニア（3万トン）、第14位ルワンダ（2万トン）であり、5カ国すべてが東部の国である。茶の場合、生産量の上位2カ国である中国とインドが茶の大消費国であるため、生産量第3位のケニアが輸出量第1位になるという状況が続いている。

### （ト）ナッツ類

#### （a）栽培の特徴

ナッツ類を輸出品としてあげた4カ国のうち、マラウイはナッツ類と明記し、ギニアビサウ、ベナン、タンザニアの3カ国はカシューナッツと明記している。マラウイのナッツ類の中でもカシューナッツが最重要なので、以下ではカシューナッツをナッツ類の代表として取り上げる。

カシューは中南米原産のウルシ科の常緑高木で、その種子がカシューナッツである。生の種子は有毒であるため、食材とするためには高温加熱処理が必要となる。まず殻つきの生カシューナッツを天日に干し、スチームロースト、次いでドライローストという処理を行った後、殻を割り、品質選別を行って製品として出荷する。カシューは寒さ嫌いで、適度な降雨量を好むので、そうした植生環境のある熱帯ないし亜熱帯地域に分布する。

#### （b）世界生産量ランキング

FAO資料によれば、2012年におけるカシューナッツの世界生産量ベストテンは①ベトナム（119万トン）、②ナイジェリア（84万トン）、③インド（68万トン）、④コートジボワール（45万トン）、⑤ベナン（17万トン）、⑥ギニアビサウ（13万トン）、⑦タンザニア（12万トン）、⑧インドネシア（12万トン）、⑨ブラジル（8万トン）、⑩モザンビーク（6万トン）であり、アフリカからはナイジェリア、コートジボワール、ベナン、ギニアビサウ、タンザニア、モザンビークの6カ国がランクインしている。ちなみに、これ

ら6カ国のうち4カ国は西部、2カ国は東部に属する。

### （チ）園芸作物

#### （a）栽培の特徴

園芸作物の代表は生花であり、中でも人気があるのはバラ、カーネーション、チューリップ、ヒナゲシの4つである。アフリカで園芸作物を輸出品に掲げた国はケニアとジンバブエであるが、この2カ国以外ではエチオピアが有名である。これら3カ国は比較的高地で、冷涼な気候が生花栽培に適している。

#### （b）世界輸出額ランキング

2015年における生花輸出額のベストテンは①オランダ（32億ドル）、②コロンビア（13億ドル）、③エクアドル（8億1,990万ドル）、④エチオピア（6億6,240万ドル）、⑤ケニア（6億6,190万ドル）、⑥マレーシア（9,810万ドル）、⑦中国（8,720万ドル）、⑧ベルギー（8,500万ドル）、⑨イタリア（8,420万ドル）、⑩ドイツ（8,290万ドル）で、アフリカからはエチオピアとケニアの2カ国がランクインしている[32]。

### （リ）砂糖

#### （a）栽培の特徴

砂糖の二大原料はサトウキビと甜菜であるが、アフリカ諸国の場合はサトウキビを用いて砂糖を作るので、ここではサトウキビについて説明する。

サトウキビの原産地は現在のニューギニア辺りとする説が有力であるが、その説によると、そこから東南アジアを経てインドに伝わったが、栽培に向かないヨーロッパはもっぱらサトウキビからできる砂糖を輸入するだけだった。しかし、地理上の発見によって新大陸に新たな領土を獲得したヨーロッパ諸国は新大陸でのサトウキビ栽培に乗り出した結果、ポルトガル領のブラジルが大生産地と名乗りを上げることになり[33]、その栽培地はアフリカにも広がっていく。

#### （b）世界生産量ランキング

USDA資料によれば、2011〜12年の世界の生産量合計は1億6,848万トンであるが、そのベストテンは①ブラジル（3,960万トン）、②インド（2,830万トン）、③EU[34]（1,530万トン）、④中国（1,200万トン）、⑤タイ（970万トン）、⑥米国（743万トン）、⑦メキシコ（565万トン）、⑧ロシア（418万トン）、⑨オーストラリア（400万トン）、⑩パキスタン（382万ト

ン）であり、アフリカからはランクインしている国はない。第 11 位以下を
見ると、第 18 位エジプト（203 万トン）、第 19 位南ア（184 万トン）2 カ国
のみがランクインしている。

### （ヌ）落花生

#### （ａ）栽培の特徴

落花生の原産地は南米である。南米以外の地に落花生栽培が広がったのは
16 世紀中頃で、ブラジルとの奴隷貿易を維持するためにポルトガル人がア
フリカに持ち込んだことを契機として、アフリカでは西部と南部、さらには
ポルトガル領のインドへと栽培地が広がっていった。また、同時期にスペイ
ン人によって南欧、アフリカ北部、アジアへも伝えられた。

#### （ｂ）世界生産量ランキング

USDA 資料 によれば、2011〜12 年の世界の生産量合計は 3,496 万トンで
あるが、そのベストテンは①中国（1,520 万トン）、②インド（600 万トン）、
③米国（163 万トン）、④ナイジェリア（155 万トン）、⑤インドネシア（100
万トン）、⑥セネガル（100 万トン）、⑦ミャンマー（100 万トン）、⑧アルゼ
ンチン（90 万トン）、⑨スーダン（85 万トン）、⑩ベトナム（52 万トン）で
あり、アフリカからはナイジェリア、セネガル、スーダンの 3 カ国がランク
インしている。第 11 位以下を見ると、第 11 位チャド（47 万トン）、第 12
位ガーナ（44 万トン）、第 13 位コンゴ（民）（37 万トン）、第 14 位ブルキナ
ファソであり、ナイジェリアからここまでを数えると 7 カ国となる。7 カ国
を地域分けすると、4 カ国が西部、2 カ国が中部、1 カ国が北部である。

### （ル）香料

#### （ａ）栽培の特徴

アフリカで香料を輸出品として掲げている国は東部のマダガスカルとコモ
ロであり、ここではこれらに共通する輸出品でバニラについて説明する。バ
ニララン科に属する蔓性植物で、その種子鞘には微細な黒色の種子が多数含
まれている。この種子鞘を発酵・乾燥して得られるのが「バニラ・ビーン
ズ」である。バニラは中米原産と言われているが、現在は世界中の熱帯各地
で栽培されている。しかし、生産量は全世界を合計しても 1,000 トンに満た
ない。

#### （ｂ）世界生産量ランキング

FAO 資料 によれば、2013 年におけるバニラの世界生産量ベストテンは①

第 9 章　アフリカはどのような資源をもっているのか　　305

インドネシア（3,200トン）、②マダガスカル（3,100トン）、③メキシコ（463トン）、④パプアニューギニア（433トン）、⑤中国（335トン）、⑥トルコ（290トン）、⑦トンガ（198トン）、⑧ウガンダ（161トン）、⑨フランス領ポリネシア（60トン）、⑩コモロ（35トン）であり、アフリカからはマダガスカル、ウガンダ、コモロの3カ国がランクインしている。バニラ生産に関してはインドネシアとマダガスカルの2カ国が他を圧している。

　（ヲ）天然ゴム

　（a）栽培の特徴

　天然ゴム（生ゴム）はゴムノキの樹液に含まれる物質ラテックスを集めて精製・凝固・乾燥させたものである。ゴムノキの原産地は南米のアマゾン川流域と言われているが、ゴム需要の増加とともに、19世紀以降、その栽培地は熱帯各地に広がっていった。

　（b）世界生産量ランキング

　FAO資料によれば、2013年の世界の生産量合計は1,197万トンであるが、そのベストテンは①タイ（386万トン）、②インドネシア（311万トン）、③ベトナム（95万トン）、④インド（90万トン）、⑤中国（87万トン）、⑥マレーシア（83万トン）、⑦コートジボワール（29万トン）、⑧ブラジル（18万トン）、⑨ミャンマー（15万トン）、⑩ナイジェリア（14万トン）であり、アフリカからはコートジボワールとナイジェリアの2カ国がランクインしている。第11位以下を見ると、第14位リベリア（6万トン）、第15位カメルーン（6万トン）であり、第7位のコートジボワールから数えると、ここまでで4カ国である。ちなみに、国連分類に従えば、4カ国のうち3カ国が東部、1カ国が中部に属する。

　（ワ）食糧作物

　（a）栽培の特徴

　アフリカで食糧作物を輸出品として掲げている国は東部のエリトリアのみであるが、エリトリアが輸出している食糧作物とはソルガム（モロコシ）であるから、ここではソルガムについて説明する。

　ソルガムはイネ科の一年草植物で、耕地面積は小麦、米、トウモロコシ、大麦に次ぐ世界第5位である。原産地は熱帯アフリカと言われているが、乾燥に強いので、小麦や米が育たない場所でも栽培可能である。ソルガムは、古代エジプト時代にすでに栽培が確認されているが、それがインドを経てア

306　　　第2部　どうしたら資源を有効活用できるか

ジアに伝わっていった。また、別ルートで南米にも伝わっていった。

　（b）世界生産量ランキング

　USDA 資料 によれば、2011～12 年におけるソルガム（モロコシ）の世界生産量合計は 6,226 万トンであるが、そのベストテンは①ナイジェリア（1,170 万トン）、②米国（762 万トン）、③インド（680 万トン）、④メキシコ（680 万トン）、⑤スーダン（420 万トン）、⑥アルゼンチン（400 万トン）、⑦エチオピア（260 万トン）、⑧オーストラリア（240 万トン）、⑨中国（185 万トン）、⑩ブルキナファソ（180 万トン）であり、アフリカからはナイジェリア、スーダン、エチオピア、ブルキナファソの 4 カ国がランクインしている。第 11 位以下を見ると、第 12 位マリ（93 万トン）、第 13 位ニジェール（90 万トン）、第 14 位エジプト（90 万トン）、第 15 位タンザニア（85 万トン）、第 17 位チャド（72 万トン）であり、ナイジェリアからここまでを数えると 9 カ国となる。9 カ国を地域分けすると、4 カ国が西部、2 カ国が北部と東部、1 カ国が中部である。

---

1　26 カ国という数字は西部に属する国数 16 カ国を上回るが、これは 1 つの国が複数の資源を輸出することから起きる矛盾で、たとえば、ある国が 3 品目の鉱産物を輸出する場合、ここでは鉱産物 3 カ国として数えている。

2　「セブン・シスターズ」とは、第二次大戦後に西側世界の石油生産をほぼ独占していた米英系企業 7 社を指すが、1975 年に出版されたアンソニー・サンプソンの著書『セブン・シスターズ』で一躍有名になった。ただし、その後合併等もあり、現在はエクソンモービル、シェブロン、BP、ロイヤルダッチシェルの 4 社に統合されている。

3　アルジェリア企業は Sonatrach、アンゴラ企業は Sonangol である。

4　UNCTAD のホームページからの引用。なお、本章における UNCTAD 資料の出所はすべて同機関のホームページである。

5　バーンスタイン、ピーター（2001 年）14 頁からの引用。

6　「ウィットウォーターラント（Witwatersrand）」を英語に訳すと「Ridge of White Waters」であり、文字通り、大西洋に流れるヴァール川支流とインド洋に流れるリンポポ川支流の分水嶺地帯である。

7　峯陽一（1996 年）107 頁からの引用。

8　島崎久彌（1982 年）16 頁からの引用。

9　リッチライフ研究会編（1987 年）7 頁からの引用。

10　バーンスタイン、ピーター（2001 年）6 頁からの引用。

第 9 章　アフリカはどのような資源をもっているのか　　307

11 United States Geological Survey のホームページからの引用。なお、本章における USGS 資料の出所はすべて同機関のホームページである。

12 島崎久彌（1982 年）3 頁からの引用。

13 日本政策投資銀行・国際協力銀行・ロンドン駐在員事務所（2011 年）からの引用。

14 砂川一郎（1983 年）14 頁からの引用。

15 砂川一郎（1983 年）39 頁からの引用。

16 カラットとは宝石の質量を表す単位で、0.2 グラムである。

17 砂川一郎（1983 年）34 頁によると、金は 1 トン当たり 10 グラム含まれれば、十分採算がとれるとのことである。

18 守誠（2009 年）110 頁によると、1866 年、オレンジ自由州を流れるオレンジ川の南側ホープタウン北東約 50km で 15 歳のアフリカーナー少年エラスムス・ヤコブスが光る石を拾ったが、少年の母は行商人のショーク・ヴァン・マーカークにその石をあげてしまった。この石の鑑定を依頼された W・ギボン・アサートンは、これがダイヤで、重さは 21.25 カラットで、価格は約 500 ポンド相当と判定した。この石は 10.73 カラットのダイヤにカットされ、「ユーレカ（我発見せり）」と名付けられ、1867 年のパリ万博で展示された。

19 守誠（2009 年）114 頁によると、1869 年、オレンジ川近くの農場でブーイという名の羊飼いが拾った石が 83.5 カラットのダイヤと判定された。この原石はカットの結果、47.75 カラットに削られた。これが「南アフリカの星」で、1974 年の競売において 22.5 万ポンドで取引されたと言われている。

20 Reader, John（1997），p.499 によると、温度は 1,110 度、圧力は 5 万気圧に達する。

21 2007 年は 160 万トン、2009 年は 134 万トンであった。

22 BP Statistical Review of World Energy 2015 からの引用。なお、本章における BP 資料の出所はすべて同社のホームページである。

23 百万分率（parts per million）のことで、1ppm ＝ 0.0001％である。

24 WNS とは World Nuclear Association（http://www.world-nuclear.com）の略である。

25 中山健（2012 年）からの引用。

26 青銅とは銅と錫の合金である。

27 この間の経緯は米川正子（2010 年）に詳しく記述されている。

28 1995 年においては第 6 位ジンバブエ（15 万トン）、第 7 位南ア（10 万トン）であり、2005 年においては第 5 位ジンバブエ（20 万トン）である。

29 USDA とは United States Department of Agriculture（米国農務省）の略で、同省ホームページの資料（World Production, Markets, and Trade Reports Browse Data & Analysis）からの引用。

30 1 袋＝ 60kg である。

31 FAOSTAT（FAO の統計資料サイト）からの引用。本章における FAO 資料の出所はすべて同機関のホームページである。

32 World's Top Exports からの引用。

33 このサトウキビ栽培に必要な労働力としてアフリカから大量の奴隷が連れて行かれたことについては第 1 章で詳述した。

34 EU 内の生産国 27 カ国の合計である。

## 第10章

# 資源の優劣を決める要因は何か

　多くのアフリカ諸国にとって資源は輸出収入を稼ぐための手段であるから、資源の優劣はどれだけ輸出収入を稼いだかで決まると言っても過言ではない。そこで、本章においてはまず資源輸出の歴史を辿りながら、輸出産品とその生産国の栄枯衰退を具体的に跡づける作業を行う。その上で、現状において資源がどの程度の輸出収入を上げているかを見るために、鉱産物17品目と農産物10品目の輸出額を計算し、その多寡を比較する。この比較検討によって、資源の優劣の目安を大雑把につけることができるが、ここで利用した輸出額とはある特定の年の数字であり、価格が変動すれば、当然優劣の順位も変わるので、最後に主要な鉱産物と農産物を抽出して、それらの価格変動状況を見ることとした。

## 1．資源輸出の歴史

　以下ではアフリカで如何なる資源が輸出されてきたかを独立以前の植民地体制下と独立以後に分けて論じることとした。

### （1）独立以前
　植民地支配下での半世紀を通じてアフリカ諸国の総輸出の95％前後を一次産品が占めたと言われている[1]。その産品の中身について言えば、1950〜58年の平均値で、世界生産に占めるアフリカの比率は落花生で94％、パーム核[2]で93％、コバルトで73％、カカオ豆で68％、パーム油で65％、

309

金で 60%、サイザル麻で 59%、ダイヤモンドで 52%であった[3]。これらの比率を見る限り、鉱産物よりは農産物の占める比率の方が高い。ちなみに、この当時、鉱産物比率が比較的高かった国には北ローデシア（現ザンビア）やベルギー領コンゴ（現コンゴ（民））があり、これらの国における 1950 年代の GDP に占める鉱業の比率は北ローデシアで 45%、ベルギー領コンゴで 16%だったが、ナイジェリアでは 1%にすぎなかった[4]。というのは、当時のナイジェリアの主要輸出産品はパーム油やパーム核油[5]といった農産物であり、現在主力の石油はまだ開発段階にあったからである。

## （2）独立以後

### （イ）2000 年以前

多くの国が独立した 1960 年代でも農産物が総輸出の 7 割近くを占めたが、その後鉱産物の割合が上昇し、現在では農産物の輸出比率は 1 割まで下がっている。

第二次世界大戦後、産業革命の進展によって先進国の多くで工業化と都市化が加速し、一次産品に対する需要も増大していった。多くのアフリカ諸国が独立した 1960 年代とはまさにこうした一次産品ブームのまっただ中であり、その結果として、多くのアフリカ諸国がこの資源ブームを謳歌することができたが、そのことがその後のアフリカの発展を阻害したことも事実である。というのは、ブームの中で多くの国が輸出収入を稼げる一次産品生産に特化するあまり、製造業の育成が疎かになり、結果として、製造業製品を中心として世界貿易が拡大していくという大きな流れの中で、多くのアフリカ諸国は完全に取り残されてしまったからである。

ところが、1960 年代までのブームが去り、世界で需要が低迷し始めると、一次産品の世界市場価格が一斉に下落に転じた。1970 年代の石油危機を経て省エネ・省資源化が進み、先進国の産業構造が成熟の域に達したことも、価格低下に拍車をかけた。この結果として、アフリカの主要農産品の輸出量は 1970 年代には年率 1.9%で減少を続けた。そして、農産品の世界市場価格は 1980 年代を通じても低迷し続けた。このためアフリカ諸国の多くで貿易収支が赤字となり、これを補うため、アフリカ諸国は先進国や国際金融機関からの援助を受け入れた。しかし、これら援助の大部分が借款だったため、今度は債務が急増する問題に直面することとなった[6]。

この間にアフリカ農業の構造的欠陥問題が顕在化した。というのは、国内向け食糧生産増加率は人口増加率を下回る 1.5 %しか達成できなかったからである。ちなみに、1960 年代から穀物輸入は一貫して増え続けていたが、1960 年代は農産品価格が高水準を維持していたから、農産品の輸出収入で穀物輸入費用を賄うことができた。しかし、1970 年代以降はそれができなくなった。しかも、穀物輸入量は年率 9 %以上のペースで増加したから、穀物輸入費用を手当てするためには、自国通貨を高めに設定する為替政策を実施せざるを得なくなった[7]。この為替政策は両刃の剣である。というのは、自国通貨を高めに設定することは自国の農産物輸出には不利に働くからである。

1980～90 年代は人口の合計が 10 億人にも満たない成熟した西側先進国が世界経済を牽引していた時代であり、その西側先進国も 2～3 %の成長しかできなかった。こうした低成長では資源需要が大幅に増加することはなく、せいぜい先進国の景気変動に応じて資源需要は変動し、それに対応して価格が小幅に動く程度だった。この時期、先進国の景気変動以上に商品市況を上昇させたのはむしろ戦争や干魃といった外的要因である。つまり、外的要因によって供給が一時的に先細ることによって価格が上昇したのだ。しかし、供給体制が元に戻れば、価格は再び下落した。

ここで 1960 年から 2000 年までの 40 年間を概観すると、アフリカの主力輸出品である農産物の価格は最初の 10 年こそブームの中で高水準を維持していたが、残りの 30 年間は下落傾向にあったことがわかる。そして、この時間の幅をさらに拡大すると、農産物の多くと鉱産物の一部でその実質価格が産業革命以来一貫して下降傾向にあるという特徴を見出すことができる。なぜこのような現象が起きるかというと、それは技術進歩が進捗する過程で原料に対する需要が相対的に減少していくからである[8]。

ここまで主に農産物価格について見てきたが、鉱産物価格は必ずしも農産物価格と同じ動きをしているわけではなく、たとえば、石油価格は 1960 年代の低位安定、1970 年代の強い上昇、1980～90 年代の長期低落という段階を辿っている。

### （ロ）2001 年以後

1960 年代においては農産物価格の多くが上昇したが、鉱産物の中には石油のように価格が上昇しない品目もあった。これに対して、2000 年代にお

いては資源全般の価格が上昇し、しかも高価格水準が長く続いた。要するに、2000年以前の資源市場は先進国の需要に依存しているため、市場規模が小さかったが、2001年以後は途上国でも先進国並みの消費を行おうとする動きが広がり、資源に対する需要が急拡大し、市場規模も拡大していったのである[9]。途上国の消費需要を下支えしたのが人口30億人を擁する新興国群の存在である。すなわち、新興国群が工業化による持続的成長を確固たるものとしたことによって資源需要が新たに喚起され、資源価格が急上昇していった。

　この時期には資源価格を引き上げることになる新たな要因が加わった。その要因が金融要因である。つまり、世界的な低金利を背景に、増大した余剰資金がより高いリターンを求めて投資先を探すようになり、投資銀行をはじめとする各種ファンドが余剰資金の受け皿となった。こうして集められた多額の資金が向かう先は2つある。1つは資源メジャーに代表される資源探査会社で、彼らは高騰する資源価格を背景に巨額の資金を調達していった。この時期の大型投資の成功例の1つが米国の資源メジャーであるエクソン・モービル社による赤道ギニアの油田開発である。この油田開発案件が示すように、この時期に行われた対アフリカ投資の8割が資源関連と言われており、製造業向け投資は少ない[10]。それでも、この資源分野への投資効果は大きなものがあり、事実、非鉄金属分野では世界全体の探鉱開発投資の15%がアフリカに投入された結果[11]として、たとえば、農業中心のタンザニアはアフリカ有数の産金国に変貌し、ウガンダやガーナも産油国になった。そして、資源輸出はアフリカ全体のGDPの30%を占めるまでになった[12]。もう1つの資金の向かい先は原油を中心とする資源先物市場を組み込んだ商品ファンドであるが、そのことを示す象徴的出来事が2003年に起きている。その出来事とは巨大投資資金の供給源である年金資金が商品ファンドへの大量資金投入を開始したということである[13]が、この2003年から資源価格の本格的上昇が始まった。

　2001年以後に起きた鉱産物と農産物の価格上昇がアフリカ諸国に輸出増をもたらし、その輸出増が各国における経済成長を促した[14]。価格上昇を品目別に見ていくと、上昇率が最も高かったのは石油をはじめとするエネルギー資源で、その国際価格は2004年から2008年までの5年間に320%も上昇した。同時期に金をはじめとする鉱物の価格も300%上昇し、食糧価格も

312　　第2部　どうしたら資源を有効活用できるか

140％上昇した[15]。

## ２．資源輸出額

　以下ではアフリカが有する主要な鉱産物と農産物に優劣をつける作業を行うが、この作業を行う上で着目したのが輸出額である。具体的に言えば、第9章の結果に基づき、ある産物のある年における輸出額を確定する。ただし、輸出額が不明な場合は、当該産物の輸出量と輸出価格から推定した。さらに言えば、輸出量が不明なときは生産量で代用したが、生産量がすべて輸出されるわけではないので、その場合の推計値は実際の輸出額を過大評価している恐れがある。

### （１）鉱産物

　一般的に言えば、鉱産物は化石燃料、鉱石、金属に分類され、金属はさらに貴金属と卑金属、卑金属はさらに鉄と非鉄金属、非鉄金属はさらにレアメタルとベースメタルに分類されるが、その分類に従うと、第9章で取り上げた主要鉱産物17品目も次のように分類することが可能である。
　　＊化石燃料：石油、天然ガス、石炭
　　＊鉱石：ダイヤモンド、リン鉱石
　　＊貴金属：金、プラチナ
　　＊鉄
　　＊レアメタル：ニッケル、バナジウム、マンガン、タンタル
　　＊ベースメタル：銅、クロム、ボーキサイト、ウラン、錫
　表10-1 は、この17品目の主要輸出国、輸出年、輸出額に関する情報をとりまとめたものであるが、この表からいくつかの興味ある事実を指摘することができる。
　まず品目ごとに見ていくと、第一に注目すべき点は化石燃料の輸出額の大きさである。化石燃料には石油、天然ガス、石炭の3品目があるが、輸出額について言えば、石油が全体の半分以上を占める断トツの第1位、天然ガスが第2位、石炭が第7位で、この3品目の輸出額合計は全体の7割以上を占める。この3品目について言えば、石油が液体、天然ガスが気体、石炭が固体という違いがあるが、輸出のための輸送を考えると、液体の石油が一番優

第 10 章　資源の優劣を決める要因は何か　　313

位である。これに対して、気体である天然ガスは輸送に不向きであったが、気体を液化する技術の進歩によって、この問題が克服された。他方、石炭については液化の研究がないわけではないが、採算に乗るほどの技術革新は起きていないので、現状では石油や天然ガスに比べて輸送コストは割高である。それゆえ、石炭の場合、高い輸送コストを相殺できるほどの高品質ないし大量の生産量がなければ、輸出に回ることは少ないと考えられる。

石油、天然ガスに次ぐ輸出額第3位はレアメタルのニッケルであるが、同じくレアメタルに属するバナジウム、マンガン、タンタルの輸出額がいずれも10億ドル以下である。一般的にはレアメタルは高価格であるが産出量は少ないという特徴を有するので、ここで4つのレアメタルの産出量を確認しておくと、マンガンが521万トン、ニッケルが4万トン、バナジウムが2万トン、タンタルの原料となるコルタンが56トンで、コルタンが極端に少ない。ということで、価格もコルタンが一番高く、以下バナジウム、ニッケル、マンガンの順となる。

第4位は貴金属の金であるが、同じく貴金属のプラチナも第8位に位置している。貴金属もレアメタルと同様に高価格であるが産出量は少ないという特徴を有する。ちなみに、2013年の1オンス[16]当たりの年平均価格を見ると、金が1,411.72ドル、プラチナが1,487.96ドル[17]で、価格にはほとんど差がない。それゆえ、輸出額の差は産出額の差と言える。

第5位は銅である。ベースメタルは銅、クロム、ボーキサイト、ウラン、錫の5品目であるが、このうち銅が第5位、クロムが第9位、ボーキサイトが第11位、ウランが第12位、錫が第16位であり、銅の輸出額が他の4品目の輸出額合計を上回っている。第6位の鉄は人類の歴史の中で最重要な役割を果たしてきた金属であり、アフリカの中でも産出する国は多い。しかし、世界第6位の産出量であっても、その輸出額は貴金属の金にも及ばないのが現状である。第10位はダイヤモンドである。鉱石はダイヤモンドとリン鉱石であるが、リン鉱石の順位は第14位である。同じ鉱石でもダイヤモンドは宝石として高価であるが、リン酸肥料の原料となるリン鉱石の価格は低いので、産出量が少なくても、ダイヤモンドの輸出額の方が大きいのである。

次に品目ごとの産出国を見ると、8品目で首位に立っているのが南アで、2品目で首位のコンゴ（民）がこれに次ぎ、それ以外の7カ国は1品目のみの首位である。しかし、8品目の輸出額を合計しても340.3億ドルで、アル

314　　第2部　どうしたら資源を有効活用できるか

表 10-1　鉱産物の輸出額　　　　　　　　（単位：億ドル）

| 鉱産物名 | 国名 | 輸出年 | 輸出額 |
|---|---|---|---|
| 1．石油 | ナイジェリア | 2014 | 783.0 |
| 2．天然ガス | アルジェリア | 2014 | 182.0 |
| 3．ニッケル | 南ア | 2015 | 78.0 |
| 4．金 | 南ア | 2013 | 72.6 |
| 5．銅 | コンゴ(民) | 2014 | 70.7 |
| 6．鉄鉱石 | 南ア | 2013 | 61.9 |
| 7．石炭 | 南ア | 2014 | 55.9 |
| 8．プラチナ | 南ア | 2006 | 33.5 |
| 9．クロム | 南ア | 2007 | 29.3 |
| 10．ダイヤモンド | ボツワナ | 2009 | 17.0 |
| 11．ボーキサイト | ギニア | 2006 | 6.8 |
| 12．ウラン | ナミビア | 2008 | 6.2 |
| 13．バナジウム | 南ア | 2007 | 6.0 |
| 14．リン鉱石 | モロッコ | 2002 | 4.3 |
| 15．マンガン | 南ア | 2006 | 3.1 |
| 16．錫 | コンゴ(民) | 2013 | 0.7 |
| 17．タンタル | ルワンダ | 2006 | 0.4 |

出所 1：表 9-2 と同じ。
出所 2：IMF、JOGMEC、USGS のホームページ。

ジェリアの天然ガス輸出額は上回るものの、ナイジェリアの石油輸出額を上回ることはできない。以上の結果からも、アフリカの既存資源の中で石油が圧倒的な優位性を誇っている事実を窺い知ることができる。

## （2）農産物

　表 10-2 は、農産物 10 品目の主要輸出国、輸出年、輸出額に関する情報をとりまとめたものであるが、10 品目の合計輸出額は 108.3 億ドルであり、鉱産物第 1 位の石油はおろか第 2 位の天然ガスの輸出額にも及ばない。ちなみに、農産物輸出額第 1 位のカカオ豆の輸出額は 20.1 億ドルであるが、この数字を前掲の表 10-1 に当てはめてみると、第 9 位のクロムと第 10 位のダイヤモンドの中間に位置するので、鉱産物と農産物を合わせた順位付けを行うと、すべての中位以下に位置することとなるだろう。

　次に品目ごとに見ていくと、第 1 位のカカオ豆は、第 9 章で示した通り、世界生産の上位 5 カ国中の 4 カ国をアフリカ諸国が占めており、いわばアフリカの特産物とも言える産品であるから、アフリカ諸国はその生産について

第 10 章　資源の優劣を決める要因は何か　　315

優位性をもつと言い得るだろう。アフリカの特産物として優位性をもつという意味では第2位のバニラと第3位のカシューナッツも同様である。というのは、バニラについて言えば、マダガスカルはインドネシアと並ぶ二大生産国で、マダガスカルだけで世界全体の半分近くを生産しているし、カシューナッツについて言えば、世界生産の上位10カ国中6カ国がアフリカ諸国であるからである。これに対して、第4位の砂糖はアフリカが優位性をもつとは言い難い。というのは、砂糖の場合、アフリカでは最大規模の生産を誇るエジプトと南アでも世界全体では第18位と第19位であり、上位に位置するとは言い難いからである。

　年間10億ドル台の品目は茶、コーヒー豆、タバコの3つであるが、第5位の茶は部分的にはカカオ豆、バニラ、カシューナッツと同じような優位性をもっている。というのは、茶に関して言えば、中国とインドが二大生産国であるが、両国とも自国での消費量が大きいため、生産量で世界第3位のケニアが輸出量では第1位に躍進しているからである。それゆえ、ケニアについて言えば、茶の生産性は優位性をもつと言い得るだろう。しかし、2008年における茶の輸出量を見ると、第1位のケニアは40万トンであるが、それ以外のウガンダ、マラウイ、タンザニア、ルワンダはいずれも5万トン以下であり、これら4カ国の輸出量を合計してもケニアの半分にも達していないので、ケニア以外のアフリカ諸国が優位性をもつとは考え難い。

　第6位のコーヒー豆と第7位のタバコは世界生産の中で絶対的な優位性をもつわけではないが、それなりの地位を確保しているという意味では似通った存在である。ちなみに、コーヒー豆の場合、生産量でも輸出量でもエチオピアとウガンダの2カ国がベストテン入りし、タバコの生産量ではジンバブエとマラウイの2カ国がベストテン入りしているが、いずれも中位以下である。なお、コーヒー豆とタバコを比較すると、世界需要という点で大きな差がある。というのは、コーヒー豆は一次産品の世界市場では石油に次ぐ第2位の取引量を誇り、需要の規模も大きいが、タバコの場合、健康問題もあり、生産は世界的に先細っているのが現状で、需要は年々小さくなっているからである。

　第8位の天然ゴムについて言えば、2013年における世界生産の上位15カ国の中にコートジボワール、ナイジェリア、リベリア、カメルーンの4カ国がランクインしているが、これら4カ国の生産量を合計しても世界全体の

表 10-2　農産物の輸出額　　　　　　　　　　（単位：億ドル）

| 農産物名 | 国名 | 輸出年 | 輸出額 |
|---|---|---|---|
| 1．カカオ豆 | コートジボワール | 2008 | 20.1 |
| 2．バニラ | マダガスカル | 2013 | 15.5 |
| 3．カシューナッツ | ナイジェリア | 2012 | 15.1 |
| 4．砂糖 | エジプト | 2011 | 11.7 |
| 5．茶 | ケニア | 2008 | 10.7 |
| 6．コーヒー豆 | ウガンダ | 2014 | 10.2 |
| 7．タバコ | ジンバブエ | 2013 | 10.0 |
| 8．天然ゴム | コートジボワール | 2013 | 7.4 |
| 9．生花 | エチオピア | 2015 | 6.6 |
| 10．落花生 | セネガル | 2011 | 1.0 |

出所1：表9-2と同じ。
出所2：IMF、WB、JOGMEC、USGSのホームページ。

5％にも満たないので、優位性があるとは言い難い。他方、第9位の生花について言えば、2015年における輸出額で見ると、エチオピアが第4位、ケニアが第5位で、ケニアまでは7億ドル近い輸出額を誇るが、第6位以下の輸出額は1億ドル以下で、ケニアまでと第6位以下では輸出額に大きな段差がある。ちなみに、輸出上位国とは第1位がオランダ、第2位がコロンビア、第3位がエクアドルであるが、これらの順位を見ると、第1位のオランダを除くと、それぞれの国が地域特性をもつことがわかる。すなわち、コロンビアとエクアドルは中南米、エチオピアとケニアがアフリカ東部であるが、前者は北米市場に近く、後者はヨーロッパ市場に近いので、エチオピアとケニアは明らかにヨーロッパ市場に対して優位性をもつと言い得るだろう。

　第10位の落花生であるが、落花生の場合、豆の形で輸出するよりも搾った油の形で輸出する場合が多いので、ここではピーナッツ油の輸出額を掲載した。ピーナッツ油はかつての花形産品である。というのは、産業革命の勃興に伴う機械の導入とともに、機械の潤滑油としてピーナッツ油が大量に消費されたからである。しかし、今やピーナッツ油が機械の潤滑油として使用されることはほとんどなく、その用途は食用に限定されているのが現状であるから、将来的にも需要の伸びは期待できない。

　次に品目ごとの産出国を見ると、コートジボワールだけが2品目で首位に立っているが、それ以外の8カ国は1品目のみの首位である。したがって、農産物の場合、鉱産物の南アのような絶対的な存在感を示す国は存在しない。

換言すれば、地下資源として存在する鉱産物の場合、地下鉱脈の繋がりの関係で、産地が偏在化しやすいが、農産物の場合は地上の自然条件に大きく左右されるので、産地はより散在化しやすいと言い得るだろう。

## 3．資源価格の動向

前節においては輸出額をもって資源の優劣を判断したが、ある年の輸出額というのはあくまで瞬間風速的な数値であって、時系列的に見ると、輸出額は当然変動し、年によっては輸出額が逆転する可能性さえある。ところで、輸出額とは輸出量と価格の積であるから、輸出額を変動させる要因としては輸出量もあれば、価格もある。しかし、上記1の歴史的経緯の分析からも明らかな通り、輸出額により大きな影響を与えているのが価格の変動である。それゆえ、以下では鉱産物と農産物の主要品目に焦点を当てながら、資源価格がどのように変動してきたかを時系列的に捉えてみることとした。

### （1）鉱産物
ここでは鉱産物を化石燃料、貴金属、鉄鉱石、非鉄金属に分けて分析する。
### （イ）化石燃料
化石燃料の代表が石油、天然ガス、石炭の3つであるが、ここでは石油と石炭の2つのみを取り上げることとした。というのは、液体で輸送するという意味で石油と天然ガスには共通点があるので、その代表として石油を取り上げる。
#### （a）石油
ジョン・ロックフェラーがスタンダード石油を設立したのが1863年であるが、発足当初の石油産業にとって最大の悩みが供給過剰による値崩れだった。この値崩れ対策として考え出された方法がカルテルの結成であるが、1920年代に7大メジャー[18]によるカルテル体制が確立し、メジャーによる精緻な需要予測と厳格な生産調整が行われるようになると、石油価格が乱高下することはなくなり、この安定した状態が1973年まで続くことになる。

1970年代は、石油価格の決定権がメジャーからOPECに移ったことによって石油価格が上昇したという意味で象徴的な時代であるが、この結果として、石油発見以来1バレル1〜2ドルで推移してきた石油価格は、まず1973

図10-1 原油WTI年平均価格

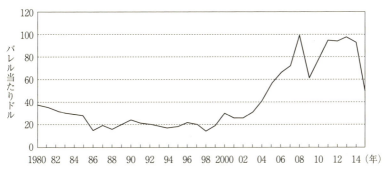

出所：IMF Primary Commodity Prices

年にはOPECの石油戦略によって石油公示価格が1バレル当たり3.11ドルから11.56ドルに引き上げられた。この価格上昇によって、世界の貿易黒字上位国にサウジアラビア、ナイジェリア、クウェート、ベネズエラ、イランといった産油国が名を連ねることになる[19]。そして、石油価格は1970年代の2度の石油危機を経て1980年初には40ドルまで高騰し、1980年代後半以降には20ドル前後で落ち着いた[20]。

次に図10-1を見ながら、1980年以後の石油価格の動きを追跡していくこととしよう。図10-1は1980年から2015年までの36年間において1バレル当たりのWTI[21]原油価格が年平均でどのように変化したかを示したものであるが、この図からはいくつかの興味ある事実を指摘することができる。

出発点は1980年である。前述の通り、1980年とは1970年代の二度の石油危機を経て石油価格が40ドルまで高騰した年である。しかし、この40ドルをピークに石油価格は下落に転じ、1986年には20ドルの水準を割り込み、15.02ドルで底を打つ。ちなみに、15.02ドルという価格は1980年から2015年までの36年間においては1998年の14.42ドルに次いで低い水準である。そして、この1986年から1998年までの12年間で石油価格は20ドルの水準を上下し、1980年の40ドル水準に戻ることはなかった。

1998年に底を打った石油価格は上昇に転じ、2000年に30.32ドルのピークに達した後、再び下落に転じ、2001年には25.87ドルまで下がる。しかし、これ以降石油価格は急上昇し、2008年には99.59ドルに達する。ちな

第10章　資源の優劣を決める要因は何か　　319

みに、この99.59ドルは1980年から2015年までの36年間における最高値
である。しかし、石油価格の高水準は長続きせず、翌2009年には40ドル近
く下げて、61.69ドルとなったが、それ以降は上昇に転じ、2011年には再び
90ドルの大台を超え、95.05ドルとなった。そして、90ドル台の高水準が
2014年までの4年間連続して続くが、2015年には再び40ドル以上下げ、
48.75ドルとなる。ちなみに、48.75ドルという価格水準は2004年から
2005年にかけての価格水準と同一である。

　以上の結果を見る限り、石油価格は1980年から2000年までの20年間に
おいて1バレル当たり20ドル前後に滞留していたが、2001年から2008年
にかけて急上昇し、2014年までほぼ90ドル台の高水準を維持するようにな
った。ちなみに、表10-1によれば、ナイジェリアの石油輸出額は783億ド
ルであるが、これは1980年から2015年までの36年間において石油価格が
90ドル台という最高値水準で達成されたものであり、仮に輸出量が同じと
して、価格が急落した2015年の価格で輸出額を計算すると410億ドルとな
り、半分近くにまで目減りしてしまうことを考えると、価格変動が輸出額に
与える影響の大きさの一端を理解することができるだろう。

　2001年から2008年にかけて石油価格が急上昇した背景には、単に資源需
要の高まりだけではなく、金融的要因も存在した。すなわち、21世紀以降、
原油先物市場が完全に金融市場に飲み込まれて金融商品化した。しかし、こ
の金融要因は石油価格の攪乱要因でもある。というのは、需給関係を反映し
ない過度な価格高騰を招いた可能性があるからである。ただし、如何なる要
因があったにせよ、石油価格が急上昇したことは確かであり、その価格上昇
によって、今まで採算に乗らなかった条件のよくない資源の回収が可能とな
り、世界的な開発ブームが起きた。具体的に言えば、オイルサンド[22]、オイ
ルシェール[23]、海底油ガス田といった高コストの資源開発が続々と計画・実
行された。ところが、この資源開発ブームは2008年の夏を境に状況が一変
する。というのは、2008年に99.59ドルをつけた石油価格は翌2009年には
一気に61.69ドルまで急落するからである。この急落によって、高価格を前
提に進んでいた資源開発は立ち行かなくなり、計画中止や延期が相次ぐこと
となった[24]。

　（b）石炭

　化石燃料のうち石油は液体、天然ガスは気体、石炭は固体であるが、天然

320　　第2部　どうしたら資源を有効活用できるか

図10-2　石炭の年平均価格

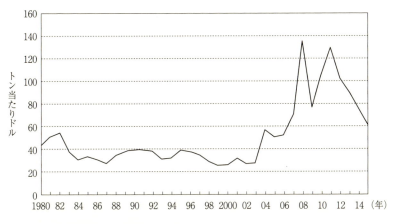

出所：IMF Primary Commodity Prices

　ガスは液化技術の進歩により、石油同様、液体での輸送が可能となった。それゆえ、石炭についても、その液化が可能となれば輸送コストが大きく軽減するはずである。この石炭液化技術は1920年代にドイツで開発されたが、採算に合わないため、第二次世界大戦後には廃れてしまった。この石炭液化技術を復活させたのが南アである。つまり、アパルトヘイト政策の実施によって国際社会の非難を浴びた南アは、1970年代に産油国から石油輸出の停止措置を受けたことを契機として、石炭液化技術を蘇らせたのである。この結果、南アでは液体燃料需要全体の25％を石炭で供給するようになっている[25]。しかし、南アは例外であり、世界の石炭は依然として固体として取引され続けているのが現状であるから、アフリカにおいても石炭の大半は採炭された地域内で消費されている。

　ここで図10-2を見ながら、1980年以後の石炭価格の動きを追跡していくこととしよう。図10-2は1980年から2015年までの36年間において1トン当たりの石炭価格が年平均でどのように変化したかを示したものであるが、この図からはいくつかの興味ある事実を指摘することができる。

　出発点は石油と同じく1980年で、この年の石炭価格は42.94ドルである。石油の場合はここから1986年まで下落を続けるが、石炭の場合は逆に上昇し、1982年に54.77ドルの高値をつける。しかし、翌1983年に38.19ドル

まで下げると、その後は40ドルを下回る価格水準が2003年まで20年間続くことになる。この価格低迷期が底を打つのが2003年で、ここから一気に上昇機運に乗っていき、2008年には最高値の136.18ドルに達する。この結果を石油価格と比較すると、上昇期の出発点は石油の場合が1998年であり、石炭より5年早い。しかし、石油価格は2000年にピークを迎えた後、一旦下落しているので、再浮上を始めた2002年を上昇期の始まりと考えれば、石炭の場合と大差はない。そして、最高価格が2008年に達成された点では石油と石炭も同じである。

2008年から2015年までの間に石炭の価格変動の山が2つあることも石油と同様であるが、石油の場合、2つ目の山のピークが2011年から2014年まで4年連続して続くのに対して、石炭の場合は2つ目の山のピークが尖っており、高価格が長続きしていない。ちなみに、表10-1によれば、南アの石炭輸出額は55.9億ドルであるが、これは価格が下落傾向にある2014年の輸出額であるから、仮に輸出量が同じとして、価格が下落する前の2011年価格で計算すると、輸出額は96.8億ドルに上昇し、逆にさらに価格が下がった2015年価格で計算すると、輸出額は45.8億ドルに下落する。つまり、価格の高低によって輸出額には50億ドル以上の幅が生じてしまうのである。

**（ロ）貴金属**

貴金属の代表として、ここでは金とプラチナの価格動向を見ることとする。

**（a）金**

金は高価だからといっても、その主要な用途が装飾品に限定されている限り、その需要は極めて小さい。しかし、貨幣としての価値を加味すると、金に対する需要はとてつもなく大きくなる。そして、金の価値は、その生産量と生産コストの変動にかかわらず、常に一定不変であり続けた。

ここで時計の針を1880年代に戻すと、当時の金価格は世界経済の覇権を握るイギリスと金の大生産地である南アとの関係で決まっていたと言っても過言ではない。南アは元来イギリスの自治植民地であり、両者の関係は政治的にも経済的にも濃厚である。金を巡る関係で言えば、イギリスは資金と技術の両面における協力を通じて南ア金鉱業の発展を支援するとともに、南ア産の金に対する最良の市場を提供し、これに対して、南アは金をロンドン市場で売却することによってイギリスが確立した金本位制を側面的に支援する役割を果たしたのである。

この 1880 年代、世界中が深刻な不況に見舞われていたが、それでも世界中で金融恐慌が起こらずにすんだ背景には、イギリスが主導する金本位制の存在と金本位制の伝播を後押しした南アによる金供給の増大があった。ところが、第一次世界大戦後、イギリスの経済的覇権に陰りがみられるようになると、金価格も不安定になる。そして、代表的な金市場があるロンドンにおいて 1920 年後半から金価格の下落が始まった。金価格の下落は当然金生産に影響を及ぼし、南アの金鉱業は極度の不振に陥ったが、その生産不況は 1932 年に底を打った。というのは、1929 年から始まった世界大恐慌によって金本位制が完全に崩壊したからである。ここにおいて南アでは未曾有のブームが起き、それが 1938 年まで続いた。

　この間の経緯をより細かく見ていくと、世界大恐慌に直面した南アがとった政策が 2 つある。1 つは増税である。すなわち、輸入税を引き上げ、そこから得た収入を輸出奨励金という形で企業に支払うという不況対策を採用した。この増税によって、金生産に使われる外国製資材の輸入価格が上昇した分、生産費が上昇し、金価格の上昇につながった。もう 1 つは金本位制の維持である。イギリス本国が金本位制を正式に放棄したのが 1931 年 9 月であるが、南アがそれ以降も金本位制を維持したため、南ア通貨はイギリス通貨に対して過大評価されることとなり、これによって南アの金価格水準は世界の金価格水準と比較して著しく上昇した。要するに、南ア政府が採用した 2 つの政策は南アの金鉱業が本来得ることができたはずの利益を大きく削ることになってしまったのである[26]。2 つの政策の中では金本位制の維持がより問題で、この政策の実行により南アから国外への資本流出が続いたため、1932 年 12 月末、ついに南ア政府も金本位制の停止に踏み切る。すると、金価格も 4 ポンド 5 シリングから 6 ポンドへ上昇した。他方、国内の一般物価にほとんど変化は見られなかったから、結果として、産金コストが相対的に大幅下落し、これによって、今まで採算の合わなかった鉱山でも収益的に採掘することが可能となったことが未曾有の産金ブームを招来した[27]。1933 年、金本位体制の完全崩壊によって金価格が自由化されると、南アの金輸出が急増し、南アは世界的な不況から抜け出すことができた。さらに 1939 年に南アが連合国側で参戦すると、南アに第二次世界大戦特需が訪れ、1931 年には 1 オンス 85 シリングだった金価格は 140 シリングまで上昇した[28]。

　第二次世界大戦後、世界経済の覇権は完全にイギリスから米国に移ったが、

第 10 章　資源の優劣を決める要因は何か　　323

図10-3 金の年平均価格

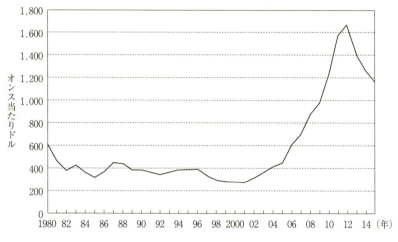

出所：田中貴金属ホームページ

　米国が主導する国際金融体制下で金価格は1オンス35ドルに固定された[29]。この固定レートは1971年8月に、米国のニクソン大統領がドルと金の間の兌換を停止するまで続いたが、この結果、金価格が一気に上昇し、1971年末には1オンス70ドルとなった。そして、金価格はその後も上昇を続け1980年1月には1オンス850ドルを記録した。要するに、30年近く1オンス35ドルで固定していた金価格はその後の10年弱の間に20倍以上も上昇してしまったのである。ちなみに、1868年から1980年までの間のインフレ率は7.5%であるから、金価格はこのインフレ率をはるかに上回って上昇していることになる[30]。

　図10-3は1980年から2015年までの36年間において1オンス当たりの金価格が年平均でどのように変化したかを示したものであるが、この図からはいくつかの興味ある事実を指摘することができる。

　出発点は石油、石炭と同じ1980年で、この年の金価格は612.13ドルである。ところが、金価格はこの値をピークに徐々に下落し、1982年には375.85ドルまで下がる。その後は14年近く400ドル水準を行き来するが、1996年をピークに再び下落し、2001年には271.04ドルで底を打つ。そして、ここから金価格は急上昇し、2012年には過去最高の1,668.24ドルに達し、

図10-4 プラチナの年平均価格

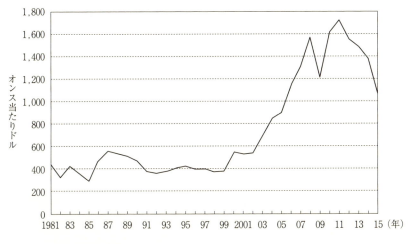

出所：田中貴金属ホームページ

再び下落する。ちなみに、表10-1によれば、南アの金輸出額は72.6億ドルであるが、これは価格が下落傾向にある2013年の輸出額であるから、仮に輸出量が同じとして、価格が下落する前の2012年価格で計算すると、輸出額は85.8億ドルに上昇し、逆にさらに価格が下がった2015年価格で計算すると、輸出額は59.7億ドルに下落する。つまり、価格の高低によって輸出額には25億ドル以上の幅が生じてしまうのである。

（b）プラチナ

同じ貴金属に属するとはいえ、プラチナは金や銀と比べて融点が非常に高い[31]ため、鉱石から抽出するのが難しい上に、加工も難しかったから、金や銀ほどには利用されてこなかった。そのため、人類がこれまでに抽出したプラチナの量はわずか5,000トン程度[32]といわれており、稀少な分、価格も高い。

図10-4は1981年から2015年までの35年間において1オンス当たりのプラチナ価格が年平均でどのように変化したかを示したものであるが、この図からはいくつかの興味ある事実を指摘することができる。

まず図10-4は1オンス当たりの価格を示すが、これは前掲の図10-3と同じである。ということは、図10-3と図10-4を単純に比較すれば、プラチナ

第10章 資源の優劣を決める要因は何か 325

価格と金価格の比較ができることを意味するが、結果はほとんどの年でプラチナ価格が金価格を上回っているから、この比較からもプラチナの方が金より高価であることがわかる。

　次に 1981 年以後の推移を見ていくと、1981 年のプラチナ価格は 446.76 ドルである。プラチナ価格はここから 1986 年まで 400 ドル水準を挟む形で変動するが、1987 年に 556.46 ドルとなって一旦ピークを迎える。そして、プラチナ価格は再び下落するが、1991 年から 1999 年まではほとんど 400 ドル水準に張り付く形で推移する。したがって、1981 年から 2015 年までの 35 年間の中では 1981 年から 1999 年までの 18 年間はプラチナ価格の相対的停滞期ということになるだろう。ところが、この 1999 年を境にプラチナ価格は上昇期に入り、2008 年には 1,575.54 ドルまで上昇する。そして、2009 年に一旦下落した後、プラチナ価格は再び上昇し、2011 年に 1,720.11 ドルでピークに達する。そして、ここから再び下落する。ちなみに、表 10-1 によれば、南アのプラチナ輸出額は 33.5 億ドルであるが、これは価格が上昇傾向にある 2006 年の輸出額であるから、仮に輸出量が同じとして、価格が上昇する前の 2003 年価格で計算すると、輸出額は 20.3 億ドルに下落し、逆に価格が上昇期のピークに達した 2008 年価格で計算すると、輸出額は 46.3 億ドルに上昇する。つまり、価格の高低によって輸出額には 25 億ドル以上の幅が生じてしまうのである。

　（ハ）鉄

　世界の鉄鉱石の需給関係を見ると、世界の鉄鉱石の 7 割がオーストラリアとブラジルで産出され、産出された鉄鉱石の半分が中国に輸出されるというのが現状であるから、鉄鉱石価格も中国の輸入価格で決まると言っても過言ではない。そこで、中国の輸入価格を 1 トン当たり米ドルで表し、その変遷を 1980 年から 2015 年までの 36 年間にわたって追跡することとしよう。

　結果は図 10-5 の通りである。出発点は 1980 年で、この年の鉄鉱石価格は 2.75 ドルで、翌 1981 年は 2.68 ドルである。もちろん、鉄鉱石の価格が鉄の価格というわけではないし、鉄にもいろいろな種類があり、その価格もまちまちであるが、USGS 資料によると、米国における 1 トン当たりの鉄屑価格は 1981 年でも 100 ドル以下である。他方、図 10-4 を見ると、1981 年のプラチナ価格は 446.76 ドルである。しかも、これは 1 オンス、すなわち約 31 グラムの価格であるから、これを 1 トン当たりの価格に換算すると、

図10-5　鉄鉱石の年平均価格

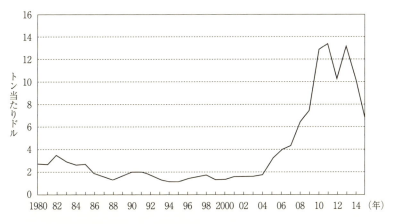

出所：IMF: Primary Commodity Prices

1,441万ドルとなる。もちろん、人類がこれまでに抽出したプラチナの量はわずか5,000トン程度であるから、年間トン単位のプラチナを産出できるわけではなく、これはあくまで机上の空論であるが、貴金属価格が異常に高いことはこの比較からもよく理解できるだろう。

図10-5に戻ると、鉄鉱石価格は1982年の3.50ドルをピークに、以後は2004年までの20年以上にわたる長期低迷期に突入するが、この間の鉄鉱石価格は2ドルの水準を超えることは稀だった。ところが、ここから一気に上昇期に入り、2011年には13.41ドルという過去最高水準に達する。そして、2012年に一旦下落した後、再度上昇して2013年に13.19ドルを記録した後、急降下し、2015年には2008年水準の6.68ドルまで逆戻りしてしまう。ちなみに、表10-1によれば、南アの鉄鉱石輸出額は61.9億ドルであるが、これは価格が2番目のピークにある2013年の輸出額であるから、仮に輸出量が同じとして、価格が下落する2015年価格で計算すると、輸出額は31.3億ドルとなり、ほぼ半分に目減りしてしまう。

（二）非鉄金属

非鉄金属にはベースメタルとレアメタルがあるが、ここではベースメタルの代表として銅を、レアメタルの代表としてニッケルを取り上げる。

第10章　資源の優劣を決める要因は何か　　327

（a）ベースメタル：銅

アフリカにおける主要な同産地はコンゴ（民）とザンビアであるが、両国に跨がる「カッパーベルト」と呼ばれる銅鉱床は古い地質時代にできた堆積性層状鉱床であり、世界の銅埋蔵量の10％がここに存在[33]し、しかも高品位[34]である。銅は鉄、アルミニウムに次いで世界で3番目に多く消費される金属であり、重要な貿易品目でもあるが、銅価格は歴史的にも不安定なことで知られている。

図10-6は1980年から2015年までの36年間において1トン当たりの銅価格が年平均でどのように変化したかを示したものであるが、この図からはいくつかの興味ある事実を指摘することができる。

出発点は1980年で、その年の銅価格は2,185.15ドルで、翌1981年には1,742.75ドルまで下がる。この結果からも明らかなように、非鉄金属の銅は貴金属のプラチナよりは安いが、鉄より高い。

次に36年間における最低値と最高値を鉄鉱石と銅で比較すると、図10-5が示すように、鉄鉱石の最低値が1995年の1.15ドル、最高値が2011年の13.41ドルであるのに対して、銅の場合は、図10-6が示すように、最低値が1986年の1,369.80ドル、最高値が2011年の8,823.45ドルである。つまり、最高値と最低値の差は鉄鉱石で12.26ドル、銅で7,453.65ドルであるから、差は銅の方がはるかに大きい。この差の大きさが産銅国の輸出収入を大きく変動させるのである。

図10-6に戻ると、銅価格は1980年から2003年までの低価格期とそれ以降の高価格期を経験していることがわかる。低価格期を見ると、銅価格は概ね2,000ドル水準を行き来しているが、より詳しく見ていくと、低迷期は3つの下降期と2つの上昇期からなる。最初の下降期は1980年から1986年までで、この期間中銅価格は2,000ドル水準を下回っている。ちなみに、この期間では世界の銅の生産コストが価格を超えていたため、世界中で鉱山の操業停止が見られたと言われている[35]。1986年に底を打った銅価格はそこから上昇に転じ、3,000ドルの水準に近づいた1989年にピークを迎えた後下降に転じ、再び2,000ドル水準まで戻って底を打つ。そこから2度目の上昇期に入り、再び3,000ドル近くまで上昇して1995年にピークを迎える。そして、そこから3度目の下降期に入り、1998年には2,000ドル水準を下回り、2002年には1,560.29ドルまで下がる。銅の場合、在庫と価格の間には明ら

328　第2部　どうしたら資源を有効活用できるか

図10-6 銅の年平均価格

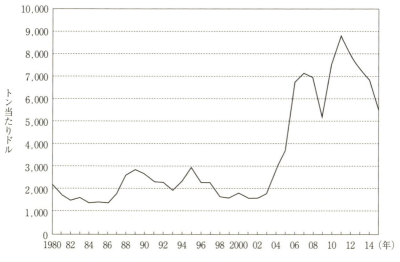

出所：IMF: Primary Commodity Prices

かに逆相関が見られ、この2002年には在庫がピークに達したと言われている[36]。

　これに対して、高価格期には2つの山がある。1つの山のピークが2007年、もう1つの山のピークが2011年である。より詳しく見ていくと、銅価格は2003年から急上昇し、2007年には7,000ドルの大台を超えて7,131.63ドルとなるが、これが最初の上昇期である。ここからは下降期となり、一気に5,000ドル水準まで下がって、5,165.30ドルで底を打つ。次いで2回目の上昇期に入り、2011年に8,823.45ドルで2回目のピークを迎えるが、ここからは再び下降期に入り、2015年には5,510.46ドルまで下がってしまう。2015年の銅価格は2011年のピーク時と比べて3,000ドル以上低いが、それでも生産コストを上回っているので、採算に支障を来しているわけではない[37]。ただし、表10-1によれば、コンゴ（民）の銅輸出額は70.7億ドルであるが、これは価格が下降期にある2014年の輸出額であるから、仮に輸出量が同じとして、価格がピークにある2011年価格で計算すると、輸出額は90.5億ドルと、20億ドルも高くなる。

第10章　資源の優劣を決める要因は何か　　329

（b）レアメタル：ニッケル

　ニッケルには硬貨の材料というイメージが強く、事実、米国では5セント硬貨[38]の通称にもなっている。つまり、ニッケルには元々高価というイメージはなかったのである。ところが、科学技術の進歩に伴い、様々な用途に用いられるようになると、ニッケルに対する需要も高まった。他方、ニッケルは大量生産できる金属ではないので、需要は常に逼迫気味であり、価格も上昇し、今ではレアメタルの仲間入りをするようになっている。

　図10-7は1980年から2015年までの36年間において1トン当たりのニッケル価格が年平均でどのように変化したかを示したものであるが、出発点の1980年におけるトン当たり価格が銅においては2,185.15ドルであるのに対して、ニッケルの場合はその3倍近い6,518.67ドルであることから判断しても、ニッケルが高価であることは明らかであろう。

　ニッケルにもこれまで見てきた鉱産物と同様に低価格期と高価格期があるが、それらの傾向は他の鉱物とは相当異なっている。というのは、ニッケルの場合、1980年から2001年までの22年間が低価格期であるが、この期の間に1つの大きな山があるからである。つまり、ニッケル価格は1980年以後下降期に入り、それが1986年の3,888.77ドルで底を打つのだが、この間ニッケル価格はほぼ5,000ドル水準を行き来している。ところが、そこから一気に上昇期に入り、1988年に13,778.14ドルまで上昇する。これが低価格期におけるピークであるが、図をよく見ると、低価格期においてはこのピークを過ぎた後にも小さなピークを2つ発見することができる。すなわち、1988年から下降に転じたニッケル価格は1993年に5,308.17ドルで底を打った後上昇に転じ、1995年に8,223.56ドルで1つ目の小さなピークを迎える。しかし、ここからまた下降に転じ、1998年に4,623.56ドルで底を打った後再び上昇に転じ、2000年には8,630.52ドルで2つ目の小さなピークを迎えている。以上の結果から判断しても、ニッケル価格は低価格期においてもかなり大きな変動を繰り返しているのである。

　ニッケル価格の変動ぶりは高価格期においても他の鉱産物と異なる部分が多い。第一の相違点はピークを迎える年の早さで、ニッケルの場合は2007年にピークを迎えている。これに対して、化石燃料の石油と石炭のピークはともに2008年、プラチナ、鉄、銅が2011年、金が2012年である。第二の相違点はピークの数で、ニッケルの場合は尖ったピークが3つある。これに

図10-7 ニッケルの年平均価格

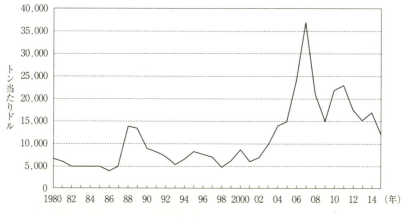

出所：IMF: Primary Commodity Prices

対して、金はピークが1つ、その以外の石油、石炭、プラチナ、鉄、銅はピークが2つある。ただし、ピークが2つといっても形状はまちまちで、石油とプラチナは最初のピークは尖っているが、次のピークは尖っていない、石炭は2つのピークとも尖っている、鉄鉱石と銅は最初のピークは尖っていないが、次のピークは尖っているといった具合である。以上の結果から判断しても、ニッケル価格は高価格期においてもかなり大きな変動を繰り返しており、ここでも他の鉱産物以上に激しく価格が変動していることがわかる。ちなみに、表10-1によれば、南アのニッケル輸出額は78.0億ドルであるが、これは価格が下降局面にある2015年の輸出額であるから、仮に輸出量が同じとして、価格が下落する直近のピークの2014年価格で計算すると、輸出額は111.1億ドルとなり、30億ドル以上増えるし、高価格期最高の2007年価格で計算すると、244.2億ドルとなり、輸出額は倍以上の大きさとなってしまう。

(2) 農産物

　以下では世界の三大飲料と呼ばれるココア、コーヒー、茶の原料となるカカオ豆、コーヒー豆、茶葉の価格とこれら三大飲料に欠かせない砂糖の価格動向を追跡することとした。

## （イ）カカオ豆

　第9章でも明らかにした通り、アフリカ諸国はココアやチョコレートの原料となるカカオ豆生産に絶対的優位性をもっており、中でもコートジボワールは世界最大の生産国として確固たる地位を築いている。コートジボワールは1960年の独立後も旧宗主国フランスと良好な関係を維持する政策を推し進め、その政策下で「象牙[39]の奇跡」と呼ばれる高成長を達成したが、その高成長を実現したのが資源ブームの中でのカカオ豆価格の高騰であった。ところが、この1960年から1970年にかけての黄金期にカカオ豆の作付面積を増やしたため、価格の下落とともに、コートジボワール経済は大打撃を被るようになり、とりわけ1983年以降コートジボワールのカカオ収穫量が国際市場の需要を上回るようになると、状況はさらに深刻となり、1993年にはコートジボワールの債務は150億ドルまで膨れ上がった[40]。

　図10-8はICCO[41]で取引されるカカオ豆1トン当たりのスポット価格を1980年から2015年まで追跡したものであるが、この図からいくつかの興味ある事実を指摘することができる。はじめにこの図と前掲の各鉱産物の価格推移を示した図を比較すると、両者の間には明らかな形状の違いがある。というのは、各鉱産物の価格推移を示した図の場合、鉱産物によって若干の違いはあるものの、全体の期間の中で前半が低価格期、後半が高価格期という明確な違いが多かれ少なかれ読み取れるのに対して、カカオ豆の場合、そうした傾向を読み取ることができないからである。この結果はカカオ豆が鉱産物以上に頻繁な価格変動に晒されているという実態を示唆していると言っても過言ではない。

　再び図10-8に戻ると、カカオ豆価格は1980年で2,603.42ドルだったが、それから30年近くこの価格を上回ることはなく、2009年に2,895.02ドルとなって初めてこの価格を上回る。ちなみに、1980年価格を上回る年は2009年、2010年、2011年、2014年、2015年の5回にすぎないから、全体としては、この期間を通じてカカオ豆価格は低迷傾向にあったと言い得るだろう。

　図10-8をさらに詳しく見ていくと、1980年に2,603.42ドルだったカカオ豆価格は1982年に1,741.82ドルまで下がった後上昇し、1984年には2,395.72ドルとなるが、ここから再び下がりだし、2000年に903.91ドルで底を打つ。ちなみに、この値が全期間を通じての最低値である。底を打った

図 10-8　カカオ豆の年平均価格

出所：IMF: Primary Commodity Prices

後は上昇し、2003 年に 1,753.07 ドルとなった後再び下落し、2005 年に 1,544.66 ドルとなるが、そこからまた上昇に転じ、2010 年には全期間を通じての最高値である 3,130.60 ドルに達する。そして、また下落して 2012 年に 2,377.07 ドルで底を打った後再び上昇して、2015 年には 3,135.17 ドルとなっている。

　以上の結果を整理すると、2,500 ドル水準から出発したカカオ豆価格は、20 年間をかけて 1,000 ドル水準まで下落した後、10 年をかけて 3,000 ドル水準まで上昇したということになる。ところで、表 10-2 によれば、コートジボワールのカカオ豆輸出額は 20.1 億ドルであるが、これは価格が上昇局面にある 2008 年の輸出額であるから、仮に輸出量が同じとして、価格上昇のピークの 2010 年価格で計算すると、輸出額は 24.5 億ドルとなり、4 億ドル以上増えるし、逆に直近で最低の 2005 年価格で計算すると、輸出額は 12.1 億ドルとなり、8 億ドルも減少してしまう。

（ロ）コーヒー豆

　世界市場で良質と評価されていたのが南米コロンビアで産出されるコーヒー豆であり、世界市場におけるコーヒー豆価格もこのコロンビア産豆のニューヨークにおける現物価格を基準に決められてきたが、この現物価格が実に激しく変動したこともあり、コーヒー豆は価格変動が最も激しい農産物の 1 つと言われるようになった。

第 10 章　資源の優劣を決める要因は何か　　333

コーヒー豆価格は、第二次世界大戦後、コーヒーに対する需要が急増したことに加え、主産地ブラジルにおける霜害による生産減によって、需要が供給を大きく上回る状態となったため、急上昇した。しかし、1950 年代末にはブラジルが霜害から回復し、すぐに生産が過剰ぎみとなり、価格も暴落した。こうした価格暴落を防ぐために設立された機関が ICO[42] であり、加盟各国は 1962 年に ICA[43] を締結し、翌 1963 年に発効させた。これは、コーヒー生産価格の高め安定を図るため、ICO が安定価格帯を設定し、それを下回らないように、各生産国が輸出制限を行うという輸出割当制度である。そして、この輸出割当制度が奏功し、1960 年から 1970 年にかけてコーヒー価格は高水準で推移した。

図 10-9 は ICO で取引されるコーヒー豆アラビカ種[44]1 ポンド[45]当たりのスポット価格を 1980 年から 2015 年まで追跡したものであるが、この図からいくつかの興味ある事実を指摘することができる。

はじめに図 10-8 と図 10-9 から価格変動の山と谷の数を数えると、カカオ豆の場合は山と谷が 5 つずつあるのに対して、コーヒー豆の場合は山と谷が 7 つずつあることがわかる。この単純な比較からも、コーヒー豆がカカオ豆以上に価格変動が激しいことがわかる。

次に価格の変動幅を比較すると、カカオ豆の場合、最低値が 2000 年の 903.91 ドル、最高値が 2010 年の 3,130.60 ドルで、その差は 2,226.69 ドル、その比は 3.46 である。これに対して、コーヒー豆の場合、最低値が 2002 年の 960.37 セント、最高値が 2011 年の 273.21 セントで、その差は 212.04 セント、その比は 4.53 である。カカオ豆がドル、コーヒー豆はセントであるからその差の単純比較は意味がないので、両者の比のみ比較すると、コーヒー豆の方が大きいので、変動幅についてもコーヒー豆の方がカカオ豆より大きいと言い得るだろう。

次に図 10-9 を詳しく見ていくと、1980 年に 154.19 セントだったコーヒー豆価格は 1 年ごとに下降と上昇を繰り返した後、1983 年を底に上昇に転じ、1986 年に 192.74 セントとなってピークを迎える。しかし、そこからは下降と上昇を 1 回経験した後、1988 年の 135.10 セントをピークに今度は下降局面に入る。その下降局面は 1992 年の 63.66 セントで底を打ち、1994 年の 148.53 セントまで一気に上昇する。ちなみに、この下降局面の中にある 1989 年には ICO の輸出割当制度は停止されている。また、1993 年にはコー

図10-9 コーヒー豆の年平均価格

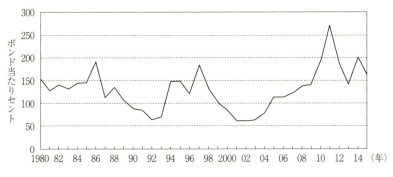

出所：IMF: Primary Commodity Prices

ヒー豆生産国によって設立されたACPC[46]によって輸出留保制度がスタートするが、その後の価格変動の動きを見る限り、この新制度が有効に機能した形跡を見出すことは困難である。そして、1995年に149.41セントと微かに上昇した後は下降と上昇を繰り返して、1997年には185.02セントでピークに達する。その後は再び下降に転じ、2002年の63.66セントで底を打つが、この63.66セントが全期間を通じての最低値である。この値は生産コストの半分程度であるから、当然採算割れとなる[47]。この後、コーヒー豆価格は2011年まで毎年上昇し、2011年の273.21セントでピークを迎えるが、この273.21セントが全期間を通じての最高値である。しかし、コーヒー豆価格はここから一気に急降下し、2013年には141.06セントまで落ちた後再び上昇し、2014年には202.85セントなるが、2015年には160.48セントまで再下降した。ちなみに、表10-2によれば、ウガンダのコーヒー豆輸出額は10.2億ドルであるが、これは価格がピークの1つである2014年の輸出額であるから、仮に輸出量が同じとして、価格がより低い前年の2013年価格で計算すると、輸出額は7.1億ドルとなり、3億ドルも減少してしまう。

（ハ）茶

図10-10はケニアで生産される紅茶の1kg当たりセントの価格を1980年から2015年まで追跡したものであるが、この図からいくつかの興味ある事実を指摘することができる。

最初に注目すべき点は最高値である。というのは、茶価格の最高値は

図 10-10　茶の年平均価格

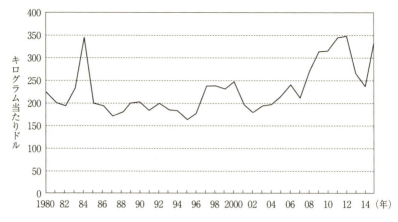

出所：IMF: Primary Commodity Prices

2012年の348.92セントであるが、それとほぼ同水準の345.67セントをそれより30年近く前の1984年に達成しているからである。つまり、茶価格は1984年に一度ピークに達した後、30年近い歳月をかけてようやく同程度の価格水準を達成したのである。これはカカオ豆ともコーヒー豆とも異なる点である。

　次に注目すべき点は価格変動の山の形状である。すなわち、尖った山の数を数えると、カカオ豆が2つ、コーヒー豆が5つあるのに対して、茶の場合はわずか1つである。尖った山を作る要因はピークの前後の価格の変動幅であり、ピーク前の上昇幅が大きく、かつ、ピークを過ぎた後の下降幅が大きいほど、山は尖ることになる。したがって、尖った山の数が少ないということはピークの前後の価格変動幅が小さい場合が多いということを意味する。

　次に価格の変動幅を比較すると、最高値と最低値の比はカカオ豆で3.46、コーヒー豆で4.53であったが、茶の場合は最低値が1995年の164.16セント、最高値が2012年の348.92セントで、その比は2.13となる。この結果は茶の価格変動幅がコーヒー豆やカカオ豆に比べて小さいことを示している。

　次に図10-10を詳しく見ていくと、1980年に222.79セントから出発した茶価格は下降して1982年に193.17セントで底を打った後、一気に上昇して1984年には345.67セントとなるが、そこから急降下して1987年に170.74

セントで底を打つ。ちなみに、このときできた山が唯一の尖った山である。ここから1996年までは200セント前後を行き来するが、1995年に164.16セントで底を打つと上昇に転じ、1997年には237.19セントとなり、250セントに近い価格を2000年まで維持する。しかし、そこから再び下降に転じ、2002年に179.19セントで底を打った後は上昇に転じて、2006年には241.70セントを達成する。翌2007年には211.93セントまで下がるが、そこから再び上昇して2012年には348.92セントに達するが、これが全期間を通じての最高値である。そこから再び下降して2014年に237.86セントで底を打った後、2015年には再び上昇して340.39セントとなっている。ちなみに、表10-2によれば、ケニアの茶輸出額は10.7億ドルであるが、これは価格が上昇局面にある2008年の輸出額であるから、仮に輸出量が同じとして、価格がより低い前年の2007年価格で計算すると、輸出額は8.4億ドルとなり、2億ドル以上も減少してしまう。また、価格がより高い2012年価格で計算すると、輸出額は13.9億ドルとなり、3億ドル以上も増加する。

（二）砂糖

図10-11はICE[48]で取引される砂糖1ポンド当たりの先物価格を1980年から2015年まで追跡したものであるが、この図からいくつかの興味ある事実を指摘することができる。

砂糖価格の第一の特徴は全期間を通じての最高値が出発点の1980年に達成されていることである。このことは砂糖価格が過去30年以上にわたって価格の低迷期から抜け出せていないことを示唆していると言っても過言ではない。これまでカカオ豆、コーヒー豆、茶の3品目の価格動向を見てきたが、これら3品目ともそれぞれ異なった形状を示してはいるが、最高値はいずれも2010年から2012年にかけて達成していることを考慮すれば、1980年に最高値を達成しているということは極めて異例である。ただし、2番目の高値が2011年に達成されていて、最高値と2番目の高値の間に大きな谷が形成されているという意味では、砂糖価格の変動を示す形状が茶価格の変動を示す形状に似ていることも事実である。

次に価格の変動幅を比較すると、最高値と最低値の比はカカオ豆で3.46、コーヒー豆で4.53、茶で2.13であったが、砂糖の場合は最低値が1985年の4.05セント、最高値が1980年の28.67セントで、その比は7.08となる。この結果は農産物4品目の中で砂糖の価格変動幅が一番大きいことを示して

第10章　資源の優劣を決める要因は何か　　337

図 10-11　砂糖の年平均価格

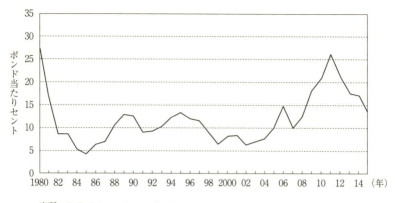

出所：IMF: Primary Commodity Prices

いる。

　図 10-11 を詳しく見ていくと、1980 年に最高値 28.67 セントを記録した砂糖価格は急降下して 1985 年に 4.05 セントで底を打った後、1989 年の 12.81 セントまで上昇を続ける。ここから 1991 年の 8.98 セントまで下降するが、そこで再び上昇に転じ、1995 年に 13.28 セントでピークに達する。その後は再び下降し、1999 年の 6.26 セントで底を打った後、再び上昇と下降を繰り返した後、2002 年の 6.24 セントで底を打つ。ここから砂糖価格は 2 つの尖った山を形成する。すなわち、2006 年の 14.79 セントで最初のピークを迎えた後、翌 2007 年に 9.96 セントで底を打ち、2011 年のピークに向けて一気に上昇する。そして、26.24 セントで 2 回目のピークを迎えた後、再び下降局面に入り、2015 年には 13.24 セントまで下がるのである。ところで、表 10-2 によれば、エジプトの砂糖輸出額は 11.7 億ドルであるが、これは価格が全期間を通じて 2 番目に高い 2011 年の輸出額であるから、仮に輸出量が同じとして、価格が下降局面の底にあった 2007 年価格で計算すると、輸出額は 4.4 億ドルとなり、輸出額は 4 割弱にまで縮小してしまう。

---

1　北川勝彦、高橋基樹編著（2004 年）119 頁からの引用。

2 パーム核とは油ヤシの種子である。

3 青木一能（2011 年）161 頁からの引用。

4 マンロー、J.F.（1987 年）224 頁からの引用。

5 油ヤシの果実から採った油がパーム油で、油ヤシの種子から採った油がパーム核油である。

6 峯陽一、武内進一、笹岡雄一編（2010 年）45 頁からの引用。

7 平野克己（2009 年）66 頁からの引用。

8 ゲスト、ロバート（2008 年）253 頁からの引用。

9 柴田明夫、丸紅経済研究所編（2009 年）40 頁からの引用。

10 平野克己（2013 年）243 頁からの引用。

11 平野克己（2013 年）241 頁からの引用。

12 コリアー、ポール（2012 年）57 頁からの引用。

13 平野克己（2009 年）229 頁からの引用。

14 ヨモ、ダンビサ（2010 年）3 頁からの引用。

15 石弘之（2009 年）200 頁からの引用。

16 貴金属や宝石の重量を量る単位である「オンス」は正確には「トロイオンス」といい、1 オンスが約 31 グラムである。

17 金、プラチナともに田中貴金属工業のホームページからの引用。

18 7 大メジャーは現在ではエクソンモービル、シェブロン、BP、ロイヤルダッチシェルの 4 社に統合されている。

19 平野克己（2009 年）35 頁からの引用。

20 柴田明夫、丸紅経済研究所編（2009 年）166 頁からの引用。

21 世界の原油価格を示す指標はいくつかあるが、そのうちで最も標準とされるのが米国のテキサス州とニューメキシコ州を中心に産出される WTI（West Texas Intermediate）と呼ばれる原油の先物価格である。WTI 価格として通常報道されるのはニューヨーク商品取引所によって上場されている軽質低硫黄油（Light Sweet Crude Oil）の期近物の価格である。

22 オイルサンドとは、普通の砂岩の石油鉱床が地殻変動で地表付近まで隆起して、軽質揮発成分が地上に流れ出した後に残った重質成分のことである。

23 オイルシェール（油母頁岩）を乾留すると、液状またはガス状の炭化水素を得られる。

24 柴田明夫、丸紅経済研究所編（2009 年）97 頁からの引用。

25 スピーゲル、エリック、ニール・マッカーサー、ロブ・ノートン（2009 年）67 頁からの引用。

26 天沼紳一郎（1960 年）225 頁からの引用。

27 天沼紳一郎（1960 年）226 頁からの引用。

28 マンロー、J.F.（1987 年）188 頁からの引用。

29 1944 年に米国ニューハンプシャー州の保養地ブレトンウッズで開かれた国際会議において、米国は 1 オンス 35 ドルで金の兌換を無条件で行うことを宣言した。これによって金価格は 1 オンス 35 ドルに固定されこととなり、価値が不変のドルとの関係で各国通貨の価値もドルに対して固定されるようになった。

30 バーンスタイン、ピーター（2001 年）452 頁からの引用。

31 貴金属の融点は金が 1,004℃、銀が 962℃、プラチナが 1,769℃である。

32 芥田知至（2012 年）148 頁からの引用。

33 細井義孝（2014 年）51 頁からの引用。

34 品位とは鉱石中の目的成分含有率であり、銅の場合、それは 0.5〜3％である。澤田賢治（2013 年）55 頁によると、コンゴ（民）とザンビアの鉱床は 2.58〜3.56％であるので、高品位である。

35 澤田賢治（2013 年）79 頁からの引用。

36 澤田賢治（2013 年）43 頁からの引用。

37 澤田賢治（2013 年）65 頁によると、たとえば、2012 年 10 月 4 日時点で銅価格はトン当たり 8,325 米ドルであるが、生産コストはトン当たり 3,136 米ドルなので、まだ十分採算がとれる。

38 正確にはニッケル硬貨ではなく、白銅（銅とニッケルの合金）硬貨である。

39 コートジボワールはフランス語で「象牙海岸」の意味をもつ。

40 ジャン＝ピエール・ボリス（2005 年）96 頁からの引用。

41 International Cocoa Organization（国際ココア機関）の略である。

42 International Coffee Organization（国際コーヒー機関）の略である。

43 International Coffee Agreement（国際コーヒー協定）の略である。

44 コーヒー豆の二大品種がアラビカとロブスタであるが、アラビカの方が高級である。

45 1 ポンドは約 0.45kg である。

46 Association of Coffee Producing Countries（コーヒー生産国同盟）の略である。

47 ジャン＝ピエール・ボリス（2005 年）15 頁からの引用。

48 米国ジョージア州アトランタに本部を置く商品取引所である Intercontinental Exchange（インターコンチネンタル取引所）の略である。

## 第11章

# どういう国が資源を
# 有効活用できたか

　第9章で詳述した通り、アフリカには有資源国が多く存在するが、それら有資源国すべてが資源を自国の発展に有効活用し得たわけではなく、実際には有効活用できなかった事例の方がむしろ多いほどである。そこで、本章においては資源を有効活用し得た例として鉱産物資源国のボツワナと農産物資源国のケニアの2カ国を取り上げながら、成功の要因、さらには成功の限界を具体的に考えてみることとしたい。

## 1. 鉱産物資源の有効活用例：ボツワナ

### （1）歴史的経緯
#### （イ）独立以前

　ボツワナとはバンツー系[1]のツワナ人の国を意味する現地語である。ツワナ人が先住民のサン人[2]を追いやってアフリカ南部の内陸地帯に定住したのが17世紀のことと言われているが、そこはツワナ人にとって安住の地とはなり得なかった。というのは、ナポレオン戦争の戦後処理によってケープタウンがイギリスの植民地になると、17世紀以来そこに定住していたオランダ系のアフリカーナーが民族移動を開始し、その一部がツワナ人の土地を侵食してトランスヴァール共和国を建国するからである。これが南からの脅威であるが、この時期ツワナ人は西からの脅威にも直面する。というのは、現在のナミビアを植民地としていたドイツがナミビアから同じくドイツの植民地であった現在のタンザニアに向けて領土を拡張する動きを見せたからであ

341

る。ここに至って、ツワナ人の利害とイギリスの利害が合致する。つまり、ツワナ人はドイツの脅威から自分たちの領土を守る必要があったし、北のエジプトと南のケープタウンを結ぶ線をアフリカ植民地支配の生命線とするイギリスから見れば、ドイツがナミビアとタンザニアを結ぶ線を確保するということはイギリスの生命線が寸断されることを意味するから、安全保障の観点からも、ドイツの動きを容認することはできない。ここでイニシアティブをとったのがツワナ人側で、ツワナ人を代表する3人の族長がイギリスと交渉し、自らの領土をイギリスの保護領とすることに成功するのであるが、これが1885年のことである。これによってベチュアナランド保護領が誕生した[3]。

この時期にボツワナで最初に注目された資源が金であり、19世紀後半に前述のトランスヴァール共和国で金の大鉱脈が発見されると、その鉱脈の延長線上にあるボツワナにも金があるはずだとして、一攫千金の夢を追った白人鉱山採掘業者が殺到した[4]。しかし、採掘の結果、思ったほどの産金量がなかったので、結局、ボツワナには南アからジンバブエに抜ける鉄道が通る場所としての価値しかなく、国土の多くは不毛の大地として放置され続けた。

（ロ）独立以後

1966年に独立した当時、ボツワナには牧畜以外にこれといった産業もなく、世界でも一、二を争う最貧国だった。その国家運営は旧宗主国イギリスからの財政援助に大きく依存し、1971年には歳入の98％を援助が占めた[5]。ところが、独立後に銅・ニッケル鉱床とダイヤモンド鉱床が相次いで発見され、以後急成長を遂げる。この急成長が鉱物資源の発見という幸運によってもたらされたことは事実であるが、それは単なる棚ぼた式の幸運ではなく、その幸運を最大限に活かすべく、ボツワナが最大限の努力を行った結果としての急成長の達成だったことを忘れてはならない。

ボツワナが行った努力を理解するためには、独立当時ボツワナが直面していた複雑な国際関係を知る必要がある。ボツワナは内陸国で4カ国と国境を接している。4カ国とは南の南ア、西の南西アフリカ（現ナミビア）、北のザンビア、東のローデシア（現ジンバブエ）であるが、ザンベジ川を挟むザンビアとの国境線は極めて短い。これら4カ国のうち、ザンビアはボツワナと同じ黒人政権国家であるが、南アとローデシアは人種差別的政策を遂行する白人政権である。そして、南西アフリカは国際連盟の下で南アの委任統治

342　　第2部　どうしたら資源を有効活用できるか

領となり、また、国際連合の下で南アの信託統治領となっていたから、実質的には南アの植民地であり、結局、四方のうち三方を白人政権国家ないしその影響下にある国に囲まれていたということになる。第8章で詳述した通り、SACUの加盟国であるボツワナは南アとの経済的紐帯が強く、鉱物資源開発についても南ア企業に依存する部分が大きかったが、政治的には黒人政権国家として南アと対峙する「前線国家」の一翼を担っていた。つまり、ボツワナは域内大国である南アに経済的に依存しながら、政治的には対立するという複雑な立ち位置をとらざるを得なかったのだ。

1975年にはアフリカ人政権の下でモザンビークがポルトガルから独立し、さらには、宗主国イギリスの調停下でローデシアもアフリカ人国家として独立する気配が濃厚になると、こうした状況に強い危機感を抱くようになった南アはCONSAS[6]の成立を画策する。これは強硬路線から融和路線への変更であるが、融和路線といっても、その本来の目的は前線国家の分断であるから、前線国家側もそれを座視するわけにはいかなくなった。そして、南アのCONSAS構想に対抗すべく、1980年、前線国家5カ国はボツワナの初代大統領セレツェ・カーマの主導の下でSADCの前身であるSADCCを発足させた。カーマが恐れていたことは前線国家側が政治的急進路線に走ることであったが、SADCCの成立によって前線国家側は中道路線に踏みとどまることができた。そして、この中道路線の下で、ボツワナは南アの資本と技術によってダイヤモンドを採掘し、それを主に西側先進国に輸出することによって輸出収入を稼ぎ、急成長を遂げることに成功する。

## （2）成功の要因

### （イ）ボツワナを取り巻く環境

ダイヤモンドがボツワナの成長のエンジンの役割を果たしたことは事実であるが、アフリカにおける他のダイヤモンド産出国がボツワナのように発展できたわけではない。そこで、以下ではなぜボツワナがダイヤモンドを有効活用することができたのか、その答えをボツワナが直面している様々な環境に注目しながら探っていくこととしたい。

### （a）自然環境

ボツワナの中央部にはアフリカ三大砂漠[7]の1つであるカラハリ砂漠[8]が大きく横たわっている。なぜここに砂漠ができたかというと、そもそもこの地

第11章　どういう国が資源を有効活用できたか　　343

域が南半球の乾燥ベルトである亜熱帯高気圧に近接していることに加え、そこが周辺を高地で囲まれ、平原が広がる盆地の中央部にあたるため、海からの湿った空気が届きにくく、また、盆地内に気流を遮る高山がないので、雨が降る場所がないからである[9]。

　国土の大半がカラハリ砂漠で、しかも雨のほとんど降らないボツワナの国土は農業に不向きであるから、そもそも大人口を養え得ない。そのため、60万$km^2$の国土面積[10]をもつにもかかわらず、人口はわずか200万人にすぎず、序章の表0-1が示す通り、人口密度はアフリカ53カ国中で下から4番目の低さである。しかし、この広大な土地と人口の少なさという2つの条件がボツワナにおける鉱業の発展を強く後押しすることとなった。というのは、人口が密集し、しかも農地が開けているような場所で鉱山開発を行うとすると、住民の移転や環境破壊といった問題を通じて反対運動を惹起するが、見渡す限り人が住んでいないような場所なら、そのような問題が起きる可能性は極めて高い。また、これは後に詳述するが、分母の人口が少なければ少ないほど、1人当たりGDPは高くなるが、ボツワナの1人当たりGDP高さもこの人口の少なさによって実現されている部分が相当大きいと考えられるからである。

　（b）社会環境

　植民地時代の国境がそのまま残ったこともあり、多くのアフリカ諸国が自国内に複雑な民族問題を抱えることになったが、ボツワナはこの民族対立の火種が存在しない稀有な国の1つである。なぜ民族対立の火種が存在しないかというと、文字通り、ボツワナがツワナ人の国だからである。前述の通り、ボツワナにもツワナ人以外の人たちがいる。それが先住民のサン人であるが、彼らの人口は全人口の10％にも満たない。しかも彼らの多くはカラハリ砂漠の保護区内に定住しているから、実質的にボツワナはツワナ人による単一民族国家の色彩が濃厚である。

　ツワナ人は8つの主要部族に分かれて暮らしていたが、部族間に深刻な対立があるわけではない。また、それぞれの部族には王がいたが、厳格な身分制度が敷かれていたわけでもなく、そこには部族内民主政治的なものも存在していた。その象徴が「コトラ[11]」であるが、部族内で重要な決めごとがあるときはこのコトラが開かれ、部族民は自由に自分の意見を述べることができたのである。このようボツワナ式民主主義が発展していった背景にはツワ

344　　第2部　どうしたら資源を有効活用できるか

ナ人の生業が関係していたと考えられる。というのは、ツワナ人は農耕民族ではなく牧畜民族であり、牛を放牧して暮らしているから、彼らの主要な財産は牛であって、土地ではないからである。もしも土地が財産であれば、財産を増やすためには土地を増やさなければならず、土地を巡って必ず争いが起きるが、家畜である牛は子供を生んで勝手に増えていくので、他人の財産を奪う必要は生じない。つまり、ツワナ人にとって大切なのは土地そのものではなく、土地の上に繁茂している牛の食べる草である。それゆえ、土地そのものを巡って争うことには何の意味もなく、むしろ草が繁茂している土地を共同管理する方が自分固有の財産である牛を守るためには望ましいとの判断が働いた結果として話し合いによる問題解決方式が重視されるようになったと考えられる。

　広大な土地に単一民族が居住し、しかも、その民族のほぼすべてが牧畜に従事していたという事実は極めて重要である。この重要性を理解するためには、1990年代にルワンダやブルンジで起きた深刻な民族対立と比較する方法が最も手っ取り早い。というのは、ルワンダもブルンジも国土が狭いにもかかわらず、人口は稠密だった。しかも、そこに住むフツ族は農業を営む人、ツチ族は牧畜業を営む人であり、ボツワナとは真逆な状態に置かれていたからである。そして、こうした稀有な状態の中で生まれたボツワナ式民主主義は独立運動の過程から有効に機能し、1965年に行われた最初の議会選挙も複数政党が争って行われた。そして、そこで勝利した民主党政権の下でボツワナは1966年の独立後も複数政党制に基づく民主政治を着実に実行していく。

　要するに、ボツワナの発展の原点にはボツワナ式民主政治とダイヤモンドという2つの要素があるのだが、この2つを結びつけて、発展の礎を築いたのが初代大統領セレツェ・カーマである。最有力部族の王子として1921年に生まれた彼は、父の死によって1925年に王位を継承する。1947年、その彼がイギリス留学中にイギリス人女性と知り合い、恋に落ちる。しかし、一族の長老たちは、王妃は一族の中から選ばれるのが部族の掟であるとして、彼の結婚に反対する。この長老たちの動きに呼応したのが隣国の南ア政権で、人種隔離政策を遂行する観点から、黒人男性と白人女性の結婚には賛成できないとして、イギリス政府がこの結婚も彼のボツワナ帰国も認めないように圧力をかけた。こうした状況で王位放棄を決断した彼は、1956年、一市民

第11章　どういう国が資源を有効活用できたか　　345

としてボツワナに帰国して政治家としての道を歩み始める。そして、1962年に民主党を結成し、独立運動を主導し、1965年の選挙で勝利して首相となり、1966年の独立後は初代大統領となった。

　1967年、彼が属する部族の土地でボツワナ初のダイヤモンド鉱山が見つかったことの意味は極めて大きい。というのは、このダイヤモンド鉱山は世界最大級であり、その産出量も莫大であったが、彼はダイヤモンドから上がる収益を私せず、また、自分が属する部族のためだけにも使わず、ボツワナのために使ったからである。つまり、彼は、ダイヤモンドから上がる収益を政府がきちんと管理し、初等教育、医療、インフラ整備といった分野に優先的に配分するという体制を作ったが、このことによってボツワナの発展の基礎が固まったと言っても過言ではない。

### （ロ）ボツワナが有効活用した条件

　第9章の表9-2が示すように、アフリカでダイヤモンドを産出する国は10カ国に及ぶが、ダイヤモンド産出国のすべてがボツワナのような驚異的な発展を遂げたわけではない。換言すれば、発展のためには、ダイヤモンドの発見だけでは不十分で、そこに何かプラスアルファが加わる必要がある。

　ボツワナにとってそのプラスアルファとなったのがデブスワナ[12]の設立である。1967年にダイヤモンドの巨大鉱脈が発見されたことは前述の通りであるが、その発見者が南アのダイヤモンド鉱山会社デビアスである。デビアスは1888年にセシル・ローズによって設立された企業であるが、宝飾用ダイヤモンドの世界では供給をほぼ独占するほどの力を保持していた。このデビアスに対して初代大統領セレツェ・カーマがボツワナ国内での独占的開発権を与えた。そして、1967年にオラパで世界最大級の巨大鉱脈が発見されると、カーマはデビアスとの合弁会社設立に動く。カーマの偉いところは無理をしないことである。当時のボツワナは世界最貧国の1つであるから、政府に潤沢な資金があるわけではない。そこで、1969年の設立時点で合弁会社への出資率を15％に留めた。そして、ダイヤモンド収入によって国庫が潤うにつれて、出資比率を徐々に増やし、5年後には50％まで引き上げることに成功する。この合弁会社はその後も巨大鉱脈を発見し続け、現在も4カ所の鉱山でダイヤモンドを採掘し、2015年の生産量は2,037万カラット[13]である。

　ボツワナがデビアスと組むことによって得られた最大の利益とは価格変動

346　　第2部　どうしたら資源を有効活用できるか

リスクの回避である。というのは、第10章でも示した通り、鉱産物、農産物の如何にかかわらず、一次産品輸出で一番困る問題が価格変動だったからである。世界的なダイヤモンド・カルテル形成に大きな成功を収めているデビアスが採用した方法を理解するためには、日本の百貨店などが新年に行う「福袋」セールスを思い出すとよい。買い手は福袋の値段を知っているが、中身はわからない。しかし、顧客は福袋の中には当然値段以上の価値がある商品が入っていることを知っている。もちろん、値段は高いが、前年に大幅に売れ残ったような商品を袋に入れることは可能である。しかし、そのようなことをすれば、騙されたと感じた買い手は二度と福袋を買うことはないだろう。それゆえ、福袋セールスで儲けるためには、百貨店側は毎回買い手の満足を得られるような商品を袋に入れ続けなければならないのである。

デビアスが実際に行った方法とは次の通りである。まず供給面を見ると、デビアスは採取された鉱石からダイヤモンド原石を抽出する。この段階では原石の価値を綿密には評価せず、大まかな特徴だけで等級分けする。他方、需要面を見ると、買い手は特定のサイズや品質をもった原石を一定量購入することを望んでいるが、デビアスはそうした買い方を一切認めない。では、デビアスはどうやってダイヤモンドを売るのだろうか。簡単に言えば、その方法が前述の「福袋」なのである。すなわち、デビアスは等級分けしたダイヤモンドを組み合わせて福袋を作り、この福袋に値をつけるのである。ただし、この福袋を買うためには、デビアスの「サイトホルダー」（sightholder）になる必要がある。デビアスはこのサイトホルダーの選定を厳格に行っており、サイトホルダー以外にダイヤモンド原石を販売することはない。ちなみに、デビアスのホームページによると、2013年のサイトホルダー数はわずか82社で、日本からは田崎真珠が唯一入っている。

この福袋を介して需要と供給が出会うのだが、デビアスは、需要者であるサイトホルダーが事前に示した意向を反映して、この福袋を作成していると言われている。しかし、福袋である以上、その中身についての交渉はもちろんのこと、価格についての交渉も一切認められないから、サイトホルダーには決められた価格でこの福袋を買うか否かの選択肢しかない。しかも、今回の福袋の購入を拒否したサイトホルダーに次回の福袋が提示されることはないから、一度でも福袋の購入を拒否すると、二度とデビアスからダイヤモンド原石を買うことができなくなってしまうのだ[14]。

第11章　どういう国が資源を有効活用できたか

デビアスがこうした強気な販売姿勢を貫くことができた最大の理由はデビアスの供給独占力の強さであるが、「高価なことに価値がある」という宝飾用ダイヤモンドの特性を熟知し、ダイヤモンドを高価で売り続けるという方針を一貫して堅持し続けるという経営哲学も大きく影響したと考えられる。そして、このデビアスの高価格維持政策が奏功したことによって、ボツワナも大きな利益を得たのである。

## （3）成功の限界

　ボツワナの成功の要因を要約すると、2点に絞ることができる。その1点目はもちろんダイヤモンドの有効活用である。前述の通り、ボツワナは、自国のダイヤ採掘権を握るデビアスの世界戦略に便乗することでダイヤモンドの価格変動リスクを回避する一方、デビアスと粘り強い交渉を通じてダイヤモンドから上がる収益を国家財政に確保した結果として、1968年から2001年までの間に年率6.8%という世界最高水準の1人当たり実質平均経済成長率を達成した。そして、序章の表0-4が示す通り、2014年の1人当たりGNIは7,240ドルで、アフリカ第6位の高所得国になっている。

　1点目を補完するのが2点目のガバナンスの高さである。ガバナンスの高さを支えている要因は政治と政策である。政治について言えば、上記（2）（b）で詳述した通り、ボツワナ式民主主義の役割が重要であることは論を俟たないが、初代大統領セレツェ・カーマをはじめとする歴代の指導者たちがいずれも清貧で、ダイヤモンド収入を私物化しなかった点も評価できる。他方、政策について言えば、保護主義を採用せず、敢えて国内経済を競争に晒す貿易政策を採用したこと、また、時々の景気変動に影響されることなく、安定的な金融政策を採用し続けたこと、さらには、厳格な財政規律を維持し続けたことなどが成功の鍵になったと考えられる。この中でもとりわけ重要なのが財政規律で、1960年代には援助なしでは立ち行かなかったボツワナが2000年までに国民所得に占める援助の割合をわずか1.6%にまで下げることに成功する[15]。

　しかし、ダイヤモンドとガバナンスの高さをもってしても克服できない問題が2つある。1つは「脱ダイヤモンド」の実現である。ダイヤモンドは確かにボツワナに富をもたらしたが、ダイヤモンドを含む鉱業部門が雇用する労働者数は2001年時点でわずか6,800人である[16]。2001年の労働人口が79

万人であることを考慮すれば、純粋に鉱業部門が雇用する労働者数は労働人口の 1/100 にすぎない。ということは、全体の労働人口の 1/100 が富のほとんどを稼ぎ出しているということであり、逆に言えば、労働人口の 99/100 は富を作り出すどころか、ダイヤモンドが作った富の分配を受けているにすぎない存在だということである。もちろん、ボツワナ政府もこの状態に強い危機感を抱いていて、ダイヤモンドが枯渇する前に、ダイヤモンドで得た収入を利用してダイヤモンド以外の産業を育成すべく思案を重ね、実行に移している部分もいくつかある。その 1 つがダイヤモンドに付加価値をつける産業の育成で、従来は研磨した原石をデビアス向けに輸出するだけだったボツワナが自国でカットまでできるように技術を磨いたり、デビアスに依存しない製品販売ルートを開拓することによって、ダイヤモンド産業の裾野を広げ、それが雇用の拡大につながった例もある[17]。しかし、ダイヤモンドの恩恵にどっぷりと浸かってしまった国民の大半を覚醒させることは容易ではなく、ダイヤモンドに代わる次なる産業を探す大きなうねりが起きているとは言い難い状態が続いている。

　克服できない問題の 2 つ目は貧富の格差の是正である。前述の通り、鉱業部門は資本集約的であり、労働人口の 1/100 以下を雇用しているにすぎない。これに対して、労働人口の約半分を占めるのは農民ないし牧畜民であるが、彼らは鉱業部門で雇用される労働者ほど所得を稼ぐことができない。もちろん、国家管理された収益は教育、医療、インフラ整備といった重要分野に投資されるから、国民はその恩恵を間接的に受けることとなるが、それでも直接的に収入が増えるわけではない。この結果として、どうしても国民間で所得格差が生まれてしまうのである。この所得格差を表す指標がジニ係数[18]であるが、CIA 資料によると、ボツワナのそれは 0.630 であり、世界 141 カ国中でレソト、南アに次いで 3 番目に悪い。つまり、ジニ係数を見る限り、ボツワナは所得に関して言えば世界でも指折りの不平等国なのである。

## ２．農産物資源の有効活用例：ケニア

### （１）歴史的経緯

#### （イ）独立以前

　ケニアがイギリスの植民地となった背景には第 1 章でも詳述したベルリン

会議における決定事項がある。その決定事項とは沿岸部を領有した国はその後背地の領有を認められるというヨーロッパ列強によるアフリカ分割の原則である。そして、イギリスがケニアの沿岸部を領有するきっかけを作ったのがこの地域におけるドイツとの勢力争いである。先鞭をつけたのがドイツで、1884年、ドイツ植民協会の代表者が現在のタンザニアに上陸して現地の族長たちと保護協定を締結すると、ドイツ政府はドイツ植民協会に対して保護領統治を委託する勅許を与えた。この動きに抗議したのが対岸のイスラム教国ザンジバルである。しかし、これを好機と捉えたドイツはザンジバルに艦隊を派遣したので、危機を感じたザンジバルがイギリスに支援を求めたというのがイギリス進出の経緯である。ここにおいて、新たに登場するのが当時インド洋上の群島支配を目論んでいたフランスであり、三者の話し合いによって三者の勢力範囲が確定し、その結果として、1895年、イギリスは後にケニアとなる地域にイギリス領東アフリカと呼ばれる植民地を建設する。

　イギリスがこの植民地で行った最も有名な政策が入植移住政策であり、本国から多数の移住者を呼び集め、現地に入植させることによって、気候がよく、白人には住みやすい高原地帯に「ホワイト・ハイランド」（White Highland）と呼ばれる入植地を設定した。そして、この入植地には最盛期で3万人の白人が居住し、コーヒーや茶のプランテーションを経営した。ちなみに、インドからケニアに最初の茶木がもたらされたのは1903年のことである。

　（ロ）独立以後

　植民地時代、イギリスは、自国入植者の経済権益確保の観点から、現地住民が茶やコーヒーといった輸出用換金作物を栽培することを禁じていたが、現地住民の中には白人が経営するプランテーションに労働者として雇用される者も多く、中でも人口比でケニア最大の部族であるキクユ人[19]は、白人入植地であるホワイト・ハイランドに広く分布していたこともあり、白人プランテーションで雇用される比率が高かったと言われている。そして、1963年の独立後は、ケニヤッタ政権がケニア人にも大土地所有権を認める政策を採用したこともあって、植民地時代にホワイト・ハイランドの白人農場でコーヒーや茶の生産技術を習得していたキクユ農民はコーヒーや茶の生産に優位性を発揮することとなる[20]。そして、茶に関して言えば、1963年に2万ha強であった栽培面積は2000年には12万haまで拡大し、生産量も1963年の2万トン弱が2000年には30万トンに増加したが、この栽培面積拡大と

350　　第2部　どうしたら資源を有効活用できるか

生産量増加に最大の貢献をしたのがキクユ農民であった[21]。


（2）成功の要因
　（イ）ケニアを取り巻く環境
　　（a）自然環境
　茶木は主に熱帯か亜熱帯気候で生育する常緑樹であるから、その栽培に適した条件とは、年平均気温については14〜16℃、年間降水量については1300〜1400mm以上、土壌についてはpH4〜5程度の酸性といったところであるが、赤道直下のアフリカ大地溝帯の東西両側に標高1,500〜2,700メートルの範囲で分布しているケニアの茶の生産地域はまさにこれらの条件をよく満たしている。というのは、土壌は火山性の熱帯赤色土であり、分散して降る雨（年間降雨量1200〜1400mm）と長く続く晴天とが交互に訪れるからである[22]。
　　（b）社会環境
　茶生産は、新芽の摘採を例にとってみても、1枚1枚を丁寧に摘み取る必要があるから、機械の使用には不向きである。また、摘んだ後12時間以内に加工しなければならず、迅速な作業が不可欠であるから、熟練労働への依存度が高く、典型的な労働集約型産業である。このような労働集約型産業を発展させるためには、安価で優秀な労働力の確保が不可欠であるが、序章の表0-1が示す通り、ケニアはアフリカで上から7番目の人口大国であるから、安価な労働力の供給源を確保することは容易である。そして、優秀な労働力に関して言えば、前述の通り、人口比で最大部族のキクユ族の農民が植民地時代における白人農場での労働を通じてノーハウを蓄積していたので、これらの要素がプラスに作用することで、茶産業の育成が促された側面は大きいと考えられる。
　（ロ）ケニアが有効活用した条件
　ケニアの茶産業は世界一の輸出量を誇るだけでなく、300万人を雇用する国内最大の民間産業部門でもある[23]。この産業の担い手は小規模農家と多国籍企業を含む大規模農場に大別されるが、その比率で言えば、栽培面積についても生産量についても概ね6対4の比率で小規模農家が大規模農場を上回っている。換言すれば、ケニアにおける茶生産は小規模農家と大規模農場が両輪となって発展を遂げてきたわけであるから、以下では小規模農家の活動

第11章　どういう国が資源を有効活用できたか　　351

と大規模農場の活動を別々に論じながら、ケニアにおいて茶産業が成功した理由の一端を解明することとしたい。

まず小規模農家を見ると、注目すべき点は政府の積極的な関与である。つまり、ケニア政府は茶産業における小規模農家の活動の成否が独立後のケニアの発展に大きな影響を及ぼし得るとの認識の下で小規模農家に対する積極的支援策を打ち出した。その一例がKTDA[24]の設立である。KTDAとはケニア政府が独立直後の1964年に小規模生産者を統合するために設立した国営企業で、農民の農場管理に助言を与えるとともに、茶の加工工場の管理運営を行った。設立当初、このKTDAが所有していた茶の加工工場はわずか1カ所で、その傘下に入った小規模農民数も2万人弱、傘下に入った農民の栽培面積も4,700haにすぎなかったが、2000年代になると、KTDAが所有する茶の加工工場は51カ所、その傘下に入った小規模農民数は39万人、傘下に入った農民の栽培面積は92,800haとなる[25]。KTDAに次いで政府が取り組んだのがTBK[26]とTRFK[27]の設立である。TBKは茶の生産者、買い手、ブローカーと言った人たちにライセンスを発行し、TRFKは農民に対する除草剤供給などに便宜を図った。要するに、政府が設立したこれら3機関が協力し合って小規模農家を支えたのである。また、当初は首都ではあるが内陸に位置するナイロビに置かれていたオークション会場を輸出に便利な港町モンバサに移したことも奏功した。モンバサのオークション会場にはケニアで生産された茶葉の8割が持ち込まれたと言われている。これ以外にも、政府は茶産業向けに輸出加工区を設置したり、消費財を免除して国内消費を刺激したり、農場と加工工場の間のアクセス道路を整備したりと、茶産業に対して様々な優遇策を実施した。

次に大規模農場を見ると、そのほとんどが多国籍企業で、植民地時代からケニアで茶のプランテーションを経営していた歴史を有している。その代表例が世界の紅茶の10%以上を購入する[28]と言われる最大企業ユニリーバ[29]で、その傘下のリプトン社[30]とブルックボンド社[31]がケニアで茶の生産を行っている。このうちブルックボンド社は2万人以上の労働者を雇用する一方で、ケニア最大の農場を含め全部で8,250haの農場と8カ所の加工工場を稼働させて、年間3.2万トンの紅茶を生産している[32]。ちなみに、世界中で消費される茶の85%が多国籍企業7社の販路に乗って流通している事実[33]を考慮すると、これら多国籍企業の市場独占力は絶大なものがある。そして、これら

多国籍企業がケニアで茶生産も行っている事実に照らせば、ケニア茶が販路探しで苦労する心配はない。こうした国際市場での強みを反映し、これら多国籍企業はモンバサのオークションでも全取引の2/3を抑えている。

## （3）成功の限界

独立後の半世紀でケニアにおける茶産業が大きな発展を示したことは事実であるが、克服すべき課題もいくつか残っている。その1つが輸出依存度の高さである。これは国内消費市場が小さいことの裏返しでもある。事実、世界中で生産される茶の60％は生産国内で消費されており、世界の茶の二大生産国である中国とインドの国内消費率もそれぞれ70％前後、80％前後と高い[34]。これに対して、ケニアの茶の国内消費量は2002年で1.26万トン、2007年で1.76万トンである[35]。他方、国内生産量は2007年で36.96万トンである[36]から、2007年の国内消費率は5％以下である。第10章の図10-10が示す通り、茶の価格は激しく変動するから、輸出依存度が高いと、この価格変動の影響をもろに被ることになり、とりわけ価格の下落期に遭遇すると、仮に輸出量が一定であっても、輸出収入は大きく減少することになる。加えて、世界的に供給過剰の状況が続いていることが価格下落の大きな要因であるから、さらなる価格下落を招かないためには生産調整を行う必要があるが、茶産業は国内最大の民間産業であるから、その生産調整が国内経済に与える影響も大きなものがある。

2つ目の課題は生産コストの上昇である。ケニア産の茶のほとんどはティーバックの形で製品化されるが、その小売価格の8割は茶葉のブレンド代と包装代とのことである[37]。また、ケニアの茶の9割はCTC製法[38]で葉を粒状に丸めるが、この丸い葉を加工工場で作るために要するコストは全体の約1/3で、それ以外のコストが全体の約2/3である[39]。つまり、茶の生産コストの2/3は加工工場外で発生しているから、茶の生産コストを抑えるためには、この加工工場外でのコストを節約する必要がある。加工工場外でのコストは材料費と人件費に大別されるが、より深刻な問題が人件費の増加である。というのは、労働者の賃金が1990年以来10倍も上昇しているからである[40]。もちろん、国民所得を引き上げるためには、労働者の賃金が上昇しなければならないが、労働集約型産業の典型である茶産業の場合、賃金上昇は生産コストの上昇に大きな影響を及ぼし、結果として、輸出競争力を削ぐことにな

第11章 どういう国が資源を有効活用できたか 353

ってしまう。

## 3．ボツワナとケニアの数値比較

ここまで資源を有効活用し得た例として鉱産物資源国のボツワナと農産物資源国のケニアの2カ国を取り上げ、それぞれの特徴を明らかにしてきたが、以下では利用可能な統計資料を駆使して、ボツワナとケニアの特徴をより客観的に位置づけることとしたい。

### （1）輸出額

図11-1は1981年から2014年までの34年間におけるボツワナとケニアの輸出額の推移を示したものであるが、この図からは1つの興味ある事実を指摘することができる。

その事実とは多くの年においてボツワナの輸出額がケニアの輸出額を上回っているということである。より詳しく見ていくと、1981年から1986年までの6年間はケニアがボツワナを上回るが、翌1987年から2008年までの21年間は連続してボツワナがケニアを上回る。次いで2008年から2009年、2010年と3年連続してケニアがボツワナを上回った後、2011年はボツワナが上回るが、2012年は再びケニアが上回る。そして、2013年と2014年はボツワナがケニアを大幅に上回る。以上の結果を総合すると、34年のうちでボツワナがケニアを上回るのが24年、ケニアがボツワナを上回るが10年で、ボツワナがケニアを上回る年が2倍以上多い。

もちろん、この結果だけをもってボツワナのダイヤモンド輸出額がケニアの茶輸出額を上回っている年が多いと判断するのは早計である。というのは、以上の比較は全輸出額同士の比較であって、ボツワナのダイヤモンド輸出額とケニアの茶輸出額の比較ではないからである。そこで、第10章の表10-1からボツワナにおけるダイヤモンドの輸出額を見ると、2009年で17.0億ドルであるが、図11-1から2009年におけるボツワナの輸出額を見ると、それは34億5,600万ドルであるから、全輸出額に占めるダイヤモンド輸出額の比率は約5割である。これに対して、第10章の表10-2からケニアにおける茶の輸出額を見ると、2008年で10.7億ドルであるが、図11-1から2008年におけるケニアの輸出額を見ると、それは50億100万ドルであるから、全

354　　第2部　どうしたら資源を有効活用できるか

図 11-1　輸出額比較

出所：World Bank（2015）World Development Indicators Database

輸出額に占める茶輸出額の比率は2割強である。ボツワナにおける5割という数字とケニアにおける2割という数字はそれなりに納得できるものがある。というのは、ボツワナにおいては全輸出に占めるダイヤモンド輸出の比率が高いのに対して、ケニアにおいては茶以外にもコーヒーや生花といった別の有力輸出農産物があるからである。したがって、全輸出に占めるそれぞれの比率に着目すれば、過去34年間にわたってボツワナのダイヤモンド輸出額がケニアの茶輸出額を上回り続けた可能性は高いと考えられる。

## （2）1人当たり GDP

前掲の図 11-1 を見る限り、多くの年でボツワナの輸出額がケニアの輸出額を上回っているものの、両者の差はさほど大きくない[41]。これに対して、1人当たり GDP の推移を示す図 11-2 では、ボツワナとケニアの1人当たりGDP の間には大きな差が存在する。

より詳しく見ていくと、1980 年から 1985 年までの6年間における両者の差はほぼ一定である。すなわち、1980 年においてはボツワナが 1,199 ドル、ケニアが 642 ドルで、その差は 557 ドルである。これに対して、1985 年に

第 11 章　どういう国が資源を有効活用できたか　　355

おいてはボツワナが969ドル、ケニアが467ドルで、その差は502ドルである。この間の差がほぼ一定ということはボツワナもケニアもこの間においては1人当たりGDPがほとんど伸びていないということである。

ところが、翌1986年からボツワナの1人当たりGDPが上昇に転じる。そして、1980年から1985年までの6年間、1,000ドル近辺で低迷していた1人当たりGDPは、それから3年後の1987年には2,000ドルの大台を超え、1990年には2,751ドルのレベルに達した。ボツワナの1人当たりGDPはそこから再び低迷するが、1993年に底を打つと上昇に転じ、1996年には3,000ドルの大台を超える。ボツワナの1人当たりGDPはここから2002年までは3,000ドル代前後に貼り付くが、そこから一気に急上昇し、2003年には4,000ドルの大台を超え、2005年には5,000ドルの大台を超え、2009年まで5,000ドル台を維持する。再び上昇に転じるのは2010年で一気に6,000ドルの大台を超え、2011年には全期間を通じて最高の7,551ドルとなり、2014年のピークに再び減少に転じる。以上の結果をまとめると、1980年から2015年までの36年間を通じて、4つの安定期と3つの上昇期を経ながら、ボツワナの1人当たりGDPは1,199ドルから7,551ドルまで6倍以上の上昇を経験したことになる。ところで、1カラット当たりのダイヤモンド価格は1980年10,500ドル、1990年13,900ドル、2000年15,100ドル、2010年24,500ドル、2014年28,400ドル、2015年29,650ドルという具合に推移している[42]が、この価格の動きと1人当たりGDPの動きはほぼ連動していると言い得るので、ボツワナの1人当たりGDPの上昇のかなりの部分がダイヤモンド価格の上昇によってもたらされたと考えられるのである。

次にケニアの1人当たりGDPの動きを見ると、全期間を通じて1,000ドル水準に低迷していて、ボツワナのようなはっきりとした上昇が見られない。ちなみに、全期間を通じての最低は1993年の327ドル、最高は2014年の1,417ドルである。より詳しく見ていくと、1980年の642ドルからスタートしたケニアの1人当たりGDPは500ドル前後で低迷しながら、1993年に327ドルで底を打った後再び上昇に転じ、1998年に565ドルでピークに達する。しかし、このピークでさえ1980年の642ドルを下回っている。このピークを過ぎると、ケニアの1人当たりGDPは再び下降に転じて、2002年の474ドルでそこを打つが、そこからは2014年まで上昇が続き、2014年に過去最高の1,417ドルに達するのである。

356　　第2部　どうしたら資源を有効活用できるか

図11-2　1人当たりGDP比較

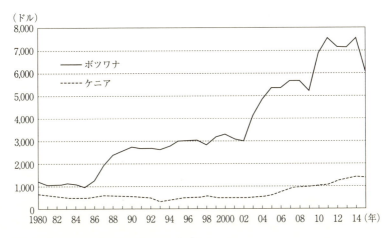

出所：IMF world Development Outlook

　以上の結果として、ボツワナにおいてはダイヤモンドが1人当たりGDPを大きく引き上げたのに対して、ケニアの茶はボツワナのダイヤモンドほど1人当たりGDPを引き上げていないことが明らかになった。第10章の表10-1によると、ボツワナのダイヤモンド輸出額は17.0億ドルであり、表10-2によると、ケニアの茶輸出額は10.7億ドルであり、両者の間には約1.6倍の差があるが、1人当たりGDPについて言えば、ともに数値が最大になっている2014年においても5倍以上の差がある。この差を生んだ理由は複数考えられるが、最も理解が容易な理由は両国の人口差である。というのは、序章の表0-1が示す通り、ケニアは4,293万人を擁するアフリカで7番目の人口大国であるのに対して、ボツワナの人口はわずか200万人で、両者の間には20倍以上の人口差があるからである。換言すれば、年間17億ドル相当の輸出額があれば、人口200万人の国の1人当たりGDPを7,000ドル水準まで引き上げることは可能かもしれないが、それを人口4,000万人以上の国に適応させると、1人当たりGDPを1,000ドル水準に引き上げるのがせいぜいということになろう。

第11章　どういう国が資源を有効活用できたか

## （3）GDP

　ボツワナとケニアには意外な共通点がある。その共通点とは国土面積で、ボツワナが 60 万 km²、ケニアが 58 万 km² とほぼ同じ大きさである。ところが、ほぼ同じ広さの面積にもかかわらず、ボツワナに住む人の数はたかだか 200 万人で、ケニアの 1/20 にも満たない。この結果、1 人当たり GDP は 2014 年においてボツワナがケニアを 5 倍強上回っていたが、人口で 20 倍強の差があると、名目 GDP はケニアがボツワナを 4 倍上回ることになる。

　以上は机上の大雑把な計算であるが、実際の差は図 11-3 の示す通りである。まず出発点の 1980 年の名目 GDP はケニアが 101 億ドル、ボツワナが 12 億ドルで、8 倍以上の差がある。その後、この差は縮小したり拡大したりするが、一貫してケニアがボツワナを上回り、2014 年には 600 億ドルの大台に乗っている。ちなみに、序章の表 0-2 が示す通り、2014 年で 600 億ドルという名目 GDP はソマリアを除くアフリカ 53 カ国中で上から 8 番目の大きさであるが、人口面でもケニアはアフリカ 53 カ国中で上から 7 番目である。これに対して、ボツワナの名目 GDP はソマリアを除くアフリカ 53 カ国中で上から 21 番目の大きさである。

　ここからはボツワナの動きに注目すると、1980 年から 1985 年まで 11 億ドルから 12 億ドルの近辺を推移した後上昇に転じ、1997 年には 50 億ドル水準に到達する。そして、2002 年まで 50 億ドル近辺を推移した後は再び上昇に転じ、2005 年には 100 億ドルの大台に乗る。ここから 2009 年まではまた 100 億ドル近辺を推移するが、その後再び急上昇して、2011 年には 150 億ドルの大台に乗り、2014 年には過去最高の 159 億ドルを達成する。ちなみに、1980 年から 2015 年までの期間における最低は 1981 年の 10 億ドルであるから、最低と最高の間には 16 倍近い差がある。ということは、1980 年から 2015 年までの 36 年間でボツワナの GDP は 16 倍増になったということである。

　次にケニアの動きを見ると、1980 年の 101 億ドルからスタートした名目 GDP は翌 1981 年から 1985 年まで 100 億ドル水準を連続して下回った後、1986 年から再び 100 億ドルの水準を回復するが、それでも 100 億ドル水準から大幅に乖離することはなく、1992 年まで 100 億ドル水準に貼り付いた後、1993 年に一旦 79 億ドルまで下がる。しかし、1993 年で底を打つと上昇に転じ、1998 年には 157 億ドルでピークを迎える。ここから 2000 年まで下

図11-3　名目GDP比較

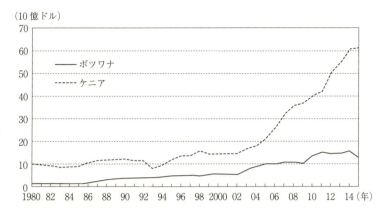

出所：IMF world Development Outlook

降期に入るが、2000年で底を打つと、以後は長期の上昇局面となって、2015年には過去最高の614億ドルに達する。ちなみに、1980年から2015年までの期間における最低は1993年の79億ドルであるから、最低と最高の間には8倍弱の差がある。ということは、1980年から2015年までの36年間でケニアのGDPは概ね8倍増になったということである。ということは、図11-3を見る限り、ケニアのGDPの伸びの方が大きいように思えるが、数字のチェックを行うと、実際にはボツワナのGDPの伸びの方がはるかに大きいということがわかる。

### (4) 輸出額の対GDP比率

　図11-4は1981年から2014年までの34年間におけるボツワナとケニアの輸出額の対GDP比率の推移を示したものであるが、この図からはいくつかの興味ある事実を指摘することができる。

　まず注目すべき点は全期間を通じてボツワナの比率がケニアの比率を上回っていることであるが、このことはボツワナの輸出依存度の高さ、さらに言えば、ダイヤモンド輸出依存度の高さを如実に物語っている。ボツワナの動きを具体的に見ていくと、1981年の49.7%から出発してほぼ上昇局面を辿り、1987年には75.1%に達するが、これが全期間を通じての最高値である。

このピークを過ぎると下降に転じ、1993年の47.1%で底を打つ。ここから
は上昇と下降を繰り返すが、1997年に一度60%の大台を超えたとき以外は
50%水準を行き来している。そして、2007年のピークを過ぎると急降下し、
2009年に過去最低の34.8%で底を打った後、再び上昇に転じ、2013年をピ
ークに再び下降に転じている。

　以上の結果から類推できることが3つある。1つは、年によって変動はあ
るものの、全体を均して言えば、輸出がGDPの50%前後を稼ぎ出している
ということである。ボツワナの場合、輸出のほとんどがダイヤモンドの輸出
であるから、ダイヤモンド輸出がGDPの相当部分を稼ぎ出しているという
ことはこの数字からも容易に想像できるだろう。2点目は、年によって
GDPが変動する可能性が高いということである。というのは、輸出額の対
GDP比率が高いときには輸出額が大きく、逆に輸出額の対GDP比率が低
いときには輸出額が小さくなるはずである。他方、ダイヤモンドを中心とす
る鉱工業以外にめぼしい産業のないボツワナでは、鉱産物の輸出額が下がれ
ば、それに付随してGDPも下がると考えられるからである。3点目は、ボ
ツワナがいまだにダイヤモンドに代わる主力産業を育成し得ていないという
ことである。というのは、もし他産業が成長していれば、その産業が稼得す
る分、ダイヤモンド輸出、ひいては、全体の輸出額とそのGDP比率も下が
るはずだからである。しかし、図11-4を見る限り、部分的には輸出額の対
GDP比率が低下する局面はあるももの、すぐにまた比率が上昇していると
ころを見ると、これはダイヤモンドないし他の鉱物の輸出額が一時的に減少
した結果であって、ダイヤモンドに代わる産業の育成によってもたらされた
ものではないことは容易に想像がつく。つまり、ボツワナではダイヤモンド
依存からの脱却が遅々として進んでいないのである。

　ボツワナの輸出額の対GDP比率が概ね50%前後を推移しているのと比べ
れば、ケニアの比率はそれよりかなり低く、概ね20%と30%の間を推移し
ている。より具体的に見ていくと、1981年の30.5%から出発した比率はそ
の後下降し続けるが、1987年の21.3%で底を打った後、上昇に転じる。し
かし、1992年までは30%以下の比率で低迷を続けている。そして、翌1993
年に比率は一気に38.9%まで上昇するが、これも一時的現象で、それ以降
は再び下降に転じ、1998年には20.2%まで下がる。他方、ここからは上昇
局面となるが、2005年の28.5%でピークを迎えると再び下落に転じ、2014

図 11-4　輸出額の対 GDP 比率比較

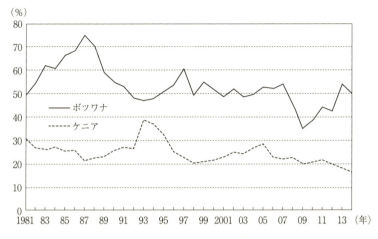

出所：図 11-1、図 11-3 と同じ。

年には全期間を通じて最低の 16.4％となる。

　以上の結果から類推できることが 2 つある。1 つは、ケニアがボツワナとは比較にならない規模の経済大国であるということである。2014 年におけるケニアの名目 GDP がアフリカ 53 カ国中の第 8 位であることは前述の通りであるが、経済規模が大きい分、ある程度の内需も期待できるから、その分だけ輸出依存度が低下すると考えられる。2 つ目は、ケニアの経済発展がある程度順調に進んでいる可能性が高いということである。ケニアは農業国であると同時に、アフリカ東部では比較的工業化が進んだ国としても知られている。そうした工業化の進展は当然 GDP を引き上げるから、その分だけ輸出額の対 GDP 比率も下がると考えられる。図 11-4 を見ると、30％だった比率が 16％まで下がるという長期低下傾向を読み取ることができるが、この比率の長期低落傾向は工業化に基づく発展の裏返しとも解釈できるのである。

## （5）GDP の構成比

　ここからは GDP の構成比を構成する要素を農業、鉱工業、サービス業という 3 つの産業に分け、それぞれの産業が GDP に占める比率を見ることで、

ボツワナ経済とケニア経済の全体的特徴を解き明かしていくこととしたい。

（イ）ボツワナ

図 11-5 はボツワナにおける GDP 構成比を 1981 年から 2014 年までの 34 年間にわたって追跡したものであるが、この図からは 2 つの興味ある事実を指摘することができる。

まず言い得ることは、他産業に比べて、農業の比率が極端に低いということである。ボツワナがケニアと同程度の国土面積をもちながら、人口がケニアの 1/20 にも満たないことは前述の通りだが、なぜこれほど人口が少ないかというと、農業適地が少なく、なおかつ、降雨量が少ないからである。ちなみに、農業といっても、ボツワナの場合はその大部分が牧畜業であるから、広大な国土と少ない人口は牧畜業にとっては有利な側面が多いことも事実であるが、農業の比率が 1981 年の 14.3% をピークに 2014 年の 2.4% まで長期低下傾向を示しているということは、農業ないし牧畜業が低迷している証拠であり、国民経済への貢献度という点ではその役割はますます小さくなっている。

次に注目すべき点は鉱工業とサービス業の関係である。出発点の 1981 年時点においては鉱工業比率がサービス業比率よりも高く、しかも、その格差は 1988 年までは拡大傾向にあったが、その後格差は徐々に縮小し、1994 年には初めてサービス業比率が鉱工業比率を上回る。そして、その後は 2006 年まで一進一退の状況が続くが、2007 年以降は鉱工業比率がサービス業比率を上回ることはなくなる。それゆえ、全期間を概観すれば、元々上位にあった鉱工業が比率を落とす代わりに、サービス業が比率を上げ、2007 年以降はサービス業が最大の GDP 稼ぎ頭という関係を読み取ることが可能である。しかしながら、図をよく見ると、48% 近辺を対称軸として、鉱工業の動きを示す線とサービス業の動きを示す線がほぼ線対称の関係にあることがわかる。線対称の関係というのは、鉱工業の比率が上昇しているときにはサービス業の比率が下落し、逆に鉱工業の比率が下落しているときにはサービス業の比率が上昇していることであるから、1988 年以降、鉱工業比率が長期低落傾向にあり、逆にサービス業比率が長期上昇傾向にあることは事実であるが、ここで 2 つの比率の線対称関係を加味すると、サービス業それ自体が顕著な成長を示した結果としてサービス業比率が上昇したとは考えがたく、むしろ鉱工業比率が下落した結果としてサービス業比率が相対的に上昇した

362　第 2 部　どうしたら資源を有効活用できるか

図 11-5 ボツワナの GDP 構成比

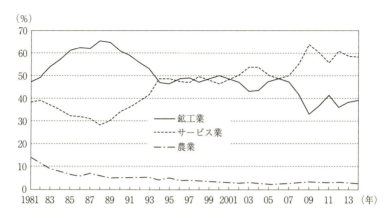

出所：World Bank（2015）World Development Indicators Database

と考える方が現実をより反映していると言い得るだろう。つまり、この結果からも、ボツワナ政府が推し進める脱ダイヤモンド政策は一向に進捗せず、ボツワナ経済が依然としてダイヤモンド輸出に大きく依存していることが改めて浮き彫りになったわけである。

（ロ）ケニア

図 11-6 はケニアにおける GDP 構成比を 1981 年から 2014 年までの 34 年間にわたって追跡したものであるが、この図からは 1 つの興味ある事実を指摘することができる。

その事実とは GDP への貢献度の普遍性である。というのは、GDP への貢献という意味では、ボツワナの場合は 1981 年時点で鉱工業、サービス業、農業の順であったものが途中で逆転し、2014 年時点ではサービス業、鉱工業、農業という順になっているが、ケニアの場合は 34 年間一貫してサービス業、農業、鉱工業という順位が続いている。しかも、各産業の構成比がサービス業 50％、農業 30％、鉱工業 20％ という具合に固定されている点が極めてユニークである。というのは、通常の発展パターンであれば、第 7 章で詳述したペティ・クラークの法則が示す通り、発展の過程で農業から鉱工業へ、さらには鉱工業からサービス業へという具合に産業の比重は変化するはずなので、比率が固定されていることは逆に経済発展がなかったことを暗示

第 11 章 どういう国が資源を有効活用できたか 363

図11-6 ケニアのGDP構成比

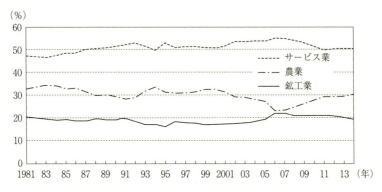

出所：World Bank（2015）World Development Indicators Database

するからである。しかし、前掲の図11-3が示す通り、ケニアの名目GDPは1980年から2015年までの36年間で概ね8倍増となっているから、経済発展がなかったとは言い難い。では、それなりの発展を遂げていたにもかかわらず、ケニアにおいてなぜ農業比率が大幅に下落しなかったのだろうか。その答えはおそらくケニア農業の特性から導き出すことができる。というのは、ケニアでは人口の8割、労働人口の6割が農業に従事し、しかも、その農業がGDPの3割を稼ぎ出す農業大国であると同時に、茶以外にもコーヒー豆、生花をはじめとする各種園芸作物に優位性をもつ農産物輸出大国だからである。換言すれば、ケニアにおける農業は停滞産業ではなく、むしろこの期間を通じて成長産業であり続けたからこそ、そのGDP比率も長期低落傾向を示すことがなかったのである。

　図11-6から、ケニアにおいては1981年から2014年までの34年間を通じて各産業の構成比がサービス業50％、農業30％、鉱工業20％という具合にほぼ固定されているという関係を読み取ることができたが、この固定比率を前掲の図11-3に適用すると、1981年の名目GDP 95億ドルはサービス業48億ドル、農業29億ドル、鉱工業19億ドルという具合に分解され、2014年の名目GDP 609億ドルはサービス業305億ドル、農業183億ドル、鉱工業122億ドルという具合に分解されることとなる。この数字からもケニアにおいては当該期間を通じて農業が成長産業であり続けたという事実を確認す

ることができる。

1 バンツー系人は元々現在のナイジェリアからカメルーン当たりに住んでいた人たちで、これが民族大移動して、ほぼ赤道以南のアフリカに広がった。

2 コイサン語を話す原住民で元々ブッシュマンと呼ばれていたが、ブッシュマンという呼び名に差別的色彩があるとして、現在ではサン人という呼び方をする。ただし、「サン」とはコイ人（元々ホッテントットと呼ばれていた）の言葉で「家畜をもたない人」という意味があり、「サン」の方が差別的だとして、「ブッシュマン」という呼び方をする人もいる。

3 峯陽一（1996 年）100 頁からの引用。

4 ボツワナ第二の都市フランシスタウンの名前はイギリス出身の鉱山採掘技師の名に因んでおり、ゴールドラッシュの名残の 1 つと言える。

5 ゲスト、ロバート（2008 年）177 頁からの引用。

6 CONSAS とは Constellation of Southern African States（南部アフリカ国家連合）の略である。

7 アフリカ三大砂漠とはサハラ、カラハリ、ナミブである。

8 サハラ砂漠やナミブ砂漠と違って、カラハリ砂漠は砂漠といっても大部分がサバナ（疎林と低木を交えた熱帯長草草原地帯）である。

9 池谷和信編著（2012 年）28 頁からの引用。

10 ボツワナの国土面積はフランス、米国のテキサス州にほぼ等しく、日本の 1.6 倍もある。

11 コトラ（kgotla）とは部族民が集まって行う集会である。

12 デブスワナ（Debswana）とはデビアス（De Beers）とボツワナ（Botswana）を合成して作った会社名である。

13 デブスワナ社のホームページからの引用。

14 ミルグロム、ポール、ジョン・ロバーツ（1997 年）159 頁からの引用。

15 ゲスト、ロバート（2008 年）178 頁からの引用。

16 平野克己編（2005 年）188 頁からの引用。他方、平野克己編（2003 年）164 頁によると、ボツワナの鉱工業部門の雇用は 6 万人弱で、66 万人いる総労働人口の 10％にも満たないとのことである。

17 マハジャン、ヴィジャイ（2009 年）188 頁からの引用。

18 ジニ係数は 0 と 1 の間をとり、0 に近いほど平等、1 に近いほど不平等となる。

19 ケニアには人口比が 10％台の部族がキクユ、ルヒヤ、カレンジン、ルオ、カンバ（順序は比率の高い順）と 5 つあり、これら 5 部族で全人口の 2/3 を占める。

20 北川勝彦、高橋基樹編著（2004 年）89 頁からの引用。

21 Monroy, L., W. Mulinge, M. Witwer（2012）からの引用。

22 駐日ケニア共和国大使館のホームページからの引用。

23 Gesimba, R.M., M.C. Langat, G. Liu, J.N. Wolukau（2005）からの引用。

第 11 章　どういう国が資源を有効活用できたか　　365

24 KTDA とは Kenya Tea Development Agency の略である。

25 Gesimba, R.M., M.C. Langat, G. Liu, J.N. Wolukau（2005）からの引用。

26 TBK とは Tea Board of Kenya の略である。

27 TRFK とは Tea Research Foundation of Kenya の略である。

28 Monroy, L., W. Mulinge, M. Witwer（2012）からの引用。

29 ユニリーバ（Unilever）はオランダとイギリスに本拠を置く多国籍企業で、食品、洗剤、洗髪剤など家庭用品全般の製造販売を行っている。一般消費財メーカーとしては、米国の P&G（プロクター・アンド・ギャンブル）、スイスのネスレに次ぐ世界第 3 位の売上高を誇る。

30 リプトン（Lipton）は 19 世紀にトーマス・リプトンが設立した食品メーカーであるが、1972 年以降はユニリーバが所有している。リプトンは世界に先駆けて紅茶のティーバックを販売したことで有名である。

31 ブルックボンド（Brooke Bond）は 19 世紀にアーサー・ブルックが設立した紅茶メーカーであるが、1984 年以降はユニリーバが所有している。

32 Monroy, L., W. Mulinge, M. Witwer（2012）からの引用。

33 Monroy, L., W. Mulinge, M. Witwer（2012）からの引用。

34 Monroy, L., W. Mulinge, M. Witwer（2012）からの引用。

35 駐日ケニア共和国大使館のホームページからの引用。

36 FAO のホームページからの引用。

37 Monroy, L., W. Mulinge, M. Witwer（2012）からの引用。

38 CTC とは Crush（つぶす）、Tear（引き裂く）、Curl（丸める）の略。葉を粒状に丸めることで、お湯に触れる表面積が増えて、短い時間でしっかりと味が出るようになると言われている。

39 Monroy, L., W. Mulinge, M. Witwer（2012）によると、茶が製品化される過程でかかるコストの内訳は 2005 年時点で高い順に加工費 36%、茶葉収穫費 25%、包装費 23%、輸送費 13%、ライセンス取得費 3% である。

40 Gesimba, R.M., M.C. Langat, G. Liu, J.N. Wolukau（2005）からの引用。

41 最大格差は 2013 年の 17 億 4,700 万ドルである。

42 The Statistics Portal のホームページからの引用。

## ■■■第12章■■■

# 資源の有効活用を
# 妨げている要因とは何か

　前章において資源の有効活用に成功した例を取り上げたので、本章においてはその失敗例を取り上げる。ただし、本章においては失敗例を国単位では扱わない。というのは、成功した国より失敗した国の方がはるかに多いからである。しかも、それぞれの国で失敗した理由はまちまちであるから、仮にそれらを詳述しても、そこから失敗の要因を絞り込むことは容易ではない。そこで2つの方法を用いて失敗の要因を洗い出すこととする。1つは理論的考察であり、本章の前半においては失敗の要因を理論的に洗い出す。この理論的考察を踏まえた上で、後半においては経験的考察を加える。経験的考察とは各国の具体的失敗例を吟味することであるが、その吟味を通じて、失敗の要因をいくつかのパターンに分けて考察する。

## 1．理論的考察

### （1）資源の呪い

　「資源の呪い」とは、天然資源が豊かな国ほど、貧困の深刻化や経済発展の遅れに悩まされる現象を指す。たとえば、原油やダイヤモンドなどの天然資源に恵まれている国は経済成長率も所得も高くなると思われやすいが、実際にはそうならない場合も多い。しかも、途上国だけでなく、先進国もこの資源の呪いの呪縛から免れることはできない。その例が1960年代のオランダである。

　1959年、世界で十指に入る埋蔵量を有するガス田がオランダで発見され

た。このガス田は 1963 年に生産を開始するが、二度にわたる石油危機とその影響によるエネルギー価格の高騰によって、1970 年代のオランダは莫大な外貨収入を得ることができた。政府はこの外貨収入を元手に社会保障制度の整備を進めたので、国民の福祉も大いに向上した。ところが、国民が天然ガスの恩恵を享受している間に新たな病理がオランダに忍び寄ってくる。まず天然ガス輸出の拡大が自国通貨高をもたらした。自国通貨高は製造業の国際競争力を損なうから、こうなると、手厚い社会保障関連費が政府にとって大きな重荷となり、財政も悪化した。この結果、1960 年代から 1970 年代にかけて資源で潤ったオランダが一転して 1980 年代前半には低成長と高失業率に悩む国となったのである。イギリスの雑誌『エコノミスト』はこうしたオランダの状況を「オランダ病」と名付けたが、ここから、大量の天然資源輸出が自国通貨を増価させ、その国の産業の国際競争力を低下させる現象を「オランダ病」と呼ぶようになった。

　資源の呪いが発生する要因は 4 つある。1 つは通貨高によって競争力低下を惹起させるということで、もう 1 つが官民両部門における過少消費と過小投資である[1]。前者については「オランダ病」で説明した通りであるが、後者を簡単に説明すれば、過少消費をもたらす要因は所得分配の不平等にある。というのは、多くの場合、資源は国家によって一元管理されているから、資源から上がる収入も一旦は国家に集められる。国家がこの収入を国民に均等に分配すれば過少消費の問題は起こらないが、多くの場合、国家は資源から上がる収入を貯め込もうとするし、場合によっては、権力者とその側近がその収入を独り占めしようとするから、収入が広く国民に行き渡ることはない。他方、過小投資について言えば、多くの場合において、それは投資の偏りの問題を惹起する。つまり、資源関連部門にのみ資金や人材が集中投入される一方で、それ以外の部門への投資が疎かになる。この結果、資源以外の部門の成長に支障をきたすこととなる。3 つ目は財政に対する悪影響である。つまり、厳しい財政運営を迫られている中で、突然資源輸出によって棚ぼた的収入がもたらされると、財政が豊かになる反面、政府は収税努力をしなくてよくなるし、厳しいやりくりからも解放されるので、規律が緩んでしまう側面があり、この結果として、放漫財政が定着して、インフレ体質の蔓延を助長する。4 つ目は腐敗の誘発である。つまり、莫大な利益を生む天然資源は腐敗や不正の温床になりやすく、ひいては紛争の火種にもなりやすい。

## （2）レント・シーキング

　極端な議論をすれば、人間が生活の糧を得る道は2つある。1つは苦しい道、もう1つが楽な道である。この世の中に楽な道などそうそうあるわけではないから、好むと好まざるとにかかわらず、多くの人は苦しい道を歩まざるを得ない。その苦しい道において富を生み出す源泉は付加価値である。ここで企業と労働者からなる最も簡単な経済モデルを考えると、企業は生産に投下した資本が生み出す付加価値を受け取る。これが利潤であって、生産貢献に対する正当な対価である。他方、労働者は労働によって生み出した分の付加価値を賃金として受け取るが、これも生産貢献に対する正当な対価である。つまり、企業も労働者も生産に付加価値を付けた報酬として生産貢献に対する正当な対価を受け取っているのである。これに対して、例外的に楽な道を歩むことができる幸運な人もいる。そして、それが人でなく、国であれば、それは有資源国ということになる。しかし、有資源国が資源の産出と輸出から税金やロイヤリティ[2]を通じて徴収する収入は、付加価値を付ける作業とは何の関係もないから、通常の経済における利潤とは全く性格が異なり、むしろ地主が土地を貸し出して得るレント（地代）に似ている。

　このレントが有資源国の経済を論じる際になぜ重要かというと、十分な資源がある場合、その国が「レンティア国家」（rentier state）となりやすいからである。レンティア国家とは、国民経済が利潤でなく地代を主要な収入源として運営される国家のことであるが、資源の存在が莫大な超過利潤を生めば、その超過利潤を主要な収入源として運営される国もまたレンティア国家である。そして、レンティア国家においては、国民が労せずに得た収入で生活することができるから、通常の経済活動が疎かになってしまうのである。また、レンティア国家においてはレント収入の確保と分配が国家運営の中心に位置づけられるから、生産志向の希薄で現状追認型の保守的な政治が行われやすいし、開発よりも権力維持のためにレント収入を使うようになるので、消費性向が高く、現状維持的で開発志向に欠けた政府ができやすいという傾向も多分にある。

　レンティア国家においては国民もレント追求的な行動をとりがちになる。これを「レント・シーキング」（rent seeking）と呼ぶが、レント・シーキング活動には積極的レント・シーキングと消極的レント・シーキングの2つがある。

第12章　資源の有効活用を妨げている要因とは何か　　369

積極的レント・シーキングとは、より多くの人々が富を創出する見返りとして収入を得るのではなく、自分たちの努力とは関係なく生み出される富に対して、より大きな分け前にあずかろうとする行動である。なぜ人々がこの活動を行うかというと、資源へのアクセス権を有利な条件で入手することができれば、自らが富を創出するよりもはるかにたやすく富を築き上げることができるからである。そして、このレント・シーキング活動が企業レベルになると、企業は自らに都合のよい規制を設定することで超過利潤を得られるように、政府や官僚組織へ働きかけようとする。

　これに対して、消極的レント・シーキングとは他にとるべき選択肢がない場合の行動である。というのは、仮に資源に恵まれたとしても、その資源が多くの雇用を生むとは限らず、雇用を生まない場合も多いからである。その一例が海底油田である。仮にこの海底油田が資本も技術もない途上国で発見されたとしよう。この油田採掘には国内では賄えない高度な技術を体現した機械や施設が必要だから、資本と技術を有する先進国から直接投資が入ってくる。この直接投資によって油田の商業生産が実現すれば、途上国には輸出収入が入ってくる。しかし、油田の採掘現場は国内経済とは無縁な外部直結的な「飛び地」にすぎない。つまり、油田は途上国にレントをもたらすが、雇用機会の創出にはつながらない。雇用機会につながらない以上、国民は生活のためにもレントに頼らざるを得なくなるのである。

　レント・シーキング活動の弊害は大きく分けて2つある。1つは暴力、贈賄、ロビー活動に代表される腐敗の蔓延である。というのは、腐敗が蔓延すると、腐敗に対する人々の感覚が段々麻痺していき、その結果として、手段のために目的を選ばずという行動に歯止めがかからなくなり、レント追求を目的とした腐敗が日常茶飯事となるからである。そして、レント・シーキング活動の成功者がより多くの富を得ていくのに対して、レントを追求できない人たちはますます貧しくなり、所得分配が不均等化していく。有資源国の多くでジニ係数が高い背景にはこうした事情が存在すると考えられる。もう1つは紛争の多発である。というのは、豊かな天然資源はレント追求活動の対象となりやすいので、レントの奪い合いが紛争へと発展する可能性も高いからである。

## ２．経験的考察

　ここからは各国の具体例を見ていくが、そのとき参考になるのが前述の理論的考察である。つまり、理論的考察の結果として、失敗の要因をいくつかの類型に分類することが可能であるが、各国の例をこの類型に当てはめていくと、失敗の本質がより鮮明に浮き彫りになるのである。

### （１）人口

　第 11 章において鉱物資源を有効活用できた成功例としてボツワナを取り上げたが、第 10 章の表 10-1 を見ると、ボツワナの輸出額は 17.0 億ドルにすぎず、ナイジェリアの石油輸出額 783.0 億ドルの 1/46 にすぎない。しかし、序章の表 0-4 を見ると、2014 年の 1 人当たり GNI はボツワナが 7,240 ドル、ナイジェリアが 2,980 ドルで、ボツワナがナイジェリアより 2.4 倍高い。なぜ、輸出額でナイジェリアの 1/46 のボツワナがナイジェリアの 2.4 倍の 1 人当たり GNI を達成できたかというと、それはひとえに人口の違いである。つまり、2014 年の人口はボツワナの 210 万人に対してナイジェリアが 1 億 7,394 万人であるから、ボツワナの人口はナイジェリアの 1/83 である。ここから 1 人当たり輸出額を計算すると、ボツワナが 810 ドル、ナイジェリアが 450 ドルとなり、ボツワナがナイジェリアを 1.8 倍上回ってしまう。ここまでの結果から、資源を有効活用できるか否かに人口が大きくかかわっていることが明らかになったと思うが、成功の指標が 1 人当たり GNI ないし GDP である以上、これはある意味致し方のないことである。というのは、1 人当たりの値を求めるということは人口で割るということであり、人口が多ければ多いほど分母が大きくなり、1 人当たりの値が小さくなるからである。

　以上は異なる資源を有する国同士の比較であるが、次に同じ資源を有する国同士の比較を行ってみよう。比較の対象は石油資源国である。2014 年におけるアフリカの石油輸出額の上位 10 カ国は①ナイジェリア（782.6 億ドル）、②アンゴラ（606.7 億ドル）、③アルジェリア（374.1 億ドル）、④リビア（174.9 億ドル）、⑤赤道ギニア（86.8 億ドル）、⑥コンゴ（共）（68.2 億ドル）、⑦ガボン（58.4 億ドル）、⑧ガーナ（39.2 億ドル）、⑨チャド（33.8

億ドル）、⑩カメルーン（27.8 億ドル）である[3]。しかし、これを 1 人当たりに直すと、順位は①赤道ギニア（11,128 ドル）、②ガボン（3,192 ドル）、③リビア（2,794 ドル）、④アンゴラ（2,489 ドル）、⑤コンゴ（共）（1,597 ドル）、⑥アルジェリア（957 ドル）、⑦ナイジェリア（450 ドル）、⑧チャド（300 ドル）、⑨ガーナ（150 ドル）、⑩カメルーン（123 ドル）という具合に変化する。

　この結果からはいくつかの興味ある事実を指摘することができる。まず指摘すべき点は、1 人当たり GNI との関係である。というのは、序章の表 0-4 から 2014 年におけるアフリカの石油輸出額上位 10 カ国の 1 人当たり GNI を大きい順に並び替えると、①赤道ギニア（12,530 ドル）、②ガボン（9,450 ドル）、③リビア（7,910 ドル）、④アルジェリア（5,480 ドル）、⑤アンゴラ（4,850 ドル）、⑥ナイジェリア（2,970 ドル）、⑦コンゴ（共）（2,710 ドル）、⑧ガーナ（1,600 ドル）、⑨カメルーン（1,360 ドル）、⑩チャド（980 ドル）となり、赤道ギニア、ガボン、リビアという上位 3 カ国の順位が 1 人当たり石油輸出額の順位と同じになるからである。ちなみに、これら 10 カ国の中に人口が 1,000 万人未満の国が 4 カ国あり、その 4 カ国とは小さい順に赤道ギニア（78 万人）、ガボン（183 万人）、コンゴ（共）（427 万人）、リビア（626 万人）であるが、4 カ国中 3 カ国が 1 人当たり石油輸出額と 1 人当たり GNI で最上位を占めているということは、人口の少なさが 1 人当たりの数字を大きくする上で重要な要素となっていることを改めて認識させる結果となっている。

　次に確認すべき点は、すべての国で 1 人当たり GNI が 1 人当たり石油輸出額を上回っているということであるが、石油輸出額が GDP を構成する要素の 1 つにすぎない以上、これはある意味で当然の結果である。しかし、1 人当たり GNI と 1 人当たり石油輸出額との乖離が国によってまちまちであるというのは興味ある事実の 1 つである。というのは、乖離が小さければ、石油依存度が高く、逆に乖離が小さければ、石油依存度が低いということになるからである。たとえば、1 人当たり石油輸出額も 1 人当たり GNI もともに第 1 位である赤道ギニアの場合、1 人当たり GNI 比率が 12,530 ドル、1 人当たり石油輸出額が 11,128 ドルであり、後者の前者に対する比率は 89％と高く、この数値からも赤道ギニアの石油依存度の高さを窺い知ることができる。他方、アフリカ最大の産油国であるナイジェリアの場合、1 人当

たり GNI 比率が 2,970 ドル、1 人当たり石油輸出額が 450 ドルであり、後者の前者に対する比率は 15％であり、石油依存度がそれほど高くないことがわかる。

## （2）レントの奪い合いと紛争の発生

「レント・シーキング」を説明した際に、豊かな天然資源はレント追求活動の対象となりやすいので、レントの奪い合いが紛争へと発展する可能性が高いことに言及したが、以下では、奪い合いの対象としての資源に着目し、それぞれの具体例を見ながら、資源の奪い合いと紛争との関係を明らかにしていくこととする。

### （イ）1 つの資源の奪い合い

1 つの資源を奪い合う例としてナイジェリアを取り上げることとしたい。

1960 年、ナイジェリアは北部、西部、東部という 3 つの州からなる連邦国家として独立したが、このうち東部州がナイジェリアからの分離・独立を目指したことによって 1967 年から 1970 年にかけてビアフラ紛争と呼ばれる深刻な内戦状況が発生した。なぜ東部州がナイジェリアからの分離・独立を目指したかというと、連邦維持のために払っている費用に見合った便益を受けられないことに対する不満である。

ナイジェリアは 400 以上の部族からなる多民族国家である[4]が、主要部族は北部のハウサ族、西部のヨルバ族、東部のイボ族の 3 つで、全人口に占める比率は概ねハウサ族 30％、ヨルバ族 20％強、イボ族 20％弱といったところである。これら 3 部族は地域的特性をもつだけでなく、イスラム教徒のハウサ族、イスラム教徒とキリスト教徒が混合するヨルバ族、キリスト教徒のイボ族という宗教的特性ももっている。ナイジェリアにおける部族対立の原因を作ったのは宗主国イギリスである。すなわち、イギリスが沿岸部を拠点に徐々に内陸部に勢力を拡げていく過程でキリスト教の宣教師たちの布教活動も活発化したが、その活動はイスラム教の多い北部にまで浸透しなかった。結局、北部への伝道の道を断たれた宣教師たちはもっぱら南部での布教に心血を注ぎ、ほぼ全部のイボ族と約半数のヨルバ族がキリスト教徒となった。彼らキリスト教徒はミッション・スクールで教育を受けたりしたので、教育水準も高かったため、読み書きや計算の能力を必要とする植民地政府での公職は彼らキリスト教徒により独占された。また、キリスト教徒の中でも商才

第 12 章　資源の有効活用を妨げている要因とは何か　　373

に優れていたイボ族が植民地経済を牛耳るようになった。他方、軍人として優れた資質を有していたこともあり、軍隊組織内では北部のイスラム教徒が圧倒的優位を誇っていた。そして、北部のハウサ族の指導者たちはヨルバ族のイスラム教徒を味方に引き入れることによって多数派工作に成功し、1960年には北部のハウサ族主導型の連邦政府が誕生し、全国的にハウサ族の勢力が伸張するような政策を推進したが、この政策がイボ族の反感を招くこととなった。というのは、1956年に最初に発見された油田を含め、主要な油田はすべてイボ族の居住地である東部で発見されていたが、石油の輸出収入のほとんどはハウサ族主導型の連邦政府に吸い上げられ、東部に還元される比重が小さかったからである。

　こうした状況下、1967年、東部州は連邦からの離脱とビアフラ共和国独立を宣言するが、この独立は連邦政府の認めるところとならず、内戦が勃発する。そして、1970年の内戦終結までの間に150万人以上のイボ人が飢餓・病気・虐殺によって死亡したと言われている。

　（ロ）複数の資源の奪い合い

　複数の資源を奪い合う例としてアンゴラにおけるダイヤモンドと石油の争奪戦を取り上げることとしたい。

　アンゴラは今でこそナイジェリアに次ぐアフリカ第2の産油国として有名であるが、元々のアンゴラは農業国で、特にヨーロッパ人が経営するプランテーションで栽培されるコーヒー豆は1950年初めで輸出総額の40％を占めた。ちなみに、コーヒー豆に次ぐのがダイヤモンドで輸出総額の10％を占めた[5]。

　アンゴラは、1975年の独立から2002年に至るまで継続して内戦状態にあったが、第6章で詳述した通り、内戦の原因はそれに先立つ1961年からの独立闘争時代にすでに生まれていた。というのは、内戦の当事者が独立戦争を主導したMPLA（アンゴラ解放人民運動）、FNLA（アンゴラ民族解放戦線）、UNITA（アンゴラ全面独立民族同盟）という3つの組織だったからである。そして、最大勢力であるMPLAにFNLA・UNITA連合が対抗する形で独立後の内戦が進行し、1984年にFNLAが離脱した後はMPLA対UNITAという構図となった。この内戦には2つの局面がある。1つは東西冷戦構造の下での米ソ代理戦争という局面で、MPLAはソ連の支援を受けながら、また、UNITA連合は米国と南アの支援を受けながら戦った。しかし、

374　　第2部　どうしたら資源を有効活用できるか

この局面は 1991 年末のソ連崩壊をもって幕を閉じる。ところが、内戦はそれから 10 年以上も継続するのである。これが第二の局面であるが、この局面では資源の争奪戦が激しさを増した。

　この当時アンゴラを代表する二大鉱物資源がダイヤモンドと石油だった。ダイヤモンドの発見は石油よりも古く、1920 年代には採掘が本格化していた。ダイヤモンドの産地はアンゴラ南部であるが、南部は UNITA の勢力圏であったから、UNITA の闘争資金はダイヤモンドによって賄われた。これに対して、石油採掘が始まるのは 1950 年代であり、その主産地は MPLA の勢力圏である北部であったから、MPLA の闘争資金は石油によって賄われた。この結果、内戦の状況は石油とダイヤモンドの価格の変動に大きく左右されるようになったと言われている。すなわち、ダイヤモンド価格が上昇し、石油価格が下降したときは UNITA が攻勢を強め、その逆のときは、MPLAが攻勢を強めることとなった。そして、紛争ダイヤモンドの問題への国際社会の関心が高まり、1998 年 6 月の国連安全保障理事会決議による制裁でアンゴラ産ダイヤモンドが世界市場で締め出しを食うようになると、資金源が枯渇した UNITA は闘争を継続できなくなり、内戦は終結した。


## （3）ガバナンスの欠如がもたらす弊害

　第 11 章において資源の有効活用の成功例としてボツワナを取り上げた理由の 1 つがガバナンス[6]の高さであるが、逆に言えば、アフリカの有資源国の中にはガバナンスが欠如している国が多い。そして、ガバナンスが低下すると、レント探求活動が腐敗を招く確率が高くなるので、以下ではその腐敗の具体例を列記することとした。

### （イ）独裁政権下での腐敗

　ガバナンスが低い国では独裁政権が成立しやすく、しかも、その独裁政権の下で腐敗が蔓延するという例は多数あるが、ここではその腐敗が経済を不振に陥れる場合とそうでない場合を分けて考える。というのは、後者の場合だと、好調な経済が腐敗の存在を見えにくくする可能性が高いからである。

### （a）経済を不振に陥れる腐敗

　独裁政権下での腐敗が経済を不振に陥れた例として、以下ではコンゴ（民）の事例を説明する。

　コンゴ（民）はその面積が 234 万 km$^2$ で、アフリカではアルジェリアに次

いで 2 番目に大きく、また、2014 年の人口が 7,930 万人で、アフリカでは
ナイジェリア、エチオピア、エジプトに次いで 4 番目に多い。つまり、コン
ゴ（民）は面積的にも人口的にもアフリカで指折りの大国である。ところが、
その名目 GDP は 2014 年において 359.2 億ドルであり、アフリカではナイ
ジェリア、南ア、エジプト、アルジェリア、アンゴラ、モロッコ、スーダン、
ケニア、エチオピア、タンザニア、チュニジア、リビア、ガーナに次いで
14 番目であり、さらに序章の表 0-4 が示す通り、2014 年の 1 人当たり GNI
は 380 ドルであり、それはソマリアを除くアフリカ 53 カ国中で下から 5 番
目の低さとなる。これらの数字からも明らかなように、コンゴ（民）は、そ
の経済規模に比べて、経済のパフォーマンスが極端に悪い国なのである。

　コンゴ（民）は銅、コバルト、ダイヤモンド、カドミウム、金、銀、亜鉛、
マンガン、錫、ゲルマニウム、ウラン[7]、ラジウム、ボーキサイト、鉄鉱石、
石炭といった多様な鉱物資源に恵まれた国であり、第二次世界大戦後にはヨ
ーロッパ資本が牽引する形で急速に経済成長が進み、当時のベルギー領コン
ゴはアフリカ屈指の工業国となっていた。このベルギー領コンゴの代表的鉱
物が銅であるが、1910 年に開始された銅の生産は第一次世界大戦後に急拡
大し、1928 年には世界生産の 7% を占めるまでになった[8]。銅の主要な産地
は隣国ザンビアの産銅地帯と近接する東南部カタンガ州（現シャバ州）であ
るが、1960 年の独立以降、このカタンガ州の分離独立問題がコンゴ動乱の
火種となった。

　コンゴ（民）の現代史の出発点は第 1 章でも言及したベルリン会議であり、
この会議で承認された結果として、ベルギー国王レオポルド 2 世の私有地と
しての「コンゴ自由国」が 1885 年に成立した。ところが、レオポルド 2 世
がこの地で実施した圧政が酷くなると、国際社会から激しい非難を受けるよ
うになった。そこで、その非難の矛先がレオポルド 2 世個人に向かうことを
恐れたベルギー政府は、その地をレオポルド 2 世から買い取ることで、1908
年にその地を直轄植民地とした。

　1950 年代後半、この地でベルギーに対する独立闘争が活発化するが、そ
の闘争を主導したのが西部を代表するジョセフ・カサブブ、中部を代表する
パトリス・ルムンバ、東部を代表するモイーズ・チョンベという 3 人の政治
家であった。そして、1960 年 6 月 30 日にベルギーから独立して「コンゴ共
和国」が成立すると、カサブブが大統領、ルムンバが首相に就任したのに対

して、旧宗主国ベルギーの支援を取り付けたチョンベがカタンガ州の分離独立を宣言したことをきっかけにコンゴ共和国内は分裂状態となった。これがコンゴ動乱であり、コンゴ共和国対カタンガというのが本来の対立の構図であったが、東西冷戦構造化での米ソ対立の煽りを受けて、コンゴ共和国内部でも親米派のカサブブと親ソ派のルムンバの対立が深刻化するなど、状況は流動的であった。この状態に終止符を打ったのが1965年12月にクーデターを起こして全権を掌握したジョゼフ・モブツである。そして、このモブツが1997年までの32年間にわたって独裁体制を敷くのである。

　モブツは植民地の負の遺産を払拭するために国粋主義的政策を推進し、その一環として、1964年以降「コンゴ民主共和国」となっていた国名を「ザイール共和国」に変更した[9]が、経済政策の主眼は1973年から推進した外国資本の国有化である。しかし、この国有化政策は外国資本の反感を招き、資本と技術の流出が相次ぎ、国内の基幹産業はむしろ弱体化した。にもかかわらず、モブツが長期独裁政権を維持できた理由は2つある。1つは鉱物資源利権である。というのは、外国資本を締め出し、鉱山を国有化することによって、鉱山の経営を引き継いだ国営企業から莫大な賄賂が上納されるようになったのである。2つ目の理由は外国からの支援である。というのは、モブツは、東西冷戦構造を利用して、自らアフリカにおける反共の先兵としての役割を演じることで、西側先進国から援助を引き出すことに成功したからである。この援助は本来国に対して与えられたものであるが、モブツは当然の如くそのほとんどを着服したと言われている。こうした蓄財の結果、ザイールでは国民が世界最貧状態に喘ぐ中、モブツは世界でも5指に入る資産家になっていたと言われている[10]。モブツの不正蓄財を示す例は枚挙に遑がないが、一説では、彼が30年以上の間に蓄えた財産は約40億ドルとのことである[11]。

　モブツ時代とは1965年から1997年までの32年で、その間にGDPは65%減少したと言われている[12]。図12-1は1980年から2015年までの36年間における名目GDPの推移を示したものであるが、この図はモブツ時代の後半における経済の衰退ぶりを如実に示している。というのは、この36年間における名目GDPの最高値が1980年の686億ドルであり、それが2001年の82億ドルまで下降しているからである。前述の通り、モブツ独裁時代の前半は東西冷戦構造下で西側から多額の援助が流入した時期であるので、

第12章　資源の有効活用を妨げている要因とは何か　　　377

経済のパフォーマンスもそれほど悪化していなかったが、後半に入ると様々な矛盾が吹き出し、深刻な経済不振に陥ったから、1980年の名目GDPが相対的に高いのはある意味当然である。そして、名目GDPは1985年には319億ドルまで落ちるが、この値は1980年の半分以下である。名目GDPはそこから一旦上昇し、400億ドル近辺に貼り付き、1993年には475億ドルに達するが、そこから再び下降し、最終的に2001年の82億ドルで底を打つ。

1990年代の状況を概観すると、それまでモブツを支えていた内外の支持者が徐々に離反していくようになる。外の支援者とは米国である。つまり、1991年末のソ連崩壊を引き金に東西冷戦構造が終焉を迎えるとともに、米国はモブツ政権への支援を打ち切った。他方、1990年代になると民主化要求の流れが高まり、政権基盤が一気に脆弱化し、国内は混乱状況に陥った。コンゴ動乱の時と同様に、今回も混乱の火種となったのは東部である。

東部情勢は複雑である。というのは、首都から遠いということで、元々反中央政府的であるが、そこに対外的要素が加わるからである。東部では過去数世紀にわたって民族間の緊張が続いていた。その民族とは土着の農耕民族とルワンダにおける虐殺で知られたツチである。ツチはベルギーの植民地時代に流入したツチと独立後に流入したツチで明確に区別された。というのは、前者に対しては市民権が与えられ、後者には与えられなかったからである。ところが、前者の中に東部の分離独立運動に荷担した人もいたため、モブツ政権は前者を冷遇し、後者を厚遇したから、東部におけるツチ社会では前者と後者との間で緊張が高まった。1981年にモブツ政権は前者の市民権と参政権を剥奪したが、この措置によって前者のモブツ政権に対する反感はさらに強まり、1990年代に入ると、ウガンダを拠点とするツチを中心とした反政府組織ルワンダ愛国戦線との連携を模索するようになる。1994年、ルワンダで虐殺[13]が拡大し、それが引き金となって第一次コンゴ戦争が勃発し、ルワンダからの難民150万人がザイール東部に流入した。この難民の中にはフツによる虐殺を逃れた者もルワンダ愛国戦線による報復を恐れた者もいて、特に後者の中には虐殺の加害者であるフツ軍人やフツ系過激の民兵が含まれていたから、この状況が前述のルワンダ愛国戦線主導で誕生した新生ルワンダ政権の介入を招くことになる[14]。

こうした混乱の中で長年反政府運動を行ってきた東部出身のローラン・カビラを指導者とするコンゴ・ザイール解放民主勢力連合が成立するが、この

図12-1 コンゴ（民）の名目GDP

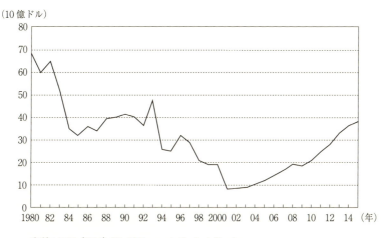

出所：IMF（2015）World Economic Outlook Database

連合を新生ルワンダ政権が支援した。ルワンダがこの連合を支援した背景には「大ルワンダ構想[15]」の実現があるという説もあるが、いずれにしてもルワンダがコンゴ・ザイール解放民主勢力連合の支援を通じてモブツ政権の打倒を目指したことは確かである。この連合の支援にウガンダとブルンジが加わり、さらに内戦状況下のアンゴラから反政府勢力UNITAがモブツ政権を支援し、政府側がコンゴ・ザイール解放民主勢力連合を支援した。これら周辺国以外では、ザンビアとジンバブエが反政府側に軍事物資の供給を行ったし、エリトリア、エチオピア、南スーダンの反政府勢力は反政府側への資金援助を行った。とりわけ大勢を決する上で重要な要素となったのが1997年のアンゴラ政府軍の参戦であり、これによってコンゴ・ザイール解放民主勢力連合側が断然有利となり、同年5月にはモブツがモロッコに亡命して、32年にわたった独裁政権に終止符が打たれた。そして、同年9月にモブツが亡命先のモロッコで死去すると、ローラン・カビラが大統領に就任し、国名をザイールから旧名の「コンゴ民主共和国」に戻した。

ところが、ローラン・カビラ指導下のコンゴ民主共和国はモブツ政権同様に国民の失望を招いた。図12-1によると、名目GDPは1996年の321億ドルから2001年の82億ドルまで下がり続けているが、この図が示す通り、経

第12章　資源の有効活用を妨げている要因とは何か　　379

済はますます悪化していった。なぜモブツ退陣後も経済が好転しなかったというと、カビラ政権も腐敗に塗れていたこともあるが、より深刻な影響を与えたのが第二次コンゴ戦争の勃発である。

第二次コンゴ戦争の引き金を引いたのも東部情勢だった。というのは、カビラ政権誕生の中核勢力はベルギーの植民地時代に流入したツチ系人であったが、ツチ系の影響力強化を恐れたカビラ大統領が政権や軍部からツチ系の排除を始めたことが戦争へと発展していったからである。この第二次コンゴ戦争は国内のダイヤモンドやコバルトなどの豊富な鉱物資源に関する利権が絡んだことで長期化し、1998 年 8 月から 2003 年 7 月まで約 5 年間続いたが、政府側を支援したのがジンバブエ、ナミビア、アンゴラであり、反政府勢力を支援したのがウガンダとルワンダである。この間、政府側では 2001 年にはカビラ大統領が護衛兵に暗殺されるという事件も起きたが、長男ジョゼフ・カビラが後任大統領に就任することで政権の崩壊を防いだ。政権の安定化は図 12-1 からも窺い知ることができる。というのは、2001 年に底を打った名目 GDP はその後上昇に転じるからである。ところで、最終的に第二次コンゴ戦争に関わった国は 8 カ国で、その死者数は 500 万人を超えると言われているが、死者数で言えば、これは第二次世界大戦後に起きた最悪の戦争であると同時に現代アフリカ史上最悪の戦争であった。

（ｂ）経済を不振に陥れない腐敗

好調な経済が独裁政権下での腐敗を見えにくくしている例として、以下では赤道ギニアとアンゴラの事例を説明する。

赤道ギニアの主要な国土は、西はギニア湾に面し、北はカメルーン、東と南はガボンに接する大陸部とギニア湾に浮かぶ 2 つの島である。この国の面積は 2.8 万 $km^2$ で、アフリカで 11 番目に小さい。また、2014 年の人口は 78 万人で、アフリカで 5 番目に少ない。この面積の小ささと人口の少なさが示すように、赤道ギニアはアフリカでも指折りの小国である。この赤道ギニアに最初に足を踏み入れたヨーロッパ人はポルトガル人で、15 世紀後半に 2 つの島の 1 つであるビオコ島に上陸した。ところが、1778 年にポルトガルはブラジルの領有権を認めてもらうことと引き替えに大陸部とビオコ島をスペインに割譲したので、赤道ギニアはアフリカにおけるスペインの数少ない植民地の 1 つとなり、その状況が 1968 年の独立まで続いた。

元々の赤道ギニアは農業国で、カカオ豆とコーヒー豆のプランテーション

380　第 2 部　どうしたら資源を有効活用できるか

がこの国の経済を支えていたが、この状況を大きく変えることになったのが石油の発見である。赤道ギニアが位置するギニア湾は古くから産油地として有望視されていて、赤道ギニアの領内でも 1980 年代から米国系メジャーであるエクソン・モービルによって探査が進められた結果、1990 年代には本格的な生産体制に入る。そして、2005 年には日量 35 万バレルの生産を達成し、サブサハラでナイジェリア、アンゴラに次ぐ第 3 位の産油国の地位を確立した。この石油発見が赤道ギニア経済に与えた効果は甚大で、1990 年代後半以降は毎年 2 桁の経済成長を続け、序章の表 0-4 から 2014 年の 1 人当たり GNI を見る限りにおいて、それまでの低所得国がアフリカ第 2 位の高所得国にまで躍進しているのである。

　図 12-2 は赤道ギニアにおける名目 GDP と石油輸出額の推移を示したものであるが、利用可能な資料の関係で、名目 GDP については 1980 年から 2015 年までの数値をとり、石油輸出額については 1995 年から 2014 年までの数値をとった。この図から名目 GDP を見ると、石油発見後の赤道アフリカの急成長ぶりを容易に窺い知ることができる。というのは、1980 年から 1995 年までほぼ横ばいだった名目 GDP が 1996 年から上昇を始めているからである。ちなみに、この 1996 年は主力油田の 1 つであるザフィーロ油田からの原油生産が開始された年である。この 1996 年の名目 GDP は 3.05 億ドルであるが、ここから急上昇を始める名目 GDP は 2012 年には 223.90 億ドルの最高値に達しているが、前掲の図 12-1 からコンゴ（民）における名目 GDP を見ると、2012 年のそれは 275.66 ドルである。つまり、コンゴ（民）との比較で言えば、国土面積で 1% 強、人口で 1% 弱の赤道ギニアが名目 GDP では 80% 以上も稼得しているということあり、この比較からも石油発見効果の大きさを読み取ることができるのである。

　他方、図 12-2 からはもう 1 つ興味ある事実を指摘することができる。その事実とは名目 GDP と石油輸出額がほぼ同一の形状をしているということである。具体的に言えば、1995 年に 0.4 億ドルであった石油輸出額は急上昇して 2008 年には 116.1 億ドルに達するが、この間に名目 GDP も 1.9 億ドルから 197.5 億ドルに上昇している。この間、石油輸出額は 300 倍弱伸び、名目 GDP は 100 倍強伸びた。その後石油輸出額も名目 GDP も 2009 年に一旦急降下したが、その後再び上昇に転じ、2012 年にピークを迎えた後、再び下落した。このように、名目 GDP が石油輸出額と同じように動いている

第 12 章　資源の有効活用を妨げている要因とは何か　381

図12-2 赤道ギニアの名目GDPと石油輸出額

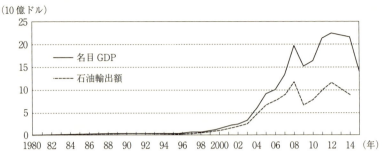

出所1：名目GDPはIMF（2015）World Economic Outlook Database
出所2：石油輸出額はUNCTADのホームページ

ということは、赤道ギニアの名目GDPが石油輸出額に大きく依存しているという関係を如実に示していると言い得るだろう。

以上の結果だけを考慮すれば、ボツワナ以上の成果を上げている赤道ギニアは資源の有効活用の成功例として取り上げられるべき条件を十分に満たしているが、あえてその例から外した理由は独裁政権下での腐敗を問題視したからである。

1968年に赤道ギニアがスペインから独立してからすでに50年近くが経過しているが、この間にこの国で大統領に就任した人物はわずか2名である。その2名とはフランシスコ・マシアス・ンゲマとその甥のテオドロ・オビアン・ンゲマであるが、その交代は叔父と甥の間の禅譲ではなく、甥がクーデターを起こして叔父を追放・処刑した結果である。そして、1979年8月に大統領となった甥のテオドロは2016年時点でも大統領職に留まっているが、彼の大統領在職期間はアフリカ最長であるだけでなく、君主を除けば世界最長でもある[16]。

テオドロ・オビアン・ンゲマは大統領としての在職期間が長いだけでなく、アフリカ有数の資産家である。彼の資産は6億ドルに上ると言われているが、これは彼がアフリカの元首の中ではアンゴラのドス・サントス大統領、モロッコのムハンマド6世国王に次ぐ3番目の資産家であることを意味する[17]。また、2016年6月には彼の子息が将来の大統領含みで副大統領に就任するが、この子息の資産を巡るスキャンダルも枚挙に遑がない[18]。この結果が何

382　第2部　どうしたら資源を有効活用できるか

**図 12-3　アンゴラの名目 GDP と石油輸出額**

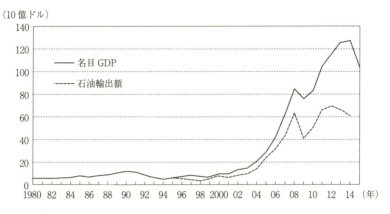

出所1：名目 GDP は IMF（2015）World Economic Outlook Database
出所2：石油輸出額は UNCTAD のホームページ

を表しているかというと、石油によってもたらされた富が国民に平等に分配されることはなく、それは単に大統領とその家族を潤しているにすぎないということである。こうした事情もあり、赤道ギニアの腐敗認識指数は2010年で世界187カ国中下から10番目の悪さである[19]。

　次にアンゴラの事例を説明する。前述の通り、アンゴラは1975年の独立から2002年に至るまで継続して内戦状態にあった国であるが、内戦終結後には驚異的な高成長を達成し、2014年にはアフリカで第5位の名目 GDP を達成し、1人当たり GDP も第8位となった。この高成長をもたらした最大の要因が石油である。

　図 12-3 はアンゴラにおける名目 GDP と石油輸出額の推移を示したものであるが、利用可能な資料の関係で、名目 GDP については1980年から2015年までの数値をとり、石油輸出額については1995年から2014年までの数値をとった。この図から名目 GDP を見ると、石油発見後のアンゴラの急成長ぶりを容易に窺い知ることができる。というのは、1980年から20年以上横ばいだった名目 GDP が2001年を起点に急上昇を始めているからである。

　他方、図 12-3 からはもう1つ興味ある事実を指摘することができる。その事実とは、図 12-2 と同様に、名目 GDP と石油輸出額がほぼ同一の形状

をしているということである。具体的に言えば、1995 年に 33.9 億ドルであった石油輸出額は急上昇して 2008 年には 623.1 億ドルに達するが、この間に名目 GDP も 55.4 億ドルから 841.8 億ドルに上昇している。この間、石油輸出額は 18 倍伸び、名目 GDP は 15 倍伸びた。その後石油輸出額も名目 GDP も 2009 年に一旦急降下したが、その後再び上昇に転じ、2012 年にピークを迎えた後、再び下落した。このように、名目 GDP が石油輸出額と同じように動いているということは、アンゴラの名目 GDP が石油輸出額に大きく依存しているという関係を如実に示していると言い得るだろう。

　以上の結果だけを考慮すれば、アンゴラも資源の有効活用の成功例として取り上げられるべき条件を十分に満たしていると考えるが、敢えてその例から外した理由は、赤道ギニアと同様に独裁政権下での腐敗を問題視したからである。

　赤道ギニアの事例の中で独立後に就任した大統領はわずか 2 名であることを紹介したが、アンゴラにおいても独立後に大統領に就任した人物はわずか 2 名である。その 2 名とはアゴスティニョ・ネトとジョゼ・エドゥアルド・ドス・サントスであるが、1979 年 9 月に初代ネト大統領が死去したことに伴い、ドス・サントスが後継大統領に就任する。そして、ドス・サントスは 2016 年時点でも大統領職に留まっているが、彼の大統領在職期間はアフリカでは赤道ギニアのンゲマ大統領に次いで長い。ドス・サントスは大統領としての在職期間が長いだけでなく、200 億ドルの資産を有するアフリカで最も裕福な元首である[20]が、彼の長女も 2013 年にアフリカ初の女性億万長者になったことで知られる人物である[21]。2014 年の 1 人当たり GNI が 4,850 ドルの国で大統領とその長女が億万長者であるということからも、石油によってもたらされた富が国民に平等に分配されていないことは明らかであり、この結果として、アンゴラの腐敗認識指数は 2015 年で世界 168 カ国中下から 5 番目の悪さである[22]。

　アンゴラの油田の大部分が海底油田のため、本土との繋がりはほとんどない。その結果、資本と技術のほとんどは欧米の石油会社から提供されるから、そこで雇用されるアンゴラ人はわずか 1 万人にすぎない[23]。ということは、石油との関係にのみ着目すれば、アンゴラは紛れのない「レンティア国家」であるから、国民の関心も当然レントの追求に集中する。そして、内戦が終了した結果として政権が安定すると、政権の中枢を担う人たちがレント追求

活動の主役に躍り出るが、この主役の中身をさらに精査すると、2つのエリート層の存在が浮かび上がってくる。その1つが「メスティソル・アシミラード」と呼ばれる白人エリート層の存在である。彼らの祖先は植民地時代に宗主国ポルトガルからやってきた移民であるが、独立後もそのエリート層家族が約100世帯残っていて、その家族が今も経済や政治を牛耳っていると言われている[24]。もう1つは財務省、中央銀行、国営石油会社という国家の中枢機関で働くエリート層である。アンゴラではGDPの半分近くを占め、税収のほとんどを賄う莫大な石油収入がこの3機関のどこかに消えると言われている。そして、この2つのエリート層が関与する利権構造の中心にドス・サントス大統領とその家族、さらには側近が居座っていることはほぼ紛れのない事実と考えられる。

### （ロ）頻繁な政権交代下での腐敗

ここまで長期独裁政権下での腐敗を取り上げてきたが、頻繁な政権交代が起きても腐敗に塗れている国はあるので、以下ではその例としてナイジェリアを取り上げる。

ナイジェリアにはいくつものアフリカ・ナンバーワンがある。その代表例が人口と石油輸出額であったが、2014年にはGDPでも南アを抜き、アフリカ最大の経済大国となった。ナイジェリアがアフリカ最大の産油国である以上、石油がナイジェリアの成長に果たした役割は当然大きかったと思われる。他方、前述の赤道ギニアもアンゴラも同じ産油国であるから、そこで、1995年から2014年までの20年間の石油輸出額（X）と名目GDP額（Y）をとり、回帰直線を当て嵌めることによって、3つの国を比較してみることとした。結果は次のようになる。

①赤道ギニア：Y = 1.98X − 0.65 （相関係数＝ 0.96）

②アンゴラ　：Y = 1.73X − 2.34 （相関係数＝ 0.98）

③ナイジェリア：Y = 4.29X + 51.65 （相関係数＝ 0.88）

この結果から2つの興味ある事実を指摘することができる。1つ目の事実は相関係数に関係する。つまり、3つの国とも相関係数は高く、回帰直線の当て嵌まり具合も良好と判断できるが、とりわけ数値がよいのは赤道ギニアとアンゴラで、ともにほとんど1に近いということは、この2カ国においては名目GDPが石油輸出額に正比例する形で上昇していることを意味する。これに対して、2つ目の事実はXの係数値と関係する。ここでY切片を無

視した上で、この係数値が 1 であると仮定すれば、Y＝X となるから、名目 GDP 値は常に石油輸出額に等しい。そして、係数値が 1 より大きくなればなるほど、名目 GDP 値と石油輸出額は乖離するが、この乖離の大きさが名目 GDP の石油依存度を決めるのである。すなわち、乖離幅が小さければ、石油依存度が高く、他産業の稼得分が小さいということであり、逆に乖離幅が大きければ、石油依存度が低く、他産業の稼得分が大きいということになる。この考えを 3 カ国に当て嵌めると、アンゴラと赤道ギニアは石油依存度が高いが、ナイジェリアはこの 2 カ国に比べると石油依存度はそれほど大きくはないという結果が得られる。

　アンゴラや赤道ギニアに比べると、ナイジェリアの名目 GDP が石油に依存する度合は小さいという関係は図 12-4 からも窺い知ることができる。というのは、図 12-4 は、利用可能な資料の関係で、名目 GDP については 1990 年から 2015 年までの数値をとり、石油輸出額については 1995 年から 2014 年までの数値をとっているが、図 12-4 における石油輸出額と名目 GDP は図 12-2、図 12-3 ほどには連動して動いていないからである。

　なぜナイジェリアの石油依存度が低いのかというと、2 つの理由が考えられる。1 つはナイジェリアがアフリカ屈指の農業国であったことと関係している。植民地時代のナイジェリアは世界一のパーム油生産国で、全輸出額に占めるパーム油の比率は 1950 年代初頭で 25％もあったし、パーム油以外でも落花生やココアの栽培も世界有数の規模を誇っていた[25]。また、第 9 章でも言及した通り、13 種類の農産物生産に関してナイジェリアはカカオ豆、カシューナッツ、落花生、天然ゴム、ソルガムの 5 品目で世界のベストテンに入っていているし、第 9 章で取り上げていない農産物について見ても、主食であるキャッサバやヤムイモの生産量が世界一であり、これらの事実を考慮すれば、農業生産は今日においても GDP に一定の貢献はしているのである。

　2 つ目の理由はサービス産業の比率上昇で、その事実は第 7 章の表 7-1 と表 7-2 からも確認することができる。というのは、これらの表を見ると、ナイジェリアにおける GDP を構成する農業、鉱工業、サービス業の比率は 1990 年時点で農業 31.5％、鉱工業 45.3％、サービス業 23.2％であったものが、2013 年で農業 21.0％、鉱工業 25.3％、サービス業 53.7％に変化しているからである。ところで、サービス産業比率の上昇をもたらす要因には消極

図 12-4 ナイジェリアの名目 GDP と石油輸出額

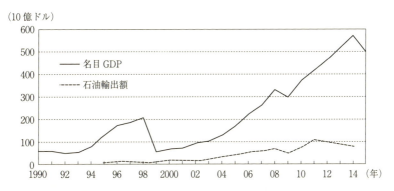

出所1：名目 GDP は IMF（2015）World Economic Outlook Database
出所2：石油輸出額は UNCTAD のホームページ

的な要因と積極的な要因の2つがある。消極的な要因とは、農業も鉱工業も振るわない状況下でその引き算の結果としてサービス業の比率が上昇する場合であり、積極的要因とは、その逆に農業も鉱工業もそれ自体成長しているが、サービス業がそれらを上回るペースで成長している結果としてサービス業の比率が上昇する場合である。そして、ナイジェリアに関して言えば、積極的要因でサービス業が成長していると考えられる。そう考える根拠は人口である。序章でも示した通り、2014年時点でナイジェリアの人口は1億7,394万人でアフリカ最大であるが、第2位のエチオピアが9,098万人であることを考慮すれば、ナイジェリアの人口は第2位のエチオピアの2倍近くあり、アフリカで断トツの多さである。しかも、1980年の人口が6,845万人であったことを考慮すれば、30数年の間にナイジェリアの人口は2.5倍以上も増えているということになるから、この人口増がもたらす国内消費市場の巨大さは容易に想像がつく。つまり、人口増が巨大な内需を生み出すことで、小売、流通、金融、不動産といった各種サービス業が着実な成長を遂げ、ナイジェリア経済に占める石油依存度を徐々に押し下げていったと考えられるのである。なお、ナイジェリアにおける石油産業の従事者は10万人程度と言われており、雇用創出という意味でも石油の貢献度は低い[26]。

ここからはナイジェリアの腐敗について述べるが、腐敗の背景には政治の混乱があり、さらに、政治の混乱の背景には部族対立の問題がある。独立時

の3州体制とビアフラ紛争についてはすでに述べた通りであるが、ビアフラ紛争後、1970年代初頭に石油価格が急騰した結果として連邦政府の懐には何十億ドル資金が棚ぼた式に入ってくることとなり、連邦政府はその資金を利用したバラマキ政策を開始し、その上で出身部族が多数を占める新しい州の設置に乗り出した。つまり、3州制度の下ではハウサ、ヨルバ、イボという3大部族の対立を不可避的に引き起こすので、その対立を緩和する方法として州の細分化に着目した連邦政府は1967年には3州を12州に細分した。この細分化政策はその後も続き、1976年には19州、1996年には36州となった[27]。ところが、この州の細分化によって、連邦政府はハウサ、ヨルバ、イボという3大部族の対立緩和には成功したものの、新設された州で最大規模となった中小部族の発言権が増大したため、逆にこれら中小規模部族間の利害調整に忙殺されることとなる。そして、ナイジェリアでは選挙に基づく民主政権と軍事独裁政権が交互に続くという状態が1999年まで続くのである。

1950年代末に石油が発見されて以来、その石油がもたらす政府収入は2,800億ドルに上ると言われている[28]が、この間に歴代政権がその収入を国民の公共サービス向けに活用することはなかった。換言すれば、当時の政権には石油収入を貧困対策に回すという発想自体がなく、石油収入のほとんどはアブジャでの首都建設のような金のかかるプロジェクトに優先的に使われた。他方、当時の政権は将来の石油収入を担保に多額の資金を借りまくっていたが、石油輸出によって為替相場が実勢を超えて高騰するというオランダ病的現象に見舞われると、借金の返済が覚束なくなり、1998年時点のナイジェリアは1974年時点よりも貧しい国となり、約300億ドルの債務も背負い込んでしまった[29]。

1999年、ナイジェリアで初めて民主的な選挙が実施され、ヨルバ族でキリスト教徒のオルシェグン・オバサンジョが大統領に当選するが、それによって汚職と腐敗が根絶されたわけではなく、むしろオバサンジョの時代になって最悪になったとも言われており、たとえば、2006年には500億ドルを超す外貨収入があったにもかかわらず、その多くは政府部内で使途不明のまま消え、決算報告さえ出ていない状況である[30]。そして、これまで政権の中枢にいた北部人はオバサンジョ政権の成立によって中枢から外されるようになるが、これが北部の反連邦政府的姿勢を強めさせることになり、北部各地

388　第2部　どうしたら資源を有効活用できるか

で暴動が頻発するようになり、中にボコ・ハラム[31]のように政府に対する対立姿勢を明確に打ち出し、テロ活動や武力闘争を展開している組織もある。

ここまでガバナンスの欠如が腐敗をもたらす例としてコンゴ（民）、赤道ギニア、アンゴラ、ナイジェリアという4カ国の事例を紹介してきたが、最後にイブラヒム指数の中でこれらの国がどのような評価を受けているかを見ておくこととした。イブラヒム指数とはスーダン生まれの実業家モ・イブラヒムが設立した財団が毎年発表する指数で、アフリカ全54カ国をカバーしているという意味でアフリカ諸国におけるガバナンスの質を相対評価する上で貴重な資料であるが、その2015年版を見ると、第1位に位置するのがモーリシャスでその指数は79.9である。これに次ぐ第2は指数73.7のボツワナであるが、第11章でボツワナとともに資源の有効活用の成功例として挙げたケニアは第12位で、その指数は58.9である。他方、資源を有効活用できなかった国の方ではナイジェリアが一番よく、第36位で指数は46.5である。それ以外の3カ国は第45位アンゴラ、第46位コンゴ（民）、第47位赤道ギニアと連続しており、それぞれの指数は39.2、35.8、35.4である。そして最下位の第54位がソマリアの10.6である[32]。

## （4）経済政策の失敗

ここまでは資源を有効活用できなかった理由としてレンティア国家におけるレント追求活動を集中的に取り上げてきたが、鉱産物資源国と農産物資源国では鉱産物資源国のレントの方が大きくなりがちなため、そこでの分析はどうしても鉱産物資源国が中心となる傾向が強かった。他方、農産物資源国においても資源を有効活用できなかった事例は多く存在するが、その失敗の多くはレントよりもむしろ経済政策の失敗によるところが大きい。そこで、以下では経済政策の失敗がもたらす資源活用の失敗例をカカオ豆とコーヒー豆を例に取りながら説明していくこととした。

### （イ）カカオ豆の場合

第9章で明らかにした通り、2009年の生産量はコートジボワールが世界第1位、ガーナが世界第3位であり、この2カ国がアフリカにおけるカカオ豆の二大生産国であるから、この2カ国がカカオ豆生産に対してとった政策を具体的に追跡することとした。

まずガーナから見ていくと、中南米原産のカカオの木がガーナにもたらさ

れ、カカオ豆の大規模生産が始まったのは 1890 年代のことであるが、イギリスの植民地時代を通じて、カカオ豆生産が拡大した結果、ガーナのカカオ豆生産は 1957 年の独立時点で世界全体の生産量の 2/3 を占めるところまで成長していった[33]。ところが、独立とともにガーナにおけるカカオ豆生産は衰退に向かう。しかも、その原因を作った張本人がアフリカ独立運動の父と呼ばれる初代大統領クワメ・ンクルマである。なぜンクルマ大統領が衰退の原因を作ったかというと、ここでもアフリカ特有の問題としての部族間対立が浮かび上がってくる。というのは、ガーナの人口の半分を占めるのがアカン族であるが、アカン族はさらにいくつかの集団に分かれ、その中でも比較的大集団であるアシャンティ族がガーナでのカカオ豆生産の中心的存在だったからである[34]。この状態に不満だったのが同じアカン族ではあるが、アシャンティ族とは異なるンゼマ族出身のンクルマで、彼は植民地時代の 1954 年にも植民地議会でカカオ豆の生産者価格を凍結する法案を強引に通過させたりして、反アシャンティ族的であったが、1960 年代に入ると、ンクルマの反アシャンティ族的姿勢はさらに強行となり、カカオ豆に対して重税をかけた。換言すれば、ンクルマの政策の主眼は、カカオ豆生産農家の保護・育成ではなく、カカオ豆生産という特権を享受するアシャンティ族農家からの権限奪取だったのである。しかし、ンクルマの反アシャンティ族政策はアシャンティ族の力を削ぐだけでなく、カカオ豆生産そのものを衰退に陥れてしまい、世界一の生産国の座もコートジボワールに明け渡してしまった。この結果、ガーナにおけるカカオ豆輸出は 1950 年代には GDP の 19％ を占めたが、その比率は 1980 年代には 3％ にまで低下した[35]。そして、ンクルマも 1966 年のクーデターで失脚した。

　次にコートジボワールについて説明する。

　コートジボワールはもともと豊かな国で、1960 年の独立以前もフランス領赤道アフリカにおけるガボンと同様、フランス領西アフリカの「乳牛」と呼ばれていた[36]。また、コートジボワールは、南アとほぼ同程度の農産物輸出を行うアフリカ最大の商品作物生産国の 1 つであるが、中でもカカオ豆が突出していて、全農業生産の 40％ を占めた。商品作物生産が盛んなことは作付面積からも窺い知ることができ、事実、全農地の半分以上がカカオ豆とそれ以外の換金作物向けに使用されていた[37]。

　コートジボワールでは、鉄道、港、運河といった基礎インフラが独立前に

完備していたし、独立後も、フランスとの友好な関係維持に加えて、西側陣営としての立ち位置を明確にし、外国投資も積極的に受け入れた結果、1960年から1970年までの10年間において年率7～12%という高成長率を達成した。この間、外貨稼ぎのトップであるカカオ豆の生産はガーナを抜いて世界一となり、コーヒーもブラジル、コロンビアに次いで世界3位となった。他方、1970年代に入ると、1973年の石油危機、1977～78年のカカオ豆とコーヒー豆の価格下落などの影響で成長に陰りが見えるようになったが、それでも1960年からの20年間を見る限り、コートジボワールは他のアフリカ諸国とは比べものにならないくらいの成功を収めていたのである。

この時期におけるコートジボワールの成功要因が初代ウフエボワニ大統領によって進められた2つの政策である。その1つが移民政策であるが、なぜウフエボワニが移民の受け入れを積極的に行ったかというと、それは移民という労働力を利用して未開の土地を開墾してカカオ木の栽培面積を増やしたかったからである。カカオ豆の生産を拡大するためには、生産性の向上だけでは不十分で、労働力の追加的投入による作付面積の増大が不可欠であったことを考慮すれば、国内で十分な労働力が調達できない以上、外部から移民という形で労働力を調達することはある意味で致し方ないことである。この移民受け入れ政策によって内陸国で天然資源の少ない隣国ブルキナファソから大量の移民が押し寄せ、1980年代までに国内の全労働力の4割を占めるまでになったが、これを人口別に見ると、1975年時点で総人口が671万人であったのに対して、それ以外のアフリカ系移民は143万人、そのうちの最大勢力であるブルキナファソ人は73万人ということになる[38]。この大量に流入した移民が現地民との間で摩擦を起こさなかった理由はウフエボワニが現地民と移民の間を取り持つ政策を実施したからである。その政策の柱は2つある。1つは移民に対して一定の政治的権利を付与することであり、これによってウフエボワニは移民からの支持取り付けに成功する。もう1つは移民たちが生産するカカオ豆に対して課税を行うことであるが、この課税から得た収入を利用して設立した行政機関の職員として現地民を雇用することで、現地民の支持を獲得するのである。

この移民に課した税金こそウフエボワニが推進したもう1つの政策と関係する。というのは、この課税がカカオ豆の政府買い上げ価格を通じて行われていたからである。多くの商品作物も同様の形態をとるが、国内で生産され

たカカオ豆は2つの段階を経て外国に輸出される。すなわち、第一段階にお
いて個々の農家がカカオ豆を政府調達庁に売却し、第二段階において政府調
達庁が個々の農家から買い上げた作物をまとめて外国に輸出するのであるが、
このとき、カカオ豆は第一段階においては国内価格で売却され、第二段階に
おいては国際価格で売却される。国際価格は国際市場における需給関係で決
まるから、与件として受け入れなければならないが、国内価格は政府が恣意
的に決めることができる。そして、国際価格が高値安定期であった1960年
代と1970年代前半においてコートジボワール政府は国内価格を国際価格よ
りも低めに設定したのである。つまり、ウフエボワニが移民に課した税金と
は、実際には、生産者から安値で買い叩いたカカオ豆を高値で輸出すること
によって得た差額だったのである。もちろん、このやり方だと安値で買い叩
かれた生産者から不満の声が上がるのが普通であるが、そうならなかったの
は、国際価格が十分高値で安定していたため、それよりは安いといっても、
生産者側にもそれなりの利益が上がる水準で国内価格が設定されていたから
である。

　この国内価格の低め設定という政策はカカオ豆の国際価格が高値安定して
いた1970年代途中までは有効に機能したが、1970年代後半になると、カカ
オ豆の国際価格が予期せぬ水準まで下がったことによって機能不全に陥って
しまった。というのは、この状況下で政府は生産者保護の観点から国内価格
を据え置いたが、この結果として、カカオ豆を生産する移民は政府から課税
させるのではなく、逆に助成を受けることとなってしまったからである。一
方、移民だけを優遇すると現地民から不満が出るので、慰撫工作として現地
民の雇用の受け皿である行政サービス部門への支出を拡大した結果、政府は
多額の財政赤字に悩まされることになった。また、この時期政府が固定相場
を採用していたため、現地通貨が実質的に切り上がり、これによって輸出が
ますます不利になり、民間経済も不振の度合を強めた。1979年から1997年
にかけて、コートジボワールはGDP比平均で8%の経常赤字を計上したが、
これはGDP比平均で輸入・利払いが輸出を8%上回ったことを意味する[39]。
そして、1993年までにコートジボワールの債務は150億ドルに膨れ上がり、
国民の平均所得は約2/3まで目減りし、貧困が拡大した[40]。この結果、1980
年代半ばには都市圏労働力の半分は就職していたのに、1990年代初頭には4
人のうち3人が非正規職でようやく食いつなぐ状態に陥った。この時期、現

地民の中には農業を目指す者たちも出てきたが、耕作適地はすでに移民たちによって占拠されていたため、農業への転換も思うに任せない状況が続き、現地民の間で徐々に移民に対する不満が高まっていった[41]。そして、1993年にウフエボワニ大統領が在職33年で死去するが、彼の死後、経済的混乱が政治的混乱にまで拡大するようになり、1999年末のクーデター勃発、2003年からの第一次内戦、2010年からの第二次内戦という具合にコートジボワールは大きな政治的混乱に翻弄されるようになる。

### （ロ）コーヒー豆の場合

以下ではタンザニアを例にとりながら、コーヒー豆の生産について如何なる政策的失敗があったかを見ていくこととした。

独立後のタンザニアは大別してウジャマー社会主義時代と構造調整時代という2つの時代を経験した。「ウジャマー」とは家族的連帯感を指す言葉で、この「ウジャマー」を冠することでタンザニアの現地事情に根ざした社会主義社会の構築を目指したが、目標達成のために農業部門とりわけコーヒー産業で実施した政策が国家による流通部門の独占である。そこで、この国家による流通部門の独占がコーヒー産業に如何なる影響を及ぼしたかをまず考察することとする。

タンザニア産のコーヒー豆と言えば、日本では「キリマンジャロ」というブランド名で知られているが、この「キリマンジャロ」は日本では「ブルーマウンテン」、「モカ」と並ぶ三大高級ブランドの1つである。この「キリマンジャロ」の起源は1901年に遡ることができる。というのは、この年にフランスのカトリック伝道団がアフリカ最高峰キリマンジャロ山南麓にある伝道団が運営する複数の小学校でアラビカ種のコーヒーの木の栽培を始めたからである[42]。当時のタンザニアはドイツの植民地時代であるが、ドイツは現地小農民にコーヒー生産を奨励した。第一次大戦の敗戦によってタンザニアはイギリスの植民地となるが、イギリスもドイツの政策を継承し、現地小農民にコーヒー生産を奨励した。そして、1942年以降、コーヒーの国際価格の上昇傾向の中で現地小農民によるコーヒー生産が自主的に急拡大していく。

第二次大戦後の1947年からイギリスは5年間の長期契約制度を導入するとともに、ニューヨーク市場における南米コロンビア産豆の現物価格を基準として1ポンド[43]当たり125〜150ポンド[44]の範囲で変動させる価格設定方式を採用した[45]。第二次大戦後、需要面では需要の回復と急増が影響し、また、

第12章　資源の有効活用を妨げている要因とは何か　　393

供給面では世界最大の産地であるブラジルにおける霜害による生産減が影響し、コーヒー豆の国際価格が上昇したが、この国際価格上昇が1950年代にはタンザニアにおける現地小農民によるコーヒー木の植え付け面積の拡大を惹起し、それが1960年代前半の大増産に結びついた。ところが、ニエレレ政権がウジャマー社会主義政策を実施した結果、コーヒー豆の生産はむしろ低下してしまったが、その理由として指摘されるのが国家による流通独占の弊害である。

　一般的に言えば、輸出用商品作物の価格は変動しやすく、第10章の図10-9が示す通り、コーヒー豆の価格もその例外ではない。ところが、コーヒー豆の場合、コーヒーの木から摘み取られた果実は生産国で加工されて生豆となり、その生豆が貿易業者によって消費国へ輸出され、消費国においては商社か問屋を経由して焙煎業者の手に渡って焙煎豆となり、その焙煎豆が最終的に消費者の手に渡るという具合に、流通経路がやたらと長いだけに、生産者に不利な価格が設定されやすい。というのは、価格は流通段階ごとに決まっていくが、その決め方は、生産者が流通業者に売り渡す段階で決まった価格に順次利益が上乗せされて、最終的に消費者への売り渡し価格が決まるというやり方ではなく、むしろ消費国における需給関係によって消費者への売り渡し価格が先に決まって、そこから順次仲介業者の利益が差し引かれながら、最終的に生産者の売り渡し価格が決まるというやり方をとるからである。ちなみに、コーヒー豆の場合、スイスのネスレなどの多国籍企業の4社が世界市場を支配していて、価格の97〜99％が多国籍企業、流通業者、焙煎業者、小売業者の取り分になるから、生産国の農家の取り分は価格のわずか1〜3％ということになる[46]。これは大いなる矛盾である。というのは、消費者がコーヒーに認める価値は香味によって決まるが、その香味は一般的に7割が生豆、2割が焙煎、1割が抽出によって引き出されるからである。つまり、生産国で7割の使用価値が付加されるにもかかわらず、生産国の取り分は前述の通り全体の1〜3％にすぎないのである。

　もちろん、生産国側もこうした状況に手を拱いていたばかりではなく、1963年末には生産国と輸入国との経済力の格差による不公平を是正し、価格や供給の安定を図る目的で1963年末にはICO[47]も設立したが、ICOをもってしても生産者の売り渡し価格を高値安定に導くことはできなかった。加えて、タンザニアの場合は国家による流通独占が生産者にとっては不利に作

394　　第2部　どうしたら資源を有効活用できるか

用した。というのは、価格の決定権をもたない生産国の当局が流通を独占しても生産者に有利な価格を設定することはできないからである。その結果、対外的には、当局は強い交渉力を発揮して高めの輸出価格を勝ち取る存在というよりはむしろ国外で決まった輸出価格を甘受するだけの存在となったし、国内的には、当局自身が組織の存続を維持するためにも、それなりのマージンを中間搾取する必要があったから、生産者からの買取価格もそのマージンを差し引いた分だけ低めに設定せざるを得ないから、生産者の利益もその分圧縮される。他方、当局には生産者が被った不利益を補助金などで補填するだけの財政余力もなかったから、農家の生産意欲は減退し、実際の生産量も徐々に低下していった。なお、こうした生産減は単にコーヒー豆にとどまらず、他の商品作物、食糧作物にも波及し、タンザニア経済は大きく落ち込んだので、ニエレレはその責任をとって、1985年に大統領を辞任した。

　ニエレレ退陣後、タンザニアは180度方針転換して世界銀行やIMFの主張する構造調整政策の名の下に自由化政策に踏み切り、コーヒー産業においても国家による流通独占制度は廃止され、民間流通業者が村落レベルでのコーヒー豆買い付けに参入できるようになった。この結果として、生産者は生産物の半分を従来通り当局公認の組合に売り渡し、残り半分を民間業者に売り渡すようになったと言われているが、この民間業者参入という流通自由化後も、現実のコーヒー豆売り渡し価格は一向に改善しなかった。というのは、民間買付業者はニューヨーク先物価格を基準に決定した上限価格から諸経費を差し引いた上に、今後の価格下落の可能性、流通過程における消耗、品質リスクといったいくつかの条件を加味して、低めの買取価格を設定するからである。これ以外にも自由化が生産者に不利に作用した面がある。その一例が自由化によって輸入に頼る肥料などの投入財価格が上昇したことであり、それが生産コスト増を惹起することによって農家経営はますます苦しくなってしまった[48]。この結果を具体的数字で追跡すると、労働者1人当たり・1労働日当たり・畑1ha当たりで得られるコーヒー豆生産農家の実質所得は1985年には856シリングであったものが、1995年には554シリングに低下しているが、これは米やバナナという食糧作物を生産している農家の所得の方が高いことを意味している[49]。これではコーヒー豆生産農家は子供の学費や家族の医療費なども満足に賄うことができないから、農家の生産意欲の減退になかなか歯止めがかからないというのが厳しい現実である。

結局、ウジャマー社会主義政策も構造調整政策もコーヒー生産農家にとっ
てマイナスに作用する面が大きく、その結果として全輸出額に占めるコーヒ
ー豆の割合は 1976〜1980 年平均で 30%余、1991〜1995 年平均で 20%余、
1996 年で 18.8%、1997 年で 16.4%という具合に大きく減少しているが、そ
れでも依然として輸出品第 1 位の地位を守っているし、1991 年時点で人口
の 7.1%を占める約 178 万人が直接的にコーヒー産業に従事している事実が
示しているように、コーヒー産業はタンザニア経済に引き続き大きな貢献を
している[50]。

### （ハ）名目 GDP 比較

　ここまで経済政策の失敗例をカカオ豆生産国のガーナとコートジボワール、
コーヒー豆生産国のタンザニアについて見てきたが、最後にこれら 3 カ国の
1980 年から 2015 年までの名目 GDP を比較しておく。結果は図 12-5 の通り
であるが、この図からはいくつかの興味ある事実を指摘することができる。

　まず注目すべきは、1980 年から 1984 年にかけてガーナが経験した激しい
上下動を除けば、3 カ国の名目 GDP は似たような水準で似たような動きを
示しているということである。この事実は、アフリカにおける農業資源輸出
国が概ね似たような環境の下で似たような状況に直面しながら似たような成
果を達成してきた可能性を示唆している。この結果として、1984 年にはタ
ンザニアが 95 億ドル、ガーナが 81 億ドル、コートジボワールが 67 億ドル
であった名目 GDP は 2014 年にはタンザニアが 481 億ドル、ガーナが 362
億ドル、コートジボワールが 337 億ドルまで上昇している。ただし、各国順
位で見ると、1984 年においてタンザニアが第 7 位、ガーナが第 13 位、コー
トジボワールが第 14 位であったのに対して、2014 年においてはタンザニア
が第 10 位、ガーナが第 13 位、コートジボワールが第 15 位であり、若干で
はあるが、ガーナを除く 2 カ国はむしろ順位を下げている。ちなみに、序章
の表 0-4 によると、ガーナとコートジボワールは低位中所得国に属するが、
タンザニアは低所得国に属する。これはタンザニアが 6,000 万人以上の人口
を擁するアフリカ第 6 位の人口大国であるに対して、ガーナとコートジボワ
ールの人口がいずれも 2,000 万人台であり、この人口差が中所得国と低所得
国の差を生んだと考えられる。

　次に注目すべき点は 1984 年から 2000 年までの動向である。ここでは 2 つ
のことを指摘できる。1 つはカカオ豆生産国のガーナとコートジボワールの

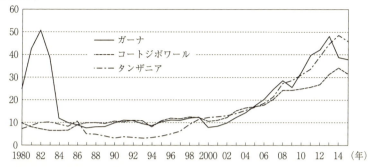

図 12-5　3 カ国の名目 GDP

出所：IMF（2015）World Economic Outlook Database

名目 GDP がほぼ同じ水準で推移しているということである。これは、同規模の人口を有する国の経済が同一農産物資源に依存していると、同じような経済的パフォーマンスを示す可能性が高いことを示している。もう 1 つはこの期間においてコーヒー豆生産国であるタンザニアの名目 GDP がガーナやコートジボワールより低いということであるが、この低調さをもたらした要因の 1 つがこの時期におけるタンザニアのコーヒー豆生産の低調であったと考えられる。

　2001 年以後の動向からも興味ある事実を窺い知ることができるが、その最たるものがタンザニアとコートジボワールのパフォーマンスの違いである。つまり、1999 年時点で 3 カ国の名目 GDP はほぼ同一であったが、そこからコートジボワールの名目 GDP 成長率の伸びが低いのに対して、タンザニアが高い伸びを示しているからである。ところで、コートジボワールの低調な GDP はカカオ豆の輸出と関係し、タンザニアの好調な GDP もコーヒー豆の輸出と関係するのだろうか。そこで、この関係を確認するために用意したのが図 12-6 と図 12-7 である。

　図 12-6 は 1980 年から 2015 年までのカカオ豆価格とコートジボワールの名目 GDP の関係を示したものであるが、仮にカカオ豆価格につれてコートジボワールの名目 GDP が増えるとすれば、各年を表す点は右肩上がりの直線上に乗ってくるはずであるが、実際の各点は必ずしもそのようにはなって

第 12 章　資源の有効活用を妨げている要因とは何か

おらず、むしろ各点の位置は右肩上がりの直線上に乗っていると考えられる部分と右肩上がりの直線から逸れている部分とに分けることができ、全体としては右肩上がりの直線から逸れている部分が結構多いようである。この逸れ具合を具体的にチェックできる指標が相関係数であり、その値が1に近いほど相関係数が高く、その分各点が右肩上がりの直線の近傍に位置する度合が大きくなるが、図 12-6 におけるカカオ豆価格とコートジボワールの名目GDP との間の相関係数を計算すると 0.66 であるから、その逸れ具合は結構大きいと考えられる。

　問題はその逸れが何に起因するかであるが、一番大きな要因は産業構造の変化であると考えられる。というのは、第 7 章の表 7-1 と表 7-2 が示す通り、GDP に占める農業、鉱工業、サービス業の比率は 1990 年においては農業32.5％、鉱工業 26.3％、サービス業 41.2％であったが、2013 年には農業22.0％、鉱工業 22.3％、サービス業 55.7％となり、農業の比率が大きく低下しているからである。つまり、コートジボワール経済は依然としてカカオ豆の輸出に依存している部分が大きいとはいえ、時代とともにその依存度は大きく低下していると考えられる。

　次に図 12-7 から 1980 年から 2015 年までのコーヒー豆価格とタンザニアの名目 GDP の関係を見ると、両者の間の相関係数は 0.50 であり、その値はカカオ豆とコートジボアールの名目 GDP の関係を示す場合のときよりもさらに低い。ということは、コーヒー豆の価格上昇がタンザニアの名目GDP を増やす可能性はカカオ豆の価格上昇がコートジボワールの名目 GDPを増やす可能性よりもさらに低いということである。

　ところで、この結果もコーヒー豆輸出への依存度の低下に起因するのだろうか。その答えを探るべく第 7 章の表 7-1 と表 7-2 を見ると、GDP に占める農業、鉱工業、サービス業の比率は 1990 年においては農業 45.9％、鉱工業 17.7％、サービス業 36.4％であったが、2013 年には農業 33.3％、鉱工業24.3％、サービス業 42.5％となり、農業の比率が大きく低下している。コートジボワールと同様に、タンザニア経済も依然としてコーヒー豆の輸出に依存している部分が大きいとはいえ、時代とともにその依存度は大きく低下していると考えられる。ただし、コートジボワールとの比較で言えば、比率が下がったとはいえ、タンザニアにおける 2013 年の農業比率は 33.3％であり、コートジボワールにおける 1990 年の農業比率 32.5％よりも高いので、

図 12-6　カカオ豆価格と GDP の関係

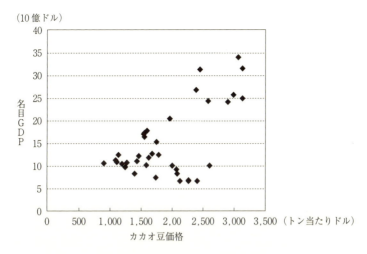

出所 1：カカオ豆価格は IMF: Primary Commodity Prices
出所 2：名目 GDP は IMF（2015）World Economic Outlook Database

図 12-7　コーヒー豆価格と GDP の関係

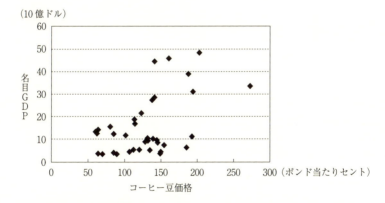

出所 1：カカオ豆価格は IMF: Primary Commodity Prices
出所 2：名目 GDP は IMF（2015）World Economic Outlook Database

農業依存度の高さという意味ではタンザニアの方がコートジボワールよりはるかに高い。それでも名目 GDP のコーヒー価格への感応度が低いということは農産物の中でコーヒー豆が占める比率が低いということであり、事実、タンザニアではコーヒー豆以外にもサイザル麻、茶、綿花、カシューナッツ、タバコ、グローブ、トウモロコシ、キャッサバといった様々な作物を生産していて、その輸出も結構大きいのである。

---

1　コリアー、ポール（2012 年）64 頁からの引用。
2　ロイヤリティとは特定の権利の利用者が権利の所有者に支払う対価のことである。
3　IMF ホームページからの引用。ただし、原資料では第 6 位がエジプト、第 10 位が南アであるが、これらの国では石油輸入額が輸出額を上回っている。つまり、これらの国には石油精製施設があるため、原油を輸入してガソリンなどの石油製品を輸出することが可能であるため、石油輸出額が大きくなったと考えられる。以上の理由から、これらの国は純粋な輸出国とは言い難いので、これらの国を除き、順位を繰り上げた。
4　モヨ、ダンビサ（2010 年）43 頁からの引用。ただし、部族数を 500 以上とする説もある。
5　星昭、林晃司（1978 年）258 頁からの引用。
6　元々の意味は「統治」であるが、現在ではより広く統治のあらゆるプロセスに用いる。
7　1945 年 8 月に広島に投下された原爆の原料としてコンゴ（民）産のウランが使われたことは有名である。
8　宮本正興、松田素二編（1997 年）338 頁からの引用。
9　「コンゴ」という国名は 13 世紀から 17 世紀にかけてこの地で栄えたコンゴ王国に由来するが、植民地時代を通じて、「コンゴ」という国名が使われ続けたこともあり、その名の使用を嫌ったモブツは、コンゴ川のポルトガル語名である「ザイール」を新たな国名として使用することとした。
10　福井聡（1996 年）143 頁からの引用。
11　1997 年 5 月 20 日付 Wall Street Journal 電子版からの引用。
12　Gondola（2002）p.6 からの引用。
13　100 日に及ぶ虐殺で数十万のツチとフツ穏健派がフツ過激派により殺されたと言われている。この虐殺はフツ政権がルワンダ愛国戦線によって打倒されるまで続いた。
14　この間の事情については米川正子（2010 年）が詳しく説明している。
15　古代ルワンダがザイール東部を領有していたので、この地域をルワンダ領に含めるべきという構想である。
16　2016 年 4 月 25 日付時事ドットコムニュースからの引用。
17　Africa Ranking のホームページからの引用。
18　たとえば、2011 年 10 月には米国政府がこの子息の資産 7,000 万ドルを差し押さえし、2012 年 8 月にはフランス当局が資金洗浄容疑でこの子息をパリの邸宅で逮捕したが、

この邸宅は 1 億ユーロ以上の価値がある等々の報道がなされている。

19 腐敗認識指数は毎年 Transparency International によって発表される指標であるが、ここでは直近で赤道ギニアについての記載があった 2010 年版を引用した。

20 Africa Ranking のホームページからの引用。

21 2013 年 1 月 23 日付経済誌『フォーブス』電子版からの引用。

22 Transparency International のホームページからの引用。

23 ゲスト、ロバート（2008 年）63 頁からの引用。

24 イースタリー、ウィリアム（2009 年）175 頁からの引用。

25 白戸圭一（2012 年）131 頁からの引用。

26 ゲスト、ロバート（2008 年）224 頁からの引用。

27 ゲスト、ロバート（2008 年）133 頁からの引用。

28 イースタリー、ウィリアム（2003 年）326 頁からの引用。

29 ゲスト、ロバート（2008 年）135 頁からの引用。

30 松本仁一（2008 年）76 頁からの引用。

31 ボコ・ハラムの「ボコ」はハウサ語、「ハラム」はアラビア語で、両者を合わせた意味は「西洋教育は罪」である。この名が示す通り、ボコ・ハラムは西洋文明を徹底的に否定する過激派イスラム集団である。

32 Bo Ibrahim Foundation のホームページからの引用。

33 イースタリー、ウィリアム（2003 年）33 頁からの引用。

34 イースタリー、ウィリアム（2003 年）360 頁からの引用。

35 イースタリー、ウィリアム（2003 年）368 頁からの引用。

36 勝俣誠（1991 年）18 頁からの引用。

37 平野克己編（2003 年）163 頁からの引用。

38 北川勝彦、高橋基樹編著（2004 年）169 頁からの引用。

39 イースタリー、ウィリアム（2003 年）187 頁からの引用。

40 コリアー、ポール（2010 年）208 頁からの引用。

41 コリアー、ポール（2010 年）209 頁からの引用。

42 辻村英之（2004 年）71 頁からの引用。

43 重量単位のポンドは約 0.45kg である。

44 イギリスの通貨単位である。

45 辻村英之（2004 年）73 頁からの引用。

46 石弘之（2009 年）181 頁からの引用。

47 International Coffee Organization の略である。

48 辻村英之（2004 年）87 頁によると、1985 年の農薬価格は、補助金と組合の掛売により、実質的に無料だったが、1995 年度はキリマンジャロ・アルーシャ州において 1ha 当たり 6.2 万シリングの農薬経費が生じている。

49 辻村英之（2004 年）87 頁からの引用。

50 辻村英之（2004 年）75 頁からの引用。

第 12 章　資源の有効活用を妨げている要因とは何か　　401

第**3**部

●

## どうしたらアフリカと
## 良好な関係を築けるのか

●

第1部と第2部における主体はあくまでアフリカであり、そこでは資源なしには発展が困難であるという厳しい現実を受け入れつつ、どうしたらアフリカがその限りある資源を有効活用して、それをさらなる発展につなげることができるかを考えてきたが、第3部においてはアフリカを主体としてではなく、むしろ客体として扱う。というのは、本書が非アフリカ人によるアフリカ経済論である以上、アフリカがアフリカのために何ができるかを論じるだけでは不十分で、それに加えて、非アフリカがアフリカのために何ができるかを論じる必要があると考えたからである。

　そこで、第3部においては非アフリカがアフリカのために何ができるかを考える参考となるような事例を取り上げる。具体的に言えば、過去に非アフリカがアフリカとどのように付き合ってきたかを論じるのであるが、はじめにその非アフリカを欧米諸国とアジア諸国に分ける。そして、第13章においては欧米諸国のアフリカとの付き合い方を論じるが、そこでは欧米諸国をさらにイギリス、フランス、EU、米国に分ける。なぜ欧米諸国から敢えてこの4つを選んだかというと、イギリスとフランスは過去にアフリカを植民地支配した国であり、二大宗主国として旧植民地諸国に対して今でも絶大な影響力を行使しているからである。次はEUであるが、EUは単独の国家ではなく、組織にすぎないが、アフリカ各国に大使館を置き、実質的に主権国家としてアフリカで様々な活動を行っているので、個別イギリス、個別フランスに属さないヨーロッパの代表としてEUを取り上げた。最後に米国を選んだ理由であるが、米国は非ヨーロッパであり、植民地支配の経験こそないが、奴隷の受入国としての歴史を有し、アフリカとの付き合いも長い。また、世界の覇権国家であると同時に世界最大の経済大国である米国は貿易、投資、援助を通じてアフリカと密接な関係にあるからである。

　これに対して、第14章ではアジア諸国のアフリカとの付き合い方を論じるが、そこではアジア諸国をさらにインド、中国、日本に分ける。なぜアジア諸国から敢えてこの3つを選んだかというと、インドは地理的にも歴史的にもインド洋を介して東南部のアフリカ諸国との交流が活発である上に、最

近では新興国の1つとしてアフリカとの経済関係をより一層拡大・深化させているからである。歴史的交流という意味では中国も明の鄭和の渡航に遡れるようにアフリカとの付き合いは長いが、それ以上に重要なのが2000年以降の急速かつ大規模なアフリカ進出であり、その進出が資源ブームを通じてアフリカの高成長を惹起したという意味では、アフリカに与えた衝撃はとてつもなく大きいものがあるからである。最後に日本を選んだ理由であるが、本書が日本人に読んでもらうことを念頭に書かれている以上、付き合いの規模の大小にかかわらず、日本がこれまで貿易、投資、さらには援助という活動を通じてアフリカとどのように付き合ってきたかを理解することは、これからのアフリカとの付き合い方を考える上でも不可欠な作業であると考えたからである。

第**13**章

# 欧米諸国はアフリカと
# どう付き合ってきたか

　欧米諸国とアフリカとの関係を極論すれば、それは白人と黒人との関係となり、第1章でも言及した通り、両者の間には極めて密接な相互依存関係が存在した一方で、奴隷貿易や植民地支配といった負の遺産が横たわっていたことは紛れもない事実である。しかし、多くの国が独立を達成した1960年代からすでに50年以上が経過していることを考慮すれば、両者の関係も植民地時代ないしそれ以前とは量的にも質的にも大きく変貌しているはずである。そこで、本章においては新しい時代の欧米諸国とアフリカとの関係を欧米諸国の側から見ていくこととした。ただし、アフリカと関係のある国をすべて網羅することはできないので、旧宗主国の中での最大勢力であったイギリスとフランス、そして、新しいヨーロッパを代表するEU、さらには南北アメリカ大陸の代表として米国を取り上げ、これらがアフリカと如何なる経済関係を構築しているかを具体的に洗い出すこととした。

## 1．イギリスの場合

### （1）イギリス・アフリカ関係の諸特徴
#### （イ）独立以前
　第1章でも言及した通り、イギリスはベルリン会議後のアフリカ分割によってアフリカ19カ国を植民地化した[1]が、大英帝国として地球上の陸地面積の20％以上を支配した事実に照らせば、このアフリカの大領土の価値が相対的に過小評価されざるを得ないことは致し方ないことである。というのは、

406　　第3部　どうしたらアフリカと良好な関係を築けるのか

国家と国家ないし国家と地域の関係は両者間の経済的利害関係に負うところが大きいが、1880年以前の状況を見る限り、イギリスにとって最重要な経済的パートナーは第一にヨーロッパと北米大陸、第二にインドと豪州であり、アフリカは蚊帳の外だったからである[2]。

　ところが、2つの出来事がイギリスのアフリカを見る目を変えさせることになる。1つは1869年のスエズ運河の開通である。このスエズ運河の開通によって、運河が位置するエジプトの戦略的重要性が一気に上昇した。というのは、スエズ運河の開通を手がけたのはフランスであり、運河の経営にもフランスが関与していたが、運河の開通によってイギリスとインドを結ぶ航路がそれまでの喜望峰回りと比べて大幅に短縮したことは事実であり、運河権益の確保がイギリスにとっての死活問題となる可能性が高まったからである。そして、1875年、イギリスは運河の経営権の一部を譲り受けることに成功する。この結果としてイギリスとインドの経済的繋がりがさらに強まり、1880年代までインドが輸出面でも対外投資面でも全体の1/5を占めるイギリスの最重要経済パートナーに成長していった[3]が、その後もイギリスはスエズ運河権益を強化するためにエジプトに対する援助と投資を増やしていくことになる。他方、もう1つの出来事とは南アにおける金の発見であり、これ以降、イギリスは南アに対して巨額な投資を行うこととなる。こうしてエジプトと南アがイギリスにとって最も重要なアフリカ植民地としての地位を確立するが、その地位は植民地時代を通じて揺らぐことはなかった。

### （ロ）独立以後

　第二次世界大戦後、アフリカ諸国の多くが独立運動に向かう中でフランスが植民地体制を実質的に堅持できる方向に動いたのに対して、イギリスがフランスとは正反対に独立を容認する方向に動いたことはよく知られた事実であるが、そうした寛容な政策をとり得た背景には冷徹な利害計算があったと考えられる。というのは、イギリスによって最重要な植民地である南アは1910年に、エジプトは1922年にそれぞれ独立していたが、これら2カ国の独立を通じて、植民地支配という方法を採用しなくても経済権益を確保できるということをイギリスは経験的に学んでいたからである。他方、二度にわたる大戦で疲弊していたイギリスにとって、南アとエジプトを除く他のアフリカ植民地を維持するためには、本国に入ってくる利益を上回る経費を負担するということでもあり、その重い負担から早く解放されたいという思いを

第13章　欧米諸国はアフリカとどう付き合ってきたか　407

イギリスも強く抱いていた可能性が高いからである。

　いずれにしても、独立時に各国との間で摩擦を起こさなかったことが独立後に各国と良好な関係を築く上でプラスに作用したことは間違いない。そして、その良好な関係を象徴するものがイギリス連邦[4]である。イギリス連邦は大英帝国をその前身とし、1929年後の世界大恐慌後の未曾有の不況下においてはイギリスの経済圏をブロックとして囲い込む意味をもっていたが、第二次世界大戦後はそうした色彩は薄れ、現在ではイギリスと旧植民地であった独立主権国家群を結ぶ緩やかな国家連合という性格しか有していない。しかし、イギリスはこのイギリス連邦加盟国の国民に対してイギリス国内の国政選挙や地方選挙における選挙権と被選挙権を認めたり、イギリス入国に際しての査証を免除したり、ワーキング・ホリデーに関する優遇措置を与えたりと様々な特権を付与している。そして、これらの特権は加盟国がイギリスとの経済関係を強化する上で重要な要素となり得るから、政治的な支配関係がなくなった現在においても、イギリス連邦はイギリスと旧植民地諸国を結びつける上で重要な役割を担い続けていると考えられる。

## （2）具体的経済関係

### （イ）貿易

　2014年におけるイギリスの輸出総額は3,109億ポンドであるが、その内訳を地域別に見ると、①EU[5]（47.4%）、②アジア・大洋州（15.9%）、③北米（14.2%）、④非EU[6]（9.4%）、⑤中東・北アフリカ（6.0%）、⑥中南米（2.3%）、⑦サブサハラ・アフリカ（2.2%）であり、サブサハラ・アフリカへの輸出額が最小である。また、国別内訳を見ると、①米国（12.5%）、②ドイツ（10.2%）、③オランダ（7.3%）、④スイス（6.9%）、⑤フランス（6.3%）、⑥アイルランド（5.7%）、⑦中国（5.1%）、⑧ベルギー（4.1%）、⑨スペイン（2.8%）、⑩イタリア（2.8%）、⑪香港（2.3%）、⑫アラブ首長国連邦（2.1%）、⑬日本（1.4%）、⑭韓国（1.4%）、⑮カナダ（1.3%）、⑯ロシア（1.3%）、⑰ノルウェー（1.2%）、⑱南ア（0.8%）、⑲ブラジル（0.7%）であり、アフリカからは唯一南アだけが第18位に位置している。

　これに対して、2014年におけるイギリスの輸入総額は4,175億ポンドであるが、その内訳を地域別に見ると、①EU（52.8%）、②アジア・大洋州（18.2%）、③北米（10.5%）、④非EU（7.2%）、⑤中東・北アフリカ

（3.7%）、⑥サブサハラ・アフリカ（2.5%）、⑦中南米（2.1%）であり、サブサハラ・アフリカからの輸入額は中南米に次いで小さい。また、国別内訳を見ると、①ドイツ（14.3%）、②中国（8.1%）、③米国（7.9%）、④オランダ（7.5%）、⑤フランス（6.0%）、⑥ベルギー（4.9%）、⑦イタリア（4.0%）、⑧ノルウェー（3.6%）、⑨スペイン（3.1%）、⑩アイルランド（2.8%）、⑪カナダ（2.4%）、⑫スイス（2.1%）、⑬日本（1.7%）、⑭香港（1.6%）、⑮ロシア（1.5%）、⑯南ア（1.1%）、⑰韓国（0.9%）、⑱ブラジル（0.6%）、⑲アラブ首長国連邦（0.6%）であり、アフリカからは唯一南アだけが第16位に位置している。

　以上の結果から、輸出面でも輸入面でもアフリカ諸国がイギリスの重要な貿易パートナーとなっていない現状が明らかとなったが、なぜそうなったかはイギリスの貿易構造からも窺い知ることができる。というのは、2014年における輸出入の上位5品目は、輸出が①機械類（34.8%）、②化学製品（15.5%）、③雑製品（12.3%）、④石油類（11.0%）、⑤原料（9.3%）、輸入が①機械類（35.0%）、②雑製品（15.4%）、③化学製品（11.8%）、④石油類（11.2%）、⑤原料別製品（10.7%）であり、輸出品目と輸入品目が互いに似通っているからである[7]。品目が似通っていれば、輸出相手国と輸入相手国が似通うのは当然であり、鉱産物ないし農産物という一次産品を輸出して工業製品を輸入するというイギリスとは全く異質な貿易構造をもつアフリカ諸国の多くがイギリスの重要な貿易パートナーとなり得ないことはある意味当然であろう。

　ここまでの分析を通じて、イギリスとアフリカ諸国との貿易関係がイギリスと他の地域との関係に比べて相対的に希薄であることはわかったが、以下では地域をアフリカに限定し、また期間を2008年から2014年までに限定して、イギリスとアフリカの貿易関係を見ていくこととしよう。

　まずイギリスからアフリカへの輸出額を見ると、2008年には93.4億ポンドだったが、以後毎年増加し、2012年には217.6億ポンドに達した。しかし、それをピークに下降に転じ、2014年は165.0億ポンドである。次にアフリカからイギリスへの輸入額を見ると、2004年の111.3億ポンドが2008年には170.5億ポンドまで増加するが、翌2009年には155.0億ポンドまで減少する。しかし、そこから増加して2013年に228.9億ポンドでピークを迎えた後再び減少し、2014年には179.6億ポンドとなっている。このよう

第13章　欧米諸国はアフリカとどう付き合ってきたか　　409

に輸出入それぞれに増減は見られるが、貿易収支は毎年イギリスの入超である。

　他方、国別内訳で言えば、南ア、エジプト、ナイジェリアがイギリスにとっての三大貿易相手国であり、たとえば 2014 年を見ると、輸出は南ア向け 41.9 億ポンド、ナイジェリア向け 24.1 億ポンド、エジプト向け 15.7 億ポンドであり、この 3 カ国で全輸出の 49.5% を占めた。これに対して、輸入は南アからが 36.1 億ポンド、ナイジェリアからが 26.9 億ポンド、エジプトからが 11.9 億ポンドであり、この 3 カ国で全輸入の 41.7% を占めた[8]。

### （ロ）投資

　2013 年におけるイギリスの対外直接投資残高は 1 兆 350 億ポンドであるが、その内訳を地域別に見ると、①EU（43.2%）、②北米（26.0%）、③アジア・大洋州（13.8%）、④アフリカ（3.2%）、⑤非 EU（2.9%）である。また、国別内訳を見ると、①米国（23.3%）、②オランダ（11.8%）、③ルクセンブルク（9.3%）、④フランス（5.2%）、⑤香港（4.5%）、⑥オーストラリア（4.3%）、⑦アイルランド（4.2%）、⑧スペイン（3.4%）、⑨カナダ（2.7%）、⑩ドイツ（2.0%）、⑪スウェーデン（2.0%）、⑫ロシア（1.3%）、⑬スイス（1.2%）、⑭イタリア（1.1%）、⑮シンガポール（1.1%）、⑯ブラジル（1.1%）、⑰ベルギー（0.9%）、⑱南ア（0.8%）、⑲デンマーク（0.7%）、⑳中国（0.6%）であり、アフリカからは唯一南アだけが第 18 位に位置している。以上の結果を見る限り、アフリカはイギリスにとって重要な投資相手とはなっていない[9]。

　ここまでの分析を通じて、イギリスとアフリカ諸国との投資関係がイギリスと他の地域との関係に比べて相対的に希薄であることはわかったが、以下では地域をアフリカに限定して、イギリスとアフリカの投資関係を見ていくこととしよう。

　2014 年におけるイギリスのアフリカ向け対外直接投資残高は 425 億ポンドであるが、これは 2013 年の 331 億ポンドより大幅に増加している。他方、2014 年におけるアフリカのイギリス向け対外直接投資残高は 30 億ポンドであるから、イギリスのアフリカ向け投資額がアフリカのイギリス向け投資額を 10 倍以上上回っている。時系列的に見ると、イギリスのアフリカ向け投資額は 2005 年には 208 億ポンドであったから、2014 年までに倍増している。アフリカ諸国の中でイギリスが最も多額の投資を行っている国は南アで、

2014年においてはアフリカ向けの29.8％が南ア向けである。また、分野別では鉱業向け投資と金融業向け投資の比率が高く、2014年においてはそれぞれ54.4％と34.3％を占め、この2部門だけで全体の9割近くを占める。これに対して、アフリカのイギリス向け投資額は2005年には5億ポンドであったから、2014年までに6倍増しているが、その主な投資分野は運輸倉庫業とサービス業で、その比率はそれほど高くなく、2014年においてそれぞれ10.3％と10.0％である。

　以上の結果が示すように、2005年から2014年にかけてイギリスからアフリカへの投資は倍増しているが、2005年に58億ドルであったイギリスの投資家が得た利益は2014年にはむしろ38億ドルに減少している。なぜ利益が減少したかというと、それは最大の投資分野である鉱業と金融業から得られる利益が減少したためである。その減少が実際に起きたのは2011年以降であるが、その減少幅は鉱業においてより大きく、鉱業部門が稼得する利益は半分以下に下がっている。そして、この減少のかなりの部分が原油価格の下落に起因すると考えられている[10]。

　（ハ）援助

　貿易や投資を動かすものが利益である以上、イギリスのアフリカに対する貿易や投資に対する姿勢が消極的であることはある意味で致し方ないことである。他方、援助は利益ではなく理念で動くものであるから、その姿勢は貿易や投資に対する姿勢とは自ずと異なることが予想される。そこで、以下では利用可能な統計数字を追いながら、イギリスの対アフリカ援助が貿易や投資とどのように異なるか具体的に見ていくこととした。

　イギリスにおける援助の主管官庁であるDFID[11]（国際開発省）の資料[12]を見ると、2014年におけるイギリスのODA[13]（政府開発援助）供与額は117億ポンドであるが、これは同年の輸出額の3.8％、輸入額の2.8％にすぎないから、貿易額に比べると、その規模はかなり小さい。しかし、この規模でもDAC[14]加盟国の中では米国に次いで第2位の大きさであり、ドイツ、フランス、日本よりも大きい。また、2014年のODA供与額の58.3％は二国間援助に、41.7％は多国間援助[15]に配分されている。そして、分野別では医療、人道、行政、教育とそれらの組み合わせが全体の70％以上を占めている。

　二国間援助の最大の供与地域がアフリカである。対アフリカ援助が全体に

占める比率は 2010 年 57.7%、2011 年 59.2%、2012 年 58.0%、2013 年 54.1%、2014 年 57.7%であり、毎年過半数を上回っている。ちなみに、アフリカに次ぐ地域がアジアで、この 2 地域への援助合計は常に全体の 9 割を上回っている。他方、供与先の上位 20 カ国を見ると、2010 年は①インド（4.21 億ポンド）、②エチオピア（2.63 億ポンド）、③パキスタン（1.93 億ポンド）、④ナイジェリア（1.71 億ポンド）、⑤コンゴ（民）（1.62 億ポンド）、⑥タンザニア（1.56 億ポンド）、⑦アフガニスタン（1.52 億ポンド）、⑧バングラデシュ（1.48 億ポンド）、⑨ウガンダ（1.16 億ポンド）、⑩ガーナ（1.08 億ポンド）、⑪マラウイ（0.96 億ポンド）、⑫スーダン（0.77 億ポンド）、⑬ジンバブエ（0.70 億ポンド）、⑭ルワンダ（0.69 億ポンド）、⑮ケニア（0.68 億ポンド）、⑯ネパール（0.68 億ポンド）、⑰モザンビーク（0.68 億ドル）、⑱パレスチナ[16]（0.63 億ポンド）、⑲中国（0.56 億ポンド）、⑳シエラレオネ（0.55 億ポンド）であり、20 カ国中 13 カ国をアフリカが占める。ちなみに、この 13 カ国中、エチオピア、コンゴ（民）、ルワンダ[17]、モザンビーク[18]を除く 9 カ国がイギリスの旧植民地であり、エチオピア、コンゴ（民）、スーダン、ジンバブエ[19]を除く 9 カ国がイギリス連邦加盟国であるから、アフリカにおける二国間援助の供与先の大半は旧植民地で、かつ、イギリス連邦加盟国であるということがわかる。

　この関係を 2014 年についても調べてみると、①エチオピア（3.22 億ポンド）、②インド（2.79 億ポンド）、③パキスタン（2.66 億ポンド）、④シエラレオネ（2.38 億ポンド）、⑤ナイジェリア（2.37 億ポンド）、⑥バングラデシュ（2.08 億ポンド）、⑦アフガニスタン（1.98 億ポンド）、⑧南スーダン（1.67 億ポンド）、⑨コンゴ（民）（1.67 億ポンド）、⑩タンザニア（1.49 億ポンド）、⑪ケニア（1.35 億ポンド）、⑫シリア（1.30 億ポンド）、⑬ソマリア（1.24 億ポンド）、⑭ネパール（1.12 億ポンド）、⑮ジンバブエ（1.04 億ポンド）、⑯ザンビア（0.91 億ポンド）、⑰モザンビーク（0.84 億ポンド）、⑱パレスチナ（0.83 億ポンド）、⑲ウガンダ（0.83 億ポンド）、⑳イエメン（0.82 億ポンド）であり、20 カ国中 12 カ国をアフリカが占める。そして、この 12 カ国中、エチオピア、コンゴ（民）、モザンビークを除く 9 カ国がイギリスの旧植民地であり、エチオピア、南スーダン、コンゴ（民）、ソマリア[20]、ジンバブエを除く 7 カ国がイギリス連邦加盟国であるから、この結果からも、アフリカにおける二国間援助の供与先の大半は旧植民地で、かつ、

イギリス連邦加盟国であるという関係を読み取ることができる。

## 2．フランスの場合

### （1）フランス・アフリカ関係の諸特徴
#### （イ）独立以前
　フランスが海外で積極的に植民地を展開するようになった背景には経済的な理由よりも大きな政治的理由があったと言われている。その政治的理由とはプロシア（現ドイツの一部）との間で1870年から翌年にかけて戦われた普仏戦争の敗北がある。この戦争はフランスが仕掛けた戦争であるが、徹底的な敗北を喫した上に、隣国ドイツの統一という副産物まで生んでしまった。この結果、フランスではナポレオン3世の第二帝政は崩壊し、第三共和政に移行するが、国内に蔓延していた敗北感と閉塞感を払拭し、国民を鼓舞する観点からも、積極的な海外進出が歓迎されたと考えられる[21]。こうした事情もあり、フランスの植民地経営はイギリス以上に経済的利害と直結していない。もちろん、フランスもイギリスにならって19世紀後半には海外投資を積極的に行うようになっていたが、その主要な投資先はロシアであり、自国の植民地ではなかった[22]。このため、フランスの対外投資に占める植民地投資の比率は1882年4.34％、1902年3.43％、1914年8.79％という低率にとどまっている[23]。

　アフリカとの関係で言えば、1914年時点で最も大量な資本が投下された地域は地中海を挟んでフランスの対岸に位置するマグレブ3国[24]で、植民地投資全体の61.5％を占めた。また、公共投資と民間投資の割合は公共67.6％、民間32.4％で、公共投資が中心だった。マグレブ3国の中ではアルジェリアへの投資が70％を占め、アルジェリアは植民地投資の一大中心地だった。マグレブ3国に次ぐのが他のアフリカ地域で17.5％の資本が投下されたが、公共投資と民間投資の比率は70.9％と9.1％であり、公共投資が中心であることに変わりはない[25]。

#### （ロ）独立以後
　第二次世界大戦後、本国からの投資の大きさからいってもアルジェリアと並ぶ二大植民地の1つであったベトナムで独立運動が活発化するが、フランスは独立を認めなかったので、両者の対立は戦争に発展する。この戦争はフ

ランスの敗北によって終結し、1954 年、フランスはベトナムから撤退する。そして、この 1954 年にベトナム独立の余波が最重要植民地ともいえるアルジェリアに飛び火する。というのは、この年からアルジェリアでの独立闘争が本格化するからである。これに対する当初のフランスの姿勢はベトナムの時と同様で、独立を認めず、武力によって闘争を押さえ込もうとしたが、アルジェリア側の抵抗も激しく、闘争は長期化していった。こうした状況下で第四共和政が崩壊し、第二次世界大戦の英雄であるドゴール将軍が主導する第五共和政が成立すると、フランスは従来の方針を転換し、植民地の独立を容認する方向に舵を切る。ただし、無条件で独立を承認するのではなく、フランスはそこに 1 つの条件を付けた。その条件が「フランス共同体」構想の受け入れである。

　この「フランス共同体」構想は植民地側にとっては一長一短である。というのは、仮にこの構想を受け入れれば、植民地側はフランスから独立と援助の両方を獲得することができるが、共同体大統領をフランス大統領が兼務する以上、独立後も外交、防衛、経済、財政などの実権は引き続きフランスが担い続けるからである。他方、この構想を受け入れなければ、独立は達成できるかもしれないが、フランスからの支援も止まるので、経済的に立ち行かなくなる恐怖に晒されるのは必定だった。ところが、1958 年にこの構想の賛否を問う選挙が 18 の海外領土で行われた結果、ギニアを除く 17 の海外領土が賛成票を投じた。つまり、植民地側は圧倒的多数でこの構想を支持したのである。そして、加盟国が共同体を離脱することなしに独立できること、離脱後も援助を継続することをフランスが追加決定した結果、1960 年には 14 カ国が独立を宣言した[26]。

　フランスが行った対アフリカ支援の代表例が CFA フラン[27]である。フランスが CFA フランを創設したのは 1945 年末のことである。これは本国と植民地を結ぶ通貨同盟で、これによって CFA フランはフランス・フランと固定レートで無制限に交換できるようになったが、この無制限交換はフランス中央銀行ではなく、フランス政府の財政的な関与によって支えられていた[28]。そして、フランス領西アフリカとフランス領赤道アフリカから独立した国々は独立後もこの CFA フランを使い続けたのである。この CFA フランは 1958 年以来 1 フランス・フラン＝ 50CFA フランの固定レートで交換されてきたが、2002 年以降は 1 ユーロ＝ 655.957CFA フランのレートでユ

414　第 3 部　どうしたらアフリカと良好な関係を築けるのか

ーロに固定されている。

これ以外にもフランスはアフリカの旧植民地諸国に様々な支援を行っているが、特に重要なのが安全保障面での協力で、セネガル、ガボン、ジブチの3カ国に軍事基地を有している他、紛争処理のための派兵などを行っている[29]。コートジボアールに3,000人の平和維持軍を派遣し、チャドにも2,000人以上を派兵した[30]。

### （2）具体的経済関係

#### （イ）貿易

2014年におけるフランスの輸出総額は4,271億ユーロであるが、その内訳を地域別に見ると、①EU（60.3%）、②アジア・大洋州（12.4%）、③北米（7.7%）、④アフリカ（6.4%）、⑤中東（3.2%）、⑥非EU（3.0%）、⑦中南米（2.1%）である。イギリスの場合は北アフリカと中東が同一地域として扱われ、フランスの場合は北アフリカとサブサハラ・アフリカを併せてアフリカにしているという違いはあるが、対アフリカ輸出の比率はイギリスよりもフランスの方が大きい。また、国別内訳を見ると、①ドイツ（16.6%）、②ベルギー（7.3%）、③イタリア（7.2%）、④スペイン（7.1%）、⑤イギリス（7.1%）、⑥米国（6.4%）、⑦中国[31]（4.8%）、⑧オランダ（4.1%）、⑨ポーランド（1.7%）、⑩日本（1.6%）、⑪ロシア（1.6%）、⑫アルジェリア（1.4%）、⑬トルコ（1.4%）、⑭シンガポール（1.2%）、⑮韓国（1.2%）、⑯ブラジル（1.0%）、⑰モロッコ（0.9%）、⑱チェコ（0.8%）、⑲ルーマニア（0.8%）、⑳チュニジア（0.8%）、㉑インド（0.6%）、㉒オーストラリア（0.6%）、㉓マレーシア（0.6%）、㉔インドネシア（0.4%）、㉕ナイジェリア（0.4%）であり、アフリカからはアルジェリア、モロッコ、チュニジア、ナイジェリアの4カ国がそれぞれ第12位、第17位、第20位、第25位に位置している。

これに対して、2014年におけるフランスの輸入総額は4,976億ユーロであるが、その内訳を地域別に見ると、①EU（48.9%）、②アジア・大洋州（15.1%）、③北米（7.3%）、④アフリカ（5.3%）、⑤非EU（3.3%）、⑥中東（2.4%）、⑦中南米（1.3%）であり、輸出と同様にアフリカからの輸入比率はイギリスよりもフランスの方が大きい。また、国別内訳を見ると、①ドイツ（17.1%）、②中国（8.7%）、③ベルギー（8.0%）、④イタリア

（7.3％）、⑤米国（6.3％）、⑥スペイン（6.0％）、⑦オランダ（4.3％）、⑧イギリス（4.0％）、⑨ロシア（2.1％）、⑩ポーランド（1.7％）、⑪日本（1.6％）、⑫トルコ（1.2％）、⑬チェコ（1.2％）、⑭インド（1.1％）、⑮アルジェリア（0.9％）、⑯ナイジェリア（0.8％）、⑰チュニジア（0.8％）、⑱モロッコ（0.7％）、⑲ハンガリー（0.7％）、⑳韓国（0.6％）、㉑ブラジル（0.6％）、㉒シンガポール（0.6％）、㉓タイ（0.5％）、㉔マレーシア（0.4％）、㉕インドネシア（0.3％）であり、アフリカからはアルジェリア、ナイジェリア、チュニジア、モロッコの4カ国がそれぞれ第15位、第16位、第17位、第18位に位置している。

　以上の結果から、フランスはイギリスと比べて多少改善されているとはいえ、それでも貿易相手国としてのアフリカ諸国の比重はそれほど高くないという現状が明らかとなったが、その理由もイギリスと比較するとよくわかる。というのは、2014年における輸出入の上位10品目は、輸出が①機械類（11.7％）、②航空機（10.2％）、③自動車（8.4％）、④電気機器（7.8％）、⑤医療用品（6.2％）、⑥プラスチック（4.1％）、⑦燃料（3.9％）、⑧食品（3.2％）、⑨光学機器（3.2％）、⑩美容品（3.1％）であり、輸入が①燃料（14.5％）、②機械類（11.3％）、③自動車（8.8％）、④電気機器（8.4％）、⑤航空機（4.5％）、⑥医療用品（4.2％）、⑦プラスチック（3.8％）、⑧光学機器（2.9％）、⑨美容品（0.9％）、⑩食品（0.6％）であり、輸入の燃料ないし石油類を除けば、輸出品目と輸入品目が互いに似通っているからである[32]。つまり、イギリスと違って自国で石油を産しない分、フランスの燃料輸入比率が高いが、それを除くと両国の輸出入品目はほぼ似通っている。そして、品目が似通っていれば、輸出相手国と輸入相手国が似通うのは当然であり、鉱産物ないし農産物という一次産品を輸出して工業製品を輸入するというフランスとは全く異質な貿易構造をもつアフリカ諸国の多くがフランスの重要な貿易パートナーとなり得ないことはある意味当然であろう。

　（ロ）投資

　利用可能な資料の関係で、フランスの場合は残高ではその年の純額で議論する。つまり、2014年におけるフランスの対外直接投資額は323億ユーロで、その内訳を地域別に見ると、①EU（63.8％）、②北米（42.4％）、③アジア・大洋州（7.7％）、④中南米（0.9％）、⑤中東（－1.9％）、⑥アフリカ（－9.6％）、⑦非EU（－10.5％）である。また、国別内訳を見ると、①米

国 (42.4%)、②オランダ (34.4%)、③イタリア (9.9%)、④ベルギー (5.0%)、⑤イギリス (4.6%)、⑥ドイツ (2.8%)、⑦日本 (2.8%)、⑧ナイジェリア (2.8%)、⑨ロシア (1.5%)、⑩スペイン (1.2%)、⑪シンガポール (1.2%)、⑫オーストラリア (1.2%)、⑬ブラジル (0.9%)、⑭インド (0.6%) であり、アフリカからは唯一ナイジェリアだけが第8位に位置している。以上の結果を見る限り、アフリカはフランスにとって重要な投資相手とはなっていない[33]。

以上の結果には反映されていないが、近年フランスの新興国向け投資の中ではアフリカ向け投資が活発化していると言われていて、たとえば、2014年だけでも食品関連企業のダノンや自動車会社のルノーがアフリカでの新規投資を発表している。ダノンの場合はケニアの乳製品製造会社ブルックサイドへの40%出資であるが、この出資によって同企業は3国全体で1億人の市場となるケニア、ウガンダ、タンザニアへの事業拡大を予定している[34]。他方、ルノーの投資先はアルジェリアで、現地販売向け自動車の現地生産を開始した[35]。また、これ以外の分野では特に金融・保険分野への投資が盛んである。

### (ハ) 援助

フランス外務省のホームページ[36]によると、フランスのODA供与額は毎年100億ユーロ前後で推移しているが、2011年は93.5億ユーロだった。ちなみに、2011年のフランスの輸出額は4,177.9億ユーロ、輸入額は5,041.4億ユーロであるから、2011年のODA供与額は輸出額の2.2%、輸入額の1.9%であり、それらの比率は2014年のイギリスの場合よりも若干低い。しかし、この規模でもDAC加盟国の中では米国、イギリス、ドイツに次いで第4位の大きさである。

2011年における二国間援助の最大の供与地域がアフリカで、全体の55%を占めるが、サブサハラに限定すると、その比率は41%である。アフリカ以外の地域とその比率はアジア12%、中米8%、ヨーロッパ5%、南米4%、大洋州2%である。分野別内訳では教育16%、持続的発展支援16%、成長戦略支援12%、農業（食糧支援を含む）5%、医療2%であり、特に教育分野に力を入れていることがわかる。他方、援助形態としてはプロジェクト・ファイナンス37%、技術協力16%、債務救済15%、予算支援7%である。プロジェクト・ファイナンスは日本の有償援助に相当するから、日本的に有

償と無償で区分すれば、有償 37％に対して無償 38％となる。ただし、これ以外の部分も無償が多いと考えられるので、実際には無償の比率はさらに高まるはずである。なお、2011 年にアフリカで受取額が多い上位 3 カ国はコンゴ（民）、コートジボワール、モロッコであった。

## 3．EU の場合

### （1）EU・アフリカ関係の諸特徴

　2016 年時点で 28 の加盟国からなる EU のアフリカに対する基本政策は両者間で結ばれたいくつかの協定に規定されているので、以下では時代順にそれらの協定の中身を見ていくこととした。

　（イ）ヤウンデ協定

　EU[37]とアフリカの関係は EU の前身の EEC[38]時代に遡ることができるが、その端緒を開いたのはフランスである。つまり、EEC の原加盟国とはフランス、ドイツ、イタリア、オランダ、ベルギー、ルクセンブルクの 6 カ国であるが、EEC 成立の前提として、フランスは、他の加盟国に自国の植民地を市場開放する代償に、彼らにフランスが行う植民地の財政支援に加わるよう求めたのである。そして、他の加盟国がこの要求を受け入れたことによって、この同意事項が EEC の基本法とも言うべきローマ条約に連合規定として明記されることになった。ところが、1960 年代に入り、植民地の多くが独立を達成したが、彼らの財政基盤は脆弱であったから、安定した国家運営を続けるためにも、EEC の財政支援を受け続けることが急務の課題となった。そして、両者間の交渉の結果、1963 年に EEC とギニアを除く穏健派 18 カ国は「EEC とアフリカ・マダガスカル連合協定」を締結するが、この協定はカメルーンの首都ヤウンデで締結されたことから、ヤウンデ協定とも呼ばれる。このヤンウデ協定によって、双方はローマ条約の連合規定を再確認するとともに、相互に特恵待遇を認め合うことで自由貿易圏を形成することに合意した。

　（ロ）ロメ協定

　ヨーロッパには EEC 以外にも ECSC[39]と EAEC[40]という共同体が存在していたが、1967 年に以上 3 つの共同体が統合して EC[41]が成立する。この EC とアフリカとの関係について言えば、EC は EEC の政策を踏襲し、ヤウン

デ協定を遵守するが、1973 年にイギリスが EC に加盟したことによって、ヤウンデ協定の改変を迫られることとなる。というのは、イギリスの植民地はアフリカ以外の地域にも広がっており、しかも、それらがイギリス連邦という巨大市場を形成している以上、EEC 加盟国の中には旧フランス領アフリカとイギリス連邦とを別扱いすべきではないという意見が拡がっていったからである。こうした状況を踏まえて、1975 年にトーゴの首都ロメで締結された新たな協定が締結された。これがロメ協定であるが、ロメ協定の締結によって EEC とアフリカ 18 カ国とを結ぶ通商協定が EC とアフリカ、カリブ、太平洋地域 43 カ国とを結ぶ巨大な経済開発協力協定に変質した。

　ロメ協定は EC がアフリカ・カリブ海・太平洋諸国に対して特恵を一方的に供与するだけではなく、財政、技術、工業といった様々な分野で支援を行うという内容を含んでおり、アフリカ・カリブ海・太平洋諸国から高い評価を受けたが、協定締結後もこれらの国々の成長率は低く、政治不安を繰り返す国も少なくなかった。加えて、ロメ協定の下でも供給面では原産地ルール、衛生基準、貧弱な輸送インフラ、低い労働生産性、規模の経済の欠如、資本市場の欠如といった種々の制約が存在したこと[42]もあり、EC 各国におけるこれらの国々との貿易シェアを 1975 年と 1996 年で比較すると、輸入が 1975 年の 7.9% から 1996 年の 3.8%、輸出が 1975 年の 8.1% から 1996 年の 3.0% という具合にむしろ大きく低下している。

### （ハ）コトヌー協定

　1992 年末に単一ヨーロッパ市場が創設され、それを踏まえて 1993 年に発足した EU もロメ協定に基づいて EU としての対アフリカ・カリブ海・太平洋諸国政策を実行に移していたが、2000 年 2 月にロメ協定が失効したため、2000 年 6 月、EU 加盟 15 か国とアフリカ・カリブ海・太平洋諸国 79 か国の代表はベナンの都市コトヌーでロメ協定に代わる新たな協定を締結した。これがコトヌー協定であるが、なぜロメ協定に代わる新たな協定の締結が必要になったかというと、それはロメ協定に WTO[43]違反の疑いがあったからである。つまり、ロメ協定の特恵貿易制度は EU が一方的に貿易障壁を削減・撤廃する片務的協定であり、米国から WTO 協定違反の疑いを提起されることもあった[44]ことから、EU とアフリカ・カリブ海・太平洋諸国は、WTO の規定と整合する互恵的な協定を新たに締結する必要に迫られていた。このため、コトヌー協定では移行措置としてロメ協定の 2007 年末までの維持を

規定するとともに、2008 年 1 月までに新たな貿易協定を含む EPA[45]を結ぶこととした。

コトヌー協定によって最も大きく変わったのが通商分野における協力のあり方である。というのは、ロメ協定を踏襲した EU はアフリカ諸国に対して非互恵的貿易特恵を供与してきたが、ロメ協定においては、この体制は 2008 年に開始される経済連携協定（EPA）のスキームに移行することになる。この新たな取り決めでは相互的な貿易協定が定められており、EU が域内市場に参入される ACP 諸国の輸出品に対して関税を課さないだけでなく、ACP 諸国でも EU の輸出品に対して関税を課さないこととされる。

### （二）EPA

EU とアフリカ・カリブ海・太平洋諸国間で EPA が締結されれば、EU がアフリカ・カリブ海・太平洋諸国から域内市場に入ってくる産品に対して関税を課すことができなくなる代わりに、アフリカ・カリブ海・太平洋諸国も EU から入ってくる産品に対して関税を課すことができない。ただし、これは EU 産品に対する無条件市場開放を意味するものではなく、特に LDC[46]に属する国々についてはロメ協定、EBA[47]のいずれかを選択することができた。他方、EPA に参加しないことを決めた LDC に属さない国々は EU の GSP[48]が適用されることになる。

EU とアフリカ諸国との EPA 締結交渉は北部を除く地域で、ECOWAS[49]、ECCAS[50]、EAC[51]、SADC[52]という地域経済共同体ごとに始められたが、進捗状況は芳しくない[53]。交渉が難航している最大の理由は LDC に属さない国々が市場開放によってヨーロッパから安価な農産品が流入することを懸念しているからである。実際にどのような問題が起こったかというと、たとえば、ガーナでは 1992 年には 40 万トンの鶏肉輸出を行っていたが、その後 EU から安価な輸入冷凍鶏肉が市場に流入した結果、40 万人以上の地場養鶏業者が壊滅的打撃を受け、1992 年には国内市場の 95％を占めていた地場の養鶏業者の占有率は 2001 年には 11％まで下落した[54]。なお、ガーナ以外にもカメルーン、トーゴ、セネガル、南アといった国々が EU からの冷凍鶏肉輸出によって深刻な打撃を受けた[55]。冷凍鶏肉以外では、ケニアでは 60 万人の酪農家が EU 産の粉ミルクと熾烈な競争に直面し、ナミビアとボツワナでは EU 産牛肉のダンピングが深刻な問題となり、セネガルでは安価な EU 産トマトの輸入で国内農家が打撃を受けたという事例が発生している[56]。

こうした懸念を払拭するため、2007 年末という移行措置の期限切れが間近に迫った同年 10 月、EU は LDC に属さない国々に妥協案を提示した。その妥協案とは、地域共同体と交渉している場合には、それを国別交渉に切り替えた上で、2007 年末までに各国と暫定協定を結ぶことによって交渉期間の延長を図るというものである。ところが、この妥協案は LDC に属さないすべての国に裨益したわけではなかった。つまり、GSP には EBA で数量制限なしに無関税輸入を認めるという制度があるが、この制度を利用できる国々は 2008 年以降この制度を利用して EU 向け輸出を行うことができたが、この制度を利用できない国々は、暫定協定の未締結によって GSP への移行を余儀なくされ、その結果として一部品目の関税率上昇を受け入れざる得なくなるからである。こうした事態を回避するためにも、この制度を利用できない国々は 2007 年末までに暫定協定を締結する道を選んだのである。

## （2）具体的経済関係

### （イ）貿易

　2014 年における EU の輸出総額は 4 兆 6,384 億ユーロであるが、これはフランスの輸出総額の 10 倍以上の規模である。その内訳を地域別に見ると、① EU（63.3％）、②アジア・大洋州（9.9％）、③北米（8.0％）、④非 EU（2.5％）、⑤中東（2.1％）、⑥中南米（0.8％）、⑦アフリカ（0.5％）であり、アフリカが最下位である。また、EU 外の国別輸出先順位を見ると、①米国（6.7％）、②中国（3.6％）、③スイス（3.0％）、④ロシア（2.2％）、⑤トルコ（1.6％）、⑥日本（1.1％）、⑦韓国（0.9％）、⑧ブラジル（0.8％）、⑨インド（0.8％）、⑩アラブ首長国連邦（0.8％）、⑪オーストラリア（0.6％）、⑫シンガポール（0.6％）、⑬南ア（0.5％）、⑭マレーシア（0.3％）、⑮タイ（0.3％）であり、アフリカからは唯一南アのみが第 13 位に位置している。

　これに対して、2014 年における EU の輸入総額は 4 兆 5,319 億であるが、これはフランスの輸入総額の 9 倍強の規模である。その内訳を地域別に見ると、① EU（62.9％）、②アジア・大洋州（12.8％）、③非 EU（7.6％）、④北米（5.5％）、⑤中東（1.1％）、⑥中南米（0.7％）、⑦アフリカ（0.4％）であり、輸出と同様に輸入もアフリカが最下位である。また、EU 外の国別輸入順位を見ると、①中国（6.7％）、②米国（4.5％）、③ロシア（4.0％）、④スイス（2.1％）、⑤日本（1.2％）、⑥トルコ（1.2％）、⑦韓国（0.9％）、

⑧インド（0.8%）、⑨ブラジル（0.7%）、⑩マレーシア（0.4%）、⑪タイ（0.4%）、⑫南ア（0.4%）、⑬シンガポール（0.4%）、⑭オーストラリア（0.2%）、⑮アラブ首長国連邦（0.2%）であり、アフリカからは唯一南アのみが第12位に位置している。

　以上の結果から、EUにとっては輸出面でも輸入面でも貿易相手国としてのアフリカ諸国の比重はそれほど高くないという現状が明らかとなったが、その理由は貿易品目を見れば一目瞭然である。というのは、2014年におけるEU外貿易の上位品目は、輸出が①機械類（41.6%）、②化学製品（16.4%）、③原料・半製品（11.7%）、④雑製品（11.0%）、⑤燃料（6.4%）、⑥食品（4.6%）であり、輸入が①機械類（26.8%）、②燃料（26.4%）、③雑製品（14.0%）、④原料・半製品（10.3%）、⑤化学製品（9.8%）、⑥食品（5.4%）であるからである。つまり、EUの貿易構造はイギリスよりも燃料輸入比率の高いフランスにより近いので、フランスとアフリカとの間で起きていることがEUとアフリカとの間でも起こり得ると考えられるのである。

　時系列的に見ると、EU・アフリカ間の貿易額はリーマン・ショック翌年の2009年を除き拡大基調にある。まずEUからの輸出から見ていくと、輸出額は2009年を除き拡大基調であるが、輸出額全体に占めるアフリカ向けのシェアは2010年と2011年の2年間においては低下傾向にあり、輸出の伸び率も対世界全体平均を下回る結果となっている。輸出品目を見ると、最大の輸出品は機械類を中心とした工業製品で、これが全体の4割近くを占める。これに続くのが燃料と化学製品でともに全体の1割強を占める。国別輸出先としては、前述の通り南アが第1位で、これに次ぐのがアルジェリア、モロッコ、エジプト、チュニジアなどの北部諸国とナイジェリア、アンゴラなどの資源国である。

　他方、アフリカからEUへの輸入額は2009年から2011年までの3年間は増加傾向にあるが、ギリシアに端を発した債務危機による需要後退の影響もあり、いまだにリーマン・ショック前の水準には戻っていない。最大輸入品目は燃料で、農産品がこれに次ぐ。輸入額全体に占めるシェアは前者で6割近く、後者で1割強である。国別輸入相手国としては、前述の通り南アが第1位で、これに次ぐのがアルジェリア、ナイジェリア、リビアなどの資源国である[57]。

### （ロ）投資

2014年におけるEUのEU外向け対外直接投資額は961億ユーロで、その内訳を地域別に見ると、①アジア（58.4%）、②北米（46.9%）、③中米（21.5%）、④アフリカ（13.6%）、⑤非EU（2.7%）、⑥大洋州（2.1%）、⑦北米（−48.3%）である。また、国別内訳を見ると、①ブラジル（31.6%）、②カナダ（24.3%）、③中国（9.6%）、④メキシコ（9.0%）、⑤シンガポール（8.8%）、⑥アラブ首長国連邦（7.7%）、⑦香港（6.0%）、⑧韓国（5.8%）、⑨インド（5.5%）、⑩ノルウェー（5.0%）、⑪エジプト（5.0%）、⑫トルコ（2.9%）、⑬南ア（2.8%）、⑭オーストラリア（1.9%）、⑮アルゼンチン（1.8%）、⑯日本（0.4%）、⑰ロシア（−0.4%）、⑱ウクライナ（−0.8%）、⑲スイス（−20.8%）、⑳米国（−72.6%）であり、アフリカからはエジプトと南アの2カ国が第11位と第13位に位置している。以上の結果を見る限り、アフリカはEUにとって重要な投資相手とはなっていない[58]。

### （ハ）援助

アフリカはEUから見た最大の援助供与先であり、地域別分類では2013年においては全体の39%を占めた。ちなみに、2007年から2013年までのアフリカ向けODA供与額は1億4,100万ユーロである。

EUの対アフリカ向け援助は、2007年にポルトガルの首都リスボンで開催されたアフリカEUサミットで採択されたJAES[59]に基づいて実施されているが、その重点支援分野は①平和・安全保障、②民主化・ガバナンス・人権、③人間開発、④持続的成長、⑤地球規模問題である。EUはJAESに基づいて2014年から2020年までの期間に8億4,500万ユーロの援助を行うことを決定している。その第1期は2014年から2017年までであるが、この期間内の供与予定額は4億1,500万ユーロであり、2016年8月時点で25案件に3億ユーロが供与済みである[60]。


## 4．米国の場合

### （1）米国・アフリカ関係の諸特徴

世界で唯一の超大国である以上、米国のアフリカに対する関心のかなりの部分を安全保障問題が占めることは確かである。そして、そうした問題に対


第13章　欧米諸国はアフリカとどう付き合ってきたか　　423

する関心の高さを反映してアフリカに対する関与を強めたことも過去にはあり、特に東西冷戦時代はその傾向が顕著だったが、本書はあくまでアフリカ経済を論じることが目的であるから、その問題には深入りせず、以下では経済面に絞って米国の対アフリカ政策を見ていくこととしたい。

### （イ）食糧政策

多くの途上国を抱えるアフリカのような地域の場合、世界の覇権国家である米国が採用する政策から受ける影響は大きいが、とりわけ大きな影響を与えていると考える分野が食糧である。なぜ食糧が重要かというと、その答えは食糧とそれ以外の産品を考えれば一目瞭然である。世界で唯一の超大国である米国は国内に巨大な消費市場を有するから、途上国側から見れば、米国向けに輸出ができるということは成長に大きく寄与することになり、事実、そうした米国向け輸出の成功を踏み台として成長を遂げていった国は世界中に多数ある。しかし、この成功例は食糧には当て嵌まらない。というのは、主要な食糧である小麦に関して言えば、国内需要の2倍の生産を行っている米国に対して、途上国側がどんなに頑張っても小麦を輸出することができないからである。この結果、農業に比較優位をもつはずの途上国の多くが食糧生産に有効な資源配分ができなくなり、歪な経済構造を生む原因の1つになっているのである。他方、途上国の中には食糧を自給できない国も多数あるが、これらの国でいつまでも食糧が自給できない理由も米国の食糧政策と関係する部分がある。というのは、食糧余剰国の米国に要請すれば、米国は気前よく食糧を援助してくれるから、どうしても途上国側は援助食糧で不足分を補うという安易な選択をしてしまうからである。

以下、米国の食糧政策をとりまとめると、次の通りである。

米国が食糧を対外援助に利用するきっかけを作ったのが後に大統領となるハーバート・フーバーで、彼が共和党のハーディング大統領の下で商務長官を務めていた1921年、彼の発案で第一次世界大戦やロシア革命で疲弊していたヨーロッパに対する食糧援助を行った。他方、この食糧援助が国内農民保護と結びつくきっかけとなったのが大恐慌である。というのは、大恐慌によって農家所得が一気に半減したからである。しかも、農家所得の引き上げ問題が政府からの補助金交付と第二次世界大戦中の増産によって解決されたことが新たな問題を生み出すこととなった。その問題が食糧の過剰在庫で、この頃から政府は顕在化する食糧の恒常的過剰在庫の処理に苦慮するように

なった。なぜこの問題が起きたかというと、米国農業が高い農家所得と安い食糧価格という2つの相反する目標の同時達成を迫られるようになるからである。つまり、食糧価格が安く設定されるためには、供給が需要を上回る必要があるが、そうすると、過剰生産となり、農家所得が減るから、農家は次期の生産を手控えることとなって、結局、次期の食糧価格が上昇してしまう。しかし、ここで政府が介入して農家に補助金を交付すると、所得減少の心配がなくなった農家は次期の生産を手控える必要がなくなるから、高い農家所得と安い食糧価格という2つの目標が同時に達成されるのだが、その代償として不可避的に過剰在庫が発生してしまう。しかも、この過剰在庫を国内に流通させると、安い食糧価格を維持できなくなるから、この過剰在庫は国外で処理せざるを得ないのである。こうして、1949年には補助金を受けた農家から余剰作物を政府に引き渡す最初の食糧援助法が連邦議会で可決され、米国の食糧援助は資金ではなく米国産農産物で行うことが決まった[61]。そして、1954年にはPL480（1954年農業貿易開発援助法）が制定され、以後はこの法律に基づいて外国への食糧援助が行われることとなった。この結果、1960年代を通じてアメリカの農産物輸出総額は世界全体の40%を占め、しかも、その22%はPL480に基づく援助だった[62]。こうした食糧政策が奏功した結果、2007年には米国農家1世帯当たりの平均収入は8万6,233ドルとなったが、これは全世帯の平均収入を27.5%上回る金額である[63]。

　ところで、自国の農家に手厚い保護を与えているのは米国だけではなく、ヨーロッパも同様である。そして、制度導入の経緯を遡ると、欧米とも当初の目的は不況や戦争が起きた際に困窮した農家の救済であったが、時代とともに変質し、今では自国農家の恒常的支援策となっている[64]。ちなみに、先進国クラブともいえるOECDに加盟する30ヵ国が2001年に自国の農家に与えた補助金総額は3,110億ドルであったが、外国への援助総額はその1/6弱の520億ドルにすぎなかった[65]。欧米の食糧政策は二国間援助に止まることなく、多国間援助にも及んだ。というのは、欧米の強い影響下にある国際金融機関がアフリカ諸国に融資を与える条件として農家に補助金を出さないことを長年要求してきたからである[66]。

**（ロ）資源戦略**

　歴史的にアフリカの鉱産物生産の主力を担ってきたのがイギリス系[67]企業だったが、1945年以降はこれに米国企業が加わった。なぜ米国のアフリカ

第13章　欧米諸国はアフリカとどう付き合ってきたか　　425

に対する関心が高まったかというと、東西冷戦下で武器需要が高まったが、その生産にはマンガン、クロム、プラチナといった金属の使用が不可欠だったからである。そして、これらの90％がアフリカに埋蔵されている以上、アフリカへの関心が高まるのは当然だった[68]。

米国のアフリカに対する関心をさらに高めることになったのが石油である。というのは、米国は元々世界一の産油国で、原油輸出も行っていたが、その地位を中東諸国に譲るようになると、自国資源を保護する観点から、1975年以降原油輸出を禁止する一方で、国内消費量の不足分を輸入で補おうとする。ところが、米国が支持するイスラエルと敵対的な関係にある中東産油国の中には反米的な国も多いので、安全保障上の観点からも、米国は原油の輸入に関しても中東一極集中を避け、他地域からの輸入を増やしたいと考えていたのである。そこで注目されたのがアフリカであり、米国はアフリカにおける石油資源開発のための投資を積極的に行った。この結果、米国企業は全体の50％を産出するサブサハラにおける原油の最大生産者となった。この間に米国が行った投資額は400億ドルに及び、さらに500億ドルを追加投資する計画も浮上している[69]。こうした投資努力もあり、アフリカから米国への原油輸入は増加の一途を辿り、2006年には大西洋から地中海にかけての産油国[70]とギニア湾沿いの産油国[71]からの輸入が全体の15％に達した。この数字は今後10～15年のうちに全体の25～35％に増加すると予想されている[72]。こうしてアフリカは米国にとって今や中東を凌ぐ最大の原油供給地になった。

　（ハ）AGOA

米国はアフリカに対して従来からGSPを適用し、4,650品目について関税率ゼロ、数量制限なしの輸入を認めてきたが、このGSPは2001年に失効することが決まっていた。そこで、クリントン政権末期の2000年、米国はAGOA[73]（アメリカ成長機会法）を成立させたが、2004年と2015年に再延長し、現時点ではAGOAの2025年9月までの延長が決定済みである。AGOAの受益国となるためには、経済改革や民主化、汚職防止などの条件と1人当たりGNPが1,500ドル以下という条件をクリアしなければならないが、この条件をクリアした国はサブサハラ48カ国中の38カ国である[74]。これらの国は米国に対してGSPの対象とする4,650品目に加えて1,835品目の輸出を行うことができることとなった。

以下、AGOA 発効後の初期段階の状況を概観すると、対米貿易は 2003 年から 2006 年までの間に倍増し、米国からの輸出は 68 億ドルが 121 億ドルになり、米国への輸入は 591 億ドルが 256 億ドルになった。輸入の中で特に大きいのが石油で全体の 93％ を占め、石油以外では繊維、鉱産物、農産物の占める割合が大きい。

　AGOA がアフリカにおける輸出指向型工業の発展を促したという意味では繊維の役割が重要である。というのは、たとえば、マダガスカルでは AGOA を利用して米国市場への進出を図るため、シンガポール、香港、中国の企業を誘致することに成功したし、同様の例はレソト、マラウイ、モーリシャス、ナミビア、スワジランドでも見られるからである[75]。

## （２）具体的経済関係

### （イ）貿易

　2014 年における米国の輸出総額は 1 兆 6,205 億ドルである。その内訳を地域別に見ると、① NAFTA[76]（34.1％）、②アジア（24.8％）、③ EU（17.0％）、④中南米（11.3％）、⑤中東（4.6％）、⑥アフリカ（2.3％）であり、アフリカが最下位である。また、国別輸出先を見ると、①カナダ（19.3％）、②メキシコ（14.8％）、③中国（7.6％）、④日本（4.1％）、⑤イギリス（3.3％）、⑥ドイツ（3.0％）、⑦韓国（2.7％）、⑧ブラジル（2.6％）、⑨香港（2.5％）、⑩フランス（1.9％）、⑪シンガポール（1.9％）、⑫台湾（1.6％）、⑬インド（1.3％）、⑭マレーシア（0.8％）、⑮タイ（0.7％）、⑯ベネズエラ（0.7％）、⑰アルゼンチン（0.7％）、⑱フィリピン（0.5％）、⑲インドネシア（0.5％）であり、アフリカからランクインしている国はない。

　これに対して、2014 年における米国の輸入総額は 2 兆 3,477 億であるから、2014 年は輸入超過であるが、この輸入超過状態は恒常的に続いている。輸入内訳を地域別に見ると、①アジア（38.3％）、② NAFTA（27.3％）、③ EU（17.8％）、④中南米（6.4％）、⑤中東（4.4％）、⑥アフリカ（1.5％）であり、輸出と同様に輸入もアフリカが最下位であるが、金額的には輸入額が輸出額を上回っており、米アフリカ間貿易という意味では米国の輸入超過である。また、国別順位を見ると、①中国（19.9％）、②カナダ（14.8％）、③メキシコ（12.5％）、④日本（5.7％）、⑤ドイツ（5.3％）、⑥韓国（3.0％）、⑦イギリス（2.3％）、⑧フランス（2.0％）、⑨インド（1.9％）、

⑩台湾（1.7%）、⑪ブラジル（1.3%）、⑫マレーシア（1.2%）、⑬ベネズエラ（1.2%）、⑭タイ（1.2%）、⑮インドネシア（0.8%）、⑯シンガポール（0.7%）、⑰フィリピン（0.4%）、⑱香港（0.2%）、⑲アルゼンチン（0.2%）であり、輸出と同様にアフリカからランクインしている国はない。

　以上の結果から、米国にとっては輸出面でも輸入面でも貿易相手国としてのアフリカ諸国の比重はそれほど高くないという現状が明らかとなったが、その理由は貿易品目からは判断できない。というのは、2014年における貿易の上位品目は、輸出が①資本財（34.0%）、②工業用原材料（31.2%）、③消費財（12.3%）、④自動車（9.9%）、⑤食品（8.9%）であり、輸入が①工業用原材料（28.4%）、②資本財（25.2%）、③消費財（23.8%）、④自動車（14.0%）、⑤食品（5.4%）であり、米国はアフリカに優位性のある工業用原材料の輸入が大きく、なおかつ、アフリカが必要としている資本財を最も多く輸出しているからである。ということは、対米貿易でアフリカの占める比率が小さいのは双方の貿易構造の問題ではなく、米国からの輸出についてはアフリカの購買力の問題、米国への輸入についてはアフリカの供給能力の問題が大きく作用していると考えられる。

　（ロ）投資

　2013年における米国の対外直接投資残高は4兆6,609億ドルであるが、その内訳を地域別に見ると、①ヨーロッパ（55.9%）、②中南米（19.0%）、③アジア・大洋州（14.9%）、④北米（7.9%）、⑤アフリカ（1.3%）、⑤中東（1.0%）である。また、国別内訳を見ると、①オランダ（15.5%）、②イギリス（12.3%）、③カナダ（7.9%）、④オーストラリア（3.4%）、⑤シンガポール（3.3%）、⑥スイス（2.8%）、⑦日本（2.6%）、⑧ドイツ（2.5%）、⑨メキシコ（2.2%）、⑩中国（1.3%）、⑪香港（1.3%）、⑫韓国（0.7%）、⑬インド（0.5%）であり、アフリカからランクインしている国はない。以上の結果を見る限り、アフリカは米国にとって重要な投資相手とはなっていない。ここまでの分析を通じて、イギリスとアフリカ諸国との投資関係がイギリスと他の地域との関係に比べて相対的に希薄であることはわかったが、その理由は2013年における米国の対外直接投資残高の分野別内訳からも類推することができる。というのは、その順位は①持株会社（46.2%）、②金融・保険（16.5%）、③製造業（13.1%）、④鉱業（5.2%）、⑤卸売業（4.6%）、⑥情報産業（3.4%）、⑦預金取扱（2.3%）、⑧民間サービス

428　　第3部　どうしたらアフリカと良好な関係を築けるのか

（2.1％）であり、アフリカに優位がある鉱業分野への投資が全体の5.2％にとどまっているからである[77]。

### （ハ）援助

2014年における米国のODA供与額は336億ドルであるが、これは同年の輸出額の2.1％、輸入額の1.4％にすぎないから、貿易額に比べると、その規模はかなり小さい。しかし、この規模でも一応DAC加盟国の中では最大規模であり、第2位のイギリスの1.7倍ある。ちなみに、1970年以降で米国が首位を転落して第2位となったのは1989年と1993年から2000年までの間だけであり、このときに首位となったのは日本である。しかも、この40年以上の間に米国のODA供与額は50億ドルを下回る水準から6倍以上の伸びを示し、300億ドルを上回る水準となっている[78]。1980年から2012年までの期間について言えば、米国のODAの三大供与先がアジア（2,050億ドル）、ヨーロッパ（2,000億ドル）、アフリカ（1,200億ドル）であり、アフリカの三大国別供与先がスーダン、エチオピア、ケニアである。

米国の対アフリカ援助は1960年には2億ドル規模だったが、2006年には560億ドルまで増えていて、この数字からも援助面でのアフリカ重視の姿勢が強まっていることを窺い知ることができる。ちなみに、1995年から2013年までのサブサハラ向け援助の累計額は976.7億ドルであるが、その二大使途はインフラ整備（48％）と人道支援（26％）であり、その使途をさらに細分化すると、①医療（6.3％）、②農業（4.2％）、③教育（3.6％）、④運輸（2.6％）、⑤エネルギー（0.8％）である。

ところで、2000年を境に、それ以前と以後では米国の対アフリカ援助には大きな質的変化が見られる。というのは、2000年以前においては米国の対アフリカ援助がスーダン、ソマリア、エチオピアといった紛争国に対して重点的に配分されていたのに対して、2000年以後はナイジェリア、南ア、ウガンダ、タンザニアといった国々に対して重点的に配分されるようになっているからである。このうちナイジェリアと南アはアフリカの二大経済大国にして資源大国であり、ウガンダとタンザニアは東部の急成長国で、なおかつSADCと並んで経済統合が進むEACの中核メンバーであるから、これらの国々とスーダン、ソマリア、エチオピアといった国々を比較すると、米国の援助方針が政治・安全保障重視から経済重視へシフトしていることは明らかである。この政治から経済へのシフトの背景には中国の影響があると考え

第13章　欧米諸国はアフリカとどう付き合ってきたか　　429

られる。つまり、2000 年以後、中国がアフリカ諸国に対する援助を本格化させたことによって、経済面での中国の存在感が飛躍的に高まったが、これは米国の存在感の相対的低下を意味するので、中国への対抗上、米国もアフリカでの存在感を高める必要があったと考えられる[79]。

---

1　第一次世界大戦の敗戦によってドイツの植民地だったタンザニア、トーゴ、カメルーンがイギリスの植民地（正確に言うと、国際連盟時代は委任統治領、国際連合時代は信託統治領である）に加えられた。ただし、トーゴとカメルーンはフランスとの分割統治である。

2　Collins, Robert O., James McDonald Burns, Erik Kristofer Ching eds.（1996）, p.6 からの引用。

3　Collins, Robert O., James McDonald Burns, Erik Kristofer Ching eds.（1996）, p.11 からの引用。

4　元々の名称は British Commonwealth of Nations であるが、1949 年に Commonwealth of Nations と名称変更された。

5　EU 加盟 28 カ国の合計である。

6　非 EU とは EU に加盟していないヨーロッパ諸国を指すが、具体的にはスイス、ノルウェー、ロシアである。

7　以上の数字はすべて日本貿易振興機構（ジェトロ）のホームページからの引用。

8　以上の数字はすべてイギリス統計局（Office for National Statistics）のホームページからの引用。

9　以上の数字はすべて日本貿易振興機構（ジェトロ）のホームページからの引用。

10　以上の数字はすべてイギリス統計局（Office for National Statistics）のホームページからの引用。

11　Department for International Development の略である。

12　DFID のホームページ頁からの引用。

13　Official Development Aid の略である。

14　Development Assistance Committee（開発援助委員会）の略である。DAC は OECD（Organization for Economic Co-operation and Development：経済開発協力機構）の委員会の 1 つで、28 カ国と EU がメンバーである。

15　国際機関を通じた援助のことである。

16　ヨルダン川西岸とガザ地区を併せた地域である。

17　ルワンダはイギリスの植民地でなかったが、2009 年にイギリス連邦に加盟した。

18　モザンビークはイギリスの植民地でなかったが、1995 年にイギリス連邦に加盟した。

19　ジンバブエは 2003 年にイギリス連邦から脱退した。

20　現在のソマリアの大半はイタリアの植民地だったが、一部イギリスの植民地だった部分があるので、ここではイギリスの旧植民地としてカウントしたが、イギリス連邦に

は未加盟である。

21 岡田泰男編著（1995 年）249 頁からの引用。

22 飯田隆（2005 年）96 頁からの引用。

23 原輝史（1986 年）229 頁からの引用。

24 「マグレブ」とは「日が没する地」を意味するアラビア語で、マグレブ 3 国とはフランス領だったモロッコ、アルジェリア、チュニジアを指す。

25 原輝史（1986 年）229 頁からの引用。

26 山田文比古（2005 年）119 頁からの引用。

27 CFA は植民地時代には Colonies françaises d'Afrique（アフリカのフランス植民地）の略であったが、現在では旧フランス領西アフリカ地域では Communauté financière africaine（アフリカ金融共同体）、旧フランス領赤道アフリカ地域では Coopération financière en afrique centrale（中部アフリカ金融協力体）の略とされている。

28 山田文比古（2005 年）125 頁からの引用。

29 Southall, Roger, Henning Melber eds.（2009），p.215 によれば、コートジボアールに 3,000 人規模の平和維持軍を派遣したし、チャドにも 2,000 人以上を派兵した。

30 Southall, Roger, Henning Melber eds.（2009），p.215 からの引用。

31 フランスの統計では中国の中に香港が含まれている。

32 以上の数字はすべて日本貿易振興機構（ジェトロ）のホームページからの引用。

33 以上の数字はすべて日本貿易振興機構（ジェトロ）のホームページからの引用。

34 2014 年 7 月 18 日付 Wall Street Journal 電子版からの引用。

35 2014 年 11 月 12 日付 Response 電子版からの引用。

36 France Diplomatie のホームページからの引用。

37 European Union（欧州連合）の略である。

38 European Economic Community（欧州経済共同体）の略である。

39 European Coal and Steel Community（欧州石炭鉄鋼共同体）の略である。

40 European Atomic Energy Community（欧州原子力共同体）の略である。

41 European Community（欧州共同体）の略である。

42 Southall, Roger, Henning Melber eds.（2009），p.87 からの引用。

43 World Trade Organization（世界貿易機関）の略である。

44 1995 年に米国より提起されたロメ協定が WTO 規定に違反するとの訴えに対して、1996 年、WTO の紛争解決機関は米国の訴えを認めた。この結果、アフリカ・カリブ海・太平洋諸国が長年にわたって享受してきた内部補助金制度が廃止された。しかし、米国はこれだけでは納得せず、EU とアフリカ・カリブ海・太平洋諸国との間の特恵的通商協定を廃止するべきという主張を継続して行った。

45 Economic Partnership Agreement（経済連携協定）の略である。経済連携協定とは、2 カ国以上の国または地域の間で、物品とサービスの貿易自由化を目指す FTA（Free Trade Agreement：自由貿易協定）の要素に加え、人の移動、投資、政府調達、二国間協力といった貿易以外の分野を含んだ包括的な協定である。

46 Least developed country（後発開発途上国）の略である。

47 Everything But Arms（武器以外の全品目）の略である。

48 Generalized System of Preferences（一般特恵関税制度）の略である。一般特恵関税制度

とは、途上国の輸出増大や工業化を通じて経済発展の促進を図るため、途上国から輸入される一定の農産品や鉱工業産品に対して一般の関税率よりも低い特恵税率を適用する制度である。

49　Economic Community of West African States（西アフリカ諸国経済共同体）の略である。

50　Economic Community of Central African States（中部アフリカ諸国経済共同体）の略である。

51　East African Community（東アフリカ共同体）の略である。

52　Southern African Development Community（南部アフリカ開発共同体）の略である。

53　2016 年 10 月末時点で EU との間で EPA を調印できたのは SADC6 カ国（南ア、レソト、スワジランド、ナミビア、ボツワナ、モザンビーク）のみで、また、仮調印できたのは西部 16 カ国（ベナン、ブルキナファソ、カーボベルデ、コートジボワール、ガンビア、ガーナ、ギニア、ギニアビサウ、リベリア、マリ、ニジェール、ナイジェリア、セネガル、シエラレオネ、トーゴ、モーリタニア）のみである。

54　Southall, Roger, Henning Melber eds.（2009）, p.99 からの引用。

55　Southall, Roger, Henning Melber eds.（2009）, p.100 からの引用。

56　Southall, Roger, Henning Melber eds.（2009）, p.100 からの引用。

57　以上の数字はすべて日本貿易振興機構（ジェトロ）のホームページからの引用。

58　以上の数字はすべて EUROSTAT のホームページからの引用。

59　Joint Africa-EU Strategy（アフリカ EU 合同戦略）の略である。

60　以上の数字はすべて European Commission のホームページからの引用。

61　サロー、ロジャー、スコット・キルマン（2011 年）144 頁からの引用。

62　平野克己（2013 年）159 頁からの引用。

63　サロー、ロジャー、スコット・キルマン（2011 年）268 頁からの引用。

64　サロー、ロジャー、スコット・キルマン（2011 年）104 頁によると、EU も加盟国が少ない 1970 年代までは砂糖の純輸入地域であったが、甜菜から砂糖を作る国が加盟するようになると、甜菜農家は共通農業政策の補助金を受けられることから EU の砂糖生産が増加した。そして、EU 加盟国の砂糖生産コストは途上国より 2〜3 倍高いにもかかわらず、EU の砂糖輸出はブラジルに次ぐ第 2 位の地位を獲得した。

65　サロー、ロジャー、スコット・キルマン（2011 年）97 頁からの引用。

66　サロー、ロジャー、スコット・キルマン（2011 年）13 頁からの引用。

67　ここではイギリス本国とその植民地から独立したオーストラリア、カナダ、南アを指す。

68　Southall, Roger, Henning Melber eds.（2009）, p.16 からの引用。

69　Southall, Roger, Henning Melber eds.（2009）, p.49 からの引用。

70　具体的にはアルジェリア、モーリタニア、チャド、スーダンである。

71　具体的にはナイジェリア、アンゴラ、赤道ギニア、ガボン、サントメプリンシペである。

72　Southall, Roger, Henning Melber eds.（2009）, p.13 からの引用。

73　Africa Growth and Opportunity Act（アフリカ成長機会法）の略である。

74　吉田栄一編（2007 年）39 頁からの引用。

75　Southall, Roger, Henning Melber eds.（2009）, p.66 からの引用。

76 North American Free Trade Agreement（北米自由貿易協定）の略で、対象国はカナダ
 とメキシコである。

77 以上の数字はすべて日本貿易振興機構（ジェトロ）のホームページからの引用。

78 OECD Statistics のホームページからの引用。

79 The Conversation のホームページからの引用。

第13章　欧米諸国はアフリカとどう付き合ってきたか　　433

## 第14章

# アジア諸国はアフリカと
# どう付き合ってきたか

　前章においては欧米諸国とアフリカとの関係を見てきたが、本章において
はアジア諸国とアフリカとの関係を見ていく。ここで取り上げるアジア諸国
とはインド、中国、日本の3カ国である。なぜアジアをこの3カ国で代表さ
せたかというと、この3カ国がアジアの中ではアフリカとの関係が最も濃厚
だからである。もちろん、関係が濃厚といっても、そこには濃淡の違いがあ
るので、以下ではアフリカとの交流の歴史が最も長いインドから始めて、中
国、日本の順に論じることとしたい。

## 1．インドの場合

### （1）インド・アフリカ関係の諸特徴

　インドとアフリカの関係は2つの要素から成り立っている。1つは国家間
の関係であるが、これは国際問題である。国際問題であるということはイン
ドが国家として介入ないし制御できる問題でもある。他方、もう1つの要素
がアフリカ人とインド系住民との関係であるが、これはむしろアフリカ側の
国内問題であり、インドが国家として介入ないし制御できる問題ではない。
以下ではこの2つを別々に説明するが、最初により重要な要素とアフリカ人
とインド系住民との関係を論じ、次いで、国家間の関係の一例としてインド
の資源戦略を論じることとした。

#### （イ）インド系住民の存在

　海外で活躍する中国人を「華僑」と呼ぶことがあるが、中国人と同じよう

434　　第3部　どうしたらアフリカと良好な関係を築けるのか

に海外で活躍するインド人も多く、彼らもしばしば「印僑」と呼ばれる。イ
ンド人の海外移住が活発化したのはイギリスの植民地時代で、多くのインド
人が世界中のイギリス植民地に移住していった。インド人のアフリカへの移
住が本格化したのは 1830 年代以降で、その第一波としてやってきたのが年
季奉公の出稼ぎ労働者たちで、彼らはサトウキビ農場で働くためにモーリシ
ャスや南アにやってきた。また、植民地当局が実施する鉄道などのインフラ
建設で働く労働者も連れてこられ、移住地域はタンガニーカ（現タンザニア
の大陸部）、ケニア、ウガンダにも広がっていった。この頃ザンジバルへの
移住も増加する。というのは、当時イギリスとインド洋の覇権を争うほどの
勢力を誇っていたザンジバルではインド出身者が巨万の富を蓄積し、国政を
左右するほどの影響力を誇示していたからである。そして、1870 年代以降
は肉体労働以外に技術者や商人たちもアフリカにやって来るようになるが、
こうした移住者の一人がインド独立の父として知られるマハトマ・ガンジー
で、彼は 1893 年から 1915 年まで 20 年以上にわたって南アで弁護士として
の活動を行っていた。

　インドからの移住者の多くは現地に土着し、やがて現地人を凌ぐ経済力を
保持して、現地経済を牛耳るようになるが、その傾向はアフリカの東南部で
特に顕著だった[1]。その一方で、インドからの移住者とその子孫たちが多く
の苦難に直面したことも事実である。その一例が 1964 年にザンジバルでア
フリカ人がアラブ系スルタンの支配に反旗を翻して革命を起こしたとき、商
業や金融業を営んでいたインド系住民の多くがスルタン系と見なされて迫害
され、国外退去を余儀なくされた。また、1970 年代のウガンダでは、イデ
ィ・アミン大統領が国内経済を牛耳るインド系住民を国外に追放したりした。
しかし、こうした苦難があったにもかかわらず、それを克服した多くのイン
ド系住民がアフリカ東南部の各国で確固たる経済的地位を確立している。

　各国におけるインド系住民の成功者を紹介すると、ケニアではヴィマー
ル・シャーとノーシャド・メラリが有名である。両者は 2013 年のアフリカ
長者番付 50 人[2]にも選ばれている大富豪である。前者はアフリカ 17 カ国で
48 のブランドを展開する Bidco グループの総帥であるが、同グループは食
用油部門を中心に年収 5 億ドルを誇っている[3]。他方、後者は建設、農業、
IT 産業、通信、金融といった部門を束ねるコングロマリットの総帥である。
ウガンダではスディール・ルパレラが有名で、彼も 2013 年のアフリカ長者

第 14 章　アジア諸国はアフリカとどう付き合ってきたか　　435

番付 50 人[4]にも選ばれている大富豪である。彼の主要事業は不動産、ホテル、外貨両替などである。最後に取り上げるのは南アであるが、あいにく南アには 2013 年のアフリカ長者番付 50 人に選ばれている大富豪はいないが、2014 年末時点で南アにいる億万長者 46,800 人中 6,500 人がインド系とのことである。この 6,500 人という数字は黒人の億万長者数 4,900 人を上回っているが、全人口に占める比率が黒人で 80%、インド系で 3%であることを考えれば、インド系の富豪比率は極めて高いと言い得るだろう[5]。

インド本国の企業にとって彼らインド系住民は大変心強い存在である。というのは、現地をよく知るインド系住民はインド本国の企業と地場市場を結びつける重要なパイプ役となり得るからである。そうしたインド・インド連携の成功例が Airtel である。同社はムンバイ証券取引所に上場する電気通信企業であるが、同社はアフリカ 17 カ国でモバイル通信サービスを提供し、その利用者数は 5,000 万人をはるかに上回ると言われている[6]。

### （ロ）資源戦略

2015 年時点でインドは中国に次ぐ世界第 2 位の人口大国であるが、同年 7 月に国連が発表した「世界人口予測」によると、2020 年には両者が逆転し、インドが世界一の人口大国になるとのことである。また、巨大な人口に加え、BRICS の一角として成長も著しいインドのエネルギー消費も大きく伸びており、2030 年までには日本とロシアを抜き、中国、米国に次ぐ世界第 3 位のエネルギー消費国になるとも予想されている[7]。

これに対して、インドのエネルギー供給状況を見ると、石炭と天然ガスは埋蔵量が豊富で、その需要を国内生産で賄うことができる。他方、石油に関して言えば、2015 年の産油量は 4,118 万トンで、アジアでは中国に次いで第 2 位、世界でも第 23 位の産油国である[8]が、急速な内需の伸びに対して国内生産が追いつかないのが現状であり、輸入依存度が高い。どこから石油を輸入するかというと、地理的な近さもあり、従来はサウジアラビア、アラブ首長国連邦、クウェートなどの中東産油国からの輸入が多かったが、安定的供給源確保の観点からも供給先を分散することは重要であり、今後はアフリカの産油国からの輸入も増えていくものと予想される。

（２）具体的経済関係

（イ）貿易

2014 年におけるインドの輸出総額は 3,228 億ドルであり、その国別内訳は①米国（13.3%）、②アラブ首長国連邦（10.2%）、③中国（4.2%）、④サウジアラビア（4.1%）、⑤香港（4.1%）、⑥シンガポール（3.2%）、⑦イギリス（3.0%）、⑧ドイツ（2.4%）、⑨ブラジル（2.2%）、⑩オランダ（2.1%）、⑪ベトナム（2.0%）、⑫スリランカ（2.0%）、⑬バングラデシュ（1.9%）、⑭日本（1.8%）、⑮ベルギー（1.8%）、⑯南ア（1.8%）、⑰トルコ（1.7%）、⑱イタリア（1.7%）、⑲韓国（1.6%）であり、アフリカからは唯一南アだけが第 16 位に位置している。2014 年における輸出の上位品目は①石油製品（20.2%）、②機械類（12.9%）、③宝石・宝飾品（12.6%）、④繊維（7.8%）、⑤金属（7.7%）、⑥化学製品（7.7%）である。

これに対して、2014 年におけるインドの輸入総額は 4,611 億ドルであり、輸入額が輸出額を上回っている。輸入の内訳を国別で見ると、①中国（12.6%）、②サウジアラビア（7.1%）、③アラブ首長国連邦（5.9%）、④スイス（4.6%）、⑤米国（4.5%）、⑥カタール（3.6%）、⑦イラク（3.5%）、⑧ナイジェリア（3.4%）、⑨クウェート（3.3%）、⑩インドネシア（3.2%）、⑪韓国（2.9%）、⑫ベネズエラ（2.8%）、⑬ドイツ（2.8%）、⑭ベルギー（2.5%）、⑮イラン（2.4%）、⑯マレーシア（2.4%）、⑰オーストラリア（2.2%）、⑱日本（2.1%）、⑲シンガポール（1.5%）であり、アフリカからは唯一ナイジェリアだけが第 8 位に位置している。なぜナイジェリアがランクインしているかというと、それは石油のためであり、国別ランキングの中に産油国が多く含まれることからも類推可能である。2014 年における輸入の上位品目は①石油（34.6%）、②機械類（15.4%）、③宝石・貴金属（12.7%）、④金属（5.6%）、⑤化学製品（5.0%）であるが、この結果からも石油輸入比率の高さを窺い知ることができる[9]。

以下、インド・アフリカ間貿易に限定すると、それは 1991 年の 9.67 億ドルが 2005 年には 95 億ドルまで拡大した。2000 年から 2005 年までで言えば、インドからの輸出は 20 億ドルから 60 億ドルに拡大し、輸入は 30 億ドルから 40 億ドルに拡大した。2006 年は輸出 95 億ドルに対して、輸入 126 億ドルであり、インド側の入超である。2007 年から 2008 年のインド・アフリカ間貿易は 250 億ドルと 300 億ドルの間を推移した[10]。インドからアフリカへ

第 14 章　アジア諸国はアフリカとどう付き合ってきたか　　437

の主要な輸出品は製造業製品（49％）、化学製品（11％）、機械・輸送設備（10％）である。他方、2006年の主要な輸出先は南ア（20億ドル）、ケニア（13億ドル）、ナイジェリア（9.36億ドル）、エジプト（7.39億ドル）、モーリシャス（5.39億ドル）である[11]。逆にインドへの輸入は一次産品が中心であり、61％が原油、13％が金である[12]。

（ロ）投資

2014年におけるインドの対外直接投資額は届出ベースで382億ドルであるが、その内訳を国別に見ると、①オランダ（32.6％）、②シンガポール（16.8％）、③モーリシャス（14.4％）、④イギリス領ヴァージン諸島（7.5％）、⑤モザンビーク（6.9％）、⑥米国（4.7％）、⑦アラブ首長国連邦（3.8％）、⑧スイス（2.2％）であり、アフリカからはモーリシャスとモザンビークがそれぞれ第3位と第5位に位置している。また、分野別で見ると、①自動車・通信・倉庫（28.9％）、②農業・鉱業（22.8％）、③製造業（22.5％）、④金融・保険（11.7％）、⑤卸売・小売・レストラン・ホテル（7.9％）、⑥建設（4.2％）、⑦社会サービス（2.4％）、⑧電気・ガス・水道（0.1％）である[13]。

（ハ）援助

インドのアフリカに対する援助が本格化するのは2000年代に入ってからであるが、それを象徴する出来事がインド・アフリカ・フォーラムの開催である。このフォーラムが最初に開催されたのが2008年であり、それ以降2011年と2015年と計3回開催されている。ちなみに、2015年の第3回フォーラムが開催されるまでにインドがアフリカに対して行った援助の総額は無償が12億ドル、有償が74億ドルである。これに対して、第3回フォーラムでは、道路、鉄道などのインフラ整備費として今後5年間に100億ドルの信用供与を行うことを発表するとともに、教育、医療などの分野に60億ドルの無償援助を行うことを併せて発表した。なお、この無償援助の中には5万人のアフリカ人留学生の受け入れも含まれている。


## ２．中国の場合

鄧小平による改革開放路線推進後の急成長によって、中国の影響力は世界中で拡大しているが、その影響力の強さがとりわけ顕著な地域がアフリカで

あり、特に 21 世紀に入ってから中国がアフリカに与えた影響は過去 60 年間に他のどの国がアフリカにもたらした影響よりも大きいと言われている[14]。そこで、以下ではなぜ中国がこれほど強大な影響力をアフリカに対して行使するようになったかを政策面と実体面から解明することとした。

## （1）中国・アフリカ関係の諸特徴

1949 年に毛沢東の共産党が蒋介石の国民党を台湾に追いやって中国大陸に中華人民共和国を建国してからすでに 60 年以上が経過したが、この間に共産党政府が推進してきた対アフリカ政策には不動の部分と時代とともに変化してきた部分がある。

### （イ）代表権問題

不動の部分を代表するのが代表権問題である。つまり、第二次世界大戦の戦勝国である中国は国連安全保障理事会において米国、イギリス、フランス、ソ連とともに常任理事国の地位を獲得するが、そのとき中国を代表していたのは毛沢東の共産党ではなく、蒋介石の国民党であった。そして、台湾に逃れた後も国民党政権が国連の場において中国を代表し続けていたのである。それゆえ、共産党政権にとっては国連の場で台湾の国民党政権に取って代わるためにも、より多くの国連加盟国の支持を獲得することが急務となった。こうした状況下、共産党政権にとって格好のターゲットに浮上したのがアフリカである。というのは、1960 年以降にアフリカで多数の国が独立し、大票田となったからである。

中国共産党はアフリカの植民地解放闘争を支援する一方で、独立後も非同盟諸国運動の名において新興独立国群に対して積極的な援助を行ったが、その代表ともいえる事例が第 6 章で詳述したタンザン鉄道の建設である。こうした積極的な対アフリカ支援が奏功したこともあり、国連の場においてアルバニアが中国の代表権を台湾の国民党政権ではなく共産党政権に与えるべきとの提案を行ったときも、多くのアフリカ諸国がアルバニア案を支持した。そして、1971 年 10 月、アルバニア案が国連総会において審議され、賛成 76、反対 17、欠席 3 で採択された。ちなみに、アルバニア決議案の共同提案国となった国は 23 ヵ国あるが、そのうち 11 カ国がアフリカだった。また、アルバニア案に賛成投票した 76 ヵ国の 1/3 以上はアフリカ諸国で、中にはまだ台湾と外交関係を結んでいた 4 ヵ国が含まれていた。中国は、こうした代

第 14 章　アジア諸国はアフリカとどう付き合ってきたか　　439

表権問題を巡る外交的勝利を通じて、アフリカ諸国の存在の重要性とその支持獲得の有用性を再認識し、これを契機にアフリカ地域への対外援助を積極化させるようになる[15]。

　国連代表権を獲得した共産党政権が次なる目標に掲げたのがアフリカにおける台湾のさらなる駆逐であり、台湾と国交を有するアフリカ諸国に対して台湾との断交を働きかけ続けた。こうした地道な努力もあり、2003 年にはリベリアが、2005 年にはセネガルが、2007 年末にはマラウイが、2008 年にはチャドが、2013 年にはガンビア、2016 年にはサントメプリンシペがそれぞれ台湾と断交し、中国と国交を樹立した結果、2016 年末時点で台湾と国交を有する国はアフリカ 54 カ国中ブルキナファソ、スワジランドの 2 カ国のみとなっている。

### （ロ）欧米社会への対抗意識

　次は不動の部分と時代とともに変化してきた部分との折衷的政策について説明する。

　古代文明から栄え続けているという意味で中国は世界でも稀有な例であるから、中国人が抱く中華思想も強烈なものであり、産業革命以来世界の覇権を握る欧米社会への対抗意識も極めて強い。しかし、この対抗意識は国力が弱いときはそれほど前面に出ることはなかったが、国力の充実につれて徐々に前面に出るようになってきた。つまり、中国は成長を遂げる過程でもOECD のような西側金持ちクラブに参加する道は指向せず、むしろ独自路線への指向を強めつつあり、その結果として、欧米諸国の政策と相反する政策を実施する場面も出てきている。

　その一例が対スーダン政策である。スーダンはアルカイダの発祥地で、1996 年までビン・ラディンが滞在していたことでも知られているが、1993年、米国がスーダンをテロ支援国家に指定したことによって、米国の商品取引所に上場している欧米の石油メジャーはスーダンでの油田開発に事実上参加できなくなった。また、欧米諸国も米国に追随してスーダン向け援助を自粛する。しかし、こうした状況下で、中国はむしろスーダンへの支援を加速するのである。具体的に言えば、1999 年以降、中国はインド、マレーシアとともにスーダンの油田開発に積極的に参加する。こうした政策が奏功し、内戦やダルフール紛争があるにもかかわらず、スーダンは 2005 年時点で日量 50 万バレルの原油を生産するようになり、アフリカ第 3 位の産油国に躍

進する。これによって中国とスーダンの結び付きはますます強まり、スーダンの原油輸出の 65% が中国向けとなる[16]。

### （ハ）新植民地主義

ここからは変化してきた部分についての説明である。

はじめに取り上げるのが「新植民地主義」であるが、この言葉には中国を批判的に見るニュアンスが含まれている。しかし、これは欧米諸国が一丸となって行ってきた額に匹敵する投資や援助を今や単独で行っている中国の積極性を端的に表現している言葉でもある。つまり、中国は官民こぞって積極的にアフリカに進出しているわけであるが、その進出ぶりをまず官の進出から見れば、中国は、2016 年時点で国交を有する 51 カ国のうちソマリアを除く 50 カ国に大使館を設置しているとのことである[17]。また、エチオピアの首都アディスアベバには AU 本部があり、アフリカの首都とも言える場所であるが、ここにある中国大使館は世界中に設置された中国大使館の中で 2 番目の規模とのことである[18]。

他方、民の進出ぶりを見ると、アフリカ大陸に永住または長期滞在している中国人数は 1990 年代中頃には 5 万人程度と言われていたが、その後急増した。現在アフリカ大陸に在住する中国人の数については諸説あるが、数十万人とも百万人とも言われる[19]。このうち最も中国人数が多い国は南アで 10〜15 万人と言われている[20]。また、企業数で言えば、600 社以上がアフリカに進出していると言われている[21]。なぜ中国人のアフリカ進出が急増したかというと、そこには中国国内でとられた政策が影響している側面がある。つまり、1979 年以降、中国は外資導入を通じた改革開放路線を邁進する一方で、中国企業の海外展開については極めて後ろ向きで、外貨流出への懸念を背景に厳しい制約を課してきた。ところが、2001 年の WTO 加盟を契機に中国は方向転換し、中国企業の海外展開を奨励するようになる。この政策転換の背景には、中国国内で高成長の歪みともいうべき問題[22]の発生があり、それらを解決するための方途の 1 つとして中国企業の海外進出を考えるようになったという側面がある。この政策転換を象徴するのが 2001 年に採択された第 10 次 5 カ年計画であり、この計画の中で海外進出が国家戦略に位置づけられた。

この第 10 次 5 カ年計画によって、公営企業以外の一般企業が自由に貿易活動を行えるようになった結果、商人の往来も国際間の決済もより円滑とな

第 14 章　アジア諸国はアフリカとどう付き合ってきたか　　441

った。また、中小企業のアフリカ進出が促されたことによって、より低コストで身軽に各地のビジネスに対応できるような個人業主の参入が拡大した。そして、中国各地から中小企業が参入したことで、中国国内の消費財生産地とアフリカ各地の市場を繋ぐ流通ルートも徐々に確立していった[23]。

リーマン・ショックが中国のアフリカ進出にプラスに作用した側面も大きい。というのは、リーマン・ショック後の金融危機の影響を最小限に抑えるべく中国が4兆元の超大型財政出動を行ったからである。この財政出動は功罪相半ばしているが、弊害面に目を向ければ、中国は過剰生産能力といった後遺症に悩まされることとなった。それゆえ、中国としては、今後も引き続き持続的成長を維持するためにも、過剰生産能力を抱える産業を対外投資に振り向け、国内の産業構造の転換を図ることが不可欠なのである。

以上のように、現状では官がアフリカ進出の下地作りを積極的に推し進めている部分はあるが、そうした官の政策に乗る準備は民の側にも整っている。というのは、中国には2億人の余剰労働力が溢れ、国外脱出の機会を窺っているからである。そして、これら余剰労働力が向かう先は経済構造が完成していて入り込むスペースが少ない先進国ではなく、むしろ途上国だからである[24]。また、中国には技術水準の低い企業が依然として多数残っていて、これらの企業が先進国に代わる市場を途上国で探し求めているからである[25]。

民の側で言えば、個人と中小企業の役割が特に重要である。というのは、個人や中小企業の資金のほとんどは中国人自身が携行する資金や現地民間銀行経由で調達した資金であるから、調達が比較的容易である[26]。しかも、親戚や知人から5,000ドルから2万ドルの資金を集めてアフリカにやってきた出稼ぎ者はそれに利息をつけて約3年で返済するので、回転率も高いというわけで、こうしたシステムが個人と中小企業のアフリカ進出を助長している側面は大きいと考えられる[27]。なぜ中国人の資金調達が容易だったかというと、そこには進取の気性と同族意識の強さという2つの要素があったと考えられる。つまり、アフリカにはハード面でもソフト面でもインフラが未整備な分野が多いので、そうした分野には欧米人は用心して手を出さない。しかし、それは競争相手がほとんどいない状態でもあるので、進取の気性に富んだ中国人はそれをチャンスととらえて、積極的な進出を試みる。そして、一族の誰かがアフリカに行ってビジネスを始めるとなれば、一族が結束して投資資金を集めるという好循環が生まれるのである[28]。

中国ビジネスの特徴として巨大な流通網についても指摘しておきたい。というのは、中国人商人個々の規模は小さいが、国内とアフリカ各地は巨大な流通ネットワークで結ばれている。とりわけ中国人商人は品目による特化と中国国内の産地と直結した流通網を形成するのが得意であり、草の根まで浸透するような大量の人材投入と中国の産地と直結したサプライネットワークの構築によって、中国製品は短期間にアフリカに浸透したのである[29]。

　アフリカ人と中国人との関係が競合的というよりはむしろ補完的であることがビジネスの拡大につながっている側面も大きい。たとえば、アフリカ人商人は小売には従事しても卸売には関与しないが、これは彼らに卸売を行うだけの資本がないからである。これに対して、中国人の場合は同胞間で資本を貸し借りすることができるから、卸売に従事できるのである。また、中国卸売業者には小売店を回って消費者に何が売れるかを必死に探求する勉強熱心さがあるが、アフリカ人の多くはそうした勉強には無関心であるから、ここでも補完関係が成立するのである[30]。この補完関係と流通ネットワークが結びついた好例を浙江省義烏で見ることができる。というのは、中国でも商才に長けていることで有名な温州商人の本拠地の1つである義烏は日用雑貨の一大集散地でもあり、多くのアフリカの商人がここを訪れ、商品を仕入れているからである。また、義烏まで来ることができないアフリカ人商人のために、中国人はアフリカ各地に「温州商城」、「中国商城」と呼ばれる卸売センターを設立し、便宜を図っている[31]。

　補完的という意味では、第3章において詳述した通り、アフリカの労働力は量的にも質的にも多くの問題を抱えているから、中国企業がアフリカに進出してきても既存の労働市場と競合する部分はほとんどない。また、アフリカの大規模プロジェクトに巨額資金を提供できるのは中国を除けば世界銀行くらいしかないという現状を理解することも重要である。というのは、世界銀行は融資を受けるアフリカ諸国に対して競争入札を義務づけているからである。そして、人件費が安く、赤字でも工事を引き受ける中国企業がこうしたプロジェクトの大半を受注することとなるのである[32]。つまり、アフリカ側にして見れば、プロジェクトを低費用と短い工期で受注してくれる中国企業は歓迎すべき存在なのである[33]。ただし、低費用と短い工期で受注できるのは安価で優秀な労働力を中国から連れてくるからであり、それが一方でアフリカ人の中国人に対する反感を募らせている面は確かにある[34]。

第14章　アジア諸国はアフリカとどう付き合ってきたか　443

中国人がアフリカ人の反感を招きやすい背景には現地における中国人の政治権力との距離の近さがある。権力の近くにいれば、ビジネスにとって決定的な瞬間を逃すことはないと考える中国人ビジネスマンが多数いることは確かであろう[35]。また、中国が内政不干渉を堅持するということは腐敗した独裁政権の延命に中国が荷担することを意味するから、国民の反感を招くのはある意味当然である。しかも、そうした国でビジネスをすれば、潤うのは政権中枢とその周辺のみであり、腐敗も蔓延しやすい。その一例がスーダンであるが、中国が日量50万バレルの石油を購入したとすれば、1バレル100ドルとしても、5,000万ドルが毎日政府の懐に入ってくる。しかし、その収入は政府部内のどこかに消えてしまい、国民に届くことはない。つまり、いくら石油が出ても、多くの国民は貧困のままである。こうした貧しい国民の目に触れる中国人がどんな人かと言えば、それは役人に賄賂を使い、わずかな期間で事業に成功し、大金を儲け、それを本国に送金してしまう人たちである。しかも、中国人は現地住民を雇用せず、イスラムが禁じる酒を飲み、豚肉を食うので、スーダン国民のいらだちはますます募ることになるのだ[36]。

### （二）資源戦略

　中国は農産物についても鉱産物についても世界有数の有資源国であるが、急速な成長を続ける中で需要が供給を上回る産品が出てきた。その代表が石油である。中国は元々石油の純輸出国であったが、1993年に純輸入国に転じて以来、輸入量は増加の一途を辿っている。他方、急成長を遂げたとはいえ、たとえば、中国における1人当たりエネルギー消費量はいまだアメリカの1/5、日本の1/3しかないから、これからも成長が続き、中国人の所得水準がさらに上昇していけば、中国の資源消費はこれからも増えていくことは確実であるから、資源確保は今後の中国の発展戦略において重要な意味をもつと考えられる[37]。そして、多数の有資源国で構成されるアフリカは中国にとって最重要戦略拠点の1つになっているのである。

　まず最重要の石油に関して言えば、中国は日産300万バレルを超える産油国であるが、2000年以降年率7.5％で消費量が増大しているため、国内生産では間に合わず、1993年から輸入国となった。地域別ではアフリカに約25％を依存している[38]。その中でも特に依存度が高いのがアンゴラである。アンゴラは東西冷戦下ではソ連の支援を受けていたので、当時の中国とは疎遠であったが、今や主要原油調達先の1つとなっている。そして、中国から

見たアンゴラはサブサハラにおいて第1位の貿易相手国となった[39]。アンゴラは短期間で急成長し、サブサハラ第3位の経済大国になった。他方、アフリカ第1位の産油国であるナイジェリアへの進出も重要である。2005年、中国の国営企業ペトロチャイナはナイジェリアに8億ドルを払って日量3万バレルの原油を1年間購入した。そして、その1年後には別の中国国営企業が22.7億ドルを払って、沖合の石油ガス権益の45%を取得した[40]。ちなみに、中国の石油企業には沖合油田を掘削するだけの技術力がないと言われているから、沖合油田の開発に参加できない中国としては、現状では産出された石油を購入するしか手がないのである[41]。

次は銅についてであるが、たとえば、2007年に中国企業がコンゴ（民）国内で銅の鉱業権を取得したが、その見返りとして、同企業はコンゴ（民）国内のインフラ整備計画に90億ドルの投資を行うことに同意した。この計画には3,200kmの鉄道、550kmの都市道路、2,700kmの舗装道路、2つの空港、2つの配電網、170カ所の病院・診療所等々の各種建設事業が含まれている[42]。

### （ホ）援助政策

中国が対アフリカ援助政策を実行する上で大きな転機となったのがFOCAC[43]の開催である。というのは、2006年11月に北京で第1回会合が開催されたのを機に中国とアフリカは以後3年ごとに中国とアフリカで交互にこの会合を開催することを決定したが、この会合が開催されるたびに中国はアフリカに対する具体的支援を表明し、しかもその支援規模は回を追うごとに大きくなっているからである。中国の援助が多岐にわたり、しかもその規模が並外れて大きいだけに、様々な軋轢が生じていることは事実ではあるが、アフリカ諸国は基本的に中国の援助を好意的に受け止めている。というのは、アフリカ諸国が必要としているものを寛大な条件で供与してくれる国は中国の他にないからである。

中国が対アフリカ援助政策を決定する上で特に重視している点が前述の資源戦略との関連性である。以下、その具体例をいくつか列記すると、たとえば、資源戦略上最重要な国の1つと位置づけているアンゴラの場合、打ち続く内戦がようやく終結したのが2002年のことであるが、ここでアンゴラ政府は大きな壁にぶち当たってしまった。というのは、荒廃した国土を立て直すためには巨額な資金が必要となるが、当時の政府には手持ち資金がほとん

どなかったからである。そこで、アンゴラ政府は IMF に支援要請を行った
が、アンゴラ政府の統治能力を疑問視する IMF からは色よい返事を得られ
ず、アンゴラの戦後復興計画は暗礁に乗り上げてしまった。ところが、こう
した状況下で中国が手を差し伸べてくれたのである。すなわち、2004 年に
中国輸出入銀行がアンゴラ向けに 20 億ドルの融資を決定したが、当時のア
ンゴラの GDP が約 160 億ドルであることを考慮すれば、これは GDP の 1/8
に相当する巨大融資だった。そして、中国輸出入銀行はこの融資枠をその後
45 億ドルに拡大し、同じく政府系の中国開発銀行も新たに 22 億ドルの資金
提供を決定してくれたのである[44]。なぜ中国がアンゴラに対して援助面でこ
れだけの優遇措置を講じたかと言えば、それはひとえに石油のためと言って
も過言ではない。

　銅の確保という意味で中国が特に重視している国がコンゴ（民）とザンビ
アであり、これらの国に対しても積極的な援助を行っている。コンゴ（民）
について言えば、2006 年の FOCAC の場で 3 年間にわたって 30 億ドルの優
遇ローンと 20 億ドルの優遇バイヤーズ・クレジットを供与することを誓約
したが、これらの返済は、コンゴ（民）の国営企業が 32％、中国輸出入銀
行が 68％出資してできた産銅会社が上げる利益の中から行われることとな
っている[45]。つまり、中国がインフラ整備事業に貸した資金はコンゴ（民）
の産銅会社が銅を中国に輸出することによって得た利益から回収されるとい
うのがこの援助の仕組みである。他方、ザンビアについて言えば、中国政府
は 2007 年から 2011 年まで 9 億ドルの追加投資を行うことを表明したが、こ
の追加援助にはザンビア国内の銅山の経営権を取得した中国企業の活動を側
面支援するという意味があったと考えられる[46]。

　中国が対アフリカ援助政策を決定する上で資源戦略に次いで重視している
と考えられるのは文化戦略である。この文化戦略には 2 つの目的がある。そ
の 1 つがアフリカ人の反中感情を弱めるということであり、もう 1 つは親中
的なエリートの育成である。この戦略に沿って中国が設置したのが孔子学院
であるが、中国はこの孔子学院をアフリカ 14 ヵ国に設置して、現地の教育
機関と連携しながら中国語教育の場を提供しているが、語学教育への支援は
語学の才能に恵まれた人が多いアフリカには極めて効果的で有効と考えられ
る。また、中国は留学生の受け入れに熱心であるが、その規模は約 3 万人で
あり、これも他国に較べると断トツの規模である[47]。

446　　第 3 部　どうしたらアフリカと良好な関係を築けるのか

（２）具体的経済関係

（イ）貿易

　2014年における中国の輸出総額は2兆3,427億ドルであるが、これはインドの輸出総額の7倍以上である。その地域別内訳は①アジア（50.7％）、②ヨーロッパ（18.7％）、③北米（18.2％）、④中南米（5.8％）、⑤アフリカ（4.5％）、⑥大洋州（2.0％）であり、アフリカは第5位である。また、その国別内訳は①米国（16.9％）、②香港（15.5％）、③日本（6.4％）、④韓国（4.3％）、⑤ドイツ（3.1％）、⑥オランダ（2.8％）、⑦イギリス（2.4％）、⑧インド（2.3％）、⑨ロシア（2.3％）、⑩シンガポール（2.1％）、⑪マレーシア（2.0％）、⑫台湾（2.0％）、⑬オーストラリア（1.7％）、⑭ブラジル（1.5％）、⑮タイ（1.5％）、⑯メキシコ（1.4％）、⑰カナダ（1.3％）、⑱イタリア（1.2％）、⑲フランス（1.2％）、⑳サウジアラビア（0.9％）、㉑南ア（0.7％）、㉒パキスタン（0.6％）、㉓チリ（0.6％）、㉔アンゴラ（0.3％）であり、アフリカからは南アとアンゴラがそれぞれ第21位と第24位に位置している。2014年における輸出の上位品目は①工業製品（95.2％）、②一次製品（4.8％）であり、工業製品の割合が圧倒的に大きい。

　これに対して、2014年における中国の輸入総額は1兆9,603億ドルであるが、これはインドの輸入総額の4倍以上である。なお、2014年における中国の貿易は輸出額が輸入額を4,000億弱上回っている。輸入額の地域別内訳は①アジア（55.4％）、②ヨーロッパ（17.2％）、③北米（9.4％）、④中南米（6.5％）、⑤アフリカ（5.9％）、⑥大洋州（5.6％）であり、アフリカは輸出と同様に第5位である。輸入の内訳を国別で見ると、①韓国（9.7％）、②日本（8.3％）、③米国（8.1％）、④台湾（7.8％）、⑤ドイツ（5.4％）、⑥オーストラリア（5.0％）、⑦マレーシア（2.8％）、⑧ブラジル（2.6％）、⑨サウジアラビア（2.5％）、⑩南ア（2.3％）、⑪ロシア（2.1％）、⑫タイ（2.0％）、⑬アンゴラ（1.6％）、⑭シンガポール（1.6％）、⑮フランス（1.4％）、⑯カナダ（1.3％）、⑰イギリス（1.2％）、⑱チリ（1.1％）、⑲イタリア（1.0％）、⑳インド（0.8％）、㉑香港（0.7％）、㉒メキシコ（0.6％）、㉓オランダ（0.5％）、㉔パキスタン（0.1％）であり、アフリカからは鉱物資源国である南アとアンゴラがそれぞれ第10位と第13位に位置している。2014年における輸入の上位品目は①工業製品（67.0％）、②一次製品（33.0％）であり、輸出と同様に工業製品の割合が一次製品より大きいが、

第14章　アジア諸国はアフリカとどう付き合ってきたか　　447

輸出のときほど極端ではなく、輸入の1/3は一次製品である。そして、その一次製品のかなりの部分が石油その他の鉱物資源と考えられる[48]。

　以下、中国アフリカ間貿易を時系列的に追跡していくと、1997年時点で50億ドルだった貿易額は2005年には555億ドルとなり、2011年には1,110億ドルを記録した[49]。この結果、2007年には中国はイギリスを抜き、米国、フランスに次ぐ第3位のアフリカの貿易相手国となった。そして、今や中国はアフリカにとって最大の輸入相手であると同時に、米国に次ぐ第2位の輸出相手となっている。ただし、石油をはじめとする資源輸入額が大きいため、貿易収支的には毎年中国が赤字を出している[50]。

　中国からアフリカへの輸出は2000年以降急伸し、2003年頃からは前年比30％以上の伸びが続いているが、その伸びを支えているのが繊維製品などの軽工業品とその原材料である[51]。この結果として、繊維をはじめとする大量の中国製品がアフリカ市場に出回ることとなったが、その製品の多くは先進国の市場向けには輸出できないような品質やデザインのB級品で、中には売れ残り品や長期間倉庫に留め置かれた商品もあると言われている[52]。しかし、その後の状態を見ると、中国からの輸出は軽工業品の比重が低下し、その代わりに機械類や電気製品といった工業製品の比重が拡大する傾向が続いている[53]。なお、全体に占めるシェアは小さいが、中国はアフリカに対して武器輸出も行っていて、1996年から2006年までの輸出総額は8～9億ドルに達しているが、これはドイツとロシアに次ぐ大きさである[54]。

　これに対して、アフリカからの輸出は2001年から2006年までの間に毎年40％増加し、288億ドルに達した。他方、同期間の輸入額は267億ドルであるから、この時点ですでに中国側の入超となっている[55]。2006年の対中国向け輸出の62％を石油ガスが占めたが、これは中国の毎年の消費の1/3を賄う量である。そして、輸出の第2位が13％を占める鉱物であり、この2つを足すと75％となり、対中国向け輸出の3/4が鉱物資源ということになる[56]。原油に限定すれば、中国のアフリカからの輸入量は1995年の184万トンが2009年には6,142万トンとなり、14年間で33倍増を示している[57]。中国の地域別原油輸入先を見ると、2009年のアフリカからの輸入量は全体の30.1％を占めるまでに増え、これは47.8％の中東に次ぐ大きさである[58]。アフリカの産油国の中でも中国向けの輸出比率が高いのはスーダン（全体の50～60％）とアンゴラ（全体の25％）が双璧であるが、この2カ国以外に

448　　第3部　どうしたらアフリカと良好な関係を築けるのか

も中国はナイジェリア、アルジェリア、赤道ギニアからの輸入を増やすとともに、将来を見据えて、チャド、中央アフリカ、コンゴ（民）とも新たな輸入契約を結んでいる[59]。

（ロ）投資

中国は過去13年連続でフローの対外直接投資額を更新し、2014年には1,231億ドルを達成しているが、これは世界第3位の大きさである。また、同年の対外直接投資残高は8,826億ドルであるが、その内訳を国別に見ると、①香港（57.8%）、②イギリス領ヴァージン諸島（5.6%）、③ケイマン諸島（5.0%）、④米国（4.3%）、⑤オーストラリア（2.7%）、⑥シンガポール（2.3%）、⑦ルクセンブルク（1.8%）、⑧イギリス（1.5%）、⑨インドネシア（0.8%）、⑩ドイツ（0.7%）であり、アフリカから上位10カ国入りしている国はない。また、投資の分野別内訳を業種別にみると、①リース業（29.9%）、②卸・小売業（14.9%）、③鉱業（13.4%）、④金融業（12.9%）であり、鉱業が10%以上の比率を占めているので、この中に対アフリカ向けの投資がかなり含まれていると考えられる[60]。

以下、中国の対アフリカ投資に限定して説明すると、中国の対外直接投資の中でアフリカが占める割合は概ね3%前後と言われている[61]。そして、アフリカに進出する中国企業数は2005年で674社だったが、2007年には800社を超え、今では1,000以上と言われている[62]。中国企業の投資分野は石油資源開発や輸出産業のみならず、鉱業、水産業、木材、通信、繊維、農業等多岐に及んでいる[63]。アフリカに進出している中国企業の大半が国営企業であるが、進出した国営企業の半分以上が赤字経営とのことである[64]。なぜ多くの企業が赤字経営を余儀なくされているかというと、それは彼らが一様に人材不足、行政効率の悪さ、汚職、治安の悪さといったアフリカ特有の問題に直面しているからである[65]。なお、社会インフラ分野に限定すれば、投資先の第1位がナイジェリアで、第2位がアンゴラである[66]。また、南アも有力な投資先で、そこではイギリスや米国を抜いて中国が最大の投資国となっている。

（ハ）援助

中国の対外援助が10億ドルの大台を突破したのは2005年のことと言われているが、それから2年間隔で2007年には20億ドル、2009年には30億ドル、2011年には40億ドルの大台を突破した上に、その後はさらに加速し、

第14章　アジア諸国はアフリカとどう付き合ってきたか　　449

2012 年には 50 億ドル、2013 年には 70 億ドルの水準に達している。そして、2014 年版中国対外援助白書によると、中国は 2010 年から 2012 年までの 3 年間で合計 893 億元（約 144 億ドル）の対外援助を行っているが、これは米国、イギリス、ドイツ、日本、フランスに次ぐ世界第 5 位の規模である。援助の種類は大きい順に①優遇借款（55.7％）、②無利子借款（8.1％）、③無償（36.2％）であり、全体の 7 割弱を有償が占める。また、援助の内容は大きい順に①経済インフラ（44.8％）、②社会インフラ（27.6％）、③物資（15.0％）、④人的資源開発（5.8％）、⑤工業（3.6％）、⑥農業（2.0％）、⑦人道支援（0.4％）であり、全体の 7 割以上をインフラ関係が占める。この間に中国が援助を供与した国は全世界で 121 カ国であるが、その地域別内訳は①アフリカ 51 カ国、②アジア 30 カ国、③中南米 19 カ国、④ヨーロッパ 12 カ国、⑤大洋州 9 カ国であり、アフリカが全体の 4 割強を占める[67]。

　ところで、一般的に言えば、援助とは先進国が途上国に対して行うものであり、援助を行う先進国側もほぼ共通する援助哲学をもっている。しかし、世界最大の発展途上国を自認する以上、中国が既存の先進国と援助哲学を共有することはなく、むしろ先進国の援助哲学と対立するような援助哲学を打ち出しているのが実情である。中国の援助哲学を一言で言えば、それは平等互恵と主権尊重である。そして、この援助哲学に従い、中国は自分と同じ途上国を支援するのだが、この支援を通じて目指すべきものは援助の受益国だけの発展ではなく、援助を供与する中国自身のさらなる発展である。

　では、如何なる援助が中国自身と援助の受益国の双方を同時に発展させることができるのだろうか。おそらくその有効な手段として考えられるのが援助と貿易・投資との融合である。つまり、一方通行の援助に双方向の貿易と投資を絡めることができれば、援助は受益国だけでなく、中国自身をも発展に導くことができるのだ。このように考えると、なぜ中国がナイジェリア、アンゴラ、スーダン、ガーナといった国々を優先的に援助するのか、その理由が自ずと明らかになる。というのは、これら産油国のインフラ整備に援助を投下すれば、これらの国々で石油の産出量が増加するからである。しかも、中国の資金援助は完全タイドであるから、すべて中国企業が受注する。また、バイヤーズ・クレジットや輸出信用がその援助に上乗せされれば、原油や鉱産物による現物返済契約が結ばれることも多い。つまり、援助した資金は中国企業の収入になって回収され、長期融資を出せば出すほど、将来の資源輸

入が確保される仕組みとなっている[68]。そして、中国の援助によって石油の増産が可能になれば、その石油を中国に輸出して、これらの国々は外貨を稼ぐことができるし、石油を輸入した中国もさらなる産業発展につなげることができるのである。以上のような援助哲学に基づいて中国がアフリカ51カ国で行ったプロジェクト数は2000年から2012年までの期間に限定しても1,700件以上に及び、その援助額は750億ドルに達するが、同時期に世界最大のODA供与国である米国がアフリカに対して行った援助額は90億ドル以下であるから、この比較からも、中国の援助規模の突出ぶりを窺い知ることができる[69]。

## 3．日本の場合

### （1）日本・アフリカ関係の諸特徴

　以下では、日本・アフリカ関係の諸特徴を洗い出すために、その関係をいくつかの切り口に分けて歴史的に分析することとしたい。

### （イ）日本人の海外移住

　19世紀にインドと中国から多数の海外移住者が出たことは前述の通りであるが、日本においても1868年の明治維新以降に海外移住が盛んに行われるようになった。その第一弾は「元年者」と呼ばれる人たちであり、明治元年にハワイとグアムに出稼ぎ労働者として送り出された。しかし、この元年者は無許可移民で、なおかつ現地で奴隷に等しい扱いを受けたこともあり、以後20年近く政府は日本人の海外移住を許可しなかった。政府が海外移住を本格的に推進するのは1885年以降であり、これを「官約移民」と呼ぶ。官約移民の渡航地も最初はハワイで、当時のハワイ王国[70]との契約に基づき、3万人前後が渡航した。同時期、オーストラリア、ニューカレドニア等の大洋州地域への渡航も始まった。20世紀に入ると、北米への移住が盛んとなるが、日本人の急増が白人の人種的反発を招き、それが日本人排斥運動へと発展し、1923年にはカナダが、翌1924年には米国が日本人移民入国を禁止した。しかし、北米が禁止しても、日本人移民の受け入れに寛大な地域もあった。その1つが南米で、1908年にはブラジルとペルーに向けて最初の移民が出発した。また、同時期、フィリピンなどの東南アジア諸国を含め、世界の他の国々や地域が日本人移民を受け入れたが、それらの中でも特にブラ

第14章　アジア諸国はアフリカとどう付き合ってきたか　　451

ジルが日本人移民労働者の主要な渡航先となった。

　日本人の海外移住に新しい流れを生むことになったのが植民地の獲得である。つまり、日清戦争後の1895年に台湾が公式に日本領土となり、1910年の韓国併合を経て、1914年には旧ドイツ領ミクロネシアが日本の委託統治領となったが、これらの植民地には数十万人の日本人移植民が流入した。これらの移植民は渡航先で日本の軍事力に守られて植民地支配階級の一員となったという意味で、北米や南米に移住した人たちとは異質である。そして、1932年の「満州国」建国後、同地域への移住が国家の主要政策の1つになり、政府は日本の東北地方や中部地方の零細農家を募って、家族・村単位で定住者を満州に送り込んだ。また、太平洋戦争が始まると、北米や南米への日本人渡航が全面的に停止されたが、その一方で日本の植民地や占領地域には大量の移植民が渡航した。しかし、敗戦によって旧植民地や交戦地域から600万を超える軍人や移植民が日本に帰還した。

　敗戦後の日本には国内人口を十分に養えるだけの経済的基盤もなければ食糧もなかったので、1951年のサンフランシスコ講和条約締結後、政府はラ米諸国と条約を結び、積極的な移住促進に乗り出し、1952年以降、多くの日本人がブラジルをはじめとするラ米諸国に移住していった。この結果、1972年時点での海外在住日本人ないし日系人の総数は135万人以上で、内訳はラ米79万人、北米56万人、アジア3,000人強、ヨーロッパ2,000人弱、大洋州1,000人弱である[71]。

　以上が日本人の海外移住史の概略であるが、これを見る限り、アフリカが日本人の海外移住地の主流となったことはなく、この事実からも日本とアフリカとの人的交流の希薄さの一端を窺い知ることができる。

**（ロ）外交関係**

　第1章で詳述した通り、アフリカではエチオピアとリベリアを除くすべての地域が植民地化され、それが随時独立していくのであるが、1940年代までに独立を達成した国は南アとエジプトのみであった。この間、アフリカ4カ国の中で日本の大使館が設置されたのはエジプトのみであった。それが1950年代になると、リビア、スーダン、チュニジア、モロッコが独立するが、南アを除けば、これらはいずれも北部に属する国である。それゆえ、サブサハラ・アフリカ諸国の独立という意味では1957年のガーナが最初であり、以後アフリカ諸国の独立ラッシュが起こる。そして、1958年のエチオ

ピア、1959 年のガーナ、1960 年のナイジェリアとコンゴ（現コンゴ（民））
と大使館の開設が続くが、1960 年時点で日本がアフリカに設置した大使館
は 5 カ所のみであった。

　ところで、1910 年とアフリカで最も早く独立を達成した南アに対しては
1954 年に首都プレトリアに総領事館を設置したものの、1992 年まで大使館
を設置することはなかったが、正式な外交関係があるにもかかわらず、しか
も、南アが日本に大使館を設置していたにもかかわらず、日本が南アに大使
館を設置しなかったという態度から日本の対アフリカ政策の立ち位置の一端
を窺い知ることが可能と思われる。というのは、当時の南アはアパルトヘイ
トと呼ばれる人種隔離政策を推進する白人政権の国であり、非白人である日
本人も当然差別の対象であったが、日本はこのアパルトヘイトに対して強硬
な反対姿勢を示すことがなかったからである。もちろん、日本も反対すべき
ところでは反対しているし、国連総会で 1952 年以降毎年採択されている非
難決議にも参加していることは事実であるが、その一方で南アとの貿易も継
続して行っており、南アにとっても重要な貿易相手国の 1 つと見なされてい
たことも事実である。そして、南ア側もこうした日本との関係を重視し、日
本人を「名誉白人」として遇することを決定した[72]。しかし、1980 年代に入
ると、南ア各地でアパルトヘイトに対する反対運動が激化するようになり、
1987 年には国際社会がアパルトヘイトに反対して経済制裁を発動した。と
ころが、こうした状況下で日本が南ア最大の貿易相手国になってしまったの
である。この結果、日本は国連の場で非難決議を受ける羽目に陥ってしまっ
た。要するに、日本は、一方でアパルトヘイトを非難するアフリカ人政権の
アフリカ諸国との友好関係を維持しつつ、経済的利害を優先して南アとの密
接な経済交流も維持したのである。換言すれば、日本の場合、南アとはそれ
なりに経済交流が盛んであったが、南ア以外のアフリカ諸国との間にはそれ
ほど緊密で強固な経済関係を構築させていなかったのである。ちなみに、日
本が南アに大使館を開設したのは 1992 年のことであるが、これは 1991 年に
当時のデクラーク大統領がアパルトヘイト法撤廃の方針を発表し、これを受
けて、EC（後の EU）、米国とともに日本が南アに対する経済制裁を解除し
た翌年の出来事である。

　なお、2017 年 1 月時点で日本が現地に大使館を設置している国はアフリ
カ 54 カ国中の 35 カ国である[73]。

第 14 章　アジア諸国はアフリカとどう付き合ってきたか　　453

（ハ）人的交流の現状

（a）海外在留邦人数

長期滞在者と永住者を足した海外在留邦人数は 1989 年（平成元年）に 58 万 6,972 人であったが、2005 年には 100 万人の大台を超え、2015 年には 131 万 7,078 万人となっている。ちなみに、日本の人口に対する海外在留邦人の比率は 1989 年で 0.48%、2015 年で 1.04% であり、人口比的にも増加しているが、それでも人口の 1% 程度にすぎない。2015 年における海外在留邦人数の地域別内訳は①北米（37.0%）、②アジア（29.3%）、③ヨーロッパ（16.7%）、④大洋州（9.0%）、⑤中南米（6.9%）、⑥中東（0.8%）、⑦アフリカ（0.6%）であり、アフリカが最低である。他方、アフリカだけに限定すれば、在留邦人数は 2005 年の 6,351 人が 2015 年には 8,020 人と増加しているが、地域別比率を見ると、2005 年も 2015 年も 0.6% であるから、他地域と比べて、アフリカに滞在する邦人数が増えたわけでない。以上の数字からも、日本人のアフリカにおける経済活動の低調さを容易に読み取ることができる。ちなみに、2015 年の国別順位上位 50 カ国にランクインしているアフリカ諸国は南アのみで、その順位は第 42 位である[74]。

（b）本邦在留外国人数

本邦在留外国人数は 2005 年に 190 万 6,689 人であったが、2015 年には 223 万 2,189 万人となっている。ということは、2015 年時点で本邦在留外国人数が海外在留邦人数を 90 万人以上上回っていて、このことからも日本の対外経済活動があまり活発でないという事実を窺い知ることができると思う。本邦在留外国人数の地域別内訳は①アジア（82.2%）、②南米（10.5%）、③ヨーロッパ（3.1%）、④北米（3.0%）、⑤大洋州（0.6%）、⑥アフリカ（0.6%）であり、アフリカが最低である。ちなみに、2015 年に本邦在留外国人数が 100 人以上のアフリカの国は 20 カ国あり、多い順に①ナイジェリア 2,638 人、②ガーナ 2,005 人、③エジプト 1,747 人、④ケニア 695 人、⑤南ア 691 人、⑥ウガンダ 511 人、⑦セネガル 484 人、⑧カメルーン 473 人、⑨モロッコ 422 人、⑩タンザニア 419 人、⑪エチオピア 416 人、⑫チュニジア 380 人、⑬コンゴ（民）347 人、⑭ギニア 331 人、⑮スーダン 222 人、⑯アルジェリア 173 人、⑰マリ 143 人、⑱コートジボワール 127 人、⑲ジンバブエ 115 人、⑳モザンビーク 11 人である。これを国連分類に従って地域別に分けると、①西部 5,728 人、②北部 2,944 人、③東部 2,267 人、④中部

820 人、⑤南部 691 人であり、全体の 4 割強を西部が占めている[75]。

## （2）日本の経済力がアフリカに与える影響

　ここまでの分析を通じて、日本とアフリカとの間の経済交流が日本と他の地域との交流に比べてさほど活発でない事実が明らかになったが、その原因の 1 つが直接的利害関係の希薄さであると考えられる。というのは、アフリカは日本から遠い地域であるし、日本が近代化した時点ですでにヨーロッパ列強の植民地となっていたため、日本がアフリカ市場に新規参入できる余地はほとんど残されていなかったからである。また、第二次世界大戦後、日本は原材料を輸入して製品を輸出する輸出指向型の経済戦略によって急成長を遂げるが、その過程においてもアフリカは日本向け原材料の主要な供給地にも日本製品の主要な輸出先となることもなかった。さらに言えば、成長とともに日本人の所得が上昇し、それが人件費の上昇を通じて製品の競争力が低下すると、多くの日本企業は製造拠点を外国に移すが、その移転先としてアフリカが選ばれることもなかった。このような現実を直視すると、なぜ日本とアフリカの経済交流が相対的に希薄だったか、その理由が自ずと明らかになると思うが、少子高齢化や人口減少が進み、日本の経済力が相対的に低下している現状を考慮すると、現在および将来の日本・アフリカ経済関係を楽観視することは禁物である。そこで、以下ではいくつかの指標に関して日本と中国の経済力を比較することで、日本の経済力がアフリカとの経済関係に与える影響を間接的に占ってみることとした。

### （イ）名目 GDP

　図 14-1 は 1980 年から 2015 年までの日本と中国の GDP の世界シェアを示したものであるが、この図からはいくつかの興味ある事実を指摘することができる。

　まず日本から見ていくと、1980 年時点で日本の GDP は世界全体の 9.8% を占めていたが、この時点での世界シェア順位は米国に次ぐ第 2 位である。そして、何回かの昇降はあるものの、概ね上昇局面の中を推移し、1994 年には 17.5% に達するが、以後は長期低落傾向の中を推移し、2005 年にはついに 1980 年の 9.8% も下回り、2015 年には 5.6% まで落ちてしまった。つまり、GDP の世界シェアという意味では、日本のピークは 1994 年の 17.5% であり、1994 年に至るまでは世界経済に占める日本のシェアは拡大

第 14 章　アジア諸国はアフリカとどう付き合ってきたか　　455

図14-1 名目GDPの世界シェア

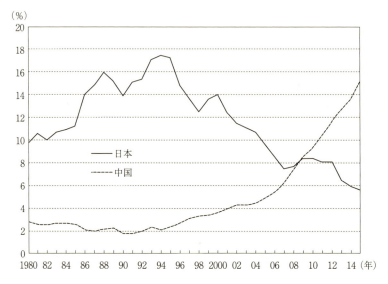

出所：IMF（2016）World Economic Outlook Database

を続けたが、それ以降、日本のシェアは年々縮小していて、しかも、この長期低落傾向に歯止めはかかっていない。ちなみに、日本が国際社会に対してアフリカへの積極的関与を積極的にアピールする場がTICAD[76]であるが、その第1回会合が開催されたのが日本のGDPの世界シェアがピークとなる前年の1993年であることを考慮すれば、日本の経済力の充実が日本は世界に対してその経済力に見合った貢献をすべきとの意識の高まりを喚起し、ひいては、今まで関心の薄かったアフリカに対してもより積極的に関与していこうという意識の高まりを喚起した可能性は高い。このことを裏付けるのが日本のODA供与額で、1989年と1993年から2000年までの間、日本は米国を抜いて世界第1位のODA供与国となっている。

これに対して中国の場合は1980年時点でのGDPの世界シェアは全体の2.8%を占めていたが、これは日本の1/3以下の水準である。中国のシェアはそれ以降低迷して2%水準を行き来するが、1994年に2.05%で底を打つと、以後は上昇の一途を辿り、2009年には日本を追い抜いた。そして、2015年には15.2%に達するが、この時点で中国のシェアは日本の3倍弱で

456　第3部　どうしたらアフリカと良好な関係を築けるのか

ある。要するに、中国はこの36年間で日本の1/3以下の水準から3倍弱の水準までシェアを上げるほどの高成長を達成したのである。ところで、第1章の表1-3が示すように、多くのアフリカ諸国は2000年以前に低成長、2001年以後に高成長を記録するが、このアフリカの高成長期は中国の高成長期、日本の低成長期と一致していることを考えると、中国の高成長がアフリカの高成長に影響を与えた可能性は高いが、日本の低成長がアフリカの高成長に影響を与えた可能性はほとんどないと考えられる。

（ロ）輸出

図14-2は1980年から2015年までの日本と中国の輸出額の推移を示したものであるが、この図からもいくつかの興味ある事実を指摘することができる。

まず日本についてだが、ここでは主に前掲の図14-1との比較で日本の輸出の特徴を洗い出すこととしたい。第一に指摘すべき点はそれぞれの線の形状である。すなわち、GDPの世界シェアの推移を示す線は凹凸が激しいのに対して、輸出額の推移を示す線は滑らかである。なぜ輸出額の推移を示す線が滑らかというと、それは輸出額が1980年から2008年までほぼ一貫して上昇を続けているからである。

第二に指摘すべき点はピークの位置である。すなわち、輸出額におけるピークは2011年の8,232億ドルであるが、このピークは1994年というGDPの世界シェアと比べてかなり遅い。ということは、GDPの世界シェアの場合、1980年から1994年までの15年間が上昇期、1994年から2015年までの21年間が下降期で、下降期の方が長いが、輸出額の場合は1980年から2011年までの32年間が上昇期、2011年から2015年までの5年間が下降期ということで、上昇期の方がはるかに長い。つまり、輸出額はGDPの世界シェアが低下している中でも上昇を続けているということになる。ただし、上昇期が長いといっても、最低は1980年の1,304億ドル、最高は2011年の8,232億ドルであり、最高値は最低値の6倍強にすぎない。

第三に指摘すべき点は1980年と2015年の違いである。GDPの世界シェアの場合は2015年より1980年の方が高いが、輸出額の場合は1980年より2015年の方が高い。ということは、GDPの世界シェアの場合は今より30年以上前の方が高かったが、輸出額の場合は今の方が30年以上前よりも高いということである。

第14章　アジア諸国はアフリカとどう付き合ってきたか　457

図 14-2　輸出額の推移

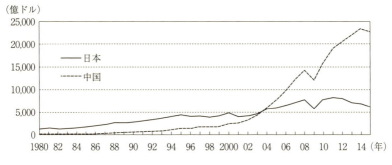

出所：UNCTAD ホームページ

　次に中国の輸出額を見ていくが、ここからは主に日本との比較を行う。1980 年の輸出額は日本が 1,304 億ドル、中国が 180 億ドルで、日本の方が 7 倍強高かった。ところが、2004 年にはこの関係が逆転して中国の方が高くなり、それ以降は中国が日本をどんどん引き離すようになり、2014 年には 2 兆 3,423 億ドルでピークに達するが、同年の日本の輸出額は 6,902 億ドルであるから、この時点で 3 倍強の差がついている。

　最低値と最高値を見比べてみると、最低値は日本も中国も 1980 年に記録しているが、最高値は日本が 2011 年に記録したのに対して、中国は 2014 年に記録しているから、最低値から最高値に至る上昇期の期間は日本より中国の方がわずかに長い。この最高値と最低値の倍率は日本の 6 倍強に対して、中国は 130 倍強である。この倍率をアフリカが高成長を遂げた 2001 年から 2014 年までで見ると、日本が 1.7 倍であるのに対して、中国は 8.8 倍であり、アフリカの高成長期に中国からアフリカへの輸出が大きく伸びた可能性も高い。

　（ハ）輸入

　図 14-3 は 1980 年から 2015 年までの日本と中国の輸入額の推移を示したものであるが、この図からもいくつかの興味ある事実を指摘することができる。

　まず日本についてだが、ここでは主に前掲の図 14-2 の輸出との比較で日本の輸入の特徴を洗い出すこととしたい。第一に指摘すべき点はそれぞれの線の形状である。すなわち、輸出額の推移を示す線が滑らかなのに対して、

458　　第 3 部　どうしたらアフリカと良好な関係を築けるのか

図 14-3　輸入額の推移

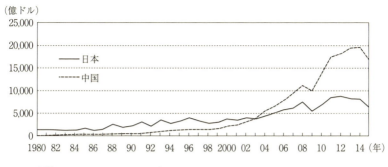

出所：UNCTAD ホームページ

　輸入額の推移を示す線には多数の凹凸があり、そこからは輸入額の変動の激しさを読み取ることができる。
　第二に指摘すべき点はピークの位置と最低値と最高値の比較である。まずピークの位置について言えば、輸出の場合は2011年であるが、輸入の場合はその1年遅れの2012年である。他方、最低値と最高値を比較すると、輸出の場合は最低値が1980年の1,304億ドル、最高値が2011年の8,232億ドルであり、その倍率は6.3倍であるが、輸入の場合は最低値が1983年の1,264億ドル、最高値が2012年の8,858億ドルであり、その倍率は7.0倍であるから、倍率は輸出より輸入の方が若干高い。
　次に中国の輸入額を見ていくが、ここからは主に中国自身の輸出額との比較、日本の輸入額との比較を行う。まず中国自身の輸出額との比較であるが、位置は異なるが、途中1回の下降期を経験しただけで、その下降期を除くと、輸出も輸入も1980年から2014年まで一貫して増加し続けている。その結果、輸出は1980年の180億ドルが130倍強増加して2014年には2兆3,423億ドルとなるが、輸入は1980年の199億ドルが98倍強増加して2014年には1兆9,592億ドルとなっているから、その倍率は輸出の方が輸入より高い。
　他方、日本の輸入との比較であるが、中国が日本を追い抜いた年は2003年であり、輸出の場合より1年早い。また、最低値と最高値を見比べてみると、最低値は日本が1983年、中国が1982年、最高値は日本が2012年、中国が2014年であり、最高値と最低値の倍率は日本の7倍に対して、中国は100倍強である。この倍率をアフリカが高成長を遂げた2001年から2014年

第 14 章　アジア諸国はアフリカとどう付き合ってきたか　　459

までで見ると、日本が 2.5 倍であるのに対して、中国は 8.0 倍であり、この倍率を考えると、アフリカの高成長期にアフリカから中国への輸出が大きく伸びた可能性も高い。ただし、この数字だけでは対アフリカ貿易に関して輸出入のいずれが大きいかを判断することはできないが、前述の中国に関する記述から 2014 年の中国・アフリカ間の貿易額を計算すると、輸出が 1,054 億ドル、輸入が 1,157 億ドルで、2014 年に関する限り、輸入が輸出を上回っているが、おそらくこの趨勢は 2001 年以後の高成長期を通じて見られた趨勢である可能性は高い。

### （3）具体的経済関係
#### （イ）貿易

　2014 年における日本の輸出総額は 6,943 億ドルであるが、この金額は中国の輸出額の 1/3 弱である。輸出の品目別内訳は①自動車・船舶（23.1%）、②一般機械（19.4%）、③電気機器（17.3%）、④原料別製品（13.0%）、⑤化学製品（10.7%）である。輸出の地域別内訳を見ると、①アジア（54.1%）、②北米（19.8%）、③ロシア・CIS[77]（16.3%）、④ヨーロッパ（11.3%）、⑤中南米（4.9%）、⑥中東（4.1%）、⑦大洋州（2.7%）、⑧アフリカ（1.5%）であり、アフリカへの輸出額が最小である。また、国別輸出国ベスト 50 にアフリカからランクインしているのは第 28 位の南アと第 40 位のエジプトの 2 カ国である。他方、アフリカに限った国別内訳を見ると、①南ア（0.47%）、②エジプト（0.21%）、③リベリア（0.15%）、④ケニア（0.14%）、⑤ナイジェリア（0.10%）である。

　これに対して、2014 年における日本の輸入総額は 8,171 億ドルであるから、輸入額が輸出額を 1,228 億ドル上回っている。また、中国との比較では日本の輸入規模は中国の 4 割強である。輸入の品目別内訳は①燃料（32.3%）、②電気機器（13.4%）、③原料別製品（8.1%）、④化学製品（8.0%）、⑤一般機械（7.9%）である。輸入の地域別内訳を見ると、①アジア（44.9%）、②中東（18.5%）、③ヨーロッパ（10.8%）、④北米（10.2%）、⑤大洋州（6.6%）、⑥中南米（3.7%）、⑦ロシア・CIS（3.2%）、⑧アフリカ（2.1%）であり、アフリカからの輸入額が最小である。また、国別輸入国ベスト 50 にアフリカからランクインしているのは第 27 位の南ア、第 28 位のナイジェリア、第 46 位アルジェリア、第 49 位ガボンの 4 カ国である。

他方、アフリカに限った国別内訳を見ると、①南ア（0.70％）、②ナイジェリア（0.55％）、③アルジェリア（0.20％）、④ガボン（0.18％）、⑤エジプト（0.04％）である[78]。

　以下、日本とアフリカの貿易に限定して記述すると、基本的に日本とアフリカとの間の貿易構造は垂直型であり、日本が工業製品を輸出して鉱物資源を輸入するという関係が続いている[79]。品目別で言えば、輸出の半分が自動車であり、輸入の3割がプラチナである。プラチナの最大用途は自動車の排ガス用触媒であるが、アフリカ随一の自動車生産国が南アで、しかも、その南アは最大のプラチナ生産国であるから、南アは日本にとってアフリカ最大の貿易相手国である。日本と南アの経済交流の歴史は長く、かつ、拡大を続けた結果、1987年には日本が南アの第1位の貿易相手国となった[80]。また、他のアフリカ諸国との貿易のほとんどで日本が出超であるのに対して、対南ア貿易だけは1960年代から日本の入超である。

　自動車の輸出に関して言えば、途上国の多いアフリカでは新車以上に中古車に対する需要が大きいが、とりわけ日本の中古車に対する需要が高いのが南東部諸国である。というのは、南東部諸国の多くが旧イギリス領で右ハンドル圏であるから、改造なしに中古車に乗ることができるからである。南東部諸国で日本からの中古車の陸揚げが特に多い国がインド洋に面した南アとケニアである。南アで陸揚げされた日本の中古車はザンビア、ジンバブエ、モザンビーク、ナミビアに陸送されていき、ケニアの場合は、タンザニア、ウガンダ、マラウイ、ルワンダ、コンゴ（民）、南スーダンに陸送されていく[81]。そして、南東部諸国で日本の中古車輸入販売ビジネスで一大勢力となっているのが日本とアフリカの両方に印僑ネットワークを張り巡らせたインド系の人たちである[82]。

### （ロ）投資

　2013年における日本の対外直接投資残高は1兆1,173億ドルであり、その業種別内訳は①非製造業（50.1％）、②製造業（49.9％）である。投資残高の地域別内訳を見ると、①北米（31.2％）、②アジア（27.8％）、③ヨーロッパ（24.4％）、④中南米（9.8％）、⑤大洋州（5.3％）、⑥アフリカ（1.1％）、⑦中東（0.5％）であり、アフリカは中東よりも上位である。また、国別内訳を見ると、アフリカからは唯一南アだけがランクインしているが、その比率は0.79％にすぎない[83]。

以下、日本の対アフリカ投資に限定して記述すると、代表的な投資例は自動車のトヨタである。トヨタは南アの地元資本と連携して 1962 年に最初の組み立て工場を開業してから、南アに多額の投資を行ってきた。南ア・トヨタの生産規模は 14〜15 万台で、南アでは新車シェアの 22％を占め、過去 30 年以上トップの座を守っている一方、中古車も加えると、国内流通車両の 8〜9 割はトヨタが抑えているということになる[84]。また、南ア・トヨタの工場は日本以外では世界最大であり、トヨタにとって南アは日米次ぐ第 3 の市場となっている[85]。なお、メーカーであるトヨタが直接関与しない国々での自動車販売を手がけていているのがトヨタ系の商社である豊田通商で、たとえば、マラウイでトヨタ車を独占的に販売する現地邦人トヨタ・マラウイは豊田通商の南ア法人の 100％子会社である。

## （ハ）援助

　2015 年版開発協力白書[86]によると、2014 年に日本が供与した ODA 総額は 92 億 2,300 万ドルであるが、その内訳は二国間援助 59 億 6,800 万ドルと多国間援助 32 億 5,500 万ドルである。また、二国間援助は有償 8 億 8,400 万ドル[87]と無償 50 億 8,400 万ドルに分かれ、無償はさらに純粋な無償 24 億 5,000 万ドルと技術協力 26 億 3,400 万ドルに分かれる。

　次に 2014 年における有償、無償、技術協力の配分先を地域別に見ていくと、有償の貸付実行額については①アジア（77.5％）、②中東・北アフリカ（11.4％）、③サブサハラ・アフリカ（6.7％）、④中南米（2.3％）、⑤ヨーロッパ（2.0％）、⑥大洋州（0.1％）であり、全体の 3/4 以上をアジアが占めるが、アフリカも上位に位置している。他方、無償については①アジア（34.9％）、②サブサハラ・アフリカ（31.0％）、③中東・北アフリカ（17.7％）、④中南米（4.3％）、⑤大洋州（3.2％）、⑥ヨーロッパ（1.3％）であり、有償以上にアフリカの比率は高い。さらに複数地域に跨がる部分を除いた技術協力について見ると、①アジア（47.5％）、②サブサハラ・アフリカ（26.3％）、③中東・北アフリカ（11.3％）、④中南米（10.8％）、⑤大洋州（3.1％）、⑥ヨーロッパ（1.0％）であり、アフリカの比率は高いが、無償ほどは高くない。

　次に 2014 年の二国間援助の支出総額について、国別順位 30 カ国の中にどれだけアフリカ諸国が入っているかを見ていくと、8 カ国がランクインしているが、その 8 カ国とは第 18 位タンザニア（1 億 1,398 万ドル）、第 19 位

エジプト（1億1,262万ドル）、第20位ケニア（1億1,207万ドル）、第23位チュニジア（9,664万ドル）、第25位ウガンダ（8,573万ドル）、第26位モザンビーク（8,528万ドル）、第28位エチオピア（8,277万ドル）、第30位モロッコ（8,072万ドル）である。この8カ国を地域分類すると、北部と東部が4カ国ずつで、それ以外の地域はない。

　以下、有償、無償、技術協力の順で見ていくと、有償で上位30位以内にランクインしている国は7カ国で、その7カ国とは第15位チュニジア（8,340万ドル）、第17位エジプト（7,927万ドル）、第20位モロッコ（6,835万ドル）、第21位タンザニア（5,372万ドル）、第23位ケニア（5,119万ドル）、第26位ウガンダ（5,052万ドル）、第27位モザンビーク（3,699万ドル）である。この7カ国を地域分類すると、北部が3カ国、東部が4カ国で、それ以外の地域はない。

　無償で上位30位以内にランクインしている国は14カ国で、その14カ国とは第5位エチオピア（5,628万ドル）、第7位コンゴ（民）（4,246万ドル）、第9位スーダン（3,940万ドル）、第13位ソマリア（3,250万ドル）、第16位ウガンダ（3,138万ドル）、第17位南スーダン（3,085万ドル）、第19位ニジェール（2,979万ドル）、第20位リベリア（2,966万ドル）、第21位タンザニア（2,791万ドル）、第24位モザンビーク（2,579万ドル）、第27位ザンビア（2,491万ドル）、第28位マラウイ（2,476万ドル）、第29位ケニア（2,400万ドル）、第30位マリ（2,350万ドル）である。つまり、無償で上位30位以内にランクインしている国の数は有償の2倍である。そして、有償と無償の両方にランクインしている国はタンザニア、ケニア、ウガンダ、モザンビークの4カ国で、しかも、これら4カ国はすべて東部の国である。ランクインした14カ国を地域分類すると、東部が9カ国、西部が3カ国で、北部と中部が1カ国ずつである。

　技術協力で上位30位以内にランクインしている国は10カ国で、その10カ国とは第10位ケニア（3,688万ドル）、第11位タンザニア（3,246万ドル）、第12位エジプト（2,917万ドル）、第14位エチオピア（2,650万ドル）、第15位モザンビーク（2,537万ドル）、第17位セネガル（2,243万ドル）、第18位ガーナ（2,181万ドル）、第22位マラウイ（1,770万ドル）、第23位ウガンダ（1,736万ドル）、第26位ザンビア（1,447万ドル）である。10カ国を地域分類すると、東部が8カ国、北部と西部がそれぞれ1カ国ずつであ

る。

　以上の結果を整理すると、上位 30 位入りしている国の数では無償 14 カ国、技術協力 10 カ国、有償 7 カ国で無償が一番多い。ちなみに、この 3 つの形態すべてにランクインしている国はタンザニア、ケニア、ウガンダ、モザンビークの 4 カ国だけであるが、これら 4 カ国はすべて東部の国である。次に 3 つの形態のうち 2 つの形態についてランクインしている国を調べると、有償と無償の組み合わせについても有償と技術協力の組み合わせについても該当する国は同じで、タンザニア、ケニア、ウガンダ、モザンビークの 4 カ国であるが、無償と技術協力の組み合わせになると、この 4 カ国にエチオピア、マラウイ、ザンビアの 3 カ国が加わり、計 7 カ国が該当するが、これら 7 カ国もすべて東部の国である。以上の結果から、日本の対アフリカ援助の主要対象地域が東部であるという事実を窺い知ることができる。

---

1　峯陽一（1999 年）52 頁によれば、東ではインド人、西ではレバノン人やシリア人が現地経済を牛耳る場合が多い。

2　2013 年 11 月 14 日付 Forbes 電子版からの引用。

3　Bidco Africa のホームページからの引用。

4　2013 年 11 月 14 日付 Forbes 電子版からの引用。

5　2015 年 5 月 13 日付 CNBC Africa News 電子版からの引用。

6　Airtel Africa のホームページからの引用。

7　Southall, Roger, Henning Melber eds.（2009），p.118 からの引用。

8　British Petroleum のホームページからの引用。

9　以上の数字はすべて日本貿易振興機構（ジェトロ）のホームページからの引用。

10　Southall, Roger, Henning Melber eds.（2009），p.120 からの引用。

11　Southall, Roger, Henning Melber eds.（2009），p.122 からの引用。

12　Southall, Roger, Henning Melber eds.（2009），p.122 からの引用。

13　以上の数字はすべて日本貿易振興機構（ジェトロ）のホームページからの引用。

14　ヨモ、ダンビサ（2010 年）144 頁からの引用。

15　川端正久、落合雄彦編著（2012 年）311 頁からの引用。

16　Southall, Roger, Henning Melber eds.（2009），p.181 からの引用。

17　平野克己（2013 年 b）からの引用。

18　ミッシェル、セルジュ、ミッシェル・ブーレ（2009 年）239 頁からの引用。

19　峯陽一、武内進一、笹岡雄一編（2010 年）64 頁からの引用。

20　吉田栄一編（2007 年）143 頁からの引用。なお、平野克己（2013 年 b）30 頁によると、南アの中国人在住者数は 30 万人である。

21 青木一能（2011 年）66 頁からの引用。

22 問題とは、国内需要が頭打ちにある中での構造調整圧力の高まり、エネルギー資源不足、外貨準備の膨張、貿易摩擦の拡大等々である。

23 吉田栄一編（2007 年）4 頁からの引用。

24 松本仁一（2008 年）109 頁からの引用。

25 吉田栄一編（2007 年）23 頁からの引用。

26 吉田栄一編（2007 年）25 頁からの引用。

27 松本仁一（2008 年）87 頁からの引用。

28 ミッシェル、セルジュ、ミッシェル・ブーレ（2009 年）49 頁からの引用。

29 吉田栄一編（2007 年）21 頁からの引用。

30 松本仁一（2008 年）109 頁からの引用。

31 青木一能（2011 年）63 頁からの引用。

32 ミッシェル、セルジュ、ミッシェル・ブーレ（2009 年）37 頁からの引用。

33 平野克己（2013 年）46 頁からの引用。

34 ザンビアでは 2006 年に中国人が経営する銅山で給与支払い遅延に抗議する労働者がデモを行ったが、そのデモに中国人が発砲したため死者が出た。ザンビアではその後も中国人とザンビア人が衝突する事件が多発した。ちなみに、2011 年の大統領選挙でマイケル・サタが勝利したが、その勝利の一因がサタの反中的言論であったと言われている。

35 ミッシェル、セルジュ、ミッシェル・ブーレ（2009 年）65 頁からの引用。

36 松本仁一（2008 年）121 頁からの引用。

37 平野克己（2013 年）5 頁からの引用。

38 平野克己（2009 年）222 頁からの引用。

39 Soares de Oliveira, Ricardo（2015）, p.2 からの引用。

40 Southall, Roger, Henning Melber eds.（2009）, p.161 からの引用。

41 ミッシェル、セルジュ、ミッシェル・ブーレ（2009 年）234 頁からの引用。

42 Southall, Roger, Henning Melber eds.（2009）, p.161 からの引用。

43 Forum on China–Africa Cooperation（中国アフリカ協力フォーラム）の略である。

44 平野克己（2013 年）31 頁からの引用。

45 Southall, Roger, Henning Melber eds.（2009）, p.256 からの引用。

46 Southall, Roger, Henning Melber eds.（2009）, p.255 からの引用。

47 平野克己（2013 年 b）からの引用。

48 以上の数字はすべて日本貿易振興機構（ジェトロ）のホームページからの引用。

49 Southall, Roger, Henning Melber eds.（2009）, p.72 からの引用。

50 吉田栄一編（2007 年）22 頁からの引用。

51 吉田栄一編（2007 年）15 頁からの引用。

52 吉田栄一編（2007 年）22 頁からの引用。

53 吉田栄一編（2007 年）137 頁からの引用。

54 Southall, Roger, Henning Melber eds.（2009）, p.179 からの引用。

55 Southall, Roger, Henning Melber eds.（2009）, p.71 からの引用。

56 Southall, Roger, Henning Melber eds.（2009）, p.71 からの引用。

57 白戸圭一（2011 年）150 頁からの引用。

58 白戸圭一（2011 年）151 頁からの引用。

59 Southall, Roger, Henning Melber eds.（2009）, p.14 からの引用。

60 以上の数字はすべて日本貿易振興機構（ジェトロ）のホームページからの引用。

61 平野克己（2009 年）235 頁からの引用。

62 Southall, Roger, Henning Melber eds.（2009）, p.71 からの引用。

63 Southall, Roger, Henning Melber eds.（2009）, p.176 からの引用。

64 平野克己（2009 年）234 頁からの引用。

65 平野克己（2009 年）236 頁からの引用。

66 芝陽一郎（2011 年）96 頁からの引用。

67 以上は北野尚宏（2015 年）からの引用。

68 平野克己（2013 年 b）からの引用。

69 The Conversation のホームページからの引用。

70 ハワイは 1795 年から 1893 年までが王国、1893 年から 1898 年までが共和国、1898 年から 1959 年までが米国の準州、1959 年以降が米国の州である。

71 以上は全米日系人博物館のホームページからの引用。

72 伊藤正孝（1971 年）27 頁によると、日本人の名誉白人としての地位は 1961 年に南アの国会でヤン・デ・クラーク内務大臣が「居住地に関する限り白人並みに扱う」と声明を出したことに始まる。

73 外務省ホームページからの引用。

74 外務省ホームページからの引用。

75 法務省入国管理局ホームページからの引用。

76 Tokyo International Conference on African Development（アフリカ開発会議）の略である。

77 Commonwealth of Independent States（独立国家共同体）の略である。CIS はソ連崩壊時にソ連邦を構成していた 15 カ国のうちバルト三国を除く 12 カ国の緩やかな国家連合体である。

78 以上の数字はすべて日本貿易振興機構（ジェトロ）のホームページからの引用。

79 青木一能（2011 年）108 頁からの引用。

80 石田洋子（2008 年）60 頁からの引用。

81 芝陽一郎（2011 年）108 頁からの引用。

82 芝陽一郎（2011 年）110 頁からの引用。

83 以上の数字はすべて日本貿易振興機構（ジェトロ）のホームページからの引用。

84 芝陽一郎（2011 年）207 頁からの引用。

85 川端正久、佐藤誠編（1994 年）147 頁からの引用。

86 外務省ホームページからの引用。

87 この数字は貸付実行額から回収額を差し引いたものである。

おわりに——なぜマラウイは貧しくなるのか


　「はじめに」でも述べた通り、私のアフリカ理解の出発点はボツワナとマ
ラウイという2つの国における生活体験である。その生活体験に根ざした着
想に基づき、私は鉱物資源の有効利用がアフリカ諸国の発展を決める重要な
要素であるという仮説を立て、その仮説の有効性を本書において様々な角度
から分析してみた。そして、本書を締めくくるに当たって、私は再びマラウ
イを取り上げる。というのは、鉱物資源を有しないマラウイの独立から現在
に至る歴史を辿りながら、アフリカの無資源国が抱える問題を洗い出すこと
によって、現状のアフリカにおいては鉱物資源の有効利用が発展の重要な要
素であることを逆説的に証明できると考えたからである。

## 安定した政治と停滞した経済

　1964年7月6日、マラウイ共和国がイギリスから正式に独立した。それ
以来50年以上が経過したが、この間に就任した大統領はわずかに5名であ
る。任期が最も長いのは初代のカムズ・バンダで、1964年から1966年まで
の2年間は首相として、また、1966年から1994年までの28年間は大統領
としてこの国を統治した。初代カムズ・バンダの任期が長くなった理由は
1970年から彼が党首を務めるマラウイ会議党による一党支配が確立したた
めである。しかし、1993年の国民投票によって複数政党制が導入されると、
1994年の大統領選挙はマラウイ会議党のカムズ・バンダと統一民主戦線の
バキリ・ムルジの争いとなり、ムルジが勝利して、第2代大統領に就任した。
ムルジは憲法の規定に従い、2期10年の任期で退任した。2004年の選挙で
は統一民主戦線のムルジの後継者であるビング・ワ・ムタリカが勝利したが、
2005年には統一民主戦線を離脱して、民主進歩党を立ち上げた。ムタリカ
も2009年に再選され、2期10年の任期を確保したが、2012年4月に急死し
たため、彼の任期は8年弱に留まった。ムタリカの急死によって副大統領の
ジョイス・バンダが昇格し、マラウイ初の女性大統領となるが、2014年の
選挙ではビング・ワ・ムタリカの実弟ピーター・ムタリカが民主進歩党を代
表して出馬する。なぜピーター・ムタリカがジョイス・バンダに対抗して出

467

馬したかというと、ビング・ワ・ムタリカ政権下で副大統領職にあったジョイス・バンダが民主進歩党を除名されて人民党を立ち上げていたからである。そしてジョイス・バンダは2014年の選挙で敗退したため、彼女の任期は2年にとどまった。

　以上の結果が示す通り、1994年以降のマラウイにおいては複数政党制が導入され、民主的な方法で選ばれた大統領による統治が定着している。そして、第1章の表1-4が示す通り、1960年から2000年までの40年間マラウイがアフリカ47カ国中で9カ国しかない政治的安定国の1つに分類されていることを考慮しても、マラウイの政治的安定性は極めて高いと言い得るだろう。

　ところが、こうした政治的な安定とは裏腹にマラウイの経済的パフォーマンスは決してよくない。そこで、以下では1人当たり名目GDPと人口という2つの指標を例にとりながら、マラウイの経済的パフォーマンスの悪さを具体的に跡づけてみることとした。

　まず1人当たり名目GDPであるが、独立前の1960年時点で45ドルであったものが、1980年には327ドルまで上昇しており、20年間で7倍以上の伸びを示しているから、これ自体は決して悪い数字ではない。しかし、この327ドルという数字をもってしても、それは世界138カ国の中で上から数えて第120位という低い順位なのだ。そして、この順位は改善するよりもむしろ悪化し、2013年には世界188カ国中第187位まで下がる。要するに、これは世界で下から2番目の順位である。ちなみに、これ以降の順位は2014年が世界188カ国中第187位で2013年と同じであったが、2015年は1つ順位を上げ、世界188カ国中第186位となったが、それでも世界で下から3番目という低い順位であることに変わりはない。

　以下、図15-1から1人当たり名目GDPに関するマラウイの順位を確認しておくと、1980年から1984年までが120位台、1985年から1990年までが130位台で、1991年に一旦120位台に戻るが、1992年と1993年が140位台と再び順位を下げ、1994年から2000年までは1996年と1997年を除いて160位台まで下がった。そして、2001年から2004年までは170位台となり、2005年から2015年までは2010年を除き180位台となる。統計を取られている国が2004年以降188カ国に固定されていることを考慮すれば、180位台ということはほぼ世界の最低水準にあると言っても過言ではない。

468

図 15-1　マラウイの順位

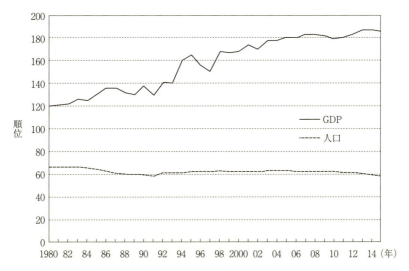

出所：IMF World Economic Outlook Databases
注：GDP は 1 人当たり名目 GDP である。

　ところで、図 15-1 からは人口に関する順位も知ることができるが、そこからは大変興味深い事実を読み取ることができる。というのは、図を見る限り、人口に関するマラウイの世界順位は 30 年以上にわたって 60 位台を維持し続けているからである。より具体的に言えば、その順位は 36 年間で 1990 年、1991 年、2014 年、2015 年を除く 32 年間で 60 位台であり、60 位台にない 4 年間についても第 58 位か第 59 位のいずれであるから、実質的に 60 位台と言っても過言ではない。ちなみに、世界順位の対象国数は 1980 年の 141 カ国から徐々に増え、2004 年以降は 188 カ国で固定しているが、36 年間を通して見れば、40 カ国以上の増加となっているので、マラウイの実質的な順位はむしろ上がっていると言い得るだろう。
　そこで、人口の推移を確認すると、結果は図 15-2 の通りである。マラウイの人口は 1980 年が 656 万人であったが、図が示すように増加の一途を辿り、2015 年には 1,811 万人に達している。つまり、1980 年から 2015 年までの 36 年間でマラウイの人口は 3 倍弱増加したが、このことは人口が年率 2.9％ で増加したことを意味する。

おわりに——なぜマラウイは貧しくなるのか　　469

図 15-2　マラウイの人口

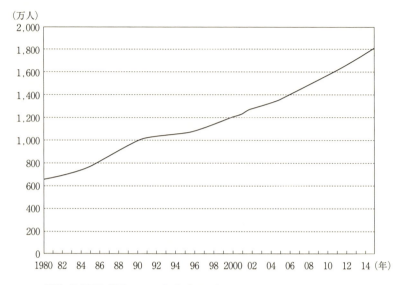

出所：IMF World Economic Outlook Databases

　では、これだけ増加した人口をマラウイはどうやって養ったのだろうか。まず言い得ることは、マラウイのように有望な鉱物資源を有しない国は多額の輸出収入を得ることができないので、食糧は自前で調達せざるを得ないということである。そこで、マラウイ人の主食であるトウモロコシ（メイズ）の生産量を見ると、結果は図 15-3 の通りである。この図には実績と必要量という 2 つの指標が示されているが、実績とは文字通り毎年の生産量であり、必要量とは人口を養うに足る生産量のことである。ただし、必要量の算出は次のように行った。すなわち、2006 年のマラウイ政府発表によると、マラウイ人に必要なトウモロコシの年間消費量は 10 歳未満が 135kg、10 歳以上がその倍の 270kg であるが、10 歳未満が全人口に占める割合は大体 4 割であるから、人口の 4 割の必要量が 135kg、人口の 6 割の必要量が 270kg であると仮定すると、人口 1 人当たりの必要量は 216kg ということになり、これに毎年の人口をかけたものが毎年の必要量である。
　まず必要量から見ていくと、前掲の図 15-2 が示す通り、マラウイの人口はほぼ単調に増加しているから、その影響を受けて、トウモロコシの必要量

図15-3 マラウイのトウモロコシ生産量

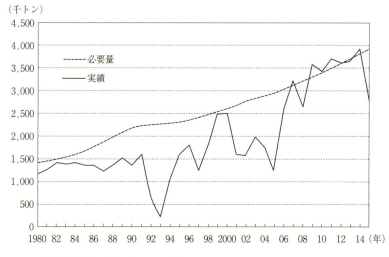

出所：実績はUSDAホームページ。

も単調に増加している。これに対して、トウモロコシ生産は天候などの自然条件の影響を受けやすいだけに、その生産実績量にはいくつもの波がある。その中でも特に落ち込みが大きいのは1992年と1993年であり、これらの年は飢餓に見舞われるような危機的状態であった。そして、それ以外にも1998年、2001年と2002年、2005年、2008年、2015年に比較的大きな落ち込みを見せているものの、それ以外の年においては概ね横ばいないし増加を示しており、特に2007年から2014年までは実績量と必要量とがほぼ一致する状態が続いている。この結果、1980年から2014年までの期間で比較すると、トウモロコシ生産量は1980年の116.5万トンから2014年の392.9万トンと3.4倍増しているが、この倍率は同時期の人口の倍率である2.7倍を上回っているのである。つまり、この時期においてマラウイは3倍弱の人口増を経験したが、その人口増を達成した背景には主食であるトウモロコシ生産の増加があったのである。

　ここまでの分析を通じて明らかになった事実は次の3つである。
① 1980年には第120位であったマラウイの1人当たり名目GDPの世界順位は2013年には世界で下から2番目の第187位まで下がる。

おわりに――なぜマラウイは貧しくなるのか　　471

②しかし、この間にマラウイの人口は3倍弱増えている。

③この間にマラウイでは3倍弱の増加を示した人口を養うに足る3倍強の食糧生産を達成している。

以上3つの事実から1つの疑問が生まれてくる。その疑問とは、3倍弱の人口増があっても3倍強の食糧増産があれば、1人当たりGDPは上昇するのではないかということである。なぜ私がそのように考えたかというと、マラウイは人口の8割が農業に従事すると言われる典型的な農業国であるから、当然主食のトウモロコシの生産はマラウイのGDPに大きく影響するからである。そこで、議論を簡単にすると、マラウイの産業がトウモロコシ生産のみだと仮定すると、トウモロコシ生産が3倍強増えれば、GDPも3倍強も増加するはずである。他方、この間に人口も3倍弱増加している。しかし、GDPの増加が3倍強、人口の増加が3倍弱であれば、1人当たりGDPがマイナスになることはなく、むしろ若干ではあるがプラスで増加していくはずである。

以上が私の大雑把な推論であるが、その推論の正しさを実際の1人当たりGDPの動きを見ながら検証していくこととしよう。結果は図15-4の通りである。この図が示すように、マラウイの1人当たり名目GDPは1980年の327ドルで始まり、2015年の354ドルで終わっていて、両者の間には27ドルの差しかない。もちろん、30年以上の間には上昇局面もあれば、下降局面もあり、単調に増加しているわけではないが、それでも1人当たり名目GDPは概ね200ドルと500ドルの間に収まっていて、この間の最小値は1994年の198ドル、最大値は2011年の494ドルである。ところで、この30年以上の間には物価も上昇したはずであり、その物価上昇が当然名目GDPを引き上げているはずであるが、そうした物価上昇を織り込んでもわずか27ドルの増加にすぎないということは実質的にはマイナス成長であったと言っても過言ではない。つまり、この図を見る限り、1人当たり名目GDP値は当該期間における3倍強というトウモロコシの増産を反映しているとは言いがたい。

そこで念のため、両者の相関関係を調べてみた。結果は図15-5の通りであるが、横軸にトウモロコシの生産量をとり、縦軸に1人当たり名目GDPをとっている以上、両者の間にプラスの相関関係があれば、各年の示す点は右肩上がりの直線の近傍に分布するはずであるが、各点は実際にはそのよう

図 15-4　マラウイの1人当たり名目 GDP

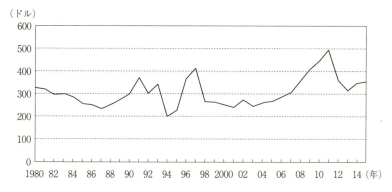

出所：IMF World Economic Outlook Databases

図 15-5　トウモロコシ生産量と1人当たり名目 GDP

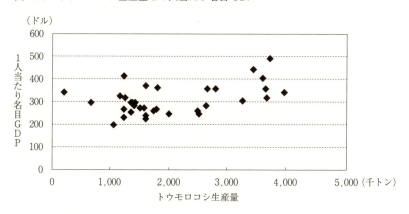

出所：図 15-3、図 15-4 と同じ。

に分布していない。つまり、この図からはトウモロコシ生産量が高いときほど1人当たり名目 GDP も高いという関係は読み取れないのである。そして、各年を示す点はむしろ 300 ドルである水準の上下に分布しているように見受けられるが、この図から受ける印象は前掲の図 15-4 から受ける印象と全く同じである。ちなみに、両者の間の相関係数は 0.49 であるが、この数値から両者の間に明確な相関関係があることを読み取ることは困難である。

おわりに――なぜマラウイは貧しくなるのか　　473

## １人当たり名目 GDP が伸び悩んだ原因

　では、なぜマラウイの１人当たり名目 GDP は伸び悩んでいるのだろうか。考えられる原因は外的要因と内的要因の２つであるが、はじめにより簡単な外的要因から説明する。外的要因とはマラウイの通貨クワチャの価値下落である。これはマラウイに長期滞在した外国人であれば、誰でも容易に思い浮かぶ要因である。というのは、外国人は保有している外貨を現地通貨に交換して生活しているので、為替レートの変動に敏感になるからである。たとえば、私の場合、マラウイで生活を始めた 2014 年 6 月の米ドル・クワチャ間の交換レートは１ドル 400 クワチャ前後であったが、それから２年半が経過した 2016 年 12 月時点での交換レートは１ドル 720 クワチャ前後であり、この２年半の間だけでクワチャは２倍弱も切り下がっている。ということは、仮にこの２年半で１人当たり名目 GDP が２倍弱増加しても、米ドル換算すると、その増加分が相殺されてしまうということである。

　そこで、以下では米ドル・クワチャ間の交換レートを長期的に追跡することとした。出発点は独立以前の 1960 年で、この年の交換レートは１ドル 0.71 クワチャである。そして、１ドルが１クワチャ以下の状態が 1981 年まで続く。2016 年末の交換レートが１ドル 720 クワチャ前後であることを考えれば、１ドルが１クワチャ以下という交換レートは稀に見るクワチャ高である。しかし、こうした超クワチャ高が 20 年以上も続くというのはマラウイの特殊事情ではなく、アフリカ諸国の多くに共通する特徴であった。というのは、独立を達成したといっても、多くのアフリカ諸国の産業基盤は未整備であったから、必要物資の多くを輸入に頼らざるを得なかったからである。この必要物資の輸入問題を解決するために採用されたのが自国通貨高政策であるが、この政策を採用することによって、必要物資をより安価に輸入することができたのである。

　ところが、1970 年代に二度の石油危機が起き、先進国経済が低迷すると、多くのアフリカ諸国にとって虎の子である一次産品価格が低迷するようになり、その価格低迷が深刻な経済不安を引き起こした。こうした状況下で多くのアフリカ諸国が IMF や世界銀行に支援を求めた。しかし、支援を得るためには IMF や世界銀行が主張する構造調整政策を採用せざるを得なかったが、構造調整政策を受け入れるということは保護主義的な政策を見直すということでもあったから、自国通貨高政策も同時に見直され、自国通貨は切

図 15-6　クワチャの対ドル・レート

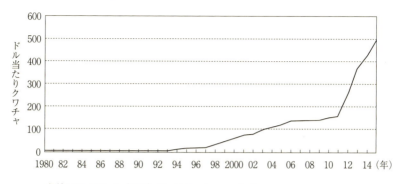

出所：World Bank（2016）World Development Indicators

り下げられていった。ちなみに、マラウイで世界銀行主導の構造調整政策が実行に移されたのは 1981 年のことである。そこで、以下では 1980 年から 2015 年までのマラウイ・クワチャの対ドル交換レートの推移を追跡して見ることとしよう。

　結果は図 15-6 の通りである。クワチャの対ドル交換レートは 1980 年の 1 ドル 0.8 クワチャから出発し、翌 1981 年も 0.9 クワチャだったが、1982 年には 1.1 クワチャとなった。1 クワチャ台は 1986 年まで続き、2 クワチャ台は 1987 年から 1991 年まで続くが、図 15-6 を見ると、1992 年以降はクワチャの切り下げ幅が大きくなり、さらに言えば、切り下げ幅が 3 段階に分かれていることがわかる。第 1 段階とは 1992 年から 1997 年までであり、この間にレートは 1992 年の 3 クワチャ台から 1997 年の 16 クワチャ台まで下がっている。第 2 段階は 1998 年から 2011 年までであり、この間にレートは 1998 年の 31 クワチャ台から 2011 年の 156 クワチャ台まで下がっている。そして、第 3 段階が 2012 年以降であるが、この第 3 段階の切り下げ率が一番大きく、2012 年の 156 クワチャ台から 2015 年の 249 クワチャ台まで下がっている。つまり、36 年間の中で第 1 段階の切り下げ幅は比較的小幅であったが、第 2 段階、第 3 段階と段階が変わるごとに切り下げ幅は大きくなっているのである。

　では、なぜクワチャは大幅に切り下げられたのだろうか。その答えを得るために用意したのが図 15-7 である。貿易には商品貿易とサービス貿易があ

図 15-7　商品輸出入額

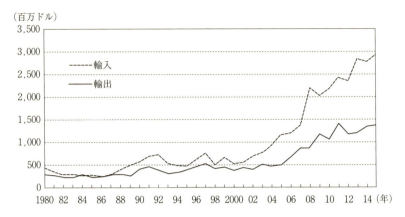

出所：World Bank（2016）World Development Indicators Database

るが、図 15-7 は商品貿易のみに着目し、1980 年から 2015 年までの輸出額と輸入額を追跡したものであるが、この図からも明らかなように、36 年間において輸出額が輸入額を上回ったのは 1984 年のみであり、それ以外の 35 年はすべて輸入額が輸出額を上回っている。つまり、マラウイは慢性的な貿易収支赤字に悩まされており、その赤字を埋め合わせるためには輸出を増やして輸入を抑制する必要があるが、それを手っ取り早く実現するための手段としてクワチャの切り下げが行われたのである。

しかし、ここで新たな疑問が生まれる。というのは、図 15-6 と図 15-7 が示すように、1998 年以降クワチャはドルに対して年々切り下がっているが、その結果として輸入超過は改善するどころか、むしろ拡大傾向にあるからである。

なぜこのような矛盾した結果が生まれるかというと理由は 2 つある。第一の理由はマラウイの外貨収入の 6 割を稼ぎ出す最大の輸出品タバコと関係する。マラウイ産タバコは高品質で知られており、世界中の有力タバコ企業がマラウイからタバコ葉を輸入している。つまり、高級紙巻きタバコを製造するためには、そこに一定割合のマラウイ産タバコ葉を混ぜる必要があるので、マラウイ産タバコには安定した需要がある。安定した需要があるということは一長一短である。長所とは高く売れることである。他方、短所とは需要が

限られていることである。つまり、ある年に高く売れたからといって、翌年に生産量を増やしても需要に限りがあるから、供給過剰となって買いたたかれてしまうのだ。こうした特質をもつ以上、クワチャが切り下がって交易条件が改善しても、それがタバコの輸出増に直結するわけではない。さらに言えば、健康問題との関連で世界中とりわけ欧米先進国を中心に嫌煙ブームが広がり、世界全体のタバコ市場のパイが縮小し、それに比例してタバコ需要も確実に低下しているから、この意味でも、マラウイ産タバコの輸出が伸びる余地はないのである。

　第二の理由は政策と関係する。つまり、マラウイは元々固定相場制を採用していたから、クワチャを切り下げるといっても、それは市場の実勢を反映しているわけではなく、むしろ小出し的に実施された。なぜ小出し的な切り下げを行ったかというと、それは少しでも有利に輸入を行うためである。第一の理由でも述べた通り、クワチャを大幅に切り下げたからといって、それでタバコの輸出が増えるわけではない。他方、クワチャを大幅に切り下げると、必要物資の輸入に前よりも多くのクワチャが必要になるから、国民生活の質は低下するので、国民生活の質の低下を食い止めるためには、クワチャの切り下げ幅を少しでも小さくしておく必要があるのである。

　しかし、この固定相場制採用には構造調整の推進役である世界銀行やIMFが従来から強く反対していた。というのは、世界銀行やIMFの関係者の中にはマラウイで構造調整が奏功しない理由として市場経済メカニズムの導入の遅れを指摘する者が多かったが、彼らはその代表例として固定相場制をやり玉に挙げていたからである。この結果、マラウイ政府と世界銀行、IMFとの間でせめぎ合いが続いたが、歴代政権も国民生活に打撃を与える恐れのある変動相場制の採用には極めて慎重であった。ところが、2012年、ビング・ワ・ムタリカの急死によって大統領に昇格したジョイス・バンダは固定相場制から変動相場制への移行に踏み切った。つまり、バンダ政権は国民の生活よりも世界銀行やIMFとの関係改善を優先したのであるが、このことからも、世界銀行やIMFのさらなる支援を受けられなければ改善しないほどマラウイの財政が悪化していたことを看取することができる。変動相場制への移行は明らかにショック療法である。そして、図15-6からも明らかな通り、ショック療法によって2012年以降クワチャの切り下げ幅はさらに拡大する。この2012年以降の時期が前述の第3段階であるが、過去3つ

おわりに——なぜマラウイは貧しくなるのか　　477

の段階の中で第 3 段階の切り下げ幅が最も大きい理由は固定相場制から変動相場制への政策転換である。

　次にマラウイの 1 人当たり名目 GDP が伸び悩んだ原因の内的要因について説明する。

　マラウイはアフリカ屈指の農業国であるが、その証拠は第 3 章の各表から導き出すことができる。まず表 3-2 を見ると、全人口に占める農村人口比率は 2013 年において 84% であるが、これは南スーダンを除くアフリカ 53 カ国中でブルンジ、ウガンダに次ぐ高率である。また、国土面積に占める耕地面積比率も 2013 年において 40% であるが、これはアフリカ 53 カ国中でトーゴ、ルワンダ、ブルンジ、ガンビアに次ぐ高率である。以上 2 つの数字が示すように、相対的に広い耕地と豊富な労働力があったからこそ、図 15-3 で示すような食糧生産を達成し、それによって図 15-2 で示すような人口増加も実現できたわけであるが、そこには全く問題がなかったわけではない。

　とりわけ深刻な問題が生産性の低さである。それを如実に反映する数字が 1 人当たり耕地面積である。ここで第 3 章の表 3-3 を見ると、1981 年のマラウイの 1 人当たり耕地面積はアフリカ 51 カ国中第 24 位の 0.32ha であるが、これは 51 カ国の平均値 0.35ha を下回る数字である。そして、より深刻な問題は 1981 年から 30 年以上が経過した 2013 年の 1 人当たり耕地面積が 0.23ha で、1981 年当時より 0.09ha も減少しているということである。ただし、この期間で他のアフリカ諸国でもマラウイ以上に 1 人当たり耕地面積の減少が起きたため、2013 年の 51 カ国平均は 0.20ha まで下がったため、マラウイの数字はそれよりも若干高い。

　この 1 人当たり耕地面積の狭小さは表 3-4 の 1 人当たり農業付加価値額にも反映している。すなわち、1991 年のマラウイの 1 人当たり農業付加価値額は 132 ドルであるが、これはアフリカ 39 カ国中の最下位である。ちなみに、アフリカ 39 カ国の平均値は 954 ドルであるから、マラウイの 1 人当たり農業付加価値額はアフリカ 39 カ国平均の 1/7 にも満たない。もちろん、それから 20 年以上が経過した 2013 年になると、マラウイの 1 人当たり農業付加価値額は 1.8 倍増して 246 ドルとなり、その順位も最下位を脱して、39 カ国中で下から 7 番目となり、これ自体は大きな改善である。しかし、39 カ国の平均値も 1,580 ドルまで上昇しているので、マラウイの 1 人当たり農業付加価値額は依然としてアフリカ 39 カ国平均の 1/5 にも満たない。この

結果として、マラウイでは農業人口が多く、耕地面積も広いが、人口が多すぎるために1人当たり耕地面積が狭く、1人当たり農業付加価値額も低いので、GDPを大きく引き上げるほどの貢献はしていない可能性が浮かび上がってくる。

　表3-5は農業付加価値額の対GDP比率を示したものであるが、それによると、1991年におけるマラウイの数字はアフリカ43カ国中第8位であるから、比較的高位に位置している。しかも、その数字は43.6%であり、43カ国の平均値29.5%を大きく上回っている。つまり、この時点で農業はマラウイのGDPの4割以上を稼ぎ出す産業だったのである。ところが、それから20年以上が経過した2013年を見ると、43カ国中の順位は第14位まで落ち、数字も33.2%まで低下した結果、農業の稼得分はGDPの4割から3割へと低下しているのである。なお、43カ国の平均値は23.6%であるから、マラウイほどは落ちていない。

　もちろん、GDPに占める農業稼得分の低下は世界中で起きている現象であり、それ自体が問題なわけではない。というのは、工業やサービス業が発展し、それらの部門が稼ぎ出すGDPが増えれば、農業の稼得分は当然低下するが、それはむしろ好ましい現象と捉えられるからである。しかし、マラウイに関して言えば、それは好ましからざる減少である。というのは、マラウイでは当該期間内に工業やサービス業が発展したわけでもなければ、農業部門の労働力が工業部門やサービス部門に移転したわけでもないからである。

　このことを如実に示しているのが第7章の表7-1と表7-2である。これらの表からGDPの産業別構成比を見ると、マラウイにおけるGDPに占める農業の比率は1990年でアフリカ43カ国中の第9位で45.0%、2013年で43カ国中の第14位で33.2%である。もちろん、農業の比率が下がっていること自体は悪いことではない。しかし、これらの表から鉱工業の比率を見ると、1990年の28.9%が2013年には17.2%まで下がっている。つまり、この間に農業だけでなく鉱工業まで比率を下げているのだ。マラウイの場合、鉱工業といっても鉱業の比率は微々たるものであるから、鉱工業イコール製造業と考えて差し支えない。そこでマラウイの製造業の内訳を見ると、タバコ加工、農産物加工、食品加工といった農業関連のものが多いことに気づくが、こういう農業関連加工業の生産量は農業生産に比例して上下すると考えられるから、この鉱工業比率の低下が示していることは、1990年から2013年に

おわりに——なぜマラウイは貧しくなるのか　　479

至る期間の中でマラウイでは非農業関連の製造業がほとんど成長していないという事実である。つまり、マラウイでは産業構造の抜本的変化のない中でただひたすら農業人口が増え続け、その結果として、農業の生産性が低下し、GDPに占める稼得分が低下したということである。ということは、将来においても産業構造の変化がなく、しかも、人口が増え続ければ、GDPに占める農業稼得分はますます低下し、1人当たりGDPも伸び悩み、ますます貧しくなるという構図が今後も続くことになるだろう。

## トウモロコシとタバコ

　以上が1人当たり名目GDPの伸び悩みの原因についての定量的分析であるが、ここからは私自身の生活実感に根ざした分析を試みることとしたい。私が注目したのは「お国自慢」である。

　私がアフリカで最初に生活した国はボツワナであるが、3年間の滞在の中で私は懇意になったボツワナ人からよく「今度の週末に私の牧場でバーベキューをするので、参加しませんか」と誘われた。こうしたお誘いをしてくれる人の多くは政府関係者であるから、産業分類に従えば、彼らはサービス業従事者であるし、首都に自宅をもっている。しかし、農民でも牧畜民でもない彼らは首都の郊外ないし地方に別宅をもち、なおかつ、その別宅には広大な牧草地が付属していて、彼らはそこで自分の牛を飼っているのだ。この牛がボツワナ人にとっては特別な意味をもっている。ボツワナは日本の1.5倍の国土を有するが、この広さを理解するためには、米国のテキサスを思い浮かべるのが一番よい。というのは、テキサス州の面積がまさに日本の1.5倍である。ところが、この広大な国土の人口はわずか200万人である。なぜこんなに人口が少ないかというと、国土の中央部には広大なカラハリ砂漠が横たわっていて、降雨量が極端に少ないボツワナには巨大な人口を養うことができる農業適地がほとんど存在しないからである。農業に期待がもてない中でボツワナ人が頼ったのが牛である。カラハリ砂漠は名前こそ「砂漠」であるが、サハラ砂漠のような本当の砂漠とは異なり、植物で覆われている。もちろん、植物といっても疎林と潅木を交えた長草であって、人間の食糧にはならない。しかし、胃を4つもつ牛ならば、この草を食べて成長することができるのだ。こうしてボツワナの不毛な大地は牛の放牧地となることで新たな生命の息吹を吹き込まれることとなる。

1966 年、ボツワナはイギリスから独立したが、当時のボツワナ経済を支えるものがまさにこの牛であった。ところが、その後のダイヤモンドの発見により、ボツワナ経済は牛依存からダイヤモンド依存へとその質を急速に変えていく。しかし、ボツワナ人の牛に対する愛着は変わることはなかったし、ダイヤモンドの恩恵で所得が上がった分、牛に対する愛着はむしろ以前より強まり、人々は所得が増えると、牛を買い足すという行動をとるようになった。この行動を側面支援したのが政府であり、政府は土地をもたない成人に対する土地の無償貸与政策を積極的に推進したのである。こうした政策は土地が広くて人口が少ない国だからこそ実施できたわけであるが、ボツワナ人に与えた満足度は極めて大きく、これによって国民の政府に対する信頼度は大きく増進した。換言すれば、ダイヤモンドが発見される前の貧しいボツワナでは牛は富裕層の富の象徴であったが、現在の豊かなボツワナでは中流階級の富の象徴となったのである。そして、中流階級に属する人は週末になると郊外や地方の別宅に行き、そこで自分の牛が草を食む姿を見つめながら、楽しい一時を過ごすのである。

ボツワナでこうした「牛自慢」を経験したこともあり、次の任地のマラウイでも私は必死に「お国自慢」を探しまくった。そして、ようやく見つけることができたのが「トウモロコシ畑自慢」である。

南緯 14 度に位置するマラウイの首都リロングウェでは毎年 11 月末から 12 月初旬に雨が降り出すが、雨が降り出す頃には市街の空き地も郊外も雑草は刈り取られたり焼かれたりして、トウモロコシを植える準備は万端となる。そして、この頃から人々の日常会話の中でトウモロコシの話題が増えてきて、それが雨期の終わる 4 月頃まで続くのだ。そして、このトウモロコシ話を小耳に挟みながら、私は 1 つのことに気づいた。それは、私の職場の同僚や政府関係者といった農民でない人たちも自分の畑をもち、そこでトウモロコシを栽培しているという事実である。要するに、彼らは「家庭菜園」をもち、そこで生産したトウモロコシを自家消費しているのである。これは私にとっての大発見であった。というのは、たとえば、農家がトマトを生産して、それを農協経由でスーパーに卸し、私が消費者としてそれを買ったら、GDP に計上されるが、私が家庭菜園で作ったトマトを私が食べてしまったら、それは GDP に計上されることはないからである。つまり、私は、私の同僚や知人が自慢する家庭菜園でのトウモロコシ栽培が実はマラウイ農業、

おわりに——なぜマラウイは貧しくなるのか　481

ひいてはマラウイの国民経済の阻害要因になっている可能性に気づいたのである。

　そこで、私は私なりにマラウイの食糧生産に占める家庭菜園比率を推計してみることとした。理解を容易にするために簡単化した数字を用いると、マラウイの農村人口は全体の8割で、非農村人口は全体の2割である。私が聞き及んだトウモロコシ畑自慢の当事者たちは非農村人口に属する人たちである。問題はこの非農村人口の構成員であるが、工業や商業の発展が遅れているマラウイの場合、都市で低賃金労働に従事している低所得者の比率はそれほど高くないと思われる。というのは、そうした低所得者が多ければ、スラム街が形成されると思うが、マラウイの都市にはそうしたスラム街が存在しないからである。以上のことから私は都市部において家庭菜園を所有する人口の比率を5〜10%と推計したが、ここでは小さめな数字をとって5%としておくこととしよう。

　次は農村部における推計だが、この質問を国連機関に所属する某専門家にぶつけたところ、彼からは「農村人口の1/4程度」という回答が帰ってきた。ただし、農村部における家庭菜園とは自家生産した食糧をすべて自家消費する農家のことである。換言すれば、それ以外の3/4とは自家消費を除いた分を外部に販売している農家であり、この販売の付加価値分がGDPに計上されることとなる。そこでまず農村部における家庭菜園であるが、8割の1/4であるから、それは全体の2割である。他方、非家庭菜園の場合であるが、ここに属するすべての農家は全体の6割となるが、その大半が家族で食べる分のトウモロコシを自給していることはまず間違いはない。そこで問題となるのがこれらの農家が外部に売るトウモロコシをどれだけ生産しているかであるが、それを推計するためには、マラウイの農業事情を歴史的経緯から説明する必要がある。

　イギリスの植民地時代、マラウイ農業はタバコ、茶、サトウキビといった輸出向け商品作物を生産する白人所有の大規模農場とトウモロコシなどの食糧作物を生産するマラウイ人所有の中小零細農家に二分されていたが、ジンバブエなどに比べると、白人所有の大規模農場の比率は小さく、1964年の独立当時でも全耕地面積の2%を占める程度だった。しかも、独立後かなりの白人が国外に退去し、白人所有の大規模農場の相当部分がマラウイ人所有となった結果、マラウイ農業はマラウイ人所有の大規模農場とマラウイ人所

有の中小零細農家に二分されることとなった。つまり、所有者こそ変わった
ものの、輸出向けの商品作物を生産する大規模農場と食糧を生産する中小零
細農家が併存する構造は独立後も維持されたのである。

　この構造下で1つの問題が発生した。その問題とは大規模農場と中小零細
農家との所得格差である。ここでトウモロコシ生産農家を想定し、その農家
がある年に10トンを生産したと仮定しよう。この場合、この農家がその年
に10トンすべてを消費することはない。というのは、次年度の播種分をと
っておかなければならないからである。しかし、実際には次年度の播種分を
残すだけでは足りない。というのは、次年度の生産のためには肥料も必要と
なるからである。しかも、肥料は自給できないから、購入するしか術がない。
その結果、10トン生産できたとしても、実際に自家消費できるのは8トン
で、1トンは次年度播種用に保管し、1トンは外部に販売して肥料購入用の
現金を確保しなければならない。しかし、ほとんどすべての農家が自家消費
用に生産し、都市部でも「家庭菜園」で生産している状況下では商業ルート
に乗るトウモロコシ量には限りがあるから、余程の不作期でない限り、トウ
モロコシが高値で取引されることはまずない。つまり、現金収入を得る手段
としてトウモロコシは利の薄い作物ということになる。こうした事情もあり、
独立後のマラウイにおいて、主にトウモロコシを生産する中小零細農家の中
からタバコ、茶、サトウキビといった輸出用作物を生産したいという要望が
出されるようになった。独立後に成立したカムズ・バンダ政権は、政権関係
者の中に大規模農場主を抱えていたこともあり、こうした中小零細農家の要
望は拒否したが、その代わりにトウモロコシ生産が中心の中小零細農家を保
護する政策に乗り出した。その保護政策とは、簡単に言えば、無償ないし極
端な安値で肥料を農家に供給するというものであるが、自国内に肥料生産施
設をもたないマラウイの場合、肥料は輸入に頼らざるを得ない。つまり、政
府は市場価格で肥料を輸入した上で、それより安い価格で肥料を中小零細農
家に払い下げるのであるが、その差額は財政で補填した。この保護政策が奏
功したことで、カムズ・バンダは30年の長きにわたって大統領職にとどま
ることができたし、死後も多くの国民から慕われ続けているのである。

　しかし、中小零細農家を慰撫する保護政策の実施は当然財政を圧迫する。
といっても、マラウイ政府は独立以来財政の立て直しに真剣に立ち向かった
ことは一度もない。その証拠の1つが国民のほとんどが税金を納めていない

おわりに——なぜマラウイは貧しくなるのか　　483

という事実である。皮肉なことに複数政党制に基づく民主政治の進展が国民の税金怠納行動を助長している面がある。というのは、各政党は5年ごとの総選挙で勝利を収めるためにお互い鎬を削っているので、財政立て直しのために国民に新たな納税負担を課すことを選挙公約に掲げれば、その政党は選挙で敗北の憂き目をみることとなるからである。それゆえ、増税は選挙の争点にはなり得ない。さらに言えば、政権獲得後も与党は増税政策を打ち出すことはできない。というのは、増税政策を実行すれば、次の選挙で敗北の憂き目を見ることはほぼ確実となるからである。結局、政府が打ち出せるのは「とれる人からとる」という政策だけである。このしわ寄せを受けるのが選挙権をもたない外国人であり、今までは3カ月以内の滞在ならば、ビザを取得する必要がなかったのが、急にビザ取得が必要になったりした。しかし、これはアクセルとブレーキを同時に踏むような政策である。というのは、現在のムタリカ政策は外国投資家にマラウイへ投資をするよう積極的に呼びかけているが、この呼びかけに応えて外国人がマラウイにやって来ても、「とれる人からとる」方式で様々な税金が課せられるのが落ちだからである。

　ここまで繰り返し説明してきた通り、マラウイの人口の8割は農民であるが、彼らが生み出す所得はわずかであるから、農民のほとんどは所得税を納めていない。他方、都市住民や企業は税金を納めるが、その額は微々たるものである。もちろん、マラウイにも消費税が存在するが、中小の小売業者は消費税にかかわる面倒な計数処理をできないから、消費税を課されるといっても、それは大手スーパーで買い物するときぐらいである。要するに、マラウイでは国家がきちんと管理できる部分にしか税金をかけることはできないから、歳入のほとんどは輸出入にかかわる関税と国営企業からの利益配分で賄われるということになる。しかし、こうして政府が自力で集めた部分で賄えるのはせいぜい行政経費のみで、インフラ、医療、教育という分野までは十分に手が回らない。そこで登場するのが「ドナー」である。ドナーとは援助者であるが、先進国や国際機関やNGOがドナーとしてマラウイ政府ができない分を肩代わりしてインフラ、医療、教育といった分野のサービスを国民に提供しているのだ。つまり、マラウイでは政府とドナーが協力しない限り、国民に公共サービスを提供することはできないのである。

　こうなると、政府もドナーの意向を無視できなくなる。とりわけドナーの中でも力があるのは世界銀行とIMFであるから、彼らの進言に従って政府

は構造調整の実施を決めた。そして、1980年代以降、構造調整政策が実施される過程で、中小零細農家に課せられていた輸出向け商品作物規制が見直されるようになり、1980年代中頃にはまずサトウキビが解禁され、1990年にはタバコと茶も解禁された。この結果、多くの中小零細農家が輸出収入の稼ぎ頭であるタバコの生産に参入し、トウモロコシ生産が深刻な打撃を受けるようになった。この間の経緯は図15-3にも如実に現れている。すなわち、1991年の160万トンが以後毎年66万トン、20万トン、105万トンと減少し、1995年になってようやく1991年レベルの160万トンに回復しているからである。この生産減、とりわけ1992年と1993年の減少をもたらした要因は天候不良による不作と言われているが、トウモロコシからタバコへの転作も大きく影響したと考えられる。しかし、1995年以降のトウモロコシ生産量は1991年以前のレベルを回復しているだけでなく、変動は激しいものの、概ね増加傾向にあることを看取できる。ということは、1995年以降、トウモロコシからタバコへの転作も一段落したと考えられる。ちなみに、1990年代の全作付面積に占めるトウモロコシの比率は約6割と言われている。そこで、この比率を農村人口の3/4を占める「非家庭菜園」農家、すなわち、全体の6割の農家に適用すると、6割の6割ということで、3割6分となる。この結果、都市部の5%、農村の「家庭菜園」の20%、農村の「非家庭菜園」の36%をすべて足し上げると、61%となる。この結果が何を示すかというと、それはマラウイのトウモロコシ生産の6割は「家庭菜園」分として所得から除外され、わずか4割だけが所得に換算されるということである。勿論、以上は大雑把な推計であり、この結果を鵜呑みにすることはできないが、それでもトウモロコシ生産のかなりの部分が所得として算入されないという事実は十分に認識しておく必要があるだろう。

　以上の結果から明らかとなったことは次の2点である。

　①マラウイにおいては、ほぼすべての農民に加えて、非農民の相当割合が主食のトウモロコシを生産していて、その生産量は確かに大きい。

　②しかし、そこからは自家消費に回る分も大きいため、トウモロコシはその生産量に見合った貢献をGDPに対してしているわけではない。

　それでは、農業国のマラウイで如何なる作物を生産すれば、GDPに貢献するのだろうか。この答えはやはりタバコ、茶、サトウキビといった輸出用商品作物に求められるが、とりわけ貢献が大きいのが輸出収入の稼ぎ頭のタ

バコであり、少ない年ならば GDP の 15%、多い年ならば GDP の 30%を稼ぐと言われている。つまり、マラウイでは農民は食べるためにトウモロコシを生産するが、所得を得てよりよい生活を送るためには、現金収入を得られるタバコを生産しなければならないのである。

　この結果は多くのアフリカ諸国にとって示唆に富んだ内容を含んでいる。というのは、アフリカ諸国が一般的に抱えている問題とは植民地時代の名残としての輸出用商品作物への依存度が高いことがもたらす弊害と考えられているからである。第2章から第4章までの各章で明らかにした通り、多くのアフリカ諸国は資本も技術も乏しければ、労働も質量ともに脆弱である。そして、多くの国がこうした限りある生産要素を輸出用商品作物生産に集中的に投下した結果として、主食用の食糧作物の生産が疎かになり、これらの国では食糧を輸入に頼らざるを得なくなっている。これこそまさに輸出用商品作物依存の弊害そのものであるが、こうした不健全な状態から脱却するためには自国での食糧生産を増やせる体制を整備することこそ肝要であるという意見が出てくるのは当然の流れである。しかし、マラウイの現状を見る限り、こうした意見がアフリカを将来着実に発展させることになる処方箋となり得るかというと大いに疑問である。というのは、GDP の稼ぎ頭となるほどに輸出用商品作物生産の育成に成功した上に、食糧の自給まで達成したという意味で、マラウイはアフリカ諸国の手本となり得る国であるが、実際のマラウイは低所得に喘いでいて、しかも、1人当たり GDP に関する世界順位がどんどん低くなっているからである。もちろん、マラウイでは食糧自給の達成が先、輸出用商品作物生産の成功が後で起こったのに対して、他のアフリカ諸国では輸出用商品作物生産の成功が先に起こっているから、これらの国で仮に食糧生産に注力したとしても、マラウイと同じような結果にはならない可能性は排除できない。しかし、マラウイと同じような結果になる可能性も同様に排除できないのである。

　では、どうしたら他のアフリカ諸国はマラウイの轍を踏まずに済むのだろうか。その方法はいろいろあると思うが、最も簡単な方法は農業部門から他の部門への労働力移転である。というのは、マラウイにおける諸悪の根源が農業部門における労働力の滞留と考えられるからである。すなわち、マラウイのように国内の労働力の大半が食糧生産に従事し、なおかつ、肥料購入に充てられるだけの現金収入を得ることなしに生産物の大半を自家消費する状

況が続いても、そこから GDP に新たな付加価値をつける状態が生まれることはない。加えて、人口が増加し続ける中で農業部門における労働力が滞留し続ければ、1 人当たりの耕地面積は当然縮小するし、それに応じて 1 人当たり生産量も減少するから、1 人当たり GDP が増えることもないのである。それゆえ、食糧生産の GDP 貢献度を高めるためには、農業以外の部門が成長して、農業部門に滞留する労働力を吸収することが是非とも必要である。換言すれば、農業部門の弊害を取り除くためには、農業部門を改革するだけでは駄目で、むしろ工業やサービス業といった非農業部門を改革し、それらの部門を成長軌道に乗せることこそ肝要と考える。

## 夜明け前

　ここまで私はマラウイ経済が抱える問題をその発生原因に遡って解説を試みたわけであるが、それを要約すると、次のようになる。

　①世界の国を 1 人当たり GDP で比較すると、過去 30 年の中でマラウイの順位は下がり続け、近年では最下位近くを低迷している。

　②マラウイの 1 人当たり GDP が低迷する理由は外的要因と内的要因で説明できる。

　③外的要因とはマラウイの通貨クワチャの切り下げである。

　④内的要因とは、1964 年の独立当時と比べて人口が 3 倍弱増加したにもかかわらず、人口に占める農民比率が 8 割という高率で高止まりし、なおかつ、ほぼすべての農民が生産した主食のトウモロコシを自家消費するため、その分が GDP から欠落するということである。

　⑤この結果、国民の経済活動が GDP に正しく反映されなくなっている。

　問題の所在が明らかとなれば、この問題を解決するための処方箋を作ることはそれほど難しい作業ではない。しかし、マラウイの現場を見渡すと、実現可能な処方箋作りが意外な難事業であることがわかる。

　その理由をまず外的要因から探っていくと、それは通貨の切り下げであるから、通貨の切り下げが止まれば、米ドル換算の 1 人当たり GDP の減少も止まるはずである。しかし、通貨の切り下げを止めるという選択肢は現実にはあり得ない。というのは、通貨の切り下げは固定相場制から変動相場制への移行の結果として起きた現象であり、それ自体は現実の市場動向を正確に反映した結果と考えられるからである。マラウイは、政治的にはマラウイ人

おわりに——なぜマラウイは貧しくなるのか　　487

の主権国家であるが、経済的にはマラウイ人とドナーが協力し合って国家運営に当たっている国であるから、マラウイ政府はドナーを敵に回すことはできない。もし仮にマラウイ政府が恣意的にクワチャ高に誘導するようなことがあれば、構造調整に逆行するとして、世界銀行や IMF の批判を招くことは必定であり、そうすると、ドナーの支援も見直される可能性があるから、マラウイ政府がそうしたドナーを敵に回すような政策を実行するとは考えがたいのである。

　次に内的要因に着目すると、農業部門改革と非農業部門改革の2つが処方箋として浮かび上がってくる。まず農業部門改革であるが、これを一言で言えば、「家庭的」農業から「商業的」農業への転換である。しかし、3年弱の生活体験を通じて得た印象を踏まえて敢えて私見を述べさせていただければ、その転換は決して容易ではない。私の印象とは、多くのマラウイ人が今の生活に安住しているということであるが、もしマラウイ経済を1つのシステムとして捉えれば、そのシステムは均衡解にあり、しかも、その均衡解は極めて安定的なのだ。そうだとすれば、現実のマラウイ経済が一時的にこの均衡解から逸れたとしても、しばらくすれば、再び均衡解に戻ってしまうことは必定である。

　私がこの着想を得た背景には 1984 年に和訳が出た『なぜ世界の半分が飢えるのか』の影響がある。というのは、この本の 129 頁から 130 頁にかけてマラウイに関する記述があり、その記述にいたく同感してしまったからである。その記述とはイギリスの2つの団体がマラウイで行った援助に関するものであり、先発団体が行った援助に対する後発団体からの批判的コメントを含んでいる。その前半部分を引用すると、次のような言い方である。

　「……マラウイでは、前にきた援助使節団が農民に収穫を倍にする技術を教えていったが、1年たつと農民はまた元のやり方に逆戻りしていた。援助した連中は本国に帰ってから、"後れた農民"や"文化の開き"について不満をならべていた……」

　そして、先発団体の失敗に対する反省を込めて、後発団体の代表者は次のように述べるのだ。

　「……われわれは現地の人びとがバカだなどとは思わなかった。そして行ってみて答えを発見した。つまり、彼らは自給農民で、それまではつくったものをすべて自分たちで消費していたのである。ところがつくるものが倍に

なれば、余計な分は市場に持って行かなければならない。しかしアフリカで輸送手段といえば、いつも荷運びに使われる女以外にはない。女たちは余分な作物をかごに入れ、頭にのせて何マイルも離れた市場に運んで行った。彼女たちはこれをひとシーズンやってみて、"二度とごめんだ"といったのである……」

　これらのコメントがいつ頃なされたかは不明であるが、原著初版の出版が1977年であることから類推すれば、おそらく1960年代後半から1970年代前半にかけてのことだと考えられる。だとすれば、それから今日に至るまで40年以上の月日が経過しているわけであるが、これらの記述は、輸送手段に関する部分を除き、今日のマラウイでも至る所で外国の援助関係者から聞ける話なのである。ということは、この40年間でマラウイ農業の本質部分は基本的に何も変わっていないということである。そして、現在のマラウイにおいてそうした変化の萌芽さえ見出すことができない現状を考えると、近い将来においてマラウイ農業の本質を内側から突き崩していくような変化が起きるとは私には到底考えがたい。

　次に検討すべきは非農業部門改革であるが、それを鉱工業部門の改革と捉えると、現状を見る限り、改革が進む可能性はほとんどない。まず鉱業部門だが、一時ウランの輸出が有望視されたことがあったが、2つの理由で頓挫してしまった。第一の理由とは、日本の東日本大震災に伴う福島第一原発事故の影響で世界中の原子力発電が見直された結果、ウランに対する需要が大きく下がってしまったからである。これを国外の理由とすれば、もう1つは国内の理由である。つまり、狭い国土の割に人口が大きく、しかも国土に占める耕地面積の比率が高いマラウイでは、どうしても人里近くに鉱山が立地してしまうため、環境汚染が起きやすいということで、住民の反対運動を招きやすいからである。

　次に工業部門、とりわけ製造業部門を見ると、やはり2つの理由から改革が進む可能性がほとんどないことがわかる。第一の理由とは、これもすでに説明済みであるが、マラウイ製造業と農業との関連の高さである。つまり、製造業の中にはタバコ加工、食品加工といった農業関連の占める比率が高いだけに、食糧作物と輸出用商品作物の生産がジリ貧な状態では、農業関連製造業にも明るい将来展望が拓けるはずがないので、積極的に改革に取り組もうという機運さえ芽生えていないのが現状である。

おわりに――なぜマラウイは貧しくなるのか　　489

もう１つの理由は外資導入政策と関係する。すなわち、内側からの改革機運が乏しくても、外資を導入することによって外から改革することは可能であり、現ムタリカ政権も外資に対してマラウイへの投資を声高に呼びかけていることは事実である。しかし、単に口先で投資を呼びかけるだけでは駄目で、外国人投資家が他国と比較してもマラウイに進出したいと考えるような魅力的な投資環境を整備することこそ肝要である。ところが、マラウイ政府はそうした環境整備に一向に着手しないのだ。こうしたちぐはぐさが如実に現れる場が毎年政府主催で外国人投資家を招いて開催される投資フォーラムであるが、フォーラムの場でマラウイ側が提示する案件に外国人投資家が関心を示すことはほとんどない。ちなみに、2016 年秋に開催されたフォーラムにおいて、私のような素人でも「こんな夢物語のような案件に投資しようと考える投資家がいるわけはない」と断言できる荒唐無稽な案件がマラウイ側から提示されたので、以下でその内容を説明することとしたい。

　その案件とはムランジェ山ロープウェー敷設計画である。ムランジェ山とはマラウイ南部のモザンビーク国境近くに位置する 3,000m 級の山で、マラウイ第一の高山であるだけでなく、アフリカ南部第一の高山でもあるから、観光名所として開発するためにロープウェーを敷設しようというのがこの計画の概要である。ところで、私の知る限り、アフリカ南部でロープウェーが敷設されている山と言えば、ケープタウンのテーブル・マウンテンぐらいしか思い浮かばないが、テーブル・マウンテンのロープウェーは 1929 年の開業以来 2,400 万人が利用し、経営も黒字とのことである。しかし、これはテーブル・マウンテンだから黒字になるのであり、ムランジェ山ロープウェーが黒字になる可能性はほとんどない。というのは、ムランジェ山の場合はロープウェーを敷設したからといって客が集まる保証はないからである。まずロープウェーの代金であるが、テーブル・マウンテンのロープウェーの場合、季節や時間帯によって料金が異なるが、平均に均すと大人 1 人当たり往復で20 米ドル前後となるが、これと同じ価格設定をすると、2015 年の 1 人当たり名目 GDP が 354 ドルにすぎないマラウイでこの料金を払える人はごくわずかである。ということは、この計画を成功に導くためにはどうしても外国人観光客の誘致が必要となる。ところが、2013 年にマラウイを訪れた外国人観光客数は 80 万人であるが、これは南アの 954 万人の 1/12 にすぎないから、このパイの大きさではとてもムランジェ山ロープウェーを黒字にするこ

とはできない。そこで、さらなる外国人観光客誘致作戦を展開しなければならないが、そのためには国際空港を整備してヨーロッパやアジアからの直行便を増やす一方で、空港からムランジェ山までの道路を整備したり、山の麓にホテルを建設したりと、それこそやるべきことはたくさんあり、とてもロープウェー運営会社が1社で負担し得る投資金額ではない。

　なぜプロの外国人ビジネスマンが集まる投資フォーラムの場にマラウイ側がこうした素人でもおかしいと思うような案件を提示するのかというと、簡単に言えば、それは役人が作っているからである。つまり、外資誘致に熱心な大統領から各省庁に外国人投資家が飛びつくような案件を作れという指示が出されたから、その指示に従って案件を作成したまでで、それ以上でもそれ以下でもないのである。私の考えでは、これはマラウイの役人の怠慢ではなく、身についた習性の1つである。これもすでに説明済みであるが、マラウイの実質的な国家運営はマラウイ人とドナーとの分業で行われているが、その分業に従えば、こうした建設案件はドナーの担当分なのである。換言すれば、マラウイ人の仕事は、たとえば、「A都市とB都市の間に舗装道路を作って下さい」とドナーに要請するだけでよい。すると、要請を受けたドナーが自分の費用負担で自国からコンサルタントを連れてきて、案件の実現可能性を調査し、実現可能となれば、契約を受注した自国の建設会社が自国から資材をもってきて道路を作ってくれるから、残されたマラウイ人の仕事は工事完成後の引き渡しを受けるだけということになる。要するに、これもまた独立以来の50年間で形成された安定的なシステムであるから、このシステムの外側にいる人間が「このシステムはおかしい」と声高に叫んでも、その声はシステムの内側にいる人間までは届かないのである。

　以上がマラウイの経済的低迷に関する私なりの見解であるが、もう一度結論を整理しておけば、それは、マラウイの経済的低迷をもたらした原因はマラウイ人の怠慢でも資質の問題でもなく、あくまでもシステムの問題であるということである。そして、そのシステムの中で多くのマラウイ人が安住しているだけに、このシステムの不備が内側から是正されていく可能性も極めて低いと言わざるを得ないだろう。

# 参考文献

## 1．日本語文献

青木一能（2011 年）『これがアフリカの全貌だ』、かんき出版

芥田知至（2012 年）『図解　国際商品市場がわかる本』、東洋経済新報社

麻野篤（2014 年）「サブサハラ・アフリカにおける持続的経済成長：Total Factor Productivity に影響を与える要因」（『京都産業大学経済学レビュー』No.1）

朝日新聞社編（1972 年）『朝日講座　探検と冒険I』、朝日新聞社

アシュトン、T.S.（1973 年）『産業革命』、岩波文庫

阿部利洋（2007 年）『紛争後社会と向き合う：南アフリカ真実和解委員会』、京都大学学術出版会

阿部直哉（2012 年）『コモディティ戦争：ニクソン・ショックから 40 年』、藤原書店

天沼紳一郎（1960 年）『金の研究：貨幣論批判序説』、弘文堂

天沼紳一郎（1980 年）『金価格の謎』、全国加除法令出版

アレン、ロバート C.（2012 年）『なぜ豊かな国と貧しい国が生まれたのか』、NTT 出版

飯田隆（2005 年）『図説西洋経済史』、日本経済評論社

イェルウェン、モルテン（2015 年）『統計はウソをつく：アフリカ開発統計に隠された真実と現実』、青土社

池上彰（2013 年）『池上彰のアフリカビジネス入門』、日経 BP マーケティング

池澤佳菜子（1998 年）『はみだし教師のアフリカ体験：ザンビア・日本・ODA』、花伝社

池谷和信編著（2012 年）『ボツワナを知るための 52 章』、明石書店

池野旬（2010 年）『アフリカ農村と貧困削減：タンザニア　開発と遭遇する地域』、京都大学学術出版会

石弘之（2009 年）『キリマンジャロの雪が消えていく：アフリカ環境報告』、岩波新書

石井彰（2007 年）『石油　もう 1 つの危機』、日経 BP 社

石川滋（1990 年）『開発経済学の基本問題』、岩波書店

石川博樹、小松かおり、藤本武編（2016 年）『食と農のアフリカ史：現代の基層に迫る』、昭和堂

石田洋子（2008 年）『アフリカに見捨てられる日本』、創成社

イースタリー、ウィリアム（2003 年）『エコノミスト　南の貧困と闘う』、東洋経済新報社

イースタリー、ウィリアム（2009 年）『傲慢な援助』、東洋経済新報社

伊谷純一郎（1984 年）『アフリカ紀行：ミホンボ林の彼方』、講談社学術文庫

伊藤正孝（1971 年）『南ア共和国の内幕』、中公新書

伊藤道夫（2006 年）「アフリカにおける緑の革命は可能か？：SG2000 茨の道」（（社）国際農林業協力・交流協会『国際農林業協力』vol.29, No.1）

井上信一（2007 年）『モブツ・セセ・セコ物語』、新風舎

入江節次郎（2004 年）「書評：佐伯尤『南アフリカ金鉱業史：ラント金鉱発見から第二次

世界大戦勃発まで』」(『経済学論叢』第 56 巻第 2 号)

ウォディス、ジャック (1963 年)『アフリカ:叛乱の根源』、法政大学出版局
(Jack Woddis (1960), Africa : The Roots of Revolt, Laurence Wishert)

ウォディス、ジャック (1965 年)『アフリカ:獅子はめざめる』、法政大学出版局
(Jack Woddis (1960), Africa : The Lion Awakes, Laurence Wishert)

ヴェーバー、マックス (1989 年)『プロテスタンティズムの倫理と資本主義の精神』、岩
波文庫

遠藤貢編 (2016 年)『アフリカ潜在力 2　武力紛争を超える:せめぎ合う制度と戦略のな
かで』、京都大学学術出版会

大江志乃夫 (2000 年)『ペリー艦隊大航海記』、朝日文庫

大木博巳 (2014 年)「アフリカ消費市場展望(1)〜(8)」(2014 年 4 月 21 日〜9 月 11 日、
国際貿易投資研究所ホームページ)

岡倉古志郎 (1967 年)『アジア・アフリカ問題入門』、岩波新書

岡倉登志編著 (2002 年)『ハンドブック現代アフリカ』、明石書店

岡田泰男編著 (1995 年)『西洋経済史』、八千代出版

小倉充夫 (2009 年)『南部アフリカ社会の百年:植民地支配・冷戦・市場経済』、東京大
学出版会

小倉充夫編 (2012 年)『現代アフリカ社会と国際社会学の地平』、有信堂

小田英郎編 (1996 年)『国際情勢ベーシックシリーズ④アフリカ［第 2 版］』、自由国民社

落合雄彦編 (2014 年)『アフリカ・ドラッグ考:交錯する生産・取引・乱用・文化・統
制』、晃洋書房

オリバー、ローランド編 (1962 年)『アフリカ史の曙』、岩波新書

オロパデ、ダヨ (2016 年)『アフリカ　希望の大陸:11 億人のエネルギーと創造性』、英
治出版

外務省情報文化局編 (1984 年)『あふりか アフリカ:サハラの向こうの世界』、世界の動
き社

金田忠吉 (2006 年)「アフリカで緑の革命を実現するためには…」((社)国際農林業協
力・交流協会『国際農林業協力』vol.29, No.1)

勝俣誠 (1991 年)『現代アフリカ入門』、岩波新書

カムクワンバ、ウィリアム、ブライアン・ミーラー (2010 年)『風をつかまえた少年:14
歳だったぼくはたったひとりで風力発電をつくった』、文藝春秋

川田順造編 (2009 年)『新版世界各国史 10　アフリカ史』、山川出版社

川端正久、落合雄彦編著 (2012 年)『アフリカと世界』、晃洋書房

川端正久、佐藤誠編 (1994 年)『新生南アフリカと日本』、勁草書房

川端正久 (2012 年)「アフリカと世界」(2012 年 4 月 3 日放映 NHK『視点・論点』)

ガンサー、ジョン (1956 年)『アフリカの内幕 I』、みすず書店

北川勝彦 (2001 年)「南アフリカ経済史研究の課題」(関西大学『経済論集』第 50 巻第 4
号)

北川勝彦、高橋基樹編著 (2004 年)『アフリカ経済論』、ミネルヴァ書房

北川勝彦、高橋基樹編著 (2014 年)『現代アフリカ経済論』、ミネルヴァ書房

北野尚宏 (2015 年)「中国の対外援助の現状」、JICA 研究所

参考文献　　493

草光俊雄、北川勝彦編著（2013 年）『アフリカ世界の歴史と文化：ヨーロッパ世界との関わり』、放送大学振興会

久保田博志、小嶋吉広（2012 年）「ザンビア共和国 ZCCM-IH の事業内容について」（石油天然ガス・金属鉱物資源機構『金属資源情報』47 号）

栗田和明（2010 年）『マラウイを知るための 45 章［第 2 版］』、明石書店

ゲスト、ロバート（2008 年）『アフリカ：苦悩する大陸』、東洋経済新報社

コナー、グレアム（1993 年）『熱帯アフリカの都市化と国家形成』、河出書房新社

コリアー、ポール（2010 年）『民主主義がアフリカ経済を殺す：最底辺の 10 億人の国で起きている真実』、日経 BP 社

コリアー、ポール（2012 年）『収奪の星：天然資源と貧困削減の経済学』、みすず書房

齋藤晴美監修（2008 年）『アフリカ農業と地球環境』、家の光協会

佐伯尤（2003 年）『南アフリカ金鉱業史：ラント金鉱発見から第二次世界大戦勃発まで』、新評論

佐伯尤（2004 年）『南アフリカ金鉱業の新展開：1930 年代新鉱床探査から 1970 年まで』、新評論

坂田有弥（2014 年）「ジンバブエの「捻じれ」と「民主化」を問う：土地問題と 2013 年選挙からの一考察」（一般社団法人アフリカ協会『アフリカ』2014 年春号）

佐川武志（2008 年）「アフリカの投資環境」（『経済セミナー』2008 年 7 月号、日本評論社）

櫻井武司（2015 年）「アフリカの食料安全保障：食料価格高騰と大規模農地開発問題」（『国際問題』No.639、日本国際問題研究所）

佐藤章編（2007 年）『統治者と国家：アフリカの個人支配再考』、アジア経済研究所

佐藤仁、石曽根道子（2008 年）「「資源の呪い」とアフリカ」（『経済セミナー』2008 年 7 月号、日本評論社）

佐藤浩明、水野兼悟（1999 年）「南部アフリカ地域経済圏の交通インフラ整備」、国際協力銀行開発金融研究所報

佐藤寛編著（2010 年）『アフリカ BOP ビジネス：市場の実態を見る』、ジェトロ

佐藤芳之（2012 年）『OUT OF AFRICA　アフリカの奇跡：世界に誇れる日本人ビジネスマンの物語』、朝日新聞出版

サロー、ロジャー、スコット・キルマン（2011 年）『飢える大陸アフリカ：先進国の余剰がうみだす飢餓という名の人災』、悠書館

澤田賢治（2013 年）『資源と経済：持続可能な金属資源の利用を求めて』、丸善出版

志賀美英（2003 年）『鉱物資源論』、九州大学出版会

重田眞義、伊谷樹一編（2016 年）『アフリカ潜在力 4　争わないための生業実践：生態資源と人びとの関わり』、京都大学学術出版会

シトレ、エンダバニンギ（1961 年）『アフリカの心』、岩波新書

篠田豊（1985 年）『苦悶するアフリカ』、岩波新書

芝陽一郎（2011 年）『アフリカビジネス入門』、東洋経済新報社

柴田明夫、丸紅経済研究所編（2009 年）『資源を読む』、日経文庫

島崎久彌（1982 年）『金の世界：そのメカニズムと市場の展開』、有斐閣選書

嶋田義仁（2012 年）『砂漠と文明：アフロ・ユーラシア内陸乾燥地文明論』、岩波書店

シャー、ソニア（2007年）『「石油の呪縛」と人類』、集英社新書

シュヴァリエ、ジャン・マリー（2007年）『世界エネルギー市場：石油・天然ガス・電気・原子力・新エネルギー、地球環境を巡る21世紀の経済戦争』、作品社

ジョージ、スーザン（1984年）『なぜ世界の半分が飢えるのか：食糧危機の構造』、朝日新聞社

ジョーンズ、E.L.（2000年）『ヨーロッパの奇跡：環境・経済・地政の比較史』、名古屋大学出版会

白戸圭一（2011年）『日本人のためのアフリカ入門』、ちくま新書

白戸圭一（2012年）『ルポ資源大陸アフリカ：暴力が結ぶ貧困と繁栄』、朝日文庫

スティグリッツ、ジョセフE.（2012年）『世界の99%を貧困にする経済』、徳間書房

ストレンジ、スーザン（1988年）『カジノ資本主義：国際金融恐慌の政治経済学』、岩波書店

砂川一郎（1983年）『宝石は語る：地下からの手紙』、岩波新書

砂川一郎（1964年）『ダイヤモンドの話』、岩波新書

スピーゲル、エリック、ニール・マッカーサー、ロブ・ノートン（2009年）『ビジネスの未来①：エネルギーの未来』、日本経済新聞出版社

スマイリー、イアン（2015年）『貧困を救うテクノロジー』、イースト・プレス

聖心女子大学キリスト教文化研究所編（1990年）『アフリカとの対話』、春秋社

セン、アマルティア（2002年）『貧困の克服：アジア発展の鍵は何か』、集英社新書

高根務（2006年）「なぜマラウイでは「緑の革命」が進まないのか：小農経営からの視点」（（社）国際農林業協力・交流協会『国際農林業協力』vol.29, No.1）

高根務（2007年）『マラウイの小農：経済自由化とアフリカ農村』、アジア経済研究所

高橋基樹（2010年）『開発と国家：アフリカ政治経済論序説』、勁草書房

高橋基樹、大山修一編（2016年）『アフリカ潜在力3　開発と共生のはざまで：国家と市場の変動を生きる』、京都大学学術出版会

武内進一編（2015年）『アフリカ土地政策史』、アジア経済研究所

竹内幸雄（2003年）『自由貿易主義と大英帝国：アフリカ分割の政治経済学』、新評論

武田尚子（2010年）『チョコレートの世界史』、中公新書

ターツァキアン、ピーター（2006年）『石油　最後の1バレル』、英知出版

辻村英之（2004年）『コーヒーと南北問題：「キリマンジャロ」のフードシステム』、日本経済評論社

角山栄（1980年）『茶の世界史：緑茶の文化と紅茶の世界』、中公新書

ディートン、アンガス（2014年）『大脱出：健康、お金、格差の起原』、みすず書房

ディネーセン、アイザック（1981年）『アフリカの日々』、晶文社

寺西重郎（1995年）『経済開発と途上国債務』、東京大学出版会

トダロ、マイケル（1997年）『M.トダロの開発経済学』、国際協力出版会

豊島逸夫（2008年）『金を通じて世界を読む』、日本経済新聞出版社

トンプソン、レナード（1998年）『新版　南アフリカの歴史』、明石書店

中尾佐助（1966年）『栽培植物と農耕の起源』、岩波新書

長岡新吉、太田和宏、宮本謙介編著（1992年）『世界経済史入門：欧米とアジア』、ミネルヴァ書房

中野智明、沢井俊光、金子大編著（2011 年）『アフリカ四半世紀の物語を撮る』、つげ書房新社

中村雅秀編著（1987 年）『累積債務の政治経済学』、ミネルヴァ書房

中山健（2012 年）「クロム資源の供給ポテンシャルについて」（JOGMEC『金融資源レポート』2012 年 9 月号）

那須国男（1995 年）『アフリカ全史』、第三文明社

西浦昭雄（2004 年）「書評：佐伯尤『南アフリカ金鉱業史：ラント金鉱発見から第二次世界大戦勃発まで』」（『アジア経済』XLV-3）

西浦昭雄（2008 年 a）「南ア経済と企業」（『経済セミナー』2008 年 7 月号、日本評論社）

西浦昭雄（2008 年 b）『南アフリカ経済論：企業研究からの視座』、日本評論社

西浦昭雄（2010 年）「連載フィールド・アイ：ケニアから―①」（『日本労働研究雑誌』597 号）

西野照太郎（1954 年）『鎖を断つアフリカ』、岩波新書

日本政策投資銀行・国際協力銀行・ロンドン駐在員事務所（2011 年）「鉱業の発展と鉱山国有化をめぐる議論（南アフリカ）」

西川潤（1973 年）『アフリカの植民地化』（叢書　現代のアジア・アフリカ 9）、三省堂

ニューワース、ロバート（2013 年）『「見えない」巨大経済圏』、東洋経済新報社

根本利通（2011 年）『タンザニアに生きる：内側から照らす国家と民衆の記録』、昭和堂

野村修一、ジェームス・クリア（2014 年）『最後の市場アフリカ：ビジネスチャンスとリスクはどこにあるのか』、日本実業出版社

ノールズ、L.C.A.（1997 年）『英国植民地経済史』、有明書房

橋本強司（2013 年）『開発援助と正義』、幻冬舎ルネッサンス

パーシー、アーノルド（2001 年）『世界文明における技術の千年史：「生存の技術」との対話に向けて』、新評論

バージェス、トム（2016 年）『喰い尽くされるアフリカ：欧米の資源掠奪システムを中国が乗っ取る日』、集英社

鰺田豊之（1999 年）『金（ゴールド）が語る 20 世紀：金本位制が揺らいでも』、中公新書

早川千晶（2000 年）『アフリカ日和』、旅行人

林晃史（2003 年）「書評：佐伯尤『南アフリカ金鉱業史：ラント金鉱発見から第二次世界大戦勃発まで』」（『敬愛大学国際研究』第 12 号）

林晃史（2004 年）「書評：佐伯尤『南アフリカ金鉱業の新展開：1930 年代新鉱床探査から1970 年まで』」（『敬愛大学国際研究』第 14 号）

林晃史（2006 年）「書評：Charles H. Feinstein, *An Economic History of South Africa: Conquest, Discrimination and Development*, Cambridge University Press」（『アジア経済』XLVII）

原輝史（1986 年）『フランス資本主義：成立と展開』、日本経済評論社

原口武彦（1995 年）『構造調整とアフリカ農業』、アジア経済研究所

バルマー＝トーマス、ビクター（2001 年）『ラテンアメリカ経済史：独立から現在まで』、名古屋大学出版会

バーンスタイン、ピーター L.（2001 年）『ゴールド：金と人間の文明史』、日本経済新聞社

ピケティ、トマ（2014 年）『21 世紀の資本』、みすず書房

平沼光（2011年）『日本は世界1位の金属資源大国』、講談社＋α新書

平野克己（2002年）『図説アフリカ経済』、日本評論社

平野克己編（2003年）『アフリカ経済学宣言』、アジア経済研究所

平野克己編（2005年）『アフリカ経済実証分析』、アジア経済研究所

平野克己（2008年a）「「貧困の地」アフリカでいまなにが起こっているのか」（『アジ研ワールド・トレンド』2008年5月号）

平野克己（2008年b）「低開発下の成長：アフリカ経済変容の構図」（『経済セミナー』2008年7月号、日本評論社）

平野克己（2009年）『アフリカ問題：開発と援助の世界史』、日本評論社

平野克己（2013年a）『経済大陸アフリカ：資源、食糧問題から開発政策まで』、中公新書

平野克己（2013年b）「対アフリカ戦略「中国版マーシャルプラン」を分析する」（『外交』2013年5月号、時事通信社）

福井勝義、赤阪賢、大塚和夫（1999年）『世界の歴史24：アフリカの民族と社会』、中央公論社

福井聡（1996年）『アフリカの底流を読む』、ちくま新書

藤沢伸子（2012年）『アフリカの風に吹かれて』、原書房

藤田正寛（1968年）『国際流動性と低開発国』、東洋経済新報社

舩田クラーセンさやか編（2010年）『アフリカ学入門：ポップカルチャーから政治経済まで』、明石書店

布施克彦、岩本沙弓（2011年）『最新版　世界の資源地図』、青春出版社

プラハラード、C.K.（2005年）『ネクスト・マーケット：「貧困層」を「顧客」に変える次世代ビジネス戦略』、英知出版

フランク、アンドレ・グンダー（2000年）『リオリエント：アジア時代のグローバル・エコノミー』、藤原書店

ブールドン、アルベール・アラン（1979年）『ポルトガル史』、文庫クセジュ、白水社

フレンチ、ハワードW.（2016年）『中国第二の大陸：アフリカ：100万人の移民が築く新たな帝国』、白水社

ペイル、アンリ（1968年）『世界のエネルギー問題』、文庫クセジュ、白水社

ボー、ミシェル（1996年）『資本主義の世界史1500-1995』、藤原書店
（Beaud, Michel（1981）, *Histoire du Capitaisme*, Edition du Seuil）

星昭、林晃司（1978年）『世界現代史13　アフリカ現代史I：総説・南部アフリカ』、山川出版社

細井義孝（2014年）『成長する資源大陸アフリカを掘り起こせ：鉱業技術者が説く資源開発のポテンシャルとビジネスチャンス』、日刊工業新聞社

ボリス、ジャン＝ピエール（2005年）『コーヒー、カカオ、コメ、綿花、コショウの暗黒物語：生産者を死に追いやるグローバル経済』、作品社

本多健吉編著（1983年）『南北問題の現代的構造』、日本評論社

マクニール、ウィリアム・H（2008年）『世界史』、中公文庫

マケ、J.（1973年）『アフリカ：その権力と社会』、平凡社

増田義郎（1998年）『物語ラテン・アメリカの歴史』、中公新書

松尾昌樹（2010年）『湾岸産油国：レンティア国家のゆくえ』、講談社選書メチエ

松田素二、平野（野元）美佐編（2016 年）『アフリカ潜在力 1　紛争をおさめる文化：不完全性とブリコラージュの実践』、京都大学学術出版会

松本仁一（1998 年）『アフリカで寝る』、朝日文庫

松本仁一（2008 年）『アフリカ・レポート：壊れる国、生きる人々』、岩波新書

マディソン、アンガス（2000 年）『世界経済史概観』、岩波書店

マディソン、アンガス（2015 年）『世界経済の成長史 1820〜1992 年：199 カ国を対象とする分析と推計』、東洋経済新報社

マハジャン、ヴィジャイ（2009 年）『アフリカ：動き出す 9 億人市場』、英治出版

マンロー、J.F.（1987 年）『アフリカ経済史 1800〜1960』、ミネルヴァ書房

ミッシェル、セルジュ、ミッシェル・ブーレ（2009 年）『アフリカを食い荒らす中国』、河出書房新社

峯陽一（1996 年）『南アフリカ：「虹の国」への歩み』、岩波新書

峯陽一（1999 年）『現代アフリカと開発経済学：市場経済の荒波のなかで』、日本評論社

峯陽一編著（2010 年）『南アフリカを知るための 60 章』、明石書店

峯陽一、武内進一、笹岡雄一編（2010 年）『アフリカから学ぶ』、有斐閣

宮川典之（2009 年）『一次産品問題を考える：史的考察・国際金融・大恐慌』文眞堂

宮下章（2009 年）「南アフリカ共和国：市場のポテンシャルと課題」（『日立総研レポート』2009 年 3 月号）

宮本正興、松田素二編（1997 年）『新書アフリカ史』、講談社現代新書

宮本正興、松田素二編（2002 年）『現代アフリカの社会変動：ことばと文化の動態観察』、人文書院

ミルグロム、ポール、ジョン・ロバーツ（1997 年）『組織の経済学』、NTT 出版

望月克哉（2008 年）「ナイジェリアの石油産業：歴史的展開と問題点」（坂口安紀編『発展途上国における石油産業の政治経済学的分析：資料集』調査研究報告書、第 6 章、アジア経済研究所）

モヨ、ダンビサ（2010 年）『援助じゃアフリカは発展しない』、東洋経済新報社

守誠（2009 年）『ユダヤ人とダイヤモンド』、幻冬舎新書

モリス、ジャン（2006 年）『パックス・ブリタニカ（上・下）：大英帝国最盛期の群像』、講談社

森田桐郎編著（1995 年）『世界経済論：世界システム・アプローチ』、ミネルヴァ書房

矢口孝次郎編著（1974 年）『イギリス帝国経済史の研究』、東洋経済新報社

山口昌男（1977 年）『世界の歴史 6：黒い大陸の栄光と悲惨』、講談社

山越言、目黒紀夫、佐藤哲編（2016 年）『アフリカ潜在力 5　自然は誰のものか：住民参加型保全の逆説を乗り越える』、京都大学学術出版会

山田肖子（2008 年）「アフリカにおける産業人材育成と教育の役割」（『経済セミナー』2008 年 7 月号、日本評論社）

山田秀雄（1986 年）『イギリス帝国経済の構造』、新評論

山田秀雄（2005 年）『イギリス帝国経済史研究』、ミネルヴァ書房

山野峰（2008 年）「アフリカの農業開発はどうあるべきか」（『経済セミナー』2008 年 7 月号、日本評論社）

吉國恒雄（2008 年）『燃えるジンバヴェ：南部アフリカにおける「コロニアル」・「ポスト

コロニアル」経験』、晃洋書房

吉田栄一編（2007年）『アフリカに吹く中国の嵐、アジアの旋風：途上国間競争にさらされる地域産業』、アジア経済研究所

吉田栄一編（2008年）『アフリカ開発援助の新課題：アフリカ開発会議 TICAD IVと北海道洞爺湖サミット』、アジア経済研究所

吉田啓太（2005年）『北アフリカ地域統合と民主化：アラブマグレブの選択』、彩流社

米川正子（2010年）『世界最悪の紛争「コンゴ」：平和以外に何でもある国』、創成社

米倉茂（1989年）「南アフリカの金本位制離脱過程とその帰結」（『佐賀大学論集』22巻1号）

米山正博（2006年）「アフリカにおける「緑の革命」の実現に向けて：提言」（（社）国際農林業協力・交流協会「国際農林業協力」vol.29, No.1)

ラファルグ、フランソワ（2009年）『ブラッド・オイル：世界資源戦争』、講談社

リシャール、ギ監修（2002年）『移民の一万年史：人口移動・遥かなる民族の旅』、新評論

リッチライフ研究会編（1987年）『スーパーガイド　金の図鑑』、文春文庫ビジュアル版

リン、ジャスティン（2016年）『貧困なき世界：途上国初の世銀チーフ・エコノミストの挑戦』、東洋経済新報社

ロシュフォール、ミシェル（1979年）『南アメリカの地理』、文庫クセジュ、白水社

ロバーツ、ポール（2012年）『食の終焉』、ダイヤモンド社


## 2．外国語文献

Acemoglu, Daron, James A. Robinson（2013）, *Why Nations Fail: The Origins of Power, Prosperity, and Poverty*, Profile Books

Arora, Vivek, Ashok Bhundia（2003）, "Potential Output and Total Factor Productivity Growth in Post-Apartheid South Africa", IMF Working Paper WP/03/178, IMF

Austen, Ralph A.（1987）, *African Economic History: Industrial Development and External Dependency*, James Currey Ltd.

Baxter, Peter（1999）, *Rhodesia: Last Outpost of the British Empire 1890-1980*, Galago

Caldersi, Rebert（2007）, *The Trouble with Africa: Why Foreign Aid Isn't Working*, St. Martin's Giffin

Collins, Robert O., James McDonald Burns, Erik Kristofer Ching eds.（1996）, *Historical Problems of Imperial Africa*, Markus Wiener Publishers

Feinstein, Charles H.（2005）, *An Economic History of South Africa: Conquest, Discrimination and Development*, Cambridge University Press

Ferguson, Niall（2004）, *Empire: How Britain Made the Modern World*, Penguin Books

Frankel, Herbert（1939）, *Capital Investment in Africa*, Oxford University Press

Gesimba, R.M., M.C. Langat, G. Liu, J.N. Wolukau（2005）, 'The Tea Industry in Kenya: The Challenges and Positive Development', *Journal of Applied Science*, 5: 334-336

Gondola, Ch. Didier（2002）, *The History of Congo*, Greenwood Press

Good, Kenneth（2008）, *Diamonds, Dispossession & Democracy in Botswana*, Jacana Media

Hall, Ruth, Ian Scoones, Dzodzi Tsikata eds. (2015), *Africa's Land Rush*, James Curey

Haslam, Philip, Russell Lamberti (2014), *When Money Destroys Nations*, Portfolio Penguin

Jayne, T.S., Nicholas Sitko, Jacob Ricker-Gilbert, and Julius Mangisoni (2010), "Malawi's Maize Marketing System", Michigan State University

Makhan, Vijay S. (2002), *Economic Recovery in Africa: The Paradox of Financial Flows*, Palgrave

Melber, Henning (2014), *Understanding Namibia: The Trials of Independence*, Jacana

Meredith, Martin (2007), *Diamonds, Gold and War: The Making of South Africa*, Pocket Books

Meredith, Martin (2013), *A History of the Continent Since Independence*, Simon & Schuster

Mills, Greg (2014), *Why States Recover: Changing Walking Societies into Winning Nations from Afganistan to Zimbabwe*, Picador Africa

Moghalu, Kingsley Chieu (2014), *Emerging Africa: How the Global Economy's 'Last Frontier' Can Prosper and Matter*, Penguin Books

Monroy, L., W. Mulinge, M. Witwer (2012), *Analysis of Incentives and Disincentives for Tea in Kenya*, MAFAP, FAO

Ndulu, Benno J., Stephen A. O'Connell, Jean-Paul Azam, Robert H. Bates, Augustin K. Fosu, Jan William Gunning, Dominique Njinka (2008), *The Political Economy of Economic Growth in Africa, 1960-2000*, Volume 2 Country Case Study, Cambridge University Press

Njikam, Ousmanou, Joachim Nyneck Binam, Simon Tachi (2006), "Understanding Total Factor Productivity Growth in Sub Saharan Africa Countries", Secretariat for Institutional Support for Economic Reaerach in Africa

Oliver, Roland, Anthony Atmore (1967), *Africa since 1800*, Cambridge University Press

Reader, John (1997), *Africa: A Biography of the Continent*, Vintage Books

Scoones, Ian, Nelson Maronque, Blasio Mavedzenge, Jacob Mahenehene, Felix Murimbarimbe, Chrispen Sukume (2010), *Zimbabwe's Land Reform: Myths & Realities*, Jacana Media (Pty) Ltd.

Soares de Oliveira, Ricardo (2015), *Magnificent and Beggar Land: Angola Since the Civil War*, Jacana Media Ltd.

Southall, Roger, Henning Melber eds. (2009), *A New Scramble for Africa?: Imperialism, Investment and Development*, University of Kwazulu-Natal Press

Southall, Roger (2016), *The New Black Middle Class in South Africa*, Jacana Media

Peter (2000), *Cry Zimbabwe: Independence-Twenty Years On*, Galago

Thakkar, Ashish J. (2015), *The Lion Awakes: Adventures in Africa's Economic Miracle*, St. Martin's Press

Van Reybrouck, David (2014), *Congo: The Epic History of a People*, Fourth Estate

Yates, Douglas A. (1996), *The Rentier State in Africa: Oil Rent Dependency and Neocolonialism in the Republic of Gabon*, Africa World Press, Inc.

Watt, Nigel (2016), *Brundi: Biography of a Small African Country*, Hurst & Company


## 3．ホームページ

（1）日本語

朝日新聞グローブ（http://globe.asahi.com）
アジア経済研究所（http://www.ide.go.jp）
アフリカ・ビジネス・ニュース（http://www.africa-news.jp）
海外職業訓練協会（http://www.ovta.or.jp）
外務省（http://www.mofa.go.jp）
国際貿易投資研究所（http://www.iti.or.jp/）
国際連合広報センター（http://www.unic.or.jp）
時事通信ニュース（http://sp.m.jiji.com）
石油天然ガス・金属鉱物資源機構（http://www.jogmec.go.jp）
全米日系人博物館（http://www.janm.org）
総務省統計局（http://www.stat.go.jp）
田中貴金属工業（http://gold.tanaka.co.jp）
駐日ケニア共和国大使館（http://www.kenyarep-jp.com）
日経ビジネスオンライン（http://business.nikkeibp.co.jp）
日本国際問題研究所（http://www2.jiia.or.jp）
日本経済新聞（http://www.nikkei.com）
日本貿易振興機構（https://www.jetro.go.jp）
貿易研修センター（https://www.iist.or.jp）
法務省入国管理局（http://www.immi-moj.go.jp）

（2）外国語
Africa Ranking（http://www.africaranking.com）
African Business Magazine（http://africanbusinessmagazine.com）
African Development Bank（https://www.afdb.org）
African Securities Exchange Association（http://www.african-exchanges.org）
Airtel Africa（http://africa.airtel.com）
Bidco Africa（http://www.bidcoafrica.com）
British Petroleum（http://www.bp.com）
Business Day（http://www.businesslive.co.za/bd）
CIA（https://www.cia.gov）
CNBC Africa（http://www.cnbcafrica.com）
De Beers（http://www.debeersgroup.com）
Debswana（http://www.debswana.com）
DFID（https://www.gov.uk）
European Commission（https://ec.europa.eu）
EUROSTAT（http://ec.europa.eu/eurostat）
FAO（http://www.fao.org）
Forbes（http://www.forbes.com）
Foreign Policy Association（http://foreignpolicyblogs.com）
France Diplomatie（http://www.diplomatie.gouv.fr）
ILO（http://www.ilo.org）

参考文献　　501

IMF (http://www.imf.org)

International Mining (http://im-mining.com)

London Metal Exchange (https://www.lme.com)

Mercer (http://www.mercer.com)

Mineweb (http://www.moneyweb.co.za/category/mineweb)

Mining Weekly (http://www.miningweekly.com)

Mo Ibrahim Foundation (http://mo.ibrahim.foundation)

Mywage.co.za (http://www.mywage.co.za)

OECD Statistics (http://stats.oecd.org)

Office of National Statistics (https://www.ons.gov.uk)

South African Institute of Race Relations (http://irr.org.za)

South African Reserve Bank (https://www.resbank.co.za)

Standard Bank (http://www.standardbank.co.za/standardbank)

Statistics South Africa (http://www.statssa.gov.za)

The Africa Report (http://www.theafricareport.com)

The Center for the Study of African Economics (http://www.csae.ox.ac.uk)

The Conference Board (http://www.conference-board.org)

The Conversation (https://theconversation.com)

The Department of Trade and Industry (http://www.thedti.gov.za)

The Guardian (https://www.theguardian.com)

The Kenya Institute for Public Plicy Research and Analysis (http://kippra.or.ke)

The Labour Research Service (http://www.lrs.org.za)

The Statistics Portal (https://www.statista.com)

Trading Economics (http://www.tradingeconomics.com)

TRALAC (https://www.tralac.org)

Transparency International (https://www.transparency.org)

UN (http://unstats.un.org)

UNCTAD (http://unctad.org)

USAID (https://www.usaid.gov)

USDA (http://www.fas.usda.gov)

U.S. Energy Information Administration (http://www.eia.gov)

U.S. Geological Survey (https://www.usgs.gov)

WageIndicator.org (http://www.wageindicator.org)

Wall Street Journal (http://www.wsj.com)

World Bank (http://www.worldbank.org)

World Nuclear Association (http://world-nuclear.org)

World's Top Exports (http://www.worldstopexports.com)

WTO (https://www.wto.org)

# 索 引

## ●アルファベット

ACPC 335
AGOA 214
AU 252
CONSAS 261
EPZ 213
EU 418
GDP 96, 106
ICA 334
ICE 337
ICO 334
IMF 158, 165, 215, 477, 484
KTDA 352
OPEC 318
SACU 221, 260
SADCC 261
SADR 252
WFP 190
WTI 319

## ●あ行

アーサー・ルイス 84
アシュトン 112
アパルトヘイト 60, 453
アフリカーナー 59
アフリカの賃金 101
アフリカの年 34
アルバニア案 439
イギリス 406
イギリス南アフリカ会社 41, 52
イスラム教国 123
イブラヒム指数 389
移民政策 391

印僑 435
インド 434
インフォーマル・セクター 217
インフラ 219, 221
インフレ 211
ウラン 79
運輸業 17
エクソン・モービル社 44
援助哲学 450

## ●か行

海外在留邦人数 454
海外送金 148
カカオ豆 78, 206, 279, 315
価格変動 346
カシューナッツ 316
貨幣経済 31
カルテル 318
観光業 17, 216
起債 144
技術協力 172, 180
技術進歩 112, 114, 118
技術の模倣 111
既存ネットワークの存在 263
キャッサバ 205
教育支出 127
行政管理能力 186
行政の肥大化 185
居留地 51
キリスト教国 122
金 54, 277, 282, 314, 322, 407
銀行貸出金利 229
金本位制 322
金融業 217

索 引 503

金融支援　224
金融要因　312
クレオール　14
クワチャ　475
軽工業　213
経済制裁　135
経済政策　389
ケニア　349
原油価格　319
工業製品　461
鉱工業　196, 203, 210
鉱山開発　53
鉱産物価格　311
鉱産物資源　274, 341
高成長の要因　43
構造調整　158
構造調整政策　474
高等教育　126
鉱物資源　14, 18, 38, 46, 66, 142, 197,
　　203, 221, 222, 235, 238, 241, 242,
　　448, 461, 470
合弁　134
コーヒー豆　78, 206, 279, 316, 350
国有化　62, 63
ココア　386
個人送金累積額　148
コバルト　203
米　115
小屋税　156


●さ行

サービス業　197, 204, 216
採掘の特徴　281, 282, 284, 287, 288,
　　289, 290, 291, 292, 293, 294, 295,
　　296, 297, 298, 299
財政収入　221
最低賃金制度　103
栽培の特徴　299, 300, 301, 302, 303,
　　304, 305, 306
砂糖　206, 316

サプライネットワーク　443
三角貿易　28
産業革命　29, 113
産業別構成比　194, 198
産銅国　74
産油国　141
識字率　119, 120
資金　116, 117
資源　19
資源価格　312
自国通貨高　474, 368
自然環境　343, 351
自然条件　206
実質 GDP　35
失敗の原因　215
失敗のプロセス　214
自動車　461
資本家　49
資本財　251
資本主義社会　49
資本蓄積　49, 50, 51, 53
社会環境　344, 351
就学率　124
自由化政策　395
宗教　122
重債務貧困国　165
小規模零細農家　116
小規模農家　351
証券取引所　144
小農　51
消費財　251
消費者物価　108
商品作物　114
食糧　157
食料価格　107
食糧価格　209
食糧作物　205, 207, 209
ジョゼフ・モブツ　377
ショップライト　266
初等教育　124
所得　120

人口　469
人頭税　156
水産業　17, 18
スタンダード銀行　266
生花　317
生計費調査　108
生産関数　83, 84
生産要素価格　209
政治的安定　46
政治の混乱　387
税収　221
製造業　17
世界銀行　158, 165, 477, 215, 484
世界生産量ランキング　283, 286, 287,
　　289, 291, 292, 293, 294, 295, 296,
　　297, 298, 299, 300, 301, 302, 303,
　　304, 305, 306, 307
世界大恐慌　323
世界輸出額ランキング　281, 288, 290,
　　304
石炭　203, 320
石炭液化技術　321
石油　46, 203, 235, 237, 277, 281, 313,
　　318, 374, 383, 385
石油資源国　371
セブン・シスターズ　281
先進国首脳会議　165
前線国家　261
全要素生産性成長率　118
宗主国　30, 113, 131
ソシエテ・ジェネラル　134


●た行

対GDP比率　97, 127, 241, 244, 359
対GNI比率　184
第一期共存時代　260
対外直接投資残高　410, 428, 449, 461
対外直接投資額　416, 438
対歳出比率　182
大豆　57

対内間接投資額　144
対内直接投資額　135
第二期共存時代　262
第二次コンゴ戦争　380
対名目GDP比率　138
ダイヤモンド　16, 38, 44, 54, 203, 277,
　　284, 314, 343, 374
対立時代　261
高い成長率　43
多国籍企業　351
大規模農場　351
タバコ　57, 279, 316, 480
タンザン鉄道　163
地域　119
地域経済共同体　252, 255
治水治山事業　115
茶　280, 316, 350
中間財　251
中国　438
中古車　461
中等教育　126
直接投資額　138
貯蓄率　64, 71
賃金　101
低成長の要因　39
鉄　314
デビアス　346
天然ガス　313
天然ゴム　316
銅　203, 277, 314, 328, 376
投資　131
投資率　67, 75
トウモロコシ　116, 205, 470, 480
独立運動　33
ドナー　484
トルデシリャス条約　28
奴隷貿易　27


●な行

内生的成長理論　124

索引　　505

南ア企業の役割　264
ニクソン・ショック　61
ニッケル　314, 330
2部門モデル　84
ネルソン・マンデラ　141
農業　17, 18, 205
農業比率　198, 199
農業部門改革　488
農産物価格　311,
農産物資源　274, 341
農民所得　207
農民保護　117

●は行

パーム油　386
ハイエク　i
ハイパーインフレ　58
パイプライン　44
白人入植者　31, 51
バナナ　206
バニラ　316
パリクラブ　165
低い自給率　206
低い生産性　207
低い成長率　36
1人当たりGNI　14, 67, 87, 121, 127
1人当たり農業付加価値額　93
1人当たり名目GDP　468, 474
プア・ホワイト　59
部族対立　387
物価高　106
腐敗認識指数　187
腐敗　375
プラチナ　325, 461
プランテーション　14, 28, 51, 52, 53, 114
フランス　413
ブルックボンド社　352
文化戦略　446
分業体制　260

米国　423
ベースメタル　328
ペティ・クラークの法則　193
ベルリン会議　29, 32, 349
便宜置籍船制度　140
貿易額　234
貿易収支　234
貿易動向　234
貿易品目　250
ボーキサイト　203
ボツワナ　341
ボツワナ式民主主義　345
ホワイト・ハイランド　350
本邦在留外国人数　454

●ま行

マーシャル・プラン　160
マハトマ・ガンジー　435
マラウイ　467
マルクス・レーニン主義　42
「緑の革命」　115, 117
ミュルダール　i
民間部門向け国内信用　226
無償援助　172, 179
無償資金　169, 179, 188
メイズ　57
名目GDP　136, 377
メジャー　318
綿花　206, 279
モザール　142

●や行

ヤムイモ　205
有償援助　169, 178
有償資金　169, 178, 188
輸出収入　470
輸出作物　205, 207, 210
輸出指向型経済　147
輸出指向型工業　14, 18

506

ユニリーバ　352
ユニオン・ミニエール社　134
輸入食糧価格　210
輸入代替工業化　212, 214
輸入代替政策　114


●ら行

落花生　317, 386
ラテライト　206
リーマン・ショック　442
リスケ　165
リプトン社　352
リン酸肥料　16

レアメタル　330
レンティア国家　369
レント・シーキング　186
レント　369
労働コスト　113
労働者　49
労働力　31, 49
労働力移転　486
労働力不足　28
ローマ教皇　28
ローラン・カビラ　378
ロバート・ソロー　118
ロメ協定　213, 418

●著者…………

## 中臣　久（なかとみ　ひさし）

1953年　神奈川県生まれ
1978年　成城大学経済学部卒業
1980年　成城大学大学院経済学研究科修士課程修了
1980年4月から2017年3月まで外務省に勤務。
このうち25年間の海外勤務を経験。海外勤務の内訳はベトナム10年、米国6年、
デンマーク3年、ボツワナ3年、マラウイ3年である。
現在、ベトナムの首都ハノイに在住。

［主要著書］
『実感！ベトナム経済』日本評論社、1995年
『ベトナム経済の基本構造』日本評論社、2002年
『現代アメリカ経済論』日本評論社、2013年

## 有資源国の経済学
──アフリカのいま

●…………2017年9月30日　第1版第1刷発行

著者………中臣　久
発行者……串崎　浩
発行所……株式会社　日本評論社

〒170-8474　東京都豊島区南大塚 3-12-4
電話 03-3987-8621（販売）　振替　00100-3-16
https://www.nippyo.co.jp/

装幀………神田程史
印刷所……精文堂印刷
製本所……松岳社

ⒸHisashi NAKATOMI　2017
ISBN 978-4-535-55883-0

JCOPY　〈(社) 出版者著作権管理機構　委託出版物〉

本書の無断複写は著作権法上での例外を除き禁じられています。複写される
場合は、そのつど事前に、(社) 出版者著作権管理機構（電話03-3513-6969、
FAX03-3513-6979、e-meil: info@jcopy.or.jp）の許諾を得てください。また、
本書を代行業者等の第三者に依頼してスキャニング等の行為によりデジタル
化することは、個人の家庭内の利用であっても、一切認められておりません。